上海市锦天城律师事务所
华东政法大学经济法律研究院
合作编写

COMPANY LAW REVIEW

公司法律评论

顾功耘　主编

2020 年卷
总第20卷

法律出版社 LAW PRESS·CHINA

锦天城律师事务所简介

锦天城律师事务所成立于1999年，是一家提供一站式法律服务的大型综合性律师事务所，在核心业务领域（如资本市场、金融与信托、公司并购与重组、破产与清算、基础设施建设与房地产、国际贸易、跨境投资、反垄断反倾销、诉讼与仲裁、知识产权以及海事海商等）具备专业优势或行业领先优势。现有注册律师3000余名。

发轫于中国上海的锦天城，已在中国内地21个城市（北京、杭州、深圳、苏州、南京、成都、重庆、太原、青岛、厦门、天津、济南、合肥、郑州、福州、南昌、西安、广州、长春、武汉、乌鲁木齐）及中国香港、英国伦敦、美国西雅图开设分所，并与香港史蒂文生黄律师事务所联营，与国际律师事务所鸿鹄（Bird & Bird LLP）建立战略合作关系。

华东政法大学经济法律研究院简介

华东政法大学经济法律研究院是由华东政法大学独立设立，集理论研究、科研成果转化与人才培养、社会服务于一体的科研机构。研究院以经济法律研究为特色，旨在突破单一专业瓶颈，实现法学与经济学、管理学的融合，密切联系政、产、学、研，强调理论研究的应用性、实践性与前瞻性，是一流的学术研究与交流平台、高层次的经济法律人才培养基地以及经济立法、政府决策、企业咨询的专业性法律智库。经多年建设，研究院先后被认定为上海市法学会重点研究基地、上海市普通高校人文社会科学重点研究基地。

研究院自成立以来，先后组织、策划、出版了“经济法文库”“经济法文集”“商事法文库”以及《经济法前沿问题》《中国商法评论》《公司法律评论》《金融法律评论》等系列性学术著作或年度刊物，创办了“经济法律高峰论坛”“公司法律论坛”“国资法律论坛”“能源法治论坛”等系列性品牌论坛，在学界和实务界具有广泛的影响力。

本出版物为上海市高水平地方高校（学科）建设出版物

卷首语

我国证券市场法律制度在2019年得到快速发展。从科创板的试点，到创业板与新三板的改革提速，再到历时四年的《证券法》修订最终通过，我国证券市场在完善证券发行制度、规范证券交易行为、强化信息披露要求、加大投资者保护力度、大幅提高证券违法成本、健全多层次资本市场体系等方面都实现了制度突破。中国资本市场在市场化、法治化道路上又迈出了坚实的一步。本卷的《年度法制报告》将就此次《证券法》修订的核心制度进行深入解读。

新一轮《公司法》的修订已经启动，理论界应就我国现行《公司法》的制度规则进行深入检视。公司法律形态的类型应如何重构、股东知情权规则如何在借鉴域外国家制度经验的基础上予以完善、差异化表决权机制在赋予公司大股东强有力的表决权的同时如何解决可能引发的对中小股东的压制、股权代持中执行异议的审查标准究竟应如何确定、股东认缴出资带来的日益凸显的制度漏洞应如何修订以及公司法定审计的制度要求何以被虚置又应如何改革，这一系列问题都值得立法机关在此次修法中予以关注。

本卷“证券法制”栏目就新修订的《证券法》中证券界定、域外管辖、发行注册制、投资者保护等问题开展了专题探讨。例如，针对存托凭证这一新增的证券类型，应如何设计处于核心环节的存托人之义务？针对近期广受关注的瑞幸咖啡造假事件，如何理解和适用我国《证券法》修订后的域外管辖条款？对于发行注册制在科创板的率先实施，如何改变证券发行的监管理念，从发现一个“好”企业转向发现一个“真”企业，如何构建出有效的问询机制？针对近些年来投服中心在投资者保护中的积极作用，如何细化和规范其作为证券特别诉讼代表人的行为规则？这一系列问题，都值得我们深入思考。

在市场经济中，“优胜劣汰”是竞争机制正常的运行结果。对资不抵债且缺乏清偿能力的市场主体而言，重整制度发挥了拯救和再建企业的独特功能。而在此过程中，信用问题却成为重整计划顺利执行的掣肘因素，如何修复已受重创的破产重整企业信用需要引起学界和立法者的重视。除企业外，个人的债务清理机制应如何构建也日益受到理论和实务部门的关注，尤其是《深圳经济特区个人破产条例》的出台，更是引起了人们对这一问题的热议。本卷中的“破产法制”栏目将重点就上述问题与读者进行交流。

为进一步体现《公司法律评论》理论与实践的结合，发挥以理论指导实践、以实践促进理论的出版思路，自 2019 年卷开始，我们开设了“律师实务”栏目，并受到了读者的广泛认可。在本卷评论中，具有丰富实践经验的资深商事律师，将就隐藏行为法律规则对融资纠纷案件的影响、中芯国际回归 A 股市场涉及的主要法律问题及其解决路径、助贷业务中实施新冠肺炎疫情金融支持举措的具体操作等问题进行实践分析，分享实务经验，希望能继续为读者带来收获。

在“域外法制”栏目，我们选取了商法相对成熟的代表性国家的制度规则进行翻译，既有涉及公司治理的英国尽责管理守则，又有涉及资本市场有序发展的美国代理投票权规则，还有非常具有时代特色的新加坡数字代币发行规则，以及美国的小型企业重整法案。这些制度涵涉了公司法、金融法、破产法等多个领域，希望能为学界和实务界就上述问题的进一步研究提供有效的资料支撑。

“理论综述”栏目一如既往地对过去一年我国商法学者就公司法、证券法、破产法领域的研究成果进行梳理和总结，既记录了学界对相关问题的研究足迹和发展历程，又便于读者对商事法律的研究现状及时了解和把握。

“案件聚焦”作为《公司法律评论》的传统特色栏目，依旧选取了过去一年我国资本市场发生的代表性的案件进行针对性分析。例如，公司越权担保的法律责任归属、与公司对赌案的效力分析、康美药业造假案的处罚、私募基金投资中托管人的责任等。这些案件从不同维度折射出我国当前资本市场法律制度在立法或者执法、司法中的不足，应当引起立法者、学界和业界的思考。

最后，感谢各位专家学者、广大作者读者长久以来对《公司法律评论》的支持。《公司法律评论》将继续努力，更好地发挥学术交流平台作用，为我国商事法律制度的不断发展和完善贡献自己的力量。

顾功耘

2020 年 9 月 1 日于上海

目　录 CONTENTS

证券法制

破产法制

律师实务

域外法制

理论综述

案件聚焦

2019年中国资本市场最具影响力案件评析

年度法制报告

2019年中国证券市场法制研究报告

陈思如 *

2019年是我国证券市场法制发展中浓墨重彩的一年。从年初作为改革试验田的科创板“横空出世”，到创业板与新三板的改革提速，再到年底历时四年的《证券法》修订最终通过，我国证券市场在完善证券发行制度、规范证券交易行为、强化信息披露要求、加大投资者保护力度、大幅度提高证券违法成本、健全多层次资本市场体系等方面都实现显著的制度突破。中国资本市场在市场化、法治化道路上又迈出了坚实的一步。

一、2019年中国证券市场法制概述

2019年证券法领域的立法、修法动态，呈现多维度特点，其中具体包括：全国人大及其常委会审议与资本市场相关的法律1件；最高人民法院及最高人民检察院联合发布的司法解释1件；中国证监会制定或修改的部门规章12件、规范性文件32件；上海证券交易所制定或修改的规则、指引等35件。

在法律层面，2019年12月28日，新《证券法》于十三届全国人大常委会第十五次会议表决通过。此次修订于2014年被列入立法工作，历时四年及四次审议的风雨考验，终于登台亮相。新《证券法》系统总结了多年来我国证券市场改革发展、监管执法、风险防控的实践经验，直击资本市场焦点问题，在旧法十二章的体例上增加了“信息披露”和“投资者保护”两章，但条款总数却从过去的240条缩减至226条。此次《证券法》修订是我国《证券法》实施20年来最重

* 陈思如，华东政法大学经济法学院2018级法学硕士研究生。

要的一次修订，它开启了中国资本市场改革与发展的新征程。

在司法解释层面，2019 年 6 月 27 日，最高人民法院、最高人民检察院公布了《关于办理操纵证券、期货市场刑事案件适用法律若干问题的解释》，就办理内幕交易、泄露内幕信息刑事案件应用法律的具体问题进行了解释，对“证券、期货交易内幕信息的知情人员”“非法获取证券、期货交易内幕信息的人员”“违法所得”的界定范围、边界以及认定过程中的具体标准进行了解释；同时，该解释还对条文中的“情节严重”“情节特别严重”两种情形确定了具体金额。

在部门规章层面，中国证监会发布了涉及部门规章制定或修改的《非上市公众公司监督管理办法（2019 修正）》《非上市公众公司信息披露管理办法》《上市公司重大资产重组管理办法（2019 修正）》《公开募集证券投资基金信息披露管理办法》《证券公司股权管理规定》《科创板首次公开发行股票注册管理办法（试行）》《科创板上市公司持续监管办法（试行）》《期货公司监督管理办法（2019）》《上市公司分拆所属子公司境内上市试点若干规定》《证券交易所风险基金监管指引》《科创板上市公司重大资产重组特别规定》等三十余份部门规范性文件。

在自律规则方面，中国证券业协会发布了《科创板首次公开发行股票承销业务规范》《证券经营机构投资者教育工作指引》《证券基金经营机构债券投资交易业务内控指引》《中国证券期货市场衍生品交易主协议》等 15 部自律规则。上海证券交易所发布了《上海证券交易所会员管理规则（2019 年修订）》《上海证券交易所自律管理听证实施细则（2019 年修订）》《上海证券交易所纪律处分和监管措施实施办法（2019 年修订）》《上海证券交易所复核实施办法（2019 年修订）》等文件，修改了《上海证券交易所股票上市规则》《上海证券交易所港股通交易风险揭示书必备条款》《上海证券交易所融资融券交易实施细则》等文件。深圳证券交易所发布了《深圳证券交易所上市公司回购股份实施细则》《深圳证券交易所上市公司信息披露指引第 3 号——重大资产重组》《非上市公司非公开发行可转换公司债券业务实施办法》等文件，修改了《深圳证券交易所债券交易实施细则》《深圳证券交易所股票上市规则》《深圳证券交易所创业板股票上市规则》等文件。这些行业自律规范和交易规则，提高了法律法规的可操作性，丰富了证券市场的法制体系，对加强证券市场自律监管和维护交易秩序具有重要意义。

二、证券市场基础性制度建设的完善

（一）证券定义的扩大

证券的定义范围一直是资本市场争论的焦点。一方面，此前在立法中对证券的定义过于狭窄，大量具有证券属性的金融产品实际上游离于《证券法》规范之外，如私募股权基金上位法一直缺失；另一方面，大量性质相同的具有证券性质的资管业务分别适用于各不相同的规范体系，标准和责任不一，监管套利现象严重，层层嵌套被滥用，一个产品被多次转移到另外体系，风险也随之被掩盖其中。[1]此次《证券法》的修改扩大了证券的定义和《证券法》的调整范围。

一是将存托凭证纳入证券范围。《证券法》第2条在确认股票与公司债券这两类传统证券品种的基础上特别增设了存托凭证，并继续授权国务院依法认定其他证券，以列举加兜底条款的方式鼓励与规范证券市场的创新活力，保持我国资本市场的包容度与开放度。二是将资产支持证券、资产管理产品视作“准证券”。实践中，金融机构开展的名目繁多的资产支持证券与资产管理业务都具有证券的本质属性。但分业监管、分业经营下不同监管部门在监管理念、标准和规则方面存在的碎片化以及逐底竞争现象，催生了监管漏洞与真空地带，滋生了监管套利现象。为堵塞立法漏洞，新《证券法》按照功能监管、实质监管、穿透监管的理念，授权国务院依照该法原则，专门出台资产支持证券、资产管理产品发行与交易的管理办法。这为推动有序的金融创新、促进金融机构间的公平竞争奠定了法治基础。三是对证券衍生品种的适用进行了区分调整。此次修改将证券的衍生品种一分为二，分别纳入新《证券法》与未来期货法的调整轨道，从而不让证券衍生品种陷入立法真空地带。[2]扩张证券的概念，扩大《证券法》的调整范围，不仅有利于提高法律的科学性，也有利于消除监管漏洞，更好地保护投资者的合法权益，进而提高法律的有效性；还有利于扩大直接融资，促进多层次资本市场的发展，进而促进我国经济的转型升级。[3]

虽然此次《证券法》修改已经适当扩大了证券定义，但仍有学者认为这种扩大还不足够。原因在于，扩大证券最主要的出发点在于将各类融资形式纳入《证券法》的监管范围，从而通过提供兜底式的监管来保护投资者的利益，为投资者提供保护水平高于民事法律的证券法律保护。而通过列举定义证券的方式无法满足上述需求，因而证券定义应当采用概括定性的方式，辅之以列举和豁免的安排。[4]

（二）证券发行制度的改革

第一，全面推行注册制。我国新股发行制度曾从审批制转变到核准制，但其实质仍为行政审批与行政管制。一方面，它为新股定价“一刀切”地设置了发行市盈率上限管制；另一方面，由于核准制企图通过实质性判断“审核”向投资者背书，结果导致首次公开募股（Initial Public Offering，IPO）门槛不断被人为推高，最终将大量新经济概念企业拒之门外，

---

〔1〕 侯志红：《资管产品规则统一进行时》，载《中国证券报》2019年12月30日第1版。
〔2〕 刘俊海：《新证券法助力打造有温度资本市场》，载《中国证券报》2020年1月2日A03版。
〔3〕 邢会强：《我国〈证券法〉上证券概念的扩大及其边界》，载《中国法学》2019年第1期。
〔4〕 彭冰：《〈证券法〉修改的“得与失”》，载https：//mp. weixin. qq. com/s/AVRYxHPbTfziXjflmvB0qQ，最后访问日期：2020年4月20日。

无法适应新经济时代发展需要。而注册制是一种更为市场化的证券发行监管制度，其公开发行的内涵在于监管者以审查公司信息披露的真实性、准确性、完整性、及时性和公平性为核心，从而取代对公司、证券投资价值的实质判断，通过促使市场中介归位尽责，发挥市场在风险识别和价值判断上的主导作用，并最终落实“卖者有责，买者自负”的市场风险分配原则。[1]这种市场与监管的角色互换和分工重置，是构建一个市场化证券公开发行机制的应有之义。2019 年 7 月 22 日，科创板首批公司上市，科创板注册制的顺利推进与平稳运行，为《证券法》修订提供了模板示范和信心支撑。本次《证券法》修改在总结上海证券交易所设立科创板并试点注册制的经验基础上，将注册制全面推广到所有证券的公开发行行为。但考虑到注册制改革是一个渐进的过程，为了给实践中注册制的分步推进留出必要的制度空间，《证券法》规定由国务院规定证券发行注册制的具体范围与实施步骤。

在发行豁免制度的安排上，此次《证券法》的修订中，对于员工持股计划作出了注册豁免安排，但没有就小额公开发行豁免和网络众筹发行豁免制度进行规定。就前者而言，此次《证券法》修改加入了员工持股计划的人数不计入 200 人股东的规定，但可能会引发两个问题，一是员工持股计划并非无须监管，而是需要特殊监管，但这种规定将其完全排除在《证券法》的管制之外。二是该条所说的“依法实施员工持股”的“法”其实是不明的。证监会无权监管非公众公司，非公众公司的员工持股计划因此就脱离了《证券法》监管范围，这与实践中部分下级员工需要《证券法》保护的现状是不符的。[2]就后者而言，本次《证券法》修改没有接纳在一审稿和三审稿中曾两次写入的小额发行豁免与网络众筹发行制度。一般认为，《证券法》的立法目的是在“便利企业融资”和“保护投资者”之间保持平衡。而在《证券法》本次修法大力强调保护投资者的制度安排下，企业直接融资的成本也相应提高。因而，在某些对投资者保护的需求不是很高的情况下，例如针对合格投资者的非公开发行、融资额度较小的发行等情形下，可以豁免发行人遵守相关的发行注册程序，采用相对简化、成本更低的发行安排。但该制度在此次《证券法》的最终修改中被取消，不免让业界失望。特别是网络股权众筹，在各国都纷纷修改《证券法》予以豁免的趋势下，中国在此次《证券法》修改中却最终弃之不顾，也许是基于对近年来互联网金融，特别是 P2P 风险事件频发的顾虑。待到将来制度环境成熟时，有关上市公司再融资制度的改革中或可以重拾这两类减少企业融资成本的法行机制。

第二，精简优化证券发行条件。新《证券法》新股公开发行的条件作出了修改，审核的中心由政府对企业价值的实质判断转移到以信息披露为中心：一是将股票发行的条件从“具

〔1〕 洪艳蓉：《债券注册制终于落地，市场与监管重塑新格局》，载 https：//mp. weixin. qq. com/s/xbyf4kNPxvxKKjr3dNyF3Q，最后访问日期：2020 年 4 月 19 日。

〔2〕 彭冰：《〈证券法〉修改的“得与失”》，载 https：//mp. weixin. qq. com/s/AVRYxHPbTfziXjflmvB0qQ，最后访问日期：2020 年 4 月 20 日。

有持续盈利能力”的标准改为“具有持续经营能力”，这意味着监管机构在注册审核时，证券监管机构不再对证券的价值好坏、价格高低做实质性判断，而是将重点转移到对公司经营能力的准确披露上，对信息披露文件的完备性进行审核。二是将“最近三年财务会计文件无虚假记载，无其他重大违法行为”修改为“最近三年财务会计报告被出具无保留意见审计报告”。该条文是符合实践的重大修改，旧条文要求的“财务会计文件无虚假记载”要求监管机关要对申报材料中的财务报表等文件的真实性进行实质性审核，而实际上，无论是核准制还是注册制，都不可能保证申报材料的真实性——限于人力、财力和时限，真实性只能通过事后的责任追究来保证，事前审核只能保证相对真实。[1]三是新增“发行人及其控股股东、实际控制人最近三年不存在贪污、贿赂、侵占财产、挪用财产或者破坏社会主义市场经济秩序的刑事犯罪”的条件，这应当是对原来“无其他重大违法行为”的具体化，使其更具有可行性。在注册制的推行下，意味着行政权力行使的性质发生了改变，政府和企业的关系发生重大变化，加强了证券监管体系向市场化转化的趋势。

第三，取消发审委，实行监审分离。新《证券法》删除了原《证券法》关于设置发审委的规定，以“信息披露”为核心的形式审查要义的注册制代之，这意味着我国证券公开发行进入了真正市场化时代，提供了法律层面的合法依据并确立了“专业机构审核—监管机构注册”的分工协作框架。[2]

第四，落实发行人控股股东、实际控制人的责任。由于注册制的核心在于证券发行时以信息披露替代监管机构的实质审查，因而制度的设计应围绕保证披露信息的真实性展开，并落实信息披露义务主体的责任。就此，新《证券法》做出了两方面的调整，一是加重了注册制下控股股东、实际控制人的责任，增加规定了发行人控股股东、实际控制人在过错推定下的连带责任；二是规定了发行人隐瞒重要事实或者编造重大虚假内容发行上市时控股股东、实际控制人的回购义务。但就制度的具体落实，还需要对以下问题进行回答：第一，该回购义务是否具有一定的期限限制，如在上市三年后才发现欺诈发行的情形，那么回购义务是否仍然存在；第二，回购义务人以什么价格进行证券回购才能保证公平，若投资者不接受证券的回购又该如何处理；第三，若回购义务的主体没有能力回购该如何处理。[3]

（三）证券交易制度的突破

第一，促使证监会的减持规定有法可依。《证券法》新增规定上市公司持有百分之五以上股份的股东、实际控制人、董监高以及其他持有发行人首次公开发行前发行的股份或者上

---

〔1〕 彭冰：《〈证券法〉修改的“得与失”》，载 https：//mp. weixin. qq. com/s/AVRYxHPbTfziXjflmvB0qQ，最后访问日期：2020 年 4 月 20 日。

〔2〕 洪艳蓉：《债券注册制终于落地，市场与监管重塑新格局》，载 https：//mp. weixin. qq. com/s/xbyf4kNPxvxKKjr3dNyF3Q，最后访问日期：2020 年 4 月 19 日。

〔3〕 彭冰：《新旧〈证券法〉条文对照和点评》，载 https：//mp. weixin. qq. com/s/NWuhjRAMw2CrtllacCKcPA，最后访问日期：2020 年 4 月 19 日。

市公司向特定对象发行的股份的股东，在转让其持有股份时不得违反法律、行政法规和国务院证券监督管理机构的规定，并应当遵守证券交易所的业务规则，打破了曾经证监会的减持规定缺失法律基础的局面。但此款在解释上还值得分析，因为这里规定的限制，包括了对主体的限制，也包括了对特殊股份的限制，但主体限制只及于该主体，股份限制则附属于该类股份，在效果上会有所不同。

第二，扩大短线交易行为的主体。《证券法》对短线交易的主体作出了更完善的规定，一是将短线交易限制扩大到了新三板公司，为新三板公司董监高人员在短线交易中所受限制提供法律依据；二是增加了证券公司因包销购入售后剩余而持有股票的豁免规定，从而防止做市商及机构投资者等主体被短线交易限制误伤；三是将短线交易的构成主体扩大，将董事，监事，高级管理人员，自然人股东的配偶、父母、子女也纳入短线交易的主体范畴内。

第三，规范操纵市场价格的认定。新《证券法》在对操纵市场价格行为的认定上做出了两处修改：一是完善了行为的构成要件，新增“影响或者意图影响证券交易价格或者证券交易量”的有关操纵意图的要件要求。1998 年《证券法》中曾有此要求，但于 2005 年修订中被取消，此次修法中又重新加入。尽管操纵意图的要件证明上存在一定难度，但若缺少，可能会造成很多冤假错案，诸如将新三板做市商的违规行为也认定操纵。[1]二是扩大了操纵证券市场的行为类型，新《证券法》增加了四类在实践已经被中证监会认定为操纵的其他手段：第一类是不以成交为目的，频繁或者大量申报并撤销申报；第二类是利用虚假或者不确定的重大信息，诱导投资者进行证券交易；第三类是对证券、发行人公开作出评价、预测或者投资建议，并进行反向证券交易；第四类是利用在其他相关市场的活动操纵证券市场。但对这四种类型的具体分析与解释，如“利用虚假或者不确定的重大信息，诱导投资者进行证券交易”与“利用信息优势操纵”的区别等问题还有待进一步研究。

第四，将编造、传播虚假信息的主体扩展到所有主体。《证券法》将“禁止编造、传播虚假信息或者误导性信息，扰乱证券市场”的主体范围由国家工作人员、传播媒介从业人员和有关人员扩展到了任何单位和个人，该条款虽然进一步增加了对投资者的保护，防止投资者被虚假信息误导，但“一刀切”的规定带来的效果也可能会令人担忧。原因在于，其未对传播虚假信息主体的主观状态进行区分，且无论国家工作人员、传播媒介从业人员以及有关人员，若其他主体基于过失而传播了虚假信息也须承担相应责任，那么该条文很可能由于严苛的要求反而减少市场上的有效信息生产。

---

〔1〕 彭冰：《〈证券法〉修改的“得与失”》，载 https：//mp. weixin. qq. com/s/AVRYxHPbTfziXjflmvB0qQ，最后访问日期：2020 年 4 月 20 日。

三、上市公司的制度规范

（一）完善上市公司章程

2019 年 4 月 17 日，证监会正式发布《关于修改〈上市公司章程指引〉的决定》（以下简称《指引》），并自发布之日起施行。此次修改主要集中于如下三方面：

一是规范存在特别表决权股份的上市公司章程中所应记载的事项。《指引》明确规定了存在特别表决权股份的上市公司，应当在公司章程中规定特别表决权股份的持有人资格、特别表决权股份拥有的表决权数量与普通股份拥有的表决权数量的比例安排、持有人所持特别表决权股份能够参与表决的股东大会事项范围等事项，且章程中有关上述事项的规定，应当符合交易所的有关规定。这一条款修订不仅是对此前科创板开放特别表决权公司上市的呼应，也让股东异质化下不同股权市场类别股制度的引入与安排更加顺畅，给交易所留下了自律空间。

二是完善上市公司的股权回购的范围及程序。《指引》放宽了上市公司股权回购的要求，不仅增加了“将股份用于转换上市公司发行的可转换为股票的公司债券”“上市公司为维护公司价值及股东权益所必须”两类允许上市公司股权回购的情形，回购前的决议程序要求也按回购类型有所简化，且上市公司持有本公司已发行股份的上限以及持有期限也被延长。同时，为降低上市公司股权回购不规范的风险，《指引》对回购方式进行了相应限制，即公司非因减资、合并、异议股东回购情形回购股份的，应当通过公开的集中交易方式进行。[1]

三是完善上市公司治理的相关要求。在股东大会的召开形式上，《指引》将股东大会召开形式确定为“现场会议、网络投票”形式。在董事会的聘任与委员会的设置方面，首先，《指引》删除了关于董事任期届满前股东大会不得解除其职务的规定，规定股东大会在董事任期届满前有权解除其职务。其次，《指引》还对公司董事会增设审计委员会作出强制性要求，为上市公司规范治理增加了一道防线。在高管任职方面，《指引》则删除了对实际控制人单位任职人员担任上市公司高管的限制，同时，将不得担任上市公司高管的人员限制在“在公司控股股东单位担任除董事、监事以外其他行政职务”的人员中。

（二）规范上市公司收购行为

新《证券法》通过严格限售期限、加强权益披露、限制要约收购变更以及违反披露限制表决权等措施来遏制市场中随意或不加节制放大杠杆的收购行为，对超过收购者自身风险承

---

〔1〕 企业上市法商研究院：《〈上市公司章程指引〉到底修改了啥》，载 https://mp.weixin.qq.com/s/G4PiVQEn3eswZaZ1yqc1zA，最后访问日期：2020 年 4 月 19 日。

受能力的收购进行了一定的制约，有助于规范并购重组市场，优化资本市场资源配置。[1]《证券法》主要从以下几点对上市公司的收购行为进行了进一步的完善与规范：

一是将须进行权益披露的股份限制为“具有表决权股份”。在公司公共性不断增强和金融衍生工具日益流行的背景下，股东在利益偏好、投资目的、治理能力三个方面上表现出显著的异质化特征[2]，从而衍生出了优先股等在表决权设置上存在差异的股份，而上市公司收购的核心在于取得并巩固上市公司控制权，因而新《证券法》在“上市公司收购”一章中将旧法中的“股份”修改为“具有表决权的股份”[3]，这一方面给类别股制度的立法衔接留出空间，另一方面也为违反收购中权益披露行为的规范做下铺垫。此外，新《证券法》还允许上市公司的收购方针对不同类别的股份设置不同的收购条件。

二是强化“慢走规则”，将增减百分之五的限售期延长一天。“慢走规则”旨在控制大额持股人的股份交易节奏，使中小投资者在充分知悉和消化信息的基础上进行理性投资决策。此次《证券法》对“慢走规则”的限制买卖条件进行修改，一方面将限制时限由两天延长到三天，增加了大额持股人进行股份交易的难度与成本，另一方面将时限的计算依据明确到以“事实发生”为起点，使该限制的执行更加严格准确。

三是新增每“增减百分之一”的大额持股权益披露要求，并完善披露内容。首先，在大额持股的披露规则上，《证券法》新增了“持股比例达百分之五后每增加或减少百分之一”的披露义务，进一步强化与细化了证券市场交易过程中对大额持股权益披露的要求，加大了大额持股人的信息披露范围，进一步让中小投资者及时了解和注意到公司大股东的变化和控制权转移的潜在可能。其次，在披露内容上，为加强对上市公司收购中的大额持股账户和入市资金来源的合规性的管理，在权益变动披露报告中增加了增持股份的资金来源和股份变动时间及方式两项披露内容，强化了对权益变动的“穿透披露”，更为清晰、完整地揭示收购资金来源、股份变动，充分提示可能存在的交易风险，强化市场约束。

四是对违反权益披露超比例持股作出限制表决权行使的规定。《证券法》新增了违规收购的限制表决权行使的法律后果，即买入后的三十六个月内，对超过规定比例部分的股份不得行使表决权。该条文有利于规范大额持股的股东的权益披露，但同时也存在以下两个问题：第一，旧法将表决权限制作为改正和接受处罚前的约束措施，而新《证券法》则是将限制表决权提前到上市公司收购章节，并删除了法律责任章节中限制表决权的相应表述，如此一来，首先，限制表决权不再成为违反权益披露超比例持股接受惩罚前的约束措施，而为强制性的三十六个月表决权限制，其限制是否过于苛刻值得商榷，其次，该限制与法律责任的

---

〔1〕《新〈证券法〉3 月 1 日正式实施，规范上市公司并购重组行为》，载 http：//www.chinastock.com.cn/yhwz_about.do? methodCall =getDetailInfo&docId =7180751，最后访问日期：2020 年 4 月 24 日。

〔2〕冯果：《股东异质化视角下的双层股权结构》，载《政法论坛》2016 年第 36 卷第 4 期，第 126 ~137 页。

〔3〕《证券法》第 63、65、73 条等条文都进行了“股份”到“有表决权股份”的修改。

关联在体系上仍须厘清。第二，此部分受到表决权受限的股份的表决计算规则仍须明确。限制违规收购股份的表决权行使，直接带来的问题是，在进行决议表决是否通过时，是否需要将这部分表决权从分母中扣除的问题。[1]

五是限制了收购承诺期限内的要约变更。新《证券法》新增了在收购约定的承诺期限内，收购人需要变更收购要约的，不得存在下列情形：第一是降低收购价格；第二是减少预定收购股份数额；第三是缩短收购期限；第四是国务院证券监督管理机构规定的其他情形。从实践来看，收购价格、收购股份数额和收购期限是收购要约的核心要素，与其他投资者利益联系最紧密，因此，新《证券法》明确禁止降低收购价格、减少预定收购股份数额或缩短收购期限。

六是延长了收购完成后的限售期。新《证券法》从保护中小股东和其他社会公众合法利益的角度出发，将收购中收购人持有的股份限售期从原有的 12 个月延长至 18 个月，适当延长收购人的股份持有期限，从而维护上市公司股权结构与治理机制的稳定。

七是完善上市公司分立与合并的报告与披露义务。上市公司分立与合并，是公司组织形式的重大变更，对投资者投资决策和股票交易价格会产生较大影响。新《证券法》从上市公司持续信息披露的角度，对上市公司的分立与被其他公司合并作出了规定：第一是明确了上市公司分立或者被其他公司合并应当向中国证监会报告，第二是明确了上市公司应当就此进行公告。

（三）优化重组上市制度的直接融资功能

重组上市是上市公司并购重组的重要交易类型，受到投资者的高度关注。随着经济形势发展变化，上市公司借助重组上市实现大股东“新陈代谢”、突破主业瓶颈、提升公司质量的需求日益凸显。在此需求下，以遏制投机“炒壳”，促进市场估值体系修复而强化监管的原《上市公司重大资产重组管理办法（2016 年修订）》操作复杂度高，有些交易难以实施。对此，中国证监会对《上市公司重大资产重组管理办法》（以下简称《重组办法》）进行修订，以更好地发挥并购重组和直接融资功能，主要修改内容如下[2]：

一是取消重组上市认定标准中的“净利润”指标。2016 年《重组办法》以净利润指标衡量，但一方面，亏损公司注入任何盈利资产均可能构成重组上市，不利于推动以市场化方式“挽救”公司、维护投资者权益；另一方面，微利公司注入规模相对不大、盈利能力较强的资产，也极易触及净利润指标，不利于公司提高质量。因而，基于经济形势和市场需求的考虑，为强化监管法规“适应性”，发挥并购重组功能，本次《重组办法》修改删除了净利润指标，支持上市公司资源整合和产业升级，加快质量提升速度。

---

〔1〕 彭冰：《新旧〈证券法〉条文对照和点评》，载 https：//mp. weixin. qq. com/s/NWuhjRAMw2CrtllacCKcPA，最后访问日期：2020 年 4 月 19 日。

〔2〕《关于修改〈上市公司重大资产重组管理办法〉的决定》，中国证券监督管理委员会令第 159 号。

二是进一步缩短“累计首次原则”计算期间。2016 年《重组办法》将按“累计首次原则”计算是否构成重组上市的期间从“无限期”缩减至 60 个月。考虑到累计期过长不利于引导收购人及其关联人控制公司后加快注入优质资产，本次《重组办法》修改统筹市场需求及证监会抑制“炒壳”、遏制监管套利的一贯要求，将累计期限减至 36 个月。

三是推进创业板重组上市改革。2013 年证监会发布《关于在借壳上市审核中严格执行首次公开发行股票上市标准的通知》，禁止创业板公司实施重组上市。前述要求后被《重组办法》吸收并沿用。而经过多年发展，创业板公司情况发生了分化，为支持深圳建设中国特色社会主义先行示范区，服务科技创新企业发展，本次《重组办法》修改允许符合国家战略的高新技术产业和战略性新兴产业相关资产在创业板重组上市，其他资产不得在创业板重组上市。

四是恢复重组上市配套融资。为抑制投机和滥用融资便利，2016 年《重组办法》取消了重组上市的配套融资。而为多渠道支持上市公司和置入资产改善现金流、发挥协同效应，重点引导社会资金向具有自主创新能力的高科技企业集聚，证监会本次《重组办法》的修改结合当前市场环境，以及融资、减持监管体系日益完善的情况，取消前述限制。

五是加强重组业绩承诺监管。针对重组承诺履行中出现的各种问题，为加强监管，本次《重组办法》明确重大资产重组的交易对方做出业绩补偿承诺的，应当严格履行补偿义务。超期未履行或违反业绩补偿承诺的，可以对其采取相应监管措施，从监管谈话至认定为不适当人选。

四、证券公司的制度规范

（一）完善证券公司业务经营的一般性规定

在我国多层次证券市场不断完善的情形下，《证券法》对证券公司业务经营的一般性规定做出了调整，第一，在业务经营范围上，《证券法》扩大了证券公司的经营范围，新增证券融资融券业务及做市商交易的经营范围，并明确了证券业务中的特许经营类型，即证券承销、证券保荐、证券经纪和证券融资融券这四类证券公司的专属业务。第二，证券公司人员资质要求发生变化。就证券公司高管的任职条件而言，《证券法》删除了旧法“在任职前取得国务院证券监督管理机构核准的任职资格”的条件，以“证券公司任免董事、监事、高级管理人员的，应当报国务院证券监督管理机构备案”取而代之。就证券公司的从业人员而言，《证券法》规定其“应当品行良好，具备从事证券业务所需的专业能力”，但未对是否需要具备证券从业资格进行规定。此外，有关证券登记结算机构的设立条件里，删去了旧法“主要管理人员和从业人员必须具有证券从业资格”的条件，或意味着“专业能力”无须通过考试来认证。第三，在具体业务的开展上，首先，禁止证券公司出租席位，规定证券公司不得允许他人以证券公司的名义直接参与证券的集中交易。其次，新增证券公司保证客户信息查询制度。这其实是对2019年年初，证监会发布的《证券公司交易信息系统外部接入管理暂行规定》（征求意见稿）做出的立法上的回应，要求证券公司应当建立客户信息查询制度，确保客户能够查询其账户信息、委托记录、交易记录以及其他与接受服务或者购买产品有关的重要信息。

（二）压实中介机构责任

证券中介机构是资本市场的重要参与者，在降低信息不对称、提高市场透明度等方面发挥了重要作用。在注册制下，发行人进入市场无须经过证监会的实质审查，信息披露直接作用于投资者和市场，没有了政府的"背书"，中介机构对信息的审查就显得尤为重要，因此，确保中介机构依法履职、恪尽职守是注册制成功的关键所在。为此，新《证券法》也相应做了调整。一是明确了证券公司业务的一般原则，特别是审慎经营要求。规定证券公司应当依法审慎经营，勤勉尽责，诚实守信。证券公司的业务活动，应当与其治理结构、内部控制、合规管理、风险管理以及风险控制指标、从业人员构成等情况相适应，符合审慎监管和保护投资者合法权益的要求，加强了对证券公司经营活动的约束。二是强调了合规管理的重要性，《证券法》规定证券公司的治理结构、合规管理、风险控制指标应符合监管部门规定，新增"治理结构""合规管理"作为采取监管措施的理由，凸显了合规管理的重要性上升。三是新增对证券公司承销证券不正当竞争行为的规制。新《证券法》对证券发行承销过程中的不正当竞争行为进行了规定，并具体新增了三项承销过程中证券公司不得为的行为，一是不得进行虚假的或者误导投资者的广告宣传或者其他宣传推介活动；二是不得以不正当竞争手段招揽承销业务；三是其他违反证券承销业务规定的行为。此外，《证券法》还进一步对证券公司有前款所列承销中的不当行为，给其他证券承销机构或者投资者造成损失的，应当依法承担赔偿责任。

（三）优化证券公司股权管理

为进一步加强证券公司股权监管，规范证券公司股东行为，提升监管效能，2019年7月5日，证监会发布《证券公司股权管理规定》（以下简称《股权规定》）及《关于实施〈证券公司股权管理规定〉有关问题的规定》（以下简称《配套规定》），并重启内资证券公司设立审批。《股权规定》提出了"分类管理、资质优良、权责明确、结构清晰、变更有序、公开透明"的原则，主要明确了以下基本制度安排[1]：一是推动证券公司分类管理，支持差异化发展。根据证券公司从事业务的复杂程度，区分从事常规传统证券业务和从事的业务具有显著杠杆性质且多项业务之间存在交叉风险的证券公司，并分别规定股东条件，要求专业

---

〔1〕 证监会：《证监会发布〈证券公司股权管理规定〉》，载 http：//www.gov.cn/xinwen/2019-07/06/content_5406768.html，最后访问日期：2020年4月23日。

类证券公司的股东满足基本法定条件，要求综合类证券公司的主要股东和控股股东具备较高的管控水平及风险补偿能力。二是强化穿透核查，厘清股东背景及资金来源。第一，穿透核查股权结构、资金来源，禁止以委托资金等非自有资金入股；第二，按照实质重于形式的原则穿透核查股东关联关系，防止规避监管；第三，维持股权的稳定性，要求股东在股权锁定期内不得质押所持股权，锁定期满后质押股权比例不得超过50%。三是内外结合，实现全程监管。明确证券公司董事会办公室是股权管理事务办事机构，董事长是第一责任人，董事会秘书是直接责任人。要求公司章程约定限制违规股东行使表决权等权利，约定内部责任追究机制。对擅自变更股权、虚假出资等违法违规行为，明确处理措施；对公司治理失信行为记入资本市场诚信数据库，与分类监管挂钩。《配套规定》主要明确了以下内容：一是明确设立证券公司或者证券公司变更注册资本、股权、5%以上股权的实际控制人等事项的申报文件要求。二是明确了实施《股权规定》的过渡期安排。

五、基金法律制度的发展

（一）公募基金信息披露模式的优化

信息披露是我国公募基金行业的一项基础性制度，是领先其他资管行业的重要制度优势。《证券投资基金信息披露管理办法》（以下简称“原《披露办法》”）自2004年7月施行以来对加强监督约束、保护投资人合法权益、规范基金运作、促进行业健康发展发挥了重要的作用。近年来，随着行业创新发展步伐加快，现行信息披露制度难以充分满足投资者需求、适应市场创新发展和监管转型的需要。2019年7月26日，为优化公募基金信息披露制度，切实保护投资者合法权益，证监会发布《公开募集证券投资基金信息披露管理办法》（以下简称《披露办法》）及相关配套规则。与原《披露办法》相比，修订主要涉及以下四项内容[1]：

第一，优化指定信息披露媒体制度，简化报刊披露内容。一是优化指定信息披露媒体制度。基金管理人、基金托管人在指定报刊中为单只基金只须选择一家报刊披露信息，降低基金信息披露成本；增加证监会基金电子披露网站为指定披露网站，并要求指定披露网站免费提供信息披露服务，方便投资者集中查询获取信息。要求信息披露义务人向证监会电子披露网站的报送时间不得晚于向其他披露渠道的报送时间，并规定由该网站向其他信息发布渠道推送基金披露信息。二是精简了报刊披露的内容。仅要求在纸质报刊披露基金募集的部分文件，包括基金份额发售公告、基金招募说明书提示性公告和基金合同提示性公告、基金合同

〔1〕《关于〈公开募集证券投资基金信息披露管理办法〉及相关配套规则的修订说明》，载 https：//www. sohu. com/a/245099244_658654，最后访问日期：2020年4月22日。

生效公告、上市交易公告书提示性公告、定期报告提示性公告、临时报告。

第二，强调简明性与易得性，突出有效信息的披露和提高投资者服务水平。一是引入产品资料概要制度。借鉴香港证监会经验，要求管理人在产品销售过程中提供产品资料概要，将基金核心信息以简明方式展示给投资者。除了指定网站之外，还应当保证投资人能够在基金销售机构网站或营业网点查阅、复制基金产品资料概要。二是要求直面投资者的机构协助管理人做好重大信息风险揭示等工作。通过协议方式明确约定持续信息披露服务的责任划分，并确保向投资者清晰披露基金风险揭示等对其投资决策有重大影响的信息。三是要求向投资者告知持有基金的基本情况，并完善自主披露要求。基金管理人应告知投资者认申购、赎回基金的确认情况，定期向投资者提供其所持有的基金产品基本信息，基金销售机构应向管理人提供投资者信息。四是完善招募说明书更新频率。由现行六个月更新一次调整为信息发生重大变更予以更新，便利现有及潜在投资者获取最新信息。

第三，加强基金风险揭示及重要信息的披露，更好保护基金份额持有人利益。一是明确重大关联交易信息的披露要求，更好防范潜在的利益冲突；二是要求在相关基金信息披露文件中，加强对结构复杂、风险较高基金的风险揭示，显著、清晰地揭示基金投资运作及交易等环节的相关风险，并在基金名称中揭示基金运作方式、产品类型和主要投资方向等核心特征；三是增加基金清算报告的披露要求；四是取消半年末、年末披露基金资产净值的要求，抑制基金管理人“拼排名”行为；五是增加基金管理人聘请外包服务机构、实际控制人变更等临时公告事项，并明确临时公告的兜底原则。

第四，加强信息披露的事中事后监管，促进行业高质量发展。一是引入原则监管思路，强调信息披露义务人应以保护基金份额持有人利益为根本出发点，增加及时性、简明性、易得性原则；二是强化机构主体的自主管理意识及责任，要求管理人、托管人指定专门部门及高管负责信息披露事务；三是将信息披露合规情况纳入管理人分类监管指标，特别对基金注册申请提交的披露文件粗制滥造等情况，对该机构新基金注册申请在一定期限内不适用简易程序；四是落实简政放权的要求，取消事前向证监会报送更新的招募说明书以及事后向证监会及派出机构备案定期报告、临时报告的规定；五是完善披露违规法律责任相关表述，细化违规情形，提高违规处罚力度。

（二）公募基金“侧袋机制”的引入

近年来，债券市场陆续出现信用风险事件。个别开放式基金因持有的某个债券发行主体发生负面事件，叠加该债券流动性缺失，导致基金管理人难以根据公开信息合理确定债券价值；这种情况下，基金份额净值的计算存在不确定性，如继续办理申购赎回，可能因净值高估或低估导致投资者利益受损。因而，为提高公募基金的流动性风险管理能力，进一步丰富公募基金流动性风险管理工具，保护投资者合法权益，2019年8月16日，证监会借鉴境外市场成熟经验，起草了《公开募集证券投资基金侧袋机制指引》（以下简称《指引》）并公开征求意见[1]。《指引》共十七条，对侧袋机制的启用条件、申赎和投资安排、持有人大会表决权、费用支出、估值核算和信息披露等方面作出了规定，并强化基金管理人、托管人和销售机构等各类参与主体的相关责任。

“侧袋机制”起源于20世纪90年代末，是国外对冲基金和共同基金在基金管理过程中采用的一种特殊的估值、结算技术，其目的是更好地评估流动性不足资产的价值，公平地对待不同时期持有人的利益。[2]其指当基金组合中持有包括房产、交易量较低的股票、文物、担保债务凭证、私募股权等一项或几项流动性缺失的资产，无法采用适当的估值技术对这些资产进行估值或及时变现时，将这部分资产从基金组合资产账户中独立出来、形成“侧袋账户”进行独立管理，其他基金组合资产仍存放在“主袋账户”的机制。公募基金引入侧袋机制，一是对《公开募集开放式证券投资基金流动性风险管理规定》中“特定情形下基金管理人流动性风险管理的辅助措施”进行细化，进一步丰富基金管理人的流动性风险管理工具，促进公募基金行业平稳健康发展；二是有利于防范先赎占优等行为，最大限度地保障投资者合法权利；三是为公募基金探索产品创新，更好服务实体经济、更好满足公众投资需求提供制度保障。

六、多层次资本市场建设的再深化

（一）建立健全多层次资本市场体系

过去，我国资本市场虽然搭建了多层次的股权市场，但彼此相互独立、相互分割，没有形成互联互通、有机统一的大市场，市场集群效应及规模效应远未充分发挥出来。本次新《证券法》修改的亮点之一便为建立健全多层次资本市场体系。一是明确认可了新三板的法律地位，首次在立法层面认可了新三板的地位，并授权国务院制定新三板规则，同时，还确认了证券交易所和新三板的法人资格。二是授权交易场所设立不同市场板块，可以根据证券品种、行业特点、公司规模等因素设立不同的市场层次，使得中小企业板、创业板、科创板都获得了法律明确认可。三是明确区域性股权市场的设立依据与管理办法，规定区域性股权市场必须由国务院规定设立，只能为非公开发行证券提供发行和转让服务，并按照国务院的具体办法进行管理。至此，《证券法》将证券交易场所划分为证券交易所（沪深交易所）、国务院批准的其他全国性证券交易场所（新三板）、按照国务院规定设立的区域性股权市场（四板）等三个层次。这是一个进退有序、互联互通的多层次股权市场体系。新《证券法》

---

[1] 《公开募集证券投资基金侧袋机制指引（试行）》于2019年8月16日至9月1日在证监会官网向社会公开征求意见，并将于2020年8月1日起正式施行。

[2] 招商基金课题组：《基金公司应用“侧袋账户”结算机制探讨》，载《证券市场导报》2012年8月。

规定证券交易所、国务院批准的其他全国性证券交易场所可以依法设立不同的市场层次。[1]

（二）科创板推行：资本市场改革“试验田”

自 2018 年习近平总书记表示将在上海证券交易所设立科创板并试点注册制，科创板仅半年多的时间就正式落地，既彰显了上下一心推动资本市场历史性变革的决心和意志，也回应了经济转型升级、科技创新突破的迫切市场需求。科创板是我国构建多层次资本市场的重要探索性、创新性实践，为科技创新、战略新兴企业提供融资机会，更为重要的是总结实践经验并“反哺”主板，进一步促进资本市场整体的稳健运行。科创板在资本市场基础性制度方面进行一系列重大创新与突破，对多层次市场建设行稳致远具有开创性的时代意义。

第一，坚持科技创新企业的战略定位。科创板坚持面向世界科技前沿、面向经济主战场、面向国家重大需求，主要服务于符合国家战略、突破关键核心技术、市场认可度高的科技创新企业。

第二，设立交易门槛限制。投资者投资科创板要求最少资金为 50 万元人民币，而且对于投资者要求具有两年的投资经历。只有资金量达到一定规模的、具有丰富投资经验的和比较强心理承受能力的合格投资者才能进入科创板市场进行交易，这些规定可以在一定程度上稳定科创板推出后的市场。

第三，优化股份减持制度。主要有三个方面：一是将核心技术人员股份锁定期由 3 年调整为 1 年，期满后每年可以减持 25% 的首发前股份；二是优化未盈利公司股东的减持限制，对控股股东、实际控制人和董监高、核心技术人员减持作出梯度安排，具体期限由交易所规定；三是明确科创板股份减持的其他安排仍按照现行减持制度执行。在此，减持套现周期缩短为最短一年，使核心技术人员的流动性大大提高了，有利于鼓励高科技人才创新的积极性，同时梯度减持措施有助于弱化以往减持周期较长形成稳定“堰塞湖”问题。[2]

第四，采取市场化的询价定价方式。我国 A 股市场一直有新股炒作的传统，其根源在于新股定价机制的非市场化问题。自 2014 年 6 月以来，各行业、企业 A 股 IPO 价格都被严格限定在 23 倍市盈率之下，导致 A 股市场新股炒作猖獗。本次科创板通过对询价和配售机制的改革，使新股上市的价格更接近市场价格，加上新股上市后的前 5 个交易日不设涨跌幅限制，大大抑制了新股炒作空间。[3]

第五，设立科创板试点注册制。科创板作为注册制的试验田，制定了合理的发行条件及更加全面深入精准的信息披露规则体系，由上海证券交易所负责科创板发行上市审核，中国证监会负责科创板股票发行注册。证监会将加强对上海证券交易所审核工作的监督，并强化新股发行上市事前事中事后全过程监管。

---

〔1〕 董登新：《新证券法开启资本市场新征程》，载《中国证券报》2020 年 1 月 6 日 A03 版。

〔2〕 吕随启：《科创板的推出与股市未来》，载《中国金融》2019 年第 9 期。

〔3〕 鲁桐：《科创板是资本市场变革的实验田》，载《中国金融》2019 年第 14 期。

第六，退市制度的严格化。为了充分保护投资者合法权益，科创板设置了更为严格的退市制度。退市的情形主要包括：一是重大违法强制退市，包括信息披露重大违法和公共安全重大违法行为；二是交易类强制退市，包括累计股票成交量低于一定指标，股票收盘价、市值、股东数量持续低于一定指标等；三是财务类强制退市，即明显丧失持续经营能力的，包括主营业务大部分停滞或者规模极低，经营资产大幅减少导致无法维持日常经营等；四是规范类强制退市，包括公司在信息披露、定期报告发布、公司股本总额或股权分布发生变化等方面触及相关合规性指标等。

第七，设立系列监管规则。为建立以上市规则为中心的持续监管规则体系，科创板在持续信息披露、并购重组、股权激励、退市等方面制定了符合科创公司特点的具体实施规则。此外，科创板首次单独就董事的勤勉义务作出具体规定：一是保证有足够的时间和精力参与上市公司事务，审慎判断审议事项可能产生的风险和收益；二是关注公司经营状况等事项，及时向董事会报告相关问题和风险，不得以对公司业务不熟悉或者对相关事项不了解为由主张免除责任；三是积极推动公司规范运行，督促公司履行信息披露义务，及时纠正和报告公司违规行为，支持公司履行社会责任；四是法律法规、本规则以及本所其他规定、公司章程规定的其他勤勉义务。

（三）新三板改革：转板上市重要“纽带”

2019年11月8日，中国证监会发布了《关于修改〈非上市公众公司监督管理办法〉的决定》（以下简称《公众公司办法》）和《非上市公众公司信息披露管理办法》（以下简称《信息披露办法》）两个部门规章的征求意见稿。同日，全国股转公司发布了《股票向不特定合格投资者公开发行并在精选层挂牌规则（试行）》、《股票定向发行规则》、《分层管理办法》、《挂牌公司信息披露规则》、《挂牌公司治理规则》和《股票交易规则》征求意见稿（以下简称“业务规则”）。上述八个公开征求意见稿的发布[1]，标志着市场期盼已久的新三板改革的全面启动，集中表达了我国全面深化资本市场改革的政策取向与实施路径。此次新三板改革，是在构建多层次资本市场、服务实体经济的目标指引下，以互联互通为导向，以差异化制度设计为抓手，全面落实检验我国多层次资本市场改革措施的系统性、程序性和有效性，从而使新三板的改革不仅是其自身运行机制的完善，而且是引领和整合不同的市场力量促使我国资本市场进一步发展壮大的创新推动力。[2]

此次修改《公众公司办法》立足于服务新三板改革，重点围绕实施向不特定合格投资者

---

〔1〕 其中，《关于修改〈非上市公众公司监督管理办法〉的决定》《非上市公众公司信息披露管理办法》于2019年12月20日施行，《分层管理办法》于2019年12月27日施行，《股票定向发行规则》《挂牌公司信息披露规则》《挂牌公司治理规则》于2020年1月3日施行，《股票向不特定合格投资者公开发行并在精选层挂牌规则（试行）》于2020年1月19日施行，《股票交易规则》于2020年3月28日施行。

〔2〕 陈洁：《新三板改革定位与制度保障》，载《中国金融》2019年第24期。

公开发行、优化定向发行机制等改革内容进行针对性调整。主要修改内容包括：一是引入向不特定合格投资者公开发行制度，允许挂牌公司向新三板不特定合格投资者公开发行，实行保荐、承销制度。二是优化定向发行制度，放开挂牌公司定向发行35人限制，推出自办发行方式。三是优化公开转让和发行的审核机制，公司公开转让和发行需要履行行政许可程序的由全国股转公司先出具自律监管意见，证监会以此为基础进行核准。四是创新监管方式，确定差异化信息披露原则，明确公司治理违规的法律责任，压实中介机构责任，督促公司规范运作。

《信息披露办法》在总结挂牌公司监管经验的基础上，充分借鉴科创板改革成果，对挂牌公司信息披露义务进行明确，夯实基础制度，同时针对新三板改革后各层次公司特点，确立差异化的信息披露体系。主要内容包括：一是从新三板市场和挂牌公司实际情况出发，明确挂牌公司信息披露基本要求，保障挂牌公司信息披露质量。二是结合分层建立差异化信息披露体系，在披露形式、披露内容和信息披露事务管理方面进行差异化安排，与各发展阶段中小企业实际情况和投资者信息需求相匹配。三是证监会行政监管与全国股转公司自律监管相衔接，强化分工协作，形成高效监管机制。两个规章将夯实新三板改革的法律基础，有助于提升新三板市场服务中小企业和民营经济的能力。

而本次“业务规则”的发布更是对新三板的分层制度进行了改革，此次改革针对不同市场层级的功能定位和制度安排既有差异，又相互衔接，《分层管理办法》修订后，基础层仍然定位于企业储备和规范发展，创新层对个别进入条件做了优化调整，新设立的精选层则定位于承载财务状况良好、市场认可度较高、具有较强公众化水平的优质企业。三板分层制度的设立与完善将打通新三板与上游沪深交易所之间的屏障，同时也会打通它与下游四板之间的进出通道。[1]精选层的增设既为新三板挂牌企业铺设了晋级向上的通道，同时也为转板机制的实施奠定了重要的市场基础，尤其是新三板适时适度降低了投资者准入门槛，这必将大幅提升新三板的人气和市场地位。同时，原有基础层及创新层的制度完善与流动性加强也将更好地进行与四板市场的对接，并得到强大的群众基础和物质基础。

七、投资者保护的加强

中小投资者是我国现阶段资本市场主要参与群体，其抗风险能力和自我保护能力较弱，与上市公司、中介机构及金融机构相比，其在资本市场中处于相对弱势的地位。为此，本次《证券法》新增投资者权益保护专章，突出了投资者保护在《证券法》中的重要地位，并对证券市场历经实践检验符合市场需求的创新安排加以制度化规范化，切实增强我国投资者权

---

〔1〕 董登新：《新证券法开启资本市场新征程》，载《中国证券报》2020年1月6日A03版。

益保护的整体效能，彰显我国资本市场对投资者保护的决心、对投资者保护制度功能的积极探索以及努力构建具有中国特色的投资者保护机制的立法智慧与制度自信。[1]《证券法》的修改从多个维度为投资者权益保护提供了制度支持，力求打造投资者友好型《证券法》，以推动资本市场治理现代化。

（一）确立投资者适当性管理制度

随着市场的发展，市场与市场、产品与产品之间存在越来越多的差异性，不同层次市场以及不同品种的证券产品的风险均呈现不同的状态，投资者主体结构、投资需求、投资偏好和风险承受能力等因素也逐渐异质化，这便要求对于投资者风险承受能力的分类与识别。因此，《证券法》投资者保护专章在起始条款首先开宗明义对券商施加了两方面的投资者适当性义务，一是身份识别的基本义务，二是风险识别的基本义务。值得注意的是，“投资者适当性义务”名义上是券商的义务，但通过本次修法，它实际上也转换成了券商的一种权利，即如果没有通过券商的投资者适当性审核，券商是有权利拒绝向投资者提供相关的金融产品和服务。[2]从投资者保护一章的体例编排上来看，可以看到新《证券法》将“投资者适当性管理制度”作为实现保护投资者利益这个结果目标的前道栅栏，以避免投资者投资的盲目性，这也是我国多层次资本市场体系逐步建立的大环境下所要求的。

同时，《证券法》进一步规定，在证券公司了解投资者的基本情况后，需根据财产状况、金融资产状况、投资知识和经验、专业能力等因素将投资者分为普通投资者和专业投资者，并进一步降低普通投资者的举证负担，当其与证券公司发生纠纷时采取举证责任倒置规则，打造有温度的资本市场。

我国目前多层次资本市场均有不同的板块定位和投资风险，建立投资者适当性管理制度契合了资本市场不同板块的风险管控需求，有利于保护投资者权益和注册制的全面推行。但同时，该条文在义务设置上仍有一些问题需要明晰。一是证券公司履行适当性管理义务的服务范围仍需要明确，是否证券公司的所有服务都需履行该义务，如承销和经纪业务是否包含在内。二是证券公司注意义务的高低，《证券法》规定，投资者拒绝提供或者未按照要求提供信息的，证券公司应当告知其后果，并按照规定拒绝向其销售证券、提供服务，那若投资者提供虚假信息该如何处理，即证券公司该对信息进行实质性审查抑或形式审查的问题。三是投资者的相关信息发生变更的问题，《证券法》对投资者的区分只进行了一个静态的分类，后续投资者的相关信息发生变化的处理方式仍须明晰。

（二）建立上市公司股东权利代为行使征集制度

为尊重公众投资者的团结权、破解搭便车的集体行动难题，新修订的《证券法》在增设

---

〔1〕 陈洁：《新证券法投资者保护制度的三大“中国特色”》，载《中国证券报》2020 年 3 月 14 日 A06 版。

〔2〕 郑彧：《新证券法建立“以结果为导向”的投资者保护制度》，载《中国证券报》2020 年 3 月 16 日 A09 版。

的投资者保护章节中，对股东权利的征集进行了一般性的规定，弥补了制度上的空白。新《证券法》对于公开征集投票权进行了以下完善：一是从法律层面确立了投票权征集行为的合法性。在《证券法》修订之前，我国《公司法》规定股份有限公司可以委托代理人出席股东大会，但未明确提及表决权的征集，而旧《证券法》也未涉及该制度，与其相关的内容主要零散见于行政法规和部门规章中。而此次，新《证券法》的修订，首次以法律的形式确立了表决权公开征集制度，也为未来证监会根据实践出台更为详细的实施细则，为投票权征集实践活动提供具有可操作性的规范奠定了基础。二是确定了投资者保护机构公开征集主体的法律地位。新《证券法》在原有征集对象范围的基础上，确立了投资者保护机构公开征集主体的法律地位。就目前我国的投资者保护机构而言，主要承担这一职能的会是中证中小投资者服务中心。三是对于信息披露做了原则性的要求。新《证券法》明确规定了上市公司应当配合征集人披露征集文件。所谓“征集文件”，从字面含义理解不能仅仅是现行实践中常见的“征集公告”，而应该是详细披露征集相关内容的报告书。四是禁止以有偿或者变相有偿的方式公开征集股东权利。新《证券法》禁止以有偿或者变相有偿的方式公开征集股东权利，但这是否会影响代理人的积极性还须制度实践的检验。

（三）证券纠纷解决机制的完善

1. 构建中国特色证券集团诉讼制度

与欧美成熟的证券市场体系不同，中国证券市场以中小投资者为主。虚假陈述证券民事赔偿诉讼的难点就在于投资者人数众多，互相之间信息不通，难以推举代表人，同时单个投资者损失金额小、起诉成本高、起诉意愿不强。[1]实践中，最高人民法院于2003年发布虚假陈述证券赔偿诉讼的司法解释，虽然采用了因果关系推定的方式解决了实体法问题，但并没有解决诉讼方式的问题，该司法解释明确此类诉讼只能采用单独或者共同诉讼，不能采用人数不确定的代表人诉讼。就此，新《证券法》探索了适应我国国情的证券民事诉讼制度，允许投资者推选代表人参加证券民事赔偿诉讼，这种诉讼方式其实即为《民事诉讼法》规定的代表人诉讼，本次《证券法》修改使其成为《消费者权益保护法》后第二部对程序法问题进行规定的实体法。

具有突破性的为以“明示退出、默示加入”为原则的中国特色集团诉讼制度。在现行规定下，投资者保护机构受50名投资者委托，就可以作为代表人参加诉讼，更为重要的是，在法院公告登记的情况下，投资者保护机构可以直接为经证券登记结算机构确认的权利人进行登记，除非投资者明确表示不愿意参加该诉讼，这就是所谓的“默示加入明示退出”的美国集团诉讼的中国版本。当然，美国证券集团诉讼也有种种弊端，例如律师主导导致滥诉、

---

〔1〕 孟珂：《新证券法开启投资者司法救济新渠道，代表人诉讼制度彰显》，载《证券日报》2020年3月31日A02版。

过早和解导致投资者无法获得足够赔偿等。但我国设计的“中国版证券集团诉讼”则极为精巧，以投资者保护机构为抓手，通过维权组织来发动对于证券违法行为的诉讼，同域外由律师主导的集团诉讼相比较，具有突出的优势。首先，该条设计的诉讼方式并没有突破中国《民事诉讼法》的规定，而只是借用了人数不确定的代表人诉讼的躯壳〔1〕；其次，投资者保护机构公益性足以有效避免集团诉讼普遍存在的滥诉与过早和解的问题；最后，投资者保护机构可以更好地协调其与其他执法资源之间的关系，尤其有利于和政府监管、市场约束等执法机制的协同发展，既弥补现有的执法机制之不足，也避免执法资源的浪费。〔2〕当然，这样做也有一些限制，包括该机制的启动依赖于法院发出公告，以及投资者保护机构的激励机制可能出现问题等，这都需要今后在落实该条款中进一步完善相关规则。

2. 规定普通投资者与证券公司纠纷的强制调解

在我国证券市场，绝大多数投资者是散户投资者，他们作为最基本的投资主体，普遍缺乏投资和法律知识，为权益最容易受到损害的投资者群体。如何向投资者提供一种低成本、高效率的纠纷化解机制，就成为实现保护投资者利益立法宗旨的大事。〔3〕为了弘扬调解文化，公平及时高效化解证券争议，新《证券法》首次将投资者保护机构明文规定为普通投资者与证券公司纠纷之间证券纠纷的调解组织，鼓励投资者与发行人、券商向投资者保护机构申请调解〔4〕。投资者保护机构是以保护投资者利益为宗旨的公益性组织，更关注投资者利益保护，其参与证券期货纠纷的调解，有助于消除投资者的担心和顾虑。同时，投资者保护机构本身就是专业机构，容易受到发行人和证券公司的尊重。此外，在调解的启动机制上，新《证券法》还补充规定，一旦普通投资者提出调解请求，证券公司无权予以拒绝。这种带有倾斜保护投资者色彩的新型调解机制，有助于大幅度降低纠纷处理成本，提高纠纷化解效率，让普通投资者切实感受到保护投资者利益的证券法宗旨。〔5〕

（四）明确先行赔付制度

新《证券法》总结万福生科、海联讯、欣泰电气等欺诈发行案件中先行赔付监管实践中的成功经验，在全面实行证券发行注册制的制度预期下，果断引入先行赔付制度并予以新的发展，积极建构我国资本市场民事赔偿的新模式。《证券法》允许投资者保护机构受上市公司的控股股东、实际控制人、相关券商之托与受害投资者达成协议，予以先行赔付，在以下几方面做出了完善：

第一，对先行赔付的案件类型进行了规定。新《证券法》规定先行赔付可适用于“欺诈

〔1〕 彭冰：《〈证券法〉修改的“得与失”》，载 https：//mp. weixin. qq. com/s/AVRYxHPbTfziXjflmvB0qQ，最后访问日期：2020 年 4 月 20 日。

〔2〕 陈洁：《新证券法投资者保护制度的三大“中国特色”》，载《中国证券报》2020 年 3 月 14 日 A06 版。

〔3〕 叶林：《协力打造证券期货纠纷新型调解机制》，载《人民法院报》2020 年 3 月 19 日第 002 版。

〔4〕 刘俊海：《新证券法助力打造有温度资本市场》，载《中国证券报》2020 年 1 月 2 日 A03 版。

〔5〕 叶林：《协力打造证券期货纠纷新型调解机制》，载《人民法院报》2020 年 3 月 19 日第 002 版。

发行、虚假陈述或者其他重大违法行为”，但囿于内幕交易、操纵市场案件的责任主体往往不具备大规模赔付的能力，且缺乏相关司法解释对赔付标准予以规定，预计未来短时间内，先行赔付仍将主要在虚假陈述类案件中发挥作用。[1]第二，明确了责任主体的自愿性。《证券法》规定的先行赔付制度非强制性制度，但却拥有很强的制度引导性，其达成以责任主体的自愿性为前提。第三，扩大了责任主体的范围。较之原来保荐机构在招股说明书中承诺先行赔付，《证券法》将责任主体范围扩大至“发行人的控股股东、实际控制人、相关的证券公司”，有助于这一制度从前端发挥维护证券市场秩序、保护投资者权益的重要功能，但同时也可能带来一定的问题，即在并非强制的情况下，过多的责任主体可能会导致先行赔付的职责不清，最终使责任人消极承担赔付责任，只能靠证监会“私下强迫”[2]。第四，明确对连带责任人的事后追偿。新《证券法》完善了行赔付制度的事后追偿机制，规定进行先行赔付基金的出资人可以依法向发行人以及其他连带责任人追偿。但就可追偿的范围还须进一步明确，在实践中，出于各方面综合考虑，先行赔付主体存在向投资者进行超额赔付的可能，那么，在向其他连带责任人追偿时，对超额部分的追偿与否仍须制度进一步明确。

应当看到，新《证券法》对先行赔付制度作出了概括性规定，未来若想使其在具体适用上更具规范性和可操作性，还有赖于更为细化的操作指引的出台。在诸如先行赔付协议的效力确认、赔付标准的认定以及先行赔付与司法诉讼的有机衔接等方面，也还须法院同证券监管机关之间建立高效顺畅的对接机制。可以预见，未来先行赔付将极有可能与行政和解、证券代表人诉讼、示范诉讼等机制相互配套使用，共同发挥作用。通过多种纠纷解决方式的有机结合，切实实现证券纠纷多元化解的目标。[3]

（五）债券市场投资者保护的机制革新

作为大陆法系的舶来品，我国债券持有人会议制度最早出现于证监会2003年10月8日实施的《证券公司债券管理暂行办法》。自此之后，债券持有人会议制度在各类债券业务规则中落地生根，并陆续进入实践领域。然而，在十多年的业务实务中，由于规范债券持有人会议的规则的法律效力层级低、债券持有人会议的权限范围不明、会议决议效力不明等原因，债券持有人会议制度流于形式，未能真正发挥其制度设计的初衷。而新《证券法》首次在法律层面明确规定债券持有人会议制度和债券受托人制度，并将这两项制度作为公开发行的公司债券的硬性要求，有三点突破：一是规定必须组建债券持有人会议。《证券法》将证券持有人会议作为公开发行债券的必要条件，并对召集说明书的内容进行了规范。二是规定公开发行公司债券的，须设置债券受托管理人。债券受托管理人应当勤勉尽责，公正履行受

---

〔1〕 曹乙木：《新〈证券法〉先行赔付制度条文解读与适用展望》，载《中国证券报》2020年4月3日A06版。

〔2〕 彭冰：《新旧〈证券法〉条文对照和点评》，载https：//mp. weixin. qq. com/s/NWuhjRAMw2CrtllacCKcPA，最后访问日期：2020年4月19日。

〔3〕 曹乙木：《新〈证券法〉先行赔付制度条文解读与适用展望》，载《中国证券报》2020年4月3日第A06版。

托管理职责，不得损害债券持有人利益，其变更由债券持有人会议决议。三是受托管理人可以接受委托起诉。

八、证券市场监管制度的完善

（一）信息披露制度的强化

信息披露是贯彻《证券法》公开原则的重要体现，它是化解信息不对称，保护投资者的重要制度，也同样是注册制的核心。和通过行政手段动辄禁止或取缔不同，《证券法》强调公开，通过公开的手段，来达到保护投资者的目的。[1]它要求发行人在发行证券之前对公司的情况做出真实、准确、完整的披露，使投资者在知情的情况下决定是否投资。在本次《证券法》修改当中，新《证券法》一改之前信息披露零散见于不同章节的立法模式，将信息披露问题进行逻辑梳理并专章规定，在形式上，体现了证券立法体例结构思路清晰，纲举目张，在实质上，进一步凸显信息披露的重要性，更好地保障了投资者获取作出价值判断和投资决策所必须的信息。[2]信息披露专章从信息披露的基本原则、义务主体、披露范围、披露标准等六个方面进行了突破。

第一，确立了信息披露的基本原则。《证券法》设置了强制信息披露的一般性规定，不仅要求信息披露义务人所披露的信息应当真实、准确、完整，还增加了“简明清晰，通俗易懂”的要求。此外，对于“证券同时在境内境外公开发行、交易的”，还要求“其信息披露义务人在境外披露的信息，应当在境内同时披露”，这有利于投资者及时、准确地理解披露的信息。第二，扩大了信息披露义务人的范围。新《证券法》将“发行人及法律、行政法规和国务院证券监督管理机构规定的其他信息披露义务人”作为信息披露义务主体，这意味着信息披露义务主体不仅包括上市公司、公司债券上市交易的公司，还包括股票在国务院批准的其他全国性证券交易场所交易的公司等主体，扩大了信息披露义务人的范围。第三，进一步完善了应予披露的信息的范围。新《证券法》整合了《上市公司信息披露管理办法》等规则，将部分原来在下位规定中的标准上升到法律层面。《证券法》对“重大事件”作出了详细解释，有利于披露义务人掌握执行。对原来不够准确的表述进行了调整，如将“涉嫌犯罪被司法机关立案调查”修改为“涉嫌犯罪被依法立案调查”。第四，明确了信息披露的标准。除了信息披露内容的一般规则外，《证券法》确定了“及时、公平披露”的公平披露要求，要求信息应当同时向所有投资者披露，不得提前向任何单位和个人泄露。综上所述，《证券法》信息的披露应做到及时、公平，同时披露、信息的内容应真实、准确、完整、简

---

〔1〕 参见朱锦清：《这些果园是证券——兼评〈经济日报〉“庄园主”一文》，载《法学家》2000 年第 2 期。

〔2〕 投服中心：《新证券法宣传系列之九：证券法的灵魂之信息披露》，载 https：//mp. weixin. qq. com/s/J7bBK6kp_YKXNJ_5R6g6AA，最后访问日期：2020 年 4 月 21 日。

明清晰、通俗易懂，这在加强投资者保护的同时也给未来的专业服务机构带来了很大的挑战，一方面，同时披露的要求可能会使机构投资者的调研失去意义，另一方面，披露要求的增加与细化，特别是公平披露的要求会加大其成为被告的可能。第五，规定了董事、监事和高级管理人员的异议制度。新《证券法》要求发行人董监高对证券发行文件签署书面确认意见，同时新增了董监高对发行人披露信息的异议权，即在发行人不披露董监高的异议意见时，董监高具有直接披露信息的权利。该制度是对董监高对信息披露保证义务的补充，并将信息披露的监督范围从“定期报告”扩大到“证券发行文件和定期报告”。第六，建立控股股东、实际控制人民事责任过错推定制度。在举证责任分配上，《证券法》新增信息违法披露下发行人的控股股东、实际控制人过错推定的连带赔偿责任。实践中，控股股东、实际控制人应负主要责任的情况屡见不鲜，但却很难追究其责任，新《证券法》对相关责任主体一体适用过错推定制度，更契合实践需要。

（二）完善证券违法跨境监管

近年来，随着我国资本市场的全球化进程的加快以及互联网时代的来临，身处境外的一些违法犯罪者肆无忌惮地通过境外的证券发行和交易活动，扰乱我国境内市场秩序、侵害境内投资者权益，却长期逍遥法外。虽然损害行为发生地在境外，但损害结果发生地位于我国境内，遭受损害的投资者亦位于我国境内。有鉴于此，新《证券法》明确了《证券法》的域外适用效力，明确规定“境外的证券发行和交易活动，扰乱境内市场秩序，损害境内投资者合法权益的，依照本法追究法律责任”，确立了虽远必究的基调。此外，《证券法》第 177 条还新增国际监管合作的规定，“国务院证券监督管理机构可以和其他国家或者地区的证券监督管理机构建立监督管理合作机制，实施跨境监督管理。境外证券监督管理机构不得在中华人民共和国境内直接进行调查取证等活动。未经国务院证券监督管理机构和国务院有关主管部门同意，任何单位和个人不得擅自向境外提供与证券业务活动有关的文件和资料”，限制境外监管机构在境内直接调查取证，要禁止任何单位和个人擅自向境外提供文件。

九、2019 年证券市场的执法与司法情况

（一）证券市场执法情况

2019 年，中国证监会围绕服务实体经济、防控金融风险、深化金融改革三项任务，持续加强资本市场法治建设。统计数据显示，证监会全年作出行政处罚决定 296 件，同比减少 4. 52%，罚没款金额 41. 83 亿元，同比减少 60. 69%，市场禁入 66 人，同比增加 32. 0%。[1]

---

〔1〕 数据来源：中国证监会：《中国证监会 2019 年法治政府建设情况》，载 http：//www. csrc. gov. cn/pub/newsite/zjhxwfb/xwdd/202004/t20200417_373995. html，《2018 年证监会行政处罚情况综述》，载 https：//mp. weixin. qq. com/s/3sbwVT0dyVXPwa1HSVi84A，最后访问日期：2020 年 6 月 10 日。

通过强有力的执法维护了资本市场运行秩序，有效保护了投资者合法权益，为新时代资本市场的健康发展提供了强有力保障。

1. 内幕交易和信披违规仍是“重灾区”

2019 年公开的内幕交易案多达 55 宗，在全部公开案件中占比超四成，且多与并购重组有关。并购重组事项筹划周期长、牵涉面广，且对市场具有重大影响，因此，一些市场影响恶劣的案件当事人收到了“天价”罚单。在阳雪初内幕交易深圳中青宝一案中，阳雪初被没收违法所得 1.97 亿元，并处以一倍罚款，罚没金额将近 4 亿元。有些案件涉及主体较多，呈现“窝案”特点，在太阳纸业内幕交易案，证监会开出三张罚单，依法对吴学军、程凌、余盛分别没收违法所得 1104 万元、36.5 万元、612.67 万元，并分别处以一倍罚款，3 人因内幕交易合计被罚没 3566 万元。因信息披露违规被证监会处罚的案件共 29 宗，加上地方证监局开出的罚单共 64 张，是第二大“重灾区”。梳理罚单发现，在信披违规的案件中，有多起案件牵涉责任人范围较广，当事人超过 10 人，且往往公司和责任人共同被处罚。如天业股份信披违规一案中，公司存在未在定期报告中披露重大关联交易，未及时披露及未在定期报告中披露对外担保，未能清偿到期重大债务的违约情况、重大诉讼和仲裁，在定期报告中虚增利润等违法违规行为，涉及当事人 22 名，包括公司董事长、总经理、副总经理、董秘、财务负责人、独董等各个层级员工。抚顺特钢因未在法定期限内披露 2017 年年度报告及 2018 年第一季度报告，公司及 17 名责任人领罚单。〔1〕

2. 加强对证券违法行为的行政处罚力度

新《证券法》提高对证券违法行为的处罚力度，显著提高证券违法成本，严厉惩治并震慑违法行为人，按照违法所得计算罚款幅度的，处罚标准由原来的一至五倍，提高到一至十倍；实行定额罚的，由原来多数规定的 30 万元至 60 万元，分别提高到最高 200 万元至 2000 万元，以及 100 万元至 1000 万元、50 万元至 500 万元等。〔2〕如对于欺诈发行行为，从原来最高可处募集资金 5% 的罚款，提高至募集资金的一倍；发行人在其公告的证券发行文件中隐瞒重要事实或者编造重大虚假内容，尚未发行证券的，处以 200 万元以上 2000 万元以下的罚款；对于上市公司信息披露违法行为，从原来最高可处以 60 万元罚款，提高至 1000 万元；对于发行人的控股股东、实际控制人组织，指使从事虚假陈述行为，或者隐瞒相关事项导致虚假陈述的，规定最高可处以 1000 万元罚款等；对于证券中介服务机构未履行勤勉尽责义务的违法处罚幅度，由原来最高可处以业务收入五倍的罚款，提高到十倍，情节严重的，并处暂停或者禁止从事证券服务业务等。《证券法》大幅度提高对违法行为的惩罚力度具有其必要性，特别是考虑到注册制全面推行之后，证券市场将采取“宽进严管”的政策，没有有

---

〔1〕 王君晖：《违法违规形式多样，证监会 2019 行政处罚成绩单来了》，载证券时报网：http://jw.jwview.com/jwview/content.jsp?id=288949&classify=zw，最后访问日期：2020 年 6 月 10 日。

〔2〕 阚丽丽：《证券法修订草案四年四审有何变化?》，载《新产经》2020 年第 1 期。

力的惩罚措施，显然很难实现严管的政策目标。[1]

3. 加强对中介服务机构的监督力度

2019年，中国证监会对中介机构违法类案件处罚11起，涉及新时代证券、德邦证券、金元证券、华信证券四家券商，合计罚没金额1.05亿元。涉及大信、众华、兴华三家会计师事务所，大成律所一家律师事务所，涉及资产评估机构三家，包括中企华资产评估、银信资产评估和中广信资产评估。另外，有十余家券商被地方证监局出具警示函或责令整改的监管处罚决定。在领罚单的券商中，新时代证券和金元证券作为财务顾问未勤勉尽责，出具的文件分别存在误导性陈述和虚假记载，被合计罚没金额均超4000万元。德邦证券在债券市场首例欺诈发行案中，因未充分核查五洋建设应收账款、投资性房地产等问题，被证监会没收非法所得1857.44万元，并处以55万元罚款，合计被罚没1912.44万元。华信证券则是为股东及其关联方提供融资，被撤销业务许可，同时被处以120万元的罚款。大信、众华、兴华三家会计师事务所作为上市公司相关业务审计机构，未勤勉尽责履行审计程序，导致相关审计报告存在虚假记载，被证监会依法处罚；中企华资产评估、银信资产评估和中广信资产评估作为相关业务评估机构，在评估执业过程中未勤勉尽责，出具的《评估报告》存在虚假记载或误导性陈述，被证监会依法惩处。[2]

（二）证券市场司法情况

1. 最高人民法院关于印发《全国法院民商事审判工作会议纪要》

2019年11月14日，最高人民法院正式发布《全国法院民商事审判工作会议纪要》（以下简称《会议纪要》）。《会议纪要》共计12部分130个问题，内容涉及公司、合同、担保、金融、破产等民商事审判的绝大部分领域。

在证券法领域，《会议纪要》主要针对金融消费者权益保护纠纷案件的审理以及证券纠纷案件的审理作出了指导性意见。首先，就金融消费者权益保护案件的审理，《会议纪要》认为，在审理金融产品发行人、销售者以及金融服务提供者与金融消费者之间因销售各类高风险等级金融产品和为金融消费者参与高风险等级投资活动提供服务而引发的民商事案件中，必须坚持“卖者尽责、买者自负”原则，将金融消费者是否充分了解相关金融产品、投资活动的性质及风险，并在此基础上作出自主决定作为应当查明的案件基本事实，依法保护金融消费者的合法权益，规范卖方机构的经营行为，推动形成公开、公平、公正的市场环境和市场秩序。

其次，就证券纠纷案件的审理，《会议纪要》对证券虚假陈述及和场外配资的疑难争议

---

〔1〕 彭冰：《〈证券法〉修改的“得与失”》，载https：//mp. weixin. qq. com/s/AVRYxHPbTfziXjflmvB0qQ，最后访问日期：2020年4月20日。

〔2〕 王君晖：《违法违规形式多样，证监会2019行政处罚成绩单来了》，载证券时报网：http：//jw. jwview. com/jwview/content. jsp?id =288949&classify =zw，最后访问日期：2020年6月10日。

进行了回应。就证券虚假陈述案件的审理，《会议纪要》认为，在案件审理过程中，对于需要借助其他学科领域的专业知识进行职业判断的问题，要充分发挥专家证人的作用，使案件的事实认定符合证券市场的基本常识和普遍认知或者认可的经验法则，责任承担与侵权行为及其主观过错程度相匹配，在切实维护投资者合法权益的同时，通过民事责任追究实现震慑违法的功能，维护公开、公平、公正的资本市场秩序。

最后，就场外配资争议的审理，《会议纪要》认为，将证券市场的信用交易纳入国家统一监管的范围，是维护金融市场透明度和金融稳定的重要内容。不受监管的场外配资业务，不仅盲目扩张了资本市场信用交易的规模，也容易冲击资本市场的交易秩序。融资融券作为证券市场的主要信用交易方式和证券经营机构的核心业务之一，依法属于国家特许经营的金融业务，未经依法批准，任何单位和个人不得非法从事配资业务。

2. 明确操纵证券、期货市场罪的定罪量刑标准和有关法律适用

2019 年 6 月 28 日，最高人民法院、最高人民检察院联合公布《关于办理操纵证券、期货市场刑事案件适用法律若干问题的解释》（以下简称《解释》）。《解释》明确了操纵证券、期货市场罪的定罪量刑标准和有关法律适用问题，对于依法惩治证券、期货违法犯罪活动，防范化解重大金融风险，保护投资者合法权益，促进资本市场稳定健康发展，将发挥积极作用。《解释》对以下几方面内容进行明确：第一，关于“以其他方法操纵证券、期货市场”的认定问题。在 2007 年《中国证券监督管理委员会证券市场操纵行为认定指引（试行）》和 2010 年最高人民检察院、公安部《关于公安机关管辖的刑事案件立案追诉标准的规定（二）》规定基础上，结合司法实践和实际案例，对《刑法》“以其他方法操纵证券、期货市场”进行解释，以满足司法实践的需要。第二，关于操纵证券、期货市场罪的定罪量刑标准。结合执法司法实践，针对《刑法》规定的三种操纵手段，以及《解释》第 1 条规定的七种其他操纵方法，分别规定了七项数额数量的入罪标准。第三，关于“自己实际控制的账户”的认定问题。执法司法实践中，行为人操纵证券、期货市场时，为逃避有效监管，绝大多数不使用自己名下的账户，而利用他人账户实施操纵行为，且在被调查时往往拒不承认对他人账户的实际控制权。《解释》第 5 条以行为人对账户内资产是否具有交易决策权作为认定标准，明确列举了五种可以认定为“自己实际控制的账户”的情形。第四，明确了《解释》的适用范围。明确操纵主板、中小板、创业板、科创板证券，构成操纵证券市场犯罪的，依照《解释》的规定定罪处罚。

公司法制

重构我国公司法律形态及公司法体系的思考

郭富青*

目　次

一、引言

公司法律形态是依据一定的标准对公司本质特征的理论概括和法律抽象；它既是公司法确定的公司分类，也是公司立法的出发点。凡公司立法首先确定公司的类型，然后，基于公司类型的异同点相应地创制、安排具有差异性和共性的规范，进而构建公司法的结构体系。我国公司法体系的建构，从1993年制定《公司法》至今，都是以有限责任公司与股份有限公司两种法律形态作为立法基点，然后根据两类公司法律形态的差别和共性而分别创制规范，按照一般与特殊、共性

* 郭富青，法学博士，西北政法大学民商法学院教授，博士生导师，中国商法学研究会常务理事。

与个性的逻辑关系，对这些公司规范进行排列组合，最终，演绎形成公司法的结构体系。

作为公司立法基础的公司法律形态必然凝结或反映某一类公司的本质属性，使之与其他类型的公司法律形态截然不同。这就要求公司法律形态的划分标准必须科学、合理，能够划清不同类型公司之间的界线，体现它们之间的本质差异。更重要的是，依据公司法律形态划分而制定的法律规范必须切合公司组织、运行的实际需要，为投资者和公司提供公平的法律保护和良好的运营环境。就此而言，我国现行公司法及公司组织、运行的状况与这一应然的要求，显然存在很大的偏差。应然的公司法律形态距离实践越远，它与现实生活中公司的矛盾就越大。我国《公司法》颁布以来，时常遇到来自英美法系的学者与实务人士的诘问：发起设立的股份有限公司与有限责任公司有多少区别？我国现行公司法的确存在有限责任公司与股份有限公司，在封闭公司性上交叉和重复的弊端。我们也一直面临公司法中应然的有限责任公司和实然的有限责任公司的矛盾和如何统一的问题。我们也同样面临着公司集团化对以单个公司法律形态为主导的公司法体系的严峻挑战。

因此，我国公司法面临的结构性现代化改革的重任，是使公司法律形态的划分更加切合现实的公司形态；使应然的有限责任公司贴近实践，最大限度地实现应然与实然的有限责任公司的统一；〔1〕恢复股份有限公司原本就具有的公众性、公开性与开放性的自然天性，去除人为强加于其身的封闭性累赘。同时，公司立法应当顺应时代的发展，满足经济社会的现实需要，创设公司联合组织法律形态，即公司集团及其法律规范，健全公司的体系和调整功能。总之，当前我国公司法的现代化使命是，如何创造一个适宜和促进经济社会发展的成本低而经济效益高的法律体系。

二、公司法律形态演化的考察与比较分析

公司法律形态不可能是通过一部公司法人为地创制，便一蹴而就；而是须经过漫长的历史孕育才能得以成型。在这一过程中，成文法或判例法就现实经济社会中存在的各式各样的公司不断地加以概括总结和归纳抽象，对公司法律形态走向成熟定型发挥了关键作用。“如果没有立法技术的进步和法律范畴的发展，现代股份公司和有限责任公司的最终定型和迅速发展是不可想象的。”〔2〕因此，我们必须从公司形态及立法的历史演进过程中，去全面地认识和把握公司的法律形态。

（一）大陆法系国家公司法律形态演变及划分标准分析

公司是商品经济发展到一定阶段的产物，它脱胎于欧洲 11 世纪至 13 世纪的合伙企业。

〔1〕 参见王保树：《有限责任公司法律制度的改革》，载《现代法学》2005 年第 1 期。

〔2〕 顾耕耘：《公司法》，北京大学出版社 1999 年版，第 42 页。

合伙由最初多个继承人共同继承被继承人的财产，如船舶或个人独资企业，在共有的基础上合伙经营，后来通过订立契约将这种合伙经营扩大到家庭或家族以外的成员，最终演化为无限公司。另有一种被称为“康孟达”（Commenda）[1]的海上贸易合伙形式则进化为两合公司。然而，这两类公司均存在股东无限连带责任，难以适应社会经济发展的需要。随着欧洲之外新大陆的发现，为了扩展殖民地、海外贸易，以及从事社会化大生产，迫切需要一种既能广泛地筹集资金又能减轻、分散投资风险的公司组织形式。于是，通过国王颁发特许状的形式，欧洲各国开启了创建贸易公司的历史，孕育了股份有限责任公司的胚胎。1602 年，荷兰东印度公司由 6 个商会联合成立，由来自各贸易公司的 73 名经理担任董事，公司共同事务则由各商会提名组成的 17 人团负责，决定船队的组织、目的地和货物。公司股票面值最初 3000 弗罗林，到 1670 年达到 18 000 弗罗林。荷兰东印度公司发行了股票，股东承担有限责任，实行集体决策、集中管理，主体人格具有永续性，明显带有现代股份有限公司的某些特征。但是，它还不是完全意义上的现代股份公司。因为它不仅享有对印度贸易的独占权，在印度实行海上封锁政策，禁止印度对英、葡、法等国进行贸易；而且还享有与异教徒宣战、媾和、司法审判等公权力。为了与英国竞争，垄断印度的贸易，它甚至在印度的军事基地还拥有军队和战船。[2]可见，它并非纯粹的私法主体，而是典型的官商不分的公司形态。直到 1662 年该公司向阿姆斯特丹证券交易所抛出第一批股票，才标志其逐渐蜕变成为现代股份公司。由于早期创办股份有限公司必须获得国王的特许或国会的授权，因此，只有少数特权阶层的人才能设立这类公司。18 世纪末，投资者为了避免设立股份有限公司需要特许的限制，创办了股份两合公司。因为这类公司不但能够绕过烦琐的特许授权程序，发行股票募集资金，而且一部分股东还享有承担有限责任的待遇。因此，组建股份两合公司成为规避设立股份有限公司需要特许批准的捷径。

现今的公司法，不仅是为了资本主义经营的目的而将家庭共同体的关系加以理性的建构发展。合资公司的各种形式，乃是普遍分布的康孟达和海外贸易公司的法制结合而成。[3] 1673 年，法国颁布的《商事条例》首次规定了无限公司和两合公司，1807 年的《商法典》率先规定了股份有限公司和股份两合公司，确定了股份有限公司的股东对公司债务只承担有限责任。1843 年，普鲁士国王颁布了德国历史上调整股份公司的第一个法令《股份法》。1870 年，《德意志商法通则》确立了公司准则设立原则，迎来了德国第一个股份公司设立浪潮。随之而来的是公司投机日益盛行，为了防止公司虚假设立，保护股东、社会公众利益，

---

〔1〕 康孟达（Commenda），这是一种商事契约，实际上是航海者与资本家进行合作的一种有限合伙组织形式。根据契约资本家将金钱、货物委托给船舶所有人进行海外贸易，所获利润按照约定进行分配；亏损时船主负无限责任，而资本家仅在其委托的财产范围内承担有限责任。

〔2〕 参见［法］米歇尔·博德：《资本主义 1950－1980》，东方出版社 1986 年版，第 16～17 页。

〔3〕 参见［德］韦伯：《法律社会学》，康乐、简惠美译，广西师范大学出版社 2010 年版，第 108 页。

1884 年《商法通则》修订要求对股份公司的设立实行严格监督。致使股份公司对中小企业的适宜度降低，因而迫切需要为中小企业设计一种股东不承担无限责任的新型公司形式。正因如此，德国的有限责任公司是取代股份公司的又一种理性的新发明；对规模较小的、家族式的、尤其是共同继承人的企业而言，原先的股份公司在法律上并不合适，特别是近代司法强制要求的对外信息披露更是相当的不便。〔1〕为此，有限责任公司被定位于规模小且股东承担有限责任的公司。目的是弥补股东承担有限责任的股份公司规模较大，与股东负无限责任的无限公司、两合公司规模较小之间的空隙。〔2〕

就在 1884 年，曾有国会议员提出创立一种新的公司形式，主张新的公司形式犹如无限公司和两合公司一样，是由少数股东组成的人合公司，股东享受有限责任待遇。1888 年德国商会向国会提出议案，建议新公司应以无限公司为基础。然而，新《公司法》草案的起草者霍夫曼（Hoffmann）博士则对商会的建议持有异议，他认为无限公司只适宜少数人创设公司，新的公司应允许存在多数股东，可以借鉴无限公司的原则，采用无限公司可选择性条款，取代股份有限公司的强制性条款，创立一个准股份有限公司；若新的公司以无限公司的法律规定为基础，却抛弃了其无限连带责任的基本构成要素，人们将很难预料股东的行为变化。〔3〕新公司法案在综合考虑各种意见基础上，最终是在股份有限公司为基础上，创制了新的公司法律形态，即有限责任公司。德国学者认为，它是立法者在股份有限公司之外创设的资合公司的第二种形式，〔4〕或者有限责任公司是作为一种小型股份有限公司而创设的。〔5〕意大利有限责任公司大部分的规则也是基于股份有限公司的规则而制定，致使有限责任公司与股份有限公司十分相似。〔6〕

1937 年德国专门制定了《股份公司和股份两合公司法》（以下简称《股份法》）。1966 年的法国《商事公司法》在总结以往各种公司形态发展实践及其立法经验的基础上，将公司类型归纳抽象为五种典型的法律形态：无限公司、两合公司、有限公司、股份有限公司和股份两合公司，全面、严谨地构建了一个完整的公司法体系，堪称有史以来第一部集公司法律形态之大成的公司法典。

19 世纪末 20 世纪初，资本主义国家陆续进入垄断阶段，公司经营方式也由单个公司的

---

〔1〕 参见［德］韦伯：《法律社会学》，康乐、简惠美译，广西师范大学出版社 2010 年版，第 108 页。

〔2〕 参见［德］托马斯 · 莱赛尔、［德］吕迪格 · 法伊尔：《德国资合公司法》，高旭军等译，法律出版社 2005 年版，第 8 页。

〔3〕 Werner Schubert, Das GmbH – Gesetz con 1892 – eine zierde unserer Reichsgestzsammlung, Das historische Geschehen um die GmbH von 1888 bis 1902. Marcus Lutter. Peter Ulmer, Festschrift 100 Jahre GmbH – Gesetz, 1992. S. 4 –5、127.

〔4〕 参见［德］格茨 · 怀克等：《德国公司法》，殷盛译，法律出版社 2010 年版，第 288 页。

〔5〕 参见［美］伯纳德 · 施瓦茨：《美国法律史》，王军等译，中国政法大学出版社 1990 年版，第 8 页。

〔6〕 ［挪威］马德斯 · 安登斯、［英］弗兰克 · 伍尔德里奇：《欧洲比较公司法》，汪丽丽、汪晨、胡曦彦译，法律出版社 2014 年版，第 103 页。

独立经营发展为联合经营，各主要资本主义国家开始出现公司联合的法律组织形态，如美国的托拉斯、德国的康采恩和日本的财阀。公司集团化经营既能产生规模经济效益也会产生垄断市场的负外部性。公司联合经营对竞争的影响除了由反垄断法加以调整外，公司联合组织的管理关系则应当由公司集团法进行规制。为此，德国1965年的《股份法》首次确认了关联公司的各类组织形式，尤其是将康采恩作为公司联合的高级法律组织形式，并为关联公司、康采恩提供了系统、完备的法律规范。该法规定“在一个支配企业统一管理下的二个以上的从属企业的联合”构成康采恩。在德国之后，巴西、葡萄牙、斯洛文尼亚、克罗地亚和我国台湾地区仿效德国立法例，也建立了公司集团法律制度。另外，1983年欧盟《第7号公司法指令》，为了保护母公司的股东、子公司的小股东及其债权人的利益，要求公司集团中的母公司制作母子公司的合并财务报表和合并年度报告，以便真实而公正地反映公司集团作为一个整体的财务状况。

大陆法系国家公司法律形态演化的过程充分说明，公司法律形态的定型化，既是社会经济发展变化不断选择和扬弃的过程，也是通过立法技术不断地加以确认、创制和升华的结果。正如有学者曾指出：“如果说，企业的其他法律形式几乎都是历史形成的，然后立法机关再从法律上加以确定，那么，唯独有限责任公司是立法机关人为的产物。”〔1〕大陆法系五类典型公司法律形态的划分标准是股东对公司债务承担责任的形式。股东承担责任的基本形态是无限责任和有限责任。有限与无限责任是投资者与债权人分担损失机制，有限责任能降低股东之间，以及债权人对股东的监督成本，〔2〕促进大众投资；无限责任则有助于增强股东的凝聚力和公司的信用。按照股东承担责任形式的不同，公司的基本法律形态可分为：无限公司与股份有限责任公司。无限公司的股东须对公司债务承担无限连带责任，实质上是普通合伙的公司化；而股份公司作为典型的现代公司，经过长期进化形成了五大特征：法律人格，有限责任，股份自由转让，董事会结构下的授权经营管理，以及投资者所有权。〔3〕尤其是，股份公司能够向社会公众发行股票募集资金，股票可以通过证券交易所自由转让的特征，构成了与其他公司法律形态的显著区别。两合公司、股份两合公司与有限责任公司，均属于无限公司与股份有限责任公司之间的混合公司形态，或称为中间公司形态。其中，两合公司、股份两合公司均由承担无限责任的股东与承担有限责任的股东组成，属于人合兼资合公司。由于存在两种在权利、义务和责任上均不同的股东，并且股份两合公司还可以公开发行股票及上市交易，因此，这两类公司的管理和运作极为复杂，致使这两类公司在实践中数量较少，均未能获得充分的发展，有些国家和地区在立法上已经废除了股份两合公司。〔4〕

---

〔1〕 张仲福：《联邦德国企业制度》，中国法制出版社1990年版，第21页。

〔2〕 参见［美］莱纳·克拉克曼、［美］亨利·汉斯曼等，《公司法剖析：比较与功能的视角》，刘俊海，徐海燕译，北京大学出版社2004年版，第11页。

〔3〕 参见［美］莱纳·克拉克曼、［美］亨利·汉斯曼等，《公司法剖析：比较与功能的视角》，刘俊海，徐海燕译，北京大学出版社2004年版，第1页。

〔4〕 日本1950年修改商法和我国台湾地区1980年时修改“公司法”时，均已经删除了关于股份两合公司的规定。

德国有限责任公司继承了无限公司和股份公司的优点，又克服了它们的缺点。[1]因此，它在组织结构上更接近于无限公司，具有人合性、封闭性的特征，无论是新股东投资入股还是股份转让均受到法律或公司章程的限制；它与股份有限公司的共性则是股东均承担有限责任，又具兼有资合性，两者的区别则在于有限公司的股权发行和转让受限，通常是中小型公司。因此，在制度设计上有意识地作了有别于股份公司的不同安排。主要表现在：其一，在设立条件与程序上，有限责任公司的最低股东人数、最低资本限额显著低于股份公司，[2]其设立程序也较之于股份公司大为简化；其二，股份公司可以公开发行股票向社会公众募股，却禁止有限责任公司公开募股；其三，股份公司的股份可以自由转让，并在证券交易所上市交易，有限责任公司的股份转让则受约束，尤其是向非股东转让股份往往会受种种限制。正是这些差异才使得有限责任公司成为有别于股份公司的新型公司法律形态。

公司集团作为公司联合法律形态，其类型化的标准及其所包含的因素不同于单个公司的法律形态。在德国《股份法》中是按照公司集团中关联公司之间联结的法律纽带，即投资控制关系与管理合同关系对公司集团类型化的，并以此将公司集团划分为：合同型康采恩、事实型康采恩与公司一体化结合型康采恩。在此基础上，又根据公司集团对成员公司组织、控制的方式不同，将其划分为垂直型公司集团与平行型公司集团。前者由集团母公司对成员公司自上而下地通过控股权或支配协议进行统一管理，以实现集团整体经营目标；后者则是地位相当的数个公司根据协议或章程成立管理委员会或母公司，并将参加集团的各公司置于其统一领导之下。

（二）英美法系国家公司法律形态演变及划分标准分析

英国最早的公司是根据皇家特许状或议会特殊法案组建的公司。到伊丽莎白时期，颁发特许状成了规范特殊贸易活动的手段，特许状为商人提供贸易机会，赋予公司贸易垄断特权，以促进海外殖民地贸易发展。从 1553 年至 1680 年，英国设立的殖民地公司多达 49 家。其中 1600 年女王伊丽莎白向以桑德兰伯爵为首的商人颁发特许状，成立了著名的英国东印度公司，特许状赋予公司法人资格和东印度地区的贸易垄断特权。起初，该公司只是一个松散的临时组织，每次贸易航行除了船舶共有之外，其他物品都需要临时集资，航行结束后结算分利。直到 1612 年各个人的资本才合并为共同资本，演变为合股公司。1617 年，股东已达 954 人，股本总额为 1 620 040 英镑。由于公司资本股份化，股份可以转让，股东承担有限责任，英国东印度公司已经具有现代公司的萌芽。1711 年约翰 · 布伦特（John Blunt）成立了南海公司获得了南美洲殖民地的贸易垄断权。1972 年公司获得了英国 3100 万英镑价值的

---

〔1〕 参见张仲福：《联邦德国企业制度》，中国法制出版社 1990 年版，第 23 页。

〔2〕 例如，法国公司法规定，设立有限责任公司最少要有两名股东，最低资本数额为 50 000 法郎；而设立股份有限公司最少要有 7 名股东，最低资本数额应当达到 250 000 法郎。

国债承销权，并通过贿赂与政府建立了密切的关系。南海公司授权资本5 000 000英镑，发行股份50 000股，每股100英镑，认购定金2英镑。公司承诺每股每年可以获得100英镑的红利。于是，投资者蜂拥而来，致使股价一路狂涨，至1972年5月底每股高达520英镑，6月底每股超过1000英镑。当认购人意识到他们持有的股份价格虚高时，开始纷纷抛售股份，导致股价急剧下跌，泡沫终于破灭，投资者损失惨重。1720年6月11日，南海公司事件直接导致泡沫法案的颁布，宣布合股公司一般不具有法人资格，任何未经合法授权组建公司、发行股票的行为均属非法，严惩非法证券交易。该法案一直推行至1825年，由于为了遏制股票投机而矫枉过正，极大地抑制了股份公司的发展和法人制度运用。

南海公司股票泡沫事件也许是历史上最早的股票虚假陈述和欺诈的丑闻，对此，姑且存而不论，单就其股份募集和运行方式而言，它与东印度公司均已证明，英国公司发端之时就具有开放性和公众性的特征。公司由董事会集中管理，“所有权与控制权的分离并非公司制度后期发展的结果，而是一开始就是公司形式的一个关键特征。”〔1〕维多利亚中期的立法政策是小企业应当采用合伙的形式，企业投资人超过20人的企业必须采用公司的形式。〔2〕这说明立法竭力塑造公司的开放性和公众性形象，不允许封闭性小微企业采用公司的形式。

1825年以后英国民众要求降低公司设立门槛和放松管制的呼声日渐高涨，1844年议会通过《合股公司法》回应了社会经济发展的实际要求，第一次确认投资者无须依据特许状和议会特别法案便可以径直登记设立合股公司；并且公司拥有财产和诉讼主体资格，但是，股东仍应对公司债务承担责任。1855年《有限责任法案》引入股东有限责任，有限责任不再是自1553年以来少数特许公司股东享有的特权。1856年的公司法则标志着有限责任原则的正式确立。因为该法废除了1844年公司法公司设立的烦琐程序，从此，有限责任形式的公司不但能自由设立与运营，而且能确保公司交易相对人了解股东的有限责任。

1907年的英国公司法第一次定义了私人公司，1908年的公司法则规定，私人公司不须将资产负债表和年度利润分配办法登记备案。理由是私人公司不能向社会公众募集资金，没有必要公开其内部信息，否则，反而会损害公司利益。1948年的公司法则强制要求股份被公众公司持有的私人公司，也应当公开资产负债表。1967年的公司法废除了私人公司无须公开信息的规定，要求所有的有限责任公司都必须将全部账户登记备案。现如今的英国的私人公司不能向公众发行股份，但是，法律不再限制其股份的转让。然而，股东向非股东转让股份时，允许公司章程设置须经公司批准或赋予其他股东优先购买权的限制条款。私人公司无须聘请董事会秘书，也无须现场召开年度股东大会，提交公司账目及其报告副本，股东可通过

---

〔1〕［美］斯蒂芬·M. 贝恩布里奇：《理论与实践中的新公司治理模式》，赵渊译，法律出版社2012年版，第55页。

〔2〕参见［英］保罗·戴维斯：《英国公司法精要》，樊云慧译，法律出版社2007年版，第30页。

签字直接作出书面股东会决议。

美国早期出现的公司是英国殖民者在北美洲设立的各种贸易公司。独立后，根据宪法各州获得公司立法权，1795 年北卡罗来纳州首先制定了普通公司法，随后各州纷纷颁布自己的公司法。各州公司法规制的对象仅限于普通公司即公众公司，而私人公司只不过是公众公司的衍生形态，寄生于公众公司之中，它的合法性早期是通过判例法确立的。例如，1896 年，在 Levins v. W. O. Peeples Grocery Co. 一案中，法官认为，虽然杂货铺公司还有其他的小股东，但是皮普尔斯（Peeples）家族的两个成员，实际上拥有几乎全部的股份，并且像控制一个封闭公司一样绝对地控制着该公司。〔1〕1898 年 Jones v. Brown 一案中，法官认为，"这个协议的言下之意，公司是一个封闭公司，公司的股份被那些时不时地要参与公司经营的人所有。"在 Rudaitis v. Galskis 一案中，一审法院就曾认为立陶宛新闻出版公司章程细则，关于股份转让须经董事会同意的规定无效；二审法官马切特（Matchett）却认为该限制有效。理由是该公司是一家小型公司，实质上股东之间的关系类似于合伙关系，一个不友好或令人讨厌的人无论出于任何目的加入公司，都会伤害公司以及其他股东的利益，因此，公司章程细则规定董事有权审核股权转让是合理的。〔2〕曼彻斯特上诉法庭将闭锁公司的特征界定为：（1）少量股东；（2）没有现成的公司股票市场；（3）实质上的多数股东参与公司经营、决策和运作。〔3〕

20 世纪 40 年代到 80 年代，美国各州公司法在总结或重述判例规则的基础上，为封闭公司创设条款。1955 年北卡罗莱纳州制定新公司法规定，封闭公司股东会、董事会决议时，可实行超级表决权；允许公司在章程或股东协议中限制股份转让；1962 年南卡罗莱纳州通过新公司法，允许封闭公司的股东像合伙一样自由地处理内部事务；美国标准公司法 1969 年也增加了封闭公司条款，1981 年又进行补充规定，允许经股东一致同意可以完全免除董事会设置，股东可以按照协议的约定直接管理公司。《特拉华州普通公司法》第 14 分章，用 16 个条款系统规定了封闭公司身份取得与放弃，股份转让限制，董事会权力限制，股东管理公司，公司管理人及董事的临时指定，以合伙方式运作公司，以及股东决定解散公司。除了上述特别规定的内容外，封闭公司应当全面遵守一般公司法的规定。特拉华模式对封闭公司进行了以下四个方面的界定：（1）股东人数的限制；（2）禁止股份公开交易；（3）要求限制股份转让；（4）股东选择封闭公司的条款。〔4〕

由于按特别条款设立封闭公司，须在公司章程中表明是封闭公司，并且必须对股东人数、股份转让等进行限制性规定，反而会限制公司的自由，妨碍公司发展成长为大公司。因而美国各州大约只有 5% 的公司选择适用了封闭公司条款，大多数封闭公司会在外观上让自

〔1〕 Levins v. W. O. Peeples Grocery Co., 38 S. W. 733 (Tenn. Ch. 1896).

〔2〕 People ex rel. Rudaitis v. Galskis, 233 I11. App. 414 (I11. App. Ct. 1924)

〔3〕 Donahue v. Rodd Electrotype Co., 328 N. W. 2d 505, 511 (Mass. 1975).

〔4〕 Dennis S. Karjala, An analysis of close corporation legislation in the united states, 21 Ariz. St. L. J. 663 (Fall 1989).

身看起来是一家普通的公司，而不是受特别条款照顾的公司。[1]

从英美法系国家公司及其立法的历史考察中，我们依稀看到其公司法律形态的演变轨迹：在合伙经营的土壤中，培植了公司的萌芽，公司在成长的过程中逐渐摆脱合伙的封闭性、人合性，孕育形成了公司的独立人格，股东有限责任，股份自由转让、开放性等品格。正是这一系列有别于合伙的异质要素，才将公司塑造成了独立的企业法律形态。最早发展成型的是公众公司（公开型公司），后来演化出现了私人公司。在美国一元模式的公司立法中，开放性公司始终是立法的本体或基础，封闭性公司只不过是法律例外许可的产物。换言之，在立法技术上通过创设特别条款，或者采用“公司章程除外规定”的形式，为封闭公司预留生存空间。在1980年以前，英国公司法一直坚持公众公司是公司的一般形式，而私人公司仅是公众公司形式的变异；[2]英国《2006年公司法》第4（1）条明确规定，在英国登记的所有公司都被视为私人公司，除非其登记为公众公司。虽然英国公司调整了私人公司与公众公司在公司立法中的地位，但是，公众公司与私人公司仍然是英美法系公司法中两类基本法律形态，这一点从未改变。

英美法系公司法将公司划分为公众公司与私人公司（封闭公司），这只是按照股份发行对象不同及股份能否自由转让的标准，对公司类型化所获得的基本法律形态。在此基础上还可以按照其他标准再次划分公司形态，即界定次级公司法律形态。按照股东承担责任的方式不同，可以将公众公司与私人公司再分为有限公司与无限公司；按照是否有股本，可以再分为股份有限公司与保证有限公司。例如《特拉华州普通公司法》第102节（a）（1）规定，公司名称应当包含的字样中可以是“有限公司”“无限公司”；第102节（b）（6）规定，组建公司的证明文件中可以包括公司全体股东或成员在规定的程序和条件下对公司债务承担个人责任的条款；如无此条款者，则股东或成员承担有限责任。

另外，英美法系公司法中虽然也有关于公司之间控制关系的零星规定，例如，英国1929年的公司法增加了控股公司与子公司关系的规定，要求控股公司在资产负债表上标明如何在其账户中处理子公司的利润和损失。但是，它并没有将其归纳、抽象出公司联合的法律形态，从而创设系统的公司集团法律规范。这也许是英美法系立法崇尚自由竞争的市场经济，以“制止企业走向集团主义，而让企业恢复到民主竞争的状态”，作为使命的必然结果。[3]

---

〔1〕 F. Hodge O'Neal & Robert B. Thompson, O'Neal and Thompson's Close Corporations and LLCs: Law and Practice, Revised Third Edition, 2015 *Thompson Reuters*, 7/2015. p 1 –113.

〔2〕 参见葛伟军:《英国公司法原理与判例》，中国法制出版社2007年版，第10页。

〔3〕 [美] 拉尔夫·德·贝茨:《美国史》，南京大学历史系译，南京大学出版社1985年版，第66页。

（三）两大法系国家公司法律形态的差异、融合与趋同

比较两大法系公司法律形态的差别，主要表现在二者所采用的第一层级的划分标准及所确定的基本公司法律形态不同。大陆法系公司法所采用的第一层级的划分标准是股东的责任形式，所确定的公司基本法律形态是无限公司与股份有限公司，中间形态为两合公司、股份两合公司和有限责任公司。大陆法系对公司法律形态的界定方式，不仅用抽象的立法技术使每种公司法律形态中的股东、公司与债权人之间的法律关系得以彰显；而且，不同类型的公司法律形态之间的界限也十分明显。然而，英美法系公司法所采用的第一层级的划分标准是股份发行的对象和转让方式，所确定的公司基本法律形态是公众公司（public company 或 publicly held corporation）与私人公司（private company 或 closely held corporation）。这种公司法律形态的界定方式突出了公司融资与运作的方式，有助于公司法对这两类公司选择适用不同的规制方法与监管政策。

两大法系公司法律形态各有千秋，其差异并不构成实质冲突，只不过是分别强调了公司构成的某些要素，因此，它们之间并非相互排斥而是可以兼容的。正因为这样，两大法系公司立法互相借鉴，客观上出现了两大法系公司法律形态融合与趋同的现象。这种融合主要表现在两大法系在坚持各自的基本公司法律形态的前提下，在对公司进行次级类型化时，借鉴和吸收对方第一层级的划分标准作为自己第二层级的划分标准，从而优化或丰富本国的公司法律形态。首先，一个有力的例证是股票在证券交易所上市交易的公司，是典型的公众公司。由于其股票发行、交易及严格监管的实际需要，大陆法系各国的公司法和证券法也都对其设置了专门规范，而且全世界关于上市公司的法律规定都大同小异。其次，英美法系国家的公司立法中吸收了无限公司、股份公司与有限责任公司的分类，美国甚至引入大陆法系的有限责任公司。1977 年，怀俄明州颁布的《有限责任公司法》，以后各州相继颁布有限责任公司法。1994 年，美国统一州法全国委员会制定了《统一有限责任公司法》。美国的有限责任公司具有法人资格，股东承担有限责任，但股东之间、股东与公司之间，以及在公司纳税方面，犹如合伙一样得灵活。与德国有限责任公司的创制所不同的是，它不以股份公司为基础而是以合伙（无限公司）为基础而塑造的新型公司形态，同时借鉴了有限责任公司的合理要素：法人格与有限责任。最后，大陆法系国家不仅在学理上接受了公众公司与私人公司的划分标准，而且也有相应的立法条款体现了这两类公司法律形态的实质要求。于是，将关于公众公司与私人公司（封闭公司）的理念和特性融入本国的公司立法之中。法国有学者认为公众公司与私人公司这两类公司在法国制定法中已经潜在可见。[1]

---

〔1〕［法］伊夫 · 居荣：《法国商法》（第 1 卷），罗结珍等译，法律出版社 2004 年版，第 233 页。

三、我国现行公司法律形态的制度设计缺陷透视

当公司法把公司组织运行的诸多现实要素归纳到公司组织形态的一般概念和制度体系之中使之普遍化时，它便同时抛弃了这些要素的特殊性，这必然会产生公司法与公司的实际组织形态之间的距离。也就是说，“普遍化的科学在其概念中不仅消除了它的对象的个别性，而且消除了它们的直接的直观性”。[1]我国公司的基本法律形态，自1993年公司立法确立以来已经过去27年，期间我国公司形态的生存环境也已经发生了显著的变化。一方面，形成了证券市场层级体系，扩大了公众公司的市场范围和上市公司的种类，开辟了中小型股份公司挂牌交易的新三版市场；另一方面，随着公司最低资本限额的废除小微企业也可以采用公司的组织形式开展经营活动。公司法虽然为适应公司发展的需要进行了五次修改，但是，我国公司法律形态及其法律调整与公司现实状况及其客观需要的距离，不仅没有缩小反而被拉大了，导致公司立法滞后于公司发展的实践，妨碍公司的发展。对此，必须进行深刻的检讨。

（一）公司法律形态趋同与分化的反向运动

我国目前公司法的制度设计与公司运作中存在的最大问题是，有限责任公司与发起设立的股份有限公司的趋同化现象。从前文考察公司法律形态演化的历史中，我们已知1892年德国创制有限责任公司是以股份公司作为基础，同时借鉴无限公司人合性的因素对股份公司某些特征加以限制、改造而成。相对于股份公司，有限责任公司必须在制度设计上与股份公司保持不同或存在差异，才能成为独立的公司法律形态。因此，各国关于有限责任公司的立法，均作出了与股份公司不同的制度安排，我国公司法创立之初也是如此。1993年，我国制定的第一部公司法对有限责任与股份有限公司在设立方式、条件、程序、股份发行、转让和治理结构等方面，均作出不同规定（见表1）。例如，有限责任公司的设立一般采取准则主义，法律对从事特殊行业要求批准的，应当获得经营许可；而股份公司则一律采用核准设立；[2]设立一家以生产为主的有限责任公司必须有2人以上50人以下的股东，最低资本人民币50万元，而设立一家股份公司要有5人以上的发起人，最低资本限额则必须达人民币1000万元。[3]

---

〔1〕［德］H. 李凯尔特：《文化科学和自然科学》，涂纪亮译，商务印书馆1986年版，第68页。

〔2〕1993年制定的《公司法》第11条第2款规定：“公司的经营范围由公司章程规定，并依法登记。公司的经营范围中属于法律、行政法规限制的项目，应当依法经过批准。”第77条规定：“股份有限公司的设立，必须经过国务院授权的部门或者省级人民政府批准。”

〔3〕参见1993年制定的《公司法》第20条、第23条、75、78条。

表 1　1993 年《公司法》中有限责任公司与股份有限公司比较

对比事项	最低资本	股东人数	股份募集与转让	设立方式	治理结构
有限责任公司	以生产经营、商品批发为主的公司 50 万元； 以商业零售为主的公司 30 万元； 科技开发、咨询、服务性公司 10 万元	一般 2 ~ 50 人，国有独资公司 1 人	禁止公开募集股本；向非股东转让股权受限	准则主义 + 营业许可	除国有独资公司外，均设股东会。 大公司：董事会人数 3 ~ 13 人，监事会不少于 3 人，设经理。 小公司：仅设 1 名执行董事并可兼任经理，可设 1 ~ 2 名监事。 国有独资公司：董事会人数 3 ~ 9 人；设经理
股份有限公司	1000 万元	5 人以上	经批准可向社会公开募集股份；股份可依法转让	核准主义	设立股东大会，董事会人数 5 ~ 19 人（第 112 条），设经理，监事会不少于 3 人

然而，为了适应市场经济发展的需要，鼓励投资创业，我国公司法进行了数次放宽公司准入的修订，致使两类公司之间原有的差异逐步缩小，甚至出现了趋同化现象。2005 年公司法修改废除了要求股份公司核准设立的要求，股份公司和有限责任公司均采用准则设立原则，除经营范围中涉及法律规定须前置审批的事项之外，可直接向公司登记机关登记取得经营主体资格。股份公司设立时发起人由 5 人以上降为 2 人以上，这使股份公司的设立门槛在最低股东人数上与一般的有限责任公司一样高。[1]2013 年公司法修改废除了公司最低资本限额的规定，这表明法律不再要求股份公司设立时的规模要大于有限责任。至此，有限责任公司与股份公司设立时的规模差异消失。二者之间的差别，仅表现于法律禁止前者公开募股，后者可以公开募股；前者股权转让受限制，后者股份可自由转让，并可上市交易。在上市公司从公司中单独划出之后，留下来的是大多未公开发行股份的股份有限公司，因而其与有限责任公司的本质差距逐渐消失。[2]也就是说，在我国现行公司法中设立一家有限责任公司与发起设立一家股份有限公司在设立条件和程序上几乎没有实质性差异，在公司运作方面，这两类公司均具有封闭性，不承担公开公司信息的义务，股份均无法自由流通（见表 2）。尽管发起设立的股份公司股份转让不像有限责任公司那样受法律限制，但是，因其没有公开募股和上市交易，股份转让却因客观上缺乏转让场所，所以事实流转困难。

---

〔1〕 参见 1993 年《公司法》第 75 条；2005 年《公司法》第 79 条。

〔2〕 参见张辉：《中国公司法制结构性改革之公司类型化思考》，载《社会科学》2012 年第 9 期。

表2　现行《公司法》中有限责任公司与发起设立的股份有限公司比较

对比事项	设立方式	最低资本	股东人数	股份募集与转让	治理结构	法律地位与责任形式
一般有限公司	一般准则设立，个别须营业许可	无	50以下人	禁止公开募股；限制向非股东转让股权	设股东会，董事会3～13人，经理为任意机关，监事会不少于3人	企业法人，有限责任
发起设立股份公司	同上	无	2～200人	未公开募股；股份依法转让，实际转让困难	设股东大会；董事会5～19人；经理为必设机关；监事会不少于3人	企业法人，有限责任

股份公司中出现私人公司（封闭性公司）与公众公司（公开性公司）明显分化的趋势。证券交易所的诞生必然使股份有限公司分为相对独立的两种公司形态：上市公司与非上市公司。由于股东人数、股份发行和转让的方式不同，以及出于投资保护，加强证券市场监管，防范系统性风险的目的和需要，需要证券法从公司法中独立出来专司公众公司和证券交易所的调整，这必然使公众公司尤其是上市公司在股份公司中独树一帜，具有融资方面的优势和便利，同时承担起繁重的信息披露义务和接受证监会和证券交易所严格的监管。而非上市的股份公司往往是发起设立的股份公司，由于没有公开发行股份，因而不涉及公众利益，无须披露公司的经营和财务信息，亦无须证监会对其实施严格的监管。因此，这些公司始终处于封闭运行状态。这使公众与私人公司截然有别。根据我国《证券法》的规定，以公开方式发行股票的公司、股东人数超过200人的公司、上市公司与挂牌交易的公司均属于公众公司。除此之外的其他公司，包括发起设立的股份公司则属于私人公司（非公众公司）。显然，股份公司已经被割裂、分化为公众型股份公司与封闭型股份公司，完全偏离了股份公司的本性和股份公司创始时的初衷。

（二）公司形态同质异规与异质同规导致法律适用不公平

在我国现行公司法中，公司法律形态的趋同与分化造成法律适用的不公平，即同质的公司形态适用不同的法律，相异公司形态却适用同一法律规则。王保树教授将这种现象认定为，公司法律形态存在结构性问题。他认为问题的症结是，有限责任公司虽属封闭公司，但没有涵盖发起设立股份有限公司，而股份有限公司却容纳了公开性的上市公司和封闭性的发起设立的股份有限公司。这种结构导致了封闭公司适用不同规则，公开性股份有限公司、封闭性股份有限公司适用同样的规则。[1]深究其中的因果关系，我们发现我国公司立法在对公司分类上，没有采用统一的划分标准，这种违背逻辑规律的做法，必然导致不同类型的公司在某些构成要素或行为方式上存在交叉、重合的结果。首先，我国公司法以股份公司作为公司的一般形态，然后以股东不超过 50 人为标准从中划分出有限责任公司，使其成为封闭性兼具人合性并独立于股份公司的公司形态；[2]然后又以发起人（股东）不超过 200 人为标准将其分为发起设立股份公司与募集设立股份公司。在两个不同的标准中，股东不超过 200 人本身就包括股东不超过 50 人，这不可避免造成了公司法律形态的交叉或重合。未公开发行股份的股份公司与有限公司的根本共性在于，二者都是股份募集和流动受限制的公司。[3]也就是说，二者在封闭性上存在交叉或重合。然而，在法律适用方面，性质相同的有限公司与发起设立的股份公司却分别适用关于有限公司和股份公司的不同法律规定；发起设立的股份公司属于封闭性私人公司却与募集设立的股份公司一样适用股份公司（公众公司）的法律规范。主要表现在：第一，有限公司法律制度中关于小公司灵活、高效、低成本的制度设计不能适用于发起设立的股份公司。[4]尽管发起设立的股份公司也大多为小公司，但是这些公司也必须遵守公司法对大型股份公司治理结构、决策程序和议事规则的严格要求。第二，有限公司法律制度中对异议股东评估权行使的法定事由规定得较广泛；而股份公司则仅适用于分立、合并的情形。这对上市的股份公司，由于其股东持有的股票可以在证券交易所自由转让，足以平衡大股东与小股东的利益。然而，现行公司法要求发起设立的股份公司也毫无例外地照此适用，客观上造成了对发起设立股份公司的小股东保护不充分的后果。[5]

（三）未确立关联公司法律形态，立法滞后于公司集团的发展

20 世纪 90 年代，我国就已经开始推行大型企业集团的试点工作，全国各地均组建了一大批企业集团，目的是提高企业资本的集中度、扩大企业规模，增强企业的竞争实力，迎接加入世界贸易组织所面临的国际竞争的挑战。2001 年我国成功加入世贸组织，从此世界排名前 500 强的大型跨国公司陆续进入中国大陆市场。公司集团如何建立，公司集团如何规范地管理和运作，才能发挥公司集团整合单个公司的规模效益和协同效益？如何防止控股公司、支配企业通过关联交易“掏空”上市公司，侵害被控制公司及其中小股东和债权人的利益？这一系列现实问题纷至沓来，尤其是上市公司中损害小股东及债权人利益的丑闻时而曝光，

---

〔1〕 参见王保树：《公司法律形态结构改革的走向》，载《中国法学》2012 年第 1 期。

〔2〕 参见王保树：《公司法律形态结构改革的走向》，载《中国法学》2012 年第 1 期。

〔3〕 参见张辉：《中国公司法制结构性改革之公司类型化思考》，载《社会科学》2012 年第 9 期。

〔4〕《公司法》第 33 条规定，股东可以要求查阅公司会计账簿；第 34 条、第 42 条规定公司可根据章程的规定不按出资比例分红，股东会决议不按出资比例表决；第 43 条、第 48 条规定，股东会、董事会议事方式和表决程序由章程做出补充规定；第 49 条规定经理为任意机关；第 73 条第 2 款规定，不召开股东会以书面形式做出股东会决议；第 50 条、第 51 条规定，股东人数较少或者规模较小的有限责任公司，可以设一名执行董事，不设董事会，执行董事可以兼任公司经理；可以设一至二名监事，不设监事会。

〔5〕 参见《公司法》第 74 条、第 142 条第 4 项。

对我国以单个公司法律形态为基点的公司法体系提出了严峻挑战。

然而，我国现行《公司法》涉及关联公司及公司集团的规定，仅有 7 个条文，分散地规定在“总则”，第四章第五节“上市公司组织机构的特别规定”与“附则”之中。“总则”有 5 个条文，其中第 14 条规定了公司设立分公司、子公司及其法律地位。第 15 条规定了公司转投资。第 16 条规定了公司向其他企业投资或者为他人提供担保，尤其是为公司股东或者实际控制人提供担保的决定权及表决规则。第 20 条规定了股东滥用股东权利给公司或者其他股东造成损失的，应当依法承担赔偿责任；公司股东滥用公司法人独立地位和股东有限责任，逃避债务，严重损害公司债权人利益的，应当对公司债务承担连带责任。第 21 条规定公司的控股股东、实际控制人、董事、监事、高级管理人员不得利用其关联关系损害公司利益。第四章第五节“上市公司组织机构的特别规定”只有 1 个条文，即第 124 条规定了上市公司董事与董事会会议决议事项所涉及的企业有关联关系的，必须回避对该项决议行使表决权。“附则”中第 216 条对控股股东、实际控制人作出明确界定，并明确了关联关系的范围。

“如法律在书面上的操作与现实生活中的操作不一致，那么法治就会大打折扣。如果制定法和现实法很少或没有相似之处，则法治不复存在。”〔1〕我们对现行公司法律形态及其制度安排进行检讨的目的，就是要找出法律文本上公司法律形态与实现社会生活中的公司形态及其运行之间的偏差、缺陷和不适宜性，然后弄清其成因，提出切实可行的应对之策，并通过公司法的修改矫正偏差、弥补缺陷、消除不适宜的因素，促使现实法与制定法的统一，提高公司法的明确性、可预见性和有效性，营造良好的公司法治环境。

目前，我国《公司法》零星涉及的几个有关公司关联关系的条文，远远不能满足我国公司集团迅速发展且数量庞大，以及内部关联关系，特别是控制关系盘根错节、极其复杂的现实需要。关联公司、企业集团在社会经济生活的大量产生、繁衍和扩张，与公司法的制度供给严重不足，形成了法律与实现之间的差距，只能通过立法创新才能消除或缩小。因此，确立公司集团是公司联合的高级法律组织形态，明确公司之间的关联关系及关联公司的地位，并以此为基础建立我国系统化的公司集团制度势在必行。

四、我国公司法律形态重构方案辨析

有限责任公司与封闭性股份有限公司趋同化、股份有限公司内部分化，致使我国现行公司立法逻辑结构不合理，法律适用有失公允。为了解决这一问题，实现公司法现代化，目前学术界已经提出了三种实施方案。

---

〔1〕［美］凯斯·R. 孙斯坦：《法律推理与政治冲突》，金朝武、胡爱平、高建勋译，法律出版社 2004 年版，第 125 页。

第一种方案，提议取消有限责任公司，并在股份有限公司内部做出类型化处理。

这是日本 2005 年的公司法现代化改革采取的方案。公司法律形态产生、演变的历史表明，股份公司的诞生就是为了筹集资金，适应大规模的贸易活动和社会化大生产，因此，开放性、公开性是其本质属性；而有限责任公司则专为闭锁型中小企业而创设。但是，在实践中日本大部分中小企业都选择了股份转让受限的股份公司形态。为了使中小型企业符合股份公司的规定，日本股份公司法几经修改。结果使受限的股份公司制度变得与有限责任公司制度，别无二致，几乎相同。因此，2005 年的《商法》修改干脆废除了《有限责任公司法》。这样一来，以前在有限责任公司框架内进行的操作都可在股份公司形态内进行。也就是说，有限责任公司实际上将作为股份转让受限股份公司的一种形态而存在。〔1〕可见，《日本公司法》在股份有限公司内又细分为股份转让受限制与不受限制的股份有限公司。王保树教授认为这种改变，只是在形式上消灭了“有限责任公司”，而其实质仍保留了有限责任公司所表现的封闭性。其特点在于实现了股份有限责任公司制度与名称上的一元化，充分注意到了发起设立的股份有限公司与有限责任公司的共性，在股份有限公司内部区分封闭性与公开性。其缺陷在于模糊了股份有限公司和有限责任公司之间的差别，低估了有限责任公司存在的必要性。根据《关于调整与公司法实施相关法律等的法律》的规定，公司法颁布之后不能再成立新的有限责任公司，而之前成立的有限责任公司则被视为公司法规定的股份公司，而且无限期地存续，称为“特例有限公司”，仍然可以使用“有限公司”的商号。这种做法的是非功过还有赖于实践的检验。〔2〕

然而，我国也有一些学者主张借鉴日本公司法的体例。王文宇教授提出，有限责任公司已经退出历史的舞台，日本已经在 2005 年取消了有限责任公司立法。中国也应当取消有限责任公司的立法，将其并入非上市的股份公司制度中。〔3〕另有学者建议，立法者既可以根据股份是否可以在证券交易所公开流通而将公司区分为上市公司与非上市公司；也可以根据股份是否公开募集而将公司区分为开放型公司与闭锁型公司。〔4〕还有学者进一步认为，从法律技术操作的角度，并结合股份公司公开发行上市的实际情况，以上市与否作为区分标准更合理。闭锁型公司的闭锁性准确地概括了有限责任公司与非上市股份公司的共性，而由闭锁性又能衍生出许多共性的规则以及共性的处理方式。大陆法系的有限责任公司与非上市股份公司都能够被包容在闭锁型公司的概念中。〔5〕

---

〔1〕 参见［日］前田庸：《公司法入门》，王作全译，北京大学出版社 2012 年版，第 11 页。

〔2〕 参见王保树：《公司法律形态结构改革的走向》，载《中国法学》2012 年第 1 期。

〔3〕 参见王文宇：《论闭锁公司的立法模式——从外商投资企业法谈起》，载《公司法结构性改革的前景》（清华大学 2010 年 10 月 30 日至 31 日召开的“21 世纪商法论坛”第十届国际学术研讨会论文集），第 8 ~21 页。

〔4〕 参见刘俊海：《论新〈公司法〉的现代化》，载游劝荣主编：《公司法比较研究》，人民法院出版社 2005 年版，第 51 页；载张穹主编：《新公司法修订研究报告》（上册），中国法制出版社 2005 年版，第 10 页、第 15 页。

〔5〕 参见张辉：《中国公司法制结构性改革之公司类型化思考》，载《社会科学》2012 年第 9 期。

第二种方案，建议保持有限责任公司的独立存在，并在股份有限公司的法律调整中区分闭锁型与公开型公司。

1994年，德国颁布《关于小型股份公司和简化1994年股份法的法律》改变了对上市股份公司和非上市股份公司适用同一规定的做法，对两种不同的公司分别制定了不同的规定，并对非上市股份公司制定了较为有利的规定。[1]赖源河教授倡导借鉴德国立法例，在股份公司内部区分立法，创制闭锁型股份有限公司，使其与有限公司平行。他将闭锁型股份有限公司（“契约型”公司）设计为，人数50人以下，章程明确规定经全体股东之同意，得以书面协议约定公司经营运作方式或股东间之法律关系，因而具有多样性、完全弹性之特色，然为保障交易安全，同时亦以一定方式（如登记）公示其权利义务关系。[2]有学者对此评论道，这种在保持有限责任公司现状的基础上，为应对非上市公司的需求而做出改革，不仅没有从根本上解决问题，而且破坏了股份有限公司的同一性质与立法的统一性。[3]

第三种方案，建议以有限责任公司吸收非上市公司，重新界定有限责任公司与股份有限公司的外延。

公司法改革的取向是整合封闭公司资源，重塑有限责任公司形态，实现有限责任公司与发起设立股份有限公司制度的一体化，即将发起设立股份有限公司并入有限责任公司制度，使有限责任公司制度涵盖所有封闭公司，并使股份有限公司仅具有公开公司特点，外延上包括上市公司和募集设立的公司，不再涵盖发起设立的公司。在此基础上，同一法律形态的公司适用同样的规则，促进公司法现代化。同时，实现公司法体系一元化，外商投资有限责任公司与内资有限责任公司并轨，这是重塑有限责任公司形态的应有内涵。[4]这种改革与日本公司法现代化的做法有“异曲同工”之效果，但它更突出了封闭性兼人合性在有限责任公司法律制度改革中的主导趋向。该主张强调，境内外不论如何改革有限责任公司制度，都不是为了消灭实质意义的有限责任公司，而是旨在使其以某种形式存续。因此，在不同的国情下，可能有限责任公司的名称在变化，而它固有的特性则越改革越凸现出来。[5]

就以上三种改革方案综合考虑，笔者认为第一种方案的实质是，将有限责任公司纳入股份公司的范畴加以调整，在形式上取消了有限责任公司形态，而实质上的有限责任公司或者说类似的公司形态，在股份公司法律制度中仍然以股份转让受限的股份公司形态而存在。这种公司法律形态重构方案，虽然使大陆法系划分公司法律形态的标准又重回以单一的责任形

---

〔1〕 参见［德］托马斯·莱赛尔、［德］吕迪格·法伊尔：《德国资合公司法》，高旭军等译，法律出版社2005年版，第11页。

〔2〕 赖源河：《台湾“公司法”之修正方向》，载王保树主编：《全球竞争体制下的公司法改革》，社会科学文献出版社2003年版，第92页。

〔3〕 参见张辉：《中国公司法制结构性改革之公司类型化思考》，载《社会科学》2012年第9期。

〔4〕 参见王保树：《公司法律形态结构改革的走向》，载《中国法学》2012年第1期；李建伟《有限公司制度的发展趋向及我国的立法选择》，载赵旭东主编：《公司法评论》2005年第2辑，第30页。

〔5〕 参见王保树：《有限责任公司法律制度的改革》，载《现代法学》2005年第1期。

式为依据，无限公司与股份有限公司是这一标准划分的两类基本公司形态。然而，它借鉴英美法系股份能否自由转让的标准对股份公司进行二次分类，并将传统上以公众性、开放性为本质属性的股份公司割裂为开放型股份公司与封闭型股份公司。由于封闭型股份有限公司的引入，使股份有限公司的概念发生了质变，丧失了在公开性、开放性上的统一性和纯洁性。它颠覆了股份有限公司的历史传统，但是未必是符合现实需要的制度创新。

第二种方案追求的目标和结果正是我国大陆公司法现有的格局：除了有限公司与股份公司作为两类并列的公司形态外，在股份公司内部又区分了发起设立的股份公司与募集设立的股份公司，前者是事实上的闭锁型股份公司，后者是典型的开放型公司，不仅公开募集股份，而且往往是上市公司。根据本文第三部分的分析和检讨，笔者认为这种公司法律形态的结构正是我国公司法面临的困境和有待解决的难题，而不是理想的目标。

第三种方案切实可行，值得认同和支持。理由是：其一，从立法技术上看，将封闭型公司归属于有限公司名下，而以公开型公司确定股份公司的外延；不仅保证了股份公司形态性质上的统一性，而且与股份公司的历史初衷和制度特性相吻合。其二，这一方案是在坚持我国公司形态划分为有限责任公司与股份有限公司二元并在的前提下，又融合了英美法系基本分类，使我们对公司法律形态的特点抽象和把握得更加全面，增强了公司法对经济社会现实的适应性。其三，这一改革方案成本低，而且制度转换引起的震荡较小。有限公司引入我国已经将近百年的历史，而目前的数量巨大，而发起设立的股份公司数量相对较少。有鉴于此，由有限公司吸收发起设立的股份公司，改制成本支出较低，过渡期也较短。如果按照第一种方案反向操作，那么，不但改制成本巨大，而且漫长的过渡期难免出现公司经营的波动，造成不应有的损失。

然而，令人遗憾的是，这三种方案均忽略了从公司联合法律形态的视角出发，健全我国公司法律体系。笔者认为从这一角度对我国公司法进行结构性改革，不仅是当务之急而且条件已经完全具备。

五、我国公司法体系结构性改革的设想

（一）公司法应将有限公司与股份公司的外延等于闭锁公司与公众公司

前述已经讨论了我国现行公司法所存在的结构性问题，是有限公司与发起设立的股份公司趋同，股份公司内部则出现公众公司与非公众公司的分化。这种格局不仅引起立法逻辑结构的混乱，而且造成法律适用的不公平。其中的根本原因是，公司法对股份公司进行闭锁型与公众型公司划分时先采用股东人数 50 人以下的标准划分出有限责任公司，之后又采用发起人 200 人以下的标准将股份公司分为发起设立的股份公司与募集设立的股份公司。结果造成公司法律形态重合交叉、边界不清，公司形态的性质与法律规范适用严重错位。即股东

200 人以下的闭锁公司显然包含股东人数 50 人以下的闭锁公司，但是，我国公司法对这两类闭锁型公司的制度设计却不相同。发起设立的股份公司性质上属于闭锁型公司，却要求其适用公众公司的制度安排，而不能适用闭锁公司的法律规定，即有限责任公司的法律规定。要解决以上问题笔者认为应当采取以下措施：

首先，必须遵守逻辑规律，对股东承担有限责任的公司，按照统一的标准，即股份是否公开发行、公开转让，或者股东人数是否超过 200 人，将其划分为有限责任公司与股份有限公司。有限责任公司即闭锁公司，股东人数不超过 200 人，在外延上囊括、吸收现行公司法上发起设立的股份公司。也就是说，现行《公司法》应当在股份有限公司的制度安排中，废除发起设立的股份有限公司的相关规定。其次，废除第 24 条将有限责任公司的股东限制在 50 人以下的规定，并重新规定有限责任公司的股东人数不得超过 200 人。股份有限公司即公众公司，特指股份公开发行或公开转让，或股东人数超过 200 人的股份公司。根据现行公司法和证券法确认的标准，其外延包括以下三类公司：第一，向不特定对象首次发行股票并上市的公司；第二，股票向特定对象发行或者转让导致股东累计超过 200 人的公司；第三，股票公开转让的公司。[1]闭锁公司与公众公司划分的关键是公开与封闭的本质差别。不在于公司经营规模的大小，而在于公司资本是否公开募集，股份是否在证券交易所交易、流通。[2]

（二）重新确定股份有限公司设立的方式

由于现行公司法规定的发起设立的股份公司被纳入有限责任公司而不存在；而募集设立的股份公司本身一直缺乏可操作性，一直停留于纸面，现实中并不存在这一设立方式，所以，也应当予以取消。主要理由是，按照《首次公开发行股票并上市管理办法》（2018 年修订版）第 9 条规定，所有的公司，只有在成立后持续经营三年以上，才能首次公开发行股份并上市，不可能在设立时就通过公开募集股份而设立股份有限公司。这也是世界各国公司公开募集股份的通行做法。因为公司只有经过一段时间持续经营，产生一定信用基础，奠定预期其前景的基础，才能确保股份公开发行顺利和成功。因此，笔者建议将股份有限公司的设立方式，确定为改组设立，即由成立后持续经营三年以上的有限责任公司改组设立股份公司。具体有三种方式：第一，公开募集股份并上市而设立股份公司；第二，公开募集股份并挂牌交易而设立股份公司；第三，有限责任公司因股权转让导致股东累计超过 200 人改组为股份有限公司。同时，公司法必须制定相应的改组设立条件。另外，由于公众性股份公司的股票要在公开的证券市场上市交易或挂牌转让，其行为法主要由公司法之外的证券法、证监会的监管规则和证券交易所的上市规则构成，但是，其组织法必须在公司法中健全和完善，尤其是有关上市公司、挂牌公司的治理结构、治理机制、决策程序和议事规则，必须高标准

---

〔1〕 指股票未在证券交易所上市交易，但是在全国中小企业股份转让系统进行公开转让的股份有限公司。

〔2〕 参见［日］尾崎安央：《小规模闭锁公司法理与有限公司法》，载志村治美先生还历纪念论文集编集委员会：《现代有限公司法的判例与理论》，日本晃洋书房 1993 年版，第 11 页。

严要求。

（三）根据有限公司规模的大小区别对待、灵活规制，扩大自治空间

关于有限责任公司的制度设计，应当坚持现行公司法中区别大小公司的制度设计，尊重小公司的人合性，有意识地扩大其自治空间，增强其经营的灵活性和活力。英美判例法通常将封闭公司视为公司化的合伙关系，使封闭公司既享有独立的人格和有限责任的优越性，同时又不失合伙的充分自治和灵活的特性。[1]美国95%的封闭公司是商人自行设计，并根据判例法而存在，只有5%的公司是按照公司法中的封闭公司条款设立。[2]这说明成文的封闭公司条款尽管对封闭公司有意予以倾斜性保护和优惠，但是在投资者的心目中仍然难免刻板和有失弹性。Dennis S. Karjala教授曾认为，如果制定独立的封闭公司法，无论多么周密细致的事先立法，都无法解决当事人花样百出的个性化安排，以及股东之间关系不可预见的变化。[3]这就告诫我们对有限责任公司这种人合兼资合性公司应当尽可能多地提供任意性法律规范，尤其是在小公司的治理方面，应当赋予股东通过章程或协议选择管理模式和经营方式的充分自由。其限度是公司法关于公司的形式、议事规则和程序等强制规定，不得通过章程或股东协议加以完全排除。[4]

（四）由单个公司法律形态到联合公司法律形态

我国自1993年公司法制定以来，始终坚持以单个公司法律形态为立法基点，构建公司法体系。这一体系一味地注重单个公司法律形态立法的发展和完善，却轻视了公司联合经营的现状，尤其是公司集团化和外国跨国公司集团进入我国市场对公司法的挑战。因而造成有关关联公司与公司集团的法律供给十分地匮乏和不足。笔者认为在公司法中确立公司集团作为公司联合的高级法律形态，建立体系化的公司集团法律制度，已是我国公司立法刻不容缓

---

〔1〕 例如，在1860年Bissell v. Michigan S. & N. I. R. Cos. 一案中，Comstock法官认为，一个私人的商业公司实际上就是一个被授予特权的合伙，并因此获得独立的法律主体资格，合伙人的财产被信托给公司，享受着其他合伙无法获得的，由公司制度带来有限责任等好处。参见Bissell V. Michigan S. & N. I. R. Cos.，22N. Y. 258，1860. 1919年。在Cuppy V. Ward一案中，Shearn法官认为，公司两位股东之间的关系是一种准合伙关系，所谓的公司只不过是一个公司化的合伙。参见Cuppy v. Ward，187 A. D. 625（1919），1936年。纽约上诉法院的Clark v. Dodge一案的判例直接导致了1961年纽约普通公司法的修订，允许股东通过协议或者章程的方式限制董事会的权利。参见Clark v. Dodge，269 N. Y. 410，199 N. E. 641（1936）。

〔2〕 F. Hodge O'Neal，Robert B. Thompson，O'Neal and Thompson's Close Corporations and LLCs：Law and Practice，Revised Third Edition，2015 *Thompson Reuters*，7/2015. p. 1 -113.

〔3〕 Dennis S. Karjala，A Second Look at Special close Corporation Legislation，on Texas Law Review，Volume 58，Number 7，October 1980. p. 1268.

〔4〕 英美法系国家的法官一般认为，凡公司细则规定董事会所有事务的决定都要经全体股东一致审核通过的条款，无效。因为如果董事没有管理公司的权力，那就不能称之为公司。纽约州上诉法院否定了公司细则要求股东和董事作出的任何决议都需要一致通过，这一规定的效力。参见Benintendi v. Kenton Hotel，Inc. 294 N. Y. 112，60 N. Ed. 2d 829，831. 。在一个案件中，股东协议给予其中一人19年的全部掌控公司的权利。法院同样不承认协议的效力，因为它将公司法的适用彻底排除在外。参见Long Park v. Trenton -New Brunswick Theatres Co.，297 N. Y. 174，181，77 N. E. 2d 633，636（1948）。

的使命。

我国公司立法改革应当借鉴德国关于关联企业与企业集团的成功经验，并结合我国公司联合经营和公司集团组建和运作的实际情况，从以下几个方面构建我国企业集团法律制度：

1. 关联企业与企业集团的法律界定。关联公司是指公司之间具有关联关系的公司。公司互相之间有下列关系之一的，即为关联关系：（1）拥有多数股权的公司与被拥有多数股权的公司；（2）从属公司与支配公司；（3）企业集团与企业集团成员企业；（4）相互参股公司或互为一个组织合同的签约方公司。公司法应当对以上四类公司关联关系进一步做出具体规定，明确认定标准和方法。值得强调的是企业集团与企业集团成员企业之间的关系应当从两个方面加以确定：第一，如果一个支配企业与一个或几个从属企业在支配企业的统一领导下共同经营，就形成了一个企业集团。各个企业为集团的成员企业。相互之间签有支配合同的，或其中一个企业加入另外一个企业的，都被看作是在统一领导下的共同经营。由一个从属企业可以推定它与支配企业之间构成一个企业集团。第二，如果不是一个企业从属于另一个企业，而是法律上独立企业归属于统一领导之下，它们也构成一个企业集团。各个企业为集团的成员企业。

2. 事实企业集团的法律规制。事实企业集团是一个企业向另一个企业投资控股，并将另一个企业经营置于其支配之下的企业联合组织。联结这种企业集团的主要法律纽带是企业之间的资本拥有关系，从而形成企业之间的支配与从属关系，即母子公司关系。因此，立法的重心是界定母子公司及其控制与被控制关系。立法的主导思想应当是，既要规范控股股东、母公司或支配企业依法行使对子公司或依附企业的领导权，同时又要保护依附企业或子公司及其股东和债权人的合法权益。为此，公司法应当规定：其一，支配企业不得迫使从属公司从事不利于其的法律行为或措施，除非这些损失能够得到补偿。其二，要求从属企业提出其与关联企业关系的报告与年度账目。列示并说明上一个营业年度内与支配公司及相关企业，在支配公司促使下，为其利益而发生的任何交易或采取的措施及其理由，以及对被支配公司损失补偿的情况。其三，支配企业及其高级管理者的责任。如果支配企业促使从属公司采取不利于该公司的法律行为或措施，并且在营业年度结束未对损失给予补偿，支配企业应对被支配公司及其股东受到的损失负赔偿义务。除支配企业外，促使公司采取行为或措施的法定代表人，未尽谨慎、勤勉义务的董事、监事将作为总债务人承担责任。如果支配公司业务的高级管理者尽到了谨慎、勤勉义务，则不承担赔偿义务。

3. 合同型企业集团。两个或两个以上的企业之间签订管理合同或支配协议，将一个或多个企业归属于另一个企业的统一领导之下，或者归于共同设立的管理委员会的统一领导之下，则成立企业集团。前者称为垂直型企业集团，后者则属于平行型企业集团。对合同型企业集团法律应予以下列规定：第一，规定管理合同的概念、形式与类型。管理合同在性质上属于在各企业当事人之间重新配置企业控制权和经营管理权的协议，主要有管理协议、利润上交协议和利润共享协议,[1]另外，我国实践中早已存在的企业承包经营协议、企业租赁经营协议和企业托管协议等涉及企业经营权重新分配的协议，均应认定为企业管理合同。第二，规定合同订立、生效、修改和终止，以及合同的认定和解释。企业管理合同必须经双方的股东大会以特别决议的同意，并向公司登记机关登记注册，才能生效。合同的修改也须履行同样的程序。第三，企业集团的管理权、义务与责任。如果存在支配合同，支配企业有权向被支配公司董事会下达指令，甚至可以下达对公司不利但对支配企业或集团的成员企业有利的指令；董事会无权拒绝它认为不利于支配企业或企业集团其他成员利益的指令。支配企业的法定代表人在向公司下达指令时应尽到一个正直的、有责任心的业务领导人的细心。否则，他们应当作为总债务人对公司因此而遭受的损失承担赔偿责任。股东也可以要求公司给予赔偿；另外，未从公司获得补偿的债权人也可以要求补偿，而且公司不得以其已放弃补偿要求或就补偿达成和解而对抗债权人。被支配公司的董事和经理如果违反义务也应作为总债务人承担赔偿责任，但是，因执行支配企业的指令造成的损失除外。另外，法定公积金不足以弥补子公司损失的，支配企业应当予以补偿。子公司债权人可以要求支配企业提供保证金或担保。利益支付合同必须规定，对局外股东给予补偿，否则合同无效。支配企业有义务以现金或本公司的股票作为对价购买局外股东持有的股票作为赔偿。

4. 企业一体化结合型集团。在子公司全部股票掌握在未来的总公司，或者在未来的总公司持有子公司 95% 的股票的情形下，子公司股东大会可以做出加入总公司的决议。只有得到未来的总公司以特别决议同意后，加入的决议方有效。子公司应将加入及总公司的名称向公司登记机关登记注册，即加入总公司，并成立企业集团。对这类公司集团我国公司法应设置以下规范：其一，少数股东利益保护。加入一经登记注册，总公司必须对子公司的其余股东持有的股票以公平合理的价格给予收购。其二，债权人利益保护措施。应赋予加入公司的债权人要求子公司为其债权提供保证金的权利。从加入时起，总公司对已加入公司在此前后产生的债务，作为总债务人负偿还义务。与此相对立的协议对第三人无效。但是，债权人不能以已加入公司债务的名义，要求对总公司强制执行。其三，总公司的领导权及董事的责任。总公司有权对已加入公司的董事会下达公司管理方面的指令。已加入公司支付给总公司的款项不应视为投资返还或违法分配。总公司负有对已加入公司产生的其他亏损给予补偿的义务。虽然加入的子公司仍然保持法律上的独立性，但是，企业一体化结合的后果，实质上将母子公司之间的法律关系，视为总公司与分公司之间的法律关系。

5. 交叉持股公司。为了企业集团形成强有力的控制权，避免企业集团内部结构关系过度

---

〔1〕 利润上交协议规定，依附企业向总公司不仅上交利润，也上交亏损，将企业从经济、财务和组织上并入总公司，仅保留法律上的独立性。总公司在控制依附企业的同时，有义务平衡子公司的经营亏损，补偿少数局外股东的损失。而利润共享协议，支配企业与附属企业根据约定分享利润，但是支配企业不承担附属企业亏损平衡的义务。

地复杂化，保护投资者合法权益，我国公司法应当禁止子公司取得母公司的股份；同时规定，当公司及其母公司或子公司（参股公司）持有其他公司（被参股公司）的发行股份总数的10%以上时，该其他公司持有的公司或者母公司的股份，无表决权。

公司法还应当规定，在每个经营年度终了时，集团母公司必须制作集团结算表与企业集团的经营报告。结算表应当分别包括企业集团和各成员企业的资产负债表、利润分配表和必要说明，反映集团和各成员企业的资产、财产、盈亏，以及母公司对依附企业的参股状况；经营报告则要求介绍集团与各成员企业的主要经营状况和前景。结算表和经营报告须经注册会计师审计，并经集团母公司的股东大会审议通过后予以公布。

六、结论

从历史的考察中，我们探寻了两大法系公司形态发展演变的轨迹。似乎看到了二者虽然均发源于合伙，但是却沿着不同的路径齐头并进地演化，最终交汇发展的运动轨迹。大陆法系国家根据股东承担责任的标准，将公司划分为无限公司与股份公司有限公司两类基本法律形态，二者之间的混合、杂交又孕育出两合公司、股份两合公司和有限责任公司三种中间公司形态。英美法系国家则信仰公司股份公开募集、自由转让，并辅之以独立人格、有限责任的要素，塑造出区别于合伙的公开公司（公众公司），并促进其发展，直到19世纪末20世纪初才逐渐承认闭锁型公司（私人公司），并认为这类公司实质上是公司化的合伙。这似乎是公司形态演变的返祖现象。然而，现代公司法律形态在两大法系公司理论和立法相互借鉴与渗透过程中，呈现深度融合发展的趋势。我国公司法律形态引进的是大陆法系的股份有限公司与有限责任公司两种形态，同时融入了封闭公司与开放公司形态的理念和基因。结果引发有限责任公司与发起设立的股份公司的趋同，并且导致股份有限公司分化为公开公司与封闭公司，或上市公司与非上市公司。这一结构问题造成法律适用不当和错位的不公平现象。我国公司法结构性改革的可行性方案应当是：按照唯一的标准重新划分股份有限公司与有限责任公司，在外延上将股份有限公司等同于公众公司，有限责任公司等同于闭锁公司，分别进行制度设计，强化立法的合理性和有效性。同时，增设企业集团作为公司联合组织形态。在公司法律形态三元并立的基础上，一方面，概括总结基础性的规范，完善股份有限公司与有限责任公司具有共性的规范；另一方面，对两类公司形态在制度设计又要凸显差异化的法律规范。然后，按照这些规范的内在逻辑关系，重构公司法结构体系，使其成为结构合理，内容齐备、协调统一，制度功能健全、高效的公司法。从而，完成我国公司法现代化的历史使命，缩小或消除公司法律形态与公司运行实态的距离和偏差，提高公司经营的规范性与灵活性，强化公司经营活力和竞争力。

股东知情权的法律框架：裁判、比较与借鉴

——基于英国法的启示

葛伟军 *

目　次

一、问题的提出

作为公司法的传统问题，股东知情权历来是学术界和实务界较为关注的话题，对此多有探讨。[1]股东享有各种权利，而知情权是其中之一。股东知情权是指股

* 葛伟军，上海财经大学法学院教授、博士生导师。

〔1〕 学者的文献包括邓峰：《普通公司法》，中国人民大学出版社 2009 年版，第 389 ~392 页；施天涛：《公司法论》（第三版），法律出版社 2014 年版，第 264 ~270 页。实务界的文献包括杨路：《股东知情权案件若干问题研究》，载《法律适用》2007 年第 4 期；庞梅：《股东知情权：从利益平衡到法律适用》，载《法律适用》2007 年第 8 期；宋从文：《股东知情权行使与限制之维》，载《法律适用》2009 年第 7 期；潘云波、俞巍：《股东查阅公司会计账簿的正当目的及实现方式》，载《人民司法・案例》2011 年第 6 期。

东有权对公司经营状况进行全面、及时和客观地了解的权利。股东权利（又称股东权）不同于股权，[1]前者是指股东因其取得股东资格而享有的权利，主要源于法律规定或章程约定，而后者是指依附于出资份额或股份的权利。因此，股东享有的权利，既包括因持有出资份额或股份而享有的股权，也包括公司章程约定的股东享有的个人权利。

股东知情权有广狭之分。广义上的知情权，其权利构成包括积极权能（查阅权、质询权）和消极权能（信息接收权）。相应地，股东知情权制度体系包括公司法上的股东查阅权、质询权制度和公司法、证券法上的信息披露制度。[2]狭义上的知情权，仅指积极权能中的查阅权，即查阅公司文件和账簿的权利。[3]复制权是查阅权的延伸，两者构成有机的统一。为了有效行使知情权，除了肉眼观看之外，股东还可以采取复印、摄影、录像或其他手段进行复制。[4]原则上，股东查阅权受到一定的限制，即该权利的行使不应泄露公司的商业秘密，不应影响公司的运营效率，不应损害公共利益。[5]

从其广狭之分可知，私法层面和公法层面的知情权，有所不同。前者是股东基于其身份和地位享有的权利，针对公司所行使，救济方式为司法诉讼。而后者是借助于强制信息披露及其他制度所享有的权利，其权利主体包括但不限于股东（还涉及债权人和社会公众等），针对公司或登记机关或其他行政部门所行使，责任方式包括民事、行政和刑事。[6]某些材料，按照法律规定，一定要在登记机关备案，股东可以通过向登记机关查询而获得，因此这部分内容，不属于私法层面的股东知情权。有些材料，即使没有在公司登记机关备案，但是股东依照法律规定（或者章程约定），有权查阅并复制，这部分内容亦属于股东知情权的范

〔1〕 股东权，按照不同的标准，可以分为不同的类型。主要的分类包括自益权和共益权（依照股东行使权利之目的）、单独股东权和少数股东权（依照股东权利行使之方法）、固有权和非固有权（依照股东权利能否加以剥夺）。参见刘连煜：《现代公司法》（增订十二版），台北，新学林出版股份有限公司2016年版，第265~268页。

〔2〕 李建伟、姚晋升：《论股东知情权的权利结构及其立法命题》，载《暨南学报》（哲学社会科学版）2009年第3期。

〔3〕 公司法所指的股东知情权主要是查阅权，即查看公司档案的权利。参见朱锦清：《公司法学（上）》，清华大学出版社2017年版，第398页。

〔4〕 施天涛：《公司法论》（第三版），法律出版社2014年版，第264页。

〔5〕 彭真明、方妙：《股东知情权的限制与保障——以股东查阅权为例》，载《法商研究》2010年第3期。

〔6〕 英国法关于调查公司事务与检查员制度，主要规定在《1985年公司法》第14部分（公司及其事务的调查；文件的申请）。该检查员制度与股东知情权，是两个不同性质的问题。前者是公权力介入，法律赋予国务大臣在特定情况下，任命检查员调查公司事务的权力，后者是股东在私法上的权利。关于检查员介入调查公司事务，有三种情况：第一，基于公司或其股东的申请，调查该公司。国务大臣可以任命一个或数个适格的检查员，调查一个公司的事务，并将他们的调查结果向其报告。第二，法院命令调查。如果法院通过命令宣告应当调查一个公司的事务，那么国务大臣必须任命一个或数个适格的检查员，对该公司的事务进行调查，并将他们的调查结果向其报告。第三，国务大臣主动介入调查。如果国务大臣认为存在下述情形，则其可以任命检查员：公司事务的开展旨在欺诈该公司的债权人或者任何其他人的债权人，或者出于欺诈性或非法性目的，或者构成对该公司部分股东的不公平妨害；或者，该公司的任何实际或拟议的作为或者不作为（包括代表该公司进行的作为或不作为）对该公司部分股东构成不公平妨害，或者该公司的设立是出于任何欺诈性或非法性目的；或者，与该公司的设立或者其事务的管理相关的人，对该公司的股东犯有欺诈、不当行为或者不端行为；或者，公司股东没有获得他们可以合理期待的关于该公司的所有信息。参见英国《1985年公司法》第431~432条。

畴。此外，根据股东可以查阅和复制的对象不同，知情权也可分为一般知情权和特殊知情权。前者，是指股东对公司章程、股东会会议记录、董事会会议决议、监事会会议决议以及财务会计报表等进行查阅与复制的权利。后者则是指账簿知情权，即股东查阅和复制公司会计账簿的权利。[1]

有学者结合权利行使所产生的权利义务不同，将股东知情权分为三个层次。第一层次，给公司附加积极作为的私法义务，即由公司主动向股东提交公司的经营信息。此种主动提交信息的义务，源于法律规定或章程约定，非依股东请求，公司即负有义务向股东提供信息。第二层次，给股东创设积极的私法权利，给公司附加消极的私法义务，即赋予股东依法请求查阅公司有关信息的权利。公司有可能没有主动向股东提供信息，股东此时有权向公司提出请求，要求公司提供。如果公司拒绝向股东提供信息，构成对股东知情权的损害。第三层次，给股东创设积极的公法权利，给公司附加消极的公法义务。如果股东无法通过上述两个层次获得公司经营的真实信息，或者上述两个层次的知情权行使遭到拒绝，那么股东有权向法院起诉，通过司法途径获得保护，以维护自身的合法权益。[2]

概言之，赋予股东知情权的理由有三。第一，股东获得公司经营信息，是实现股东投资目的的必要保障。因为公司可以看成是股东财产的延伸，股东投资公司的目的，即为了获得更大的回报。公司开展经营，不是为了管理层，不是为了债权人，而是为了股东。股东身份的内在属性，决定了其作为公司的所有者有权了解公司的经营状况和决策信息。第二，股东行使查阅权，是公司治理的必要环节。公司治理，是平衡股东、董事、经理和监事等参与人的职责和权利的机制。在英美法系，董事享有对公司的一般管理权，而股东享有对董事的一般监管权。股东有权查阅相关信息，有助于对董事的行为形成一种制约，防止董事利用其特殊地位，以牺牲公司利益为代价采取利己措施，从而降低代理成本。此外，处于弱势地位的小股东，也可通过行使查阅权，了解公司内部的经营信息，避免大股东滥用权力。第三，查阅权的行使，可以提升公司的商事信用。该信用是指公司在商事活动过程中所具有的客观偿债能力和主观履约意愿在社会上获得的综合评价，是一种无形财产，是人格信用和财产信用的统一。[3]股东行使查阅权有助于提高董事的行事效率，对其进行必要和及时的监督和评估，从而提升公司的经营绩效和良好声誉。

我国《公司法》对两类公司的规定有所不同。根据第 33 条，有限责任公司分两种情形，第一，股东有权查阅、复制公司章程、股东会会议记录、董事会会议决议、监事会会议决议和财务会计报告。第二，股东可以要求查阅公司会计账簿。股份有限公司则涉及两个条款。根据第 96 条，股份有限公司应当将公司章程、股东名册、公司债券存根、股东大会会议记

〔1〕 虞政平：《中国公司法案例精读》，商务印书馆 2016 年版，第 229 页。

〔2〕 蒋大兴：《超越股东知情权诉讼的司法困境》，载《法学》2005 年第 2 期。

〔3〕 雷兴虎、蔡晔：《论我国的商事信用调节机制》，载《法商研究》2003 年第 5 期。

录、董事会会议记录、监事会会议记录、财务会计报告置备于本公司。根据第97条，股东有权查阅公司章程、股东名册、公司债券存根、股东大会会议记录、董事会会议决议、监事会会议决议、财务会计报告，对公司的经营提出建议或者质询。

2017年9月1日施行的最高人民法院《关于适用〈中华人民共和国公司法〉若干问题的规定（四)》，有6个条款涉及股东知情权，从以下方面进行了扩张性解释，其主要内容涉及将知情权诉讼的原告拓展到原股东、对股东查阅公司会计账簿可能有的不正当目的作了列举、公司不得以公司章程或股东间协议等方式实质性剥夺股东的法定知情权、允许股东聘请中介机构执业人员辅助查阅以及股东可以请求未依法履行职责的公司董事、高级管理人员赔偿损失。

本文聚焦于股东知情权的积极权能，主要探讨查阅权。首先，查阅权的行使主体为股东。其次，查阅权的行使对象为公司文件材料，公司负有置备义务，如果违反，应当承担相应责任。最后，对于有限责任公司的会计账簿查阅权，存在不正当目的抗辩。本文整理了大量股东知情权的司法裁判，在总结观点之基础上，结合英国《2006年公司法》以及我国最高人民法院《关于适用〈中华人民共和国公司法〉若干问题的规定（四)》的规定，围绕上述三个方面展开分析，并对我国公司法提出了相关修改建议。

二、权利主体为股东

（一）司法裁判观点

股东查阅权的权利主体是股东。与此相关的问题包括：股东资格的认定与查阅权行使之间的关系；作为股东权利，查阅权可否脱离股东身份而由他人行使；各类股东对查阅权行使的能力是否有所不同等。

1. 具有股东资格是享有知情权的基础

只有股东才享有股东的各项权利。一旦股东丧失了股东身份，其便不再具有股东资格，不能行使知情权。通常的情况是，股东已转让其在公司的全部股权，且办理了股东变更登记，因此在股权转让、领取分红之后即失去了股东身份，不能再以股东名义要求行使知情权。[1]在一个案例中，股东与公司达成的和解协议中，处理了其从公司撤资、在公司的股权转让及相关手续的办理等内容，全面地解决了其与公司之间的关系。虽然股权转让手续的工商登记尚未办理完全，但该股东事实上已非公司的股东，并且可以从和解协议中推定其已指

---

〔1〕 陕西电缆厂诉陕西瑞达电线有限责任公司等股东知情权案：陕西省西安市中级人民法院2006年3月22日民事裁定书；聂世龙诉扬州市东风汽车车身厂股东知情权案：江苏省扬州市邗江区（县）人民法院2007年3月20日民事判决书；江苏天衡会计师事务所有限公司与藏丽股东知情权纠纷再审案：江苏省高级人民法院（2007）苏民再终字第0017号民事判决书（《人民司法·案例》2009年第10期）。

导公司相应的经营状况，在此情况下要求行使知情权查阅公司会计账簿，“没有实际意义”。[1]但是，由于股东与公司之间存在信息的不对称性，在具备股东资格时，该股东也可能因未掌握足够信息而无法认识到其权利受到损害，为保障该股东在丧失股东资格后才发现受到损害的权利救济，该股东对其具备股东资格期间公司的经营情况与经营信息享有知情权。[2]

还有两类特殊的股东应当关注。第一，职工持股会无权主张知情权。职工持股会，是指依法设立的从事内部职工股的管理，代表持有内部职工股的职工行使股东权利并以公司工会社团法人名义承担民事责任的组织。在公司机构运行不正常、职工持股会不能代表股东意志的情况下，股东应当以自己名义向法院提起诉讼。[3]第二，后续股东有权查阅成为公司股东之前的资料。公司法并未限制股东查阅文件的时间范围。公司的运营是个持续的过程，如果拒绝股东查阅其成为股东之前公司的文件，将可能影响到股东对公司情况的全面了解，进而减损了股东知情权的制度价值。因此，作为后续股东，其有权查阅成为公司股东之前的公司章程、股东会决议、董事会决议等资料。[4]

2. 未履行出资义务的股东的知情权

未履行出资义务与股东资格是两个互不关联的问题。前者涉及股东应当全面及时地依照其承诺向公司缴纳足额出资，如果股东没有履行该义务，依据公司章程或股东会决议，其利润分配请求权、新股优先认购权、剩余财产分配请求权等股东权利可能受到相应的合理限制。而后者是指一个人作为股东的身份和地位。

原则上，只要一个人的名称记载于股东名册，且在工商部门登记备案，则该人被视为完整意义上的股东，理应享有查阅权。股东知情权的构成要件是股东资格，并非出资的履行，公司对瑕疵出资股东提出的知情权行使的异议，并不是抗辩事由。[5]未履行出资义务并未导致股东资格的丧失，在此情况下，未履行出资义务的股东仅负有相应的违约责任和赔偿责任。由于该股东仍然具有股东资格，故可以依法行使知情权。[6]不同的股权权能与出资联系的密切程度有所不同。知情权是股东了解公司经营情况的固有权利，没有直接的财产内容或

〔1〕 黄旭诉北京博驰自动化机械有限公司知情权案：北京市第二中级人民法院 2006 年 10 月 30 日民事判决书。

〔2〕 无锡梁溪冷轧薄板有限公司诉无锡太平洋镀锌薄板有限公司等股东知情权纠纷案：江苏省无锡市中级人民法院（2006）锡民再终字第 0028 号民事判决书。

〔3〕 汉斯啤酒公司职工持股会诉汉斯啤酒公司知情权案：广西壮族自治区柳州市柳北区人民法院 2006 年 6 月 15 日民事裁定书。

〔4〕 徐风与浙江省宁波南苑鞋城有限公司股东知情权纠纷上诉案：浙江省宁波市中级人民法院（2012）浙甬商终字第 1026 号民事判决书（《人民司法·案例》2014 年第 14 期）。

〔5〕 林阿勇与江苏省徐州瑞丰食品工业有限公司知情权纠纷上诉案：江苏省徐州市中级人民法院（2006）徐民二终字第 10 号民事判决书（《人民司法·案例》2008 年第 2 期）。

〔6〕 宋连仇诉南通海宏纺织有限公司股东知情权案：江苏省南通市中级人民法院（2006）通中民二终字第 0170 号民事判决书；徐璐璐诉攀枝花四季花城房地产开发有限责任公司股东知情权纠纷案：四川省攀枝花市中级人民法院（2008）攀民终字第 30 号民事判决书。

不完全体现为财产性权利，与出资义务的联系程度较远。[1]

3. 股东可委托专业人员行使知情权

代理是我国民法上的一项基本制度。根据《民法典》第161条第1款，民事主体可以通过代理人实施民事法律行为。

对于专业性较强的公司财务会计报告、会计账簿，股东本人可能很难鉴别其真实可靠、完整合法，并且公司法没有规定知情权必须由股东本人亲自行使而不能委托协助行使。因此，公司股东可以与其委托的注册会计师共同查阅公司的会计账簿，[2]或者委托专业会计师事务所代为行使查阅公司相关决议和财务资料的权利。[3]受托人的范围可能不局限于专业人员。依据相关法律规定，当事人有权委托代理人代为行使相关权利。据此，股东委托代理人对其所在公司的财务账目进行查阅，不违反法律禁止性规定。[4]

（二）英国法

英国《2006年公司法》关于查阅权的主体，具有层次性，对于不同的文件以及是否付费，有权查阅的主体不尽相同。

根据查阅主体以及是否免费等标准，可分为以下数类情形：（1）任何股东免费查阅，任何其他人付费后查阅：成员登记册和成员索引、董事登记册、秘书登记册。（2）任何股东免费查阅；基于请求并按照规定支付费用后，任何公司股东有权要求提供任何该文本或备忘录的文本；该文本必须自公司收到请求之日起7日内被提供。这些材料包括合同文本或备忘录（每个董事与公司或其子公司的服务合同）、限制补偿条款（限制第三人补偿条款以及限制养老金计划补偿条款）。（3）任何股东免费查阅，任何股东支付规定的费用后可以要求任何记录的文本：决议和会议等的记录（自做出之日起至少置备10年）。（4）公司高级人员查阅：会计记录（对于私人公司，自做出之日起3年；对于公众公司，自做出之日起6年）。（5）任何公司股东或债权人免费查阅：董事声明和审计师报告（私人公司为了赎回或回购股份而从资本中缴付）。（6）任何该债券的被登记持有人或公司任何股份持有人免费查阅，任何其他人在支付所规定的费用后查阅：债券持有人登记册。（7）任何人免费查阅，并且在付费后，任何人可以要求该材料的文本或其中一部分：公司重大控制人登记册、对成员的调查结果的报告、利益披露登记册和关联索引。（8）公司任何债权人或股东免费查阅，以及其他

[1] 夏海军诉佳宏公司股东知情权纠纷案：江苏省宿迁市中级人民法院（2017）苏13民终671号民事判决书。

[2] 汪加兴诉常州市武进暖通设备有限公司股东委托财会人员协助行使知情权纠纷案：江苏省常州市中级人民法院（2012）常商终字第216号民事判决书。

[3] 邱志平诉滁州凯凯建筑节能有限公司股东知情权纠纷案：安徽省滁州市中级人民法院（2015）滁民二终字第00042号民事判决书；郭红梅诉富居网络科技（上海）有限公司股东知情权纠纷案：上海市第二中级人民法院（2016）沪02民终3392号民事判决书。

[4] 北京某科技有限公司与王某股东查阅权纠纷执行案：（2012）一中执复字第783号民事执行案（《人民司法·案例》2013年第10期）。

任何人付费后查阅：设立抵押的文件。(9) 股东可以免费获得该文件或其中一部分：公司合并或分立的文件。[1]

此外，公司股东有权查阅会议决议、偿债能力声明（资本减少，以及为了或根据雇员持股计划而从资本中缴付回购股份）；任何股东以及任何其他人（对于公众公司）有权免费查阅合同文本或备忘录（场外回购合同或场内回购合同）。[2]

（三）特殊股东的争议

1. 实际出资人是否有权查阅

实际出资人原则上没有知情权，因为实际出资人不是公司的股东，无法行使股东权利。[3]实际出资人与名义股东之间的任何约定或关系，均不得对抗公司。对公司而言，只有名义股东才是股东，才享有知情权。在理解此问题时，有三点需要注意：

第一，实际出资人行使知情权这个问题，往往与其主张是公司的实质股东、要求显名联系在一起。换言之，在程序上，实际出资人应当首先要求显名，然后再基于股东的资格或身份主张行使知情权。实际出资人直接主张行使知情权，无法得到法院的支持。[4]但是，在一个案例中，法院基于如下理念认为实际出资人有权行使知情权：判断实际出资人行使"股东"知情权应定位于公司多元主体之间利益冲突的平衡，着眼于公司及其股东的认可、行使权利的正当性并以不动摇公司人合性及损害公司以外第三人为审查边界，审慎作出认定。[5]

第二，实际出资人并非在任何情况下均不享有知情权。如果实际出资人与名义股东约定，后者委托前者作为代理人行使知情权，那么一旦该委托被认定为有效，实际出资人也可能享有知情权。最高人民法院《关于适用〈中华人民共和国公司法〉若干问题的规定(四)》并没有排除这种事先通过约定的方式，将知情权委托给其他人（包括实际出资人）

〔1〕 英国《2006 年公司法》第 116、162、229、238、275、358、388、720、744、790O、807、811、859Q、911、926 条。

〔2〕 英国《2006 年公司法》第 188、197 -198、200 -201、203、217 -219、642、696、699、702、720A 条。

〔3〕 "实际出资人"这个概念，出现在《公司法司法解释三》，而《民法典》在营利法人这部分，使用了"出资人"的措辞。出资人的含义，比实际出资人或股东的范围更为宽泛。这是否意味着在判断谁是公司的股东时，从形式标准为主转向实质标准为主？参见葛伟军：《民法典编纂视野下民事主体与商事主体的衔接》，载《上海财经大学学报》2017 年第 4 期。

〔4〕 东莞市德诚税务师事务所有限公司与曾进萍股东知情权纠纷上诉案：广东省东莞市中级人民法院(2014) 东中法民二终字第 1182 号民事判决书；郭少勇与从化玮思工业厂房建设有限公司、林锦芳股东知情权纠纷 2016 民终 62 案：广东省广州市中级人民法院（2016）粤 01 民终 62 号民事判决书；张国政与罗元宾等股东知情权纠纷上诉案：河南省许昌市中级人民法院（2016）豫 10 民终 2943 号民事判决书。

〔5〕 杨洪耀等诉福建省永定县西茅岐煤矿有限公司、第三人巫运平等股东知情权纠纷案：福建省龙岩市中级人民法院（2015）岩民终字第 12650 号民事判决书。本案中，6 名上诉人均为实际出资人，是享有相应投资权益却未被记载于公司文件的投资者。鉴于被告公司工商登记的 4 名股东均与全体实际出资人之间具有委托持股关系，因此，对 6 名上诉人为行使股东知情权而作出的股东资格的认定，并不涉及公司以外的第三人的利益，亦未破坏有限责任公司的人合性特征。根据《公司法》第 33 条的规定，上诉的 6 名隐名出资人以股东身份行使知情权，其主张应得到支持。

行使的情形。该规定第10条第2款虽然将辅助查阅的人员限定在“会计师、律师等依法或者依据执业行为规范负有保密义务的中介机构执业人员”，但是该款适用的前提是“股东依据人民法院生效判决查阅公司文件材料的”，且要求“在该股东在场的情况下”。实际出资人与名义股东关于知情权的事先合同安排，应当属于私法自治的范畴，只要不违反强制性规定，即可认定有效。[1]

在英国，由于实际出资人数量的增加，《2006年公司法》第9部分（股东权利的行使）第一次在成文法中承认了实际出资人的某些权利。该部分的主要目的在于，使实际出资人更加容易地接收常规的公司信息并行使治理的权利。根据该法第146条，允许名义股东指定一个人（包括实际出资人）享有信息权，即接受所有的一般股东通信的权利。实际出资人没有权利要求名义股东作出该指定，该邀请基于名义股东的自由裁量，且属于名义股东与被指定人之间的合同事项。信息权，是指收到公司向包括作出指定的人在内的所有股东或任何类别股东发出的所有通信文本（包括公司的年度账目和报告）的权利，要求账目和报告之文本的权利以及要求（以其他格式提供的）文件或信息之纸质文本的权利。

除了第9部分以外，第13部分（决议和会议）的部分条款也涉及实际出资人。例如，根据第324条（任命代理人的权利），名义股东有权任命实际出资人作为其代理人，行使其参加并在股东会议上发言以及表决的权利。但是，该权利属于名义股东自由裁量的范畴，实际出资人不得强制要求任命。由此可见，原则上公司和名义股东之间的紧密关系，几乎排除了公司和实际出资人之间的任何关系：实际出资人对公司管理没有权利。但是，英国法已经允许实际出资人可以对公司产生影响。[2]

第三，关于委托行使的关键问题是股东权利是否可以脱离股东的资格或身份而行使，是否可以将该权利委托给其他人。最高人民法院《关于适用〈中华人民共和国公司法〉若干问题的规定（三）》第24条已明确，股权投资的权益归属，可以归实际出资人，这意味着分红权依法脱离股东而由其他人享有。与此同时，《公司法》亦允许股东将其表决权委托给代理人行使。分红权和表决权尚且如此，没有理由知情权不可以委托给其他人行使。在一种情况下是例外，股东将知情权委托给一个可能给公司的合法利益造成损害的人行使，如公司的竞争对手。

2. 股东与董事、监事身份重合时董事或监事的知情权

我国《公司法》没有提到董事知情权，但是董事会是公司内部的执行机关，董事因其地位和职权，应当享有获得公司一切文件或材料的权利。如果股东和董事的身份相重合，股东

[1] 私法自治，是指民商事主体可以依照自主意思形成私法上的权利义务关系，即当事人的意思表示只要不违反法律且不违背公序良俗，就可以在当事人之间发生法律效力，法律应当尊重当事人的意思表示，不得干预。参见范健、王建文：《商法总论》，法律出版社2011年版，第69页。

[2] 葛伟军：《有限责任公司股权代持的法律性质——兼评我国〈公司法司法解释（三）第24条〉》，载《法律科学》2016年第5期。

可以以董事身份要求公司向其提供相关的文件或材料。但是两者的目标有所不同，股东行使知情权是出于维护自身的合法权益，而董事要求提供文件或材料是出于其履行义务的需要，因为只有在获得充分信息的情况下，董事才能做出最有利于公司的决策，反之如果信息不充分，董事无法尽其所能履行职责。进一步而言，董事获得这些文件或材料之后，不得违反义务，不得利用这些文件或材料损害公司利益。董事义务是公司治理的核心，其内容非常丰富，董事必须以其最大的善意为了公司利益而行事。

董事知情权，不仅是权利也是义务，来源于董事对股东和公司所负的义务。[1]该权利的内容可以理解为有权查阅公司董事会会议记录和公司财务会计报告。在一个案例中，法官认为，公司的离任董事要求对现在的公司行使知情权缺乏法律依据，而其要求对在任期间的公司行使知情权也已丧失实质意义，因为董事享有知情权是为方便其履行职责，而一旦离任，其作为董事的职务即告终止。此外，有义务为董事披露公司情况的是公司本身而非其他董事个人。[2]

我国《公司法》亦没有监事知情权这个概念，反而规定了监事的财务检查权。[3]监事或监事会是公司内部的监督机关。监事的职责主要是监督公司的经营情况以及董事和高管的职务行为，如有异常，及时提出且予以纠正。故此监事不享有类似于股东的知情权，不能要求公司向其提供文件或材料，除非监事发现公司的经营存在异常，且要求公司提供文件或材料，对于进一步开展调查、履行监事职责是合理必要的。鉴于监事享有的是财务检查权，因此其有权要求公司提供的也应当是与财务有关的文件或材料，相较于股东可查阅和复制的对象，其范围较为狭窄。

实务界认为，监事无权提起知情权诉讼，理由包括：公司法没有规定监事可以提起该诉讼、监事的身份不允许其提起该诉讼、从公司经营管理角度考虑监事不宜提起该诉讼、监事知情权诉讼不符合民事诉讼的受理要件。[4]

在一个案例中，监事根据公司提供给工商部门的经营情况，发现公司在销售收入增长的情况下出现亏损，有理由认为公司出现经营情况异常，其依法要求进行调查以落实其监事检查权有法律依据。但是，在该监事与该公司的股东知情权纠纷一案中，该监事已经在法院主持下并聘请专业会计师按照民事判决书确定的内容对该公司会计账册、原始凭证、财务会计

---

〔1〕 刘彦沣：《公司董事知情权：美国法的经验和启示》，载《比较法研究》2010 年第 4 期。

〔2〕 詹德懿等诉陈蔡春咏等董事损害公司利益、公司知情权、公司盈余分配权案：广东省汕头市中级人民法院（2004）汕中法民四初字第 66 号民事判决书。

〔3〕 我国《公司法》第 53 条和第 118 条规定了监事的职权。学者指出，应坚持《公司法》的规定，明确将检查公司财务权赋予监事会，同时应将检查公司财务权扩张解释到检查、稽核、审计方面，并明确监事会行使职权的手段。参见李建伟：《论我国上市公司监事会制度的完善——兼及独立董事与监事会的关系》，载《法学》2004 年第 2 期。

〔4〕 司伟、王灯：《公司监事无权提起知情权诉讼》，载《人民司法 · 案例》2010 年第 22 期。

报告进行了查阅，并同意作执结处理，其行使股东知情权目的已经达到。该监事同时作为公司的股东和监事，在行使股东知情权后，短时间内要求行使监事检查权，虽在法律上可予保障，但是，基于平衡保护公司各方主体合法权益的考虑，为减少公司不必要的运营成本、维护公司正常的经营秩序，对该监事在股东知情权纠纷一案中已查阅的会计账册、原始凭证、财务会计报告，该公司无需再次提供查阅。〔1〕

3. 尚未在股东名册上登记的股东

实践中存在如下人员：已经向公司缴纳出资、取得出资份额或股份但是尚未在股东名册或者股东登记资料上记载为股东的人，或者身为自然人的原股东去世，其合法继承人依法继承了股份但是尚未办理股东名册变更的人，或者已经向转让人股东履行了支付转让价款的义务，依照出资份额或股份的转让合同，有权要求公司办理股东名册变更的人等。这些人又被称为受益股东或者受益所有权人。〔2〕

公司仅仅对名义股东负责，受益股东不是名义股东，原则上不能向公司主张知情权，但是这并非绝对。公司可能明知受益股东的存在，并和受益股东达成关于知情权行使的协议。受益股东可能和名义股东之间已有协议，就知情权的行使条件、时间和方式等事宜做出约定，例如名义股东在收到指示的时候，应当行使知情权，并将查阅结果及时告知受益股东。受益股东也可能与名义股东签订授权协议，要求名义股东将知情权授权受益股东行使。如果是在股权继承的场合，受益股东为原股东的继承人，此时股权发生转移而不是转让，继承人即使尚未登记为名义股东，但理应享有知情权。〔3〕

对于股东资格的确认，我国法采形式标准为主、实质标准为辅。〔4〕一旦一个人在股东名册或股东登记资料上记载为股东之后，该人便成为公司的股东。至于是否办理了工商变更登记，不影响该人针对公司行使知情权。办理工商变更登记，是公司所负有的义务。如果公司拖延不办理工商变更登记，导致的结果是该人无法对抗第三人。由此产生的逻辑矛盾是，公司违反公司法上的义务，拖延不办理，其不利后果却要由即将成为公司的新股东来承担。如果公司董事或高管和该新股东之间有冲突，前者可能利用这个制度缺漏来妨碍或影响新股东的权利，从而损害其利益。鉴于此，在股权继承等某些特殊的情况下，即使股东名册尚未登记或变更，也应当明确赋予受益股东一些股东权利。

---

〔1〕 金广福诉扬州同创塑胶制品有限公司要求在监事任期届满新监事未产生前继续履行监事检查权纠纷案：江苏省扬州市中级人民法院（2013）扬商终字第0009号民事判决书。

〔2〕 施天涛：《公司法论》（第三版），法律出版社2014年版，第250~251页。

〔3〕 英国法区分了“transmission”（转移）和“transfer”（转让）这两个术语。如果股东去世，股份持有人从原股东到其继承人或个人代表（包括遗嘱执行人和遗产管理人）的变化，不是股份的转让，而是股份的转移。参见葛伟军：《英国公司法要义》，法律出版社2014年版，第117~118页。

〔4〕 实质标准主要参考谁持有股份或出资证明书、实际出资等问题，形式标准主要参考谁的名称记载在公司内部的股东名册上。参见邓峰：《普通公司法》，中国人民大学出版社2009年版，第347~352页。

三、查阅权的行使对象、置备义务及责任承担

（一）司法裁判观点

注册会计师对财务报告出具的审验报告及监事会的检查报告等，也在知情权的范围内，不仅局限于公司财务会计报告，而且股东在行使该权利时，对上述账册等资料可以摘抄或复印。[1]但是，对于公司会计账簿，股东仅能查阅，无权复制。[2]此外，股东有权要求查阅公司会计账簿，并不等于有权要求对公司财务账簿进行审计，该请求缺乏法律依据。[3]

根据《公司法》，股东对公司享有一定范围的查阅权，即对公司的股东会会议记录、公司财务会计报告、公司章程等享有查阅权，但是不能要求对公司的所有经营资料进行查阅，[4]例如，公司的装潢合同就超越了知情权的范围，股东无权查阅。[5]对于《公司法》没有规定的董事会会议记录、会计凭证等涉及公司商业秘密的档案材料，如果股东要求查阅，法院应当以严格审查股东查阅目的为前提，结合股东查阅理由以及双方提供的证据，判断股东是否有权申请查阅上述材料。[6]

在一个案例中，股东主张有 1174 名职工系实际出资人，由其他股东代持股份，要求查看实际股东出资、持股等情况，法院认为，即使他人与受托人等其他自然人签订了委托持股协议，该协议应是委托人与受托人之间的民事法律关系，并非他人与公司的关系，因此该股东无权查阅。[7]

尽管如此，公司章程对知情权自治可超出法定内容。公司章程关于股东知情权的规定，如股东可以查阅《公司法》规定之外的公司自身资料、子公司资料，以及对公司及子公司进行审计等，原则上是有效的。但公司章程设定的具体知情权项目是否允许，应结合公司法立法目的及该公司个体情况进行综合考量和评判，审查原则是既要保证股东了解公司经营状况，又将知情权对公司正常经营的影响控制在合理范围内。在一个案例中，章程的规定确实

---

〔1〕 詹德威诉南京南连光华液化气有限公司股东知情权案：江苏省高级人民法院（2003）苏民三终字第 029 号民事判决书。

〔2〕 张某等与甲公司股东知情权纠纷案（江苏法院公司审判十大案例之四）；邹元春诉四川金本广告传媒有限公司股东知情权案：四川省成都市中级人民法院（2012）成民终字第 21 号民事判决书。

〔3〕 攀枝花四季花城房地产开发有限责任公司与徐璐璐股东知情权纠纷上诉案：四川省攀枝花市中级人民法院（2008）攀民终字第 30 号民事判决书（《人民司法 · 案例》2009 年第 4 期）。

〔4〕 珠光（香港）有限公司诉珠海经济特区珠光新城房产开发有限公司等股东权纠纷案：广东省高级人民法院（2004）珠中法民四初字第 199 号民事判决书。

〔5〕 龚某某诉上海千思装潢建材超市有限公司股东知情权纠纷案民事判决书。

〔6〕 倪瑞英诉福建省福清市东门百货有限公司股东知情权纠纷案：福建省福州市中级人民法院（2018）闽 01 民终 7296 号民事判决书（福州法院 2018 年度商事审判十大案例之七）。

〔7〕 上诉人王淞声与被上诉人诉东北金城建设股份有限公司、王秀斌股东知情权纠纷二审民事判决书：辽宁省沈阳市中级人民法院（2016）辽 01 民终 3974 号民事判决书。

超过《公司法》列举的股东知情权内容，但考虑到被上诉人虽为股份有限公司，但股东仅有五名，只要股东合理地行使知情权，一般不会对公司的经营造成重大影响，故前述公司章程的相关规定不致无效，且股东因公司在申请过程中经审计发现财务问题后而主张行使知情权，理由正当，因此予以支持。〔1〕

股东可以行使知情权，并不等于股东可以占有公司资料（如公章及财务账册）。股东在出资后，该出资财产属于公司所有，股东无权直接对公司经营管理进行干涉。正常情况下公司的公章及财务账册应当由其法定代表人或特别授权的人占有与保管，一般股东不得占有公司公章及财务账册，否则就是对公司自主经营权利的侵犯。所以公司章程没有特别规定或是特别授权的情况下，股东不得占有公司的公司公章及财务账册。〔2〕

按照《公司法》的要求，公司应向各位股东提交财务会计报告而并非财务会计报表，而且财务会计报表和财务审计报告都不能替代法律规定的财务会计报告的作用。如果公司未向各位股东提交财务会计报告，那么侵害了股东知情权。〔3〕股东既可请求公司向其公开财务报告，亦可要求公司允许监事会行使职权，检查公司成立以来的财务情况的请求。〔4〕

不少裁决认为，会计凭证应当纳入股东查阅权的范围。会计凭证是公司股东了解公司经营过程的原始依据，是公司股东知情权的重要保障，《公司法》第33条实际上是对股东知情权的确立和保障，虽然并没有提及会计凭证，但其目的不在于限制股东知情权的范围，允许股东在必要时查阅会计凭证，符合保护有限责任公司股东特别是中小股东知情权的立法目的。〔5〕股东作为公司的投资者，享有从公司获得经济利益和参与管理的各项股东权利，而股东知情权是股东的其他权利得以实现的前提，股东查阅权的裁判应以充分保障股东权利以激励股东投资、维持公司运转、平衡股东之间利益为法律价值目标。作为会计账簿依据的会计凭证，如果不允许股东查阅，中小股东可能无法准确了解公司真正的财务状况，所以应将会计凭证纳入股东查阅范围，并在司法实践中严格把握股东查阅权的行使要件及举证责任，特别是正当目的的界定标准。〔6〕

---

〔1〕 CROWN CANOPY HOLDINGS SRL 诉上海和丰中林林业股份有限公司股东知情权纠纷案：上海市第二中级人民法院（2013）沪二中民四（商）终字第51264号民事判决书。

〔2〕 宜兴市贝峰新型建材有限公司诉胡钟霆返还公司财产案：江苏省无锡市中级人民法院（2004）锡民二终字第255号民事判决书。

〔3〕 许宝忠与德清县凯悦电子有限公司知情权纠纷案：浙江省德清县人民法院（2002）德民初字第352号民事判决书；大柴旦西海化工有限责任公司等诉青海昆仑矿业有限责任公司股东知情权、盈余分配权案：青海省高级人民法院（2005）青民二终字第19号民事判决书。

〔4〕 蔺季淳等诉盐城市纺织原料物资有限公司股东会召集权和股东知情权案：江苏省盐城市人民法院（2002）城民二初字第30号民事判决书。

〔5〕 江苏南通中院判决崔世荣诉恒诚公司股东知情权纠纷案：江苏省南通市中级人民法院（2014）通中商终字第0105号民事判决书。

〔6〕 马谓健等诉玉林市红岭工业有限责任公司股东知情权案：广西壮族自治区玉林市中级人民法院（2011）玉中民二终字第85号民事判决书；重庆会山置业发展有限公司与汪建国股东查阅权纠纷上诉案：重庆市第一中级人民法院（2012）渝一中法民终字第05206号民事判决书（《人民司法·案例》2014年第2期）。

在另一个案例中，法官认为公司法赋予股东查阅公司财务会计报告、会计账簿权利的同时，没有限制股东查阅原始凭证和销售发票的权利，股东只有查阅会计账簿、原始凭证和销售发票，通过相互印证，才能了解公司的真实经营情况和相关信息。因此，股东知情权应当包括查阅公司财务会计报告、会计账簿、原始凭证和销售发票。[1]

（二）英国法

英国《2006 年公司法》关于查阅权的行使，具有三个特点，一是可查阅的对象范围广泛，二是规定了公司的置备义务，三是责任体系完备。

1. 英国法下股东查阅权的范围比较广泛。股东可以查阅的文件包括：成员登记册和成员索引、境外登记支册、董事登记册、会议决议、合同文本或备忘录、限制补偿条款、秘书登记册、决议和会议等的记录、会计记录、偿债能力声明、董事声明和审计师报告、债券持有人登记册、公司重大控制人登记册。对成员的调查结果的报告、利益披露登记册和关联索引、设立抵押的文件、公司合并或分立的文件等。

关于身份类的登记册，主要包括成员登记册、董事登记册、秘书登记册、债券持有人登记册、公司重大控制人登记册。偿债能力声明，主要限于两种情形：资本减少，以及为了或根据雇员持股计划而从资本中缴付回购股份。董事声明和审计师报告，主要适用于私人公司为了赎回或回购股份而从资本中缴付的情形。[2]

2. 明确规定了公司的置备义务，必须将需要公开的文件置备于公司登记住所，或者第 1136 条之下的规章所指定的地点。

对于大部分材料，置备的地点主要是公司登记住所，或者第 1136 条（关于某些公司记录可供查阅的规章）之下的规章所指定的地点。这些地点可以是：公司主营业地、公司被登记所在的英国地区、公司保存可供查阅之任何其他记录的地点等。

根据第 1137 条（关于查阅记录和提供文本的规章），国务大臣可以通过规章，对公司法规任何条款所要求的公司下列义务做出规定：（a）置备可供查阅的任何公司记录，或者（b）提供任何公司记录的文本。公司未能遵守该规章，视为已拒绝查阅，或者（根据具体情形）未能提供文本。该规章可以：（a）对于查阅的时间、期限和方式，包括在查阅过程中信息复制被许可的情形以及范围，做出规定，并且（b）对于为了查阅或提供文本之目的摘录或呈递任何信息之性质、范围和方式，对可以要求公司的事项作出定义。当有权收取费用时，该规章可以对费用数额和计算依据做出规定。

对于境外登记支册，置备的地点是在英国境内公司的主登记册可用以查阅的地点。[3]

---

[1] 金亚萍等诉诸暨市富林印务有限公司股东知情权案：浙江省诸暨市人民法院 2006 年 10 月 28 日民事判决书。

[2] 英国《2006 年公司法》第 642、720A、713－720 条。

[3] 英国《2006 年公司法》第 132 条。

对于会议决议，置备的地点是：（i）会议结束之前不少于15日，在公司登记住所，以及（ii）在会议上。

对于下列合同文本、备忘录、条款、报告，除了必须置备于公司登记住所或者第1136条之下的规章所指定的地点以外，英国法还要求一定的保留时间：（1）每个董事与公司或其子公司的服务合同，必须由公司保留至少1年，自合同终止或届满之日起算，并且必须在该期限内可供查阅；（2）场外回购合同或场内回购合同，合同签订后，该合同项下的股份回购完成之日或者该合同另行确定之日起10年的期间；（3）限制补偿条款（限制第三人补偿条款以及限制养老金计划补偿条款），文本和备忘录必须由公司保留至少1年，自条款终止或届满之日起算，并且必须在该期限内可供查阅；（4）董事声明和审计师报告（私人公司为了赎回或回购股份而从资本中缴付），自下列日期起：（i）公司首次公布第719条第（1）款的通知，或者（ii）如果更早，公司首次公布或发出第719条第（2）款所要求的通知，并且至从资本中缴付的决议通过之日起5周止；（5）对成员的调查结果的报告，该报告完成后的合理期间内（不超过15日）可供查阅，该报告留存至少6年。[1]

对于会计记录（对于私人公司，自做出之日起3年；对于公众公司，自做出之日起6年），必须置备于其登记住所或董事认为合适的其他地点，并且必须在所有时间公开。[2]

对于偿债能力声明（资本减少，以及为了或根据雇员持股计划而从资本中缴付回购股份），在股东大会的整个期间必须公开。[3]

3. 责任体系完备，大部分情况下，违反义务的主体将构成犯罪。拒绝查阅或拒绝提供文本，公司以及每个失责的公司高级人员构成犯罪。对重要详情故意或过失作出误导性、虚假或者欺骗性陈述的人，构成犯罪。通过行使该条授予的权利而获得信息的人，在明知或有理由怀疑其他人可以为了不正当目的使用该信息的情况下，对于其下列行为，构成犯罪：（a）做任何事情，导致该信息向该其他人披露，或者（b）不做任何事情，导致该信息向该其他人披露。这个规定适用于：成员登记册和成员索引、债券持有人登记册、公司重大控制人登记册、利益披露登记册和关联索引。[4]

如违反规定，或者查阅被拒绝，公司以及每个失责的公司高级人员构成犯罪：境外登记注册、董事登记册、合同文本或备忘录（场外回购合同或场内回购合同）、秘书登记册、董事声明和审计师报告（私人公司为了赎回或回购股份而从资本中缴付）、对成员的调查结果的报告、设立抵押的文件。[5]

如果不遵守规定，或者查阅被拒绝（或者文本没有被发送），每个失责的公司高级人员

---

〔1〕 英国《2006年公司法》第228、237、702、805条。

〔2〕 英国《2006年公司法》第388条。

〔3〕 英国《2006年公司法》第642、720A条。

〔4〕 英国《2006年公司法》第118～119、746～747、790Q～790R、813～814条。

〔5〕 英国《2006年公司法》第132、162、275、703、720、806－807、859Q条。

构成犯罪：合同文本或备忘录（每个董事与公司或其子公司的服务合同）、限制补偿条款（限制第三人补偿条款以及限制养老金计划补偿条款）、决议和会议等的记录（自做出之日起至少置备 10 年）。[1]

（三）查阅权的行使及责任的承担

1. 可查阅的对象

我国法仅规定了六、七类股东有权查阅的文件或材料。最高人民法院《关于适用〈中华人民共和国公司法〉若干问题的规定（四）》第 7 条第 1 款对此的措辞是"公司特定文件材料"。首先，这个特定文件材料，应当是指公司法第 33 条或第 97 条规定的文件或材料。其次，特定文件材料，也可以是公司章程所规定的；按此逻辑，如果公司章程对股东有权查阅的文件或材料，做出了比公司法第 33 条或第 97 条更广泛的规定，那么这些文件或材料都应当纳入查阅权的范畴。

英国法近期的一个重要变化是，增加了重大控制人登记册。与一个公司（Y 公司）相关的个人（X），如要成为对该公司具有"重大控制"的人，则必须满足以下至少一项指定的条件。第一个条件是（股份所有权），X 直接或间接持有 Y 公司 25% 以上的股份。第二个条件是（表决权），X 直接或间接持有 Y 公司 25% 以上的表决权。第三个条件是（任命或罢免董事的权利），X 直接或间接地，有权任命或罢免 Y 公司董事会的大多数。第四个条件是（重大的影响或控制），X 有权对 Y 公司，行使或实际行使重大的影响或控制。第五个条件是（信托、合伙等）：（a）对于依据所管辖的法律不具有法人地位的信托或商行，该信托的受托人或者该商行的成员满足与 Y 公司相关的任何其他指定条件，或者如果他们是个人，将满足该条件，并且（b）X 有权对该信托或该商行的活动，行使或实际行使重大的影响或控制。[2]

我国《公司法》区分了控股股东和实际控制人两个概念。[3]在股东对外担保（第 16 条）以及关联关系（第 21 条）两个条款中，涉及实际控制人。根据该法，实际控制人，是指虽不是公司的股东，但通过投资关系、协议或者其他安排，能够实际支配公司行为的人。我国《证券法》关于实际控制人的含义，与《公司法》相同，但是增加了应当披露的场合，包括第 54 条（股票上市交易时应公告的事项）、第 66 条（向证监会和证券交易所报送的年度报告）和第 67 条（重大事件向证监会和证券交易所报送临时报告）。实际控制人，其表述也可能是"拥有公司的实际控制权"，[4]既可以是自然人，也可以是法人；既可以是有限责任公

---

〔1〕 英国《2006 年公司法》第 228 ~229、237 ~238、358 条。

〔2〕 英国《2006 年公司法》第 790C 条、附件 1A（关于公司重大控制人）第 1 部分。

〔3〕 根据我国《公司法》第 216 条，控制股东，是指其出资额占有限责任公司资本总额百分之五十以上或者其持有的股份占股份有限公司股本总额百分之五十以上的股东；出资额或者持有股份的比例虽然不足百分之五十，但依其出资额或者持有的股份所享有的表决权已足以对股东会、股东大会的决议产生重大影响的股东。

〔4〕《上市公司收购管理办法（2014 修订）》第 84 条：有下列情形之一的，为拥有上市公司控制权：（1）投资者为上市公司持股 50% 以上的控股股东；（2）投资者可以实际支配上市公司股份表决权超过 30%；（3）投资者通过实际支配上市公司股份表决权能够决定公司董事会半数以上成员选任；（4）投资者依其可实际支配的上市公司股份表决权足以对公司股东大会的决议产生重大影响；（5）中国证监会认定的其他情形。

司，也可以是股份有限公司或上市公司。

如果将上述规定作一个比较，有三点值得注意。首先，重大控制人的含义较为广泛，既有股份所有权或表决权标准，又有任命和罢免董事的权利以及重大的影响或控制标准，相当于综合了我国法下的控股股东和实际控制人的概念。其次，关于重大控制人登记册的知情权较为详尽，不仅要求必须置备于公司登记住所或者第 1136 条之下的规章所指定的地点，而且规定任何人可以免费查阅，或者在付费后可以要求该登记册的文本或其中一部分。而在我国，《公司法》并没有规定控制股东或实际控制人情况属于股东知情权的范畴，仅仅在《证券法》中涉及某些场合下的披露，范围非常狭窄。最后，享有控制权的实际出资人，构成重大控制人，在英国是需要置备其信息、以供任何人查阅的。而在我国，隐名投资或股权代持越来越多，如果要求享有控制权的实际出资人的情况必须公开，其重要性可想而知，可能会涉及背后一大批人的利益，他们通过协议或其他关系控制公司却又不希望被社会公众察觉是公司股东。

此外，我国法下查阅和复制之间的关系，并不明确。有限责任公司有五类材料，明文规定查阅和复制，但是公司会计账簿，仅规定了查阅。股份有限公司仅规定了查阅，没有规定复制。两者之间到底关系如何，如果没有规定，股东是否就无权复制？没有了复制权，查阅权又有何意义？我国法还缺乏详细的置备义务的规定。有限责任公司没有提到置备义务，股份有限公司虽然规定“置备于公司”，但是该措辞并不明确。如何置备于公司？应当置备多长时间？均未提及。

2. 关于责任的承担

最高人民法院《关于适用〈中华人民共和国公司法〉若干问题的规定（四）》增加了两类承担赔偿责任的情形。第一，股东或辅助人员，如果泄露公司商业秘密导致公司合法利益受到损害，公司可以要求其赔偿。第二，公司董事或高管等，如果没有依法履行职责，导致公司未依法制作或者保存《公司法》第 33 条、第 97 条规定的公司文件材料，给股东造成损失的，股东可以要求其赔偿。

在第一类情形中，该规定将责任承担的原因限定在“泄露公司商业秘密”，可能会产生两个问题。首先，依据法律条文的规定以及一系列案例的司法裁决，公司商业秘密是股东知情权行使的限制范畴，即并不属于股东可以查阅和复制的范围。按此逻辑，只要公司不予配合，股东是无法触及公司商业秘密的，除非股东获得公司商业秘密的过程本身已经违反了法律的规定。换而言之，可能并不存在“股东行使知情权后泄露公司商业秘密的情况”。其次，股东行使知情权确实存在损害公司利益的场合，例如股东将其获得的文件或材料不当使用，导致该文件或材料流入公司竞争对手的手中等。这些场合不应当仅局限于泄露商业秘密，而应当囊括更加广泛的情况。

在第二类情形中，该规定虽然明确了董事、高管的责任，但是仍有缺陷。首先，将公司排除在外。股东行使查阅权所针对的对象，是公司。董事、高管的行为，代表了公司。如果董事、高管没有依法履行职责，导致股东无法查阅，首要承担责任的应当是公司，因为公司侵害了股东查阅权；公司对外承担责任之后，可以向有过错的董事、高管追偿，因为他们违反了对公司所负有的受信义务（该义务并非对股东直接负有）。其次，相比较于英国法，该规定将两类人排除在外。一类是对重要详情故意或过失作出误导性、虚假或者欺骗性陈述的人。另一类是获得相关信息的人，在明知或有理由怀疑其他人可以为了不正当目的使用该信息的情况下，做或不做任何事情，导致该信息向该其他人披露。最后，我国法仅规定了董事、高管的民事责任，没有涉及刑事责任。责任的轻微化，导致责任人的违法成本过低，不足以震慑违法行为。这是我国公司法关于董事、高管责任存在的普遍性问题。

四、不正当目的抗辩

（一）司法裁判观点

根据《公司法》第 33 条第 2 款，股东要求查阅公司会计账簿的，应当向公司提出书面请求，说明目的。公司有合理根据认为股东查阅会计账簿有不正当目的，可能损害公司合法利益的，可以拒绝提供查阅，并应当自股东提出书面请求之日起十五日内书面答复股东并说明理由。公司拒绝提供查阅的，股东可以请求人民法院要求公司提供查阅。

公司账簿本身所包含的内容较为丰富，根据我国《会计法》，会计账簿包括总账、明细账、日记账和其他辅助性账簿。这些账簿中记载并反映出大量更为详细深入的公司经营信息，所以该项查阅内容极容易涉及公司的商业秘密，泄露后将对公司经营造成损害，因此法律特别进行了明确规定，查阅公司账簿的条件相对于其他材料会更为严格。〔1〕公司对证明股东的不正当目的负有举证责任。如果公司未能提供有效的证据证明股东具有不正当目的，则法院会支持股东的诉请。〔2〕在一个案例中，原告并未提交证据证明曾向公司提交说明正当目的的书面请求，查阅公司账簿的前提条件尚不具备，不可以直接查询公司账簿。〔3〕在另一个案例中，原告只是向公司提起要求查阅会计账簿的请求，但是没有说明目的，这违反了公司法的强制性规定，属于前置程序存在瑕疵。即使在开庭审理过程中原告向法院说明了查阅目的，该程序存在的瑕疵也并不能因此得到救济。〔4〕

〔1〕 万宜公司诉宏大公司股东知情权纠纷案：民事判决书（《人民司法 · 案例》2015 年第 2 期）。

〔2〕 北京大学附属中学、北京北大依林公司诉北京北大附中教育投资有限公司股东知情权纠纷案：北京市第一中级人民法院（2012）一中民终字第 5887 号民事判决书。

〔3〕 石秀丽、聂菊荣诉珠海市建安建筑装饰工程有限公司股东知情权纠纷案：广东省珠海市中级人民法院（2011）珠中法民二终字第 66 号民事判决书。

〔4〕 徐尚忠诉北京永盛联机电产品有限公司股东知情权纠纷案：北京市西城区人民法院（2010）西民初字第 02954 号民事判决书（《人民司法 · 案例》2011 年第 6 期）。

1. 正当性的判断标准

对查阅公司会计账簿不正当目的的审查以及公司举证与抗辩，存在一系列案例，可以分为两大类，一类为认定不正当目的，另一类则认定不能认为存在不正当目的。

判断股东行使知情权的“正当性”，应当根据股东查询请求的原因、目的和范围，结合案件实际情况综合确定。对于“正当性”的举证责任分配，应首先由股东提出其查询请求具备正当性的初步证据；公司有异议的，再提出充分的证据证明股东不具有正当目的。〔1〕

另有法官认为，对正当目的的审查，可以从具体、合法、关联、安全等四个方面来把握。为了使股东知情权的行使规范有序，在确定查阅账簿的时间范围时，应当有明确的针对性；在确定能否查阅会计凭证时，应当考虑必要性和合理性。同时，为了有效解决股东行使权利与公司经营管理秩序之间的矛盾，还要对知情权的实现方式作出适当可行的安排。仅以股东身份泛泛而谈查阅目的，缺乏针对性和适当性。〔2〕

当股东行使账簿查阅权的目的兼具正当性和不正当性时，股东只要证明了其具体查阅目的之正当性后，即应允许其行使查阅权，但其查阅范围应限制在其所证明的正当目的之内，并以不损害公司利益为限。〔3〕该不正当目的的内涵应当严格限制在利用通过行使股东知情权而获得的公司信息对公司权益造成损害等范围之内，包括可能泄露公司商业秘密、可能与公司存在恶意竞争等，而不宜作扩大理解。〔4〕

2. 存在不正当目的

查阅权的行使，应当与该权利的救济程度相适应，不得滥用。如果股东提出查阅会计账簿的目的是明确其股权转让价格，而法院认为其可以通过其他救济手段达到此目的的，可以不予支持。〔5〕

一系列案例表明，如果股东查阅会计账簿，可能损害公司合法利益的，公司可以拒绝查阅，主要集中在股东自营或者为他人经营与公司主营业务有实质性竞争关系业务的场合，此时查阅会计账簿有可能导致具有商业秘密性质的信息泄露，从而使公司处于弱势地位，造成不利后果。例如，股东同时也是与公司具有竞争关系的其他公司的法定代表人，那么该股东

---

〔1〕 王全福诉天津人立骨科器械有限公司确认股东资格及知情权纠纷案：天津市河东区人民法院（2008）东经初字第416号民事判决书。

〔2〕 上海联华新新超市有限责任公司与上海新吴淞商贸总公司股东知情权纠纷上诉案：上海市第二中级人民法院（2010）沪二中民四（商）终字第321号民事判决书（《人民司法·案例》2011年第6期）。

〔3〕 刘越与苏州华瑞腾航空设备有限公司股东知情权纠纷上诉案：江苏省苏州市中级人民法院（2013）苏中商外终字第0007号民事判决书（《人民司法·案例》2014年第24期）。

〔4〕 赵红玉诉陕西省西安市五星商贸有限公司股东知情权纠纷案：陕西省高级人民法院（2017）陕民申286号民事裁定书。

〔5〕 宁丁诉北京远大会计师事务所有限公司股东知情权案：北京市海淀区人民法院（2006）海民初字第7426号民事判决书。

从事的经营活动有可能系其个人行为，亦有可能系其代表的该其他公司的职务行为;[1]或者股东同时在与公司业务范围相同的另一家公司担任股东和管理人员;[2]或者股东与公司之间存在同业竞争、股东出资纠纷等问题;[3]或者股东的近亲属出资设立经营的公司与该股东所在的公司之间客观上存在竞争的可能，仅凭该股东的个人声望和影响力并不能合理排除其查阅会计账簿会对公司利益造成损害的可能性;[4]或者股东在设立公司之外，另外设立并经营与其所在公司经营范围相同的其他公司，两者之间存在业务上的竞争关系等。[5]

3. 不能认为存在不正当目的

股东的知情权系一完整的、持续性权利。股东行使该权利，可在公司的营业时间内出于正当目的和理由随时查阅公司的财务会计报告、有关账簿等。如果股东出于了解公司的损益、资金的使用、有无违规经营等情况的目的而要求查阅公司有关账册，该目的是善意的、正当的，那么其要求查阅公司有关账册也是合理的。[6]

股东在该次查阅申请前曾经通过借助查阅公司会计账簿的方式而损害公司利益的事实,[7]或者股东曾经认可有关审计结论,[8]或者公司怀疑股东查阅会计账簿的目的是公司涉及的其他案件的对方当事人收集证据,[9]或者股东要求查阅其加入公司之前的公司会计账簿,[10]均不能作为股东要求查阅具有不正当目的的证据或理由。

此外，还应当注意三点。首先，因外商投资企业的股东知情权问题而引起的外商投资企业股东权纠纷，应当适用《公司法》等法律法规的规定。如果外商投资企业《调阅办法》对股东查阅资料的时间范围和资料范围进行了严格的限制，不利于股东客观全面地了解公司财务状况和经营情况，那么该企业要求原告按照《调阅办法》的规定查阅财务资料，损害了

---

[1] 姚建国诉北京市朝阳京华纺织服装有限公司侵犯有限责任公司股东的会计账簿查阅权纠纷案：北京市第二中级人民法院（2006）朝民初字第 20161 号民事判决书。

[2] 梁好臣诉北京全圣时代数字技术有限公司股东知情权案：北京市第一中级人民法院（2007）一中民终 13461 号民事判决书。

[3] 张章生诉宁波中缝公司股东知情权纠纷案：浙江省宁波市中级人民法院（2009）浙甬商终字第 1254 号民事判决书。

[4] 张同禄诉北京禄颖兰釉艺工艺品有限公司股东知情权案：北京市第一中级人民法院（2012）一中民终字第 2247 号民事判决书（《人民司法 · 案例》2014 年第 24 期）。

[5] 深圳市美赛达科技股份有限公司与北京车联天下科技有限公司股东知情权纠纷上诉案，北京市第三中级人民法院（2016）京 03 民终 3220 号民事判决书。

[6] 南京南连光华液化气有限公司诉詹德威知情权纠纷案：江苏省高级人民法院（2003）苏民三终字第 029 号民事判决书。

[7] 广州保税区智友工贸有限公司与潘明股东知情权纠纷上诉案：广东省广州市中级人民法院（2006）穗中法民二终字第 1860 号民事判决书。

[8] 上海联华新新超市有限责任公司与上海新吴淞商贸总公司股东知情权纠纷上诉案：上海市第二中级人民法院（2010）沪二中民四（商）终字第 321 号民事判决书。

[9] 李淑君、吴湘、孙杰、王国兴诉江苏佳德置业发展有限公司股东知情权纠纷案：江苏省宿迁市中级人民法院 2010 年 1 月 6 日民事判决书（《最高人民法院公报》2011 年第 8 期）。

[10] 王彦峰诉常州市三利精机有限公司要求查阅具备股东身份之前的公司财会资料股东知情权纠纷案：江苏省常州市钟楼区人民法院（2012）钟商初字第 555 号民事判决书。

原告作为股东的知情权。[1]其次，查账权书面申请可由法定代表人替代公司接收。公司的法定代表人根据法律和公司章程的规定，对外享有代表公司进行经营活动的权利，对内享有对公司事务进行管理的权利，并且负有对其行为向公司负责的义务。法定代表人有义务代替公司接收相关文书，换言之向公司法定代表人送达相关文书即视为向公司送达相关文书，故原告向法定代表人寄交的查账申请书应当视为向公司寄交，尽管公司拒收该申请，但并不能以此否认原告已经履行了向公司提交书面申请的行为。[2]最后，公司不能以公司财务尚未理清为由拒绝股东查阅公司财务状况的要求。[3]

（二）英国法

英国《2006 年公司法》对于请求公司提供文件文本、公司回应以及法院的正当目的审查等程序，规定比较详尽。

对于以下几类材料，向公司提出请求，公司收到该请求后，必须在 5 个工作日内（利益披露登记册没有规定），要么遵守该请求，要么向法院提出申请，此时法院应进行“正当目的”审查：成员登记册和成员索引、债券持有人登记册、公司重大控制人登记册、利益披露登记册和关联索引。如果法院认为查阅目的不正当，那么应当指导公司不予遵守该查阅请求。如果法院没有指导公司不遵守该请求，那么在法院作出判决时，公司应当立即遵守该查阅请求。[4]

需要指出的是，英国成文法项下会计账簿查阅权的行使主体为公司高级人员，而不是股东。对于上述所称的“正当目的”，主要是指股东查阅材料或文件时，应当目的正当。因此，正当目的与会计账簿查阅权是无关的。这一点不同于我国法。

英国法成文法没有规定正当目的的内容，这个任务是由判例法完成的，要具体结合个案而定。在一个案例中，被告是原告公司的股东，请求查阅成员登记册，公司向登记官提出申请，要求颁布命令，不要公司遵守该请求，理由是目的不正当。登记官认为，尽管被告的其中一个目的是对董事薪酬作出没有事实根据的指控，该目的不是正当目的，但是另一个目的却是正当目的，即对于公司股份拟议的评估方法等事宜，与其他股东进行联系。登记官授予该命令，条件是公司应当将被告表明其关于股份评估方法之关注的信件向其他股东传阅，并且被告应当补偿公司的费用。被告不服，提起上诉。法院认为，查阅的目的，应当与股东利益或者行使股东权利有关；几个目的当中，如有任何一个是不正当目的，法院即应颁布命令，指示公司不予遵守，否则法律提供的保护要受到破坏；被告提出对董事薪酬的指控，不

---

〔1〕 星裕投资有限公司（Star Rich Investments Limited）诉脱普日用化学品（中国）有限公司股东知情权、公司盈余分配请求权纠纷案：江苏省高级人民法院（2002）苏民三初字第 004 号民事判决书。

〔2〕 北京华美奇纺织品有限责任公司与乔某某股东知情权纠纷上诉案民事判决书。

〔3〕 李萍诉金坛市苏安建材有限公司要求确认股东资格案：江苏省金坛市人民法院民事判决书。

〔4〕 英国《2006 年公司法》第 116 ~117、119、744 ~745、790O ~790P、811 ~812 条。

是请求查阅成员登记册的正当目的，因为没有向公司或股东传递任何价值。[1]

渣打秘书和管理人研究院曾经发布一个文件，列举了各类正当或不正当目的，虽然没有约束力且并不详尽，但是具有指导意义。根据该文件，正当目的包括：股东检查其在登记册上的个人信息；就公司、持股或相关权利之行使等事项，股东或间接投资者希望与其他股东联系；就公司、持股或相关权利之行使等事项，任何其他人或团体希望与股东联系；来自监管人或监管部门（如金融服务局或收购小组）的要求；与收购要求有关的请求，在要约宣布之前，请求查阅目标公司的登记册；遗嘱执行人或其委托律师，为了遗嘱认证之目的，检查去世股东的持股情况；股票经纪人在处理股份交易之前，检查登记册，以确认股份所有权，等等。不正当目的包括：任何非法目的（如为了身份欺诈或者《1998 年数据保护法》项下可能滥用某人权利的理由）；对股东作出的任何下列陈述或联系，即公司将威胁、骚扰或侵犯股东；与证券有关的要约；对自然人股东的信用或身份检查（因为这些材料不是信用调查的工具）；与股东身份或股东权利之行使无关的任何其他目的，等等。[2]

（三）抗辩事由分析及其完善

最高人民法院《关于适用〈中华人民共和国公司法〉若干问题的规定（四）》第 8 条，对会计账簿查阅权抗辩中的不正当目的，采取列举的方式予以细分，主要包括四项内容。不正当目的，是站在公司的立场而言的，是对股东主观心理活动的描述，外人很难作出准确的判断，只能从股东的客观行为进行推断或者法律推定。[3]

有限责任公司的股东，大多数在公司内部任职，担任董事或经理等职务。因此，不正当目的抗辩，主要解决的是股东和股东之间的纠纷。不在公司内部任职或者没有控制公司的股东，无法通过正常途径获知公司经营状况，因此行使知情权，要求查阅会计账簿。此举可能侵犯在公司内部任职或者控制公司的股东，特别是当该股东的行为损害了公司利益的时候，行使知情权的股东，希望通过查阅会计账簿等材料，获取侵犯公司利益的信息，从而依法提起派生诉讼。由此可见，有些时候从表面上看，不正当目的是公司在行使抗辩权，阻却另有企图的股东侵犯公司利益，但究其实质，有可能是控制公司的股东或者董事，借此途径防止股东获取证据，提起派生诉讼，从而逃避自己的责任。

最高人民法院《关于适用〈中华人民共和国公司法〉若干问题的规定（四）》第 8 条的四项内容，可以分为两类：公司利益损害标准、竞争关系标准。第二项和第三项采前者，以可能损害或已损害公司合法利益之后果为判断依据，是一个结果标准。其本质是将公司看成一个独立于股东的主体，股东利益与公司利益发生分离，甚至相悖。有些行为对股东有利，

〔1〕 Burry & Knight Ltd，Re，(2014) 1 W. L. R. 4046.

〔2〕 Institute of Chartered Secretaries Administrators (2007)，Guidance Published on "Proper Purpose" Test for Access to Members' Register，28 (9) Comp. Law. 270.

〔3〕 李建伟：《股东知情权研究：理论体系与裁判经验》，法律出版社 2018 年版，第 142 ~143 页。

但是对公司却有损，即构成不正当目的。公司利益，不能局限于以公司为组织形式的一种商业实体，而应当更广泛地看待，即此概念应当扩及在公司中享有利益的各个参与人，例如股东、债权人和雇员等。但是，从长远来看，公司利益通常等同于股东的长期利益。[1]

公司利益损害标准，又分为两类具体情形。其一为股东为了向他人通报有关信息查阅公司账簿。其二为股东在向公司提出查阅请求之日前的三年内，曾通过查阅公司会计账簿，向他人通报有关信息。“信息”是通过查阅公司会计账簿获取的，或者与查阅公司会计账簿有关的信息。“他人”一般是公司竞业者或者竞业公司，如果向该竞业者或者竞业公司通报，势必会损害公司利益。股东向他人通报有关信息，无论是否有偿，只要有通报行为，且可能损害或已损害公司利益，即已满足。

第一项采后者，是一个行为标准，只要股东存在自营或为他人经营与公司主营业务有实质性竞争关系的业务，无论是否对公司利益造成损害，即构成不正当目的。该项的规定，源于之前司法裁判观点的梳理和提炼，以及比较法上的考察。

自营，是指股东自己出资经营，设立公司、合伙企业或个人独资企业等，如果以公司形式，无论其全资或参股；股东既可以是自然人，也可以是法人。为他人经营，是指股东在其他公司中担任法定代表人、董事或经理等职务，也可能是接受他人的委托而开展经营；股东通常局限于自然人。如果股东仅仅是其他公司的员工，是否符合？为了维护公司合法利益，应当从严把关，在此情形下，首先推定该股东为他人经营，除非该股东能提出证据，自证清白者除外。

主营业务，是公司为完成其经营目标而从事的日常活动中的主要活动，一般可以根据公司营业执照上规定的经营范围来确定其主营业务。实质性竞争关系，是指股东和公司之间存在利益冲突。现实情况复杂，难以对实质性竞争做类型化处理，需要具体问题具体分析，可以参考上市公司监管和竞争法等法律制度，参考地域市场、产品市场等因素来认定。第一项的本意，并不是对股东苛以竞业禁止义务，其落脚点在于如何保护与限制与公司有竞争关系的股东知情权。股东从事与公司有竞争关系业务的经营，实践中较为常见，如果因此而过度限制或剥夺股东知情权，缺乏法理上的基础。关键的问题是，对此类股东的知情权，要予以适当限制但不能完全剥夺。[2]

其他情形，是一个兜底条款，可能包含如下情形。首先，股东向他人通报有关信息的行为，没有侵犯公司利益，但侵犯了其他股东的利益，例如共同股东的利益或者大多数股东的利益。如前所述，公司利益虽然涉及所有利害关系人的利益，但最终而言，可视为股东的长期利益。如果确实损害了共同股东或大多数股东的利益，或者有损害之嫌疑，应当构成不正当目的。其次，将自营、为他人经营，作广义上的解释。将主营业务限定于经营范围，或许

〔1〕 葛伟军：《英国公司法要义》，法律出版社2014年版，第238页。

〔2〕 李建伟：《股东知情权研究：理论体系与裁判经验》，法律出版社2018年版，第145～146页。

过于僵硬。随着越权原则的式微，以及商法上交易安全原则的确立，公司从事交易的能力，越来越不受经营范围的约束。如果坚持主营业务、实质性竞争关系，势必会为具有不当企图的股东规避不正当目的抗辩事由提供契机，不利于保护公司利益。鉴于此，只要强调和公司存在竞争关系即可，不必采用过多限定词加以限制。此外，兜底条款过于笼统，可以进一步予以明确。知情权是股东可以正当行使的权利之一，只要出于确保或行使股东权利之外的目的而行使查阅权，均构成不正当目的。

五、结语

股东知情权是股东最基本的权利之一，由于《公司法》条款较为简单，在实践中引发了诸多争端。司法裁判的焦点与学者研究的思路基本吻合，即遵循“主体—对象—方式”的范式。首先，知情权的行使原则上仅限于股东，但是应当考虑到股东权利的行使可以与股份身份相分离，例如分红权或表决权的行使，股东均可委托他人，知情权在不损害公司利益的情况下亦可委托非专业人士的其他人。最高人民法院《关于适用〈中华人民共和国公司法〉若干问题的规定（四)》虽然对此问题有所突破，但不彻底。其次，在股东知情权行使的对象上，以商业秘密等容易使公司遭受损失的材料为例外，应当允许股东原则上可以查阅公司一切文件材料，特别是该权利的行使可以监督董事或高管的不当行为时。对于会计账簿查阅权，则应当在现有规定的基础上，细化不正当目的抗辩事由。最后，在责任承担上，要明确董事或高管的责任不等同于公司的责任。制作公司文件和信息并在适当时间向股东提供，尽管通过董事或高管进行，但其为公司的义务。知情权与公司的透明度相关，虽然法律没有对有限责任公司施加很重的披露义务，但是这并不妨碍此类公司的股东享有全面、完整、及时的知情权。

差异化表决权诱发的股东压制及其司法救济

——以股东信义义务为视角 *

李安安　贾海东 **

目　次

2019 年出台的科创板新规突破了公司法的僵硬管制，允许采取差异化表决权架构的企业上市，开启了我国资本市场创新发展的春天。然而，针对差异化表决权引发的公司治理利益冲突特别是“股东压制”问题，科创板新规缺乏有效的回应，现有公司法立法亦难以提供针对性的破解方案。可以预想，科创板开板后，首次公开发行股票并上市企业的证券发行纠纷、证券承销合同纠纷、证券上市保荐合同纠纷、证券上市合同纠纷和证券欺诈责任纠纷将陆续出现，法院如何因应

* 本文是司法部国家法治与法学理论研究项目《金融治理中的信息工具及其法律配置研究》（15SFB3031）的阶段性研究成果。

** 李安安，武汉大学法学院副教授，法学博士；贾海东，武汉大学法学院硕士研究生。

这些纠纷备受社会关注，特别是随着 2019 年 6 月 20 日最高人民法院印发《关于为设立科创板并试点注册制改革提供司法保障的若干意见》，破解科创企业公司治理利益冲突并保护投资者利益的司法需求越发强烈，亟待学界研究其中的重大和疑难问题。受篇幅所限，本文不可能也无意于对科创板的司法保障问题进行面面俱到式的展开，而是选取“差异化表决权引发的股东压制问题及其司法救济”这个问题加以重点论述。

一、科创板规则下的“股东压制”：老问题与新挑战

传统意义上的股东压制，是指在封闭公司中，披上了资本多数决合法、效率与公平外衣的股东会决议所实质形成的“多数人暴政”，形成“少数派”股东被迫接受“多数派”股东的决议效力。[1]之所以强调是“在封闭公司中”，是因为该类公司封闭性的核心特征使股东无法像公众公司的股东那样自由退出公司，这为股东压制大开方便之门，所以对股东压制的救济成为各国公司法上封闭公司内部治理面临的普遍难题。[2]然而，在科创板差异化表决规则之下，股东压制问题出现了“基因突变”，在公司类型、股权结构和股东类型等方面分别朝着公众化、普遍化和新型化三大方向异变。反观现行针对股东压制问题的钳制规则，其有效性、正当性缺失，致使在差异化表决安排下，传统股东压制出现了新的挑战。

（一）资本多数决语境中“股东压制”之源起

股东压制（oppression of shareholders），最开始的意境为政治学中“多数人暴政”于公司法学中的体现，[3]最典型的表现是公司控股股东对中小股东的压制。首先，股东压制滥觞于资本多数决。在风险与利益匹配、公司决策效率和运营效率提高的价值导向下，资本多数决往往成为大股东滥用控制权的幌子。其次，股东压制形成于封闭公司，基于封闭公司的人合性本征，当小股东受到压制时，缺乏顺畅、简捷且不损害自身利益的退出机制，沦为大股东的“人质”而受困于公司之中。最后，股东压制成长于股权较为集中的公司类型。在股权分散、控制权与所有权分配得当、治理结构得力的情况下，股东压制很难实现。原因在于：股权分散情形下，在相对层面上，各股东持有的股份大致相当，且大股东一般同时存在多个；在绝对层面上，大股东持有的公司股份占比较小，股东压制必须多个股东实现“强强联合”。但是，限于“集体行动困境”的存在，股东压制一般较难实现，即使最终实现，也会

---

〔1〕 邓江源：《股东压制视野中的股东会决议效力》，载《人民司法》（应用）2014 年第 15 期。

〔2〕 李建伟：《股东压制的公司法救济：英国经验与中国实践》，载《环球法律评论》2019 年第 3 期。

〔3〕 See Morningstar Direct Asset Flows Commentary：*United States*，MORNINGSTAR（Jan. 11，2017），https：//corporate. morningstar. com/us/documents/assetflows/assetflowsjan2017. pdf（analyzing asset flows in America）[hereinafter *Morningstar Direct Assets*].

Brian R. Cheffins & John Armour，The Past Present and Future of Shareholder Activism by Hedge Funds，37 *J. CORP. L.* 51，61 -73（2011）.

耗费较高成本。

（二）差异化表决权安排下“股东压制”之异变

随着市场经济的发展以及中国新经济企业的强势崛起，目前中国公司治理和资本市场发展由行政控制经济模式而刻意设计的“制”正在逐渐解构、弱化和消弭，市场在运作中不断出现新的问题与挑战，而内生于市场运行中自生自发形成的“序”的成分却在生长、扩展与异变。[1]原生性的“同股同权”不断受到挑战，科创公司治理所需的制度不断异变，在这种“挑战”与“异变”之间，“股东压制”也于差异化表决安排之下悄然变幻。

其一，在公司类型方面，股东压制呈现“公众化”趋势。传统意义上的股东压制主要是因为封闭公司的人合性所致，封闭公司成为滋生股东压制的温床。[2]然而在差异化表决权安排之下，股东的异质化不断加剧，公司股东被分为不同阵营，为公众公司中股东压制问题的潜滋暗长提供了土壤，主要表现为股东“用脚投票”的制衡机制在差异化表决安排下失去了作用。这是因为在差异化表决权之下，基于投票权与收益权分离以及二者之间的非比例配置，普通股股东持有股票的收益权可能要高于超级表决权股股东，抛售股票给自身造成的损失可能远大于超级表决权股股东，即“毙敌八百自损一千”，通过在二级市场抛售以震慑“强权股东”的传统用脚投票机制不再行之有效，差异化表决权安排下公司股东退出机制也因为股权结构的差异设置而变得不那么顺畅。

其二，在股权结构方面，股东压制表现为“普遍化”倾向。差异化表决权意味着股东的分化，即人为地将股东分为普通股股东与超级表决权股股东，其中的超级表决权股股东一般为公司的创始人，且超级表决权股股东能够通过控制公司股东会进而选出听命于自己的管理层。[3]由此，即使在股权较为分散的公众公司，超级表决权股东完全可以通过对股东会决策的操控来控制公司管理层，此实为一种“传导机制”，即股份占比较少的超级表决权股东将其在管理层的影响力，通过差异化表决权安排机制，传导至整个公司的运营治理之中。

其三，在股东类型方面，股东压制凸显成“新型化”样态。在最初的语境下，股东压制问题主要指向的是控股股东对中小股东的压制。[4]随着差异化表决安排，股东压制突破了传统的疆域，主要表现为超级表决权股股东对于普通股股东的压制，呈现股东压制的新样态。最高人民法院《关于为设立科创板并试点注册制改革提供司法保障的若干意见》指出，积极调研特别表决权在科创板上市公司中可能存在的“少数人控制”“内部人控制”等公司治理问题，对于以公司自治方式突破科创板上市规则侵犯普通股东合法权利的，人民法院应当依

---

〔1〕 王妍：《公司制度研究：以制度发生学为视角》，载《政法论坛》2016 年第 2 期。

〔2〕 Huojun Sun，*Law and Trust*，International Journal of Applied Behavioral Economics Volume 5 · Issue 1 · January – March 2016.

〔3〕 Aronson v. Lewis，473 A. 2d，p. 805，812（DEL 1984）.

〔4〕 傅穹：《重思公司资本制原理》，法律出版社 2004 年版，第 37 ~45 页。

法否定行为效力，禁止特别表决权股东滥用权利，防止制度功能的异化。[1]这说明，最高人民法院已经意识到科创板存在的股东压制问题。制度实践中，这种股东压制意味着：一方面，“小股东”具备了压制“大股东”的潜质。综观科创公司股权结构设置，超级表决权股比例远小于普通股，持有超级表决权股的股东通常来说不是大股东，超级表决权股东以其对公司的绝对控制力量，通过控制权传导机制，实现对大股东的压制。[2]另一方面，传统公司法上中小股东保护的价值取向需要调适，普通股股东的利益保护需要提上日程。由于股东压制不再以股份占比为唯一基础，“小股东”对强权股东实施压制成为可能，因此中小股东保护的公司法价值取向需要适时调整。[3]

综上分析，股东压制犹如一根足够长的杠杆，在差异化表决权这一支点下，撬动了整个公司治理结构。由此需要公司治理结构有所针对性回应，在股东压制日益深化的背景下，寻找真正契合的制度规则。

二、司法因应科创板“股东压制”问题的现实困境

（一）《公司法》第 20 条的适用困境

内部人控制与大股东掏空上市公司等问题一直是我国资本市场难以治愈的顽疾，公司治理的路径依赖决定了科创板上市公司不可能独善其身，公司治理的利益冲突及投资者的司法保护问题开始浮出水面。科创板语境下差异化表决权诱发的股东压制，可能表现为几种途径：一是通过公司章程或者股东协议等自治的方式直接突破或者变相突破科创板上市规则，侵犯普通股股东的合法权益；二是通过公司决议的方式，利用资本多数决这种“合法”的方式侵犯普通股股东的合法权益；三是通过滥用超级表决权侵犯普通股股东的合法权益。第一种情形涉及公司自治与国家强制的关系以及司法介入公司治理的限度问题，[4]由于科创板上市公司的涉众性，司法有充分的理由予以介入，通过司法审查确保公司章程或股东协议的公平性。对于第二种情形，法院可以援引我国《公司法》第 22 条以及最高人民法院《关于适用〈中华人民共和国公司法〉若干问题的规定（四）》，通过公司决议的无效之诉、可撤销之诉或者不存在之诉来提供救济。实践中，出于规避法律适用的理性选择，科创板公司通过上述两种方式进行股东压制的可能性尽管存在，但不会成为常态，更为可能的选择是采取模糊的策略，在差异化表决权的行使上做文章，这就引出了一个关键性问题：法院能否援引我

〔1〕详见最高人民法院《关于为设立科创板并试点注册制改革提供司法保障的若干意见》第 10 条。

〔2〕［英］保罗·戴维斯：《现代公司法原理（下）》，罗培新译，法律出版社 2016 年版。

〔3〕Baird, D. (1990). Self – interest and cooperation in long – term contract. The Journal of Legal Studies, 19 (S2), 583 – 596.

〔4〕Bellemare, C., & Kroeger, S. (2007). On representative social capital, *European Economic Review*, 51 (1), pp. 183 – 202.

国《公司法》第20条为受到压制的普通股股东提供救济?

安置于公司法总则中的第20条对股东滥用权利做出了原则性的禁止规定，即“公司股东应当遵守法律、行政法规和公司章程，依法行使股东权利，不得滥用股东权利损害公司或者其他股东的利益……公司股东滥用股东权利给公司或者其他股东造成损失的，应当依法承担赔偿责任”。那么，我们能否通过法律解释将股东压制囊括到《公司法》第20条的原则性规定之中，从而一方面解决股东压制的司法适用问题，另一方面能够同时将第20条抽象的禁止股东滥权行为具体化?要实现该双重目的，需要首先解决如下三个理解上的困境：第一，我国《公司法》第20条是否确立了股东间的信义义务。就该问题，学界和实务界尚存争论，[1]同时也没有得到立法和司法的正式确认。第二，我国当前对股东压制问题的规定极为混乱，有的地方规则重复叠床架屋，有的地方规则遗漏尚付阙如。李建伟教授将此形象地概括为“分散交叉式”规定，认为遗漏点甚多，兜底性原则规定甚为重要。[2]第三，当前学术界讨论的大都止步于传统的多数股东对于中小股东的压制，而未涉足科创板规则下已然异化的股东压制问题，《公司法》第20条仅仅是确立一般意义上的股东压制破解规则，能否适用于科创板规则尚需论证。从体系解释看，“公司股东应当遵守法律、行政法规和公司章程，依法行使股东权利，不得滥用股东权利损害公司或者其他股东的利益……公司股东滥用股东权利给公司或者其他股东造成损失的，应当依法承担赔偿责任”之表述更像是法律原则而非法律规则，发挥着一般条款之作用，但由于公司法分则中缺乏对应的制度安排(如权利滥用的情形、损失的认定、举证责任的分配等)，该一般条款可能被虚置，诚如有学者所言，如果没有配套的具体司法解释，或者相应的司法判例加以指导，则“公司法中这一创造性的规定要么沦落为无牙的老虎而难以适用，要么会因为被肆意运用而危及公司制度大厦的稳固，打击投资者的积极性”。[3]

上述三个理解上的困境，严重束缚了第20条的制度功效发挥，使其难以真正落地实施。除了理解上的困境，我国《公司法》第20条尚存在适用上的不确定性甚至是劣后性。由于第20条的抽象性规定，法院一般不到万不得已不会动用该条款。对于股东提起的“股东压制诉讼”，法院一般会经过以下几个步骤：第一，审查公司的设立方式、公司章程、股东的合理期待以及原告起诉的侵权方式等；第二，若存在上述实体问题，则根据侵害的是否为公司法明文规定的单项权利而采用不同的救济方式；第三，若上述两个步骤均未奏效，法官此时才会考虑适用《公司法》第20条的抽象性规定，判断侵权股东承担赔偿责任。如此不确

---

[1] 施天涛教授认为，该条就是关于股东受信义务的规定，而且是针对任何股东所做出的规定。参见施天涛：《公司法论》(第四版)，法律出版社2018年版，第401页。但张学文教授认为，该规定仅是对股东行使权利边界的界定，是约束股东权利行使的一般性规则，是一种消极的义务，与信义义务尚有区别。参见张学文：《封闭式公司中的股东信义义务：原理与规则》，载《中外法学》2010年第2期。

[2] 李建伟：《股东压制的公司法救济：英国经验与中国实践》，载《环球法律评论》2019年第3期。

[3] 朱慈蕴：《对股东诚信义务的再思考》，载《中国法律》2007年8月。

定性的适用，大多数情况下将第 20 条的规定予以架空，无法起到应有的作用。

（二）科创板新规司法适用的乏善可陈

我国在制定科创板相关上市制度之时，显然认识到了问题的严重性，从多方面对该问题予以了回应。科创板众多文件主要从公司治理规则、控股股东信义义务、差异化表决权配套安排、信息披露和日落条款等方面作出了正面回应。制度设计与司法适用之间的差距如表 1 所示。

表 1　制度设计与司法适用之间的差距

<table>
<tr><th colspan="2">制度设置层面：科创板制度设计</th><th>司法适用层面：规则的具体适用</th></tr>
<tr><td colspan="2">公司治理规则[1]</td><td rowspan="2">规则仅及于公司控股股东，且文件效力级别过低。</td></tr>
<tr><td colspan="2">控股股东信义义务[2]</td></tr>
<tr><td colspan="2">差异化表决权配套安排[3]</td><td>规则仅及于差异化表决权安排，未直接涉及股东压制。</td></tr>
<tr><td rowspan="5">信息披露</td><td>穿透披露[4]</td><td rowspan="5">文件效力级别过低，但关于信息披露进行了比较详尽的规定。</td></tr>
<tr><td>交易披露</td></tr>
<tr><td>行业信息披露</td></tr>
<tr><td>经营风险披露</td></tr>
<tr><td>股份质押披露</td></tr>
<tr><td colspan="2">日落条款[5]</td><td>文件效力级别过低。</td></tr>
</table>

梳理科创板新规则，制度设计可谓是琳琅满目，条文设置更是汗牛充栋，应当来说这些制度都对股东合理行使权利起到了一定的作用。但与此同时，也不可不察其先天性不足。首先，上述规则林林总总，分布于各个法律文本之中，位阶不一，适用难度不一，缺乏一个统一的编排，因此司法适用较为不便；其次，上述制度虽然从各个方面对股东压制问题予以了回应，但由于我国并没有在法律文件中正式使用“股东信义义务”用语，致使所有制度缺乏总领性规则，司法适用标准混乱；最后，上述所有制度，均只针对控股股东而言，并未虑及

〔1〕《上海证券交易所科创板股票上市规则》第 4.1.1 条 –4.1.4 条所确立的主要规则有控股股东应当维护全体股东的利益，应当签署并提交《控股股东、实际控制人声明及承诺书》、应当维护公司独立性、合理转让控制权以及不得谋取上市公司商业机会等。

〔2〕《科创板上市公司持续监督办法（试行）》第 5 条：科创公司控股股东、实际控制人应当诚实守信，依法行使权力，严格履行承诺，维持公司独立性，维护公司和全体股东的共同利益。由此可见，该条并没有使用“股东信义义务”这一明确的用语，同时，也仅限于控股股东，为扩展至持有超级表决权的非控股股东。

〔3〕《科创板上市公司持续监督办法（试行）》第 57 ~61 条确立的配套安排包括：设置特别表决权安排的股东大会决议、特别表决权安排运行期限、持有人资格、锁定安排、转让限制等。同时还应当披露协议控制架构，管理层的内控完整性等。

〔4〕《上海证券交易所科创板股票上市规则》第 4.1.8 条规定信托计划、资管计划等成为控股股东的，应当穿透披露至最终投资者。

〔5〕《上海证券交易所科创板股票上市规则》第 4.5.10 条规定在修改公司章程、改变公司形式等五种情形下超级表决权条款失效，超级表决权股和普通股所享有的表决权数量相同。

差异化表决安排下持有超级表决权的非控股股东的信义义务，因此在差异化表决权下，新规则于司法层面则显得捉襟见肘，应接不暇。[1]由此可见，从制度到司法，我国尚存在着一定的不畅。鉴于此，我们可以借鉴英国“不公平损害制度”[2]所提供的司法上一揽子救济方案。[3]其分为两个层次：具体层面，从适用对象、救济手段、责任承担等方面予以具体的规定；抽象层面，正式做出了抽象的原则性规定，起到漏洞填补和规则涵射的作用，从而拓宽救济渠道。

于微观层面，英国法形成了“不公平损害行为→法院自由裁量权→法律构造→法律救济”这样一套体系化的规则。首先，对不公平损害行为作出了具体的界定。将其概括性规定为股东间的利益冲突问题，同时，列举性地归纳为以下几点：①少数股东被挤出管理层；②拒绝提供信息；③暗箱操纵持股；④不按比例增发新股以达到稀释其他股东股份的目的；等等。[4]其次，为对股东压制给予更大范围的法定救济，英国议会认为法院应当享有灵活的处置权力，而且这种裁量权不受约束，其目的在于弥补高度抽象的原则性规定之适用困难。再次，不公平损害行为的法律构造。英国法院主要研判两大因素——是否存在不公平损害事实行为以及股东利益是否受到侵害。英国法院并不考虑压制股东是否存在主观上的恶意，因此，有效减轻了原告的证明责任。最后，不公平损害行为的救济体系，兼顾了公司自治和司法介入的平衡，严格尊重事前的私人安排，同时强化事后司法救济，从法院受案范围、适格原被告、法院自由裁量权予以具体规定。于宏观抽象层面，英国《2006年公司法》第994条做出了抽象型的原则规定，起到了漏洞填补和规则涵射的作用，拓宽了股东压制的救济范围，扩大了法院的受案范围。

英国法院从具体制度到法律适用的司法逻辑，给予我们的启示是：第一，应当设置原则性、抽象性的规则，以起到纲领性的统筹作用；第二，在纲领性规则的统领之下，具体的规则制度方能在司法领域统一裁判标准，得到有效适用；第三，法院的自由裁量权应当得到保障，英国议会赋予法院的自由裁量权，扩大了法院的受案范围，同时，这也意味着赋予了法院较大的审查权力，能有效防范少数股东的滥诉；第四，为平衡利益减轻一方证明责任，并不一定要改变证明规则，英国法院不考虑股东是否具有主观恶意，也达到了减轻受压制股东证明责任的目的。

---

〔1〕 张开平：《公司资本制与董事责任》，2009年于清华大学法学院的讲演；另见 Bayless Manning & James J. Hanks Jr., *Legal Capital*, 3rd ed., Foundation Press, 1997, P. 30.

〔2〕 [英] 保罗·戴维斯：《现代公司法原理（下）》，罗培新译，法律出版社2016年版。

〔3〕 李建伟：《股东压制的公司法救济：英国经验与中国实践》，载《环球法律评论》2019年第3期。

〔4〕 P. Paterson, A criticism of the contractual approch to unfair prejudice, Company Lawyer 27, no. 7, 2006, p. 206 ff.

三、引入股东信义义务是破解“股东压制”问题的根本出路

现代公司法规则虽然越来越多样，条文也越来越复杂，但却始终没有逃离公司法的三大组成——公司基础制度、公司治理和公司融资。[1]股东压制问题虽属于公司治理中的一个具体向度，但其影响却已然深入公司融资，甚至对公司基础理论产生一定冲击。鉴于此，要纾解股东压制问题，单靠某一领域的规则性回应尚属杯水车薪，设计出一个统合性的制度方案方能有所成效。综观世界各国的做法，规制股东压制问题的常见手段即为对股东苛以信义义务，其功效涵盖公司运行过程中最重要环节，形成股东压制问题纾解的生态闭环。

1. 回拨滥用的资本多数决

无论是传统意义上的股东压制还是差异化表决权下被放大的股东压制，均有着共同的制度原因——资本多数决的滥用。[2]通过引入股东信义义务，能够从以下几方面最大限度回拨被滥用的资本多数决：第一，控股股东抑或超级表决权股东负有对其他股东的忠实义务，要求其从公司和全体股东最佳利益出发，同时不得仅以不熟悉相关业务而错误行权为由进行抗辩。这要求股东在行使权利时更多地考量其行为的正当性与合理性，是否会有悖于此义务。同时，扩张的忠实义务具有诚信义务的色彩，诚信义务更加强调在主观上股东应当对公司以及全体股东诚信，不可以滥用权利损害公司或者中小股东利益。[3]第二，控股股东抑或超级表决权股东负有注意义务，此义务对于当前机构投资者不断加强其在公司治理中作用的背景下显得极为重要，股东欲直接或者通过管理层间接实现对公司的治理，就应当尽到类似于董事的专业第三人注意义务，除非可以证明其基于商事判断。由此可见，股东信义义务从主观意愿到客观行为再到专业治理能力，形成了对资本多数决滥用的回拨。

2. 矫正扩张的股东压制

由于差异化表决权安排，股东压制呈现不断放大的趋势，苛以股东忠实勤勉义务，实属纾解股东压制困局的内生性途径。第一，股东信义义务能够化解股东压制公众化趋势。通过对超级表决权股股东苛以信义义务，能够缓释公众公司中超级表决权股的肆意妄为，给予其一定的约束机制。同时，通过股东信义义务的异质化设置，赋予超级表决权股股东以严于普通股股东的信义义务，达到更有效的解决公众公司中股东压制问题的目的。第二，股东信义义务可以纾解股东压制的普遍化倾向。我们认为，差异化表决权安排下的股东信义义务应当

---

〔1〕 潘林：《论公司法任意性规范中的软家长主义——以股东压制问题为例》，载《法制与社会发展》（双月刊）2017 年第 1 期。

〔2〕 参见［美］詹姆斯 · S. 科尔曼：《社会理论的基础》，邓方译，社会科学文献出版社 2008 年版，第 93 页。

〔3〕 Louis Lowenstein, Shareholder Voting Rights: a Response to Sec Rule 19c -4 and to Professor Gilson, 89 *COLUMBIA BUSINESS LAW REVIEW*, p. 979 (1989).

是分层的，当超级表决权股股东能够绝对掌控公司管理层，赋予其忠实义务的同时，更强调该类股东专业的商业判断能力，达到与董事信义义务同等的标准，从而强化该类股东的注意义务，使前述“杠杆传导机制”得以遏制。第三，股东信义义务能够破除股东压制新型化困境。前文述及，差异化表决安排下的股东压制表现为超级表决权股股东压制普通股股东的新样态。当前我国的公司法规则以及科创板规则对于股东压制问题的纾解，均存在一个巨大的漏洞，即主要规制的是控股股东，对于股份占比少却持有超级表决权股份的股东而言，其规制尚处于真空状态。股东信义义务能从整体上弥补此缺陷，赋予此类股东信义义务，通过信义义务途径追责，进而破除股东压制新型化的困境。

3. 勃兴萎靡的公司融资

差异化表决安排的重要原因之一是维持公司持续的融资能力，但由于股东压制的放大且传统救济方式的失灵，加之科创公司的高风险，为防止深陷差异化表决安排下的股东压制泥淖，许多单纯追求投资收益的股东对之望而却步，进而使得差异化表决权本身的制度功能“功败垂成”，融资效率大为萎缩。[1]股东信义义务因势利导，从以下三方面对此予以回应：第一，原则性规定股东的信义义务，使之成为一个破解股东压制问题的“上位规则”，能有效统合各规则的设置，使之更加系统化，同时有利于填补规则的漏洞，形成规则闭环；第二，股东信义义务给予控股股东、超级表决权股东忠实勤勉义务，能有效威慑欲滥用权利的股东，同时为追责机制铺就一条道路；第三，通过异质化信义义务的设置，强化超级表决权股东的信义义务，尤其是持有超级表决权的公司创始人，能最大程度规制此类股东对普通股股东的压制，消除投资者的疑虑，使股东压制下萎靡的公司融资再次走向勃兴。

四、制度应因的双重进路：《公司法》修改与司法介入

股东压制问题的扩大化，是由于新制度的出现而引起的“蝴蝶效应”，要系统性解决这一老问题的新型化，需要从规则确立到规则适用，即从立法和司法二向度予以规制。

（一）《公司法》修改的路径与模式

法律具有天然的稳定性，在能“守成”的前提下绝不应“创新”，因此，涉及法律修改的问题，一定是极为严肃且谨慎的。差异化表决权对于股东压制问题的深化，所对应的解决措施应当达到何种程度，应当采用何种修法模式与入法路径，是《公司法》修改应当讨论的前置性问题。股东信义义务的相关内容，是应当直接修改现行《公司法》还是由相关机关出台解释？笔者认为，基于以下三方面理由，我国应当直接于《公司法》文本中规定股东信义义务：第一，股东信义义务需要起到“上位规则”的作用，由其统筹其他更为具体的规则，

---

〔1〕 缪因知：《资产管理内部法律关系之定性：回顾与前瞻》，载《法学家》2018 年第 3 期。

因此需要在公司法中予以明确规定；第二，股东信义义务本身较为庞杂，至少涉及信义义务的发生语境、具体内容、异质化层次设计等等，需要《公司法》予以系统性的制度设计，因此不适合运用法解释方法予以规定；第三，当前证监会、交易所出台了大量的规章制度，诸如此类的规则参差不齐，效力位阶各异，为了使股东信义义务得到更好的适用，应当让其直接入法以提升效力位阶。

（二）《公司法》修改的标尺与内容

《公司法》关于股东信义义务的修改标尺决定法律修改应当达到的质量标准，而修改内容昭示着应当纳入的信义义务本体及与之相关的配套措施。因此，需要从修改标尺与修改内容两大角度予以考量。

首先，《公司法》修改应该以实现股东信义义务与差异化表决权“同频共振”为标尺。要更好地发挥股东信义义务的制度功能，最大程度遏制股东压制问题，需要对症下药，使其同差异化表决权安排相契合。差异化表决权安排之下，超级表决权股东持有的股份可能并不多，但却能够实现对整个公司最为有效的掌控，此为股东压制被放大的根源。为此，股东信义义务应当着眼于此，从两个方面确立修改标尺：第一，股东信义义务本身应当足够周延，从内涵到结构应当周密；第二，同股东信义义务相关联的制度应当体系化构建，应当认识到股东信义义务的运作是一个体系化过程而不是“单兵作战”。

其次，修改内容要体现系统化构建股东信义义务。一方面，面对应付诸实施的科创板规则，为了解决不同表决权公司治理架构的合法性问题，当务之急是将现行《公司法》第 103 条第 1 款修改为：“股东出席股东大会会议，所持每一相同种类股份有相同表决权。但是，公司持有的本公司股份没有表决权。”另一方面，建议在《公司法》第 20 条中增加一款，其条文可以表述为：“实行差异化表决权架构的公司中，高表决权股东对普通股股东负有忠实义务和勤勉义务，不得滥用表决权损害普通股股东合法权益。”

最后，为了有针对性回应差异化表决权安排，信义义务也应当对股东进行分层规制，应当对股东信义义务做出异质化的专门规定，并详细阐述不同的表决权股东应当负担的信义义务内容。针对目前异质化的股东，应当在后续出台的公司法司法解释中，对股东信义义务的具体问题做出进一步规定[1]。

（三）股东信义义务的司法介入

公司是现代最为主要的商事组织，其最大的制度功效除了有限责任、控制权与所有分离

---

〔1〕 关于差异化表决权下信义义务的分层规制，目前学术界尚无具体研究。相关思考可参见林少伟：《董事异质化对传统董事义务规则的冲击及其法律应对》，载《中外法学》2015 年第 3 期；汪青松、赵万一：《股份公司内部权力配置的结构性变革———以股东“同质化”到“异质化”现实的演进为视角》，载《现代法学》2011 年第 3 期；Iman Anabtawi and Lynn Stout，Fiduciary Duties for Activist Shareholders，5 *Stanford Law Review*，1255（2008）；J. A. C. Hetherington，Defining the Scope of Controlling Shareholders'Fiduciarity Responsibilities，22 *Wake Forest Law Review*，9（1987）.

之外，更多的还在于公司自治能够有效、实时弥补公司运营中的众多问题，司法介入的最终目的是更好地保障公司自治。笔者认为，股东信义义务的司法介入，需要确立促进公司自治的价值，从司法赋权、违法性认定和防止信义义务滥用以及非讼程序四个维度界定。

1. 司法赋权维度

司法救济的顺利开启，首先需要赋予救济者与被救济者双方各自相对应的权利（力）。司法机关应当具备受理相应案件的权力，此即需要确认此类案件的管辖权；当事人应当具备诉权，诉讼两造应当能够清晰界定。因此，赋予并保障股东诉权也成为基础性前提。

首先，确认司法管辖权。笔者认为，科创公司的诉讼纠纷应当分为两大类，第一类为科创公司于科创板上市之时所发生的证券发行纠纷、证券欺诈责任纠纷等；第二类为首次发行上市之后，于公司经营阶段发生的内部纠纷。在这两个阶段，皆有可能发生股东压制情形。对于第一种情形，可认定为交易所开展股票发行上市审核阶段产生的纠纷，按照最高人民法院《关于为设立科创板并试点注册制改革提供司法保障的若干意见》第3条之规定，应当由上海金融法院试点集中管辖。[1]对于第二种情形，由于发生于公司上市之后，无论是起诉公司还是起诉实施压制的股东，均应当遵守我国《民事诉讼法》关于管辖的规定。

其次，确保股东诉权。诉权是股东的基本权利之一，但我国现行《公司法》所确定的诉讼模式，导致差异化表决权视域下的股东压制问题面临诉讼的层层障碍。一方面，直接诉讼受阻。《公司法》第六章所创设的诸多诉讼行为类型中，义务主体均是“董事和高级管理人员”，难以适用于控制股东以及高表决权股东，导致控股股东或高表决权股东形式上合法、实质上以非法形式侵害其他股东权益的行为游离于司法之外。另一方面，派生诉讼不畅：第一，对于股东持股期限的要求过于苛刻。我国《公司法》设置持股期限和持股比例的限制，目的在于防止股东滥诉从而损害公司利益，避免矫枉过正。但是当前我国股东派生诉讼的问题在于激励机制不足，而不是股东滥诉，因此设置此节制措施正当性存疑。第二，派生诉讼前置程序僵化有余而灵活不足。股东提起派生诉讼需要首先向董事或者监事提出建议，在被拒绝的前提下方能提起派生诉讼。穷尽内部救济手段不失为防止个别股东滥诉的有效手段，但是该前置程序缺乏稳定的程序性规则，适用较为僵硬。第三，关于派生诉讼的诉讼成本及诉讼后果归属问题，原告股东的权利义务极不对等，近于严苛的诉讼风险负担大大削弱了股东提起诉讼的积极性，使股东派生诉讼在相当大的程度上形同虚设。可见，我国《公司法》虽设置了大量股东诉讼的条文，但是实质上股东的诉权并未得到保障。欲强化股东压制的司法救济，则应当改变上述直接诉讼与间接诉讼中存在的诸多诉权保障不实的障碍，确保股东诉权。

---

〔1〕 原文为：“为保障发行制度改革顺利推进，在科创板首次公开发行股票并上市企业的证券发行纠纷、证券承销合同纠纷、证券上市保荐合同纠纷、证券上市合同纠纷和证券欺诈责任纠纷等第一审民商事案件，由上海金融法院试点集中管辖。”

最后，清晰界定诉讼双方当事人。科创公司一旦出现股东压制，涉及的被压制股东人数众多，不仅包含传统的股东压制下中小股东，还包含差异化表决安排下放弃部分表决权的大股东。鉴于此，法院应当立足于现行代表人诉讼制度，对于共同诉讼的原告人数众多的，应当由当事人推选代表人。[1]同时，为尊重不同股东的差异化诉求，笔者认为，法院应当按照共同的法律问题或共同的事实问题等标准划分适格原告群体，并在此基础上分类推进诉讼公告、权利登记和代表人推选。[2]至于被告的确立，主要涉及公司与实施压制的股东：若单独起诉公司或者股东，则法院可否自行追加被告？若同时起诉，是将其作为共同被告还是列为第三人?[3]笔者认为，此类问题不应当完全参照《侵权责任法》所确立的共同侵权标准来确定被告，应当考虑到原告股东本质上也是公司的所有者之一，原告最为关心的是其他股东不得假公司之名行侵权之实，若原告仅仅起诉实施压制的股东，则法院不应当自行追加公司为被告，因为此举有可能损害原告的利益；至于是列为共同被告还是第三人，由于原告已经做出了选择，则应当按照《民事诉讼法》的规定来确定。

2. 违法性认定维度

违法性认定主要涉及四个层面，即因果关系认定、司法审查标准、举证责任分配和违法性事由的归纳。

首先，因果关系认定。当前法院的主流观点认为，股东压制问题应当同被压迫股东的损害之间具有直接的因果关系，且遵循谁主张谁举证的规则，举证责任在于原告。这无疑增加了原告股东的诉讼压力，削弱了股东的诉讼动力，不利于股东信义义务功效的发挥。鉴于此，对于股东压制中的因果关系，宜认定为相当因果关系。

其次，司法审查标准应当更加注重专业化。根据注册制试点改革安排，科创公司发行上市审核由传统对发行人资格条件进行实质审查转向以信息披露为中心，证券价值则交由投资者自行判断。因此，对于科创公司以欺诈等方式实施股东压制的，人民法院的审查标准应当着重审查信息披露的真实性、准确性和完整性，要注重科创板上市公司自身特性，以高度专业性、技术性进行司法审查。此外，应当推动证券案件专家陪审制度，从证券监管机构、证券市场经营主体、研究机构等单位遴选专家陪审员，参与股东压制类型的证券案件审理，发挥专家证人在案件审理中的作用。

再次，实行责任推定的举证责任规则，同时注重增强原告股东的举证能力。在被压制的股东中，即使被压制的是大股东，由于其部分放弃表决权，导致其在公司治理中的角色扮演不够，并未实质性参与公司治理，话语权相对较弱，在信息知情权等方面与小股东甚至是普

[1] 参见最高人民法院《关于为设立科创板并试点注册制改革提供司法保障的若干意见》第 13 条。

[2] 罗恬漩：《数人侵权的共同诉讼问题研究》，载《中外法学》2017 年第 5 期。

[3] 卢佩：《多数人侵权纠纷之共同诉讼类型研究——兼论诉讼标的之案件事实范围的确定》，载《中外法学》2017 年第 5 期。

通投资者无异，于诉讼中取得和控制关键证据的能力弱。因此，差异化表决权下的股东压制，无论是传统的大股东压制小股东还是超级表决权股东压制普通股股东，应当实行责任推定规则，适当降低原告股东的证明义务。同时，加强配套程序设计，适当提高被压制股东的举证能力。具体程序设计，笔者认为应当从自行收集证据和辅助收集证据两方面进行：探索建立律师民事诉讼调查令制度，便利代理律师行使调查权，提高自行收集证据的能力；适当强化相关知情单位和个人对被压制股东收集证据的协助义务，强化辅助收集证据的能力。

最后，违法性事由的归纳列举。股东压制行为，除了从因果关系、举证责任等角度予以概括性界定，还需要进行典型性列举归纳，以起到示范性效用。借鉴英国对不公平损害行为的界定，笔者认为，以下情形应当径直认定为股东压制行为：（1）应当享有管理权的股东被从管理层排挤出去；（2）拒绝提供信息；（3）操纵持股或以稀释少数股东持股比例为目的发行新股；（4）违反董事义务以及超级表决权股东特有的义务；（5）采取显失公平的分红方式或者不分红；（6）违反章程、差异化表决安排协议等进行公司决策、管理的。对于上述六种情形，无论是从主观上还是从客观上，均具有明显的损害故意与损害后果，应当认定为股东压制行为，以起到示范效用。

3. 反信义义务滥用维度

设置“反信义义务滥用”规则，实现司法介入与公司治理的利益平衡。股东信义义务的设置，目的是降低差异化表决权的制度减损，保护中小股东的权利，促进科创公司的发展。然而，任何制度均不可矫枉过正，尤其是科创公司创始人在公司发展中发挥关键性甚至是决定性作用之时，更需要适当减轻创始人的义务负担。因此，有必要设置“反信义义务滥用”规则，如在免责事由方面给予企业创始人一定的弹性规范空间等，根据公司实际，采取差异化的司法介入限度。例如，科创板上市公司在上市前进行差异化表决权安排的，人民法院要根据全国人大常委会对进行股票发行注册制改革的授权和《公司法》第131条的规定，依法认定有关股东大会决议的效力，而不是轻易地否定其效力。与此同时，案件审理中，要准确界定特别表决权股东权利边界，坚持“控制与责任相一致”原则，在“同股不同权”的同时，做到“同股不同责”。

4. 非讼程序适用维度

为防止股东压制案件受到冗长的民事诉讼程序折磨，在久拖不决中上演原告胜诉但利益严重受损的悲剧，[1]应当全面推动公司纠纷多元化解工作，坚持发挥非诉讼纠纷解决机制的效用，[2]依靠市场各方面力量，充分调动市场专业资源在股东压制解决中的独特作用。在科

〔1〕 李建伟：《公司非讼程序之适用研究——公司纠纷解决的民事行政路径分析》，载《中国法学》2010年第5期。

〔2〕 司法权性质二元论将司法权分为争讼裁判权和非讼裁判权，管辖的案件分为诉讼事件与非讼事件。具体观点可参见［法］让·文森、塞尔日·金沙尔：《法国民事诉讼法要义》，罗结珍译，中国法制出版社2001年版，第227~234页。

创板股东压制案件中，非讼程序的适用，应当至少从公司非讼事件和公司非讼程序设计两大方面进行。

非讼事件的本质实为一种民事行政，是公权力介入私人间生活关系而为之命令处分。[1]一般来讲，非讼事件具有以下特征：[2]第一，争讼性小，即一般不存在权利归属争议，仅仅是权利行使受阻；第二，以预防纷争发生及恶化为主要目的，股东压制最初表现为查阅权、知情权等股东权利行使受阻，若不及时处理则会酿成大的纠纷；第三，时效要求高，一般要求法院及早介入并能够简易、迅速地处理。对于科创板规则下股东压制问题，权利归属经由《公司法》及其相关规则的规定，基本清晰，现阶段的主要问题在于权利实现受阻，并且在瞬息万变的公司经营过程中，股东一般有着极强的快速化解纠纷的诉求。由此可见，因股东压制所引发的公司纠纷，满足非讼事件的基本要求。

非讼程序的具体设置，基本前提即为理解非讼程序的实质——法院作出的仅具有暂定性、未来性的宣示性结果。[3]因此，需要注重以下三方面的要求：第一，裁判采用职权主义，当事人处分原则受限。由于非讼事件预防性、时效性要求，法院对于非讼事件应当采取积极干预主义。第二，应当以书面、不公开审理为原则。由于不存在实体争议，法官最重要的是借申请人提供的书面资料形成内心的确信。第三，裁判具有继续性。非讼案件的裁判结果更加倚重妥当性、合目的性，若后续出现影响当事人权利实现的因素，当事人可以径直起诉，诉请法院以诉讼程序予以解决。在股东压制所引发的公司诉讼案件中，法院可视情况依职权对当事人之间的讼争予以解决，若能通过非讼程序予以解决，则能最大程度予以案件分流，提高诉讼解决的效率。若未能予以解决，当事人仍然可以通过诉讼程序请求法院进行审理裁判。

最后，应当澄清的是，诉讼事件与非讼事件并非泾渭分明，因此非讼程序与诉讼程序也可以融合。[4]具体到股东压制所引发的公司非讼实践，由于纠纷所牵涉的利益关系复杂，审理程序的运行要在充分考虑案件类型、所涉各方利益等基础上决定法官应当如何审理，[5]以

---

〔1〕［德］奥特马·尧厄尼希：《民事诉讼法》，周翠译，法律出版社 2003 年版，第 23 页；魏大喨：《新非讼事件法总则问题解析》，载《月旦法学杂志》第 123 期。

〔2〕魏大喨：《新非讼事件法总则问题解析》，载《月旦法学杂志》第 123 期；姜伟主编：《民事诉讼法》，中国人民大学出版社 2011 年版，第 341 ~343 页。

〔3〕赵蕾：《中国非讼程序年度观察报告》（2017），载《当代法学》2018 年第 6 期。

〔4〕需要补充的是，民诉法学界认为，随着社会对于效率的要求日趋增长，诉讼事件呈现非讼化现象，由此“诉讼法理与非讼法理交错适用论”兴起。所谓交错适用论，是指在依诉讼程序解决民事案件的过程中，在一定情形下，可以适用非讼程序的原理；在依非讼程序解决民事案件的过程中，在一定情形下，也可以适用诉讼程序的原理。该理论由邱联恭教授提出，在我国经由孙永军、邓辉辉撰文详细介绍，该理论才得以广泛推广。参见孙永军：《诉讼事件非讼化：含义、法理基础与界限》，载《甘肃政法学院学报》2009 年第 3 期；邓辉辉：《论诉讼法理与非讼法理从二元分离适用论到交错适用论的发展》，载《广西社会科学》2010 年第 6 期。

〔5〕李建伟：《公司非讼程序之适用研究——公司纠纷解决的民事行政路径分析》，载《中国法学》2010 年第 5 期。

提高审理程序的可操作性与现实性。

五、结语

面对新的经济形势，公司治理需要迎接新的挑战。差异化表决权正是公司治理适应新时代特征的一种制度应因。但该制度并非没有局限，尤其是在科创板新规则表现乏力的情形之下，引入差异化表决权机制，就需要配套制定新的防范机制，防止在差异化表决权制度下无限放大股东压制问题，进而削弱差异化表决权安排所具有的制度功效。对于此问题的纾解，应当从实体法以及程序法两重维度解决。实体法维度，股东信义义务因义务主体异质化而产生，以义务内容异质化而呈现，从公司基础理论、公司治理和公司融资三个维度纾解异化的股东压制，形成闭环的问题纾解法制生态，将会有力促进差异化表决权安排在我国资本市场中独特作用的发挥。程序法维度，司法机关应当妥善应对涉科创板纠纷中的新情况、新问题，为加快形成融资功能完备、基础制度扎实、市场监管有效、投资者合法权益得到有效保护的多层次资本市场体系营造良好司法环境，为我国资本市场的发展提供司法保障。从上述两个层面，发展出适合中国现实经济和商业环境的救济措施，从而为将来的立法完善提供经验共识。

代持股权执行异议的审查标准与规则适用

——基于裁判分歧的分析与展开

鲍彩慧 *

目　次

当前，实际权利人与名义权利人相分离的情况常有发生，尤以股权代持最为典型。当名义股东的金钱债权人为实现其债权而申请强制执行名义股东的股权，案外人有证据证明其系实际出资人请求阻却执行时，是否可以支持实际出资人的执行异议？对此，《全国法院民商事审判工作会议纪要》（征求意见稿）（以下简称《九民纪要》）第119条中列示了两种观点（一种观点认为应支持案外人的执行异议，另一种观点认为不予支持），试图对此形成统一的指导意见。但是正式发布的《九民纪要》中却删除了该条内容。可见，针对执行案件中实际股东和一般债权人之间孰应保护的问题，司法实践中仍未有一致意见。

* 鲍彩慧，华东政法大学经济法博士研究生。

当前，不乏针对股权代持问题的研究，但主要集中在股权代持法律关系的构造、股权代持协议的效力判断、股东资格的认定等方面，针对实际出资人能否阻却名义股东股权被执行的问题，一方面研究尚少，另一方面实际上亦存争议："反对派"认为，基于外观主义原则，为充分保护债权人合法权益、维护交易安全，"隐名股东礼让名义股东的善意债权人应成为基本原则"；[1]"支持派"则认为，外观主义保护交易过程中第三人的信赖利益，强制执行并不处于交易领域，且股权登记只具有对抗效力，因此执行程序中不能适用外观主义，而是应该确立股权的实际权利归属，支持实际出资人对债权人的执行异议。[2]因此，针对执行异议中实际股东与名义股东之一般债权人的利益冲突问题，实践中处于"二重立法"的重灾区，本文以司法实践中类案的裁判分歧为起点，从理论上看涉及商事外观主义是否得以直接适用的问题，在规则层面涉及代持股权善意取得与不登记不得对抗规则的选择适用，在价值层面则关乎所有权与交易安全、信赖保护与意思自治之间的冲突，因此研究这个问题具有重要的理论价值和现实意义。

一、类案裁判的分歧

在"无讼"法律信息数据库中，以"执行异议"和"股权代持"为关键词检索，搜索获得审级为中级人民法院以上的执行异议之诉案件共48件，其中股权实际出资人为案外人，对名义股东一般债权人的执行申请提起的执行异议之诉共30件。其中支持实际出资人执行异议的有9件，不支持的有21件。对类案裁判作以分析，不仅在裁判结果上存在两类不同意见，而且即使同类支持或者不支持实际出资人的裁判中，在法律适用和裁判路径上也并不一致。

支持实际出资人执行异议（以下简称"肯定说"）的裁判观点和裁判路径为：(1) 执行程序具有特殊性，其隐含的逻辑前提是该执行财产必须是被执行人的，如果将实质权利属于他人的财产用以清偿债务，将严重侵犯实质权利人的合法权利，[3]因此执行程序中不能适用外观主义，而是应该确立股权的实际权利归属。(2)《公司法》第32条第3款、股权善意取得制度和商事外观主义所保护的"第三人"，都是指与名誉股东存在股权交易的第三人，因

---

〔1〕 参见刘俊海：《代持股权作为执行标的时隐名股东的异议权研究》，载《天津法学》2019年第2期；肖建国：《执行标的实体权属的判断标准——以案外人异议的审查为中心的研究》，载《政法论坛》2010年第3期。

〔2〕 参见王延川：《执行程序中权利外观优先保护之反思——以名义股东股权被执行为例》，载《法学研究》2015年第3期；张勇健：《商事审判运用外观主义原则的范围探讨》，载《法律适用》2011年第5期。另有学者主张应采用"在个案中之法益衡量"方法，如果明确正式股权归属于实际出资人，则不应只看形式特征强行拍卖争议股权。（钱玉文、周运宝：《论执行异议之诉中隐名股东资格的确认》，载《常州大学学报（社会科学版）》2015年第1期。）这实际上也属于"支持派"的观点。

〔3〕 参见（2017）闽0881民初1541号民事判决书；（2018）鲁0705执异4号执行裁定书。

为“外观主义保护的是商事活动中与争议标的具有密切联系活动的安全”,[1]如果名义股东债权人申请执行的是因借款关系等而形成的一般债权，债权人并没有与名义股东从事涉及股权交易的民事法律行为，此时的债权人不是基于信赖权利外观而需要保护的民事法律行为之善意第三人,[2]强制执行不属于交易过程，所以实际股东可以请求停止对案涉股权的执行。(3) 如果将实质权利属于案外人的股权用以清偿被执行人的债务，将严重损害实际权利人的合法权益。[3](4) 另有部分案件基于债权人自身原因，债权人明知股权代持的事实、[4]债权形成时间在股权登记时间之前[5]，因此其债权利益不能优先于实际出资人利益得到保护。

不支持实际出资人执行异议（以下简称“反对说”）的裁判则认为：(1) 根据《公司法》第 32 条第 3 款，未经登记的股权或股权变动不得对抗“第三人”。名义股东的债权人属于法律保护的“第三人”范畴，因此案外人是否属于实际出资人、是否具有实际权利都不能对抗申请人依据工商登记中的公示内容向人民法院申请对涉案股权强制执行的权利。[6](2) 对于是否需要审查案外人的实际权利，有裁判认为无须审查。另有裁判对实际出资人和名义股东的代持股协议或股份转让协议进行了实质审查，认为虽然内部协议有效，但是未经变更登记不能对抗第三人对股权登记公信力的信赖，实际出资人对名义股东享有基于合同之债的请求权。[7](3) 从债权人和实际出资人的风险分配和利益衡量，实际权利人在享受隐名的便利时也同时应当承担因此可能产生的法律风险;[8]债权人对代持股权关系却较难知悉，风险分担上应向保护债权人倾斜，从保护交易安全出发，其基于公示公信的商事外观信赖利益应予保护。[9](4) 另有裁判先实际审查名义出资人的权利是否存在，案外人无法证明其系实际出资人的主张，因此无须再审查债权人是否为善意第三人。[10]

对不同裁判观点作以分类和归集，在股权的名义股东与实际出资人“名实不符”的情况下，针对实际出资人能否阻却债权人对股权的执行申请这一问题，理论界和实务界对类案法律关系的法律适用见解纷纭，应当妥善解释和解决以下几个问题：第一，执行异议之诉中是

---

〔1〕 (2017) 闽民终 481 号民事判决书。

〔2〕 参见山东省高级人民法院就在《山东省高级人民法院民二庭关于审理公司纠纷案件若干问题的解答》。裁判观点可参见 (2019) 湘 02 民终 1953 号民事判决书。

〔3〕 如 (2019) 陕民终 760 号民事判决书、(2019) 湘 02 民终 1953 号民事判决书。

〔4〕 如 (2019) 鄂 08 民终 936 号民事判决书。

〔5〕 如 (2018) 赣民终 89 号民事判决书。

〔6〕 如 (2019) 豫 11 民终 1744 号民事判决书、(2019) 闽 09 民再 27 号民事判决书、(2018) 辽 01 民终 3264 号民事判决书、(2016) 苏 10 民终 1777 号民事判决书。

〔7〕 如 (2018) 闽 09 民终 1823 号民事判决书、(2018) 冀 07 民终 2082 号民事判决书。

〔8〕 如 (2019) 闽 09 民再 27 号民事裁定书、(2019) 川 15 民终 817 号民事判决书、(2019) 鄂 12 民终 556 号民事判决书、(2017) 浙 01 民终 4658 号民事判决书。

〔9〕 如 (2019) 陕民终 760 号民事判决书、(2018) 鲁民终 1121 号民事判决书。

〔10〕 (2018) 最高法民申 5926 号民事裁定书。

否需要实际审查案外人主张的实际权利？这实际上是执行异议之诉能否适用外观主义或权利外观直接进行判断的问题。第二，有裁判类推适用代持股权善意取得的裁判逻辑，有学者则认为应该区分代持股权强制执行与善意取得的问题，[1]对此应当从代持股权被强制执行的法律范畴出发分析二者之间的联系与区别。第三，另有裁判以《公司法》第32条第3款为中心，论争名义股东的非基于股权处分的债权人是否属于该"第三人"的范畴，对此需要对比类案法律关系与具体规范的构成要素和法律效果作以分析。

二、类案裁判直接适用外观主义的质疑

股权名义股东与实际出资人"名实不符"的现象现已极为普遍，实体法规则上似乎已疲于应对，在程序法上的挑战近来亦引发关注。依照商事外观主义法理进行事实判断，一个显著的特点是无须求证外观事实是否真实。法官在审理商事案件中，不应过分纠缠和探究当事人内心的真实意思，应注重维护公示行为尤其是商事登记行为的法律效力，[2]在该外观事实未被反证推翻之前，使之发生一定的法律效果。针对案涉情况，支持"外观主义说"的观点认为，执行机构应依财产之外观，认定是否属于债务人的责任财产，而勿庸实际审查是否为债务人所有；[3]这也是执行程序效率优先目标的要求；[4]"执行程序中的申请执行人虽然有别于交易关系中的善意取得人，但也应享受执行礼遇""坚持外观主义和名义标准有助于维护交易安全"。[5]支持"实质审查说"的观点则认为，强制执行不应适用外观主义，应以实事求是为原则确定被执行人可被执行的财产；[6]执行程序固然强调效率，但是也不能舍本逐末牺牲对实际权益的保护；并且股权登记并不具有绝对效力，执行审查和异议之诉程序本身即说明外观主义在此并无实质意义。[7]笔者认为，执行异议之诉断不应直接适用外观主义，而应实际审查实际出资人、名义股东、债权人乃至公司其他股东等诸法律关系，来判断案外人是否享有足以排除执行的民事权益。

（一）不应直接适用外观主义的程序法解释

我国《民事诉讼法》及相关司法解释的规定，在执行程序中赋予案外人可以向执行法院提出执行异议和执行异议之诉的权利，相关当事人可以对执行行为、执行标的以及执行分配

---

[1] 刘俊海：《代持股权作为执行标的时隐名股东的异议权研究》，载《天津法学》2019年第2期。

[2] 雷兴虎、李长兵：《商法理念及其在商事立法和司法中的适用》，载《甘肃社会科学》2013年第2期。

[3] 参见张登科：《强制执行法》，三民书局1998年版，第99页。

[4] 参见肖建国：《执行标的实体权属的判断标准——以案外人异议的审查为中心的研究》，载《政法论坛》2010年第3期。

[5] 刘俊海：《代持股权作为执行标的时隐名股东的异议权研究》，载《天津法学》2019年第2期。

[6] 崔建远：《论外观主义的运用边界》，载《清华法学》2019年第5期。

[7] 王延川：《执行程序中权利外观优先保护之反思——以名义股东股权被执行为例》，载《法学研究》2015年第3期。

等提出异议。根据最高人民法院《关于适用〈中华人民共和国民事诉讼法〉的解释》第 312 条的规定，对执行标的享有"足以排除执行的民事权益"的案外人，才能阻却执行。在以代持股权为执行标的的情况下：实际出资人可能会提起执行异议，因为名义股东的债权人申请执行该代持股权；当实际出资人的债权人申请执行标的股权时，名义股东或名义股东的债权人可能也会提起执行异议。在此情况下，判断是否支持案外人执行异议的核心问题也应当是判断其是否具有"足以排除执行的民事权益"。

在我国现行执行救济体系中，广义的执行异议制度实际上包含执行异议和异议之诉两个独立的、前后衔接的程序。但是在以代持股权为执行标的的问题上，前述对执行异议中是否适用外观主义审查问题的分析，却未区分两个子程序，而是大多以"执行异议"一以概之，但实际上执行异议和执行异议之诉中对"足以排除执行的民事权益"的审查标准应当作以区分：（1）执行异议与执行异议之诉，在制度设计上本就应"各司其职"。执行异议是执行当事人对执行程序中的违法行为请求纠正的制度，异议之诉则旨在通过独立的诉讼程序来实现实体权利的救济。〔1〕在程序限制上，案外人只能先提起执行异议，若对执行异议所做出的裁定不服尚可提起执行异议之诉。因此，在执行异议阶段进行形式审查，异议之诉诉至法院时再进行实质审查，这有利于节约司法资源。（2）从"审执分离"的角度看，执行和审判在性质、特点、主体等几个方面皆存在区别，若赋予执行人员以实质审查的权力，这将模糊审判与执行程序之间的界限，〔2〕同样的，若对审判人员赋予与执行人员同样的形式审查之职，则审判的功能和执行异议之诉本身的制度价值亦无以实现。（3）有观点和判决以最高人民法院《关于人民法院办理执行异议和复议案件若干问题的规定（法释〔2015〕10 号）》（以下简称《执行异议规定》）第 25 条第（四）项为依据，断言执行异议之诉中也应当以工商管理登记信息等公示信息来判断股权的权利归属。但一方面，《执行异议规定》有其特定的适用范围，在其"前言"部分限定适用于办理执行异议和复议案件，因此不能将该规定确立的股权认定标准当然地适用于案外人执行异议之诉。另一方面，执行异议属于执行程序，因此更强调效率，应该着眼于权利外观形式、坚持外观主义的适用；但是"案外人异议审查标准并非对案外人权利进行最终确权，而是为适应案外人异议的形式审查要求而采取的技术判断标准，案外人异议是否成立最终还要靠执行异议之诉判断"。〔3〕因此，执行异议之诉作为适用普通程序的民事诉讼，是案外人对权利外观与形式存在异议而要求进一步的实质审查引起的纠纷，对执行标的权属的判断标准要求更高，显然不能将适用执行异议与复议案件的判断标准来认定案外人执行异议之诉中的权属纠纷。

〔1〕 参见张卫平：《案外人异议之诉》，载《法学研究》2009 年第 1 期。

〔2〕 参见吴英姿：《审执分离与执行权制约——透过执行异议修正案的解读》，载《山东警察学院学报》2008 年第 1 期。

〔3〕 参见对《最高人民法院关于人民法院办理执行异议和复议案件若干问题的规定》（法释〔2015〕10 号）的理解与适用。

(二)商事外观主义适用的应然逻辑

在整个商法体系中,外观主义是一种“存于法律基础”的基本原则,[1]虽然没有法律明文规定,但是却实在地构成现行商法若干制度的规范基础。在审判实践中,外观主义是司法的指导原则、是重要的商事裁判准则。[2]法院从诸多商法具体制度中以一种“整体类推”的方式得出商事外观主义的要旨并加以适用。[3]因此,在商法领域,商事外观主义具有优越的地位。但是《九民纪要》中提出:“审判实务中要准确把握外观主义的适用边界,避免泛化和滥用。”以“外观主义”为关键词在中国裁判文书网进行检索,所呈结果显示,当事人及裁判者据引外观主义的民事案件数量在2013~2019年呈上升之态,[4]颇有“泛化”之意。当登记的权利外观和实际权利归属不一致时,适用或者直接适用商事外观主义的裁判路径是否合宜?

从外观主义的适用角度出发,在商事裁判中,商事裁判的出发点、相关因素的考量、法律解释方法的选择、法律漏洞的补充和利益衡量都要受到外观主义的影响,可以说“外观主义法理对商事裁判思维起着支配性影响”,[5]也就是说商事外观主义更多的是一种裁判思维,而不是一种直接的裁判规则,更多的是在具体商事法律规范规定不明或者未作规定时的价值指引,而不是取代实体规范的内容,完全依靠理念办案。在股权代持的情况下,以代持股权为执行标的可能会在名义股东、名义股东债权人、实际出资人之间引致冲突,适用外观主义会产生一方“得权”一方“失权”的结果,涉及财产权利与信赖利益、意思自治与交易安全之间的价值冲突,在法规范层面存在组织法与行为法、民法与商法之间的冲突与协调,因此外观主义的适用本身亦应当受到严格的限制。商事外观主义不是为了强制性地分配义务之违反的不利后果,而是在当事人通过法律行为建立私法关系面临障碍时,法律为维护善意信赖、交易安全强制性建立的一种私法关系,以此来保证正常交易关系。[6]其实质上是一种利益衡量,而利益衡量唯有在填补法律漏洞和修正法律时尚有空间,如果将裁判都以利益衡量的方式作出,则使权利规则的存在变得没有意义,也混淆了立法者和司法者的界限。[7]因此,我们将商事外观主义定位于一种学理概括、一种裁判思维、甚至一种方法论,但是也要警惕商事外观主义被滥用和转变为裁判工具论的危险。因此必须要限定商事外观主义的适用

---

〔1〕 石旭雯:《外观主义在商事裁判中的适用》,载《福建江夏学院学报》2013年第6期。

〔2〕 叶林、石旭雯:《外观主义的商法意义——从内在体系的视角出发》,载《河南大学学报》(社会科学版)2008年第3期。

〔3〕 刘胜军:《论商事外观主义》,载《河北法学》2016年第8期。

〔4〕 笔者以“外观主义”为关键词进行全文检索,并以“判决书”“民事案由”“民事案件”为限制条件在“中国裁判文书网”上进行检索。检索出的案件数量以裁判年份为标准看,2013年相关的案件为15件、2014年为78件、2015年为44件,自2016年始案件数量激增为253件,2017年、2018年相关案件继续增长,分别为318件和54件。截至2019年12月15日的检索数据,2019年的相关案件也已经有379件。

〔5〕 郭富清:《商法外观主义与商事裁判思维》,载《中国商法年刊》2013年卷。

〔6〕 朱广新:《信赖保护原则及其在民法中的构造》,中国人民大学出版社2013年版,第106页。

〔7〕 蔡琳:《论“利益”的解析与“衡量”的展开》,载《法制与社会发展》2015年第1期。

情境和条件，只有在法律规定不明，存在法律解释的不同选项和法律适用的选择余地时，才有商事外观主义适用的余地。[1] 正如有裁判指出的那样，商事外观主义“实际上是一项在特定场合下权衡实际权利人与外部第三人之间利益冲突所应遵循的法律选择适用准则，通常也不能直接作为案件处理依据”[2]，因此，针对类案的情况，应首先在现行法的框架内寻找一个能妥当解决和合理解释此类案件的法律规则和路径。

三、类案裁判适用不登记不得对抗规则的分析

（一）区分代持股权的善意取得与强制执行

私法自治原则下，行为人有权不以自己的名义进行法律行为，代理行为是为典型，此时法律行为主体“名实相符”，这与名实不符的股权代持情况不相一致。如前所述，在类案执行异议之诉中，不能直接适用商事外观主义，而是应当先寻得可以适用的法律规则。以名义股东股权被执行为因的执行异议之诉纠纷中，牵涉实际出资人、名义股东、第三人、公司甚至登记机关；在法律效果上，则应当考虑实际出资人与名义股东之间的真实意思、第三人是否善意以及登记机构的登记等因素。其中名实不符的股权登记外观、股权代持形成的与因和第三人的信赖利益应当具有决定性异议，前述学说和裁判的分歧也是在此基础上对实际出资人的执行异议效果形成了不同的认识。对实际出资人的保护体现的是意思自治和产权保护，支持第三人的执行申请则注重登记效力和交易安全的维护。对此作以分析，名义股东股权被第三人执行的情况与代持股权善意取得的情况非常相似，司法实践中有裁判以《公司法》第 25 条代持股权善意取得规则为说理依据。有学者直言，不能够混淆股权善意取得问题和代持股权的强制执行问题，否则将会致使讨论“无果而终”，[3] 因此针对名义股东股权被第三人执行的情况，在法律适用上，必须要讨论能否适用代持股权善意取得制度。

从法律关系的构成角度来看，一般认为商事外观主义的法律关系可以分为双方法律关系和三方法律关系。[4] 在双方外观主义法律关系中，仅有表现为外观权力者和信赖外观权利的相对人两方。典型者如表见商人，作为普通民事主体者的行为对外呈现出了商人的外观，相对人信赖该等外观并与之进行交易，普通民事主体也要对相对人承担与商事主体相同程度的责任。三方外观主义法律关系一般可以分为 A · B · C 型和 AB · C 型（其中 A 是指行为人本人或实际权利人、B 是指处分人或名义权利人、C 是指行为相对人或交易第三人）。第一种

〔1〕 李志刚：《略论商事审判理念之实践运用》，载《人民司法》2014 年第 15 期。

〔2〕 (2018) 辽民终 135 号民事判决书。

〔3〕 刘俊海：《代持股权作为执行标的时隐名股东的异议权研究》，载《天津法学》2019 年第 2 期。

〔4〕 参见全先银：《商法上的外观主义》，人民出版社 2007 年版，第 14～16 页；刘胜军：《论商事外观主义》，载《河北法学》2016 年第 8 期。

A·B·C型外观主义法律关系较为常见，是由于A的行为使C相信B有权做出某种处分行为，从而C与B进行交易，典型者如表见代理、表见代表、善意取得等制度。第二种AB·C型，在外观上只体现出B的意志或权利外观只属于B一个人，B直接以其自己的名义与行为相对人进行交易。在这种情况下，B虽然不是真正的权利人，但是却具有真正权利人的外在表现形式（如动产的占有、不动产的登记证明或股东身份的登记公示），因此在C信赖的情况下，该交易对A产生法律效力或者说真正权利人必须承担相应的法律后果。典型例证即是最高人民法院《关于适用〈中华人民共和国公司法〉若干问题的规定（三）》第25条第1款所规定的情形：在股权代持的情况下，名义股东将登记在其名下的股权进行转让，若交易第三人属于善意第三人，则该股权转让行为有效，实际出资人不能以其享有实际权利为由主张该行为无效。

但在实际出资人对名义股东债权人申请执行的执行异议案件中，实际上，这类案件的法律关系与前述AB·C型商事外观主义法律关系尚有区别。笔者认为，实际出资人（A）、名义股东（B）、名义股东债权人（C）在此类执行异议案件中的法律关系构造是一种C·BA型的外观主义法律关系。首先，与A·B·C型外观主义法律关系构成不同的是，在C·BA型法律关系和AB·C型外观主义法律关系中，C并不知晓A的存在或实际权利的归属情况（或者说起码推定C是善意的并不知晓事实之存在），C在交易或申请执行时，基于其对属于B之外观的信赖作出相应法律行为；而A·B·C型法律关系中，C的内心确信是其与A进行的交易。换言之，从C的视角出发，与A·B·C型外观主义法律关系是一个真正的三方法律关系；C·BA型法律关系和AB·C型外观主义法律关系则是一个准三方法律关系。其次，从法律关系主体的行动主动权归属角度看，C·BA型法律关系和AB·C型外观主义法律关系具有明显不同。在AB·C型法律关系中，行为主动人是B和C，要么B作为主要行动人积极寻找C进行说和，C此时作为信赖权利外观者为交易的相对行动人；要么C基于对外观权利的信赖主动寻找和促成与B的交易，B此时作为相对行动人"假装不知"并处分权利。不管是孰为主动方，A作为实际权利人或行为人本人都属于不知情的完全被动方，在法律行为结果的承担上，A是完全被动方的意思，就是其应当对外观信赖人C承担不利的外观责任。但在C·BA型法律关系中，也就是我们讨论的名义股东债权人申请执行代持股权的情况，行为主动人是C，在执行程序中C主动行使对B的债权，B和A都是被动方。只是B作为完全的被动方，其负有配合其债权人执行的义务。A此时的地位相对上升，属于相对被动的一方，若其不坐以待毙，则可以积极主张其财产权利并申请执行异议。最后，对A·B·C型和AB·C型外观主义法律关系的区分实际上是一种重述，理论上也早有学者支持并提出这样两类分类方式。但是将C·BA型法律关系单独列示，是对司法执行实践中执行财产名实不符合现象的直接回应，这不仅表现为执行物为股权的执行和执行异议类案件，以房屋、机动车等为标的者亦广泛存在。在股权代持的情况下，最高人民法院《关于适用〈中华人民共和国公司法〉若干问题的规定（三）》第25条已经确立了针对股权的AB·C型法律关系权利义务的判断规则。因此，理论上厘定在实际权利人对名义股东债权人执行申请的异议情况下的法律关系类型，是我们进一步作以讨论的前提；将其确定为 C・BA 型法律关系并以此为基础地研判其裁判规则，也具有极强的现实意义。

从代持股权善意取得制度本身出发，德国 2008 年在其《有限责任公司法》中首次引入了股权的善意取得，我国最高人民法院《关于适用〈中华人民共和国公司法〉若干问题的规定（三)》第 25 条对名义股东处分其名下股权的行为效力，参照适用《物权法》第 106 条关于善意取得的规定，且一般认为参照适用的是不动产善意取得制度。〔1〕对此规定，理论上已然存在不少质疑和批评，认为在法律解释上这并非真正的股权善意取得、〔2〕在权利变动模式存在根本性不同、〔3〕在公示方式和权利变动参与主体上也存在重大差异〔4〕，本文无意对此作以讨论，仅在于讨论既定的股权善意取得规则能否作为实际出资人不能对抗债权人执行的法律依据。笔者认为，基于前述 C・BA 型法律关系和 AB・C 型外观主义法律关系的区别，股权善意取得制度与强制执行程序中的第三人权利保护，不能当然地参照适用。第一，股权善意取得制度中，名义股东将其名下的股权作以实际处分；但是债权人申请执行名义股东名下的股权，并非是名义股东处分案涉股权的行为。第二，从第三人的角度来看，不动产善意取得以及股权善意取得制度，都是为了解决物权变动中的权源瑕疵问题，其解决和关注的核心是权利状况的瑕疵。但是在名义股东股权被执行的情况下，第三人信赖的并非是错误的“权利外观”，而是“权利主体的外观”。第三，善意取得制度的核心趣旨在于把保护交易安全，应当限于针对案涉股权有交易关系的第三人，名义股东非基于股权交易的一般金钱债权人应当不在此列。第四，从强制执行的特殊性上看，股权交易中的善意取得制度，在交易完成后第三人进行私权登记则可得到保护；但是强制执行中的股权冻结，是以公权力为基础的。因此，代持股权的善意取得制度在强制执行程序中不应被参照适用。

（二）适用不登记不得对抗规则的客观分析

在股权善意取得规则之外，类案裁判还以《公司法》第 32 条第 3 款为起点和中心，论争规范意义上“第三人”所表征的客观范围。在案涉情况下，《公司法》第 32 条第 3 款是否存在适用空间？

1.《公司法》第 32 条第 3 款的本然解释

《公司法》第 32 条第 3 款规定，公司向登记机关登记股东的姓名及变更情况，“未经登

〔1〕 参见“最高人民法院民二庭负责人就《关于适用〈中华人民共和国公司法〉若干问题的规定（三)》答记者问”，奚晓明主编：《商事审判指导》2010 年第 4 辑（总第 24 辑），人民法院出版社 2011 年版，第 32、33 页。

〔2〕 参见张双根：《股权善意取得之质疑——基于解释论的分析》，载《法学家》2016 年第 1 期。

〔3〕 王涌：《股权如何善意取得？——关于〈公司法〉司法解释三第 28 条的疑问》，载《暨南学报》（哲学社会科学版）2012 年第 12 期。

〔4〕 余佳楠：《我国有限公司股权善意取得制度的缺陷与建构——基于权利外观原理的视角》，载《清华法学》2015 年第 4 期。

记或者变更登记的，不得对抗第三人”。[1]公司登记效力的具体内容由证明效力、公信效力和对抗效力构成，[2]一般认为，该条款是商事登记对抗效力之消极效力的体现。商事登记的对抗力又称为免责效力，是指商事登记事项已经登记，登记申请人就可以对抗第三人针对该登记事项的主张，因此获得免责效力，是一种对登记申请人的保护机制。[3]这是对商事登记对抗力的积极效力，商事登记对抗力还具有其消极效力的一面：消极对抗效力的本质是应登记事项未在商事登记簿中出现，导致登记外观与真实状况分离，此时登记主体就不能以未登记来对抗第三人。[4]由于应登记之事项未登记，第三人很难知悉真实情况，因此法律推定第三人对此不知情，登记主体也就不能以此对抗第三人。[5]承认商事登记对抗力的消极效力，是为了保护善意第三人的利益而设，是为了保护行为相对人对于商事登记簿“沉默的信赖”，同时也维护了商事登记和外部公众之间的法律信用。因此大多数国家和地区都不允许援引应登记而未登记的事项来对抗善意第三人，《德国商法典》第15条第1款规定“应登入商事登记簿的法律事实，只要尚未登记和公告，就不得被应对此事进行登记人利用来对抗第三人”，《日本商法典》第14条规定“因故意或过失而登记不实事项者，不得以该事项的不实对抗善意第三人”，《韩国商法典》第39条规定“因故意或者过失进行不符事实的事项的登记者，不得以此对抗善意的第三人”，[6]这也与我国《公司法》第32条第3款的规范结构基本相同，就商事登记消极对抗力一般表述为“不登记不得对抗第三人”规则。

讨论案涉法律关系能否适用“不登记不得对抗第三人规则”，就要分析类案法律关系与规则之间在关键要素上存在多大程度上相符，其中“不得对抗”属于法律规则使用所追求的法律效果，因此二者是对“不登记”和“第三人”这两个前提性要素的考察。

2. 类案法律关系中存在“不登记”的外观事实

适用《公司法》第32条第3款的前提是要存在“不登记”的外观事实，即存在商事登记事项消极公开的外观事实。强调此外观事实的存在，与商事登记的公信力直接相关，登记事项经过登记并公告之后便赋予其公信力，因此商事登记所表现出的权利和身份应当推定为真实，对于信赖登记信息的人，即使登记错误也必须保护该信赖。因此外观事实的存在是第三人信赖登记、产生不可对抗效果的前提，这也是商事外观主义的要求。根据商事外观主义，应当以交易当事人行为的外观为准并依外观认定所产生的法律效果，其中外观“必须是社会中几乎所有的人都会将此误会为真实的外部事实”，[7]其不仅包括权利外观，还包括主

[1] 参见赵万一：《商事登记制度法律问题研究》，法律出版社2013年版，第97~98页。
[2] 参见王远明、唐英：《公司登记效力之探析》，载《中国法学》2003年第2期。
[3] 冯翔：《商事登记效力研究》，法律出版社2014年版，第125页。
[4] 冯翔：《商事登记效力研究》，法律出版社2014年版，第185页。
[5] 石一峰：《论商事登记第三人效力》，载《法商研究》2018年第6期。
[6] 周林彬、任先行：《比较商法导论》，北京大学出版社2000年版，第244页。
[7] 王保树：《商法总论》，法律出版社2007年版，第74页。

体外观、法律关系的外观和法律事实的外观,[1]如表见商人即是典型的主体外观。

具体到“不登记不得对抗第三人”规则下,“不登记”的外观事实可能存在几种情况:(1)法律明确规定必须要登记的事项商事主体未予登记;(2)法律规定应登记的事项皆已满足登记要求,只是登记信息与真实情况不相符合,且未予根据真实情况变更登记;(3)登记事项自始为真,真实登记后的事项发生实际改变,应当予以变更登记但是未登记。针对类案法律关系中,名义股东的债权人申请执行名义股东名下的股权,是因为根据工商登记存在着名义股东是案涉被执行股权权利人的外观事实,这是一种权利外观,也是一种“不登记”的外观,实质性的表现为登记权利与实际权利归属的不一致,因此符合“不登记不得对抗第三人”规则的适用前提之一。

3. 名义股东债权人是可能与实际出资人“对抗”的“第三人”

执行程序中名义股东的一般债权人是否属于“第三人”的范畴这个问题,是判断案涉法律关系能否适用“不登记不得对抗第三人”规则的关键。

从概括的角度看“第三人”的客观范围,认为一般债权人不属于不登记不得对抗规则“第三人”的原因,主要在于该说认为只有针对同一标的物存在有效交易关系的人才属于第三人的范围,[2]而执行程序中名义股东的债权人因为缺乏交易关系而被排除在外。但是笔者认为,判断“第三人”范围的核心落脚点并非在于“交易”而是在于“对抗”。这里的“对抗”是指针对特定标的或权利之上,存在着争夺内容相互之间不能同时存在、或是相互争夺支配权利的关系,对抗的结果是“吃掉或者被吃掉”,那么就属于第三人的范围。[3]据此逻辑,名义股东债权人的债权一旦进入执行程序,债权的效力就集中于该股权,就形成了与实际出资人之间“对抗”的关系。因此,在客观标准范围内,应当认为执行程序中名义股东的债权人属于《公司法》第 32 条第 3 款所规定的“第三人”。虽然有学者也认为“对抗”通常是指同种类性质、有竞争关系的权利,而实际出资人对股权的财产权利与一般债权人享有的债权之间应当遵循“物权优先于债权”规则,[4]但是笔者认为权利的对抗并不仅限于“同种类”的权利之间,物权和债权之间也可能存在非此即彼的对抗关系,如在“买卖不破租赁”的情况下,即使房屋的物权取得者也不可以对抗其在权利取得之前就已经存在的租赁债权人。况且股权并不能简单地与物权相等同,其还具有人身权的属性,因此不能简单以物权优于债权的逻辑否认名义股东债权人与实际出资人之间在被执行股权之上的“对抗”利益。

至于“不得对抗”,在无第三人介入的情况下,登记义务主体的权利是客观存在的,在

---

〔1〕 刘胜军:《论商事外观主义》,载《河北法学》2016 年第 8 期。

〔2〕 [日] 近江幸治:《民法物权 II 物权法》,王茵译,北京大学出版社 2006 年版,第 55、56 页。

〔3〕 [日] 田山辉明:《物权法》(增订本),陆庆胜译,法律出版社 2001 年版,第 56 页。

〔4〕 参见王泽鉴:《动产担保交易法上登记之对抗力、公信力与善意取得》,载《民法学说与判例研究(I)》,中国政法大学出版社 2009 年版,第 98 页;刘本荣:《中国船舶物权登记对抗主义的实际运行与匡正》,载《中国海商法年刊》2009 年第 12 期。

支配、处分方面基本没有差异；唯在特定情况下，利害关系者出现，此时登记义务主体权利的对外效力就要受到一定的限制。因此对于登记义务主体而言，"不得对抗"的法律效果并非意味着该未登记的权利或事项无意义，仅仅是对该权利排他性的相对抑制。对第三人来说，第三人的"对抗"，是基于他人没有登记而主张他人不享有权利或权利未发生变动，而并非主张权利已经向自己发生了变动，也就是说"对抗"仅仅具有否定别人权利的效果。〔1〕名义股东的债权人申请强制执行案涉股权的情况下，名义股东债权人作为第三人出现，其所追求的实质效果亦并非主张股权归其所有，可以解释为欲使实际出资人和名义股东"不登记"的外观事实"不得对抗"其执行申请，在此只是强调债权人追求的法律效果与不登记不得对抗规则追求的法律效果具有一致性。因此，针对案涉法律关系，适用《公司法》第32条第3款的规定，从法律构成要件上看具有其适当性，至于是否能够达致"不得对抗"的法律效果，是一个涉及实际出资人、名义股东、债权人甚至公司、登记机关等多方主体的问题，因此尚需结合其他因素进一步分析。而且也不仅是一个纯粹行为法层面的问题，更需要在组织法视野下进一步求解。

四、不登记不得对抗规则的具体适用

在执行异议之诉中排除商事外观主义的直接适用，是指不能仅以名义股东登记的股权之"外观"就驳回执行异议，而是应当先实际审查案外人的权利主张是否成立。对此正确的理解是：第一，实际审查并不意味着直接支持案外人的异议申请，这仅说明和明确类案分析的思路不应该是纯外观主义的，类案的处理思路首先应当实际审查和判断案外人是否对案涉股权享有实际权益。第二，实际审查也意味着要对第三人的主观状态进行审查。类案裁判适用不登记不得对抗的规则，第三人的善意是判断实际出资人能否对抗其执行申请的重要问题；而对第三人善意的判断一般是在解决了登记是否欠缺的核心问题之后才可能涉及。

（一）对实际出资人的实质审查

实际出资是案外人之所以为"实际出资人"的前提，在公司成立以及存续过程中以任何法定形式或因任何合法原因（如继承）认购或取得股份者，都系实际出资，司法实践中可用转账凭证、银行记录等作为出资证明。未实际出资者当然地不享有案涉股权权益，也无须讨论是否适用不登记不得对抗规则。判断实际出资人是否享有股权权益的前提和基础，首先需要类型化的分析案涉股权"名实不符"的成因。当前公司法及其司法解释将所有实际出资人与登记股东名实不符的情况都认定为"隐名出资"，理论上对于实际出资人的讨论也以"隐

〔1〕 郭志京：《也论中国物权法上的登记对抗主义》，载《比较法研究》2014年第3期。

名股东”一以概之,[1]有学者将之细化为“隐名出资”和“登记对抗”两类,[2]实乃必要。但以“隐名出资”和“登记对抗”作以类型化区分，在语词体系上似乎属于两个维度，从实践角度看仍有待进一步细化。

仅有实际出资尚且不足以认定实际出资人的股权权益，在实际出资人和名义股东（隐显双方）存在代持股协议（或合意）的情况下，有效的代持股协议是认定实际出资人股东资格的前提。股权登记不实的原因主要存在以下几种情形：一是完全基于个人情况考量的股权代持，如基于保护其投资隐私、商业便利等原因，与名义股东约定由其代为持股；二是基于规避相关法律法规限制的股权代持，如为了规避关联交易等投资主体限制的规定、为了规避法律法规对外商投资限制的规定、为了规避《公司法》关于有限责任公司人数限制的规定等而选择的股权代持；三是基于商事交易安排的考虑，如为了便利公司融资而将其股份做“让与担保”而形成的股权代持，或者为了公司融资而形成的“明股实债”型股权代持；四是因为外在原因而产生的登记股权名实不符，如因股权转让、继承等原因公司股权已经能发生变动，因为登记机关等原因使股权被他人所代持。[3]

如前所述，当前实际出资人选择隐名的原因各不相同，根据效力性强制性规范和管理性强制性规范的区分理论，若代持股协议违反了效力性强制性规定、或因逃避债务等可能损害社会公共利益及国家利益等致使协议无效者，则应认为代持股协议无效，则此时实际出资人是“非股东”，并无进一步讨论之必要。若代持股协议不存在前述无效之情形，那么应当尊重当事人的意思自治，认可代持股协议的效力，那么实际出资人相对于“显名股东”而言，则具有隐名股东的身份。对于隐名股东，尚需要进行进一步的区分，即根据是否实际行使了股东权利或者履行了股东义务、以及在股权变动的情况下是否完成了公司内部决议程序，将隐名股东区分为“完全隐名股东”和“不完全隐名股东”。凡是登记股东与实际出资人不一致的情形，都属于“隐名股东”。但是有学者指出“股东身份，仅为针对公司而言之称谓”“唯对公司而隐名者，方属于隐名出资”,[4]也就是说只有登记对外隐名且对公司隐名者方属于“完全隐名股东”，而那些仅对外隐名、但对公司“显名”的实际出资人则应该属于“不完全隐名股东”。其中“不完全隐名股东”极具特殊性，从实质的角度看，当实际出资人实际出资，且在公司中行使股东权利或者参与公司经营管理，如在公司经营管理的相关文件上签字、行使表决权、或以股东身份在公司文件上签字，都可以认为实际出资人对公司以及其他股东认“显名”；从程序性角度看，当实际出资人实际出资、代持股协议有效时，虽然实

---

〔1〕 刘俊海:《代持股权作为执行标的时隐名股东的异议权研究》，载《天津法学》2019年第2期；陈林莉:《外观或事实——隐名股东执行异议之诉的裁判标准》，载《深化司法改革与行政审判实践研究（下）——全国法院第28届学术讨论会获奖论文集》。

〔2〕 李建伟:《有限公司股权登记的对抗力研究》，载《法学家》2019年第4期。

〔3〕 曾祥生、苏沂琦:《隐名股东资格认定的法律重构》，载《江西社会科学》2019年第1期。

〔4〕 参见李建伟:《有限公司股权登记的对抗力研究》，载《法学家》2019年第4期。

际出资人尚未实际行使其股东权利，但若已经遵循《公司法》第 71 条规定经过了“公司其他股东半数以上”的表决程序，那么也应当认为实际出资人应当属于“不完全隐名股东”。在讨论实际出资人能否阻却股权强制执行的问题上，认可实际出资人实为“隐名股东”，即是在财产权利的层面认可了实际出资人对案涉股权的实际权属，都有进一步讨论其是否“不得对抗”名义股东债权人的必要。进一步区分两类隐名股东的意义则在于对能否对抗的结果判断上，应当存在区别，此不赘述，容下待言。此外，还存在一部分实际出资人，其出资的股权“被代持”的原因与前述“非股东”和“隐名股东”皆不相同，“非股东”和“隐名股东”对于股权被代持情况是一种积极寻求隐名的态度，但是这类实际出资人其内心真意和交易目的乃追求显名，但是因为名义股东冒名、工商登记机关登记错误、以及其他违背实际出资人真实意愿的原因致使实际出资人无法变更登记实现显名化，也就是一般而言登记错误的场合，这类实际出资人实乃“不完全显名股东”。

应当注意的是，不能将股权代持情况下的案外人异议之诉等同于股权确认之诉。对于“非股东”的实际出资人以及未实际出资的案外人，因为其对被执行股权并不享有实际权益，因此无须进一步讨论该等权益“是否足以排除执行”，也就没有适用不登记不得对抗规则的空间。对于“完全隐名股东”“不完全隐名股东”“不完全显名股东”这三类实际出资人而言，案外人能够举证证明其对案涉股份享有“民事权益”，股权确认之诉中可以确认股权权属归实际出资人所有，但在执行异议之诉中，还需要进一步判断实际出资人的股权权属是否“足以排除执行”。因此，将“隐名出资”的情况作以类型化区分，将实际出资人细化分为“非股东”“完全隐名股东”“不完全隐名股东”“不完全显名股东”四类，对于解决案涉争议以及明晰不登记不得对抗规则的适用具有重要意义。

（二）对名义股东债权人的“善意”要求

以“不登记不得对抗”规则为法律依据，其法律适用的思路也应当是实质主义的，仅讨论执行程序中名义股东债权人是否属于该等“第三人”范围是一个纯客观主义问题。第三人是指与系争股权不登记之外观无直接关联的外部人员。虽然《公司法》第 32 条第 3 款虽然没有使用如“善意相对人”的语词，但这是否说明就无需考虑第三人的主观状态？笔者认为，在实际出资人申请阻却第三人对股权的强制执行中适用不登记不得对抗规则，对第三人“善意”之要求是其中实质和关键的要素。

第三人善意的要求可以从其他相关规则和域外立法实践中类推得出。我国《民法总则》第 65 条规定，“法人的实际情况与登记的事项不一致的，不得对抗善意相对人”，在此强调和重申了对第三人“善意”的要求。在不登记不得对抗规则中，对第三人善意的要求可以从其他相似的制度和规则之中类推得出。《物权法》在提及诸如善意取得制度、无权处分制度以及物权登记效力的问题时，皆强调第三人的“善意”。在商事登记的领域，《德国商法典》第 15 条第 1 款、第 15 条第 3 款、我国台湾地区“商事登记法”第 20 条等对商事登记第三人效力的规定，都要求第三人是“善意”的，其原因是对善意第三人对商事登记信赖的利益保护。

从商事登记制度的实践和价值来看，名义股东债权人的善意是与其对股权登记的信赖紧密相关。我国几乎对所有商事主体都有强制登记和强制公示的要求，典型法律规定如《民法总则》第63至66条、《公司法》等单行法、《公司登记管理条例》中对商事登记信息登记和公示的要求。前文已述商事登记对第三人具有积极和消极的对抗效力，因此登记义务人要保证登记状况与实际状况一致，来防止第三人以不正确的登记或者未登记的事项来对抗自己。虽然商事登记的公信力程度不及不动产登记簿，但其仍是反映商事主体信用基础和信用状况的法律形式，具备保护商事主体交易安全的功能。[1]因此，对名义股东施以“善意”与否的实质性判断，是商事登记对抗效力和当前公示强制性的要求。

此外，在类案法律关系的利益平衡方面，适用不登记不得对抗第三人规则的同时强调名义股东债权人的善意审查更具意义。理论上认为实际出资人可以对抗名义股东债权人的执行申请的原因，只要观点是非基于股权交易的名义股东债权人并不存在信赖利益，若债权债务因信赖登记而订立，其可以要求登记股东出质股权，未设定股权则难言登记与缔约之间的因果关系；对实际出资人而言，其股权存在可能被善意取得等风险，因此没有理由对债权人再进行保护而牺牲实际出资人的利益。[2]其理由颇有道理，因此增加名义股东债权人的善意标准和实质审查，恰是证明其存在需要保护的信赖利益。从司法实践的逻辑来看，在强制执行中，若名义股东债权人可以就登记不实的股权实现债权，但是当第三人与名义股东就目标股权作以股权交易时，却需要类推善意取得的规则，那么将实际的导致就目标股权存在交易关系者欲获得保护的条件，高于非基于交易关系的一般债权人获得法律保护需要的条件，此时将出现利益保护的失衡和法律解释逻辑的悖反。因此，增加对名义股东债权人“善意”的审查将更有利于利益平衡的展开。

（三）类型化与动态化的法律适用结果

有学者将基于商事登记引起的保护第三人的责任认定为信赖责任，[3]在执行异议之诉中分析如何适用不登记不得对抗规则，可以参照信赖责任具体承担方式的思维方式。学说上的优势观点认为信赖责任的构成要求有被信赖外观的存在、真正权利人的可归责性以及信赖人的善意信赖。[4]其中系争被执行股权的登记不实之外观是客观的、可见的事实，保护名义股东的债权人获得“不得对抗”的法律效果，其前提是名义股东的债权人是善意的，即“合理

---

[1] 参见郭富清：《论商事登记制度的若干法律问题——兼论我国商事登记的改革与完善》，载《甘肃政法学院学报》2002 年第 3 期。

[2] 参见李建伟：《有限公司股权登记的对抗力研究》，载《法学家》2019 年第 4 期。

[3] 石一峰：《论商事登记第三人效力》，载《法商研究》2018 年第 6 期。

[4] 刘晓华：《私法上的信赖保护原则研究》，法律出版社 2015 年版，第 108 ~ 140 页。

的信赖”；同时，为兼顾实际出资人的利益，不得对抗第三人要求对实际出资人对“未登记”的外观具有可归责性。因此，被执行股权“不登记”的权利外观即是名义股东债权人信赖的对象，也是实际出资人是否可以归责的依据，判断是否“不得对抗”，可以内化于在实际出资人可归责性和第三人合理信赖这两个要件之中进行衡量。同时，值得注意的是，从现实情况和裁判结果来看，股权实际出资人与名义股东“名实不符”的原因不一而足，若仅以刚性的是否可以归责、是否善意为模型，将获得“全有”或“全无”的裁判结果，这忽略了不同案件和不同当事人情况的一致性，难以涵摄特殊案例，可能导致个案非正义。因此，应该通过实际出资人可归责性和名义股东债权人这两个要素的协同作用来构建评价框架。〔1〕

对于实际出资人可归责性的问题，理论上亦成为对外观事实的“本人与因”。本人与因的基本内涵，是指真实权利人行为对外观事实的发生或存续给予了原因力，这是其承担不利法律后果的根据。理论上对此种“原因力”的多寡有无或言本人的可归责性问题，存在过错主义和风险主义两种不同观点。过错主义，是指当本人对外观事实的形成或表征有过错时，才承担对其不利的法律后果；与因主义，是指外观事实的形成由本人引起时，二者之间存在因果关系；风险主义则是由德国学者卡纳里斯提出，认为无论本人主观上是否有过错，只要外观事实形成的危险随行为人本人的商事活动而存在，本人就要承担外观事实所引起的法律后果。〔2〕虽然有学者认为在商事外观主义的场合应相对弱化本人与因要素、采风险主义归责，〔3〕但笔者认为，确定实际出资人的可归责性可以结合具体“与因”进行类型化的思考，而不局限于单一的归责标准。在被执行股权存在名实不符时，针对“非股东”，其选择股权代持的原因并不适法，可以认定其具有过错；就“完全隐名股东”而言，实际出资人与名义股东之间的意思自治应当得到尊重，但是针对名义股东以其名下股权对外释放资产信用信号一事，可以认定其存在过失；针对“不完全隐名股东”，其已经实质上或程序上具备了显名的条件但是并未实施，对于股权代持行为本身就存在着名义股东私自处分的风险，在面临名义股东债权人申请强制执行的法律风险时，对实际出资人可以采取风险主义归责；而针对“不完全显名股东”，实际出资人的权益未圆满实现实乃外部原因或不可抗力，与实际出资人无由者则应当认定其不具有可归责性。

名义股东的债权人是否存在合理信赖，首先应当肯定一个理性人在强制执行目标股权时，对商事登记信息的信赖，其具体解释是对拟被执行股权代持事实的“善意”。在不动产善意取得中“明知”者非为善意，动产善意取得的“善意”是指“第三人不知道并且不应

---

〔1〕 参见［日］山本敬三：《民法中的动态系统论》，解亘译，梁慧星主编：《民商法论丛》（第23卷），金桥文化出版有限公司2002年版，第177页以下。

〔2〕 参见李长兵、冯玥：《风险社会语境下商法的理念变迁与制度创新》，载《长江论坛》2014年第6期。

〔3〕 参见石旭雯：《外观主义在商事裁判中的适用》，载《福建江夏学院学报》2013年第6期；王国瑞：《匡正与重构：外观主义与商事裁判》，载《华中师范大学研究生学报》2015年第4期。

当知道处分人对财产无处分权”,〔1〕商事登记效力不及不动产登记的公信力，因此可以参照动产权利变动规则中的善意来界定股权变动中的善意。因此，在名义股东的债权人申请执行股权的情况下，名义股东债权人的“善意”是指其不知道并且不应当知道名义股东名下该股权“名实不符”的事实。“不知道”涉及名义股东债权人在申请强制执行时的主观认知状态；“不应当知道”是法律对名义股东债权人不知情原因的评价，在实践中转化为考察名义股东的债权人是否尽到了必要的注意义务。有学者认为善意应由主张善意的第三人承担举证责任，可以通过运用间接证据和经验法则来加以判断。〔2〕若针对应登记而未登记的事实，那么名义股东的债权人通过证明其积极查阅商事登记信息即可证明其已积极知悉，即可以推定其为善意。但针对已经登记但登记不实的事实，名义股东的债权人欲想证明实际上很难证明的“消极事实”，在规范意义和实践中都难以实现，因此多数学者认为对“善意”的证明应采推定的方式,〔3〕即推定名义股东的债权人为善意，若实际权利人主张其为非善意，则要举证证明名义股东债权人知道或者应当知道登记不实的情况存在。司法实践中，若实际出资人能够证明名义股东债权人在申请执行之前就已经知道或者应当知道被执行股权登记不实的真实情况，如名义股东的债权人是公司内部人员，因此推定其知道或者应当知道股权代持的事实,〔4〕此时名义股东债权人属于非善意的第三人，但应注意的是证明其恶意的时间要素应限于其在申请强制执行之前的主观状态。如果通过名义股东债权人的自证与实际出资人的举证，认为名义股东的债权人不知道或者不应当知道股权登记名实不符的事实，那么就应该推定名义股东的债权人是善意的，其信赖是合理的；反之，则名义股东债权人就不存在信赖利益。

适用不登记不得对抗规则是在动态利益（名义股东的债权人）和静态利益（实际出资人）之间的利益取舍，也是在两种交易之间的取舍，但是这种取舍不应仅仅是功利主义的，还要对具体的交易和要素进行细节比较才能做出。具体来说，实际出资人的可归责性和名义股东的善意信赖二者不是截然对立的，通过类型化的区分可以发现，二者存在强弱之分。因此应当对二者进行程度上的比较和利益上的权衡，选择应该保护的一方。如果实际出资人的可归责性较强而名义股东的债权人是善意的，那么应当认为实际出资人不能对抗善意的名义股东债权人；反之，如果名义股东债权人不存在信赖利益，而实际出资人的归责性较弱，那么则应支持实际出资人的执行异议。

---

〔1〕 叶金强：《论善意取得构成中的善意且无重大过失要件》，载《法律科学》2004 年第 5 期。

〔2〕 郑金玉：《善意取得证明责任分配规则研究》，载《现代法学》2009 年第 6 期；吴泽勇：《论善意取得制度中善意要件的证明》，载《中国法学》2012 年第 4 期。

〔3〕 叶金强：《论善意取得构成中的善意且无重大过失》，载《法律科学（西北政法学院学报）》2004 年第 5 期；陈华彬：《民法物权论》，中国法制出版社 2010 年版，第 287 页；程啸：《论不动产善意取得之构成要件——〈中华人民共和国物权法〉第 106 条释义》，载《法商研究》2010 年第 5 期。

〔4〕（2019）鄂 08 民终 936 号民事判决书。

综合以上的论述，在实际出资人申请阻却名义股东债权人的强制申请时，在执行异议之诉中适用不登记不得对抗规则的具体判定如下：(1) 案外人不能证明其已经实际出资，或者实际出资人虽然实际出资，但是股权代持的合意是为了规避法律强制规定或为了逃避债务，这类“非股东”存在过错，不能对抗名义股东的债权人（无论其善意与否），对案外人的执行异议不予支持。(2) 若实际出资人属于“完全隐名股东”，其对被执行股权名实不符的外观事实与有过失，具有可归责性，其不能对抗名义股东的债权人。以完全隐名股东不得对抗名义股东的债权人为基本原则，是因为股权代持协议在实际出资人和名义股东之间具有法律约束力，该等法律效力不能“溢出”和凌驾于名义股东与其债权人的法律关系上，无论债权人执行股权时是否知悉股权代持事实的存在。以此，也可以倒逼代持股权的当事人主动回归到正常的股权持有状态中来。与“非股东”的不得对抗情况不同的是，“完全隐名股东”不能阻却名义股东债权人的执行申请，若代持股权被法院强制执行，“完全隐名股东”可以依照与名义股东之间的代持协议等，请求名义股东承担赔偿责任。这种“桥归桥、路归路”的处理路径能够实现诸方利益平衡的最大化。[1] (3) 若实际出资人属于“不完全隐名股东”，针对名义股东的善意债权人，其不能与之对抗，理由与“完全隐名股东”的退让基本相同。但是若实际出资人可以证明名义股东的债权人明知股权代持关系、或其应知而未知，尽管实际出资人存在过错，但是其一般过失可以对抗债权人的主观非善意，这也是保护实际出资人产权的要求。(4) 针对不存在过错的“不完全显名股东”，其对被执行股权的名实不符不具有可归责性，可以对抗名义股东的债权人。此时，实际出资人可以要求商事登记机关更正登记或尽快配合办理股权变更登记，存在其他相关责任者（如冒名登记者）时应当配合办理并承担相应责任，以回复原本的股权权属状态；而名义股东的债权人不能对该等股权强制执行。对此种情形，司法机关应着重注意强化实际出资人的举证责任，避免恶意诉讼。

五、结语

当前针对股权代持法律关系的系统解释和法律制度尚未到位，对于实际出资人能否阻却名义股东债权人的强制执行申请问题又添争论。究其原因，在于整个法律关系中关涉的代持股行为效力、股权善意取得规则、商事外观主义的适用以及商事登记的效力等问题都是我国商法学和公司法学研究中的疑难和重点问题，加上类案并非既有法律规则和相关司法解释所涵摄的基本案型，存在法律关系解析和法律规则适用的疑难。在名义股东股权被执行的情况中，涉及实际出资人、名义股东、债权人乃至公司等多方主体，在执行异议之诉的场合，外观主义的裁判路径行不通，因此有必要回归到实质主义的分析思路上来。股权善意取得规则

〔1〕 参见刘俊海:《代持股权作为执行标的时隐名股东的异议权研究》，载《天津法学》2019 年第 2 期。

本身即存争议，更不适用于案涉法律关系和问题的解决，以善意取得规则为依据来解决问题属于对法律规则的误用。以《公司法》第 32 条第 3 款的不登记不得对抗规则为依据，在法律构成要件方面具有合适性。同时，在实质性分析实际出资人的可归责性，对“非股东”“完全隐名股东”、“不完全隐名股东”和“不完全显名股东”作以类型化的区分和分析；对名义股东的债权人施以“善意”的要求。在分析实际出资人是否“不得对抗”名义股东的债权人时，以类型化和动态化的思路，在实际出资人可归责性和名义股东债权人善意信赖这两个要素之间对比，在实际出资人真实权利和名义股东债权人的信赖利益之间作以权衡，理清类案法律关系的法律适用规则，冀益于理论研究与实务理解。

股东认缴出资额的性质及其规则修订

钱坤 *

目　次

一、股东对公司债权人“补充赔偿责任”检讨

最高人民法院《关于适用〈中华人民共和国公司法〉若干问题的规定（三）》（以下简称《公司法解释（三）》）第13条第2款规定，“公司债权人请求未履行或者未全面履行出资义务的股东在未出资本息范围内对公司债务不能清偿的部分承担补充赔偿责任的，人民法院应予支持”。该条规定过去一直是法院据以支持公司债权人要求违反出资义务的股东承担责任的请求权基础。然在注册资本认缴制下对于股东出资尚未到期的情形，能否适用于该条规则产生了争议。其中，一个最值得追问的问题是：“补充赔偿责任”能否证成？

补充赔偿责任，也即“补充责任”，在我国作为一种独立的民事责任形态首先

* 钱坤，上海对外经贸大学法学院经济法学硕士研究生。

是由最高人民法院在司法解释中予以确立的，[1]后来在担保法、侵权责任法、合伙企业法等民商事立法中规定了这一责任形态。补充责任的基本内涵“是指在责任人的财产不足以承担其应负的民事责任时，由相关的人对不足部分依法予以补充的责任”。[2]其基本特征在于：一是多数人责任。补充责任是由多个民事主体因某种特定的法律关系共同对债权人承担的责任，责任主体是复数的；二是责任的顺序性。补充责任的实质在于责任人之间承担责任的顺序问题，即首先由第一责任人或直接责任人承担责任，补充责任人处于次要位置或第二顺位。如果债权人未向第一责任人提出请求而直接要求补充责任人承担责任的，补充责任人有权拒绝履行；三是责任的补充性，即补充责任是对第一责任人财产不足以承担责任时的一种补充，但这种补充可以是无限的，也可以是有限的，取决于法律的规定。补充责任在侵权法、合同法等不同法律领域的构成可能会存在一定的差别，如有的规定补充责任人承担责任后可以向第一责任人追偿，[3]有的则规定补充责任人承担责任后对第一顺位责任人不享有追偿权，[4]但以上三点是补充责任的共同特征。

1993 年以来的公司法中并无补充责任的规定，《公司法解释（三）》第 13 条第 2 款无疑是以类推适用的方法对法律漏洞的填补。但民法上的补充责任制度能否类推适用于违反出资义务的股东与公司债权人之间的关系，不无疑问。补充责任最显著的特性在于该责任的补充性，即第一责任人财产不能清偿债务时，由第二责任人对不足部分承担补充责任。《公司法解释（三）》所确立的补充赔偿责任规则，表面上与民法所规定的补充责任的“补充性”甚是吻合，但实际上，对于股东与公司债权人而言，该规则充满了内在的矛盾。因为依照公司法的规定，公司章程中股东认缴的全部出资额（价值形态的出资额，并非股东出资标的的财产）构成了公司的注册资本，应当认定为公司财产的范围，而《公司法解释（三）》的该项规定则表达了一个模糊不清甚至是错误的概念，即股东尚未缴纳的出资似乎并不属于公司财产权的范围。

依照《公司法解释（三）》第 13 条第 2 款的规定，股东承担补充赔偿责任的前提为公司不能清偿债务。何谓公司不能清偿债务？参照最高人民法院其他相关的司法解释，当是指公司财产不足以清偿债务。[5]显然，《公司法解释（三）》第 13 条第 2 款规定隐含了公司用以

---

〔1〕 1987 年 8 月 29 日最高人民法院发布了《关于行政单位或企业单位开办的企业倒闭后债务由谁承担的批复》，规定行政单位开办的企业、公司停办后，其所负债务先用企业、公司的财产清偿，不足部分由直接批准开办企业的业务主管部门或者由开办公司的呈报单位负责清偿。

〔2〕 魏振瀛：《民法》，北京大学出版社、高等教育出版社 2000 年版，第 48 页。

〔3〕 例如《担保法》第 31 条规定：“保证人承担保证责任后，有权向债务人追偿。”

〔4〕 例如《合伙企业法》第 38 条规定：“合伙企业对其债务，应先以其全部财产进行清偿。”第 39 条规定：“合伙企业不能清偿到期债务的，合伙人承担无限连带责任。”

〔5〕《公司法解释（二）》第 22 条第 2 款规定：“公司财产不足以清偿债务时，债权人主张未缴出资股东，以及公司设立时的其他股东或者发起人在未缴出资范围内对公司债务承担连带清偿责任的，人民法院应依法予以支持。”同时，最高人民法院《关于民事执行中变更、追加当事人若干问题的规定》（法释〔2016〕2 号，以下简称《民事执行规定》）第 17 条也规定：“作为被执行人的企业法人，财产不足以清偿生效法律文书确定的债务，申请执行人申请变更、追加未缴纳或未足额缴纳出资的股东、出资人或依公司法规定对该出资承担连带责任的发起人为被执行人，在尚未缴纳出资的范围内依法承担责任的，人民法院应予支持。”值得注意的是，这两个司法解释中并没有使用“补充赔偿责任”这一概念，而是规定了未缴出资股东的“连带责任”或“责任”，但从内容上看这种连带责任或责任是有限的、补充的，本质上与补充赔偿责任并无二致。

清偿债务的财产并不包括公司对股东认缴而未缴的出资额所享有的债权形态的财产。因为，如果认为股东认缴而未缴的出资额也应当属于公司财产权的范围，那么当包括股东认缴而未缴的出资额在内的公司财产不能清偿债务时，依照公司法人责任与股东责任相分离的法理，股东其实并不存在所谓的“补充性”责任。作为股东出资标的的财产，在股东违反出资义务或出资期限尚未届满时，虽然仍属于股东的财产，但并不影响股东认缴的出资额已经成为公司债权形态的财产的基本事实，《公司法解释（三）》第13条第2款正是忽略了股东出资标的的财产与股东认缴出资额之间的本质差别，才演绎出了股东补充赔偿责任的制度逻辑。所以，《公司法解释（三）》第13条第2款确立的规则并不是公司财产权观念下的产物。

公司法明确了公司享有法人财产权，用全部财产独立承担责任；〔1〕同时又明确了公司的注册资本为全体股东认缴的出资额。〔2〕这就意味着股东未缴纳的出资额也属于公司财产权的范围。财产和财产权是一个问题的两个方面，“财产在本质上是法律概念，只能以财产权形式表现出来”。〔3〕也就是说，没有权利的财产和没有财产的财产权，都是不存在的；财产始终是作为财产权的客体而存在，因此，从这个意义上讲，公司所享有的法人财产权，其客体是指公司的全部财产，而股东认缴的出资额既然是公司的注册资本，当然构成了公司全部财产的组成部分。虽然2013年公司法修订时将注册资本改为完全认缴制，但与2005年公司法对比，股东认缴的出资额为公司注册资本的规定事实上从未发生改变。〔4〕也就是说，完全认缴制改变的只是股东认缴出资额的期限，但并未动摇对股东认缴的出资额为公司注册资本的认知，也即公司财产的基本观念。公司作为法人，公司法遵循了法人财产与股东财产相分离的财产权观念，就此而言，公司法人用以对外履行债务及承担民事责任的全部财产，是公司法人独立责任的财产基础，也即公司责任财产的范围。〔5〕《公司法解释（三）》及其他相关司法解释有关规定的不当之处，就在于将股东认缴而未实缴的出资额排除在公司财产权的范围之外，也即没有从财产权的概念来理解股东认缴的出资与公司财产的关系。这是股东补充赔偿责任规则逻辑结构紊乱的根源。

二、股东未缴纳的出资额的财产权形态

在理论上，财产权的客体既可能是物，也可能是权利。股东认缴的出资额成为公司法人

---

〔1〕参见《公司法》第3条第1款。

〔2〕参见《公司法》第26条、第80条。

〔3〕马俊驹、梅夏英：《财产权制度的历史评析和现实思考》，载《中国社会科学》1999年第1期。

〔4〕2005年《公司法》第26条、第81条与2013年《公司法》第26条、第80条对有限责任公司和股份有限公司注册资本的表述完全一致。

〔5〕有关责任财产的论述，参见崔建远：《合同法总论》（中卷），中国人民大学出版社2012版，第224～226页。

财产权的客体同样也可能是物，也可能是权利。股东尚未缴纳的出资额，对公司而言，即是以权利客体存在的财产权。公司立法上，在减资的规定中实际上间接确认了公司对股东认缴出资额的财产权。《公司法》第 177 条规定，公司减少注册资本时，债权人有权要求公司清偿债务或者提供相应的担保。公司法为什么要对减资作此规定，是因为股东认缴的出资额构成了公司的注册资本，减少注册资本意味着注销股东实缴的出资额或者减少股东尚未缴纳的出资额，既然公司注册资本为公司财产的组成部分，公司减资客观上“会导致公司责任财产的减少，”〔1〕对公司债权人的债权能否得以全部获得清偿影响巨大，所以《公司法》第 177 条作出此项规定，以解除公司债权人对公司减资引发公司财产缩减，从而降低清偿能力的担忧。在司法裁判中，当公司减资而没有向债权人发出通知时，之所以类推适用有关股东抽逃出资的规定予以处理，〔2〕实质上就是遵循了股东认缴的全部出资额为公司财产的观念。

将股东未缴纳的出资额认定为权利客体存在的公司财产的一个重要理由，是我国公司法所采取的法定资本制。现行公司法对股东的出资采取完全认缴制，与一般认缴制相比，完全认缴制虽然彻底取消了法律对出资期限的限制，由公司章程自由规定股东的出资期限，但这并不等于免除股东的出资义务与责任，也并不等于否定股东认缴的出资额为公司注册资本的观点。完全认缴制没有改变法定资本制的实质，在完全认缴制下股东认缴出资额的行为仍具有双重法律性质：其一，在完全认缴制下，股东出资为股东与股东、股东与公司之间的约定义务。公司章程有关股东出资的规定在法律性质上属于一种契约，即股东与公司及相互之间缔结的以加入公司为目的的一种契约，〔3〕该规定在股东之间及股东与公司之间均具有合同的效力；其二，股东的出资义务也是一种法定义务。公司虽为法律意义上具有独立人格的法人，但其背后的股东是终极意义上的“所有者”，股东与公司区分为两个独立的人格，其中一个重要的要素是公司存续期间公司财产的独立性，因此，股东一旦认缴出资额，“公司在登记机关完成注册程序后，因为已经向社会公示了股东出资状况，股东即承担着法定的出资义务”。〔4〕同时，公司法规定了股东有限责任，该责任“体现为股东对公司的出资，股东须以其全部投资，也仅以该投资额为限，对公司债务承担责任”。〔5〕股东出资义务是不能依照合同法的一般规定予以变更、撤销或免除的，〔6〕这也是股东出资义务具有法定性的根源。就此意义上而言，股东认缴的出资额既是股东依照公司章程的规定对公司所负的一种契约性质

---

〔1〕 安建主编：《中华人民共和国公司法释义》，法律出版社 2005 年版，第 251 页。

〔2〕 参见“安徽新集煤电（集团）有限公司与如东县农村信用合作联社、上海恒德置地有限公司借款合同纠纷案”，最高人民法院（2010）民提字第 79 号民事判决书；“中储国际控股集团有限公司与山西煤炭运销集团曲阳煤炭物流有限公司公司减资纠纷”，最高人民法院（2017）最高法民终 422 号民事判决书等。

〔3〕 参见柯芳枝：《公司法论》，中国政法大学出版社 2003 年版，第 147 页。

〔4〕 罗培新：《论资本制度变革背景下股东出资法律制度之完善》，载《法学评论》2016 年第 4 期。

〔5〕 安建主编：《中华人民共和国公司法释义》，法律出版社 2005 年版，第 22 页。

〔6〕 参见王莉萍：《债权人追究股东出资责任的法律问题》，载《现代法学》2003 年第 5 期。

的债务，也是股东依照公司法的规定对公司承担的一种法定的债务。股东尚未缴纳的出资在会计上可将其归入公司资产中的“应收账款”科目，即以公司债权的形式构成了公司的财产。〔1〕

理论上一般认为未缴纳的出资额是公司对股东享有的债权,〔2〕“违反出资义务的股东自应承担民事责任，其归责原则与承担责任的方式，可比照有关债的不履行的一般原则处理”;〔3〕有的司法裁判也认为，“对于实行认缴制的公司来说，股东个人尚未缴纳的注册资本，与一般的债务并无根本区别，同样可以看作是公司股东对公司所负的债务”。〔4〕因此，股东未缴纳的出资额实际上是以公司债权形态存在的公司财产，无论公司章程如何规定股东的出资期限，只要股东尚未缴纳出资额，公司债权人就有理由确信股东未缴纳的出资额是以债权形式存在的公司财产，公司应当以包括股东尚未缴纳的出资额在内的全部财产作为责任财产，用以清偿债务。在这种情况下，当公司的全部财产不能清偿债务时，基于公司法人财产的独立性和责任的独立性，不存在股东对公司债权人承担补充责任的问题。这就厘清了公司与股东在人格、财产与责任方面的关系，使公司法在塑造公司人格制度、构建公司财产权制度以及分配公司法律责任制度方面保持内在体系的安定性和一致性。

如果从公司债权人的角度，《公司法》第 3 条无疑是其对包括出资未到期股东在内的未缴纳出资股东请求权的基础。〔5〕该条审慎表达了公司法人财产权、法人独立责任与股东认缴出资额以及股东有限责任的辩证关系，即“股东有限责任原则使股东承担出资义务的同时，进一步促使了公司法人独立财产的形成，为公司独立责任打下了扎实的财产基础”。〔6〕这恰好诠释了公司债权人对未缴纳出资股东请求权的基础。正因为股东未缴纳的出资额构成了以债权形态存在的公司财产，所以公司债权人对未缴纳出资股东提出的请求，其实质是请求执行公司享有的对该股东相当于未缴纳出资部分财产的债权，而且公司债权人只能向该股东主张价值形态的认缴出资额，而非有权依照公司章程的规定向该股东主张货币或非货币财产的出资。值得关注的是，《最高人民法院关于民事执行中变更、追加当事人若干问题的规定》

---

〔1〕 参见胡改蓉：《“资本显著不足”情形下公司法人格否认制度的适用》，载《法学评论》2015 年第 3 期。但也有学者认为，“将未到履行期和根本就没有确定履行期的股东出资额记入公司应收账款，并作为公司拥有的法人财产，就学理逻辑而言或许是有疑问的（赵旭东：《资本制度变革下的资本法律责任——公司法修改的理性解读》，载《法学研究》2014 年第 5 期）”。

〔2〕 参见［德］格茨·怀克、克里斯蒂娜·温德比西勒：《德国公司法》第 21 版，殷盛译，法律出版社 2010 年版，第 362 页。

〔3〕 陈甦：《公司设立者的出资违约责任与资本充实责任》，载《法学研究》1995 年第 6 期。

〔4〕 “上海香通国际贸易有限公司与上海昊跃投资管理有限公司、徐青松、毛晓露、接长建、林东雪股权转让纠纷”，上海市普陀区人民法院（2014）普民二（商）初字第 5182 号民事判决书。

〔5〕《公司法》第 3 条规定：“公司是企业法人，有独立的法人财产，享有法人财产权。公司以其全部财产对公司的债务承担责任。”“有限责任公司的股东以其认缴的出资额为限对公司承担责任；股份有限公司的股东以其认购的股份为限对公司承担责任。”

〔6〕 虞政平：《法人独立责任质疑》，载《中国法学》2001 年第 1 期。

（以下简称《民事执行规定》）第17条规定了可以追加未缴纳出资的股东为被执行人，[1]以解决公司偿债能力的问题。应当说，从民事执行的角度赋予公司债权人对未缴纳出资的股东的权利，原本是一个正确的方向，[2]但遗憾的是，该条对被执行企业法人使用“财产不足以清偿”的用语，表明了该条实质上并未克服《公司法解释（三）》第13条第2款的局限。其实，只要将《民事执行规定》第17条中的“财产不足”替代为“其他财产不足”，就能很好地诠释股东未缴纳额的出资亦属公司财产的观点，使该条背后的法理与公司法关于股东认缴的出资额为公司注册资本的规定，以及股东以其认缴的出资额为限对公司承担责任的规定相一致，避免造成公司法体系的违反；同时也能揭示追加未缴纳出资股东为被执行人的实质，就是执行公司对股东未缴纳的出资所享有的财产权。

三、公司法修订之际股东出资制度的再改革

从1993年公司法实缴资本制到2005年公司法认缴制，再到2013年公司法完全认缴制，我国公司注册资本制度改革总的趋势是逐步缓和了对股东出资的管制。实践经验表明，对股东出资规制的松绑，既有积极的一面，也存在消极的一面。从积极层面看，资本完全认缴制提高了公司资本利用的效率，大大降低了创业成本，激发了社会投资活力。从2014年3月1日资本完全认缴制实施后，新登记企业数量逐年明显增多（见图1），[3]应该说，公司注册资本制度改革取得了明显成效。但资本完全认缴制也产生了消极的一面，自该制度实施以来，出现了大量的因股东出资未到期而引起的公司债权人保护的纠纷，这类案件绝大多数以“股东损害公司债权人利益责任纠纷”案由立案处理，也有少数案件分布在“股权转让纠纷”“买卖合同纠纷”甚至“执行”案由中，解决这些纠纷耗费了巨大的司法资源。

[1]《民事执行规定》第17条规定：“作为被执行人的企业法人，财产不足以清偿生效法律文书确定的债务，申请执行人申请变更、追加未缴纳或未足额缴纳出资的股东、出资人或依公司法规定对该出资承担连带责任的发起人为被执行人，在尚未缴纳出资的范围内依法承担责任的，人民法院应予支持。”实务中，对“未缴纳或未足额缴纳出资的股东”存在不同的理解。一种意见认为，未缴纳或未足额缴纳出资的范围并未明确限于“未缴纳已到期的出资”[参见“郑园园、李思存执行异议之诉案”，安徽省高级人民法院（2019）皖民终1100号民事判决书]；另一种意见则认为，未缴纳或未足额缴纳出资的股东是指违反出资约定的违约股东，不包括出资期限尚未届满的股东[参见“张继宁等与中检幸福健康管理（北京）有限公司执行异议之诉案”，北京市第二中级人民法院（2019）京02民终15079号民事判决书]。

[2] 有关论述参见丁勇：《认缴制后公司法资本规则的革新》，载《法学研究》2018年第2期。

[3] 2014年认缴制实施后的3～12月，企业快速增长，市场活力进一步激发，全国新登记企业323.51万户，同比增长48.76%（参见原国家工商行政管理总局：《2014年度全国市场主体发展、工商行政管理市场监管和消费维权有关情况》，http://www.gov.cn/xinwen/2015-01/23/content_2808845.htm，最后访问日期：2020年2月1日）。

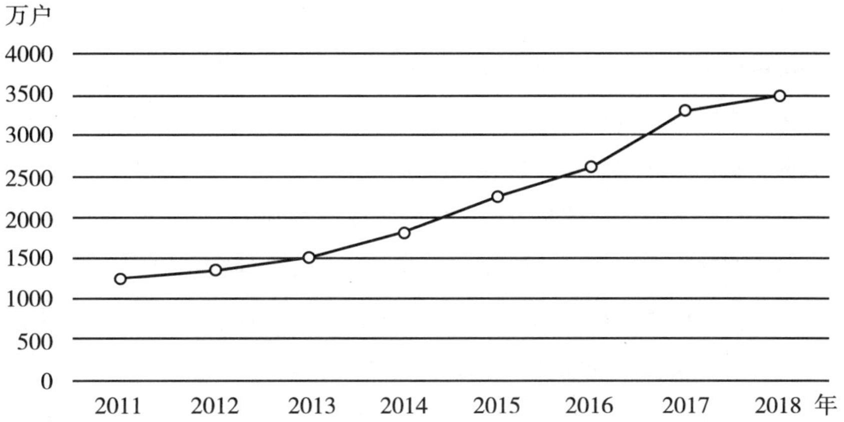

图 1 2011 ~ 2018 年全国企业户数[1]

资本完全认缴制之所以未能发挥出最理想的功效，其根本的原因在于缺乏制度生存的社会基础以及公司法未能建立与之配套的规则体系。完全认缴制是一项依赖于高度信用的资本制度，尽管 2002 年党的十六大就提出“健全现代市场经济的社会信用体系”，但直到 2014 年国务院才印发《社会信用体系建设规划纲要（2014—2020 年）》，[2]规划到 2020 年覆盖全社会的征信系统基本建成。而这只是从制度层面初步建立起社会信用体系，真正的实践还在路上，因此，资本完全认缴制施行时缺乏社会信用基础强有力的支撑。投资创业和社会信用是这个时代兼具的命题，公司法在对投资创业作出回应的同时，不能忽略社会信用的问题。再好的制度如果与社会基础不相匹配、不相适应，不但不能产生制度的效用，相反会衍生出其他的问题。这种背离，实际上在推行完全认缴制时是可以预见的，但立法上并没有采取应对的规则，造成了公司法上资本制度的“灰犀牛”现象。

当然，社会信用体系的建设并非公司立法所能解决，但使公司资本制度臻于完善乃公司立法的任务。1993 年以来公司法经历了五次修订，每次修订均与公司资本制度有关，当下正值公司法的修订，公司资本制度的改革仍将是重点内容之一。对于资本形成制度而言，改革的重点应当是积极回应司法审判实践中出现的问题，以制度的竞争力为目标补充、完善相应的规则。自 2005 年公司法改革以来就有学者提出了对法定资本制的质疑，主张应在授权资本制和折中授权资本制中选择。[3]有关这一问题的讨论应该说比较深入了，但总的结论是各国制度都有其自身历史传统、社会基础，甚至与金融体系架构和资本市场发展水平密切相关。比如，欧陆国家之所以采用法定资本制，与其主要推行以普遍银行制为中心的金融体系

---

〔1〕 2011 ~2015 年全国企业户数来源于中央政府门户网站（www. gov. cn）；2016 ~2018 年全国企业户数源于国家市场监督管理总局网站（http：//www. samr. gov. cn），最后访问日期：2020 年 2 月 1 日。

〔2〕 参见《社会信用体系建设规划纲要（2014—2020 年）》（国发〔2014〕21 号）。

〔3〕 参见赵旭东等：《公司资本制度改革研究》，法律出版社 2004 年版，第 93 页以下。

有关，银行是公司的最大债权人，而资本市场并非公司融资的最主要渠道，因此，债权人利益保护始终是公司资本法律制度首先要考虑的问题。而法定资本制始终被视为具有担当保护公司债权人的功能，[1]尽管实践中公司债权人似乎并不认为法定资本制能起到真正的保护作用，[2]但法定资本制在欧陆国家依然具有生命力。[3]当然，也有国家如日本公司法从最初的法定资本制改为授权资本制，但这是第二次世界大战后特殊的国际背景影响下的产物。[4]事实上，日本公司法在这之后经过频繁修改不断强化日本自己的特色发展至今。[5]我国在法定资本制下推行资本完全认缴，在某种意义上克服了传统法定资本制下资本利用效率低下的弊端，起到了与授权资本制相同的功能，同时实践经验也证明（见图 1），该制度对激励投资创业起到了积极的推动作用。若改采授权资本制，就需要引入相关的配套制度，对现有公司法的体系冲击太大，加之授权资本制在我国没有任何的实践经验，无法预知实施后会产生何种新的问题。与其如此，不如换一种思路，继续沿用现有制度，对已暴露出的问题用打补丁的方法，来完善公司资本形成的相关规则。

修订的重点在于公司财产权的尊重和公司债权人信赖利益的保护两个方面。因为资本完全认缴制是一项有利于创业者（股东）的制度，股东的出资仅表现为一种承诺，所以如何确保公司法人的财产权以及保护公司债权人对公司财产权的信赖，是公司立法应当解决的问题。现行公司法在引入资本完全认缴制时只是相应修订了与完全认缴制相关的条款，如出资期限、最低资本额、货币出资比例和验资要求等，[6]对公司和债权人利益保护可能带来的影响并未予以考虑，造成了股东、公司和债权人利益保护的失衡。

（一）应建立尊重公司财产权相应的规则

注册资本从实缴到认缴，表面上看注册资本的构成似乎并没有发生变化，但其实质内涵已经发生了改变。这一改变主要发生在有限责任公司和发起设立的股份有限公司，对募集设立的股份有限公司不产生影响（见表 1）。

---

〔1〕 参见［德］斯蒂芬·格伦德曼：《欧盟公司法》上册，周万里主译，法律出版社 2018 年版，第 196 页以下。

〔2〕 See Luca Enriques & Jonathan R. Macey, Creditors Versus Capital Formation: the Case Against the European Legal Capital Rules, *Cornell Law Review*, Vol. 86: 1165, pp. 1185 ~ 1188 (2001).

〔3〕 邹海林、陈洁主编：《公司资本制度的现代化》，社会科学文献出版社 2014 年版，第 242 页。

〔4〕 参见陈景善：《资本制度现代化与理念的冲突——社会需求与公司法理念博弈》，中国政法大学出版社 2014 年版，第 98 页。

〔5〕 参见［日］神田秀树：《公司法》第 16 版，日本弘文堂 2014 年版，第 32 页。

〔6〕 参见 2013 年 12 月 28 日《全国人民代表大会常务委员会关于修改〈中华人民共和国海洋环境保护法〉等七部法律的决定》（中华人民共和国主席令第八号）。

表1　公司法修订前后注册资本内涵的比较[1]

<table>
<tr><th colspan="2">公司类型</th><th>1993 年公司法</th><th>2005/2013 年公司法</th></tr>
<tr><td colspan="2">有限公司</td><td>注册资本 = 全体股东实缴的出资额</td><td>注册资本 = 全体股东认缴的出资额</td></tr>
<tr><td rowspan="2">股份公司</td><td>发起设立</td><td rowspan="2">注册资本 = 面值 × 实收的股份总数</td><td>注册资本 = 面值 × 认购的股份总数</td></tr>
<tr><td>募集设立</td><td>注册资本 = 面值 × 实收的股份总数</td></tr>
</table>

从表 1 可以看出，在实缴制下，股东在公司设立时就应当足额缴纳公司章程中规定的各自认缴或认购的出资额或股份，[2]股东出资标的的财产权在公司设立时即移转给了公司享有，由股东实缴出资额构成的公司注册资本即成为公司财产权的组成部分；而在认缴制下，虽然股东认缴的出资已经各自成为公司注册资本的组成部分，但出资标的的财产并没有发生移转，仅是以债权形态存在的公司财产，立法上仅要求股东按期缴足公司章程中规定的各自认缴或认购的出资额，并且立法上还赋予了股东出资期限利益。这一以放松股东出资管制为导向的制度安排，忽视了对公司财产权应有的尊重。

例如，有限责任公司甲在公司章程中规定 A 股东出资额为 1000 万元，出资期限为 2030 年 3 月 1 日。如果是在实缴制下，甲公司成立时 A 股东就应当缴纳 1000 万元，该 1000 万元即成为甲公司的财产，到 2030 年 3 月 1 日以前，该 1000 万元产生的孳息或收益自然也属于甲公司的财产。然而在认缴制下，自甲公司成立时起到 2030 年 3 月 1 日出资期限届满时为止，该 1000 万元产生的孳息是归属于 A 股东所有的。因为依照公司法的规定，A 股东出资义务的履行期为 2030 年 3 月 1 日，履行期届满时，A 股东只要缴足认缴的 1000 万元出资额即全面履行了出资义务；同时，除非 A 股东放弃期限利益，否则 A 股东还可以履行期尚未届满为由对甲公司提出抗辩。这就意味着，同样是 A 股东认缴的出资额 1000 万元，将实缴制与认缴制相比较，该认缴的出资额对于公司财产权的意义是完全不同的。那么，A 股东认缴的出资额 1000 万元究竟何时成为甲公司的财产呢？

不考虑违约、财产权移转等因素，答案无非是两个：一是出资期限届满时；二是公司成立时。如果选择第一个答案，则意味着 A 股东认缴的出资额 1000 万元在出资期限届满前并不属于甲公司的财产。假如这个答案是正确的，那么所谓争论中的股东出资加速到期，也就沦为无稽之谈。因此，答案只有“公司成立时”。因为只有这样，出资人或认购人在公司成立时才能称为股东，公司其他财产不能清偿时出资加速到期才符合逻辑。但问题是，如果公司成立时股东认缴的出资额即成为公司的财产，那么自公司成立时起到出资期限届满时为止

---

〔1〕 相关规定参见 1993 年《公司法》第 23 条、第 78 条、第 79 条；2005 年《公司法》第 26 条、第 81 条、第 82 条；2013 年《公司法》第 26 条、第 80 条、第 81 条。

〔2〕 需要说明的是，对于发起设立的股份有限公司，注册资本为全体股东认购的股本总额。在面值发行场合，股本总额与股份面值总额相等；在溢价发行场合，股本总额仍然等于股份面值总额，发行价格与股份面值的差价收入不计入股本，计入公司的资本公积金。也就是说，在溢价发行场合，股东认缴的出资额实际上包括了股本额（注册资本）和溢价收入（资本公积金）两个部分。

股东认缴的出资额所产生的孳息就应当归公司所有，否则，公司的财产权实际上是受到损害的。因此，《公司法》第 28 条、第 83 条规定股东或认购人按期足额缴纳公司章程中规定的认缴或认购的出资额，是值得商榷的。在认缴制下，应充分认识到认缴或认购的出资额与出资期限届满时实际应缴纳的出资额是两个不同的概念。

未能站在公司财产权的立场来规范股东长期认缴的出资，还可以从现行公司法有关股东违反出资义务的责任中得到初步的印证。《公司法》第28 条第2 款、第83 条、第93 条规定，股东或发起人未按照公司章程规定缴纳出资的，向公司“足额缴纳”或“补缴”，向其他股东或发起人“承担违约责任”。这些规定显然是站在股东利益的立场作出的，而不是考量公司利益受损的问题。公司立法上所称的“足额缴纳”或“补缴”，仅仅是要求未尽出资义务的股东对公司“承担补足出资的责任”。〔1〕实务中大多数司法裁判也是这样来理解公司法上“足额缴纳”或“补缴”的意义。如有的裁判明确认为，“公司法对于出资不实的股东仅规定了足额补缴的法律责任，但未就迟延缴纳期间出资利息问题作出明确规定”。〔2〕当然，也有少数裁判认为，利息系法定孳息，在股东未履行出资义务的情况下，判令支付欠缴出资及相应利息并无不当。〔3〕在迟延履行出资义务的情况下，股东应当对未缴纳的出资支付利息，甚至承担损害赔偿责任，是多数国家的做法。〔4〕而我国现行公司法有关公司资本形成的规则，显然忽视了对公司财产权的尊重。尤其是，《公司法解释（三）》第 13 条原本可以发挥填补漏洞的功能，但遗憾的是，该条规定的未尽出资义务的股东在未出资本息范围内对公司债务承担责任，也仅限于公司债权人，而不适用于公司。〔5〕

在比较法上，对于分期缴纳出资，尤其是长期承诺的出资，如何尊重公司的财产权，也是一个被忽视的问题。一般国家对于股东出资对价的充足性判断，要么站在股东利益的角度，要么站在公司债权人利益的角度，〔6〕很少站在公司法人财产权的角度考虑这一问题。其中的原因或许是因为各国一般规定分期缴纳出资的最长期限不超过 5 年，〔7〕同时对股东出资的对价已作出了必要的管制，如溢价发行、禁止折价发行等，使公司、股东、债权人的利益

〔1〕 叶林：《公司股东出资义务研究》，载《河南社会科学》2008 年第 4 期。

〔2〕 “深圳市雪樱花实业有限公司、深圳市雪樱花食品有限公司股东出资纠纷案”，最高人民法院（2018）最高法民申 6184 号民事裁定书。

〔3〕 参见“高岩、南京欧菲生物技术有限公司股东出资纠纷案”，最高人民法院（2019）最高法民申 2566 号民事裁定书。

〔4〕 立法上如《德国股份法》第 63 条，载《德国商事公司法》，胡晓静、杨代雄译，法律出版社 2013 年版，第 91 页；《特拉华州普通公司法》第 164 条，左羽译，法律出版社 2000 年版，第 59 页；《日本公司法》第 582 条，吴建斌等译，中国法制出版社 2006 年版，第 286 页等。

〔5〕《公司法解释（三）》第 13 条第 1 款规定：“股东未履行或者未全面履行出资义务，公司或者其他股东请求其向公司依法全面履行出资义务的，人民法院应予支持。”第 2 款规定：“公司债权人请求未履行或者未全面履行出资义务的股东在未出资本息范围内对公司债务不能清偿的部分承担补充赔偿责任的，人民法院应予支持；未履行或者未全面履行出资义务的股东已经承担上述责任，其他债权人提出相同请求的，人民法院不予支持。”

〔6〕 参见傅穹：《重思公司资本制度原理》，法律出版社 2004 年版，第 122 页以下。

〔7〕 参见赵旭东等：《公司资本制度改革研究》，法律出版社 2004 年版，第 75 页以下。

得以平衡。但基于股东承担有限责任的本质要求，只能以公司财产对公司债权人承担责任，所以“资本缴付和维持原则就成了一个重要的预防性保护措施”。[1]英国著名公司法学者高尔教授认识到了这个问题，认为分期缴纳导致了已缴纳股款和未缴纳股款的差别，建议取消公司法上长期待缴股款的规定。[2]在修订公司法时除非改革公司法律形态，废除有限责任公司，否则，在保留有限责任公司形态的情形下，应对有限责任公司的出资参考股份有限公司有关股份定价的规定，以股权的对价取代股东实际缴纳的出资额。因为在现行法下，有限责任公司股东认缴的出资额与注册资本、出资期限届满时实际缴纳的出资额具有相同的内涵，未能考虑出资期限届满前公司对股东认缴出资额所享有的财产权意义。同时，对迟延履行出资义务的情形，也应当明确规定未尽出资义务的股东除了补足出资外，应当对公司承担相应的损害赔偿责任。这样的修订对公司、股东和债权人均具有意义。对于公司，其法人财产权得到了应有的尊重；对于股东，免受因不同的出资期限可能带来的股权稀释，实现了股权平等；对于公司债权人，由于公司财产权得以尊重，间接保护了债权人的利益。更重要的是，在公司财产权理念的支配下，股东出资加速到期、逾期出资的责任承担，以及认缴制下出资与股东权的配置等都有了可证成的法理基础。

（二）补充公司债权人信赖利益保护的相应规则

如前所述，认缴制下股东出资期限利益应受公司财产权的约束，尤其是要保护公司债权人对公司财产权的信赖利益。如果说反对股东出资加速到期的理由，是因为欠缺请求权基础或裁判依据，那么在公司法修订之际，填补公司债权人信赖利益保护的规则不失为最有效的方法。

对于破产情形下公司债权人对公司财产权信赖利益的保护，企业破产法已有了明文的规定，公司法修订主要是补充非破产情形下的规则。结合《九民会议纪要》和司法审判中提出的裁判观点，对股东出资期限利益加以限制的情形主要有两种：一是公司作为被执行人，在穷尽执行措施无财产可供执行，已具备破产原因但未申请破产时；二是在公司债务产生后，公司恶意延长股东出资期限的。关于前者，是“按照类似问题类似处理比照企业破产法作出的规定”。[3]所谓“已具备破产原因”，即是指《企业破产法》第 2 条第 1 款规定的“企业法人不能清偿到期债务，并且资产不足以清偿全部债务或者明显缺乏清偿能力”。其实质要件与破产并无二致，仅仅欠缺破产的形式要件而已，但在法律效果上，与破产程序中股东出资加速到期不同：在此情形下，出资加速到期的财产由公司个别债权人受偿；而在破产程序

---

〔1〕［德］格茨·怀克、克里斯蒂娜·温德比西勒：《德国公司法》（第 21 版），殷盛译，法律出版社 2010 年版，第 358 页。

〔2〕 See Paul L. Davis, *Gower's Principles of Modern Company Law*, 5th Ed. Sweet & Maxwell, 2000, p. 237 ~238.

〔3〕 最高人民法院民事审判第二庭编著：《〈全国法院民商事审判工作会议纪要〉理解与适用》，人民法院出版社 2019 年版，第 127 页。

中，则归入破产财产，由公司所有债权人公平受偿。最高人民法院认为《九民会议纪要》对此问题是慎重的，与此前的态度是一贯的，倾向于保障全体债权人的利益。[1]事实上，在已经具备破产原因的情形下，应在破产程序中适用出资加速到期规则，方能实现公司所有债权人的公平受偿。而《九民会议纪要》的这一规则只会导致偏颇性清偿，其他债权人最终仍得依靠破产程序来实现公平受偿的请求，因此，该规则实际发挥作用的空间十分有限。

关于后者，有裁判认为，公司股东按照其公示的承诺履行出资的义务，是相对于社会的一种资本充实义务，延长出资期限在客观上对公司资本充实造成了妨害，并损害了公司债权人基于股东公示的承诺和公司注册资本额而产生的信赖利益，有违诚实信用原则，股东应在未出资范围内承担责任。[2]2018 年最高人民法院民二庭第七次法官会议纪要也认可了这一观点，认为“某项债权发生时，股东的相关行为已使得该债权人对股东未届出资期限的出资额产生高度确信和依赖，在公司不能清偿该债权时，法院可以判令特定的股东以其尚未届出资期限的出资额向该债权人承担清偿责任”。[3]最高人民法院认为，该情形下的股东出资加速到期，其“理论基础是债权人的撤销权，即对于公司股东会延长股东出资的行为，实质就是公司放弃即将到期的对股东的债权，损害公司债权人利益，公司债权人有权请求撤销”。[4]可见，它是在认可股东出资期限利益的前提下，仅针对恶意延长出资期限的情形，试图保护公司债权人对股东按期认缴出资的信赖，而非保护公司债权人对股东认缴出资额在内的公司财产权的信赖。这一裁判观点与从公司财产权的观念去理解公司债权人的信赖利益保护不完全相同，并不能起到充分保护公司债权人的作用。

笔者认为，应以“公司其他财产不能清偿到期债务”为界限，来整齐划一地解决股东出资期限利益与公司债权人信赖利益的冲突。提出这一标准的意义在于：第一，“公司其他财产”的概念，是指除股东因出资期限未届满而尚未缴纳的出资以外的公司其他财产。与公司财产这一概念相比较，一方面，设定该界限的目的是防止滥用公司财产权的名义任意剥夺股东出资期限利益，要求股东提前履行出资义务（向公司移转出资标的的财产），从而使股东享有的出资期限利益得到了应有的尊重；另一方面，“公司其他财产”这一概念意味着出资期限尚未届满的股东认缴的出资额也属于公司的财产，公司法人财产权得到了应有的尊重。如果用“公司财产”的概念，则意味着：其一，由于公司财产包含了股东认缴的出资额在内，那么所谓“公司财产不能清偿到期债务”，当然是指包含了股东认缴的出资额在内的公

---

〔1〕 参见最高人民法院民事审判第二庭编著：《〈全国法院民商事审判工作会议纪要〉理解与适用》，人民法院出版社 2019 年版，第 126 页。

〔2〕 参见“中国金谷国际信托有限责任公司与浙江优选中小企业投资管理有限公司执行案”，北京市高级人民法院（2016）京执复 106 号执行裁定书。

〔3〕 贺小荣主编：《最高人民法院民事审判第二庭法官会议纪要——追寻裁判背后的法理》，人民法院出版社 2018 年版，第 142 页。

〔4〕 最高人民法院民事审判第二庭编著：《〈全国法院民商事审判工作会议纪要〉理解与适用》，人民法院出版社 2019 年版，第 125 页。

司财产不能清偿到期债务，这就不是简单的股东出资加速到期的问题，可能面临着诸如具备破产原因等其他法律问题；其二，在公司财产概念下，股东认缴的出资额与公司其他财产用于清偿到期债务是不分先后顺序的，那么，公司章程规定的出资期限就失去了法律上的意义，股东享有的出资期限利益就得不到应有的尊重。第二，《公司法》第3条所表达的“公司以其全部财产对公司的债务承担责任”，得以合乎逻辑地解释与适用。在解释上，公司“全部财产”应当包含股东认缴的出资额，而不是出资期限届满时股东的出资（货币或非货币财产）方构成公司财产。这样，《公司法》第3条可以成为公司债权人请求执行出资未到期股东财产的请求权基础。第三，这一界限的实质是公司作为债务人发生了丧失信用的事实，使股东在认缴制下享有的出资期限利益失去了基础。如前所述，股东固然可以出资期限利益向公司和公司债权人提出抗辩，但这一抗辩限于履行出资义务（移转出资标的的财产权），不能对抗公司债权人基于对股东认缴的出资额为公司财产权的信赖。用“公司其他财产不能清偿到期债务”，目的是平衡股东期限利益与公司债权人对公司财产权的信赖利益。当公司其他财产足以清偿到期债务时，股东可以出资期限利益向公司和公司债权人提出抗辩；当公司其他财产不能清偿到期债务时，应保护公司债权人对公司财产权的信赖，限制股东以出资期限利益对抗公司和公司债权人。

而以破产原因作为界限，一方面与《公司法》第3条的规定相悖，另一方面剥夺了非破产情形下公司债权人对公司财产所享有的实体权利。如果公司其他财产不能清偿到期债务的同时具备破产原因，则依破产程序对公司债权人予以清偿，当属例外。另外，从公司财产权的观念出发，所谓延长出资期限，公司放弃对股东即将到期的债权，这一说法本身是不能成立的。股东认缴的出资额自公司成立时起公司就享有了财产权，出资期限是否延长，延长出资期限时公司债务是否已经成立，都不影响股东认缴的出资额已成为公司财产的事实，因此，用合同法上的撤销权来解释恶意延长出资期限的行为，不符合公司财产权的法理逻辑。总之，以“公司其他财产不能清偿到期债务”为界限，克服了《九民会议纪要》和司法裁判意见中的局限性。当然，《九民会议纪要》和《民事执行规定》意欲在执行程序中追加股东为被执行人的思路，总体上仍应肯定，在修订公司法时，可以赋予出资期限尚未届满的股东享有先诉抗辩权，要求公司债权人先诉公司，以此来查明公司其他财产不能清偿债务的事实，并经强制执行无效果后据以确定股东出资加速到期时应缴纳的出资额。

四、结语

公司无疑是直接投资的工具。在全球竞争一体化的背景下，各国公司法之所以频繁修改，目的就是提高本国公司法对吸引投资的竞争力。国与国之间的竞争，说到底，就是制度的竞争。对于公司资本制度而言，各国可能存在制度的融合，但难以趋同。当美国示范公司法宣称法定资本制不能产生预期效果而废除该制度时，欧盟却坚持认为法定资本制的优势，并出台相关指令，使其发挥更有效的作用。〔1〕因此，不能片面地认为资本完全认缴制在实践中出现了一些问题，就轻易否定而改弦更张，应当同时看到这一制度好的一面，只要把存在的问题加以解决，同样能实现帕累托最优。资本完全认缴制实施的五年，如同试错的实验一样，暴露出了这一制度的优点与缺点，这为加深理论认识和解决实际问题提供了丰富的经验素材和样本。由于公司的独立人格及其衍生出来的独立财产和独立民事责任，使资本法律制度对于公司具有特殊的法律意义。在处理公司、股东与公司债权人之间的关系时，也应当“树立法律关系思维”,〔2〕尊重公司的法人地位，尊重公司享有的法人财产权，才能有正确的裁判方法。法律之力，源于人们的确信，对于一项法律制度也一样。资本认缴制虽不完美，但业已建立了相对稳定的配套性规范体系，以及人们对这一制度体系的确信和遵从。在公司法修订之际，立法者应当守护这样的法治基础，审慎改革，结合本土经验，真正让中国公司资本制度现代化。

---

〔1〕 参见［荷］阿德里安·德瑞斯丹等:《欧洲公司法》，费煊译，法律出版社 2013 年版，第 157 页。

〔2〕 刘贵祥:《在全国法院民商事审判工作会议上的讲话》，载最高人民法院民事审判第二庭编著:《〈全国法院民商事审判工作会议纪要〉理解与适用》，人民法院出版社 2019 年版，第 69 页。

为何公司法定审计被虚置?

——对《公司法》第164条的分析

李政辉　童鑫宇 *

目　次

一、公司法定审计的源起与现状

作为一种数目字计量方式，财务会计制度是商人管理自身经营状况的手段。随着社会经济发展，所有权与经营权的分离以及经济活动的社会化，财务会计的功能逐渐扩大。财务会计信息不仅用于公司管理者调整自身的经营行为，也作为一种经济社会的通用语言，向外界展现公司的经营状况，财务会计信息已成为一项关系到股东、管理者、债权人、潜在投资者等利益相关者切身利益的重要信息。此时，保证财务会计信息的真实、准确、完整便具有了重要意义，审计应运而生。世界上第一起比较正式的民间审计案例是1720年英国南海公司舞弊案。在这一案

* 李政辉，浙江财经大学法学院教授；童鑫宇，浙江财经大学法学院，民商法硕士。

件中，英国议会首次委托民间第三方独立会计师查尔斯 · 斯奈尔（Charles Snell）对南海公司进行核数调查，查尔斯指出该公司存在着严重的诈骗及舞弊行为，而会计记录严重不实则是此次泡沫产生的重要原因之一。“这一案件使人们深刻地认识到建立对会计再监督的必要性，否则公司及投资者的利益就会遭受损害，市场经济的稳定得不到应有的保障。”〔1〕有鉴于此，英国《1844 年公司法》规定董事应编制详尽且公允的年度资产负债表并在上面署名，然后由一名或若干名股东代表加以审查，由此成为公司财务审计制度的开端。〔2〕

前车之覆，后车之鉴。1993 年我国初次制定《公司法》时提出“适应社会主义市场经济体制对公司的要求，考虑公司的财务会计制度需要逐步与国际通行规则接轨，”〔3〕公司审计已纳入立法者的考虑范围。因此，1993 年制定的《公司法》在第 175 条规定，公司应当在每一会计年度终了时制作财务会计报告，并依法经审查验证。但对于“依法经审查验证”的界定存在很大争议。一种观点认为“依法审查验证”就是指“法定审计”。但也有观点认为，按照我国《公司法》《会计法》《注册会计师法》等法律的规定，“审查验证”的主体包括公司负责人、监事会、股东大会、注册会计师等，因此《公司法》第 175 条并不意味着确立了公司财务报告的法定审计制度，遑论全面强制审计。〔4〕最终，这一争论在 2005 年《公司法》的修订中尘埃落定。2005 年修订的《公司法》在第 165 条规定，公司应当在每一会计年度终了时编制财务会计报告，并依法经会计师事务所审计。这一规定不仅明确了审计的主体为会计师事务所，也明确了“依法审查验证”即是“法定审计”，构成了我国公司法定审计义务的基础。此后，虽然《公司法》经过多次修改，但这一条文只因条文增减发生序号的变动，从 2005 年《公司法》第 165 条变至 2018 年新《公司法》第 164 条，内容并无变化。

时至今日，距 2005 年《公司法》的修订已过去十五年，但这一条文的实施状况及效用并不理想，未达到当时立法者的立法目的。通过对浙江省会计师事务所与公司的调查，数量最多的有限责任公司大部分并没有进行年度审计：一方面，基于成本考量，公司并没有进行审计的意识与动力；另一方面，商事登记制度改革后，企业所负义务为年报公开，但是《企业信息公示暂行条例》并未涉及企业的审计要求。具体而言，企业年度报告中并不包含审计报告或审计的信息，因此事实上放弃了对审计的强制要求。《公司法》第 164 条所要求的法定审计并未见诸于市场监管机关所颁布的行政规章，其实也是对现存状况的一种默认。综上所述，可以初步得出的结论是，公司的法定审计义务被虚置了。

---

〔1〕 范伟红：《商事思维下公司财务会计制度重构》，西南政法大学 2011 年博士学位论文。

〔2〕 参见刘燕：《公司法定审计模式的演进——以英国公司法为背景的考察》，载《金融法苑》2005 年第 3 期。

〔3〕 卞耀武：《关于〈中华人民共和国公司法（草案）〉的说明》，第七届全国人民代表大会常务委员会第三十次会议（1993 年 2 月 15 日）。

〔4〕 王学军：《浅析公司法中的财务会计问题》，载《财会月刊》2001 年第 10 期。转引自刘燕：《论我国〈公司法〉法定审计模式的选择》，载《会计研究》2005 年第 8 期。

二、法定审计虚置的具体原因

值得思考的是，公司法定审计义务本承载了相当的公共价值考量在内，何以法律的实际运行与立法目的相差甚远。为何法定审计会被虚置？分析起来，原因有以下三方面：

（一）审计范围界定模糊

《公司法》虽然规定了公司的法定审计义务，但是关于究竟实行的是全面审计还是部分审计，《公司法》一直没有做出具体界定。对此，理论和实务上一直存在不同认知，历次《公司法》的修改也未做出回应，这种“搁置争议”的做法是造成法定审计义务虚置的原因之一。具体而言，从现行《公司法》看，第164条第1款规定在《公司法》第八章“公司财务、会计”中，逻辑上涵盖有限责任公司和股份有限公司，实行的是一种全面审计。但是否能据此认为公司法定审计义务的范围包括所有现实存在的公司呢？答案并非如此简单。

回溯立法过程，最早对这一条文做出说明的是全国人大常委会《关于〈中华人民共和国公司法（草案）〉的说明》，但文中只提到“公司依照法律、行政法规和国家财政、税务主管部门的有关规定及公司业务的需要，建立本公司的财务会计制度，按会计年度制作资产负债表、损益表、财务状况变动表、利润分配表等财务会计报告，经注册会计师验证后，报送国务院规定的有关行政主管部门”。[1]从逻辑上分析，既然草案说明并未限定公司类型，那么应该是覆盖公司全部类型。但在当时，事实上只有上市公司和外商投资企业实行强制审计制度，1998年起财政部才要求大中型国有企业接受会计师事务所审计[2]，这种立法与实践的脱节在当时未得到关注。

至2004年，受国务院法制办委托，中国注册会计师协会（以下简称“中注协”）承担了《公司法》修订中法定审计等相关问题的研究任务。在《关于〈公司法〉修订中有关法定审计制度的立法建议》中，中注协虽然建议“公司应当在每一会计年度终了时制作财务会计报告，并依法经注册会计师审计”，但同时也指出，确定法定审计的范围（哪些公司须进行年度账目的审计）是法定审计制度的核心，并说明了法定审计范围取决于三个因素：（1）公司股权结构的公众性；（2）公司所承担的税务、债务负担的规模及性质；（3）审计的成本。[3]可惜的是，中注协对公司法定审计范围的相关说明在立法中没有得到体现。从2005

---

〔1〕 卞耀武：《关于〈中华人民共和国公司法（草案）〉的说明》，第七届全国人民代表大会常务委员会第三十次会议（1993年2月15日）。

〔2〕 参见刘燕：《我国公司法定审计的基本定位》，载《金融法苑》2005年第4期。

〔3〕 中国注册会计师协会：《〈公司法〉修订工作研究小组关于〈公司法〉修订中有关法定审计制度的立法建议》，载《中国注册会计师》2005年第5期。

年修订的《公司法》文字来看，全国人大常委会采纳了中注协的立法表述，但却忽视了其所做出的说明，也未对此“忽视”做出公开表态，不能不说是一大遗憾。

如前所述，2005 年修订的《公司法》特殊之处在于其首次明确了公司的法定审计义务，因此被搁置的审计义务之范围这一基础性问题，终于引起了社会的争论。支持全面审计的，如 2006 年 3 月 16 日，深圳市注册会计师协会曾致函深圳市工商行政管理局（深注协函〔2006〕3 号），认为要严格依据国家工商行政管理总局颁布的《企业年度检验办法》（总局令 23 号），实行全面审计。中注协在《关于企业年度财务会计报告法定审计制度有关问题的研究》也提出了同样的观点。支持部分审计的，如国家工商行政管理总局 2007 年规定，“为了减轻企业负担和增强监管的针对性，除法律法规规定应当进行年度审计的一人有限责任公司、上市股份有限公司和从事金融、证券、期货的公司应提交审计报告外，外商投资企业和从事保险、创业投资、验资、评估、担保、房地产经纪、出入境中介、外派劳务中介、企业登记代理的公司，注册资本实行分期缴付未全额缴齐的公司，以及三年内有虚报注册资本、虚假出资、抽逃出资违法行为的公司，也应当提交审计报告，其他企业可以不要求提交”。[1] 显然，实践中企业登记机关实际要求的是部分审计而非全面审计，对于一般的有限责任公司免除了审计义务。而对于这些争论以及立法与实践的不一致，此后《公司法》的两次修改都未做出回应。

检索专门的会计审计法规，《会计法》《企业财务报告条例》等相关法律规范对法定审计范围均未有明确表述。《会计法》第 20 条第 2 款规定，有关法律、行政法规规定会计报表、会计报表附注和财务情况说明书须经注册会计师审计的，注册会计师及其所在的会计师事务所出具的审计报告应当随同财务会计报告一并提供。可见，《会计法》将审计范围的界定转引至其他的法律法规。但前文已述，《公司法》对这一问题采取了“搁置争议”的做法。另一相关的法规为《企业财务报告条例》，其第 37 条规定，财务会计报告须经注册会计师审计的，企业应当将注册会计师及其会计师事务所出具的审计报告随同财务会计报告一并对外提供。但究竟哪些公司的财务会计报告“须经审计”，该行政法规也未明确。有学者认为，《企业财务报告条例》第 45 条规定，不对外筹集资金、经营规模较小的企业，编制和对外提供财务会计报告的办法，由国务院财政部门根据本条例的原则另行规定，这一条款表明我国针对不同规模、特性的企业适用不同的会计监管标准。[2] 但实际上，目前根据这一条款制定的《小企业会计准则》通篇未提到“审计”二字。

综上所述，2005 年修订的《公司法》虽然在字面上了规定了公司的法定审计义务，但

---

〔1〕《国家工商行政管理总局关于加强和改进企业年度检验工作的通知》，工商企字〔2007〕33 号，2007 年 2 月 15 日发布（注：该部门规范性文件已失效，失效依据：《国家工商行政管理总局关于公布规范性文件清理结果的公告》）。

〔2〕参见刘燕：《我国公司法定审计的基本定位》，载《金融法苑》2005 年第 4 期。

在具体操作中却遇到了困境。若认为我国实行部分审计,《公司法》现行文本实无法对此观点提供支持;若认为我国实行全面审计,企业登记主管机关在实际运用中基于路径依赖做出的限缩,又部分体现了国家实行部分审计的态度,这种模糊性为公司逃避法定审计义务提供了空间。

(二)审计权力配置错位

公司财务报告的审计是为了公司利益相关者的权益保障。利益相关者理论产生于20世纪60年代,是对英美"股东至上"公司治理理论的一种反思。利益相关者理论的重点在于对相关者范围的界定,不同理论对利益相关者的界定有不同范围,但大体包括股东、公司管理者、员工、债权人、社区等。从利益相关者的概念功能而言,其就是要突出公司并非专属于股东,从而将公司目标放大,纳入公共利益的考量。依据现行《公司法》第169条规定,公司聘用、解聘承办公司审计业务的会计师事务所,依照公司章程的规定,由股东会、股东大会或者董事会决定,我国实际是将启动法定审计的权力留在公司,因此拥有决定审计权力的是股东会或董事会。问题是,决定公司法定审计的主体是否具有保障利益相关者的动力呢?

对于公司股东来说,在表面上,如果公司所有权与经营权分离,股东作为公司的投资者、法律上公司的所有人,建立良好的审计制度,保障财务会计信息的真实、准确、完整是其了解公司经营状况、监督董事与经理、保护自身利益的重要方式。乍看之下股东会的确有强烈的审计动力。但问题在于,股东会依据股权比例作出决策,大股东对股东会的决议具有决定性作用。我国中小公司的突出特征是股权集中,并往往是家族控股,大股东与管理者合一。因此,股东会通过审计监督实际上是"自己监督自己",这在实行上显然具有难度。

对于公司管理者来说,董事会确实有制作真实、准确的财务会计报告的动力,因为这有助于其在经营决策方面谨慎行事。但这样一种动力只是一种对财务会计本身的要求,而《公司法》第164条所规定的审计,是对财务会计的监督。作为一个"经济人",出于利己的目的,公司管理者存在假造记录,夸大利润的倾向。因此,公司管理者缺乏真诚希望审计机构对财务会计报告进行独立、严格审计的动力,更甚者甚至缺乏聘请会计师事务所对公司财务会计报告进行审计的动力。2008年,有学者曾对我国非上市公司治理实践进行抽样调查,参加调查的主要是公司的董事长、经理和其他高级管理人员。在法定审计这一调查选项中,民营资本控股51%以上的公司(共12家)认为"最需要"的3家,认为"比较需要"的4家;最大股东持股30%~50%的公司(6家)认为"最需要"的2家,认为"比较需要"的4家:股东持股均不超过30%的公司(共4家)认为"最需要"和"比较需要"的各1家。[1]可见,对公司管

---

〔1〕 王保树:《非上市公司的公司治理实践:现状与期待——公司治理问卷调查分析》,载《当代法学》2008年第4期。

理者来说，也存在缺乏审计动力的问题。

其实，与法定审计具有重要关联的是公司一般债权人（本文在此排除了公司的潜在交易对象与银行，因为二者可以凭借其优势地位要求公司提供财务会计报告与审计报告）。债权人与公司股东、管理层处于利益链条的不同端，股东的有限责任是以债权人的资金作为成本。“尤其是如果公司财务信息严重失实，公司面临严重的财务危机时，股东和管理层可能会被引诱去实施高风险的商业策略来挽救公司，……由于股东承担的是有限责任，在这个意义上股东其实是以债权人的资金进行赌博”。[1]因此对债权人来讲，公司财务报表所提供的与公司财务状况有关的信息有助于债权人更好的评估公司的信用，并采取适当的预防措施避免损失。[2]然而，我国公司法恰恰未赋予债权人聘请会计师事务所对交易公司进行审计的权力，甚至未赋予债权人查看公司财务会计报告的权利。如果公司不主动披露，债权人难以获得公司资产信息，其债权也有难以实现之风险。

可见，我国将启动法定审计的权力留在公司内部的制度并非完善，尤其在股权集中，所有权与经营权分离并不充分的有限责任公司，实际上并无合适的主体实际履行该职责，股东会与董事会基于自身经济人的利益考量并无启动法定审计的动力，而具有相应需求的债权人又无相应的决定权，造成了审计动力与审计权力的错位。

（三）企业年报制度的弱化效应

为加强对企业的监督管理，维护市场经济秩序，国家工商行政管理总局 2006 年颁布了《企业年度检验办法》，实行企业年检制。《企业年度检验办法》第 7 条第 5 款规定，企业法人应当提交年度资产负债表和损益表，公司和外商投资企业还应当提交由会计师事务所出具的审计报告，当时实行的是通过实质审查对企业经营管理进行主动监管。可以说《企业年度检验办法》将《公司法》第 164 条所规定的公司法定审计义务具体化，并通过公权力——企业年检制度——保证这一义务的履行。

但随着市场化改革的深入，党的十八大提出要发挥市场配置资源的决定性作用。因此，转变政府职能、简政放权成为了本届政府工作的大事之一。在这一理念下，我国用年度报告制替换了企业年检，国务院于 2014 年发布了《企业信息公示暂行条例》（以下简称《暂行条例》），同时废止了《企业年度检验办法》这一部门规章。年度报告其实是一种信息披露制度，是企业主动报告的一种方式，它与工商管理机构建立的信息平台相配合，投资者、债权人、客户以及社会公众均可享有信息平台提供的信息。[3]《暂行条例》改实质审查为形式审查，一方面减轻了以往工商行政管理机构基于管理者身份而承担的许多本该由市场承担的风

〔1〕 参见［加］布莱恩 R. 柴芬斯：《公司法：理论、结构和运作》，林华伟、魏旻译，法律出版社 2001 年版，第 80 页。

〔2〕 赵旭东主编：《商法学》（第三版），高等教育出版社 2015 年版，第 192 页。

〔3〕 施天涛：《公司资本制度改革：解读与辨析》，载《清华法学》2014 年第 5 期。

险，另一方面也能减少权力寻租，营造良好的政商关系。

问题在于，作为企业年检制度的替代者，企业年报制度虽然在去行政化上有所作为，但是其未能衔接原有制度具化公司法定审计义务的作用，甚至有所弱化。具体而言，《暂行条例》第7条在规定企业年度报告内容时明确第一项至第六项规定的信息应当向社会公示，第七项规定的信息由企业选择是否向社会公示。第七项内容（包括企业从业人数、资产总额、负债总额、对外提供保证担保、所有者权益合计、营业总收入、主营业务收入、利润总额、净利润、纳税总额信息）恰恰属于公司资产的相关内容且《暂行条例》没有提及公司财务会计报告的审计报告，这就导致审计义务失去了相应的具有强制性的制度支撑。并且公民、法人或者其他组织如果查询企业选择不公示的信息，必须经过企业的同意。在这种权利配置之中，法定审计已成为公司所承担的一种负担，更无实践之可能。

三、公司法定审计义务的必要性

坚持公司法定审计义务并非仅由于其存在于我国的实证法中，而是基于其内在机理的合理性与必要性。概言之，法定审计既有基于代理成本的一般合理性，更有基于我国公司法变迁，从而保障公司资产信用的现实必要性。

（一）降低代理成本

经济学的代理与法律上的代理不同。从经济学的角度看，当一个人依赖于另一个人时，代理关系就产生了，做事的是代理人，受影响的是委托人。虽然委托人希望代理人无私的履行其职责，但这种期望是不现实的。因为代理人没有获得从其代表委托人所从事的活动中产生的所有回报，所以代理人总试图将自身的利益置于委托人的利益之上，这时就存在代理成本，它包括因代理人的自利行为所产生的产出损失和委托人试图管理这种行为所产生的费用，[1]而这一成本是不可避免的。

从理性经济人的视角出发，经济活动的目的是利润最大化，而“利润 = 总收益-总成本”，假定总收益不变，获得最大利润的方法就是降低总成本。因此根据委托代理理论，在代理人为委托人提供同等质量服务的情况下（总收益不变），委托人要实现利益最大化（最大利润），就需要从各种确保代理人的行为符合委托人的利益的方式中，选择最小成本的一种，即降低代理成本。

在公司治理中，股东与债权人就相当于委托人，管理者就是代理人。在这一委托代理关系中，管理者实际经营公司，控制着公司的财务会计信息，相较于股东和债权人，具有强大

〔1〕 参见［加］布莱恩 R. 柴芬斯：《公司法：理论、结构和运作》，林华伟、魏旻译，法律出版社 2001 年版，第 47 页。

的信息优势。“在代理人的行为具有不可观察性的前提下，财务信息成为委托人衡量代理人经营业绩和主观努力水平的主要依据”。[1]然而，由于作为“经济人”的管理者极有可能利用委托人和代理人之间的信息不对称优势去获得自身利益，由管理者自己制作的财务会计报告通常是不可信的，此时，就需要对管理者制作的财务会计报告进行监督。而监督的主体无非两种，一是当事人自己，二是第三方组织。由于经济活动的复杂性，由作为委托人的股东和债权人亲自监督往往是不可行的，因为其缺乏必要的专业知识；即使具备，该监督的代理成本也过于高昂，尤其是当股东和债权人拥有多家公司的股权或债权的时候，此时若由当事人亲自监督，则需付出巨大的时间成本。在这种情况下，通过聘任独立且专业的第三方（会计师事务所）对财务会计报告进行监督，一方面通过事务所的专业性消弭委托人和代理人之间的知识鸿沟，使监督更具有针对性；另一方面也延伸了股东和债权人的手脚，节约时间成本。因此，审计制度通过其专业化的监督一定程度上保证了财务会计报告的可信度，以此来约束公司管理层的行为，使其行为能符合股东和债权人的利益，是公司治理中降低代理成本的重要方式。

（二）审计报告共享性带来的困境

对公司财务会计报告的审计是确保公司财务信息真实、准确、完整的重要环节，对委托人具有重要价值。但审计报告并非经济学上的私人物品（private goods），不具有严格的排他性（一种物品具有的可以阻止他人使用该物品的特性）与消费中的竞争性（一个人使用一种物品将减少其他人对该物品的使用的特性）。相反，公开的审计报告应当属于公共物品（public goods）或者准公共物品。作为一种信息资源，公开的审计报告具有共享性，即在一定的时空范围内可以被多个认识主体接收和利用，此时各利益相关者之间就形成“利益共同体”。若公司法不明确公司的法定审计义务，而是以权利的形式赋予公司利益相关者，就会产生经济学上“搭便车”的现象，“一个人可能会盘算，即使他不做什么事，别的人也可能解决这个问题，如果他的想法正确，他会得到的结果与那些做出了各自贡献的人得到的一样，但他并不承担任何成本”。[2]由于公开的审计报告没有排他性，因此各利益相关者有成为“搭便车者”（free rider）的激励，而不是成为买票者的激励。这种利益共同体中的“搭便车”心理，会导致利益相关者不愿主动进行审计，使自己承担审计的成本，从而导致审计制度名存实亡。

从另一种情况看，如果审计报告是非公开的，即某个利益相关者单独聘请会计师事务所进行审计，且不向其他利益相关者公开，非公开的审计报告属于俱乐部物品（club goods），即具有排他性但没有消费中的竞争性。这种情况下，虽然单个利益相关者避免了“搭便车心

---

〔1〕 范伟红：《商事思维下公司财务会计制度重构》，西南政法大学 2011 年博士学位论文。

〔2〕［加］布莱恩 R. 柴芬斯：《公司法：理论、结构和运作》，林华伟、魏旻译，法律出版社 2001 年版，第 151 页。

理”，但其他利益相关者如果希望得到该审计报告只能向该利益相关者付费或重新聘请会计师事务所进行审计。显而易见，无论是付费还是重新审计，利益相关者综合的审计成本是增加了。然而基于信息资源的共享性，即使是非公开的审计报告也与公开的审计报告一样具有消费中的非竞争性，因而增加一个使用者的边际成本微乎其微，因此，相较于公开审计报告，不公开审计报告实际上增加了总代理成本，经济上是非理性的。

可见“经济学家……会假设作为理性的交易个人，当他们意识到他们可以采取增加他们共同福利的措施时，会协调他们之间的行动以取得有效率的结果。但是，市场参与者并不会总是如此行事”。[1]这种个体交易者以自己利益最大化的策略行事，却可能得到最无效率的结果，即市场失灵，为政府干预提供了合理理由。

因此在利益相关者众多的公司中，为降低监督成本和避免“搭便车”现象，公司法选择以义务代替权利，为公司设定法定审计义务，使公司成为审计报告的主动提供者，这其实是成本最低的实现方式。

（三）由资本信用到资产信用后保障资产的真实性

信用是现代市场经济运行的逻辑与基础，以往在公司“资本信用神话”时代，我国实行较为严格的资本制度，国家通过最低注册资本制、实缴制以及严格的验资程序等一系列制度来保障公司资本的真实性，从而建立起公司信用。换言之，这种公司信用在很大程度上依赖于国家强制力，其基础在于国家信用，因而也受到国家的严格监管。

随着市场化改革的进程，2013 年《公司法》对公司资本制度进行了重大修改，废除了注册资本最低法定限额和实缴制，其背后的理路不仅在于对公司的评判从资本信用走向资产信用，“决定公司信用的并不只是公司的资本，相反，公司资产对公司的信用起着更重要的作用，与其说公司的信用以公司的资本为基础，不如说是以公司的资产为基础，”[2]更在于削弱国家信用对公司信用的背书，从而减少国家对公司活动的干预，发挥市场机制的作用。

问题在于，2013 年之后公司资产成为公司信用的重要保障，在这两种理念的转向过程中，理论界与实务界将研究重点放在了放宽注册资本之上，对于能否放、放多少、如何放研究较多，但这些研究只是打破了原有的旧制度，却无关新制度的建立。由于原有制度都是以资本信用为基础建立，并不当然适用于保证公司的资产信用，使新旧交替之间出现了信用的真空状态。因此，通过建立新制度保障公司资产的真实、准确、完整就成为公司法一种体系性转变后的必然要求。从形式上看，公司资产的表现形式是会计凭证、会计账簿与财务会计报告，三者中，财务会计报告是最终呈现给公司利益相关者的文本，因而该问题也就转化为如何保障公司财务会计报告的真实性问题。审计制度作为一种社会监督制度，在诞生之初，

---

〔1〕［加］布莱恩 R. 柴芬斯：《公司法：理论、结构和运作》，林华伟、魏旻译，法律出版社 2001 年版，第 9 页。

〔2〕赵旭东：《从资本信用到资产信用》，载《法学研究》2003 年第 5 期。

其功能就在于以独立第三方的监督，确保公司财务会计报的真实、准确、完整，从而减少交易中双方信息的不对称，维持公众对公司的信心，以便扩大投资、活跃经济。因此，完善现有的审计制度应成为公司资产信用改革的重中之重。

公司的资本制度改革并不意味着管理者放弃对公司的监管，而只是将监管的阶段由注册登记一端后移至经营管理一端，并更注重发挥市场的作用。正如有学者所说“法律在放松资本管制的同时应当采取更为合理、更加有效的保障措施。这些措施不仅是针对公司资本本身设定的规则，更多地则是在放松资本管制后转而求助于其他替代措施，如从公司治理、公司财务以及信息披露等方面对公司资产的规范化管理”。[1]如此，才能在放松国家管制的同时维持公众对公司的信心。因此，公司法的制度重心从资本向资产变迁时，作为社会监督的审计制度就愈发重要。若这一制度不能承担起对财务会计报告进行再监督的责任，而任由其被虚置，资产信用理论也就成了无本之木。

四、公司法定审计义务的重构

（一）部分审计的范围设计

法律不应是理性逻辑简单架构，还应关照社会现实，否则只能束之高阁，这在我国法定审计义务的实践中得到了体现。从理论上看，既然审计制度的理论基础在于降低代理成本，那么成本——收益就应该成为公司是否需要进行审计的优先考虑因素。因此，无论审计的优势有多么充分，该优势都会部分的被审计费用削弱。而“因为有规模经济作用：两倍规模的公司通常不会使会计师或审计师的收费加倍”，相较于大型公司，小型公司用于审计而支出的费用在总收益中的比重更大。[2]同时，聘请会计师事务所所支出的费用是由公司法人承担的，而股东是“公司财产的最终所有者”，可以认为事实上审计费用最终是由股东来承担的。综上所述，比较的双方就成了审计费用与代理成本。在大型公司中，股东或者债权人关系复杂，公司更具有公共属性，由此代理成本高昂。与此相比，审计作为一种减少代理成本的制度是符合经济理性的。但在小型公司中，所有者往往就是经营者，此时并无代理成本，法定审计义务对小型公司实际上是一种不必要的负担。“主要的会计组织承认，法定审计的代价可能超过了受益，并且承认小公司如果可以选择会计师以顾问的身份提供其他服务，其花费的款项可能换取更大的价值服务”。[3]可见部分审计在实践中更具可行性。

---

〔1〕 施天涛：《公司资本制度改革：解读与辨析》，载《清华法学》2014 年第 5 期。

〔2〕 [加] 布莱恩 R. 柴芬斯：《公司法：理论、结构和运作》，林华伟、魏旻译，法律出版社 2001 年版，第 558 页。

〔3〕 [加] 布莱恩 R. 柴芬斯：《公司法：理论、结构和运作》，林华伟、魏旻译，法律出版社 2001 年版，第 552 页。

从域外立法看，各主要国家（如英、美、德、日）的公司法对审计范围的确定也都采取部分审计的模式。英国作为审计制度的母国，其对审计范围的态度值得借鉴。最初《1844 年公司法》制定时，英国规定由股东对年度资产负债表进行审查。随后在放松监管的理念下，《1856 年公司法》允许股份公司在章程中自主规定是否进行审计。直到 1900 年，频频出现的公司破产案件和法律诉讼改变了传统的自由放任立场，英国《1900 年公司法》规定所有公司的会计账簿、记录都必须经过审计，其资产负债表必须附有审计报告，这标志着英国开始实行全面审计。至 20 世纪 90 年代中期，随着代理成本理论的提出，要求法律规定需考虑公司各利益相关者基于成本——收益考量做出的取舍，因此，基于减轻小型公司经营成本的目的，1994 年英国《公司法》修改时，豁免了较小公司（年收入少于 90 000 英镑，后此项豁免也适用于年收入在 90 000 英镑和 350 000 英镑之间的公司）的财务报表审计要求，最终确立了部分审计的立法模式。[1]

大陆法系的日本，其审计制度既包括金融厅管辖的金融商品交易法所规定的审计，也包括法务省管辖的公司法所规定的审计，这两种审计方式统称为“法定审计”。总结起来，非上市公司的法定审计义务分为三个层次：第一，一般的非上市公司并无接受会计师审计的义务；第二，当非上市公司符合资本金基准（资本金总额超过 5 亿日元）或负债总额基准（负债总额超过 200 亿日元）中任意一项时，该非上市公司则需要接受公司法所规定的财务报表审计；第三，当非上市公司超过一定规模（如果有超过 50 名投资者实施增资扩股 1 亿日元以上，在其增资扩股年度以及之后的营业年度内）才有可能强制接受金融商品交易法所规定的审计义务。[2]

德国《商法典》第 267 条以报表中的资产总数、销售额和职工人数，将资合公司分成小型资合公司（指没有达到任何下列两个指标的公司：620 万马克总资产、134.4 万马克销售额、年平均 50 名职工）、中型资合公司（至少超过两个小型公司标准，但同时不超过任何下列两个指标的公司：2689 万马克总资产、5378 万马克销售额、年平均 250 名职工）、大型资合公司（至少同时具备中型资合公司两个指标的公司）。根据德国《商法典》第 316 ~ 324 条的规定，只有中型公司和大型公司的年终报表决算才必须通过独立审计师的审计，但中型公司依然享有某些特权。[3]

依据《欧盟公司法指令》，公司年度财务会计报告需经有资质的自然人或法人审计，但各成员国可以对符合一定标准的公司实行豁免，即实行部分审计。其标准如下：（1）资产负债表总额（balance sheet total）不超过 1 000 000 EUA（European Units of Account）；（2）净

---

〔1〕 参见刘燕：《公司法定审计模式的演进——以英国公司法为背景的考察》，载《金融法苑》2005 年第 3 期。

〔2〕 参见［日］小笠原直：《日本非上市公司审计概要》，载《中国注册会计师》2014 年第 11 期。

〔3〕 参见［德］托马斯·莱塞尔、吕迪格·法伊尔：《德国资合公司法》，高旭军、单晓光、刘晓海等译，法律出版社 2005 年版，第 296 页。

营业额（net turnover）不超过 2 000 000EUA；（3）一个会计年度内平均职工数量不超过 50 人，三种衡量标准中，只要目标公司符合其中两项，就可得到豁免。[1]

即使支持部分审计，但问题仍未解决。上述政治体虽然都肯定了部分审计具有经济上的合理性，但对于合理确定审计范围，即确定哪些公司可以免除法定审计义务，在实践中却有差异。其根源在于代理成本本身难以具体量化，不同经济水平、政治环境及公司组织形式都会对代理成本造成影响，各国平均审计费用的高低也是相关的考量因素之一。因此，在确定法定审计义务的标准时，应根据我国国情具体判断。2007 年《国家工商行政管理总局关于加强和改进企业年度检验工作的通知》（已废止）在界定部分审计的范围时采取了列举的方式，难免会有不周延之处，而采取上述国家排除的方式应更为合理。

如上所述，审计的理论基础在于降低代理成本，在确定法定审查义务的标准时，应当优先考察公司的公众性，首要因素是利益相关者的多寡。因为代理成本的增加在很大程度上是由于委托人人数的增加而在量上的简单相加，而也正是因为委托人人数的庞大，才出现经济学上的"搭便车现象"，此时，市场失灵才呼吁政府的介入——即法定审计义务。事实上，以人数多寡作为公司法定审计义务的标准之一在德国及欧盟的相关立法中都已有体现，只是两者考虑的是作为公司利益相关者之一的雇员数量。虽然公司经营状况事实上会影响雇员利益，比如公司经营不善的后果通常是减员和失业，但是大部分雇员都是领取固定报酬，因此与公司经营状况的关系并不直接。相较之下，在众多的利益相关者之中，股东和债权人更有审计动力，因为此两者是直接将资金注入公司（无论是以股权形式还是债权形式），同时，若公司经营管理不善，首当其冲的也是股东与债权人的利益。相应的，资产总额对代理成本的影响较小，一个资产总额为 1 亿，且全部来源于一个股东的有限责任公司与一个资产总额为 3000 万，但源于众多股东与债权人的公司相比，显而易见，后者需付出的代理成本更高。至于具体的数量，股东和债权人人数合计 20 ~ 30 人也许是合适的。

另外，审计费用也是公司决定是否进行审计的重要因素，因此，考量审计费用在总收益的比重符合经济理性。可行的办法是通过销售额与平均审计费用之间的一定比例，来确定具体的销售额界限，界限之下的公司免除法定审计义务。之所以采取销售额而不采取净利润作为判断依据，是因为净利润会受到当期成本的影响，若采取净利润则当年亏损的公司就得以逃避法定审计义务，显然是不合理的。

因此，除了《公司法》已明确规定需要进行年度报告审计的上市公司和一人有限责任公司，其他的股份有限公司与有限责任公司只要符合这两个条件，就应当进行法定审计，从而防止公司以法律规定不清为由逃避审计义务。

---

[1] See. Fourth Council Directive of 25 July 1978 based on Article 54 (3) (g) of the Treaty on the annual accounts of certain types of companies (78/660/EEC).

（二）明确审计的权力主体

在明确法定审计的范围之后，如何启动法定审计？审计制度的产生是基于所有权与经营权的分离，为了保障公司利益相关者的权益，防止公司管理层作为“经济人”，为了自身的利益而损害投资人，绝大多数国家实施的是由股东大会任命的模式，如德国《商法典》规定决算审计师由股东大会选聘；也有国家采用独立的审计委员会任命的模式，如美国《萨班斯—奥克斯利法案》。由董事会来聘任会计师事务所的立法模式并不多见，我国台湾地区“公司法”部分采用了这一模式，但与我国大陆还有很大差异。我国台湾地区“公司法”规定审计人员的聘任与经理相同，根据不同的公司类型由股东会或董事会决定。实际上，无限公司、两合公司与有限公司的审计人员皆由股东会聘任，只有股份有限公司由董事会聘任。但同时，法律又规定董事会在每年会计年度终了时，需编造财务报表，于股东会开会三十日前交监查人查核。[1]可见在台湾地区股份有限公司中，监查人承担了外部审计的部分职能，即使审计人员由董事会聘任，审计的独立性未有太大影响。

事实上，2004年在中注协《关于〈公司法〉修订中有关法定审计制度的立法建议》中，也建议“依法设立审计委员会、独立董事或监事会的公司，由审计委员会、独立董事或监事会提名承担审计业务的会计师事务所。公司年度股东大会或股东会应当表决确定承担本公司年度审计业务的会计师事务所，并决定其报酬”。[2]实际上排除了董事会作为启动法定审计的主体资格，这一提议得到了当时立法机关的肯定。在《中华人民共和国公司法（修订草案三次审议稿）》中，股东会行使的职权增加了第十一项“对公司聘用、解聘会计师事务所作出决议”，同时第170条规定，公司股东会或者股东大会就解聘会计师事务所进行表决的，应当允许会计师事务所在股东会或者股东大会上陈述意见。只是，时隔仅仅两个月，这一规定又被修改，“有的常委委员提出，公司聘用、解聘会计师事务所，不一定都要由股东会、股东大会决定，可以按照公司章程的规定，由股东会、股东大会或者董事会决定。法律委员会经研究，建议对这一项加以修改，在第170条中增加规定：公司聘用、解聘承办公司审计业务的会计师事务所，依照公司章程的规定，由股东会、股东大会或者董事会决定”。[3]

从经济学原理来看，激励（incentive）是引起一个人做出某种行为的某种东西（如惩罚或奖励的预期）。由于理性人通过比较成本与收益做出决策，所以他们会对激励做出反

〔1〕 我国台湾地区“公司法”第20条、第29条、第228条。

〔2〕 中国注册会计师协会：《〈公司法〉修订工作研究小组关于〈公司法〉修订中有关法定审计制度的立法建议》，载《中国注册会计师》2005年第5期。

〔3〕 杨景宇：《全国人大法律委员会关于〈中华人民共和国公司法（修订草案三次审议稿）〉修改意见的报告》，第十届全国人民代表大会常务委员会第十八次会议（2005年10月25日）。

应。[1] 如前所述，股东和债权人等利益相关者作为公司的“委托人”，当然具有审计的动力，但对于公司管理者则不然。因为审计人员从某种意义上来说就是为管理者设立的监督者，由公司管理者聘任会计师事务所对自己制作的财务会计报告进行审计，就好比由被监督者来聘用、解聘监督者，这在运行上存在一定的障碍。如果希望公司管理者自行实施法定审计，则应当对其施以“惩罚的预期”。现行《公司法》法律责任一章中，只有第 201 条、第 202 条规定公司另立会计账簿及提供虚假财务信息的法律责任，并未规定公司不履行法定审计义务应承担的法律责任。从法律解释学上，也难以将不履行法定审计义务解释为提供虚假财务信息。因此，对于法定审计的虚置，法律责任的缺失构成部分的原因。《公司法》应当增设一条，规定法定审计义务范围内的公司未进行财务报告的审计，审计的启动主体应承担相应的法律责任。

另外，还有两个值得注意的问题：（1）由于目前我国《公司法》是将启动法定审计的权力分别赋予股东会和董事会，由公司章程自主决定，这种模式虽然表面上扩大了公司章程自治的范围，但实际运行中一旦公司章程没有规定，就容易出现推诿扯皮的现象。（2）正如上文所提到的，我国大部分中小公司的特征是股权集中，同时股东与管理者合而为一，在这种情况下，股东会即是董事会，因而缺少实行年度审计的激励，此时债权人的利益难免有受侵害之虞。

因此，如果我国坚持股东会与董事会皆有启动法定审计的权力，就应规定一种程序化的法定审计启动模式。启动法定审计的义务首先由公司自行履行。公司董事会可依据章程启动公司的法定审计。当公司董事会怠于履行时，公司股东会当然也可启动法定审计。董事怠于履行相应义务将面临董事注意义务之违反的追究以及《公司法》规定的未进行财务报告审计的法律责任。其次，当公司董事会与股东会皆不启动时，应该赋予债权人以相应的请求权。另外对于大型公司而言，可在每年会计年度终了之时设立一个临时的“审计委员会”。该“审计委员会”可由股东与债权人代表组成，其只能对会计师事务所的聘任及其相关问题作出决议，其作出的决议股东会应当遵守。双方可依债权或所有者权益在公司资产中的比例行使表决权，共同选任会计师事务所，通过这样一种途径使债权人的意见得到体现。

（三）完善企业年报制度

明确了公司法定审计义务的范围，也明确了法定审计的启动程序，接下来则需政府完善相关的衔接制度，即企业年报制度，使法定审计义务具体化、制度化。

亚当 · 斯密的“看不见的手”看似是至高无上的，但如今外部性、公共物品、不完全竞争等理论的研究使其弱化了，而关于不对称信息的研究也给了我们一个警惕市场的新理由。

---

〔1〕［美］曼昆：《经济学原理：第 7 版．微观经济学分册》，梁小民、梁砾译，北京大学出版社 2015 年版，第 7 页。

信息不对称（asymmetric information），是指人们在获得与相互影响相关的知识上的差别，包括隐蔽性行为与隐蔽性特征等,[1]显而易见，在市场经济之中掌握信息比较充分的人员，往往处于比较有利的地位，而信息贫乏的人员，则处于比较不利的地位。这种信息不对称造成的不利地位产生逆向选择（adverse selection）问题。该理论是上市公司信息披露义务的基础之一，而在资产信用理论之下，一般的股份有限公司和有限责任公司也应当适当披露其资产信息，因而也具有相似性。

可见，不对称信息在一定程度上要求政府有所作为。“一方面，提供有效的制度供给和信息平台，强化市场主体主动公开年度性信息的义务，使得市场主体之间的信息实现公开共享，减少市场交易、企业治理中信息不对称等问题，为各方频繁交易和重复博弈提供基础，从而提高社会总福利；另一方面，依托年度性的信息报告对市场主体进行监督，进而倒逼企业更加重视积累社会信用，趋向于市场化的价值取向和行为方式，更加注重通过提高商品和服务质量提高长期盈利能力。使得市场机制真正发挥优胜劣汰的作用，为经济发展质量和效益的整体跃升构筑良好的制度性环境。”[2]

在从资本信用到资产信用的改革中，企业年报制度应当为公司正确反映其资产状况提供激励，在这一层面上，更好地发挥政府作用应当聚焦于督促企业进行相应的信息披露，为交易方的理性决策提供便利。由于企业年报制度规制的对象是各种类型的企业主体，现行《暂行条例》只是一个“最大公约数”的集合，而不能对不同类型企业采取针对性措施，作为行政性的管理规章，《企业公示信息暂行条例》应进行相应的完善，实行针对不同对象公开不同信息的区分做法，合理确定不同类型企业信息公示的范围，对明确应当履行法定审计义务的公司，应当扩展公司年度报告的内容，从而将审计报告纳入其中。此时，如果企业未按照《暂行条例》规定的期限公示审计报告或者未按照工商行政管理部门责令的期限公示审计报告，应当按照第17条实行信用惩戒，从而将法定审计义务具体化。同时，为维护债权人的知情权与公司的商业秘密，可做技术性处理，公司应当将审计报告提交企业信息信用公示系统上备查，经工商行政管理部门的形式审查确认债权人身份后，债权人可浏览目标公司的审计报告。

五、结语

随着市场经济的发展，公司日益成为经济生活中的重要主体，公司治理也成为各国公司

---

〔1〕［美］曼昆：《经济学原理：第7版．微观经济学分册》，梁小民、梁砾译，北京大学出版社2015年版，第490页。

〔2〕吴海峰、杨文、胡湛：《对企业年报公示制度的再思考——基于数据分析运用的角度》，载《中国市场监管研究》2018年第4期。

法主要的关注内容。会计信息作为公司与股东、债权人之间的通用语，其重要性不言自明。审计制度对会计信息进行监督，其目的在于保护股东、债权人等利益相关者，其“最终目的是为在一定信用的基础上实施的企业间正常交易提供一定的社会担保……使得经济社会中的产品与资金的流通更顺畅”〔1〕可以说审计制度是社会信用体系基础设施建设的关键一环。

目前，从资本信用到资产信用已成为我国《公司法》修改的方向，但“放松资本管制并不意味着忽视或者放弃对交易安全的追求，恰恰相反，对交易安全的保障显得更为重要，否则，法律上的利益保护将会失去平衡”。〔2〕《公司法》第 164 条虽然规定了公司法定审计义务，然而由于条文本身对法定审计的范围界定不清以及相关制度的不配套，使这一规定在现实生活中的实施效果与立法者当时的立法目的相差甚远。长此以往，将对我国公司信用体系建设造成负面影响。值此《公司法》修订之际，对我国的公司法定审计义务做出妥善安排，方可为公司资产信用的建立构建坚实基础。

〔1〕［日］小笠原直：《日本非上市公司审计概要》，载《中国注册会计师》2014 年第 11 期。
〔2〕施天涛：《公司资本制度改革：解读与辨析》，载《清华法学》2014 年第 5 期。

证券法制

论科创板上市审核“刨根问底”式问询

罗培新 *

目　次

一、科创板承载着资本市场制度竞争的使命

2019 年 6 月 13 日，举办了第十一届陆家嘴论坛。在众多领导的见证下，科创板开板，开启了中国资本市场具有里程碑意义的全新时代。截至 2019 年 9 月 27 日，上海证券交易所累计受理申报企业 158 家，其中 36 家已报会注册生效，并有 30 家已成功上市发行。[1]

科创板的英文“SSE STAR Market”，极富创意，可谓意味隽永。其中 SSE 代表 Shanghai Stock Exchange，而 STAR 则是从 Sci – Tech innovation board 中各取了一个字母，STAR 一词有“明星”之意，寓意科创板如一颗冉冉升起的新星。在

---

* 罗培新，华东政法大学国际金融法律学院教授。

〔1〕 上海证券交易所发布：《设立科创板并试点注册制，引领资本市场全面深化改革》，载 http：//finance. sina. com. cn/stock/kechuangban/2019 –09 –30/doc – iicezueu9395172. shtml，最后访问日期：2019 年 10 月 1 日。

中国培育核心关键技术的愿望如此切近的当下，科创板扬帆起航，可谓任重道远。

历史总是镜鉴。在欧美发达国家，注册制实行数十年来，形成了一套完备的制度体系，筛选出全球顶尖公司、培育新经济繁荣、成就无数投资者财富梦想，甚至吸引我国高科技公司远走他乡。资本市场的竞争，本质上，就是制度的竞争。

鉴于此，在上海证券交易所设立科创板并试点注册制，绝对不是简单意义上的新设一个上市板块，也不是简单意义上的将发行上市审核职能从证监会移转给交易所，而是资本市场的一场深层次制度变革。这场变革能否成功，直接关系到以信息披露为核心的注册制改革能否行稳致远。

纵观历史，制度疏漏，法纪不彰，信仰缺失，向来是我国资本市场祸乱的根源。就在科创板上市审核紧锣密鼓推进过程中，2019 年 8 月 16 日，证监会对康美药业做出处罚，措辞极为严厉："康美药业有预谋、有组织，长期、系统实施财务造假行为，恶意欺骗投资者，影响极为恶劣，后果特别严重。"虚增利润 886 亿。冰冻三尺，非一日之寒。上市公司的主体责任，证券公司、会计师事务所等看门人职责，彻底沦为摆设……〔1〕

在《伟大的博弈》这本书中，约翰 · 戈登写道：人类社会有一条铁律，在没有外来压力时，任何组织的发展都会朝着有利于组织内精英的方向演进。这里所称的"组织内精英"，正是发行人、董事、高管、以及围绕企业上市发行的中介机构。美国注册审计师协会的"三角形理论"说，做假账有三个条件：压力、机会和借口。如果没有足够的压力，这些精英一定会运用各种机会，甚至寻找各种借口，中饱私囊，损害投资者利益。

欲戴皇冠，必承其重。在这盘改革大棋中，科创板如何构造一套理性的制度规则，压实各方责任，抑制贪婪之念，涵养敬畏之心，就成为了制度设计的关键。其中，以信息披露为基础的注册制，特别是其中的审核问询制度，就成为了重中之重。

二、科创板的注册制：不是不闻不问，而是"刨根问底"

在科创板推出之前，市场上存在一个广泛的误解，认为注册制相当于备案，就像婚姻登记、签到领奖那般简单。此种谬误，或许源于对美国《1933 年证券法》中证券发行注册"registration"的望文生义的理解。美国实行注册制，也绝不是不问问题，每家企业上市被问到的问题，平均而言达 50 余个。

科创板注册制的本质，并不在于不闻不问，而是发行的市场化，包括以下四个方面：其

〔1〕 上市公司违法情形严重，其中一个很重要的原因是违规成本太低。违法严重而处罚畸轻，在我国，数不胜数。公开报道显示：康美药业虚增利润 886 亿，证监会仅对发行人罚款 60 万元，对 21 名相关责任人员共处以罚款 535 万元。在康美药业之前，康得新被认定虚增利润 119 亿元，仅对发行人罚款 60 万元，对 19 名相关责任人员共处以罚款 250 万元；再往前看，2018 年，昆明机床被认定虚增收入 4.83 亿元，虚增利润 2961 万元，仅对发行人罚款 60 万元，对 22 名相关责任人员罚款 190 万元。

一，降低发行上市准入门槛；其二，发行价格、规模与节奏由市场决定，而不能人为操控；其三，审核更加公开透明、便捷高效；其四，相关主体各归其位，各尽其责，也就是说，发行人的主体责任，中介机构的把关责任，审核机构的审核责任，监管机构的监管责任，立法、司法机构的法律供给责任，投资者的买者自负责任落实到位。

注册制与审批制当然存在明显差异，举一个例子：某公司主营进出地铁刷卡所用的闸机，就一个客户，单一客户销售收入占比占到90%以上，这在实行核准制的我国A股市场不能上市，因为我国关于主板的制度规定，单一客户收入占比不得超过50%，即便披露再清楚也不行。而在实行注册制的典型市场，例如，在香港地区，只要向投资者披露清楚，单一客户销售收入占比很高、丢了这个客户会对企业构成重大影响就可以了，也就是说，将此事项作为重大风险披露即可，科创板即采取了此种制度安排。

科创板借鉴了成熟经济体的做法，强化了以信息披露为中心的监管理念，将原来的部分发行条件转变为信息披露要求，从而实质上降低了发行门槛，例如，取消连续盈利、不存在未弥补亏损、无形资产占比限制等条件，通过招股书准则、审核问答强化相关信息披露要求。再如，扩大了预先披露的范围，对投资者决策重要的信息进行“刨根问底”式问询，并及时公开问询与回复。上海证券交易所问询之细致，也曾引发了一些疑问，例如，有声音认为，科创板的包容，体现在让企业家冒险，让投资者冒险。我国科创板对标美国纳斯达克市场，本来就是冒险家的乐园，以恶制恶，让贪婪抑制贪婪，这是注册制的核心思想，科创板也应当予以借鉴，不要“刨根问底”式去问询。[1]

事实上，这种质问忽视了制度运作的生态环境。如前所述，即便在美国，注册制也并非意味着不闻不问，更何况在我国诚信环境缺失、法律责任粗疏的情况下，实行注册制，更不可能摒弃问询环节。例如，在中国欺诈发行的刑期最高才5年，而在美国，《萨班斯法案》之后，欺诈发行最高刑期达到20年……在配套制度成熟落地，市场诚信蔚然成风之前，上海证券交易所和上市委员会的问询，仍然必须“刨根问底、抽丝剥茧”，以最大的努力，向市场提供最有效的信息，从而真正实现以信息披露为基础。

关于信息披露的重要意义，早在一百多年前，美国联邦最高法院大法官路易斯·布兰代斯即有言曰：“阳光是最好的防腐剂，灯光是最有效的警察。”各国资本市场无不将信息披露奉为圭臬，并代代相袭。

信息披露之于科创板，其重要意义超过了主板和创业板，理由如下：其一，科创板的上市公司，业绩变动更为频繁。科学技术日新月异，迭代频繁，因而，科创板公司相较于其他板块的公司，投资风险更高，必须进行更为充分的风险披露。其二，科创板的上市条件更具包容性。2019年10月30日，苏州泽璟生物制药股份有限公司三年亏损10亿，依然通过了

---

〔1〕 2019年5月11日，上海证券交易所举行科创板上市委员会第二次委员培训，会上进行了讨论，某委员持此种观点。

科创板上市申请。[1]此类企业的持续经营风险往往较高，同样需要进行更为充分的披露。其三，科创板允许差异表决权安排的企业和红筹企业上市。差异表决权安排，一方面放大了对科研骨干人员的估值，另一方面加大了实际控制人不当控制的风险，而企业红筹架构的设置，又加剧了投资者无法获知公司治理结构的具体情形的风险。要缓解信息不对称，仍然必须依赖充分的信息披露。

鉴于此，上海证券交易所设计了一套独特的审核流程，具体如下：

一是交易所审核中心受理。科创板股票发行上市审核工作实行全程电子化，申请、受理、问询、回复等事项均通过交易所发行上市审核系统办理。二是交易所审核中心审核。交易所审核机构自受理之日起20个工作日内发出审核问询，发行人及保荐人应及时、逐项回复交易所问询（可多轮问询及回复），有些发行人甚至经过了三轮问询及回复。三是上市委员会会议审议。上市委员会召开会议，对交易所审核机构出具的审核报告及发行人上市申请文件进行审议，与会委员就审核机构提出的初步审核意见，提出审议意见。上市委员会可以要求对发行人代表及其保荐人进行现场问询。上市委员会通过合议形成同意或者不同意发行上市的审议意见。四是报送证监会。交易所结合上市委员会审议意见，出具同意或不同意发行上市的审核意见。交易所同意的，将审核意见、相关审核资料和发行人的发行上市申请文件报送证监会履行注册程序。证监会认为存在需要进一步说明或者落实事项的，可以要求交易所进一步问询。五是证监会注册。证监会在20个工作日内对发行人的注册申请，作出同意或者不予注册的决定。在实践中，已经发生了发行人经交易所过会后证监会不予注册的情形。[2]

表1　科创板与其他板块的审核机制之比较

—	主板、中小板与创业板	科创板	简要分析
审核机构	证监会审核	交易所审核，证监会注册	由交易所负责科创板上市审核的主要工作
专职/专业机构	发行审核委员会：负责对发行人的股票发行申请文件和证监会有关职能部门的初审报告进行审核。	科创板上市委员会：负责对审核部门出具的审核报告提出审核意见。 科技创新咨询委员会：负责对科创板建设和发行上市审核提供专业咨询和政策建议。	科创板上市委员会的作用，类似于发行审核委员会。与主板、中小板与创业板相比，增设了科技创新咨询委员会。

〔1〕 顾志娟等：《科创板一周年：46家企业上市，首家亏损过会企业诞生》，载https://news.sina.cn/gn/2019-11-05/detail-iicezuev7212354.d.html?vt=4&pos=3，最后访问日期：2019年11月5日。

〔2〕 2019年8月30日，证监会官网发布了《关于不予同意恒安嘉新（北京）科技股份公司首次公开发行股票注册的决定》，恒安嘉新（北京）科技股份公司成为首例证监会不予通过的科创板注册企业。

续表

—	主板、中小板与创业板	科创板	简要分析
预披露	发行监管部在正式受理后即按程序安排预先披露工作。	在受理当日，发行人即应当在交易所网站预先披露招股说明书、上市保荐书、发行保荐书、审计报告及法律意见书等文件。	科创板在招股书之外，还要求预先披露其他一系列文件（但不披露律师工作报告）。因而，首次申报需更加谨慎，中介机构自首次申报之日起即开始承担责任。
工作底稿、招股书验证稿	除需发行人律师鉴证的原始资料外，无须提交其他底稿资料。	明确要求保荐人在报送发行上市申请文件时（受理后10个工作日内），应当以电子文档形式报送保荐工作底稿和验证版招股说明书。	相对于其他板块的申报工作，科创板公司在首次申报时即需要准备充分，同时工作底稿、验证版招股书提交备查，进一步强化了中介机构责任。
招股书、财务数据有效期	招股说明书引用的财务报表在其最近一期截止日后六个月内有效。特别情况下发行人可申请适当延长，但至多不超过一个月。财务报表应当以年度末、半年度末或季度末为截止日招股说明书的有效期为六个月，自公开发行前招股说明书最后一次签署之日起计算。	招股说明书引用的财务报表在其最近一期截止日后六个月内有效。特别情况下发行人可申请适当延长，但至多不超过一个月。财务报表应当以年度末、半年度末或季度末为截止日。招股说明书的有效期为六个月，自公开发行前招股说明书最后一次签署之日起计算。	各板块对于招股书、财务数据的有效期要求相同，但由于科创板公司的审核速度普遍快于其他板块，因此申请过程中更新招股书的频率将降低。
重新申报时间间隔	股票发行申请未获核准的，自证监会作出不予核准决定之日起6个月后，发行人可再次提出股票发行申请。	交易所因不同意发行人股票公开发行并上市，作出终止发行上市审核决定，或者证监会作出不予注册决定的，自决定作出之日起6个月后，可以再次提出股票发行申请。	各板块对于招股书、财务数据的有效期要求相同。

从组织架构看，上海证券交易所设立了独立的审核部门，还设置了上市委员会和咨询委员会，分别负责上市审查及技术咨询工作。上海证券交易所的发行上市审核职责由交易所科创板上市审核中心与上市委共同承担。上市审核中心对发行人的发行上市申请文件进行审核，出具审核报告；上市委侧重于通过会议合议等形式，对上市审核中心出具的审核报告以及申请文件进行审核，并提出审核意见，最终由上海证券交易所结合上市委员会的审核意

见，出具同意股票发行上市的审核意见或作出终止发行上市审核的决定。

上海证券交易所设置咨询委的主要目的，是科创板相关工作提供专业咨询和政策建议。考虑到科创企业通常具有极强的专业性，非专业人士在较短时间内准确把握企业的技术特点存在一定困难，因此，交易所引入由专业人士组成的咨询委，提供咨询意见。

总之，科创板极大地强化了以信息披露为中心的监管理念，将原来的部分发行条件转变为信息披露要求，尊重专业判断，强化发行人的主体责任与中介机构的把关责任，对投资者决策重要的信息进行“刨根问底”式问询。

三、“刨根问底式”问询的重点之一：企业的科创属性

科创板发行上市审核的关注点，从原来核准制下问出一个“好”企业，转变为问出一个“真”企业，也就是，问出一个具备科创属性的“真”企业。因而，问询的核心在于三点：其一，企业是否具备科创属性；其二，企业是否符合发行和上市条件；其三，企业是否存在重大信息披露违规情形。

科创板与 A 股其他板块最大的不同就是“科创属性”。是否具备“科创属性”，直接决定了企业是否能够成功上市。截至 2019 年 9 月 27 日，上海证券交易所累计受理申报企业 158 家，集中于高新技术产业和战略性新兴产业。其中，新一代信息技术产业占 37%、生物医药产业占 23%、高端装备产业占 18%、新材料产业占 9%、节能环保产业占 6%，合计占 93%。平均研发人员占比 31%，研发投入占比 12%，发明专利 51 项，50 余家企业获得国家科技进步奖等重大奖项，2018 年营收增长率达 39%。[1] 总体上，科创属性和成长性较为明显，发挥了支持科技创新的导向作用。

当然，人类的理性总是有限，而科学技术太过复杂，要准确识别企业的科创属性，并非易事，甚至是极难完成的任务。正是基于此种认知，上海证券交易所开辟了事先出台指引与事中细致问询相结合的路径。

2019 年 3 月，《上海证券交易所科创板企业上市推荐指引》发布，要求保荐机构准确把握科技创新的发展趋势，重点推荐新一代信息技术、高端装备、新材料、新能源、节能环保、生物医药等领域的企业。除了行业领域，该指引第五条还列出了科创属性的具体判断标准，即通过以下六个“是否”，将抽象标准转为具体标准，以进一步增强操作性。（见表 2）

〔1〕 上海证券交易所发布：《设立科创板并试点注册制，引领资本市场全面深化改革》，载 http：//finance.sina.com.cn/stock/kechuangban/2019-09-30/doc-iicezueu9395172.shtml，最后访问日期：2019 年 10 月 1 日。

表2 科创板关于发行人科创属性问询的关注点

问题	具体判断要点
是否掌握具有自主知识产权的核心技术，核心技术是否权属清晰、是否国内或国际领先、是否成熟或者存在快速迭代的风险；	
是否拥有高效的研发体系，是否具备持续创新能力，是否具备突破关键核心技术的基础和潜力；	研发管理情况、研发人员数量、研发团队构成及核心研发人员背景情况、研发投入情况、研发设备情况、技术储备情况；
是否拥有市场认可的研发成果；	与主营业务相关的发明专利、软件著作权及新药批件情况，独立或牵头承担重大科研项目情况，主持或参与制定国家标准、行业标准情况，获得国家科学技术奖项及行业权威奖项情况；
是否具有相对竞争优势；	所处行业市场空间和技术壁垒情况，行业地位及主要竞争对手情况，技术优势及可持续性情况，核心经营团队和技术团队竞争力情况；
是否具备技术成果有效转化为经营成果的条件，是否形成有利于企业持续经营的商业模式，是否依靠核心技术形成较强成长性；	技术应用情况、市场拓展情况、主要客户构成情况、营业收入规模及增长情况、产品或服务盈利情况。
是否服务于经济高质量发展，是否服务于创新驱动发展战略、可持续发展战略、军民融合发展战略等国家战略，是否服务于供给侧结构性改革。	

根据《上海证券交易所科创板股票发行上市审核问答》之九的规定，发行人和保荐机构需要仔细把握发行人自身是否符合上述六个“是否”的标准。根据研究人员的梳理，[1]首批于2019年7月22日上市的25家科创板企业中，仅有“中国通号”一家企业未被问及“科创属性”问题，有10家企业由于招股说明书论证不足或含糊其词等原因，在上市审核中被明确要求披露“发行人是否符合科创板定位”。剩余的14家企业均就核心技术的相关部分被要求进行补充披露和做出说明。下表为首批25家科创板上市企业问询情况的总结。（见表3）

---

〔1〕 中泰证券股份有限公司刘炎先生做了很详尽的分析。

表 3　科创板首批上市企业关于“科创属性”问询的情形

企业名称	首轮问询情况	次轮问询情况
中国通号	未直接询问	
福光股份	问题 14：请发行人根据《问答》规定的自我评估需要考虑的各项因素，结合自身及行业科技创新实际情况，准确披露发行人是否符合科创板定位。请保荐机构根据《推荐指引》《问答》的要求，对发行人自我评估涉及的相关事项进行核查，对发行人是否符合科创板定位作出专业判断，出具专项意见。	不再追问
交控科技	问题 4：请发行人（5）结合国内主要竞争对手的技术水平、重要股东、销售区域等，分析发行人的核心竞争力；（6）结合国际竞争对手的成立时间、技术积累、品牌、价格等优劣势，分析发行人的核心竞争力；（7）披露发行人核心技术或产品是否存在被近年国际、国内市场上其他技术替代、淘汰的风险。如是，进行相应的风险提示。请保荐机构和发行人律师核查，并结合前述情况就发行人是否符合科创板定位发表明确意见。 问题 5：请发行人披露（3）“行业领先”的含义，是国内领先还是国际领先，是否超越其他竞争对手，是否是主流技术路线。	不再追问
西部超导	问题 9：请保荐机构及发行人律师按照《上海证券交易所科创板股票发行上市审核问答》之 9 进行核查并发表明确意见。	不再追问
嘉元科技	问题 10：请发行人（5）结合研发水平（研发人员资历、数量及占比、研发费用金额及占比、发明专利的数量等）、人员薪酬水平、市场占有率及毛利率等指标，充分评估发行人科技创新能力，是否体现技术先进性、是否属于已有成熟技术，是否符合《上海证券交易所科创板企业上市推荐指引》、《上海证券交易所科创板股票发行上市审核问答》（以下简称《问答》）中关于科创板定位的相关要求，请保荐机构对上述事项进行核查，并发表明确意见。	不再追问
光峰科技	问题 9：请保荐机构结合发行人核心零部件对外采购、生产流程的技术含量、核心技术的具体应用情况、核心技术在国内或国际的领先程度、是否成熟或者存在快速迭代风险等因素等充分核查发行人是否具有科技创新属性、是否符合科创板定位，并发表明确意见。	问题 4：对核心技术进一步提问

续表

企业名称	首轮问询情况	次轮问询情况
容百科技	问询 14：请发行人（2）结合《上海证券交易所科创板股票发行上市审核问答》之 9 的规定进一步就符合科创板定位作出评估并在招股说明书中披露。	问题 6：对说明公司的科技含量进一步提问。
心脉医疗	问题 10：请发行人补充披露（1）结合境内外可比公司相同或相似产品，按照发行人具体产品型号，列表对比发行人产品和可比公司产品在技术应用、生产工艺、应用场景、检测部位、操作友好度、主要原材料采购来源等方面的差异，分析披露发行人主要产品目前的技术同境内外先进产品的具体差距表现在哪些方面。	问题 7：请发行人进一步从发行人与同行业公司技术、产品、专利数量及核心专利情况（取得方式、获奖专利中承担角色、是否共有、是否涉诉等）、是否具有独立研发能力、研发投入占比、市场占有率、技术先进性、发行人在行业中的地位等方面说明发行人的技术核心优势，是否符合科创板的定位。
天宜上佳	问题 7：请保荐机构及发行人律师对上述事项予以核查，并对发行人核心技术权属、来源的合规性等予以核查并发表意见。 问题 9：请发行人补充披露（2）该非专利技术是否为交易对手方所有及独有、相关技术所有权是否清晰、是否存在诉讼或者其他权属争议事项、转让程序是否合规。 问题 10：请保荐机构及发行人律师按照《上海证券交易所科创板股票发行上市审核问答》之 9 进行核查并发表明确意见。	问题 1：对发行人核心技术来源进一步追问。
天准科技	问题 5：请发行人（5）结合前述情况，对行业和核心技术进行准确定位并披露。请保荐机构结合量化指标，核查发行人的技术是否具备行业先进性、相关技术与经营成果的匹配性、主要产品各自的技术是否具备优势、毛利率等财务表现与同行业可比公司的差异，区分在精密测量领域的先进性与机器视觉行业的先进性，对照《科创板股票发行上市审核问答》（以下简称《审核问答》）第九条、第十条就发行人是否符合科创板定位、是否依靠核心技术开展生产经营发表明确意见。	问题 1：对发行人核心技术的权属、核心技术人员的认定进一步追问。 问题 2：对发行人的竞争优势和劣势进一步追问。

续表

企业名称	首轮问询情况	次轮问询情况
新光光电	问题 11：请保荐机构（1）结合发行人所处行业市场空间和技术壁垒情况，行业地位及主要竞争对手情况说明发行人是否具有相对竞争优势；（2）结合发行人核心研发人员的背景情况、研发设备情况及技术储备情况，说明发行人是否拥有高效的研发体系，是否具备持续创新能力，是否具备突破关键核心技术的基础和潜力；（3）结合《上海证券交易所科创板　企业上市推荐指引》第五条的规定，就发行人是否符合科创板定位发表明确意见。	问题 8：关于专利进一步追问。 问题 9：关于技术水平进一步追问。

通过前述分析可知，“科创属性”部分的问询集中在三个方面：其一，人，即有没有一批“核心技术人员”，如何认定这批人员；其二，技术，有没有一批归属于公司的“核心技术”；其三，相对优势，即“相对竞争优势的体现”“国际/国内领先/先进的论证”“具备持续创新能力”。

综合来看，首批 25 家企业中，由于招股说明书披露详尽而未就“科创属性”面临询问的仅中国通号一家，经过了一轮问询便达到披露要求的企业有 10 家，经过两轮问询才过关的企业有 13 家，有一家企业围绕核心技术经过了三轮问询方才艰难通过审核。仔细研究其招股说明书（申报稿）不难发现存在以下明显缺陷：缺乏能够衡量发行人核心竞争力或技术实力的关键指标、具体表征及与可比公司的比较情况，甚至未能就核心技术的研发自主性、技术先进性和可持续性等科创板定位问题做出确定性的表述。经过多轮问询、多轮补充，最后该公司注册稿比申报稿篇幅翻了一倍。

科创属性，作为与投资者价值判断和投资决策密切相关的信息，是发行上市审核的首要重点。从首批上市的 25 家公司的问询资料可以看出，交易所审核中心工作之细致繁复，可谓前所未有，这是切实贯彻“以信息披露为中心”的审核理念，更好地履行审核职责、努力提高上市公司质量的具体体现。

无论是审核中心，还是上市委员，均特别关注发行人科创属性的审核，以下兹举三例：

其一，某发行人在招股说明书（申报稿）中，只列示了一名核心技术人员。审核中心提出了“核心技术人员是否过少”的问询，发行人随后增补了五名核心技术人员。上市委员在审核环节中，追问了以下问题：请发行人进一步说明：第一，以上六名核心技术人员，截至目前是否发生离职、调离岗位等变动的情形；第二，发行人对于核心技术人员的认定，有没有制定相应的规则？

《科创板首次公开发行股票并注册管理办法（试行）》明确规定，科创板的发行条件包括“发行人核心技术人员稳定，最近 2 年内核心技术人员没有发生重大不利变化”，因此，无论是审核中心还是上市委员，对于核心技术人员均极其关注，之所以会提出以上问询，系基于以下考量：第一，如果只有一名核心技术人员，则公司对该人员依赖很深，其健康状况乃至离任可能，均会对公司带来深重影响；第二，公司在被问询之后，增补了五名核心技术人员，但如果没有一套认定核心技术人员的规则，则权责配置与利益分配，显然过于随意，公司治理结构堪忧，会给投资者带来不确定的风险。

其二，某发行人的招股说明书（申报稿）显示，2015 年～2017 年几乎没有申请发明专利，在上市审核环节，发行人被问询其原因所在。发行人回答，主要原因在于，发行人 2014 年在取得生产经营所需的核心发明专利后，将主要精力用于扩大生产和拓展市场。上市委员追问，目前的专利技术是否可能被其他市场主体经过改造升级而另外申请专利，从而产生技术被迭代的风险？

拥有核心技术，是科创企业的基本要求。对于申报期内从来没有申请发明专利的发行人，确实会引发问询。但发行人只要详细回应对其核心技术能力的关切，并且补充披露，就不会被认为不符合发行条件。

其三，某发行人在招股说明书（申报稿）中显示，该公司拥有的一项专利因未缴纳年费而导致权利被终止，但仍在使用。在上市审核环节被问询，发行人是否仍然可以通过后续填补瑕疵的行为，重新激活专利权利？如果不可以的话，请发行人进一步说明，是否存在第三方以该项公开的技术成功申请专利而发行人构成侵权的风险？发行人是否考虑更新该技术并重新申请专利？

发行人回复称，根据《专利法》第 44 条规定，没有按照规定缴纳年费，则该技术不再属于受《专利法》等知识产权相关法律法规保护的专利技术，但不影响该技术的应用及整体评估价值。另外，根据《专利法实施细则》第 98 条规定，因为没有续缴年费，也没有在规定的补缴期内补缴，该专利已经无法激活。发行人称该专利的商业价值不受影响，后续会考虑优化该技术后重新申请专利。

专利与专有技术不同，前者是公开的技术，因为过期未缴纳费用而丧失了专利后，发行人仍在使用该技术，并且称该专利的使用价值不受影响。但潜在的风险是，竞争对手如果使用了该技术，会使发行人的商业价值受到影响，给公司经营带来不确定性。对此，发行人必须予以补充披露。

根据前述分析可知，上海证券交易所与上市委员穷尽了一切措施，最大限度地保证发行人具有科创属性。但技术发展日新月异，当下领先的技术，或许明日就会被彻底颠覆，这是投资者应当承受的市场风险。换言之，科创板的制度安排，重在信息披露，绝不保证投资者无须承担任何投资风险。

四、“刨根问底式”问询的重点之二：风险因素的披露

“风险因素”的披露，对投资者的投资决策至关重要。仅 2019 年上半年，上海证券交易所即对已进入问询阶段的企业累计发出审核问询函约 300 份，问询问题近 7000 个。[1] 对科创板首批注册的 25 家企业的招股说明书的申报稿与注册稿进行对比分析后发现，[2] 基本上所有的企业都被要求披露新增风险披露事项，大体上包括以下数类：

其一，新增经营风险，主要包括：（1）市场增长放缓风险、收入季节性波动、行业整体不景气的风险；（2）中美贸易摩擦加剧所带来的风险；（3）相关领域政策改革的风险；（4）经营业绩下滑的风险；（5）产品市场风险和产品影响力和公信力下降的风险；（6）产品价格下降、产品结构和盈利能力变化的风险；（7）发行人产品结构单一和下游应用领域集中的风险；（8）部分重要原材料及委托加工服务采购集中度较高的风险；（9）供应商业绩变动、合格资格被取消等因素影响公司经营的风险；（10）向单一客户销售收入占比较高及客户验收的风险。

其二，新增财务风险，主要包括：（1）业绩下降、业绩预测无法实现的风险；（2）开发支出、无形资产减值的风险；（3）应收账款的风险，主要包括应收账款余额增速快于营业收入增速的风险、应收账款预计回收期较长的风险、应收账款余额较大的风险、应收款项减值的风险、应收账款坏账准备计提比例较低等风险；（4）产品价格、业务模式、客户结构、行业竞争情况变化导致公司毛利率下滑的风险；（5）存货管理风险；（6）军品免退税、补价收入不确定性风险；（7）收入确认时点、金额的不确定性风险；（8）报告期内所得税费用为负对净利润影响的风险。

其三，新增技术风险，主要包括：（1）发行人核心技术与同行业可比公司存在一定差距的风险；（2）我国材料技术与国际水平差距扩大的风险；（3）其他竞争技术取得突破对发行人技术的替代风险。

其四，新增其他风险，主要包括：（1）法律风险，例如对赌协议的风险、知识产权风险、诉讼败诉的风险；（2）内控风险，例如管理风险和董事、监事、高管及核心技术人员薪酬下降对公司利润影响的风险、全体员工持股带来的公司治理风险；（3）信息不对称的风险，存在无法获知竞争对手未公开的技术储备等信息的风险。

对于可能影响投资者决策的风险事项予以披露，是科创板制度设计的应有之义。然而，在许多情况下，即便立法者穷尽智慧，也无法预知所有情形并予逐项列举。这样，就给执行

---

〔1〕 上海证券交易所发布：《设立科创板并试点注册制，引领资本市场全面深化改革》，载 http：//finance.sina.com.cn/stock/kechuangban/2019-09-30/doc-iicezueu9395172.shtml，最后访问日期：2019 年 10 月 1 日。

〔2〕 基于首批 25 家科创板上市公司招股说明书的注册稿与申报稿之差异的分析而成。

层面留下了相当大的自由裁量空间。科创板的发行上市审核，经常会面临这样的情形。

例如，《科创板首次公开发行股票注册管理办法（试行）》第13条第2款规定“最近3年内，发行人及其控股股东、实际控制人不存在贪污、贿赂、侵占财产、挪用财产或者破坏社会主义市场经济秩序的刑事犯罪，不存在欺诈发行、重大信息披露违法或者其他涉及国家安全、公共安全、生态安全、生产安全、公众健康安全等领域的重大违法行为”。

以上是科创板IPO的否定性条件，即如果存在以上情形，科创板上市申请即刻被判处死刑。然而，在什么情况下符合上述条件，具体认定过程却并不总是那么简单。

第一种情形相对容易判断，因为“罪刑法定”，是否存在贪污、贿赂、侵占财产、挪用财产或者破坏社会主义市场经济秩序的刑事犯罪，看看法院的判决结果就可以了。第二种情形就复杂得多了。如果说，欺诈发行、重大信息披露违法还算比较方便认定的话，“涉及国家安全、公共安全、生态安全、生产安全、公众健康安全等领域的重大违法行为”就复杂得多了。这里存在两个构成要件：其一，领域要件，就字面意思，似乎构成发行消极条件的违法行为必须发生在五大领域之内，在五大领域之外的违法行为，例如，未履行员工工资扣缴义务，未必一定会影响上市。然而，“等”领域有“等内等”与“等外等”两种解释，如果解释为后者，则所有领域的重大违法行为都会触发不符合上市标准这一结果。其二，后果要件，即违法行为必须达到“重大”的程度。这样，即便在以上领域存在违法行为，但违法行为轻微，没有造成危害后果，或者危害后果不严重的，未必构成“重大违法行为”。

然而，在科创板上市申请过程中，有些发行人、保荐机构及发行律师却未能细致研读规则，在招股说明书（申报稿）中，未能区分违法行为与重大违法行为，甚至误认为，只要发行人在报告期内存在违法行为，就会遭到上市否决。基于此种误读误判，他们就倾向于尽可能少披露甚至不披露违法行为，甚至将违法行为遭到的行政处罚另作他解，从而间接“佐证”不存在违法行为。

例如，某发行人在其招股说明书（申报稿）中称，在报告期内（2016年1月1日起至2019年7月31日）无环保行政处罚记录。然而，发行委员在审查相关材料时发现，发行人于2017年12月、2018年2月先后两次收到了当地环保部门的《停产整改通知书》，原因均为在环保领域存在违法情形。

发行人在招股说明书（申报稿）中称，公司在取得环保部门的整改意见之后，立即进行了整改，但发行人同时又称，整改过程中未严格按照《停产整改通知书》进行停产，违反了主管部门的处罚相关规定。因为根据《停产整改通知书》，发行人在完成整改任务并报送和公开整改结果后可自行恢复生产。

由于前后表述存在诸多矛盾之处，发行人收到了书面问询函：请发行人补充说明：为什么环保部门先后两次出具了《停产整改通知书》，发行人却可以“不停产”而整改，然后又称这两次均不属于行政处罚？根据我国《行政处罚法》第8条的规定，责令停产停业属于典型的行政处罚。

发行人的函复仍坚称在报告期内未遭受到行政处罚。对于该函复，上市委员并不满意，该问题最终带到了现场聆讯环节。在该环节中，上市委员提出了一个非常严肃的问题：发行人在报告期内被相关部门做出停产整改行政处罚，但在招股说明书（申报稿）中却披露其在报告期内未受到行政处罚。请发行人代表进一步说明相关披露是否真实。

信息披露不真实，特别是隐瞒可能影响上市的处罚记录，后果将非常严重。

发行人代表现场回复称，由于该违法行为比较轻微，环保部门做出的行政决定，属于行政命令的范畴，不属于行政处罚。因为没有事先告知，也没有关于行政复议与行政诉讼的随附告知。

对于这番辩解，上市委员显然并不认可，进行了激烈的追问：其一，发行人的《招股说明书》（送审稿）称，未严格按照《停产整改通知书》进行停产，违反了主管部门的处罚相关规定，此处已经自认遭受了“处罚”。其二，《环境行政处罚办法》（环境保护部令第 8 号）第 10 条规定，根据法律、行政法规和部门规章，环境行政处罚的种类有……责令停产整顿；责令停产、停业、关闭……发行人收到的《停产整改通知书》，已经被责令停产整改，属于典型的行政处罚。其三，行政命令是行政主体依法要求相对人做出一定的作为或不作为的意思表示，如命令纳税、命令外国人出境、禁止携带危险品的旅客上车、进博会期间园区周边实行交通管制等，通常是针对普遍的人和事产生普遍的效力，违反这些命令，一经查证，通常会引发处罚的后果。

一番聆讯下来，上市委员直接问，退一步来说，即便此次过会了，投资者起诉你们，你们是否会因为披露不实而承担责任？事实上，违法行为并不等于重大违法行为。发行人可以解释的空间在于，此次违法行为轻微，没有造成严重后果，从而在没有停产的情况下完成了整改，并根据环保部门的要求，向社会进行了公示，环保部门也认可了，但绝不能否认遭受过行政处罚。发行人最终承认，确实存在环保领域的违法行为，也确实遭到了处罚，但该违法行为轻微，不属于影响发行上市条件重大违法行为。

最后，上市委员会形成以下会后事项：请发行人修正招股说明书关于报告期内不存在行政处罚的披露，并就该行政处罚针对的违规事实不构成《科创板首次公开发行股票注册管理办法（试行）》第 13 条所称的重大违法行为的理由，并进行披露。该公司补充披露后，最终过会。

五、“刨根问底式”问询背景下的变革之路

无论对于发行人、中介机构、审核机构还是监管部门，以“刨根问底式”问询为特征的信息披露制度，都是一场意味深长的变革。

其一，对于发行人和保荐机构来说，实事求是，不避实就虚，提供有效信息，是科创板成功申请的不二法门。然而，从招股说明书申报稿与注册稿之间差异悬殊的情况看，一方面表明“刨根问底式”问询确有成效，极大地提升了披露信息的有效性，另一方面也反证了招股说明书的确质量堪忧。

从实践来看，发行人信息披露不充分，风险揭示不到位以及语言表述不友好，需要审核人员对招股书申报稿进行全面“保姆式”地体检和问询，极大地增加了审核工作量，影响了审核效率。具体体现在以下方面：一是风险披露内容不充分，未能遵循重要性原则披露所有风险因素。二是普适性风险披露多，未能结合科创企业自身特点对发行人特有风险进行充分揭示。三是未能尽量对风险因素作定量分析，对导致风险的变动性因素做敏感性分析。四是风险披露过于笼统、模糊，未对竞争优势和风险对策做细致描述。

分析下来，科创板招股书之所以充斥着格式文本，平铺直叙较多，个性化信息披露较少，其原因在于，对于市场主体来说，按格式文本制作招股说明书，既节约成本，又省去了不少麻烦。另外，面对科创板这一新兴板块，市场主体自然倾向于“借鉴”过往经验中招股书的表述，使其撰写的文件减少被问询的几率，从而顺利通过科创板审核。最根本的一点是，“多说多错，少说少错”的意识根深蒂固，市场主体倾向于选择披露既能满足最低监管要求、又避免过多暴露发行人负面信息的做法。

大量使用格式化文本，不仅导致信息披露不够精准有效，而且产生了大量冗余信息，进一步加剧了信息不对称。根据美国学者杰勒米·麦克莱恩关于美国企业招股说明书的实证研究，在诸如风险因素、募集资金用途和管理层分析与讨论等特定章节的披露中，每增加10%的模板化陈述（boilerplate），相应的股价会被低估5.1%～6.2%[1]。

解铃还须系铃人。中介机构在制作招股说明书时应该秉承“有效性”和“精简性”的原则，重点突出。究竟是强化描述还是淡化处理，一切均以是否影响投资者决策为依据。具体而言，对于投资者重点关注的摘要、风险因素等章节作适当优化，合并披露或者择要披露发行人关联方（含控股股东、实际控制人控制的其他企业以及子公司），主要设备设施、固定资产、无形资产（土地使用权、商标、专利权等），发生的关联交易等信息，相关信息可以列表形式作为附件进行披露，重点信息在主文显要位置做重点披露，从而改善招股书文本质量，提升信息披露对投资者决策的有用性。

其二，对于发行人律师来说，如何善尽职责，对发行人申报材料的合法性发表明确意见，同时又充分揭示法律风险，必须细为把握。特别是，科创板招股书准则新增加了“投资者保护”章节，对投资者保护提出了细化要求。从审核问询的实际情况看，比较普遍的问题是部分发行人未按照规定作出相关承诺或者作出的承诺不符合规定，例如问询要求公司补充

---

〔1〕 Jeremy McClane, Boilerplate and the Impact of Disclosure in Securities Dealmaking, *Vanderbilt Law Review*, Vol. 72, Issue 1 (January 2019), p. 198.

完善欺诈发行上市回购承诺、大股东减持承诺以及相关主体锁定承诺等事项。再如，上市委员在审核期间，发现某公司的核心人员存在因违背竞业禁止义务而给公司带来赔付责任的风险，于是请发行人补充披露，若法院或仲裁机构判定该人员违反了竞业禁止义务，且发行人必须承担赔偿责任时由法定代表人本人来承担的承诺，并请律师对该承诺的合法性发表明确意见。这样做，在很大程度上避免了发行人的法律风险。

发行人律师面临的一大问题是，如何甄别一般违法行为与严重违法行为，从而发表明确意见。例如，在前述发行审核中，发行人存在环保领域的违法行为，但发行人律师一开始否认了发行人在报告期内存在违法行为，在上市委员的问询之下，发行人律师发来补充意见，在描述了一番事实后称"……上述事项涉及的环保违规行为轻微，未对公司的工厂生产设施、生产工作人员、周边居民生产生活环境等产生不良影响；公司整改过程均不涉及光刻等主要生产环节，且公司在极短时间内完成了整改，并按环保部门要求及时向其提交了整改报告及进行了公示，满足了《停产整改通知书》的要求；环保部门在后续对公司的检查过程中未对前述两次整改过程未停产、整改措施及整改效果提出异议……综上，发行人律师认为，上述行政处罚所针对的违规事实情节轻微、未造成严重环保后果并及时按照要求进行了整改，不属于《科创板首次公开发行股票注册管理办法（试行）》第 13 条所称的重大违法行为，对本次发行上市不构成障碍"。在这番刨根问底的问询之后，修正发行了披露内容，最终获得了五位上市委员的认可，该企业得以顺利过会。

其三，对于审核机构而言，借鉴域外经验，加强规范指导，引入与行政主管部门的协调联动，细化审核标准，优化审核预期，是一项长期的工作。就此而言，美国 SEC 的做法值得借鉴。对于投资者而言，一份好的招股说明书，必须完成"投资者友好型"的信息披露。美国市场在提升招股说明书质量时，在明确信息披露"重大性"标准、提高招股书的可读性，增强招股说明书信息披露对投资者决策的有用性等方面，着力尤多。一是确立"重大性"标准，即"重大性"标准是相对于"理性投资者"而言，必须进行定性 + 定量的综合分析，相关事实所涉金额大小不是判断事实是否重大的唯一标准，另外，"重大性"标准的判断还必须结合招股说明书上下文进行整体判断。二是对存在疑义的条款作出细化解释，为发行人提供具体指引。除了在有关规章中对信息披露基本要求作一般规定外，SEC 还针对可能存在一定疑义的条款增补"说明"，并根据发行监管中招股说明书的撰写情况，为发行人及中介机构提供具体指引。这个方面，尤其值得借鉴。例如，科创板即可以就何为"重大违法行为"做出指引性规范，结合各领域的行政执法裁量基准进行判断，由于缺乏这样的基准，发行人每每对违法行为讳莫如深，背后的缘由是担心被认定为重大违法而阻断上市。三是要求招股书语言务求简明，以提高文本的可读性。为了避免招股书"重要但无用"的状况，SEC 引入了"简明语言规则"，规范招股说明书的格式与用语，要求发行人应当以清晰、准确和易懂的方式陈述信息，特别是对封面、扉页、摘要以及风险因素章节，应当符合简明语言行文原则。四是实施分类审核，延缓低质量招股书的发行进度。SEC根据申报文件的质量，确定不同的审核模式。对于发行人提交的申请材料存在重大缺陷或不完整，SEC会适用延期审核（deferred review）模式，由审核工作人员会向发行人发出“重大缺陷函”（bed – bug letter），列明申请文件中存在的重大缺陷，并中止审核进程，直至发行人补正并重新提交申请材料。并且，在收到发行人重新提交的申请后，SEC的工作人员也不会加快对该申请的审核进度。这一点，与科创板目前推行的多轮问询，有异曲同工之处。多轮问询，客观上延缓了审核。[1]

关于为上市委员会提供审核指引方面，兹举一例。《科创板首次公开发行股票注册管理办法（试行）》关于上市条件中，有着多处“重大违法行为”的消极条件表述，但何为重大违法行为？不同的行政监管领域，标准并不一致。

例如，有些拟申请科创板上市的企业，其产品销售对于政府采购依赖严重，如果不能进入政府采购供应商名录，则会面临灭顶之灾。而我国《政府采购法》第22条第1款规定，供应商参加政府采购活动应当具备下列条件：……参加政府采购活动前三年内，在经营活动中没有重大违法记录……同时《政府采购法实施条例》第19条规定，重大违法记录，是指供应商因违法经营受到刑事处罚或者责令停产停业、吊销许可证或者执照、较大数额罚款等行政处罚。前面几种违法情形非常明晰，无论是遭受刑事处罚还是被责令停产停业，抑或是吊销证照，都是非常明确且清晰可辨的，唯有“较大数额罚款”，不确定性较强，裁量空间较大。因而，问题的焦点在于，如何认定“较大数额罚款”？

财政部门在判断何种数额的罚款构成“较大数额罚款”时，往往会采信《〈中华人民共和国政府采购法实施条例〉释义》的解释。该《释义》指出，《条例》对行政处罚作为重大违法记录的规定，借鉴了《行政处罚法》中听证的规定。同时，该市各部门将纳入听证的“较大数额罚款”的额度，设定为5万元。故而该市财政部门依据《释义》，结合《行政处罚听证程序规定》，对遭受行政处罚罚款5万元以上的企业参与政府采购进行了限制。此种理解，属于价值判断的错位，带来了南辕北辙的后果。众所周知，设定听证的目的，是赋予行政相对人更大的救济权利，启动听证的罚款数额的限额，不宜过高，否则，无法实现这一法益价值。故而5万元的数额规定，显然是合理的。然而，在对行政相对人科以信用惩戒时，“较大数额的罚款”限额，却不宜太低，否则，不仅有悖行政处罚法的轻微免罚原则，而且会陷入以“大炮打蚊子”的不合比例原则的责难，最重要的是，这样会使企业因轻微违法而陷入万劫不复的灾难。

“较大数额罚款”，必须按领域一刀切。如前所述，《政府采购法实施条例》第19条规定，重大违法记录，是指供应商因违法经营受到刑事处罚或者责令停产停业、吊销许可证或

[1] 谢贵春、武俊桥等：《美国市场提高招股书质量经验借鉴》，载《资本市场法制动态》2019年第4期。

者执照、较大数额罚款等行政处罚。因而，按照法益均衡原则，遭受“较大数额罚款”，应当属于与“受到刑事处罚或停产停业、吊销证照”等同位阶的严重处罚，这样才会触发采购禁入的信用惩戒。由于在不同行业中，罚款数额的“较大”标准千差万别，例如，环保领域和税收征管领域，动辄开出天价罚单，而在市井小贩的城管领域，罚个数千或者上万，就可能属于“较大”罚款了。因而，最好的处理方式是，考虑到执法领域不同，情况千差万别，可由各主管部门结合本领域特点，先行提出标准，财政部门再根据行业差异及法益均衡，将前述标准整合为各领域的“较大数额罚款”清单，统一适用于政府采购领域。目前，上海市正在制定此一规范性文件，确立相关裁量基准。

科创板的上市标准中，也应按照发行人所处领域，确定更为精细的审核标准。一种可行的思路是，在审核标准中援引各行政执法部门关于“重大违法行为”执法裁量基准。这样，不仅能够给发行人确定预期，避免其由于恐惧而动作变形，同时赋予审核人员操作性更强的判断标准。

2019 年 11 月 3 日，中国证监会主席易会满表示，科创板这一重大改革进展符合预期，取得了初步成效。科创板设立以来，其支持科技创新效果初显。截至 2019 年 10 月底，上海证券交易所已受理 168 家企业科创板上市申请，其中证监会注册 60 家，已上市 40 家。从受理企业情况看，2018 年研发投入占比平均为 11%，研发人员占比平均为 31%，均高于现有其他板块。[1] 科创板要完成对我国资本市场的革命性变革，相关各方必须保持定力，在完成良善的价值判断后，必须着力推进制度建设，不为市场浮沉所左右，利出一孔，至诚不悔，久久为功，方能形成同生共荣、健康向上的市场文化。

---

〔1〕 载 http://news.cyol.com/content/2019-11/03/content_18222358.htm，最后访问日期：2019 年 11 月 8 日。

我国证券法域外管辖条款的适用

——以瑞幸造假事件为中心

汤 欣 陈一新 *

目 次

一、引言——瑞幸造假事件回顾

瑞幸咖啡（Luckin Coffee Inc.，以下简称“瑞幸”或“瑞幸公司”）是我国近年来迅速崛起且目前规模最大的咖啡连锁品牌。其于2017年6月在开曼注册成立，总部设在中国厦门，通过香港全资孙公司以协议控制（Variable Interest Entities，VIE）的形式控制内地负责实际经营的核心子公司。[1]2018年1月，瑞幸咖啡在北京、上海等地正式开始运营并迅速扩张，截至2019年年底已经拥有

* 汤欣，清华大学法学院教授、博士生导师；陈一新，清华大学法学院博士研究生。

〔1〕 See，Luckin Coffee Inc.，Amendment No. 1 to Form F－1，Registration Statement Under the Securities Act of 1933，as filed with the Securities and Exchange Commission on May 6，2019，p. 4.

4507 家直营门店的规模。[1]2019 年 5 月 17 日，瑞幸经美国证监会（Securities and Exchange Commission，SEC）注册发行 3300 万份美国存托凭证（ADR），并在纳斯达克全球精选市场（Nasdaq Global Select Market）成功上市，[2]从成立至上市仅用了短短 18 个月时间，创下了最快上市公司的世界纪录，一跃成为中概股中的“明日之星”。2020 年 1 月 15 日，瑞幸宣布完成 900 万份美国存托凭证的公开增发。[3]

但是好景不长，2020 年 1 月 31 日，著名的做空机构浑水公司（Muddy Waters）收到一份长达 89 页的匿名报告，揭发瑞幸财务造假、销售虚增的事实，并对瑞幸商业模式提出尖锐的质疑。浑水公司次日（2 月 1 日）将这篇报告发布在公众社交平台 Twitter，并声称已经做空瑞幸。[4]2 月 3 日瑞幸公开否认该报告内容，公司董事会成立专门小组调查此事。[5]2 月 4 日，瑞幸首次公开发行主承销商中的中金公司和海通国际分别发布研报，前者指出对瑞幸的匿名沽空指控缺乏有效证据[6]，后者认为由于该公司的所有交易都是通过线上支付平台处理的，所以很难伪造交易[7]，当日瑞幸股价上涨 5.41%，收盘价为 36.24 美元/ADR。直至 2020 年 4 月 1 日瑞幸股价一直在 35 美元/ADR 上下浮动。2020 年 4 月 2 日，情况急转直下，瑞幸突然自曝在调查过程中发现公司首席运营官刘剑及其部分下属财务造假——2019 年第二至第四季度存在伪造交易行为，涉及销售额达 22 亿元人民币。[8]消息一出，瑞幸公司股价单日暴跌 75.57%，盘中六次熔断，市值蒸发超 300 亿人民币。5 月 19 日，瑞幸公告其在 15 日收到来自纳斯达克的强制摘牌通知[9]，退市在即。

瑞幸造假事件恶劣引发中概股信誉承压：2020 年 4 月 21 日，SEC 官网发表美国公众公

---

〔1〕参见瑞幸咖啡官网：http://www.luckincoffee.com/about，最后访问日期：2020 年 5 月 18 日。

〔2〕参见纳斯达克官网：https://www.nasdaq.com/articles/china-perks-up%3A-luckin-coffee-prices-upsized-ipo-at-%2417-high-end-2019-05-16，最后访问日期：2020 年 6 月 6 日。

〔3〕See Luckin Coffee Inc., Form F-1, Registration Statement Under the Securities Act of 1933, as filed with the Securities and Exchange Commission on January 7, 2020. 另见纳斯达克官网，https://www.nasdaq.com/press-release/luckin-coffee-inc.-announces-completion-of-follow-on-public-offering-of-American，最后访问日期：2020 年 6 月 6 日。

〔4〕参见浑水公司 Twitter 消息，载 https://twitter.com/muddywatersre/status/1223274746017722371?s=19，2020 年 2 月 1 日，最后访问日期：2020 年 5 月 19 日。

〔5〕参见纳斯达克官网公告，Luckin Coffee Responds to Anonymous Report Containing Misleading and False Allegations，2020 年 2 月 3 日，载 https://www.nasdaq.com/press-release/luckin-coffee-responds-to-anonymous-report-containing-misleading-and-false，最后访问日期：2020 年 5 月 20 日。

〔6〕参见中金公司发布的研报《瑞幸咖啡：匿名沽空指控缺乏有效证据》。

〔7〕参见海通国际发布的研报，Luckin Coffee（LK US）—Key Observations From Short Selling Report。

〔8〕参见瑞幸咖啡官网，Luckin Coffee Announces Formation of Independent Special Committee and Provides Certain Information Related to Ongoing Internal Investigation，2020 年 4 月 2 日，载 http://investor.luckincoffee.com/news-releases/news-release-details/luckin-coffee-announces-formation-independent-special-committee，最后访问日期：2020 年 5 月 19 日。

〔9〕参见瑞幸咖啡官网：Luckin Coffee Receives Delisting Notice from Nasdaq and Plans to Request Hearing。2020 年 5 月 19 日，载 http://investor.luckincoffee.com/news-releases/news-release-details/luckin-coffee-receives-delisting-notice-nasdaq-and-plans-request，最后访问日期：2020 年 5 月 20 日。

司会计监督委员会（PCAOB）主席在内的五位官员的联合声明，提醒美国境内投资者在投资总部位于新兴市场或者在新兴市场有重大业务的公司时注意有关财务报告及信息披露质量的风险。[1]次日（4月22日），美国证监会主席接受采访时重申了这一观点。[2]5月20日美国参议院通过了《外国公司问责法案》，若外国发行人不能连续三年满足PCAOB对会计师事务所的检查要求，其证券将被禁止交易。据PCAOB统计，将有276家上市公司受影响，其中来自我国内地和香港特别行政区的公司有245家，占比高达88.77%。[3]

瑞幸造假事件曝光以后，中国证监会对此作出迅速反应：瑞幸“自曝”的第二天（4月3日），该会即发布声明称对瑞幸咖啡的财务造假行为高度关注，并表示强烈谴责。[4]其后，中国证监会就跨境监管合作事宜与美国证监会积极沟通，明确表示支持境外证券监管机构查处其辖区内上市公司财务造假行为。[5]对于《外国公司问责法案》，该会表态法案部分条文直接针对中国而非基于证券监管的专业考虑，坚决反对证券监管政治化。[6]据悉，中国证监会已经派调查组进驻瑞幸和相关审计机构，不少媒体猜测证监会将根据2020年3月1日才正式实施的新《证券法》中新增的域外管辖条款，行使执法域外管辖权。[7]另外，国内已经有投资者向厦门市中级人民法院递交起诉书，但截至成文之时，尚无公开信息透露该院是否决定立案。[8]

对于上述瑞幸造假事件，我国是否享有司法和执法上的域外管辖权，如果享有，是否应当行使该项管辖权？这是本文试图探讨的问题。文章第二部分将对新《证券法》第2条第4款即域外管辖条款内容进行解读，该款旨在保护“境内市场秩序”和“境内投资者合法利益”两个独立的法益，其中境内投资者的内涵应包括机构投资者和私募投资者。域外管辖的效果标准应当区分域外民事司法管辖和域外执法管辖两种情况，前者中行使域外管辖应当以

---

〔1〕 参见Jay Clayton，William D. Duhnkell，Sagar Teotia，William Hinman & DaliBlass：Emerging Market Investments Entail Significant Disclosure，Financial Reporting and Other Risks；Remedies are Limited，2020年4月21日，载https：//www.sec.gov/news/public-statement/emerging-market-investments-disclosure-reporting，最后访问日期：2020年5月27日。

〔2〕 参见岳跃：《美证监会主席接受采访，提醒新兴市场发行人信披风险》，载财新网，载http：//finance.caixin.com/2020-04-23/101545940.html，最后访问日期：2020年6月5日。

〔3〕 参见岳跃：《中概股危机》，载《财新周刊》2020年第21期。

〔4〕 参见证监会官网：《中国证监会声明》，2020年4月3日，载http：//www.csrc.gov.cn/pub/newsite/zjhxwfb/xwdd/202004/t20200403_373199.html，最后访问日期：2020年5月19日。

〔5〕 参见证监会官网：《中国证监会有关负责人答记者问》，2020年4月27日，载http：//www.csrc.gov.cn/pub/newsite/zjhxwfb/xwdd/202004/t20200427_374552.html，最后访问日期：2020年5月19日。

〔6〕 参见证监会官网：《中国证监会有关部门负责人就美国国会参议院通过〈外国公司问责法案〉事宜答记者问》，载http：//www.csrc.gov.cn/pub/newsite/zjhxwfb/xwdd/202005/t20200524_376839.html，最后访问日期：2020年5月30日。

〔7〕 “域外管辖权”又称“长臂管辖权”。参见证券时报网：《证监会调查组已入驻瑞幸，行使长臂管辖权》，2020年4月27日，载https：//kuaixun.stcn.com/egs/202004/t20200427_1724099.html，最后访问日期：2020年5月19日；《瑞幸咖啡造假事件发酵，换帅重组管理层后能否重生》，载《第一财经日报》2020年5月14日。

〔8〕 参见杨泽世：《国内投资者向厦门中院起诉瑞幸咖啡　申请立案》，载《财联社》2020年4月22日，载https：//www.cls.cn/roll/483859，最后访问日期：2020年6月8日。

境外行为可能直接对境内市场或者境内投资者产生影响为前提，且比较证券欺诈因果关系的认定既不宜过于宽松也不宜过于严格，在后者中则宜适当放宽，容纳境外行为可能间接对境内市场或投资者造成损害的情形。第三部分将具体分析瑞幸造假事件中启动域外管辖的合法性和必要性。合法性方面，瑞幸案不适用新《证券法》的具体规定，且根据《民事诉讼法》的相关规定也不具备在境内起诉瑞幸公司的可行性，故在启动域外管辖上存在实质障碍。必要性方面，近期我国宜依循国际礼让原则并自我限制管辖权的行使，且从行使域外管辖的成本和效益角度分析，亦没有对瑞幸造假案进行管辖的必要。第四部分得出简单的结论，针对瑞幸案不宜启动我国证券法上的域外管辖。尽管如此，在追究瑞幸境内子公司及相关负责人法律责任时，仍可以适用中国《公司法》、《会计法》乃至《刑法》上的相关规定。

二、新《证券法》域外管辖条款的解读

传统国际法理论将国家管辖权分为立法管辖权、执法管辖权和司法管辖权〔1〕，司法管辖权又可进一步区分为民事管辖权和刑事管辖权。〔2〕在证券法领域，证券法立法管辖属于证券法规范的创制层面，证券法行政管辖和司法管辖属于证券法规范的执行层面。相对于证券法的创制，学术界更关注证券法的执行问题。〔3〕在执行层面，私人民事诉讼和公共执法是制裁证券欺诈等证券违法行为的主要手段，本文在讨论证券法的域外管辖时也将围绕这两个主题展开。

刚刚修订并已于 2020 年 3 月 1 日开始实施的我国《证券法》中新增了第 2 条第 4 款，其规定："在中华人民共和国境外的证券发行和交易活动，扰乱中华人民共和国境内市场秩序，损害境内投资者合法权益的，依照本法有关规定处理并追究法律责任。"一国管辖权应当以属地管辖为中心和原则，保护管辖、属人管辖和普遍管辖为例外且一同被视为"域外管辖权"根据。〔4〕新《证券法》第 2 条第 4 款属于宣示性的域外管辖条款，以保护管辖为管辖根

〔1〕［英］詹宁斯、瓦茨：《奥本海国际法》（第一卷第一分册），王铁崖等译，中国大百科全书出版社 1995 年版，第 327 页。另外，美国《对外关系法重述》第四版第 401 条中也采用相同的分类方法，即将管辖权分为立法、司法和执法管辖。See Restatement of the Law, Third, The Foreign Relations Law of the United States, 1987, part IV, introductory note, p. 231, 1987。亦有学者倾向于将管辖权分为立法管辖权和执法管辖权。See F. A. Mann, The Doctrine of Jurisdiction in International Law, *Recueil des Cours*, Vol. 111, 1964, pp. 1 – 161; F. A. Mann, The Doctrine of International Jurisdiction Revisited After Twenty Years, *Recueil des Cours*, Vol. 186, 1984, pp. 9 – 116.

〔2〕本文在讨论证券法上的域外司法管辖权时，主要围绕民事管辖权展开。

〔3〕彭岳：《美国证券法域外管辖的最新发展及其启示》，载《现代法学》2011 年第 6 期。

〔4〕［英］詹宁斯、瓦茨：《奥本海国际法》（第一卷第一分册），王铁崖等译，中国大百科全书出版社 1995 年版，第 327 页以下。

据[1]，赋予我国在证券法领域的域外司法管辖权和域外执法管辖权，正式将我国证券法的适用范围扩张到传统的属地管辖范围之外。

本文认为，就享有域外管辖权的条件来看：首先，第2条第4款没有进一步区分域外执法管辖与域外司法管辖的启动条件。其次，该款以域外管辖的“效果原则”为法理基础，即法院及监管机构有权行使域外管辖权应当以“境外的证券发行和交易活动”有可能对我国“境内市场秩序”或者“境内投资者合法权益”产生负面影响为前提。[2]就瑞幸案而言，瑞幸公司在开曼群岛注册并在美国纳斯达克公开发行证券并上市交易，而瑞幸造假行为是否对境内市场秩序和投资者利益造成影响，进而是否具备启动域外管辖的合法性，且是否应当分情况讨论执法管辖与司法管辖，值得进一步分析。

（一）对“境内市场”和“境内投资者”的解释

首先，新《证券法》第2条第4款中的“扰乱境内市场秩序”和“损害境内投资者合法权益”间是选择关系而非并列关系。文义解释上，根据全国人大法工委2019年发布的《立法技术规范（试行）（一）》1.2.2，“一个句子内部有多个并列词语的，各个词语之间用顿号……”结合第2条第4款的文字表述，该条不存在多个层次的并列关系，且两个要件之间用“逗号”而非“顿号”连接，可见两者间不是并列关系，而是选择关系，满足其中一个条件即可实施域外管辖。

其次，该条旨在保护两个独立的法益，分别是“境内市场”秩序和“境内投资者”合法利益。就“境内市场”而言，本文认为应限缩解释为《证券法》规制范围内的“境内证券产品发行和交易市场”，包括新《证券法》第37条第2款所规定的证券交易所、国务院批准的其他全国性证券交易场所、按照国务院规定设立的区域性股权市场。瑞幸事件中，虽然包括瑞幸咖啡在内多数中概股公司主要的实体存在及“产品销售和服务提供市场”在中国境内，但公司发行与交易其证券的境外市场显然不属于《证券法》第2条第4款所指称的“境内市场”范畴。

就“境内投资者”而言，在国内现行法律法规中均未找到相关的定义。本文将从以下几个方面讨论第2条第4款中“境内投资者”的内涵与外延：

1. 对“境内”的解释

如前所述，域外管辖条款保护境内投资者合法权益的理论依据是属人管辖，因此其所保护的自然人投资者应以拥有本国国民身份为前提，即可概括为“具有中华人民共和国国籍的自然人”。而非自然人投资者的标准则较为复杂，除均要求按照中国法律设立外，大多以住

---

[1] 保护管辖权，是指如果非国民的行为对一国的国家安全、重大国家利益等造成危害或者产生威胁，无论该行为发生地在哪里，该国有权行使管辖权。See Restatement of the Law，Third，The Foreign Relations Law of the United States，1987，§402（3）.

[2] 参见杨峰：《我国证券法域外适用制度的构建》，载《法商研究》2016年第1期。

所地在中国为标准[1]，本文认为设立依据和住所地标准应共同适用于境内非自然人投资者的确定。另外，由于《证券法》的效力空间范围不及香港、澳门两个特别行政区和中国台湾地区，境内投资者不包括港、澳、台居民，以住所地与设立依据为判断标准时也应排除以上三地及其地方立法。

2. 是否包括境内的专业机构投资者

瑞幸证券在纳斯达克市场上市交易，可能会有中国国内的专业机构投资者参与交易并因瑞幸造假而遭受损失，截至 2019 年年底的相关资料显示，投资瑞幸的境内机构投资者包括与瑞幸公司有一定关联关系的愉悦资本（持股 14%）、大钲资本（持股 7.5%）和上市前参与 B 轮融资的中金资本三家私募基金[2]，3 只取得合格境内投资者（Qualified Domestic Institutional Investor，QDII）资格的基金[3]，还有 2 只公募基金配置的少量资产（持股约 1 万股），此外不能排除亦有其他投资者通过远程方式参与瑞幸股票的交易。[4]行政域外管辖中，在肯定监管机构行政域外管辖合法性的基础上，相应的监管机构还应斟酌启动行政域外管辖的必要性，因此拥有域外管辖权的监管机构并不必然会就具体案例启动域外管辖。机构投资者身份可能会影响行政监管机构启动域外管辖的判断结果，但这属于后者自由裁量的范围。换言之，合法权益受损害的投资者是否为专业机构投资者，相应的其是否具备较强的风险承受能力、专业素养与信息优势，是否已经有协议等事前保护的安排、是否具有较强的事后维权能力，都可以作为具体个案中监管机构裁量行使域外管辖权必要性的考量因素，但不宜直接将专业机构投资者群体排除于《证券法》域外管辖条款所保护的投资者范围之外，否定对该类主体进行保护的合法性。域外司法管辖中，以虚假陈述民事损害赔偿诉讼为例，境内的专业机构投资者同自然人投资者在诉讼主体适格要求方面上不存在实质差异，都属于域外管辖所应保护的境内投资者。

3. 是否包括私募投资者

瑞幸造假事件中，如果有国内的 QDII 基金或集合资管计划因交易相关证券受有损失，而投资于相关 QDII 基金或计划的中国私募投资者若因瑞幸造假而利益受损，则这些私募投资者是否属于域外管辖条款所保护的范围也值得讨论。该问题又可以分解成两个问题：其一，私募投资者是否属于证券法域外管辖条款中的“境内投资者”？其二，“境外发行和交易活动”是否构成对私募投资者合法权益的损害？关于第一个问题，2012 年修改通过的《投

---

〔1〕 梁咏：《中国投资者海外投资法律保障制度研究》，复旦大学 2009 年博士学位论文，第 78 页。

〔2〕 参见李迪：《瑞幸咖啡背后的机构大佬！有人暴跌前套现 100 亿》，载《中国基金报》2020 年 4 月 6 日。

〔3〕 包括取得合格境内投资者资格的基金管理公司和证券公司所设立的基金、集合资产管理计划，还包括试点中的合格境内有限合伙人（qualified domestic limited partnership）和合格境内投资企业（qualified domestic investment enterprise）。

〔4〕 参见付彦、邓子欣、曾斌、张畅：《从瑞幸事件看新证券法下强化财务造假监管》，载《证券市场导报》2020 年 5 月。

资基金法》将“非公开募集基金”纳入规制范围，而2005年修订的《证券法》第2条第2款明确规定“……证券投资基金份额的上市交易，适用本法”，且该表述沿用至今。另外，新《证券法》第2条第3款已将“资产管理产品”纳入“准证券”范围，而根据2018年发布的《关于规范金融机构资产管理业务的指导意见》中的规定，“资产管理产品按照募集方式的不同，分为公募产品和私募产品”。可见，新《证券法》除保护公众投资者利益外，首次将各种基金中私募投资者的合法权益纳入所保护的法益。本文认为，作为新《证券法》中域外管辖的原则性、宣示性规定，第2条第4款所保护的投资者群体应当与《证券法》整体保持一致。有鉴于此，无论是公募或私募性质的QDII基金和计划本身，还是投资于它们的境内投资者，都应当解释为新《证券法》域外管辖条款所保护的对象。对于上述第二个问题的讨论，将在本文下一节中展开。

（二）对域外管辖条款中效果标准的解释

域外管辖制度肇始于美国，而《反垄断法》是美国域外管辖实践最早诞生且理论发展最为充分的领域。[1]在1945年的美国诉美国铝公司一案中，美国联邦第二巡回法院判决通过经典《反垄断法》判例确立了域外管辖上的“效果原则”。该案判决认为只要行为意图并且实际上给美国境内造成一定的效果，即使该行为完全发生在美国境外，美国仍有权行使管辖权，此即效果原则的雏形。[2]该案肯定了国家对不在其领域范围内主体在国外实施行为的管辖权，是国际上域外管辖权的频繁行使以及管辖权纠纷的开端。无论是美国1982年《对外贸易反垄断促进法》（The Foreign Trade Antitrust Improvements Act）、1995年《反托拉斯国际操作执行指南》（Antitrust Enforcement Guideline for International Operation），还是欧盟委员会在“纸浆案”中均强调行使域外管辖应以域外行为对境内市场或商业产生实质的、可预期的、直接的影响为前提。[3]

随着效果原则逐渐成为国际法上通行的一项原则，它也深刻地影响了证券法域外管辖规则的发展。美国《1933年证券法》与《1934年证券交易法》并没有对证券法的域外管辖作出明确规定。SEC相继出台一系列规章和规则，很大程度上确定了信息披露、证券发行方面的域外管辖范围。而关于《1934年证券交易法》尤其是其中的反欺诈条款的域外司法管辖规则，实践中主要通过法院判例不断得到完善和发展。早期美国证券法引入效果原则后，域外管辖的效力范围十分广泛，完全是以证券交易结果与美国间最小限度的连接点为适用法律

---

〔1〕 A. V. Lowe ed. Extraterritorial Jurisdiction, an annotated collecting of legal materials, Grotius Publications, 1983, p. 15.

〔2〕 See, United States v. Aluminum Co. of America, 148 F. 2d 416 (2d Cir. 1945) .. Also see, Andrew T. Guzman, Is International Antitrust Possible?, *New York University Law Review*, Vol. 73, 1998, p. 1536.

〔3〕 See Joined Cases 89, 104, 114, 116, 117 and 125 to 129/85, A. Ahlstrm Osakeyhti and others v Commission (Wood Pulp), [1988] ECR 5193, para. 79.

的判断基准[1]，因其带有浓厚的单边主义色彩而广受诟病。在 1968 年的 Schoenbaum v. Firstbrook 案中，第二巡回法院适用"效果标准"（effect test），判决发生在美国境外的行为如果直接对境内投资者或者境内市场产生实质性的影响，法院可就相关证券欺诈案件行使管辖权。[2]

可见，效果原则对行使域外管辖权的限制实为必要。我国新《证券法》第 2 条第 4 款同样以效果原则为法理基础，但仅从文义来看，无法判断出其采纳的具体标准。本文认为，具体标准的适用应当区分私法上的司法管辖与公法上的执法管辖两种情况分别讨论：

1. 域外民事司法管辖中宜采纳直接性标准

本文认为，在启动域外民事司法管辖的前提条件方面，应当要求境外证券发行和交易活动对境内市场或者境内投资者产生"直接的"影响。直接性标准的具体构建上，则宜参考实体法中证券欺诈因果关系的认定标准，这是因为：一方面，在侵权法领域，因果关系是归责的基础和前提。[3]如果直接性标准过于宽松，具体案件中可能会出现违法行为与危害后果在侵权法下的因果关系不成立，但却符合域外管辖的启动条件这一情形。如果出现这种情况，有管辖权的国内法院将以实体法上的侵权责任因果关系不成立为由，驳回原告关于证券欺诈民事赔偿的诉求。有鉴于此，境外行为与境内损害间的直接性标准不宜过于宽松，否则有可能导致实质上不构成证券法上因果关系的案件"涌入"法院后却被驳回起诉，造成司法资源的浪费。另一方面，直接性标准也不宜比我国证券欺诈因果关系上的认定标准更加严格，否则可能会不利于对境内投资者合法权益的充分保护。

2. 域外执法管辖中宜适当放宽效果标准

本文认为宜借鉴欧盟委员会发布的竞争法执法指南，包括对反竞争效果概念以及罚款数额确定方面的解释。该指南指出，反竞争性的协议或行为对会员国所产生的直接或间接的影响都可能被视为"效果"。[4]另外，在确定违反欧盟竞争法行为的罚款数额方面，其还指出"公司在欧洲经济区内直接或间接涉及违法的商品服务销售额均计算在罚款数额内"。有鉴于此，本文认为证券法中判断启动域外执法管辖的条件，也宜将境外发行和交易行为导致境内投资者利益间接受损的情形纳入在内，包括但不限于：（1）导致投资于相关 QDII 等的投资

---

[1] Herman, Donald H. J., Extraterritorial Criminal Jurisdiction in Securities Laws Regulations, *Cumberland Law Review*. 1986, Vol. 16, p. 228.

[2] 405 F. 2d 200 (2d Cir, 1968).

[3] 参见毛玲玲：《中美证券欺诈因果关系及证明责任比较研究》，载《江西财经大学学报》2007 年第 4 期。

[4] 该指南第 100 段指出，欧共体条约第 81 条和第 82 条适用于能够影响成员国之间贸易的协定和做法，即使一个或多个参加者不是欧共体成员。第 81 条和第 82 条适用于任何企业所在地或协议已经缔结的地方，条件是协议或惯例在共同体内实施或在共同体内产生影响，且这两条还能适用于涵盖第三国的协议和行为，只要协议或行为能够影响成员国间的贸易。根据第 2 节的原则性内容，协议或行为应能够对会员国之间的贸易模式产生直接或间接的，实质的或潜在的影响。Guidelines on the effect on trade concept contained in Articles 81 and 82 of the Treaty, 2004/C 101/81.

者受到损害的；（2）导致通过沪港通、深港通、沪伦通方式进行跨境投资的投资者受到损害的；（3）导致持有相关公司员工持股或资产管理计划份额的员工受到损害的。

三、不宜针对瑞幸造假案启动域外管辖

（一）瑞幸造假事件适用域外管辖条款存在实质障碍

本文认为，具体到瑞幸虚假陈述的个案中，适用《证券法》下的域外管辖条款仍存在实质性的障碍：

1. 瑞幸造假事件不适用新《证券法》的具体规定

首先，瑞幸造假事件中所披露的虚假陈述"实施日"在2019年第2季度至第4季度，虚假陈述的关键"揭露日"即浑水公司在社交媒体上公布匿名者关于瑞幸公司的做空报告是在2020年1月31日，两个时间点均发生在新《证券法》正式实施日（2020年3月1日）之前。[1]行文之时最高人民法院尚未就新法的适用进行解释，但如果参考其中的规定，可以合理推测会有类似的司法政策，即新证券法实施后，人民法院尚未审结的和新受理的民事案件，相关民事行为或事件发生在新法实施以前的，适用当时的法律法规和司法解释。公法上的执法行为也应遵从同样的法理。因此，如果瑞幸公司在新证券法生效之后没有新的虚假陈述行为被揭示，或者没有证据证明其虚假陈述行为持续至新法实施之后，那么根据"法不溯及既往"的原则，该案无法适用新《证券法》的相关规定。

其次，《证券法》第2条第4款强调在域外管辖条件成立的前提下应"依照本法有关规定处理并追究法律责任"。本文认为，该款行文简略且指向证券法下的其他具体条款，故只是管辖主权的宣示性、原则性规定，即使瑞幸有造假行为发生在新《证券法》实施日之后，在行使中国境内的司法管辖、执法管辖时仍然要落实到证券法其他具体条款的适用，如新《证券法》第85条规定信息披露义务人的赔偿责任、第163条规定证券服务机构的义务和责任、第197条规定信息披露义务人违法的行政责任等，前述条款中的责任主体都直接或间接地指向同法第78条"发行人及法律、行政法规和国务院证券监督管理机构规定的其他信息披露义务人"。

然而，瑞幸咖啡作为境外设立且仅在境外发行上市的公司，无须依照我国《证券法》及其他境内相关法律法规承担信息披露义务，因此不属于《证券法》第78条第1款下的信息披露义务人且不负有同条第3款下的"同时披露"义务，该公司的董事、监事和高管以及控股股东、实际控制人等主体亦不负有在境内市场披露的义务，因此如果要追究前述主体在我

---

〔1〕需要说明，有学者认为瑞幸事件中的浑水做空报告发布日不能认定为虚假陈述的揭露日。参见李有星、潘政：《瑞幸咖啡虚假陈述案法律适用探讨——以中美证券法比较为视角》，载《法律适用》2020年第9期。

国证券法下的违规披露的法律责任，均于法无据；此外，民事司法管辖上，《最高人民法院关于审理证券市场因虚假陈述引发的民事赔偿案件的若干规定》第 3 条明确“在国家批准设立的证券市场以外进行的交易”不适用本规定，因此本案无法适用该司法解释。

不过仍需要注意三个问题：第一，瑞幸咖啡造假事件中的相关主体违法行为是否应当被纳入我国证券市场诚信档案？根据新《证券法》第 215 条规定，“国务院证券监督监管机构依法将有关市场主体遵守本法的情况纳入证券市场诚信档案”。瑞幸事件中，瑞幸公司董监高、实际控制人和控股股东、证券服务机构等市场主体没有义务遵守我国《证券法》中信息披露的相关规定，那么第 215 条中所称“遵守本法的情形”也就无从谈起。但根据《证券期货市场诚信监督管理办法》第 8 条，证监会、证券期货市场行业协会、证券登记等全国性证券期货市场行业组织对瑞幸造假事件中涉及的境内市场主体作出的评比、纪律处分措施和管理措施，以及信用评级机构、诚信评估机构对这些主体作出的信用评级和诚信评估，都可能作为诚信信息记入档案。

第二，投资者保护机构是否可以根据新《证券法》第 93 条，与瑞幸咖啡的控股股东、实际控制人、相关的证券公司就赔偿事宜与受损投资者达成协议，启动先行赔付？新《证券法》第 93 条所规定的先行赔付启动条件中，“因欺诈发行、虚假陈述或者其他重大违法行为给投资者造成损失”的“发行人”宜解释为境内发行人，而前述“重大违法行为”，是指违反中国证券法的内容。但即使该条所称发行人不限于境内主体，考虑到可能的赔付主体缺乏通过赔付获得行政和解的外在压力，〔1〕且赔付后赔付主体向其他连带责任人追偿过程中仍会面临无法适用国内证券法的困境，〔2〕实践中本案启动先行赔付的可能性不大。

第三，对于瑞幸案中出具审计报告及其他鉴证报告、法律意见书、资信评级报告等文件的证券服务机构，是否可以根据新《证券法》第 163 条和第 213 条追究其责任？本文认为，关键在于第 163 条中指称的“证券的发行、上市、交易”是否当然解释为境内活动。如果不是，则可以追究境内注册的证券服务机构未履行勤勉尽责义务、虚假陈述的责任。

2. 根据涉外案件法律适用冲突规范，瑞幸造假事件难以适用我国法律

根据我国《涉外民事关系法律适用法》第 39 条规定，“有价证券，适用有价证券权利实现地法律或者其他与该有价证券有最密切联系的法律”。以及第 44 条规定，“侵权责任，适用侵权行为地法律，但当事人有共同经常居所地的，适用共同经常居所地法律。侵权行为发生后，当事人协议选择适用法律的，按照其协议”。由于瑞幸造假事件中证券的交易与发行

---

〔1〕 汤欣：《证券投资者保护新规中的先行赔付》，载《中国金融》2020 年第 8 期。

〔2〕 有关先行赔付后的追偿路径，参见肖宇、黄辉：《证券市场先行赔付：法理辨析与制度构建》，载《法学》2019 年第 8 期。

均发生在境外，所以有价证券权利实现地[1]、侵权行为地均不在中国境内；此外，中国境内直接受损的投资者人数相当有限，占所有受损投资者群体的比例也相当小。因此，即使瑞幸公司的审计底稿保存在境内，且存在受损的中国境内投资者，但发行和交易地在美国，受瑞幸造假事件影响程度最深的仍是美国的证券市场及其投资者，所以最密切联系地也不是我国。如果要适用我国证券法等相关法律，恐怕最终只能通过协议约定，如果没有协议，则可以酌情考虑按照原告的共同经常居住地来确定。不过根据一份针对从 2018 年 1 月 1 日到 2019 年 3 月 29 日的数百份裁判文书的实证调查，我国涉外侵权案件中选择意思自治的占比只有 3.858%，且集中于海事海商案件中，采纳共同经常居住地的案例则更是少之又少，只有 1 例，占总样本量的 0.297%，大部分仍然适用侵权行为地的法律。[2]

3. 根据《民事诉讼法》相关规定，瑞幸造假事件在境内被诉的几率不大

本文认为，从司法管辖角度看，以瑞幸公司作为被告的虚假陈述案在中国境内不具有可诉性。一般来说，国际司法管辖的肯定，应以国内某一法院对该案件有管辖权为条件，只有在国内一个法院具有管辖权的前提下，才能主张整个国家的管辖权。就一般案件而言，很难想象一国在对某一案件决定行使管辖以后，竟没有一个合适的法院对它进行审判。[3]而在瑞幸造假事件中，根据《民事诉讼法》的相关规定，即使我国决定行使司法管辖权，也难以确定一个合适的法院进行审判。

具体而言，如果以虚假陈述为案由在中国境内提起证券民事赔偿诉讼，根据《民事诉讼法》第 28 条侵权案件、第 265 条涉外案件的属地管辖相关规定，侵权行为地、被告住所地、被告代表机构住所地、可供扣押财产所在地的人民法院均可作为管辖法院。本案中，瑞幸咖啡住所地为其注册地即开曼群岛，侵权行为实施地和侵权结果发生地均在公司上市地即美国，如果瑞幸咖啡没有在中国境内设立代表机构，则不能按照前述的管辖根据确定境内管辖地。当然，如果被告是证券承销商、会计师事务所等证券服务机构，负有责任的公司董事、监事和高级管理人员以及直接责任人员，且其住所地在境内，那么程序法上住所地法院是满足管辖条件的。比如，本次瑞幸咖啡公告中指出本次虚增交易的行为是由公司首席运营官（COO）及其下属所为，如果他们仍然是中国国籍，那么也可以据此向中国法院提起诉讼，

---

〔1〕 有价证券权利实现的这一连结点并不清晰。有价证券的权利包括两种，一种是证券持有人对证券本身的物权，另一种是证券所体现的权利。对于证券本身的所有权、占有权等物权，应当适用证券的物权准据法，一般是证券所在地法。对于证券中所体现的权利，则要适用证券权利准据法，即支配相关的证券法律关系的准据法。根据证券类型的不同，证券所体现的权利也会有不同，应依照权利的不同性质，适用与该权利有关的法律关系的准据法。比如，股东根据股票所享有的权利，适用发行股票的公司属人法（如注册登记地法）。参见黄进主编：《中华人民共和国涉外民事关系法律适用法建议稿及说明》，中国人民大学出版社 2011 年版，第 81 页；杜焕芳：《论我国涉外物权法律适用的完善》，载《当代法学》2013 年第 2 期。

〔2〕 蔡斯芊：《我国涉外一般侵权法律适用实证研究——以 346 份裁判文书为中心》，载《时代法学》2020 年第 1 期。

〔3〕 倪征噢：《国际法中的司法管辖问题》，世界知识出版社 1985 年版，第 2 页注释 2。

当然，诉讼仍然需要确定适用的实体法律。另外，对于因瑞幸造假而利益间接受损的、投资于 QDII 等的境内投资者来说，即使中国证监会可以依据其符合《证券法》第 2 条第 4 款的结果要件而采取行政执法活动，但由于该类投资者不是提起虚假陈述民事赔偿诉讼的适格原告，无法直接起诉。

（二）瑞幸案不宜成为我国启动证券域外管辖的首个案例

相比公共执法更加关注国家主权的彰显和行使、平等主权国家之间的协调，民事诉讼主要解决私人当事人间的纠纷。因此，以美国民事诉讼经验为例，如果符合正当程序原则和不方便法院原则的限制，且考量了法院判例关于其适用范围的限制，法院就有权决定是否行使域外管辖权。[1] 除特殊的禁止性情形外，国际法上赋予各国“偶尔”行使域外司法管辖权方面“广泛的自由裁量权”。[2]

在瑞幸案中，即使能够证成瑞幸案适用新《证券法》第 2 条第 4 款的可行性与合法性，也即前述谈及的实质障碍不成立（假设瑞幸造假事件中的违法行为发生在新《证券法》正式实施以后，且追究相关责任人的法律责任有具体条文可循、有合适的国内管辖法院），本文认为，从启动域外管辖的必要性角度分析，瑞幸案都不宜作为我国适用证券域外管辖条款的第一案。无论是司法管辖还是执法管辖，不宜启动域外管辖都具备以下相同的原因。

1. 宜依循国际礼让原则，自我限制对管辖权的行使

允许域外管辖必然会导致并行管辖权的存在，进而可能引起国际上管辖权冲突，并可能给包括当事人在内的涉案主体增加繁重的、甚至相互冲突的负担与义务。在处理管理权并行或冲突方面，国际礼让原则是由一国单方面决定的，是指一国尊重国际义务及互惠便利原则，在保障本国公民权利的基础上，在其本国承认其他国家相关立法、行政与司法行为的效力。[3] 可见，国家间的互惠尊重、促成管辖的便利、保护利益的衡量是主权国家遵循国际礼让的主要考量因素与动因。再结合瑞幸造假事件分析会发现，如果我国未来决定就此事行使域外管辖权，则不仅在执法、司法过程中会面临诸多不便，在投资者保护效果方面也不及美国，甚至可能因为与属地管辖国间的管辖权冲突而被认为缺乏尊重，进而影响到国际声誉。具体而言：

（1）在瑞幸案中行使域外管辖权不尽便利

首先，目前我国关于证券域外管辖制度仅有《证券法》第 2 条第 4 款这一原则性条款，缺乏配套的具体法律法规、司法解释与审判指导意见等，也没有证券法领域行使域外管辖的

---

〔1〕 肖永平：《“长臂管辖权”的法理分析与对策研究》，载《中国法学》2019 年第 6 期。

〔2〕 这一主流观点在常设国际法院的经典案例“荷花号”案中被确立。The Case of the S. S. Lotus（Fr. v. Turk.），1927 *P. C. I. J.*，（ser. A）No. 10.

〔3〕 参见钱学锋：《世界证券市场的日益国际化与美国证券法的域外管辖权（下）》，载《法学评论》1994 年第 5 期。See also Hilton v. Guyot，159 US 113（1895）.

执法或者司法先例。在整个域外管辖法律体系中，还存在域外效力法律缺失、部分规则是否具有域外效力并不明确、法律责任类型单一、中国法院作用尚未凸显等问题。[1]因此，在现阶段立法储备严重不足的情况下贸然启动证券法首例域外管辖，如同“摸着石头过河”，无疑将面临巨大的挑战。

其次，执行层面。VIE 结构下，境内运营实体产出的利润通常以分配股息红利的方式向在开曼注册的公司转移，瑞幸也属此类。即使境内法院立案且投资者胜诉，瑞幸作为开曼注册公司如果在境内没有足够可供执行的财产，则仍然需要远赴境外财产所在地申请承认和执行中国法院的判决。彼时，执行地法院是否认可中国法院对瑞幸案的司法管辖权，可能将面临一系列的争议和不便。[2]

（2）适用中国法律和政策方面的利益相对较少

利益衡量是国际礼让分析中的重要内容，在 1976 年的 Timberlane 案[3]中，美国法院认为应当运用利益平衡的分析方法，权衡案件对美国商业以及对其他相关国家利益的影响，合理平衡地确定是否行使域外管辖权。[4]从涉案投资者规模与市场受影响深度来看，我国境内合法利益受损的投资者群体与境外尤其是美国的投资者相比，无论是人数体量还是受损总金额都要少得多，我国境内证券市场受到波及的程度也远远不及纳斯达克市场以及其他美国境内市场。

从投资者保护力度来看，我国行使域外管辖不会给本国国民带来相对更为充分的实质保护。[5]如果适用美国证券法，在刑事责任方面，《萨班斯—奥克斯利法案》在 2002 年通过后美国公众公司财务造假的违法成本已经大幅度提高。瑞幸造假事件中的责任人（自然人）将可能因犯欺诈罪面临最高 500 万美元的罚款和最高 25 年监禁，而公司则可能面临最高 2500

---

〔1〕 对我国整个域外管辖法律体系的评价参见廖诗评：《中国法域外适用法律体系：现状、问题与完善》，载《中国法学》2019 年第 6 期。另外，我国行使域外管辖的案例亦屈指可数，主要集中在刑法和反垄断法领域。以反垄断法为例，我国第一部《反垄断法》自 2008 年才正式实施，其中的域外管辖条款同样存在过于原则化、含义模糊的问题，且目前尚未出台域外管辖相关的任何法律解释或者实施细则，无论是规则完善程度还是实践经验都远不及美国，在近年来反垄断的管辖权冲突中屡屡处于被动地位。

〔2〕 参见苏晓凌：《瑞幸造假在中国的可诉性探讨—证券法域外适用规定为中心》，2020 年 4 月 6 日，载 https：//mp. weixin. qq. com/s? src =11&timestamp =1590544622&ver =2363&signature =iWtlwIscwm2LZ45ExduvTnx8ufo9yG1Nqb49W7tnb2mcVsY7qOI2Fd8Ilwjod6aGM8SdBhbvBNrZP4byoasS -AawmYQTWtxbmL7B5r17vT0Hs7cePPjBXYtPL9XbFnE8&new =1，最后访问日期：2020 年 5 月 20 日。

〔3〕 Timberlane Lumber Co. v. Bank of America，549 F. 2d 597（9th Cir. 1976）.

〔4〕 See，J. S. Stanford，The Application of the Sherman Act to Conduct Outside the United States：A View from Abroad，*Connell International Law Journal*，Vol. 11，No. 46，1978，p. 213.

〔5〕 瑞幸造假事件发生后不久美国 SEC 曾发布《新兴市场投资涉及重大信息披露、财务报告和其他风险：补救措施有限》，指出包括中国在内的许多新兴市场，信息披露不完全或者存在误导性的风险要大得多，且受损投资者获得追索的机会要小得多。参见 Jay Clayton，William D. Duhnkell，Sagar Teotia，William Hinman，DaliBlass：Emerging Market Investments Entail Significant Disclosure，Financial Reporting and Other Risks；Remedies are Limited，2020 年 4 月 21 日，载 https：//www. sec. gov/news/public - statement/emerging - market - investments -disclosure -reporting，最后访问日期：2020 年 5 月 27 日。

万美元罚款[1]；公司首席执行官（CEO）和首席财务官（CFO）如果明知定期报送 SEC 的财务报告不符合要求，仍然签署书面声明认证其合法性和公允性的，会面临最高 500 万美元的罚款和最高 20 年的监禁。[2]行政处罚方面，美国证监会（SEC）对财务造假这类典型的证券欺诈行为秉持“零容忍”的态度，曾经深陷财务舞弊“泥潭”的安然公司被处以 5 亿美元的罚款并最终走向破产，而造假金额高于安然公司且截至 5 月 23 日总市值仅剩 3.5 亿美元的瑞幸公司将大概率会步其后尘。根据美国《1933 年证券法》第 17（a）条，除“禁令”和“没收收益”外，瑞幸公司及其他责任主体将可能被处以相当金额的行政罚款。对于会计师事务所等中介机构主观故意的造假行为，美国公众公司会计监督委员会（PCAOB）可能处以最高 200 万美元罚款且永久吊销注册。民事责任方面，瑞幸公司将面临基于 10b－5 规则和《1934 年证券交易法》第 10（b）条“反欺诈条款”的民事索赔。在以集团诉讼形式提起的民事赔偿诉讼中，按照粗略估计，瑞幸公司将会面临高达上亿甚至百亿级别美元的天价索赔。[3]而相比之下，A 股史上最大的造假案主角康美药业虚增货币资金 887 亿元，根据原《证券法》却仅被处以区区 60 万元的顶格罚款。[4]即使瑞幸在新《证券法》正式实施后仍存在造假行为，其可能承担的最高违法责任也不及美国法下的违法责任：行政责任方面，虽然新《证券法》较原来的规定显著提高了违法成本，但顶格处罚的金额仍远不及美国法——根据新法第 197 条规定，对信息披露义务人、发行人的控股股东和实际控制人的顶格罚款仅 500 万元人民币，对相关的责任人顶格罚款仅 200 万元人民币。民事责任方面，我国新《证券法》虽然建立了“明示退出”式的中国式集体诉讼但尚无实践先例，且民事损害赔偿金额也仅限于实际损失，不存在惩罚性赔偿的情况。[5]

（3）行使域外管辖权宜充分考虑积极礼让

根据对本国法律适用的积极程度以及对他国利益的考虑程度不同，各国关于反垄断法域外管辖制度构建又分为三种模式：一是完全回避域外管辖；二是采取消极礼让（积极适用本

---

〔1〕 See Sarbanes－Oxley Act of 2002，Section 807（a）.

〔2〕 See Sarbanes－Oxley Act of 2002，Section 906（c）.

〔3〕 如知名维权律师宋一欣估计赔偿金额达到约 112 亿美元，参见证券时报网：《突发！瑞幸咖啡被强制退市，史上最快 IPO 神话破灭，更有百亿美元索赔在路上！》，2020 年 5 月 2 日，载 https：//mp. weixin. qq. com/s?src = 11&timestamp = 1590557030&ver = 2363&signature = zXQcrt8eLRNJTH － ou3VR1TVA8Bg99paP546FlXicFEFour － p7N45f9dH － GBDSc6uEcfyvBZbuX － Gj51z3OML8uljCjlWyMRAPYC ＊ 3gQl ＊ xjqqUVoP6VZ6NoDEkuE －7zj&new =1，最后访问日期：2020 年 5 月 27 日；再如一些律师估计索赔规模将在数十亿美元以上，参见《多名律师详解“瑞幸造假事件”泥潭中的瑞幸将会付出什么代价?》，载《上海证券报》2020 年 4 月 9 日。另参见付彦、邓子欣、曾斌、张畅：《从瑞幸事件看新证券法下强化财务造假监管》，载《证券市场导报》2020 年 5 月。

〔4〕 参见《中国证监会行政处罚决定书（康美药业股份有限公司、马兴田、许冬瑾等 22 名责任人员）》（2020）24 号。

〔5〕 在新证券法开始实施之后，杭州市和南京市中级人民法院已经分别启动了证券虚假陈述民事侵权责任的代表人诉讼案件，但截至本文成文时，这批案件均未“升格”为新法第 95 条第 3 款规定的证券集体诉讼（或称“特殊的代表人诉讼”）。有关虚假陈述民事责任的实际损失赔偿原则，参见《最高人民法院关于审理证券市场因虚假陈述引发的民事赔偿案件的若干规定》第 29、30 条。

国法，较少考虑他国利益）；三是采取积极礼让（充分考虑他国利益）。[1]第一种方式曾被日本公正交易委员会处理涉外反垄断案件时运用，虽然实施成本比较低，但不仅有失公允也不利于对境外违法主体树立威慑力。[2]第二种模式曾在美国法托拉斯法域外管辖制度发展的前期被采纳，但其很容易与“霸权主义”画上等号，易引发其他国家的强烈抗议并触发贸易报复，因而越来越少的国家完全采用这种方式。[3]诚然适度的域外管辖可以更有效地维护一国经济社会健康稳定发展[4]，但我国现阶段正处于中美贸易战的敏感时期，政治考量与国际博弈亦不容忽视，在时机上不宜采用这种较为激进的做法以“落人口实”。本文建议，总体上我国行使证券域外管辖权的风格应当倾向于第三种模式，既不能“因噎废食”使新《证券法》的域外管辖规则沦为“纸上谈兵”，但在适用时也应当慎之又慎，需充分考虑他国利益、体现对主权国家的尊重。而瑞幸造假案虽然性质恶劣，但并不是适用域外管辖的典型情形，不宜作为我国在国际上打响证券域外管辖的“第一炮”，否则可能会招致国际上不少质疑的声音。

2. 从管辖的成本和效益角度分析，亦没有启动域外管辖的必要

历史上美国联邦法院曾通过建立与完善“行为标准”和“效果标准”，不断试图扩张美国证券诉讼的域外效力。[5]但在2010年的莫里森案判决中，美国最高法院已经开始主动自我设限——在适用1934年《证券交易法》一般反欺诈条款第10（b）条时推翻了传统标准并代之以“交易标准”[6]，体现对莫里森案之前美国法院关于证券法的域外适用逐渐趋于谨慎、谦抑态度的总结[7]。这一态度背后蕴含了成本和收益的考量，主要原因是适用行为和效果标准会导致不同案件判决结果的不确定性[8]，且可能导致多重监管，这既会给发行人造成巨大负担，对监管者而言也是非效率的。[9]后续SEC反馈给美国国会的研究报告也进一步支持了10（b）规则下的私人诉权范围不应根据行为和效果标准扩展的观点。[10]

---

〔1〕 参见戴龙：《我国反垄断法域外管辖制度初探》，载《法学家》2010年第5期。

〔2〕 参见戴龙：《日本反垄断法的域外管辖及对我国的借鉴价值》，载《上海财经大学学报》（哲学社会科学版）2009年第5期。

〔3〕 参见戴龙：《我国反垄断法域外管辖制度初探》，载《法学家》2010年第5期。

〔4〕 Council of Europe, Committee on Economic Affairs and Develop-ment, Human rights and business, Opinion of 5 October 2010.

〔5〕 See Jill E. Fisch, Imprudent Power: Reconsidering U. S. Regulation of Foreign Tender Offers, *NewYork University Law Review*, Vol. 87, pp. 523, 542-43, 1993.

〔6〕 Morrison v. National Australia Bank Ltd, 130 S. Ct. 2869 (2010).

〔7〕 See Robert Bartlett, Matthew D. Cain, Jill E. Fisch, Steven Davidoff Solomon, The Myth of Morrison: Securities Fraud Litigation Against Foreign Issuers, *Business Lawyers*, Vol. 74, No. 4, 2019, pp. 967-1014.

〔8〕 See, e. g., Lewis D. Lowenfels & Alan R. Bromberg, U. S. Securities Fraud Across the Border: Unpredictable Jurisdiction, *Business Law*, Vol. 55, 2000, p. 1023.

〔9〕 See Genevieve Beyea, Morrison v. National Australia Bank and the Future of Extraterritorial Application of the U. S. Securities Laws, *Ohio State Law Journal*, Vol. 72, 2011, pp. 537, 554-556.

〔10〕 Study by the Staff of the U. S. Securities and Exchange Commission: "Study on the Extraterritorial Scope of the Private Right of Action Under Section 10 (b) of the Securities Exchange Act of 1934", 2012.

虽然莫里森案判决后，美国国会通过《多德－弗兰克法案》确认了 SEC 和司法部在跨国证券欺诈案件中根据行为和效果标准启动域外管辖的能力〔1〕，且 SEC 的副主席之一也曾公开批评莫里森案判决结果及 SEC 相关研究报告。〔2〕但该美国证券法在域外适用方面的收缩经验仍然值得借鉴。〔3〕如前所述，我国监管机构已经对于瑞幸造假案采取了一系列积极有益的行动，以证监会为例，其已经公开表达谴责和强硬的监管态度，同意在双边国际合作的框架下调取和传递审计底稿等重要文件以配合境外监管机构的调查等。可见，在瑞幸造假事件中监管机构除启动域外管辖外并非无可作为，其态度和行动已经可望对同类违法行为起到相当程度的警示作用。另外，这些积极行动相比直接行使域外执法管辖权、甚至由境内法院受理起诉并启动代表人诉讼，所要耗费的成本和公共资源等都要少得多。而如果启动域外管辖，不仅成本较高，鉴于境内直接受损投资者人数不多，管辖的额外收益也相当有限，甚至可能埋下不利的隐患。比如，未来若继续出现类似的中概股违法事件，证监会可能会陷入是否管辖的抉择尴尬——一律管辖成本太高不暇兼顾，不予过问又可能被指行政不作为。

四、结语

瑞幸咖啡造假事件轰动一时，引起对于新证券法域外适用效力的激烈讨论。本文认为，《证券法》新增的第 2 条第 4 款属于宣示性条款，其以“效果原则”为法理基础，为我国未来在证券法领域行使域外管辖权提供了原则性的法律依据。在上述域外管辖条款的解释方面，本文认为其旨在保护的双重对象——“境内市场”和“境内投资者”不应局限于公开市场和公众投资者，境内私募投资者、机构投资者的合法权益也是该条应当保护的法益；在境外行为对境内市场或者投资者造成影响的认定上，宜区分域外司法管辖和域外执法管辖两种情况讨论，前者宜采用直接性标准，并参考适用实体法中的证券欺诈因果关系标准，后者宜适当放宽要求，将境外行为间接扰乱境内市场、间接损害境内投资者利益的情形也纳入其中。而对于轰动一时的瑞幸造假事件，一方面，其在启动域外管辖上存在实质性的障碍，无法适用我国新《证券法》的同时也不具备针对公司的民事诉讼可行性；另一方面，根据国际礼让原则并结合启动域外管辖的成本收益分析，瑞幸案都不宜成为我国行使证券域外管辖权的第一案。尽管如此，我国监管机构应当积极配合境外机构的调查请求，且如果境内中介机构在瑞幸造假事件中被认定为负有法律责任，仍然可能将其诚信状况纳入相关主体的证券市场诚信档案中。上述机制都不需要通过启动证券法下的域外管辖条款便能落到实处。

---

〔1〕 See Dodd－Frank Wall Street Reform and Consumer Protection Act，Section 929Y.

〔2〕 See Luis A. Aguilar，Statement by Commissioner：Defrauded Investors Deserve Their Day in Court，载 https：//www. sec. gov/news/public－statement/2012－spch041112laahtm#_ednref26，April 11，2012，最后访问日期：2020 年 6 月 2 日。

〔3〕 参见郭雳：《美国证券域外纠纷诉权新解》，载《证券市场导报》2011 年第 11 期。

此外虽然在瑞幸造假事件中，囿于域外管辖的限制我国《证券法》可以发挥的空间相当有限，但是在追究瑞幸境内子公司、子公司中直接负责的主管人员和其他直接责任人员的法律责任时，完全可以适用中国《公司法》、《会计法》乃至《刑法》上的相关条文：《公司法》第163条要求公司依照法律法规建立公司财务、会计制度；第170条要求公司向会计师事务所提供真实、完整的会计资料，不得拒绝、隐匿和谎报；第202条规定了公司提供虚假财会报告时直接负责的主管人员和其他直接责任人员的行政法律责任。因此，如果瑞幸非上市的境内子公司也存在财务造假的情形，则证监会等主管部门有权对责任人处以最高30万元的罚款。在《会计法》层面，虽然该法立法以来依其处罚的案例仅有数例，但根据其第45条、第46条和第47条规定，如果瑞幸境内子公司存在会计账簿、会计凭证等会计资料造假行为的，仍然可以对公司和相关负责人处以罚款。[1]如果财务造假情节严重的，则可能构成《刑法》第161条违规披露、不披露重要信息罪，第205条虚开增值税专用发票、用于骗取出口退税、抵扣税款发票罪，第205条之一虚开发票罪，或者第208条非法购买增值税专用发票、购买伪造的增值税专用发票罪，并可依法处以相应的刑罚。上述法律责任的追究也不需要通过启动证券法下的域外管辖条款便能实现。

〔1〕 具体而言，瑞幸的境内子公司如果存在下列行为：（1）提供虚假的原始凭证或者在规定的会计账簿之外私设会计账簿的；（2）伪造、变造会计凭证、会计账簿，提供虚假或者隐瞒重要事实的财务会计报告；（3）隐匿或者故意销毁依法应当保存的会计凭证、会计账簿、财务会计报告和其他会计资料，则其可能面临最高达违法所得五倍的罚款。而对单位负责人、直接负责人员来说，实施前述第（1）类行为将可能被处以最高30万元罚款，实施第（2）、（3）类行为将可能被处以最高50万元罚款。

资产管理人改变主要投资对象之法律责任与救济

缪因知 *

目　次

资产管理在我国金融生活中正变得越来越重要。所谓资产管理，指资产所有人将货币等资产交由他人管理处分，以期实现资产增值的活动。[1] 由于我国的资管业还处于“野蛮生长”的阶段，故而不时会有一些新颖的乱象摆到法学研究者的案头。

笔者近期在实务中了解到了一起证券资产管理产品改变主要投资对象所引发的纠纷，虽然此案以调解结案，但案情较为典型，其中的法理值得深究，相关结论也可以适用于几乎所有的资管产品。

---

* 缪因知，中央财经大学法学院副教授。

〔1〕 缪因知：《资产管理内部法律关系的定性：回顾与前瞻》，载《法学家》2018 年第 3 期。

2016年，某私募证券投资基金公司向投资者麦某推介“定增择时对冲”私募基金。前者向后者发放的《定增旗舰型基金推介材料》中关于基金产品结构、要素、投资理念、管理人简介、投资策略详解等均仅围绕证券定向增发业务进行介绍。后双方就“定增择时对冲”私募证券基金签订协议，2017年1月投资者麦某认购该基金。合同中仅以列举的方式笼统地约定了基金的投资范围，内容涵盖几乎所有的证券投资品种，也未对特定投资品种的比例做出约定。

2017年11月，投资者麦某偶然得知基金的实际投资范围并非是定增业务，而变成了二级市场交易。投资公司予以承认，表示这是由于2017年2月证券监管部门改变了定增发行价格的基准日决定方法所致。后基金亏损比例高达85%。

在交涉中，管理人表示曾经在账户系统内公告称由于“监管政策发生重大变化，因此本基金将酌情调整原有定增策略为直接从二级市场配置具有定增事件驱动的上市公司股票”。该公告也提及投资人可以在基金正式开始运营前、管理人宣布开放赎回时，予以赎回。投资人则表示未收到关于公告的通知。

2019年12月，本案在北京某中级法院调解结案。[1]然本案意旨仍有值得陈说之处，以供同类案件借鉴。

一、投资者对资管产品推介材料和资管产品名称的信赖利益

根据2013年《证券投资基金销售管理办法》（以下简称《基金销售办法》）第32条的规定，基金推介材料，是指为推介基金向公众分发或者公布，使公众可以普遍获得的书面、电子或者其他介质的信息，包括：（1）公开出版资料；（2）宣传单、手册、信函、传真、非指定信息披露媒体上刊发的与基金销售相关的公告等面向公众的宣传资料；（3）海报、户外广告；（4）电视、电影、广播、互联网资料、公共网站链接广告、短信及其他音像、通信资料；（5）中国证监会规定的其他材料。《基金销售办法》主要针对公募基金，但参照这一列举，我们不难认为私募基金销售者提供给投资者的宣传单、手册、信函、传真、短信、音像等均为推介材料。

仅就产品投资范围而言，资管产品的正式合同约定和推介材料内容的“分离”已经可谓是一种行业内常见的陋规。资管机构一方面在推介材料中突出有营销吸引力的“亮点”，另一方面则在正式的合同中做最简单、最笼统的约定，以为自身保留最大的行动空间。然而，从整体法律关系的角度看，基于诚实信用的基本原则，推介材料的内容不应被视为无法律意义、或与正式的合同内容毫无关联。

---

〔1〕 本案系真实案例，但本人并非案件当事人或诉讼代理人。

（一）资管产品管理人/发行人在要约邀请中的意思表示并非“自动失效”

资管产品管理人、发行人自行给出的、对特殊投资方式（如定增）予以强调的推介材料应当被认为是管理人、发行人发出要约邀请时的真实意思表示，也事实上成为了诱导投资者认购、缔约的重要原因。在投资者发出要约，双方进行正式缔约时，尽管合同对投资范围做了笼统的约定，但既然要约邀请人/承诺人并未就不打算贯彻要约邀请信息的基本信息作出专门的解释澄清，那就无理由认为管理人、发行人已经改变了原先要约邀请中的意思表示内容（将以特定投资方式为主），无理由认为投资者已经当然忽视了要约邀请中的重要信息，无理由认为投资者已经自愿放弃了对要约邀请中管理人展示的特定能力的信赖。

对公开募集基金而言，基金推介材料的使用还受到了更多的法律约束。如《基金销售办法》对“基金宣传推介材料”做了专章规定，包括基金管理人的高级管理人员须对推介材料的内容负责（第 33 条）；“基金宣传推介材料必须真实、准确，与基金合同、基金招募说明书相符”（第 35 条）。2014 年《公开募集证券投资基金运作管理办法》第 7 条规定“基金名称表明基金的类别和投资特征”，不存在误导投资者的内容。

较之公募基金，私募基金虽然降低了相关披露要求，却并未降低相关基本的诚信要求。甚至由于披露强度的降低，反而应该对私募基金的管理人产生更高的诚信要求，我们无理由认为私募基金的发行人、销售人就反而可以在推介材料中表达与合同内容不相符的信息。

在本案中，合同第二十章之（四）第 3 项也明确约定：“基金管理人应在宣传推介材料中向投资者披露基金的投资目标、投资策略等。”故推介材料的内容应被视为合同内容的组成部分，而产生拘束力。

（二）资管产品合同的名称仍然对合同关系具有约束力

退一步而言，即便以割裂、孤立的观点看待，而认为资管推介材料的内容与合同权利义务无关，我们仍然应当注意合同的特殊名称对决定合同权利义务的意义。

资管产品的名称是资管产品管理人自行决定的，是资管产品合同关系的基本内容之一。名称对特定资管产品运营的基本特点、基本风险的概括。是资管产品管理人、发行人在向投资者做出要约邀请时给出的基本信息之一。

即便一个资管产品合同的具体条款并未明确指明资管产品投资的具体范围和比例，但只要其名称指向了特殊的资管产品投资方式，如“定增资管产品”，那就可以认为仍然存在对投资主要方向的承诺，并可依据行业惯例来判定具体的量化指标。

合同法下一般性的诚实信用原则可以作为上述结论得出的法理依据。若资管产品管理人/发行人认为自己的真实意思表示自始至终就是资管产品推介材料和资管产品名称与募集资金成功后、资管产品如何运行、资管产品关系的权利义务毫无关联，那反而证明资管产品管理人/发行人在决定资管产品名称、制作资管产品条款时即缺乏诚信、存在欺诈性。这就好比餐馆可以自己决定名称，但不应该取名叫“川菜店”却以水饺为主要供应品种。

为避免基金命名的不规范可能对投资者带来的误导，证监会2004年《证券投资基金运作管理办法》第30条规定，基金名称显示投资方向的，应当有百分之八十以上的非现金基金资产属于投资方向确定的内容。2014年《公开募集证券投资基金运作管理办法》第30条规定：百分之八十以上的基金资产投资于股票的，才能叫股票基金；百分之八十以上的基金资产投资于债券的，才能叫债券基金；否则只能叫混合基金。这一原理同样可适用于私募基金。

中国证券投资基金业协会2018年《私募投资基金命名指引》第7条也规定“私募投资基金名称应当列明体现基金业务类别的字样，且应当与基金合同、合伙协议或者公司章程约定的基金投资范围、投资方向和风险收益特征保持一致”。

小结之，当一项资管产品自行在命名中强调了特定的投资对象、且存在推介自身对此项投资对象的业务能力的意思表示时，认购该产品的投资者就能合理信赖其将以该等投资对象为主体实施交易。

二、管理人自行改变主要投资对象对投资者带来的额外风险：以“定增变二级”为分析重心

第一部分指出，资管产品管理人自行改变了推介材料和合同名称指向的特定投资对象时，即在形式上违反了合同约定。本部分将论证：通常而言，这种改变行为也会实质性地增加资管产品的投资风险，损害投资者的利益。

（一）特定化、具体化的投资风险是投资者承担风险的正当性基础，不应被管理人自行改变

诚然，金融市场风险多变，对一家投资资管产品而言，固守某种投资策略未必是上策。比如，在定增市场低迷时，转投二级市场，不无可能带来更高的收益。但是，在评价这一观点时，我们须结合事实来予以评价，以避免“理想很美好，现实很骨感”的窘境。

第一，证券投资具有高风险性，投资者理应风险自负，但这种自负的风险只应限于其可以合理预期的。特别是私募资管产品的投资门槛较高，投资者本身属于风险认知水平相对较高的。如本案基金合同本身认定投资者为“风险评估、识别”能力高，故他们选择特定类型的资管产品时，已经对相关的风险有所预判。他们选择了在既定的费率成本下承担甲种投资风险，不等于自然允诺承担了乙种风险。管理人不能未经投资者同意，就改变他们最终承担的风险，如不能将定增市场风险改变为二级交易市场风险。

第二，资管产品管理人的能力有客观限制，轻易背离自己宣称的特长领域，盖然地会增加投资者风险。“相机抉择”“多元化投资”的能力是每个资管产品经理都追求和试图令别人相信其具有的，但事实上他们极少有人拥有全面的投资能力。故而现实中，他们需要发展专门领域的投资能力，并以此来吸引投资者。例如，对自称擅长定增的管理人来说，在定增

市场不景气时，无理由能认为他们在二级交易市场能有更好的机会。在此略作详细的分析。

（二）定增市场和二级市场的风险和风险应对策略存在本质不同

定增全称为股票定向增发，指已经公开发行过股票、已经在沪深证券交易所挂牌的上市公司向少量（目前我国是不超过 10 名）、具备风险识别和承担能力的特定投资者，因此发行门槛较低，行政约束相对宽松。但从实际运行情况来看，非公众投资者以非公开的方式发行股票。《证券法》本身只对定向增发做了原则性的规定，目前主要的操作性规则是证监会《上市公司证券发行管理办法》（2006 年）、《上市公司非公开发行股票实施细则》（2017 年 2 月、2020 年 2 月最新两次修订）。

按照法律规则，一家股份公司成立后，在符合发行条件时，可以申请公开发行股票并上市，这样一方面，公司吸纳了新投资者的资金，股本增加了，另一方面，公司的股份在证券交易所挂牌，获得了流通性，即更方便不同投资者买卖。通常，人们把一家公司首次公开发行（IPO）股票、投资者认购的业务称为“一级市场业务”。这是在证券交易所流通的挂牌上市公司的股票“从无到有”的增量过程，即 IPO 的认购者们把货币转换为新增股票的过程，这可能是一个双赢的过程，即公司获得了融资，而投资者买入股票后，也能获得增值的机会。由于我国至今对股票发行实施了较严格的管制包括数量控制，而且对股票发行价格也有所抑制，要避免出现“高价格、高市盈率、高超募金额”的现象，所以总体上而言，一级市场的股票发行处于供不应求状态，上市后股票价格上涨、投资者赚钱是大概率事件。[1] 目前，一级市场业务即新股申购的技术含量很低，主要的困难在于大量资金涌入，争抢相对不多的新股发行业务。

一家公司在证券交易所挂牌后，其股票可以被不同的投资者买进卖出，在每一次不同价位的买卖匹配成交成功后，股票的市场交易价格也会发生变化。这是既定数量的股票“从甲到乙”的存量过程，股票总量没有增减，只是股票持有者发生了变化。这可以说带有很强的“利益零和博弈”，即一方的所得大致对应另一方的所失。人们通常把发行的增量市场称为“一级市场”，把交易的存量市场称为“二级市场”。二级市场的主要风险就是上市公司股价由于各种原因发生涨跌的风险，对投资者而言，不可控性很强，发生损失的概率很大。

而定向增发市场被俗称为“一级半市场”，这并不是说它精确地处在一级市场和二级市场的逻辑中点，而是说它介于一级市场和二级市场之间。确切地说，定向增发更接近于一级市场业务。

定向增发中，一方面，上市公司的股本增加了，获得了新融资，股票有一个“从无到有”的增量过程，另一方面，认购定增股票的投资者必须锁定一定的期限后才能卖出，故而其持有的的股票价值受到了二级市场的价格波动的影响。例如，定增锁定期满后，公司市价

---

〔1〕参见缪因知:《从洛阳钼业事件看询价制度改革》，载《法学》2013 年第 2 期。

已经低于定增认购的价格。

但是，定增认购者持有的股票价值受到的二级市场价格波动风险的影响，可以讲并不特殊，因为在一级市场中，也有部分特殊的投资者的股份在一定期限内被锁定。一级与一级半市场的共性在于：部分资金实力较雄厚的、经过发行人以一对一方式专门选择的投资者能够以相对优惠的价格取得股票，从而增加将来在市场上出售获利的机会，而他们这么做的对价一是要提供较多的资金、认购较多的股票，二是要将股票锁定一段时期，与公司共命运。一级与一级半市场的主要区别只在于：这些大型投资者面对发行人，在一级市场业务中，是股票市场的新科玩家，股票发行、上市的连续过程是它们从普通公司变成上市公司的过程，而在一级半市场中的发行人是上市公司继续发行股份的过程。

从投资者的角度讲，一级半市场和二级市场的投资策略即赚钱方式更是迥然不同。在证监会 2017 年修改定增规则前，可以讲一级半市场像一级市场一样，赚钱相对不难，“抢到就是赚到”，关键在于投资者能否获得定向增发的机会。这是因为定增投资赚钱的关键在于：被上市公司选定的投资者能够以不低于“定价基准日前二十个交易日公司股票均价的百分之九十”的价格认购股票，即预先打了九折。发行人的控股股东、实际控制人及其控制的企业以外的增发认购者的锁定期只有十二个月，故而只要定价基准日十二个月内，公司股价没有比基准日跌满 10%，认购者就有利可图。

当然，在定增中，投资者需要对上市公司的价值、一年内的发展前景予以调研和选择，而这个过程更接近于一对一缔约或招投标。

在内部人或战略型占投资者认购的情形下，即上市公司的控股股东、实际控制人或其控制的关联人、通过认购本次发行的股份取得公司实际控制权的投资者、董事会拟引入的境内外战略投资者认购的，具体发行对象及其定价原则应当由公司董事会的非公开发行决议确定，并经股东大会批准；认购的股份自发行结束之日起 36 个月内不得转让。

在外部投资者认购的情形下，公司在取得证监会核准批文后，由公司及保荐人在批文的有效期内选择发行时间；在发行期起始的前 1 日，保荐人应当向符合条件的特定对象提供认购邀请书。即公司发布非公开发行的董事会决议公告后，一方面去寻求股东会批准、证监会批准，另一方面由投资者提交认购意向书、公司发送认购邀请书，潜在投资者根据申购，上市公司及保荐人最后对有效申购按照报价高低进行累计统计，按照价格优先的原则确定发行对象、发行价格和发行股数。

可见，定增的投资对象范围相对有限，即有较确定的定增计划的公司，在价格上又有价格的九折作为缓冲。由于过程步骤较多，投资者“冲动型”购买的风险较小。即便投资者申购时报价过高，也不一定真要按这个价格中标购买，而是由统一的、一般会比他们报价更低的发行价格决定。

而二级市场交易在空间上的投资对象范围非常大，选择和辨识风险的成本也会很高。在时间上，定增投资者至少需要持有十二个月。在锁定期满后，即便鉴于股价低于发行价，而自愿选择长期持有、以避免损失变现，也已然失去了定增发行认购套利的本来意义。而二级市场的时间性交易策略多样，如可以是今天买明天卖的短线交易，看见股价涨了就卖，落袋为安，或及时止损，将损失限制在一定范围内；也可以是长线操作，持有多年，静候分红或升值。此外，二级市场交易还可以通过融资融券即借入资金和证券，来加大自己认为有把握的交易的力度。

故而主流的证券二级市场交易者会对投资范围予以限缩，如按股票的行业、板块等予以细分。但"定增事件驱动的股票"不是一种常见的投资范围限缩策略，而且本身也不会带来必然的投资增值机会。

一是定增认购者可以根据公司发布计划定增公告、定增确定性很强时的信息和市场分析来决定是否提交认购意向书，而二级市场的定增题材追逐者很难提前预判哪些公司会发布定增计划（这属于内幕信息），从而提前逢低吸筹。

二是若在定增计划公告发布后，投资者再根据这一利好题材去追逐股价上涨，其实就是普通投资者都知道的"追涨杀跌"行为，并不高明。此时股价已经开涨，投资者获利空间有限。

三是如前所述，定增本身的获利空间很大程度上在于实实在在的发行价的折扣，定增并非导致二级市场股价上涨的必然理由，何时股价停止上涨，也难以预判，故而这对二级市场投资者决定何时买卖，会带来极大的难度。

事实上，本案中的定增基金管理人转战二级市场后，就损失巨大。

此外，值得注意的是，司法实践对二级市场交易和定增市场交易也是做区别对待的。例如，优先级安全资金和劣后级风险资金配对的证券交易配资合同一般被法院视为无效。[1]但配资认购定增股票的，则会被视为有效。如最高人民法院判决的贵阳工业投资公司（以下简称"工投公司"）诉明朝勇案中，明朝勇和工投公司分别作为优先级和劣后级投资者以 2∶1 的比例设立了证券公司集合资管计划，认购了上市公司定增股票。双方约定，若限售期满时股价下跌，劣后级投资者以投资额为限补偿优先级投资者，保证其享有 8% 的收益，若股价上涨，需要把 8% 以外的部分超额收益交付给优先级投资者。这种交易安排与常见的配资交易的区别，一是存在利润分享安排，但这不是本质的区别，不能说仅仅由于优先级投资者放弃了利润分成的机会，就反而导致合同无效。两种交易更为重要的区别是：常见的配资交易的标的为二级市场股票，而该交易的标的为定增发行的股票。[2]

---

〔1〕 详见缪因知：《证券交易场外配资清理整顿活动之反思》，载《法学》2016 年第 1 期；缪因知：《证券交易场外配资合同及其强平约定的效力认定》，载《法学》2017 年第 5 期。

〔2〕 （2017）最高法民终 492 号判决（直接的诉讼标的是认购者应当返还的共享部分的股票买卖差价收益）。

(三) 2017 年定增规则改变增加了定增投资的风险，但市场依然有效存在

2017 年 2 月证监会修改了《上市公司非公开发行股票实施细则》是定增新规的核心内容,[1]其要旨正在于监管者认为定增市场参与者的获利过于容易，不仅对按二级市场价格购买的投资者而言不公平（证监会本身未提及此点），也扭曲了定增参与者的行为激励，故希望通过增加这一领域应有的市场风险，来重新平衡资金供求。

在此次修订之前，定价基准日可以为关于本次非公开发行股票的董事会决议公告日、股东大会决议公告日，也可以为发行期的首日，并且可以重新定价。由于多数情况下，定增公告会被视为利好信息。故上述三个日期的股票价格，一般而言，越早的日期价格越低，把股价定在较早的（有时早于发行日一年多）董事会决议公告日、股东大会决议公告日，会给认购者带来更大的实质折扣力度。《上市公司证券发行管理办法》2006 年颁布后，证券再融资市场就从面向所有投资者的增发为主、面向公司现有股东的配股为辅，变成了面向特定投资者的定增为主。

而 2017 年新规实际上压缩了公司变相操纵定增价格的可能、减少了特定投资者“不劳而获”的套利空间。用证监会的原话说，这一新规一方面是为了抑制“部分上市公司存在过度融资倾向”，有些发行人“脱离公司主业发展，频繁融资”，“编项目、炒概念，跨界进入新行业，融资规模远超过实际需要量”，“募集资金大量闲置，频繁变更用途，或者脱实向虚，变相投向理财产品等财务性投资和类金融业务”。另一方面是为了提高定增定价效率。新规修订前，“非公开发行定价机制选择存在较大套利空间，广为市场诟病”，“投资者往往偏重发行价格相比市价的折扣，忽略公司的成长性和内在投资价值。过分关注价差会造成资金流向以短期逐利为目标，不利于资源有效配置和长期资本的形成。限售期满后，套利资金集中减持，对市场形成较大冲击，也不利于保护中小投资者合法权益”。[2]

与此同时，2017 年证监会增加了对并购重组的审查力度，令定增的主要需求受到抑制，加强了持股 5% 以上的股东的减持难度，令定增期满的退出渠道收缩,[3]2018 年股票二级市场较为低迷，令定增期满的退出盈利空间收缩，这些未必难以预期的监管因素和正常的市场变化因素导致定增市场的大幅度萎缩，增发和配股现象则重新出现。

---

〔1〕 同期发布的《发行监管问答—关于引导规范上市公司融资行为的监管要求》也有诸多针对非公开发股票的限制性措施，包括拟发行的股份数量不得超过本次发行前总股本的 20%。上市公司申请增发、配股、非公开发行股票的，本次发行董事会决议日距离前次募集资金到位日原则上不得少于 18 个月。但对于发行可转债、优先股和创业板小额快速融资的，不受此期限限制。上市公司申请再融资时，除金融类企业外，原则上最近一期末不得存在持有金额较大、期限较长的交易性金融资产和可供出售的金融资产、借予他人款项、委托理财等财务性投资的情形。此即排除了具有资金储备的公司的再融资条件。

〔2〕《证监会完善上市公司非公开发行股票规则 规范上市公司再融资》，载证监会网：http：//www. csrc. gov. cn/pub/newsite/zjhxwfb/xwdd/201702/t20170217_312363. html，最后访问日期：2020 年 9 月 8 日。

〔3〕 根据“减持新规”即《上市公司股东、董监高减持股份的若干规定》，股东采取集中竞价方式减持的，在任意连续 90 个自然日内，减持股份的总数不得超过公司股份总数 1%；在股份限制转让期间届满后 12 个月内，股东通过集中竞价交易减持数量不得超过持有该次非公开发行股份的 50%。

但这不能直接理解为这个市场不再有效地存在。2017 年“A 股全年定增市场融资规模约为 1. 32 万亿元，较 2016 年减少 3795 亿元，同比下降 22%”，2018 年，定增市场合计募资 7658 亿元。[1]

可以说，至少在 2017 年，大部分的市场融资需求依然存在。这个定增“发行募资规模仍处 2008 年以来相对历史高位，仅次于 2015 年和 2016 年”,[2] 只是改变了过去“泛滥”的格局。这是定增市场的供给侧结构性改革。被“出清”的原定增基金恰恰是投资能力或投资信心相对较弱的那些基金，或者说“偏重发行价格相比市价的折扣，忽略公司的成长性和内在投资价值，过分关注价差的”资本提供方。

本案基金的募集规模仅有一千多万元，而且在推介材料中自称是定增基金行业的领先者。2017 年年底的市场规模仍然是其募资规模的十万倍，很难说市场环境的恶化本身导致其没有容身之地。

顺便值得提及的是，2019 年 11 月证监会又开始了新一轮的上市公司非公开发行股票规则征求意见，管制出现了放松的趋势，包括将定增定价基准日恢复为原来的 3 个、进一步调低发行价折扣下限为 8 折、延长非公开发行批文有效期到 12 个月、缩短锁定期、废除减持限制、抬高发行对象的数量上限等，内容甚至比 2017 年 2 月之前更宽松。[3] 2020 年 2 月证监会正式修订改了《上市公司证券发行管理办法》《创业板上市公司证券发行管理暂行办法》《上市公司非公开发行股票实施细则》，落实了上述意见。就像二级市场的牛市熊市的涨跌周期变易外，政策松紧的变化也未尝不是定增和其他资管市场内在的、可预见的风险之一。

（四）“定增变二级”的主要投资对象改变导致原投资合同目的不能实现

个人认为，定增市场的获利难度要低于二级市场交易。而那些专门的定增基金管理人、发行人应该也是这么认为的，否则他们就会趋易避难，一开始就选择设立二级市场基金。

若认为定增市场和二级市场的投资难度各有千秋、无法直接比较，那我们也应当认为投资难度无法直接比较的根本原因是两类市场各自需要的投资策略、投资能力显著不同。特定管理人认为定增市场的投资难度加剧，导致其选择退出定增市场，则不禁令人怀疑其本来的定增投资能力。而即便对特定管理人而言定增投资难度加剧，以至于其主观认为定增市场投资难度已经大于二级市场投资难度，那该管理人也不能自动推定之前基于其定增市场投资能力而缔约的投资者仍然会接受基于其二级市场投资能力，而以原缔约条件（费率、投资额度

---

〔1〕《A 股定增连续三年下滑　今年规模同比跌 18. 74%》，载《国际金融报》2019 年 5 月 16 日。

〔2〕 申万宏源集团股份有限公司：《2017 定增市场回顾暨 2018 年预期》，载新浪财经：http：//vip. stock. finance. sina. com. cn/q/go. php/vReport_Show/kind/lastest/rptid/4053563/index. phtml，最后访问日期：2020 年 9 月 8 日。

〔3〕《证监会就修改《上市公司证券发行管理办法》《创业板上市公司证券发行管理暂行办法》等再融资规则公开征求意见》，载证监会网：http：//www. csrc. gov. cn/newsite/zjhxwfb/xwdd/201911/t20191108_365739. html，最后访问日期：2020 年 9 月 8 日。

等）继续履行原合同。

换言之，特定管理人基于政策变化而认为自己更适合转型其他领域的资产管理时，由于该资产管理合同的基本履行内容已然发生改变，故投资者有权以“不能实现合同目的”（《合同法》第94条）为由解除原合同。当然，管理人也可以重新以要约邀请方式推介自身在二级市场的投资能力，以说服投资者重新缔约。

在此需要强调的是，不能笼统地把“投资”甚至“赚钱”视为资管合同的目的。任何特定的资管合同都是多种权利义务的统一体。笼统地约定投资范围，可以说是资管行业的一个惯例，甚至说是行业性的不公平格式条款，但若因此认为对管理人的投资对象就没有约束，那就不能合理解释为何实践中即便是同一个管理人甚至具体的基金经理（自然人）的不同资管产品的费率、募资规模仍然会有区别。若没有证据表明管理人在转型后的投资能力明显强于转型前，那就不能默认投资人会愿意继续以原费率、原投资额度来履行合同。

本案管理人声称的转型通知证书若确实送达给了投资者，那只会导致理性的投资者选择立刻赎回。因为管理人甚至没有按照缔约前对定增市场投资能力的推介强度同等的力量来推介自身的二级市场投资能力，很难相信投资者会仅仅由于如此简单的说明而选择自动按原合同履行。

我们还可以对比下公司。公司具有法人人格，独立性强于契约型基金，有的公司股东分散，召集成本高，但《公司法》还是一律规定所有公司的“经营方针和投资计划”皆必须由股东会决定。股东需要听取董事会、管理层的意见陈述，通过彼此的意见讨论来形成自身的意见。那同等权利更应当赋予管理者独立性更弱的契约型基金的投资者。

集合性投资资管产品也是一个高度依赖互动博弈的过程。投资的前景与募集资金规模有关，规模太小的话，即便管理人能力不变，资管产品的获利概率也会显著降低。所以公司有设立失败制度，资管产品有发行失败制度，在资管产品的其他投资者选择退出时，单个投资者是否选择退出的决定也会发生变化。这不是一个适宜由投资者分别“背靠背”独自决定的事项。故而管理人希望改变主要投资对象时，应当以投资者会议（如基金份额持有人会议）、而非个别通知的形式召集投资者来协商重新缔约，不同意改变主要投资对象的投资者有权不再缔约而退出。

三、管理人改变主要投资对象后的投资者救济途径选择：解除合同与撤销合同

资管产品管理人擅自改变主要投资对象后，如前所述，投资者可以主张原合同目的不能实现而解除合同。若像本案这样，管理人明确承认在缔约后、政策变化前仍然有意以定增业务为主，亦有利于投资者主张合同目的不能实现。

而另一条救济思路是主张资管存在欺诈，而在除斥期间内请求法院撤销合同。这可以从

多方面寻找证据，例如对资金规模要求较高的定增业务而言，若资管产品的原始募集规模仅一千多万元，可以用来合理怀疑管理人是否有诚意从事定增业务。

在资管产品运作时，管理人如果有如下行为，则也可以作为认定其未尽到审慎、诚信的管理人义务的证据，甚至是具有欺诈性的证据。

1. 未充分揭示风险。实践中的资管产品合同会详细地提前列举各类可能的风险，如政策变动风险、市场风险。本案合同以 5 号宋体字单倍行距列举了 11 页的风险，但在这样冗长的、几乎穷尽列举的格式条款中，却并未揭示投资对象可能大幅改变、与基金名称、推介材料的基本内容不符的风险。要么说明这种改变导致的风险未曾揭示，要么说明管理人为了避免其专有投资能力受到质疑、导致发行失败，而在一开始就欺诈性地故意隐瞒了这一风险。

2. 管理人未及时主动向投资者提示义务。即便管理人主张其有权决定具体的投资对象，在做出这一决定时，亦有义务通知投资者。特别是当私募基金投资者人数较少，沟通成本亦较低。本案合同第九章“当事人权利义务”部分即约定了管理人需要投资者及时“信息披露、揭示基金资产运行情况”，对基金份额净值等予以报告。

本案的特殊情形还在于：本案投资人与管理人于 2017 年 1 月缔约并交付资金，按照约定要过半年基金才会开始正式运营，管理人在尚未开始正式运营前，重新与投资人缔约的成本较低，但其甚至并未通过电话、短信等基本方式来与投资人联络。尽管管理人声称投资人可以进入账户系统查看相关转型公告，但其未能有效举证曾通知投资人去查看，而投资人则称查看公告需要密码，自身又未获得密码。根据转型公告，投资人在账户系统内也没有点击“确认”“同意”一类的基本操作要求。公告也没有为有意申请赎回的投资人提供预约赎回的服务。投资人只能寄希望于“碰巧”在可赎回日截至前，能及时得知信息。这些种种赎回障碍的设置，恰与其在提出转型决定时的轻易成对照反差。

3. 资管产品的净值变动依据如果相对不透明，财务细目不公开，缺乏第三方验证机制，道德风险较高，则也是对投资人知情权的侵犯、可能造成欺诈。如果再任由管理人自行改变基金名称和推介材料约定的特殊范围，将导致投资者在基金运营的前端和后端均陷入信息不对称导致的巨大风险。

四、管理人自行改变主要投资对象后的损失评价

资管合同被撤销后，投资者可以主张返还全部资金。而合同被解除后，管理人可能会主张已有的损失是市场固有风险所致，或自己的行为已经减少了投资者本来会有的损失。

管理人偏离缔约时约定的投资范围、预期的交易模式的，不是没有可能会对投资者更有利。但在就此评价时，由于无法准确再现“本来可以有的”损益，改变约定主要投资对象的管理人应就此承担证明不能导致的不利责任，即其不能以行业平均水平来判断偏离本身是否

对投资者更有利，而须接受一种高度严格的标准来衡量。

在改变前后的投资对象及其比例非常单一时，“原本应有的”损益可能与实际的投资损益是可以比较的，如约定全仓投资一只股票，并进一步原定投资对象为全仓甲股票，而管理人擅自改为投资于全仓乙股票。那在投资期间内甲乙股票的损益是容易比较的。

然而，当投资对象不是只有一种或极少几种金融产品时，很难事后判断“原本应有的”损益或其必然性。除非管理人在事前宣称自身的水平处于特定市场基准，才能以此市场基准为参照。例如，若管理人事前宣称自身最多只能达到市场平均水平，方能以市场平均损益认为这是资管产品“原本应有的”最佳收益。若这个数值劣于资管产品的实际收益，那才可以认为管理人改变投资对象的做法实际上改善了投资者的境遇。当实践中多数管理人惯于自称具有行业领先地位时，他们也就必须证明市场最佳水平、投资对象的最佳组合亦只能达到特定的、劣于实际收益的水平，才能免责。

对于投资实际亏损的情形而言，管理人更难以“原本的投资方案会亏损更多”为有效辩护。因为至少管理人面对恶劣的市场环境持币不动的方案能导致更低的损失。

即便资管合同本身约定必须有一定的持仓量、不能完全维持现金资产，那管理人在面临“持仓量不足”和“持有超出约定的投资品种”两种违约选择的情况下，仍然有义务选择会导致投资者损失较小的。

因此，当管理人选择投资于未曾约定的品种而导致产品有收益、并能证明原投资方案会致损时，可以免责；而当管理人选择投资于未曾约定的品种而导致产品有亏损时，就有义务按他原本可以履行的、实际上更简单、交易成本更低的另一种方式，即持币不动。

小结之，当管理人改变约定的主要投资对象时，投资者有权要求按照管理人在原投资对象范围下，承诺或宣传的最低水准与实际收益的差额予以赔偿，即赔偿预期利益损失；若管理人未曾承诺或宣传最低收益率，在改变约定的主要投资对象后产生损失时，投资者有权要求按照无投资、无损失的情形予以赔偿。后一种情况并不构成刚性兑付，因为这是以管理人违反投资对象约定为前提的。若管理人未曾违约改变投资对象，而是不得不依照约定持仓并产生损失，则投资者无权主张管理人面对不利的市场情形时应主动持币不动、以减少损失。

五、结论

资管产品的推介材料对资管产品主要投资对象的表述属于发行人在要约邀请中的意思表示，若无相反证据，应认为资管产品认购双方对该意思表示的共识仍然体现在合同中。当资管产品的推介材料或产品合同名称指向特定的投资对象时，即便资管合同本身并未明确约定对特定投资对象的投资比例，仍然应当基于诚实信用原则和行业惯例，认定其主要部分（可以是百分之八十以上）的非现金资产应投向该对象领域。

管理人本身能力有限，不应该破坏投资者对其特定能力的信赖，而擅自以市场发生变化为由而显著改变主要投资对象，否则会增加资管产品的运营风险。管理人希望改变主要投资对象时，应当以投资者会议（如基金份额持有人会议）、而非个别的通知的形式召集投资者来协商重新缔约，不同意改变主要投资对象的投资者有权不再缔约而退出。

资管产品管理人擅自改变主要投资对象后，投资者可以主张原合同目的不能实现而解除合同；或者主张资管产品一开始即存在欺诈。

在管理人擅自改变主要投资对象后，其必须证明市场最佳水平、投资对象的最佳组合亦只能达到特定的、劣于实际收益的水平，才能免责。但在投资实际亏损时，投资者有权要求按照无投资、无损失的情形予以赔偿。

上市公司股权担保交易监管的理论证成

张　文*

目　次

一、问题的提出

在证券市场波动的背景下，大量上市公司股权质押交易触发预警线或平仓线，在出质股东不能补足担保价值差额时，面临上市公司股东被动减持的风险，进一步加剧上市公司股票市值的下行，给上市公司及证券市场的投资者造成经济利益损害。我国A股市场曾有“无股不押”的现象，2018年A股3526家上市公司中，有3453家上市公司进行股票质押，占比达97.96%[1]。究其原因，我国证券市场大面积股票质押交易源于股东融资需求的扩张以及上市公司股东“减持”监管规

---

* 张文，法学博士，中央国债登记结算有限责任公司博士后。

〔1〕 数据来源：https：//www.wdzj.com/hjzs/ptsj/20180618/663380－1.html，最后访问日期：2020年4月8日。

则的实施。

从融资需求的角度来看，我国资本市场改革为上市公司股票流动性的增加提供了制度基础；同时，在金融逐渐成为现代经济核心的背景下，金融产品、金融交易模式的创新也为上市公司股票的流通提供了现实的需求。上市公司股票作为股东权利物化的外在表现形式，其实物本身并不具有价值，而是以其所代表的将来必要的收益和有限期限的现值为价值体现〔1〕。上市公司股东正是基于股票所具有的将来及现时能够以公允价值衡量的财产价值属性，将其作为可以利用的融资工具，在缺少必要的法律规制下，股东“肆意”在资本市场中频繁交易，一些上市公司质押笔数达到 200 多笔〔2〕。

我国上市公司大面积股权质押的另一原因，源于上市公司股东“减持”规则实施的溢出效应。2015 年上半年我国证券市场共有 1224 家上市公司大股东减持，套现金额高达 4601 亿元〔3〕，对于上市公司股东大面积减持行为，我国证监会于 2015 年 7 月发布了“上市公司大股东及董事、监事、高级管理人员 6 个月内不得减持”的公告〔4〕。2016 年 1 月，我国证监会发布了“中国证券监督管理委员会公告（【2016】1 号）——上市公司大股东、董监高减持股份的若干规定”，2017 年发布在此基础之上的修订版“减持规定”〔5〕。监管机构对上市公司股东直接“减持”行为的限制，使股东开始寻找其他方式，以规避直接减持的限制性监管规则。而股权质押交易在出质股东违约后，质权人对质押股票实现质权，对于出质股而言，亦可实现“减持”效果，成为股东“直接减持”交易活动的替代选择。

实践中，上市公司股权质押交易活动，已不同于传统担保法律制度下保证主债权实现的担保活动；监管机构“疏于”对上市公司股权质押的监管，亦导致了该项交易活动对证券市场稳定运行的现实威胁。从交易活动的结果和影响上来看，上市公司股权质押交易应被纳入金融活动监管的视域，而监管规则的实施过程亦会构成对上市公司股东权利自由的限制，需要界分监管的边界，需要在理论层面探讨对上市公司股权质押交易监管的合法性及合理性。

---

〔1〕 蔡立新：《上市公司再融资与现金股利分配动机研究》，载《商业会计》2014 年第 17 期。

〔2〕 数据来源：“东方财富网”，http：//data. eastmoney. com/gpzy/pledgeRatio. aspx，最后访问日期：2020 年 4 月 8 日。

〔3〕《今年逾千家上市公司大股东减持　套现超 4000 亿》，载 http：//www. ocn. com. cn/zhengquan/201507/pbmhb09093552. shtml，最后访问日期：2020 年 3 月 3 日。

〔4〕 中国证券监督管理委员会公告［2015］18 号——上市公司大股东及董事、监事、高级管理人员 6 个月内不得减持（现已失效）. 载 http：//www. csrc. gov. cn/pub/jilin/xxfw/gfxwj/201508/t20150818_282953. htm，最后访问日期：2020 年 3 月 4 日。

〔5〕《中国证券监督管理委员会公告［2017］9 号——上市公司股东、董监高减持股份的若干规定》，载 http：//www. csrc. gov. cn/shanghai/xxfw/gfxwj/201711/t20171101_326309. htm，最后访问日期：2020 年 3 月 4 日。

二、上市公司股权担保交易的类型及本质分析

（一）实践中上市公司股权担保交易的类型

1. 上市公司股权质押式回购交易

上市公司股权质押是近年来我国证券市场中较为活跃的交易活动，在证券市场波动的背景下，大面积上市公司股权质押交易违约，构成对我国证券市场稳定运行的威胁，引起监管部门和学界对上市公司股权质押问题的关注。通过法律视角下的分析可以发现，上市公司股权质押的交易活动可以进一步分为两种类型：即具有融资性的股权质押式回购交易，以及作为保障债权实现的担保功能发挥的传统质押交易。以保障债权实现的股权质押交易活动，符合传统担保法律制度设计的目的，也即是为保证主债权的实现，上市公司股东以其所持有的股权作为担保物，向债权人提供担保。其股权质押合同的效力适用我国《担保法》中规定的，作为主合同的从合同，“主合同无效，担保合同无效”的交易规则。因此，这一模式的上市公司股权质押交易较为简单。而具有融资功能的上市公司股权质押式回购交易行为，虽然亦具有股权质押的外观形式，但是其交易活动的目的及手段与传统担保活动具有明显的差异。

上市公司股权质押式回购交易是上市公司股东与资金融出方的法律行为，根据我国有关监管规则的要求，可进一步分为场内及场外股权质押式回购交易。但无论股权质押式回购交易是否向证券交易所申报，股权质押式回购交易都作为上市公司股东的融资途径之一种，具有明显的金融属性。其股权质押式回购交易的合同中，双方明确约定有：标的证券及质押率；初始交易及初始交易金额；购回交易及购回交易金额，即包括返还的资金及应当支付的利息；最低履约保障比例以及预警履约保障比例等主要条款。股权质押式回购交易缺少与之相独立的“主债权债务合同”的存在，而是以一定质押率计算得出的标的证券的经济价值作为初始的交易金额，除了一般借款合同中资金及利息的约定外，还涉及履约保障比例以及违反履约保障比例约定的违约处置措施。与传统担保合同相比，股权质押式回购交易合同结构上的差异，亦反映出股权质押的担保设立在目的与手段上的互换，区别于传统担保法律制度设计之目标。2020 年 4 月 3 日，中国证券登记结算有限公司发布了 2020 年修订版《证券质押登记业务实施细则》，其中第 4 条即区分了融资类质押与非融资类质押在申请办理证券质押登记业务时的差异性规则[1]。由此可见，我国证券登记结算机构已经意识到实践中不同

---

〔1〕 中国证券登记结算有限公司《证券质押登记业务实施细则（2020 年修订版）》第 4 条　质押双方向本公司申请办理证券质押登记，应提交以下材料：（一）证券质押登记申请，其中：对于融资类质押（初始质押），应列明质权人名称、质权人身份证件类型、质权人身份证件号码、出质人名称、出质人证券账户、证券代码、证券简称、托管单元、证券类别、质押证券数量、业务类型、融资金额、年化融资利率、融资期限、融资投向、预警线（如有）、平仓线（如有）、质押合同编号……对于融资类质押（补充质押）……对于非融资类质押，应列明质权人名称、质权人身份证件类型、质权人身份证件号码、出质人名称、出质人证券账户、证券代码、证券简称、托管单元、证券类别、质押证券数量、业务类型、质押合同编号……

交易目的下所形成的股权质押交易的差异性，并对其有针对性的予以区分规范，提高股权质押登记的准确性和效率性的要求。

2. 股票收益权的转让及回购交易

除了上述股权质押式回购交易外，实践中亦存在以其他方式命名的股权作为担保标的物的融资活动。股票收益权的转让及回购交易即是另一种利用上市公司股票所具有的财产价值，进行融资的方式。

股票收益权的转让及回购交易中，标的股票收益权包括标的股票在完全回购前，处置标的股票以及因送股、公积金转增、配股、拆分股权等而形成的派生股票产生的收入、基于标的股票及其派生股票而取得的股息红利以及其他任何现金收入、财产性权益；资金融出方因股东转让股票收益权而支付的转让价款依据标的股票公允价值乘以一定质押率计算得出；股东回购的价格或以约定的保底回购收益率计算作为回购价款，或以一定比例计算标的股票回购日市值作为回购价款；同时，为保证股东回购交易的履行，以标的股票设立质权以担保股东的回购交易。例如，在上海市松江区人民法院（2016）沪 0117 民初 1862 号案例中[1]，公司股东与资金融出方先后签订了《股票收益权转让及回购合同》以及《股份质押合同》，双方以标的股票收益权的转让及回购，并在标的股票之上设立质押的交易方式，实现股东的融资目的。

在股票收益权的转让及回购交易中，首先，标的股票收益权的具体内容不同于公司法中对股权作出的自益权和共益权的划分，其具体范围由双方当事人在合同中作出明确约定，具有当事人意思自治的属性。其次，我国公司法制度下，股权转让应当包括自益权与共益权在内的整体转让，并在上市公司的情形下，由独立的证券登记机构予以过户登记。但是，股票收益权，特别是由双方当事人协商一致而达成的股票收益权范围难以实现有效的转让并予以登记，难以获得公示的法律效果。最后，股票收益权转让及回购价款的确定是以标的股票的市值为基础，在一定质押率及收益率的计算后予以确定，不同于传统的借贷法律行为。除此之外，为保障股东回购义务的履行，资金融出方亦会要求股东在标的股票之上设立质权，在股东履行回购义务后，解除质押。股票收益权转让及回购交易并不以资金融出方实际获得标的股票收益权为目的，并且在现有的法律制度下难以实现当事人意定股票收益权的有效转让。因此，该种交易行为的实质，即是以标的股票所具有的交换价值作为交易金额，并以标的股票设立质权作为担保，保障资金融出方得以到期收回资金的融资活动。

除了上述两种交易模式外，实践中涉及上市公司股东利用股权所具有的财产价值而进行短期融资交易活动的还有股权收益权信托交易，以及大宗代持交易等。这些交易的实质都是股东以其所持有的上市公司股权的公允价值作为基础，以一定的折算率转让给资金融出方，

---

[1] 参见上海市松江区人民法院（2016）沪 0117 民初 1862 号民事判决书。

但标的股权的表决权仍由出让股东行为，在期限届满后，由出让股东回购标的股权，恢复股权的圆满状态。标的股权的受让方在交易中并没有实际拥有标的股权所有权的交易目的，因此，为保证出让股东回购义务的履行，一般会在标的股权之上设立质权，或是以让与担保的形式，保证受让方在期限届满时，收回资金。

（二）股权担保交易的本质

从民事法律关系视角来看，“质押”与“回购”是两种迥异的民事法律关系而交易实践及相关法学文献中“股权质押式回购交易”一词的使用，本文对此持保留意见。质押虽是转移占有的担保方式，但并不转移标的物之所有权；而回购的结果即实际上发生了所有权的转移。因此，“质押”与“回购”同时出现在同一交易模式中，难以符合我国民事法律关系的类型划分。仅就现有的交易实践来看，以上市公司股票市值作为融资数额计算依据，并以标的股票作为出质股东履行债务的担保的交易活动，其本质是有担保的融资交易活动，在出质股东按约履行债务后，解除标的股权之上为债权人设立的担保权益，恢复股东对其股权享有的完整的所有权。

从担保法律制度的视角来看，在传统担保法律关系中，抵押与质押是两项重要的约定担保制度类型。质押行为与抵押行为最明显区别即在于质押行为构成了质权人对出质人所有之物的物理上的直接控制，对出质人施加心理上的压力，同时限制出质人对质物的使用，从而对债务人构成间接强制[1]。而在权利质押的情形下，特别是在股权及知识产权质押的情形下，这种强制占有的“痛感”较弱。这种弱痛感可以更进一步理解为：股权等类似的权利，对于权利人本身来说，没有特别的主观价值，即是在其上设立了质权，禁止设立人处分，对于权利人也不会产生心理上的压力[2]。同时，实践中以股权作为质押标的物融资活动中，资金融出方往往会将标的股权的表决权仍保留于出质股东一方，虽然保证了表决权行使时效率价值的追求，但同时亦降低了质权的设立对出质人心理上的压力，与传统质押制度设计之目标形成挑战。而传统担保法律制度中的抵押行为，为不占有的担保方式，通过登记制度实现对抵押权人权益的保护。反观上市公司股权质押交易实践，亦将“质押登记”作为必要的交易环节之一，由统一的中国结算公司对融入方证券账户中的出质证券进行登记[3]。通过对股权质押交易活动中出质股东的“弱痛感”分析以及实践中“质押登记”制度的确立，本文认为，“股权质押交易”的实质更倾向于传统担保法律制度中的抵押担保行为。

除此之外，实践中亦存在大量的交易活动并未使用“股权质押式回购交易”之名，但是

---

〔1〕［日］我妻荣：《债权在近代法中的优越地位》，王书江、张雷译，中国大百科全书出版社 1999 年版，第 94 页。

〔2〕［日］我妻荣：《新订担保物权法》，申政武、封涛、郑芙蓉译，中国法制出版社 2008 年版，第 204 页。

〔3〕《股票质押式回购交易及登记结算业务办法（2018 年修订）》第 49 条　股票质押回购的质押物管理，采用由中国结算上海分公司对融入方证券账户相应标的证券进行质押登记或解除质押登记的方式。

其交易活动的实质都与股权质押交易相类似，甚至在一些交易模式下，其风险的隐蔽性更强。因而，在对上市公司股权质押式回购交易以及类似交易活动进行监管时，仅以交易名称确定监管范围难以有效实现监管之目的，还会引起监管规则的溢出效应，影响证券市场的稳定运行。

通过理论与实践两个层面对股权质押式回购交易的实质进行分析，本文认为以“股权担保交易”概称所有在实践中存在的，以公司股权的经济价值作为担保进行融资活动的交易行为，能够较为准确的释明该类交易的实质；同时，在法学视角下对该类交易行为进行探讨时，具有明确且统一的指代，能够为交易双方权利义务的划分以及监管规则的统一适用提供必要的基础。

三、上市公司股权担保交易行为的负外部性

（一）对上市公司中小股东的影响

上市公司股权担保交易对中小股东最为明显的影响，即是对中小股东经济性权利的侵权。上市公司股东在其股权之上为担保权人设立担保权益，其可能原因包括但不限于以下三种情形；上市公司业务的扩展需要资金，大股东将其股权设立担保权益以实现对上市公司的融资；股东为其他人的债权提供担保，将其所持有的上市公司股权作为担保物设立担保；上市公司股东因为个人的原因，需要流动性资金，将其持有的上市公司股权通过股权质押式回购交易为股东自身获得融资。相对于大股东而言，中小股东通过购买上市公司的股权成为上市公司的股东，其投资目的在于：期待上市公司的未来发展，通过低买高卖获得二级市场上的差价，[1]以实现其投资收益。从投资的时间范围上看，中小股东对于公司的投资一般具有短期性，希望在短期的时间获得最大的投资，因而中小股东可能会关注于上市公司短期内的盈利表现而做出决策的投票选择。虽然有时候中小股东的选择并不能够为公司带来利益的最大化，[2]但是中小股东在作出决策选择之前一定是基于对公司利益最大化的追求，更直接的表达即是追求上市公司股票价值的显著提升。因此，从一定意义上可以说，中小股东是与上市公司利益最为统一和紧密的结合体，上市公司的利益受损，也即是中小股东的利益受损。

从上市公司大股东股权担保交易发生的原因来看，除了第一种为了上市公司业务扩展需要融资而进行的股权质押式回购交易外，后两种股权担保交易是为他人的债务以及为股东个人融资需求，并未涉及提升上市公司股票价值、增加上市公司市值的目的和作用。相反，上市公司股东的股权担保交易还可能会使上市公司的股票价格下跌，使上市公司的利益受损，

---

〔1〕 汪青松：《股东关系维度代理问题及其治理机制研究》，载《政法论丛》2012 年第 4 期。

〔2〕 《长期战略和短期走势之悖论》，载 http：//www. sohu. com/a/249543045_100194716，最后访问日期：2019 年 10 月 27 日。

进而影响到中小股东的利益。在域外国家的资本市场中，一般认为质押股权是发起人筹集资金的最后选择，如果发起人将其股权质押，则意味着其他所有筹集资金的途径都难以实现[1]，进而影响投资者对上市公司经营能力的评价，上市公司的股票价格会随之下降，对上市公司中小股东的利益产生实质性的负面影响。上市公司股东将其持有的股权为他人或股东自身设立担保权益，还可能存在“掏空”上市公司的嫌疑，进而由上市公司的中小股东为大股东的“掏空”行为买单。

（二）对上市公司的影响

上市公司作为法人主体具有独立的法人财产，而上市公司股权担保交易对公司商誉、股票价格带来的负面影响，将会直接影响上市公司利益。

在投资者的投资信心方面，在发达资本市场中，投资者信心是资本市场的基础，投资者投资信心的减少或者不投资，将会直接影响资本市场资源配置功能的发挥。[2]而上市公司股权担保交易的发生，一般会被投资者视为公司缺少流动性的表现，而企业未来获得现金流的能力即代表着上市公司的成长性，基于公司成长性作出有效的投资者决策的投资者会对该类缺少流动性的公司缺乏投资信心，进而影响公司的股票收益。[3]投资者信心与股票价格有很大的关系[4]，当投资者对上市公司未来成长看低，即会降低投资信心，股票价格也会因此下跌。

在上市公司治理层面，股权结构决定了公司治理的基本架构[5]，良好的股权结构有利于公司治理能力的改善[6]。但是在上市公司股权担保交易中，如果出质股东是上市公司的大股东、控股股东，或者出质股权占上市公司股权的5%，在发生交易违约后触发合同中约定的违约处置条款，质权人有权对设立担保的股权予以处置，其结果将对上市公司现有的股权结构产生实质性的改变，进而影响公司治理。上市公司大股东、控股股东的变更也在一定程度上影响投资者的投资信心。英美法体系中，上市公司被称为“公众公司”[7]，社会公众一般并不具有较强的公司管理的专业能力，难以准确地作出对公司发展有利的决策。而上市公司控股股东，一般作为上市公司最初的设立者、所有者、控制者，对于上市公司的整体概

---

〔1〕 载 https：//www. google. com/amp/s/ejje. weblio. jp/content/amp/Pledge%2bof%2bShares，最后访问日期：2019 年 10 月 27 日。

〔2〕 郭璐：《融资偏好视角下中小投资者利益保护机制与对策研究》，河南大学 2013 年博士学位论文，第 102 页。

〔3〕 李虹、袁颖超、许宁宁：《金融生态环境、投资者信心、公司成长性与股权资本成本》，载《财会通讯》2018 年第 3 期。

〔4〕 雷光勇、王文、金鑫：《盈余质量、投资者信息与投资增长》，载《中国软科学》2011 年第 9 期。

〔5〕 张新民：《资产负债表：从要素到战略》，载《会计研究》2014 年第 5 期。

〔6〕 王化成、曹丰、叶康涛：《监督还是掏空：大股东持股比例与股价崩盘风险》，载《管理世界》2015 年第 2 期。

〔7〕 窦欢、陆正飞：《大股东控制、关联存款与现金持有价值》，载《管理世界》2016 年第 5 期。

况有更为清晰和准确的了解，控股股东的行为能够在一定程度上代表公司未来的发展[1]。因此，控股股东的能力在一定程度也决定了投资者的投资决策。一旦因上市公司担保交易行为的违约导致上市公司大股东甚至控股股东的变更，会引入其他主体成为上市公司的新的大股东，或控股股东，一方面会影响公司的日常经营活动的顺利开展；另一方面也会影响投资者对投资行为的预期。同时，因购买出质股权而成为上市公司的股东，可能并不具有原始发起人对上市公司的发展所具有的责任感，其可能的表现是上市公司发展的长期战略与“接盘”股东所关注的上市公司股票价格的短期走势之间的冲突，进而给上市公司的利益带来负面影响。

（三）对金融市场运行秩序和效率的影响

1. 大面积平仓对证券交易市场秩序的影响

上市公司股权担保交易约定有预警线和平仓线，以便在上市公司股票价格出现下跌的情形下，债权人能够及时收回资金。但是，实践中上市公司股东高比例质押的行为，在股票市值低于预警线或平仓线后股东难以提供股票或资金以恢复担保物的价值，触发股权担保交易违约处置条款。股权担保交易违约的平仓处置结果即是向证券交易市场出售大量的股票，[2] 吸出大量流动性资金，使股票价格的进一步下跌，对证券市场的波动产生增强的顺周期效应，影响证券市场的运行稳定。

除此之外，已经成为上市公司中小股东的投资者，在股权担保交易信息披露后，更加关注其所持有的股票价格，一旦发生股票价格下跌，即可能引起公众的恐慌性抛投行为，导致上市公司股票价格的进一步下跌。在一些案例中，常常出现上市公司股票一开盘即跌停的现象，甚至有上市公司为了阻止其股票价格的进一步下跌，往往会申请对其股票进行技术性停牌。这些都会对证券市场的正常交易秩序带来负面影响。

2. 过度融资行为对金融市场融资效率的影响

上市公司股权质押式回购交易能够为上市公司及其股东带来低成本、高效率的流动性资金，但同时，金融工具的使用应当是经济服务作为其正常的轨道与价值定位[3]。该种融资工具的利用限定在必要的范围内，否则会对金融市场的正常运行带来负面影响。上市公司股权担保交易是通过对上市公司股权市值在一定担保比例下确定流动性资金的融资规模，在一定程度上具有对公司股权价值的再发现的功能。而在上市公司利用股权质押式回购交易进行过度融资时，会影响资金融出方对上市公司股权价值的判断，使原本便于投资者投资、便于公司融资与管理的股权，变成其他“庄家”赚取利差的营利工具。由此，还可能演变出更具

---

〔1〕 杨长虹、彭丁：《中国企业双重上市影响因素即经济后果研究——来自香港联交所的经验证据》，载《宏观经济研究》2013 年第 8 期。

〔2〕 文雯、陈胤默、黄雨婷：《控股股东股权质押对企业创新的影响研究》，载《管理学报》2018 年第 7 期。

〔3〕 徐孟洲、杨晖：《金融功能异化的金融法矫治》，载《法学家》2010 年第 5 期。

破坏性的股市“泡沫”。

3. 融资资金使用不当对整个金融市场稳定的影响

前文已述，公司融资应当以满足生产经营周转的需求为限，因而，公司对融资资金的使用也应以生产经营、提供竞争力等实体经济发展为目的，[1]资金的使用应当符合我国产业政策之要求。但在金融异化的影响下，上市公司及其股东对于金融工具使用的目的不再仅限于交易的媒介与信用的尺度，[2]而更加倾向于货币增值的目标，并将其作为主要目标。在这一目标的指引下，上市公司股权担保交易的便捷性成为上市公司及其股东获取更大增值的通道，通过便捷、低成本股权担保交易融得的资金，并将其作为其投资的本金，投向股权、债权类投资项目，以获取货币资金的增值。上市公司股权担保交易资金使用不当，会扭曲金融市场的运行秩序，增加了实体经济的融资成本，导致金融的泡沫化和产业的空心化，[3]对金融市场整体的稳定，甚至金融市场的安全带来极大的威胁。

四、上市公司股权担保交易中的价值冲突

（一）股东个人权利自由与社会公共利益之间的冲突

当前，我国上市公司股权担保交易已经在实践中暴露出其交易模式下隐藏的风险，而这一交易活动亦反映出股东个人权利自由与上市公司、中小股东以及证券市场稳定的社会利益之间的冲突。个人自由与社会利益是现代法制社会最基本的价值冲突[4]，上市公司股权担保交易成为这一对价值冲突在微观交易规制层面的有力佐证。

在传统自由主义思想下，以个体本位为价值取向，强调个人权利的自由行使[5]，而个人权利是国家合法性的根本依据，法律制度的构建也必以公民的权利和自由为基础。随着社会经济的发展，代表促进和满足社会整体生存和发展的各种需要的社会利益，[6]逐渐成为法律规则制定时考量的因素，并且在不同社会和不同历史时期，具有不同的内容。就股权担保交易的权源来看，股东利用其所持有股权的经济价值，为债权人设立担保权益，是股东对其股权财产性权利的处分行为，属于股东个人权利的行使的范畴。而基于自由主义价值取向的要求，我国《物权法》中确认了股权作为质押标的物的合法性，并为股权质押法律行为制定有相关的法律规则；同时，我国《公司法》与《证券法》中也规避了对股权质押行为的限制性规则，充分体现出法律对于股东个人权利自由的保护。但是，实践中上市公司股权担保

---

[1] 姚莲芳、谢琼：《中小企业融资环境优化路径与策略研究》，载《学习与实践》2012 年第 8 期。
[2] 徐孟洲、杨晖：《金融功能异化的金融法矫治》，载《法学家》2010 年第 5 期。
[3] 谢家智、王文涛：《金融发展的经济增长效率：影响因素与传递机理》，载《财贸经济》2013 年第 7 期。
[4] 陈兴良：《形式解释论的再宣示》，载《中国法学》2010 年第 4 期。
[5] 俞祖华：《离合之间：中国现代三大思潮及其相互关系》，湖南师范大学 2014 年博士学位论文，第 113 页。
[6] 许崇德主编：《中华法学大辞典·宪法学卷》，中国检察出版社 1995 年版，第 517 –518 页。

交易结果的影响范围并不仅限于交易相对方的两方主体，通过前文对交易负外部性的分析可知，上市公司股权担保交易的结果还可能会影响上市公司、中小股东和证券市场在内的多方利益。这些多元利益的集合即构成了与担保股东个人利益相对应的社会公共利益。上市公司股权担保交易在实践中的负外部性，即是股东个人利益的实现与社会公共利益维护冲突的外在表现。

（二）上市公司股权担保交易的效率与安全价值的冲突

效率与安全亦是一对对立的法律价值〔1〕，在市场经济视域下，效率与安全的法律价值冲突表现地更为明显。在上市公司股权担保交易中，亦存在交易效率与经济安全的价值冲突。

上市公司股权担保交易是市场主体在交易过程中，基于自身利益最大化目标的实现，而创新出的交易模式。从交易模式的自身来看，具有明显的效率优势，具体来看：首先，上市公司股权担保交易是股东利用其股权实现进一步的担保融资活动，其担保标的物的可获得性较为便捷，同时，股权担保交易在股权之上设立担保物权亦不会造成股权所代表的公司经营管理权行使的实质障碍；其次，股东通过股权担保交易实现融资的目的，与一般直接融资方式相比，在我国现有法律规制和监管规则下，具有门槛低、监管宽松的特征，为股东融资带来极大的便利；最后，通过股权的市场价格来确定股权担保交易的交易金额，在股权数量和市场价格较高时，能够获得较大规模的融资体量。因而，上市公司股权担保交易在成本、便捷以及融资规模多个维度内，与其他融资方式相比，都具有明显的效率优势。股权担保交易能够以较低的成本和更为便捷的程序，在较短时间内，为上市公司及其股东募集所需的流动性资金。在促进社会经济发展的背景下，效率价值的实现固然重要，但市场主体因自身的利益而盲目追求效率，其结果可能会导致交易安全受损〔2〕，甚至会影响经济安全。当前，我国大面积、高比例股权担保交易的发生，即是交易效率导致的结果。而这样的结果在证券市场波动的背景下，给我国证券市场运行稳定带来极大的威胁，影响了证券市场安全目标的实现。前文股权担保交易活动对金融市场运行秩序影响的分析中所提到的加剧证券市场的正向波动、过度融资以及资金使用不当导致的金融泡沫化等危害，即是股权担保交易中效率与安全价值冲突的表现。

五、上市公司股权担保交易监管对价值冲突的平衡

监管者作为市场秩序的维护者，在法律的授权下，以社会公共利益作为其行使职权的出

---

〔1〕 张洪波：《以安全为中心的法律价值冲突及关系架构》，载《南京社会科学》2014 年第 9 期。

〔2〕 张愉庆：《不动产物权变动：登记生效，抑或登记对抗？——兼评〈物权法（草案）〉征求意见稿第 9 条》，载《研究生法学》2006 年第 4 期。

发点，能够有效平衡各市场主体之间的利益冲突，维护市场运行的稳定。在市场交易中，市场主体作为理性的经济人，通过个人自由的最大化实现自身利益的最大化，但其自由行为往往会带来负外部性，并且其负外部性难以通过市场的方式予以化解，同时，传统以民商法为典型的私法领域尊重且保护个人的权利自由，难以对市场经济活动中的负外部性予以有效的规制。此时，即需要由法律授权下制定的监管规则，对市场主体的行为自由予以必要的限制，进而实现对交易活动中利益冲突的平衡。在法律的明确授权下，监管规则能够以限制主体自由权利、赋予主体更严格义务的方式，实现社会公共利益的实现和安全价值的保障。

（一）通过监管实现股东个人利益与社会公共利益的平衡

在上市公司股权担保交易中，仅关注于股东个人权利自由的保护，将会影响社会公共利益的实现，而监管规则又对股东个人权利自由的行使带来限制。我国对于股东个人权利的自由保护也并非是无限制的全面保护，股东个人权利行使的自由在相关法律规则中亦存在例外情况。例如，股东股权转让的行为亦属于股东的个人行为，但是我国法律在确认转让股权自由的同时，亦作出了必要的限制。在有限责任公司的形式下，股东之间的股权转让是自由的，但是股东对外转让其股权需要得到其他股东的同意；同样，在股份有限公司的形式下，发起人持有的股权在一定时间内禁止转让。这些法律规则一方面赋予股东转让股权的自由，另一方面也对股东股权转让行为作出了必要的限制。对上市公司股权担保交易的法律规制既要保护股东个人权利的行使自由，又要保护包括上市公司、中小股东以及金融市场秩序在内的社会公共利益的维护，合理限制上市公司股东股权担保交易活动成为平衡二者利益冲突的原则。通过监管对上市公司股东股权担保交易自由的合理限制具体可以从以下几方面理解：

第一，股权担保交易是上市公司股东的融资模式，其交易的开展具有合法的权源。金融活动本就存在一定的风险，不能因为风险的存在而限制交易活动的开展。为了保护中小股东、金融投资者以及金融市场秩序，在交易前的应当实施充分的信息披露，以保护金融投资者的知情权，在充分信息披露下，金融投资者应当承担其投资行为的合理性。

第二，在股权担保交易履行的过程中，应当对股东通过股权担保交易获得融资资金的使用予以严格的监管，确保资金的使用是符合实体经济发展需求，避免股东权利的自由成为过度融资的依据，进而造成金融的泡沫化。

以充分的信息披露以及持续监管的两个监管路径，即在承认股东个人权利自由的同时，满足社会利益的保护的价值需求，能够有效实现在保障上市公司股东权利行使自由的基础上，实现对社会公共利益的保护。

（二）通过监管实现交易效率与经济安全的价值平衡

上市公司股权担保交易作为具有效率性的创新交易模式，得到法律的保护。但是，交易效率的属性也应当被限定在必要的融资范围内，以防止股东的滥用危害经济安全。在对上市公司股权担保交易监管的过程中，通过赋予资金融出方以融资审查的义务，将上市公司股东股权质押回购交易在必要的融资范围内，同时审查融资资金投向符合我国产业政策的规定，防止股东的过度融资行为；除此之外，还可要求上市公司股东对其股权担保交易的相关信息，特别是融资资金使用的全过程予以及时、全面、准确的披露，通过赋予其严格的信息披露义务，确保融资的必要性和资金使用的合法性，在保护交易效率的前提下，实现经济安全的价值目标。通过对上市公司股权担保交易的监管，有效控制资本市场股权担保交易的数量，将证券交易市场正常波动所带来的负面影响控制在可控的范围内，不会因此带来投资者的恐慌，加剧市场波动，引发更为严重的金融风险，进而实现对整个金融市场安全价值的保护。

在对当前上市公司股权担保交易风险化解的过程中，监管的引入能够有效实现股东个人利益与社会公共利益、交易效率与经济安全价值冲突的平衡。但是，在社会主义法治化的要求下，监管也应被限制在必要的范围内，并且应以尊重经济主体权利自由为前提。对上市公司股权担保交易的监管，应当在法律明确的授权，以及对监管者予以监管的前提下，通过对监管规则的执行，实现股权担保交易中各方利益与价值冲突的平衡。

六、结语

上市公司股权担保交易活动是股东对其股权的处分行为，具有私法的属性，股东享有处分其股权的自由。但是，上市公司的股权交易具有交易场所的特定性以及交易对象涉及公众投资者的特殊属性，上市公司股东利用其股权进行担保交易活动，不仅可能会影响公司的治理结构，还会影响到证券交易市场中的公众投资者、证券交易市场秩序。缺少必要的外部规制，允许上市公司股东在其股权之上自由通过设立担保权益而实施的融资行为，其行为的结果即导致了现阶段上市公司控制权主体的变更、上市公司股东被动减持、证券公众投资者权益受损、证券交易市场秩序混乱等负外部性现象的发生。因此，上市公司股东在利用其股权进行担保交易活动时，其权利的自由需要受到必要的限制。而这一必要限制的合法性来源即是法律规则的明确规定。通过法律规则的明确，以指引和规范上市公司股东的股权担保交易行为，使上市公司的股东能够在符合一定公共利益要求的前提下，实施其股权担保交易行为的自由。而这一目标的实现需要通过代表一定社会公共利益的监管的方式实现。通过监管机构制定相关的上市公司股权担保交易规则，以约束和限制金融机构参与上市公司股权担保交易活动的行为，通过对金融机构风险管控和合规责任承担的方式，间接实现对上市公司股权担保交易行为的限制。除此之外，监管机构还可以通过信息披露的方式，对上市公司股权担保交易行为进行必要的监管和约束，以控制上市公司股权担保交易的风险。

我国存托凭证存托人义务探析

徐 俊*

目 次

一、我国存托凭证存托人的义务规范及其缺陷

（一）我国存托凭证运行结构分析

根据中国证监会《关于开展创新企业境内发行股票或存托凭证试点的若干意见》（以下简称《若干意见》）和《存托凭证发行与交易管理办法（试行）》（以下简称《管理办法》）的规定，目前阶段的 CDR 属于融资型、参与型存托凭证，CDR 发行上市和交易过程中涉及的相关主体包括：境外基础证券发行人（或称境外公司）、存托凭证持有人（或称存托凭证投资者）、存托人以及托管人，其中境外公司、存托人、存托凭证持有人之间需签署存托协议，存托人与托管人之间需签署托管协议，结合相关法律法规之规定确定 CDR 各方当事人的法律关系和权利义务。境外公司在境外发行的基础证券由存托人持有，并由存托人在境内签发存托凭证。境外公司应根据前述规则参与存托凭证的发行工作并接受中国证监会和

* 徐俊，法学硕士，任职于上海金融法院。

交易所的监管。存托人应遵守存托协议的具体约定，开展存托凭证的签发工作，存托凭证成功发行后，其应当为投资者利益行使基础证券权利，并主动办理对投资者的分红、派息等业务。存托凭证持有人依法享有存托凭证所代表的境外基础证券权益，并通过存托人行使权利。（见图 1）

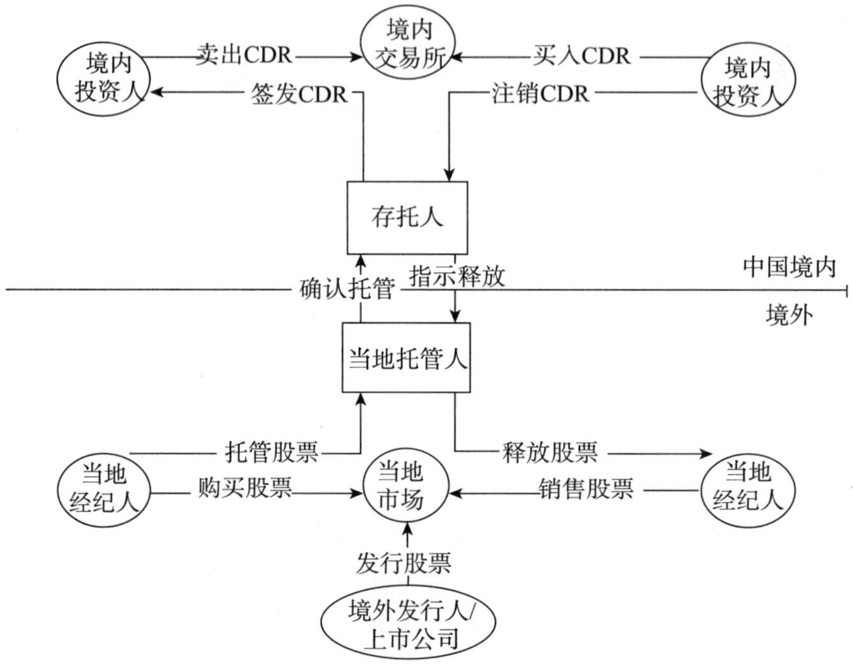

图 1

（二）我国存托凭证存托人义务规范的基本框架

《若干意见》明确规定，“基础证券发行人、存托人及存托凭证持有人通过存托协议明确存托凭证所代表权益及各方权利义务”。因此，在 CDR 发行上市及后续的交易过程中，包括存托人在内的三方当事人通过存托协议确定各自的权利义务，以契约方式约束各方。

单纯从《若干意见》前述规定的角度分析，其对存托人的义务仅要求以存托协议约定即可，并没有加以强制性规范。但从中国证监会颁布的《管理办法》来分析，第 31 条原则性地规定了存托人应当忠实、勤勉地履行各项职责和义务，不得损害存托凭证持有人的合法权益。第 27 条以强制性规范的方式对存托人的义务进行了明确，该条第（一）项至第（七）项规定了存托人的协助发行存托凭证、安排存放基础财产、维护持有人名册、分派股息红利等义务。同时该条第（八）项“中国证监会规定和存托协议约定的其他职责”为兜底条款，也表明了我国存托凭证中存托人义务规范的基本框架为，监管部门的强制性规定与存托协议的协商约定并行进行规范。

从中国证监会制定并颁行的《存托凭证存托协议内容与格式指引（试行）》（以下简称

《存托协议内容指引》）来看，《管理办法》中对存托人义务的强制规范均被强制要求于存托协议中加以约定，换言之，存托协议的约定规范已涵盖了存托人义务的所有强制规定和当事人的协商约定。因此从整体角度来分析，我国存托凭证存托人义务的规范并未逃离《若干意见》的规范框架，仍是以存托协议为载体进行规范的模式，当然，对存托人进行规范的基本框架是约定规范 + 强制规范，以强制规范保护存托凭证持有人的基本权利，同时给予存托人和境外公司一定的意思自治空间，由其对剩余条款进行协商确定，则能降低境外企业融资成本，有效促进存托凭证市场的效率提升。理想情况下，此种规范框架既能保证对证券市场投资者的保护，亦能有效促进企业融资，提升证券市场的效率。

（三）我国存托凭证存托人义务规范的缺陷分析

1. 存托协议的约定规范存在局限

为了解决跨境证券发行和交易过程中存在的法律冲突问题，可以通过一国合理限制本国证券相关法律的适用、协调甚至统一各地证券法律的实体规范、签订双边或多边条约〔1〕以及各国制定证券法适用有关的冲突法规则〔2〕等方式加以解决。诚然，以上方法对于解决跨境法律冲突具有一定的可行性，但是其具体操作的成本高昂，且效率较低。与此相反，通过协议约定的方式，来规范包括境外公司、存托人以及投资者的权利和义务，并约定法律适用等问题，可以更有效地解决跨境证券融资中存在的法律冲突问题。因此，存托协议作为存托凭证运行机制中的核心文件，其是解决跨境证券发行和交易的关键创新，具有不可或缺性。

但与此同时，存托协议具有内在的局限性。由于存托凭证持有人无法事先参与对存托协议约定条款的制定、只能被动接受存托协议的各项条款；同时存托协议的生效也无须存托凭证持有人的同意，因此存托协议中约定条款对存托人义务的规范存在局限，无法有效保护存托凭证持有人的权益。并且，在存托凭证发行交易过程中，信息不对称的现象普遍存在，这也进一步加剧了约定规范的局限性。

另外，CDR 对存托人进行规范的基本框架是强制规范 + 约定规范。法律谚语有云："无责任则无义务"，对于存托人违反强制规范的情况，自然根据《管理办法》对存托人采取相应的监管措施；对于存托人违反存托协议中约定规范损害投资者利益的情况，理论上应当根据协议中违约责任条款进行追责。但是，根据《管理办法》的规定，存托协议违约责任条款属于约定条款，而该等条款的制定与修改过程，投资者即存托凭证持有人自始至终无法参与其中，将导致境外公司与存托人对于违约责任条款的制定与修改存在倾向性，极有可能导致境外公司和存托人的违约成本偏低，有损投资者利益。

因此，对于强制规范 + 约定规范并行的存托人义务的规范模式，约定规范的范畴内，应

---

〔1〕 孔玉飞：《跨国证券发行交易中的法律冲突与法律适用》，载《南京大学法律评论》2006 年第 2 期。

〔2〕 参见邱永红：《证券跨国发行与交易中的若干法律问题》，载《中国法学》1999 年第 6 期。

当接受意思自治原则的指引，由当事人自行协商约定，监管者应当避免过多干预，但对于存托协议中的违约责任条款，应当属于强制规范，而不属于约定规范。从《管理办法》与《存托协议内容指引》的规定来看，均将存托协议的违约责任条款视为应当由当事人自行约定的范围，如此规定实属对协议违约责任这一强制规范的错位规定。

2. 存托协议的强制规范存在缺失

（1）存托人受信义务规范的缺失

在强制规范 + 约定规范的模式下，不仅存在对违约责任规范的缺失，强制规范体系中，由于尚未厘清存托凭证各主体的法律地位以及存托协议的法律性质，导致存托人其他义务的强制规范亦存在疏漏。

在境外公司治理中，《管理办法》要求存托人应当以境内投资者意愿为依据来行使境外公司的投票权等；并且当境外公司审议有关境内投资者权利义务的议案时，存托人应参加会议并为投资者权益行使投票权。同时《管理办法》第 31 条规定存托人不得擅自行使基础证券上的权利，此规定看似有效地限制存托人的权利而能够保护存托凭证持有人的权益，但是由于中国证券市场的投资者大多为公众投资人，存有明显的投机目的，对境外公司治理漠视较为明显，即使存托人持有境外公司较高比例的股份，亦无法有效参与境外公司治理，不利于境外公司治理水平的提高，因此《管理办法》的规定有所偏差。同时，《管理办法》中并未就境外公司控股股东及董事和高管违反受信义务的情况下，存托人应当采取措施履行监督义务加以规范，存在缺漏之处。

（2）存托人信息披露义务规范的缺失

存托人作为“签发”存托凭证的主体，是证券签发者，在证券法基本理论指导下，应当对投资者负有一定的信息披露义务。在 CDR 发行上市与交易过程中，无论是《若干意见》还是《管理办法》中，对于信息披露义务人的范围，仅明确规定境外公司及其控股股东、实控人属于存托凭证的信息披露义务人，虽然相关条款中均以“等”字作为信披义务人范围确定的兜底，但是对其的解释亦存在不确定性，以目前的规定来看，难以将存托人解释为信息披露义务人。未将存托人纳入信息披露义务人的范围，存托人因此无须承担相应的信息披露义务，无疑是对存托人信息披露义务规范的缺失。

3. 缺陷原因分析

2020 年 3 月 1 日正式生效的新《证券法》第 2 条已将存托凭证正式纳入其调整范围。[1]然而，在存托凭证相关主体的法律地位及相互之间法律关系这一更为微观的层面，仍存在争议，不可避免地导致了前文所述的对存托人义务规范的缺陷。

---

〔1〕 新《证券法》（2019 年修订）第 2 条第 1 款：“在中华人民共和国境内，股票、公司债券、存托凭证和国务院依法认定的其他证券的发行和交易，适用本法；本法未规定的，适用《中华人民共和国公司法》和其他法律、行政法规的规定。”

（1）对存托协议表征的法律关系定位不准确

对于这一问题，两大法系观点略有分歧。大陆法系认为，存托人依照存托协议条款履行包括发行存托凭证、分派基础证券权益、行使投票权在内的各种义务，因此倾向于将存托协议认定为委托合同[1]，其中境外公司为委托方，存托人则为受托方。而在英美法系中，更倾向于将存托协议归于信托合同，即当事人之间的关系为一种信托关系，存托人、境外公司、持有人分别为信托关系中的受托人、委托人、受益人，如此存托人基于存托凭证持有人的利益对境外基础证券发行人进行监督，并行使股东权利。

当然，委托代理关系与信托关系是对存托协议下当事人之间法律关系的不同解释，此两种观点的争论也是未能厘清存托凭证相关主体法律地位的底层原因，从而导致对存托人义务规范的缺漏。同时，在当今证券市场不断发展，机构投资者与个人投资者分庭抗礼，投资者对上市公司治理参与的积极性出现两极分化，在此种现实下，存托凭证表征的法律关系的性质是否会有新的解释？

（2）对存托人的身份定位不准确

第一，公司法语境下存托人身份定位不准确。诚然，境外公司股东名册或类似文件中登记的股东为存托人，但仍有观点认为，由于存托凭证持有人享有基础证券所表征的权益，则应当将其认定为基础证券所有者即境外公司的股东。[2]但是在全球的存托凭证实践中，存托凭证投资者无法像一般股票投资者那样直接、个别地行使表决权等股东权利，而只能借助于存托人这一主体行使权利，就此而言，存托凭证持有人并非当然意义上的境外公司的股东。因此，究竟是存托凭证持有人还是存托人应视为境外公司基础证券之股东，并享有相应的股东权利存在较大争议，这也导致了境外公司治理过程中，对存托人与持有人之间权利义务出现错配的情况。

第二，证券法语境下存托人身份定位不准确。存托凭证的发行人究竟是境外公司还是境内存托人，在不同国家或地区存在不同的观点。第一种观点认为存托凭证的发行人是境外公司，以我国台湾地区为代表，台湾存托凭证（TDR）规则中明确表示TDR的发行属于“第二发行”，境外公司应当承担对境内投资者的最终义务。[3]第二种观点则认为存托凭证的发行人是存托人，依据对《若干意见》规定的文义解释，存托凭证是由存托人“签发”的，因此存托凭证的发行人应当是存托人。第三种观点则较为特殊，仅存在于ADR规则中，SEC认为ADR的发行人既不是存托人，也不是境外公司，而是一个虚拟的实体。[4]SEC的此等

[1] 《民法典》第919条：“委托合同是委托人和受托人约定，由受托人处理委托人事务的合同。”

[2] See Mark Saunders: American Depository Receipts: An Introduction to U.S. Capital Markets for Foreign Companies [J]. *Fordham International Law Journal*, 1993, 17 (1): 48-83.

[3] 参见谢鸿滨:《论台湾存托凭证发行人证券诈欺责任——以存托银行为中心》，台湾东吴大学2016年博士学位论文。

[4] See Hacker, Rotunda: The SEC's Ectoplasmic Theory of an Issuer as Applied to Educational and Charitable Institutions, Bank Trustees, and Other Exempt Issuers [J]. *California Law Review*, 1977, 65 (6): 1181-1215.

观点与美国特殊的证券豁免规则不无联系。在此，不同国家、地区存托凭证具体规则和相关解释各异，那么，存托凭证的发行人究竟应当是境外公司还是存托人，抑或是二者同为发行人？尚存争议。

（3）未在存托人不同身份定位的基础上对其义务进行区分规范

根据前文，存托人在公司法和证券法的语境下有着不同的身份定位，在此基础上，存托人的义务也有着不同的内涵和外延。因而，未能对存托人的不同身份进行准确定位，导致了无法对存托人的义务进行区分规范，这也是对存托人的义务规范存在缺陷的直接原因。

二、我国存托凭证存托人义务规范的法理基础

（一）存托凭证的法律属性与存托协议表征的法律关系

1. 存托凭证属于境内证券、间接证券

新修订的《证券法》第 2 条明确规定存托凭证属于《证券法》调整的证券。股票是公司即发行人签发的证明股东所持股份的凭证，而存托凭证则是存托人签发、以境外证券为基础在境内发行、代表境外公司股票权益的证券，一方面，存托凭证和股票一样，均在境内发行，属于境内证券。另一方面，股票仅涉及一次发行，而存托凭证则涉及两次发行。[1]具体来看，第一次是境外公司在境外发行基础证券即股票，第二次则是存托凭证发行人以境外公司的股票为基础、在境内向投资者发行存托凭证。因此，股票可以归类为直接证券，而存托凭证则应当归类为间接证券。[2]我们也应在此基础上分析存托协议的性质以及当事人之间的法律关系。

2. 存托协议表征的特殊股份代持关系

存托协议运行机制中，由于涉及证券的二次发行，存托凭证持有人真实持有存托凭证，但无法直接持有境外基础证券，必须借助存托人这一“通道”来实现股权项下除占有之外的各项权能，且存托人和存托凭证持有人均受存托协议的约束，因而存托协议在存托凭证运行机制中表征的是一种股份代持关系，而该等代持与一般的公司股份代持不同。首先，我国明令禁止上市公司股票代持，而存托协议代持的标的恰恰是上市公司的股票。其次，存托协议代持中，代持人与被代持人都位于境内，但代持的标的股票却托管在境外。最后，存托协议与一般的股权代持协议不同，第一，存托协议具有要式性，必须为书面；第二，存托协议需向社会公开，具有公开性；第三，存托协议当事人还另外包括被代持股票的发行人即境外基础证券发行人，与一般股权代持协议中仅有代持人和被代持人双方有所不同。

---

〔1〕 参见莫厚辙：《论存托凭证的法律性质与投资者保护的完善》，中国政法大学 2019 年硕士学位论文，第 29 页。

〔2〕 参见吴学敏、黄正一：《论存托凭证机制下的投资者权益保护问题》，载《南方金融》2019 年第 11 期。

特殊的股份代持关系是存托协议所表征的法律关系，但对此种代持法律关系的本质同样存在理论上的争论，需要结合证券市场发展现状加以分析。

（1）单一信托关系说与单一代理关系说的缺陷

境外公司、存托人、存托凭证持有人三方作为存托协议当事人，受协议约束。探究存托协议表征的代持关系的法律本质，需要结合三方当事人的基本特征加以系统分析，对此，学术界存在代理关系说和信托关系说的观点分野。

信托关系说认为，在存托协议表征的法律关系当中，存托人为受托人，存托凭证投资者为受益人，至于委托人是境外基础证券发行人还是存托凭证投资者存在不同的观点，〔1〕但其实，无论将委托人认定为哪一方，受益人和受托人是确定的。一般而言，信托法律关系中受托人对信托财产享有独立的经营管理权，〔2〕但在存托凭证实际运作中，存托人作为受托人，应当按照存托凭证投资者的意愿行使境外基础证券上的权利，即存托人无法对信托财产即基础证券进行独立管理决策，这一特点明显与传统信托关系理论相悖。〔3〕另外，信托关系中，受益人的受益结果应当与受托人的主动管理行为相联系，也即受托人对信托财产的管理情况决定了受益人的获益情况，但在存托凭证运行机制中，一方面存托人必须按照存托凭证持有人的意愿行事，另一方面随着上市公司所有权与经营权的分离，〔4〕境外上市公司的股票价格和存托凭证价格取决于其管理层的经营管理状况，换言之，存托凭证持有人受益情况的决定者并非存托人，而是境外公司管理层，因而该特点亦有违传统信托理论。

代理关系说认为，存托协议表征了两组代理关系，其一，存托人是境外公司的代理人，在境内受托发行存托凭证、发放基础证券收益等，发行行为的法律效果直接归于境外公司；〔5〕其二，存托人与存托凭证投资者之间亦成立代理关系，存托人根据持有人的意愿代为行使境外基础证券股东权利。针对此种学说，一方面，在代理关系中，一般不存在基础证券即标的财产的转移问题，〔6〕标的财产一般由被代理人保存并管理，换言之，代理人与标的财产不存在风险隔离的问题，但是在存托凭证运行机制中，基础证券登记在存托人名下并由存托人

---

〔1〕 一种观点认为，存托人发行存托凭证以代替原始股票，基础证券发行人实为设立股票信托的委托人，存托人和保管机构则充当受托人的角色，而存托凭证持有人则处于受益人的地位。存托凭证实际为存托凭证持有人取得信托利益的凭证。参见万勇、张莉：《存托凭证持有人的权利保护——信托法上的思考》，载《证券市场导报》2002 年第 1 期。另一种观点则认为，存托凭证持有人作为委托人，存托人界定为受托人，使存托人基于投资者的利益而对发行人进行监督，受托行使投资者信托权利。参见谢贵春、吴瑕：《存托凭证持有人保护机制比较研究》，载《证券市场导报》2018 年第 7 期。

〔2〕 参见赵廉慧：《信托法解释论》，中国法制出版社 2015 年版，第 19 页。

〔3〕 何海锋、杨文尧天：《创新企业境内发行存托凭证制度：框架、突破与留白》，载《财会月刊》2018 年第 22 期。

〔4〕 参见施天涛：《公司法论》（第三版），法律出版社 2014 年版，第 245 页。

〔5〕 HDR 规则《香港交易所主板上市规则》第 19B. 05 条明确规定："存管人是以发行人代理人的身份发行预托证券，并为预托证券持有人持有预托证券所代表的股份。"

〔6〕 参见施天涛：《商法学》（第五版），法律出版社 2018 年版，第 324 页。

确定的托管人进行托管。当然，并非所有代理关系都要求标的财产必须由被代理人持有，尤其在商事代理中，但若确实由代理人持有，一旦代理人破产，被代理人能够追回自己的财产便会面临不确定性,[1]因此“以委托合同去解析存托协议的法律性质，有失周延的地方在于没有实现代理人的财产权益和投资者的权益相互隔离”。[2]另一方面，若认定为代理关系，存托人既要代理境外公司进行存托凭证事务的处理，又要代理持有人行使基础证券权利，如投票、提案等，很显然构成了双方代理，而未经被代理双方同意或追认的双方代理是一种滥用代理权的行为。[3]代理关系说的不周延性，导致该等学说并非当今学界的主流观点。

（2）持有人异质化现实下存托协议表征的代持关系的本质

随着金融市场的发展，股东异质化已成为不可逆转的现实，而与股东同质化假设契合的现今公司治理机制已逐渐无法适应这种现实，进而催促着上市公司改善其治理机制。存托凭证发行和交易过程中，同样存在不同投资目的的持有人，如部分持有人希望主动参与公司治理，通过存托人行使表决权、提案权等权利，此种情况不应当认定为信托关系，因为存托人对于基础证券并无自主管理的权利，只能被动接受持有人的决策；另一部分的持有人可能仅仅希望通过投资存托凭证获取差额收益，根本无意参与公司治理，此时若认定代持关系本质为代理，会导致境外公司大量表决权被搁置。面对持有人异质的现实，倘若一概认定其与存托人之间的代持关系本质为信托或代理，难免以偏概全。因此，需要区分存托凭证持有人的不同类型，在此基础上分析不同类型持有人与存托人代持关系的法律本质。

在存托凭证发行和交易的特定语境下，正是由于投资目的存在差异，对于拥有不同投资目的存托凭证持有人，其与存托人形成的代持关系的法律本质是不同的。

信托与代理均可被归入受信关系，在某些情形下，代理关系和信托关系之间可能互相转化，因而信托与代理的界限并非十分清晰。一般而言，一项特定关系最终被定义为信托抑或是代理，取决于创设特定关系的双方的意图。[4]结合存托凭证持有人异质化的现实来看，根据持有人投资目的来划分，持有人类型主要分为参与治理型和漠视治理型。此两种存托凭证持有人对于其与存托人之间创设代持关系亦有着不同的目的，参与治理型持有人希望通过存托人来主动参与境外基础证券发行人的公司内部治理，借助存托人规范行使包括投票权、提案权在内的股东权利。此种情况下，存托凭证持有人与存托人的代持关系中，持有人拥有积极主动参与公司治理的意愿，存托人仅负有根据持有人意愿代为行权的义务，换言之，存托人根据持有人意愿为持有人利益行事，是认定为代理而非信托的本质根据。至于认定为代理的两大阻碍——财产隔离和代理权滥用，前者可基于保护证券投资者的宗旨作出特殊安排，

---

〔1〕 何宝玉：《信托法原理研究》（第二版），中国法制出版社 2015 年版，第 17 页。

〔2〕 谢贵春、吴瑕：《存托凭证持有人保护机制比较研究》，载《证券市场导报》2018 年第 7 期。

〔3〕《民法典》第 168 条规定：“代理人不得以被代理人的名义与自己同时代理的其他人实施民事法律行为，但是被代理的双方同意或者追认的除外。”

〔4〕［英］格雷厄姆 · 弗戈：《衡平法与信托的原理》，葛伟军等译，法律出版社 2018 年版，第 93 –94 页。

强制要求存托人采取基础财产隔离措施；后者而言，在持有人和境外公司双方同意的情况下，双方代理则是被允许的，而对协议的签署则可以认定双方的事先同意，因而认定为代理并不存在实质性障碍。

对于漠视治理型持有人与存托人之间代持关系的本质，由于该类持有人对公司治理漠视，其主要投资目的在于投资赚取差价收益或分红收益，其对公司治理尤其是表决权行使的漠视，使境外公司的大量表决权被搁置，导致公司治理效率低下。为提升境外公司治理水平和治理效率，在积极行动主义指导下，存托人需要为存托凭证持有人的利益对登记在其名下的境外公司股票进行管理，主要表现为向持有人分派境外公司的股息、红利等以及主动参与境外公司的治理以提升境外公司的企业价值。此种情况下，存托人占有基础证券并享有对基础证券的管理权能，为持有人利益行事，受益人的利益获取与存托人的独立、积极管理行为密切相关，符合信托关系的本质，[1]因而，漠视治理型存托凭证持有人与存托人之间创设的代持关系的法律本质应当为信托。

（二）存托人的股份代持地位分析

1. 存托人的名义股东身份——针对境外公司而言

无论是CDR，抑或是ADR、GDR，境外基础证券发行人所发行的基础证券均登记在存托人名下，即境外公司股东名册上记载的股东为存托人而非存托凭证持有人。商法维护交易安全的基本原则要求商行为采取外观主义，[2]因此，存托凭证持有人并非境外公司的股东，并不当然拥有股东权利，他们必须依赖存托人代其行使股东权利，[3]持有人既不能以股东名义直接参加公司股东会并进行议案表决，也不能以持有存托凭证为由要求行使知情权等。就此而言，投资者基于购买存托凭证所获得的权利不应视为股权，[4]至少不是传统公司法意义上的股权。

诚然，外观主义下，存托凭证持有人无法视为境外公司之股东，存托人作为境外公司股东名册中记载的持股人，应当视为境外公司之股东。但是于基本的公司理论中，公司之股东对公司负有出资义务。[5]显而易见的是，存托人在境外公司的一次发行中，交予境外公司的出资是通过在境内二次发行存托凭证所募得的资金，因而应当将存托人视为境外公司的名义

---

〔1〕［日］新井诚：《信托法》（第四版），刘华译，中国政法大学出版社2017年版，第33页。

〔2〕即以交易当事人行为的外观为标准，而确定其行为所产生的法律效果，换言之，公示于外表的事实纵与真实的情形不符，对于依该外表事实所进行的商行为，也需加以保护，以维持交易的安全。参见施天涛：《商法学》（第五版），法律出版社2018年版，第22－23页。

〔3〕参见香港交易所：《投资海外发行人证券的风险概览》，载https：//sc. hkex. com. hk/TuniS/www. hkex. com. hk/Listing/Rules－and－Guidance/Other－Resources/Listing－of－Overseas－Companies/Understanding－the－Risks－of－Investing－in－Overseas－Issuers? sc_lang＝zh－CN，最后访问日期：2020年2月24日。

〔4〕参见谢贵春、吴瑕：《存托凭证持有人保护机制比较研究》，载《证券市场导报》2018年第7期。

〔5〕参见施天涛：《公司法论》（第三版），法律出版社2014年版，第78页。

股东，可直接、被动行使股东权利，而存托凭证持有人则为境外公司的实际出资人，[1]可间接、主动行使股东权利。

2. 存托人的股份代持人身份——针对存托凭证持有人而言

一般情况下，公司股东名册上记载的股东就是公司的实际出资人，但在实践中常常出现股东并非公司实际出资人的情形，主要原因就是公司股份的代持。[2]存托凭证运行机制中，存托人在境内向投资者签发存托凭证募集资金，并将所募资金交付予境外公司，境外公司股东名册或类似文件中记载的股东为存托人，因而存托凭证持有人以存托人的名义履行对境外公司出资义务并认购境外公司股份，应当视为境外公司的实际出资人，那么存托人作为境外公司登记在册的名义股东，应当视为存托凭证持有人的股份代持人。

综上所述，在存托凭证运行机制当中，存托人不仅为境外公司的名义股东，亦是境内存托凭证持有人的股份代持人，并依据存托协议和相关监管规则履行因代持而产生的相关义务。

（三）存托人的发行人地位分析

1. 存托凭证发行人的确定标准

通俗意义上，证券发行人则是创设有价证券并将其销售给投资者的人。对于存托凭证这一特定类型证券，其发行人的确定需要从以下角度分析：

第一，证券发行人是证券的创设人，投资者购买的证券来源发行人的创设，而不是发行人从其他民事主体处继受取得。可以明确的是，存托凭证虽然涉及二次发行，但存托凭证并非从境外公司处继受取得，而是存托人以境外基础证券权益为基础在境内签发的证券，因此自然可认定存托人为存托凭证的创设主体。

第二，证券发行人是向投资者销售证券的主体，发行人或是自行销售证券，或是委托证券承销商向投资者销售证券。这一点核心在于说明存托凭证发行人应当是存托凭证销售中的销售者或者是委托销售者，就此而言，存托人作为存托凭证的“签发者”，自然可以作为存托凭证的销售者或委托销售者。

第三，证券发行人创设并出售证券的主要目的是筹措资金。在证券市场中，发行人是证券的供给者、资金的需求者，通过向投资者出售证券以获取资金，或为生产经营资金，或为公共财政资金。[3]当然，除了筹措资金，发行人发行证券的其他目的还可能包括调整公司股权结构、引入战略投资者、实施股权激励等。因此，在存托凭证发行机制中，存托人并不具有筹措资金的目的，同时亦不具有调整公司股权结构等其他目的，这就导致若认定存托人为

〔1〕 亦有文章将存托凭证持有人视为境外公司的“实质股东”，但此种表述不够严谨，“实际出资人”的表述更为准确。参见薛晗：《中国存托凭证投资者保护机制的完善路径》，载《中国法律评论》2019 年第 2 期。

〔2〕 参见施天涛：《公司法论》（第三版），法律出版社 2014 年版，第 244 页。

〔3〕 参见覃有土主编：《商法学》（第四版），高等教育出版社 2017 年版，第 194 页。

发行人，其在存托凭证发行结束后，并不能实现一般证券发行的目的，因为其发行存托凭证所获取的资金将交付予境外公司。因此，在存托凭证这一涉及三方主体权益的商事活动中，存托人并无发行存托凭证筹措资金之目的，因此不宜认定存托人为存托凭证的唯一发行人。

第四，证券发行完成，并不意味着发行人与投资者之间的法律关系归于完结。一般情况下，证券发行完成后，投资者成为证券权利人，发行人成为证券义务人，发行人需要根据法律的规定以及协议的约定向投资者承担相应的义务。诚然，存托凭证发行完成后，其发行人亦对持有人负有持续信息披露、分配股息红利等义务，在此，在我国现行法律框架内，存托人和境外基础证券发行人均负有一定的义务，均为存托凭证义务人。

2. 存托人与境外公司的共同发行人身份

确定存托凭证的发行人，一直是 ADR 发展过程中的难题。一方面，根据美国《1933 年证券法》关于豁免证券的规定，银行发行的证券发行交易之前无须取得 SEC 的批准，同时也无须向 SEC 履行信息披露义务。换言之，此类银行豁免证券已完全脱离 SEC 的监管框架，不受 SEC 相关规则的约束。另一方面，在 ADR 具体实践中，存托人的角色一直由美国各大商业银行担任。因此，在相当长的一段时间里，对于《1933 年证券法》豁免证券的规定是否仅适用于银行自身发行的证券，还是同时适用存托凭证，关于这一问题监管官方并没有给出明确的回复。[1] 直至 1955 年，SEC 对于 ADR 的监管才予以明确。SEC 认为《1933 年证券法》第 3 条的豁免仅适用于银行本身发行的证券，如果银行利用该规定为其他诸如信托而发行的证券进行豁免，无疑为规避 SEC 的监管大开方便之门。[2] 因此，ADR 应属于 SEC 监管的一种特殊证券。基于此，SEC 创造性地发展出一种“双主体理论”，具言之，SEC 否认了银行在 ADR 注册中的实质发行人的身份，认为并不受《1933 年证券法》的证券注册规定，在此基础上，SEC 提出，存托银行与境外公司在存托协议中拟制了一个主体以发行 ADR。[3] 但是，SEC 否认注册层面存托银行的发行人身份，却并未豁免其信息披露义务，存托银行作为 ADR 发行和交易过程中的主要参与者，仍为 ADR 的信息披露义务人。

是故，在 ADR 的运行机制中，在不认定存托人为发行人的前提下施加予存托人一定的信息披露义务，既不会违背《1993 年证券法》中商业银行豁免证券发行信息披露义务的规定，亦能保证对证券市场投资者权益的保护。SEC 不认定存托人为 ADR 发行人，而是创造出一个虚拟实体作为 ADR 的发行人，是 SEC 基于美国证券法的特殊规定而不得不作出的转圜。

我国证券法并没有银行豁免证券这一例外规定，CDR 运行机制中也就无须拟制一个虚拟

---

〔1〕 参见萧凯：《美国存托凭证的法律分析》，载《经济法论丛》2008 年第 2 期。

〔2〕 See SEC Securities Act Release 3593 (1956).

〔3〕 See Anonymous, SEC Regulation of American Depository Receipts: Disclosure LTD., *Yale Law Journal*, 1956, Vol. 65, pp. 868 -869.

实体作为 CDR 发行人，因此并无复制 ADR 发行人认定理论之必要，直接认定存托人为存托凭证的发行人并无障碍。

根据前文证券发行人的确定路径之论述，证券发行人（1）是证券的创设人；（2）向投资者销售证券；（3）主要目的是筹措资金；（4）与投资者之间的法律关系在证券发行完成后并不归于完结。理论上而言，仅认定境外公司为存托凭证发行人的不可取之处在于，存托凭证并非境外公司所签发，换言之，存托凭证的创设人并非境外公司，同时，向投资者销售存托凭证的主体亦非境外公司，而是存托人，因此无法符合证券发行人确定要件（1）和要件（2）；若仅认定存托人为存托凭证发行人，诚然，根据《若干意见》以及《管理办法》之规定，存托人为存托凭证的创设人并向投资者销售存托凭证，但存托人并无筹措资金之目的，亦不具有调整公司股权结构等其他目的。单纯认定存托人为唯一发行人，其在存托凭证发行结束后，存托人并不能实现作为发行人的主要目的，但是却要承担作为唯一发行人的所有发行人责任，显然将导致存托人在存托凭证表征的法律关系中享有的权利和承担的义务出现不对等的情况。

因此，结合域外存托凭证的具体实践，在存托凭证运行机制中，应认定存托人与境外公司为共同发行人，只有将二者结合起来才能符合证券发行人的构成要件，同时也更利于投资者的保护。

三、我国存托凭证存托人义务的正当安排

基于存托人的多重地位，包括存托协议的当事人、境外公司的名义股东、投资者的股份代持人以及存托凭证的共同发行人，从而确定其在存托凭证发行和交易过程中对存托凭证持有人即投资者应当履行的义务。

（一）存托人作为股份代持人的受信义务

存托人作为存托凭证持有人的境外公司股票的代持人，二者之间形成一种特殊的股份代持关系，在持有人异质化的现实下，根据持有人投资存托凭证目的的差异，可将持有人分为参与治理型持有人和漠视治理型持有人。

广义上而言，代理人和受托人一样都是受信任者（fiduciary），[1] 均应履行受信义务（fiduciary duty）。因而无论存托人与存托凭证持有人之间的代持关系本质为代理还是信托，存托人均负有受信义务。但是，代理与信托认定中受信义务的内涵是不同的，具言之，存托凭证持有人作为境外公司的实际出资人，并非登记于境外公司股东名册或类似文件中的股

〔1〕 参见何宝玉：《信托法原理研究》（第二版），中国法制出版社2015年版，第16页。

东，无法直接行使股东权利，必须借助作为境外基础证券“法定所有人”（legal owner）[1]的存托人行使股东权利。参与治理型持有人与存托人之间的代持关系本质应为代理，且为商事代理，基于注重投资者保护的原则，存托人应负有基本的忠实义务，同时，存托人应依据持有人意愿行使基础证券权利，存托人负有为持有人利益而代理行使境外基础证券股东权利的义务；漠视治理型持有人与存托人之间的代持关系本质则为信托，存托人负有受信义务——存托人在履行忠实义务的同时，亦负有勤勉义务，应当为持有人利益积极、主动行使基础证券股东权利。[2]

1. 股份代持关系中存托人的忠实义务

在存托凭证持有人与存托人的代持关系中，无论认定此等关系的性质为代理还是信托，基于注重投资者保护的原则，存托人应负有消极的受信义务——忠实义务。在代理和信托这样的信任关系中，忠实义务可以统一概括为：义务主体既不能从事导致自身利益与受益主体利益相冲突的行为，也不能为自身谋取私利。结合存托凭证运行机制中存托人与持有人的代持关系，在这样一种信任关系中，基于注重保护投资者的原则，存托人的忠实义务具体包括但不限于以下内容：

（1）基础财产隔离义务

基础财产包括境外公司发行的基础证券及其衍生权益，在存托人代存托凭证投资者持有境外公司基础证券的关系当中，存托人有义务保证基础财产与其自有财产有效隔离，并将基础财产委托具有业务能力与业务资质的托管人托管，避免出现因存托人财产被强制执行或破产导致基础财产受损的情形。HDR规则明确要求存托人须单独为持有人利益持有基础证券及其衍生权益；[3]CDR《管理办法》第32条亦要求存托人对存托凭证基础财产与其自有财产进行有效隔离，不得擅自挪用或侵占基础财产。

（2）禁止买卖，禁止保荐

受托人不得通过不当行为获利是忠实义务的基本要求，[4]以防出现受托人自私、自利的行为。如若允许存托人在二级市场买卖其签发的存托凭证，相较于一般的投资者，存托人获取基础证券的信息更为及时、准确、完整，此时存托人同样作为投资者，但却因其存托人的特殊身份而获取额外收益，导致一般投资者处于不公平的地位，因此应禁止存托人买卖其签发的存托凭证。从存托人作为存托凭证共同发行人的角度来看，在证券发行和交易的基本逻

---

[1] See Douglas B. Spoors, Exploring American Depository Receipts: The International Augmentation of U.S. Securities Markets. *Transnational Lawyer*, 1993, Spring.

[2] 为保证文章各部分内容的协调性，对于存托人的法定义务分两节进行论述，涵盖了本节所述的存托人受信义务与第四节所述的存托人信息披露义务，与第二节阐述的存托人的约定义务相区别，特此说明。

[3] HDR《香港主板上市规则》19B.16条（节选）：“预托协议必须由存管人与发行人签立，其中必须订明：存管人须单独为预托证券持有人的利益以信托方式（或同等安排）持有预托证券证明书所涉及的证券、有关证券的所有权利及其就此收到的所有款项及利益，但可扣除存管人的酬金及适当费用。”

[4] 姜雪莲：《信托受托人的忠实义务》，载《中外法学》2016年第1期。

辑内，证券市场的发行人自是不能买卖其自身发行的证券，同样，存托人作为共同发行人，自然不能担任其签发的存托凭证的保荐人。“保荐”本身包含保证和推荐两层含义。按照《证券法》的要求，保荐工作的核心在于保证证券发行文件等信披资料的真实性，[1]那么，保荐人必须与发行人不为同一主体。因而，存托人不得买卖其签发的存托凭证，并不得担任其签发的存托凭证的保荐人。

（3）报告义务

信托和代理中，受托人均负有一定的报告义务。一般而言，商事代理中，忠实义务要求，代理人需要履行报告义务和保密义务，应当向委托人报告受托事务的进展情况，并且不得将委托人告知他的秘密信息泄漏给他人。[2]但是，在证券法公开和公平原则要求下，存托人作为代理人需要对所有持有人履行报告义务（信息披露义务），另外对于特定事项（如投票权的具体行使、提案的内容等）也应向其他持有人披露，这是存托凭证运行机制中报告义务更深层次的内涵。

2. 股份代持关系中存托人的勤勉义务

“那些从事给他人带来损害风险行为的人应当承担一种像一个理性的谨慎人在同等情况下的行为一样的义务以避免这种损害发生”，[3]像公司董事、高管等对公司负有勤勉义务类似，存托人在其履行职责时同样对存托凭证持有人负有勤勉义务，该义务要求存托人必须以自己的勤勉、谨慎来履行其应尽的职责，而该义务在持有人异质化的现实下呈现截然不同的内涵。

（1）代理中存托人的勤勉义务

在商事代理关系中，代理人需要尽到一个善良管理人的勤勉义务，应当根据被代理人的合法指示而行事，如此方能保护被代理人的合法权益。[4]换言之，代理人应根据被代理人的指示进行代理活动。[5]对代理人加以此等义务规制主要是因为代理的后果最终由被代理人承受，那么被代理人自然可以根据情况的变化而给代理人作出具体指示，相应地，代理人应当遵守被代理人的指示而行事。[6]

因此，当存托凭证持有人主动积极参与境外公司治理，意图借助存托人行使包括投票权、提案权、股份回购请求权、知情权、诉讼权等在内的股东权利，此时存托人应当按照存托凭证持有人的意愿行使股东权利，既不能拒绝持有人行使权利的要求，也不能违背持有人意愿行使权利，这是代理中存托人勤勉义务的应有之义。诚然，《管理办法》第 27 条规定了

---

〔1〕 彭冰：《中国证券法学》（第二版），高等教育出版社 2007 年版，第 97 页。
〔2〕 参见施天涛：《商法学》（第五版），法律出版社 2018 年版，第 98 页。
〔3〕 参见施天涛：《公司法论》（第三版），法律出版社 2014 年版，第 413 页。
〔4〕 参见韩慧莹：《商事代理》，载《商事法论集》2008 年第 1 期。
〔5〕 日本民法典第 644 条亦规定：“受任人负有善良管理人的注意，按委任人本意处理委任事务的义务。”
〔6〕 参见魏振瀛主编：《民法》（第七版），北京大学出版社、高等教育出版社 2017 年版，第 197 页。

存托人应当根据存托凭证持有人意愿行使表决权等权利，并且在第31条中强调了存托人不得擅自行使股东权利，显然该规定要求，对于所有存托凭证持有人，存托人均应按照其意愿行使权利，即使这些持有人自始至终都毫无行使权利的意愿。显而易见，该等规定无视了存托凭证持有人异质化的现实，没有以持有人异质化现实为基础进行差异化地规定，将导致漠视治理型存托凭证持有人所对应的基础证券权利得不到妥善行使，不利于境外公司治理效率的提升，而最终的结果则是，在存在更好的规则安排使持有人获得更多利益的时候，却没能作出该种规则安排，导致持有人丧失了本可获得的期待利益。

（2）信托中存托人的勤勉义务

信托中受托人的勤勉义务的具体内容为，受托人在为受益人利益处理信托事务时，不可草率行事，相关决策应当是在勤勉、谨慎的基础上作出。在存托凭证运行机制中，对于漠视治理型存托凭证持有人，其与存托人之间代持关系的本质为信托，此时勤勉义务的具体内容是：存托人应当为受益人即存托凭证持有人的利益积极行使境外基础证券之权利，具言之，其应当主动参加境外公司的股东会并行使投票权、根据境外公司法和公司章程规定行使提案权和股东知情权、对于侵害股东和公司利益行为提起直接诉讼或派生诉讼，等等。

随着公司治理结构的不断发展，公司所有权和控制权经历了从合一到分离的过程，如今的众多大型公司中，经理层成为掌握公司实际管理权的主体，由此出现的公司经理人控制问题成为现代公司治理尤其是上市公司治理的主要难题之一。[1]这其中的主要原因之一便是公众公司中小股东的“理性冷漠”。

诚然，在一般公众公司中，中小股东的漠视公司治理也许是理性的，[2]但是在存托凭证运行机制中，存托人代投资者持有大量境外公司股票，仍然认为在境内中小股东冷漠对待的情况下存托人也应当对境外公司治理冷漠对待则是不合理的。因为存托凭证特殊的运行机制能够有效避免出现导致中小股东“理性冷漠”的原因。

第一，公众公司中小股东之所以认为对公司治理进行冷漠对待是理性的，是因为在公众公司中，中小股东的持股比例过低，即使其主动参与公司表决也无法对最终表决结果产生实质影响。但是在存托凭证运行机制当中，存托人已然代持大量境外公司股份，且比例一般超过5%，存托人为持有人利益参与境外公司的股东会表决必然能够对表决结果产生影响，甚至能左右表决结果。

第二，表决代理机制是中小股东获取更多表决权来影响公司股东会表决结果的方法之一，但是征集足够的表决权需要付出巨大成本，而且就算最终公司管理得到改善，对于此等股东来说也不能获得所有收益，收益一般无法覆盖成本，因此实际上很少股东愿意进行这样

〔1〕 施天涛：《公司法论》（第三版），法律出版社2014年版，第309页。

〔2〕 有学者认为中小股东的“冷漠”是非理性的，损害了其利益。参见孔东民等：《冷漠是理性的吗？中小股东参与、公司治理与投资者保护》，载《经济学》2013年第1期。

的尝试，也就造成了中小股东“冷漠”的现实。与此相反，存托人作为境外公司的名义股东，天然持有能够影响公司表决的股票数，存托人参与公司表决基本无须支出任何征集表决权的成本。从经济学的角度来分析，“理性冷漠”是由于其持股比例低的股东主动参与公司治理的收益无法覆盖成本，导致“搭便车”成为理性选择，其中参与治理的成本很大比例是为征集其他股东的投票权而付出的。但是，当持股比例达到一定数量的时候，如存托人，这类主体参与公司治理的成本与收益便倾向于平衡，参与公司治理带来的收益将会超过其需要支出的成本，“冷漠”便是不理性的。因此，存托人应当积极行使股东权利以增加公司价值。

第三，绝大多数小股东都认为他们自己投资的经济利益才是最重要的，如果他们对公司经理层不满意，他们可以出售其股份。这样，对经理层不满意的股东则选择退出对公司的投资，那么继续存留的股东则是支持公司经理层的，这就是“华尔街选择”，〔1〕由此导致小股东根本无意参与公司治理、主动提升公司价值。但是需要认清的是，公司的小股东之所以选择“用脚投票”，正是因为前文所述的投票影响有限、参与治理成本收益不对等而导致其别无选择。可以说，“用脚投票”是中小股东“没有选择的选择”。因此，存托凭证运行机制中，境内投资者通过存托人已然能够参与公司治理从而实质提升公司价值，中小股东自然无须被迫“理性冷漠”。

以上也与股东积极行动主义不谋而合，存托人通常拥有比个人投资者规模大得多的公司股票，在具有足够市场激励的情况下，其必定会产生丰富自身管理知识、提升自身公司管理技能的动力。存托人持有更多的公司股票和公司内部经营信息，在其主动参与公司治理的情况下，可以在一定程度上改变那些发展不良、业绩不佳的上市公司管理层，〔2〕在对存托人设计出合理监督、激励机制的情况下，可以遇见的不错的结果就是，存托人为投资者利益的积极行事将减少境外公司治理的成本并改善其治理效果。综上所述，在存托凭证运行机制当中，对于漠视公司治理的存托凭证持有人，存托人负有勤勉义务，应当为持有人利益主动参与境外公司治理。

（二）存托人作为共同发行人的信息披露义务

存托凭证发行和交易过程中，信息披露义务人应履行相应的信息披露义务，但由于存托凭证运行机制的复杂性，CDR 信息披露义务人的相关规范并不完备，对存托人的信息披露约束存在缺陷，结合对 ADR 相关信披机制的研究，CDR 运行过程中，存托人作为 CDR 共同发行人，亦应当承担一定的信息披露义务。

---

〔1〕 参见施天涛：《公司法论》（第三版），法律出版社 2014 年版，第 310 页。

〔2〕 参见高汉：《投资者积极行动主义：能否改善小股东“理性冷漠”》，载《河南社会科学》2010 年第 1 期。

1. CDR 现行信息披露模式分析

CDR 信息披露义务人为境外基础证券发行人及其控股股东、实际控制人等〔1〕，其中，对于发行信息披露，信息披露义务人为境外公司，由其披露招股说明书、上市公告书、存托协议及托管协议等文件；〔2〕对于持续信息披露，义务人亦为境外公司，其应当按照相关监管规定披露定期报告、临时报告，并应保证境内市场和境外市场信息披露的同步性。〔3〕因此，目前 CDR 的信息披露义务单独由境外公司承担，存托人无须承担 CDR 的信息披露义务。

CDR 制度设计中选择此种信息披露义务的承担模式有着固有缺陷。第一，无法充分保护存托凭证持有人的知情权。持有人虽不为上市公司股东，但其享有行使知情权的权利，股东知情权作为一组权利束，其中的信息接收权对应证券法上的信息披露制度。〔4〕在存托凭证由存托人签发的情况下，持有人享有通过存托人获取境外公司信息的权利，若仅要求境外公司承担信息披露义务，将导致持有人失去存托人这一信息获取渠道，同时使信息的真实性、准确性、完整性、及时性、可理解性丧失来自存托人这一主体的保障。第二，存托人与境外公司信息披露义务失衡。CDR 发行和交易过程中，需要向投资者披露的信息不仅包括境外公司的经营信息和非经营信息〔5〕，还包括存托凭证运行相关信息，如存托人和托管人的信息、存托费用和托管费用的信息、存托协议和托管协议的具体信息等。前者由于与存托人并非直接相关，其披露义务完全由境外公司承担并无不可，但后者的内容与存托人密切相关，仍然由境外公司单独承担披露义务，不能说全然不顾境外公司的披露负担，至少存在有意减免存托人信息披露义务之嫌。如此境外公司与存托人义务规范的失衡，长此以往，我国证券市场对境外公司的吸引力将不断降低。第三，存托人的信息披露能力无法得到提升，影响我国证券市场国际竞争力。从 ADR 的成功实践来看，ADR 存托人早期负有极为严格的信息披露义

〔1〕《若干意见》明确要求："试点企业及其控股股东、实际控制人等相关信息披露义务人应真实、准确、完整、及时、公平地披露信息，不得有虚假记载、误导性陈述或重大遗漏。"《管理办法》第 16 条："境外基础证券发行人及其控股股东、实际控制人等信息披露义务人应当依照《证券法》《若干意见》、中国证监会规定以及证券交易所业务规则，及时、公平地履行信息披露义务，所披露的信息必须真实、准确、完整，不得有虚假记载、误导性陈述或者重大遗漏。"《创新企业境内发行股票或存托凭证上市后持续监管实施办法（试行）》第 11 条："试点创新企业及其控股股东、实际控制人等信息披露义务人应当按照《证券法》、中国证监会和证券交易所关于信息披露的有关规定，真实、准确、完整、及时、公平地披露信息，不得有虚假记载、误导性陈述或重大遗漏。"

〔2〕《管理办法》第 6 条："公开发行以股票为基础证券的存托凭证的，境外基础证券发行人应当按照中国证监会规定的格式和内容，向中国证监会报送发行申请文件。" 第 17 条："境外基础证券发行人应当按照中国证监会、证券交易所的规定编制并披露招股说明书、上市公告书，披露存托协议、托管协议等文件。"

〔3〕《管理办法》第 18 条："境外基础证券发行人应当按照《证券法》、《若干意见》、中国证监会规定以及证券交易所业务规则，按时披露定期报告，并及时就可能对基础证券、存托凭证及其衍生品种交易价格产生较大影响的重大事件披露临时报告。" 第 22 条："境外基础证券发行人及其控股股东、实际控制人等信息披露义务人应当保证其在境外市场披露的信息同步在境内市场披露。"

〔4〕 参见李建伟：《股东知情权研究》，法律出版社 2018 年版，第 45 页。

〔5〕 非经营信息包括境外公司注册国（或地区）的时局变动、经济政策调整、经济和法律的变化等。参见蒋辉宇：《美国跨境股票融资信息披露监管法律制度及经验启示》，载《东北师大学报》（哲学社会科学版）2018 年第 5 期。

务，即便在现阶段，存托人仍负有一定的信息披露义务，存托人常年的信息披露实践培育了其趋于成熟的信披业务能力，使 ADR 的运行更为规范。反观 CDR，若存托人始终不负信息披露义务，其将无法在 CDR 的发行和交易中与持有人和境外公司充分互动交流，其信息披露水平亦无法提升，而 CDR 的发展速度也将变得迟缓，无法跟上国际资本市场发展的脚步，必然不利于我国证券市场国际竞争力的提升。

2. CDR 信息披露模式的正确选择

证券市场运行过程中，信息披露义务人通常是发行证券的公司。[1] 在存托凭证发行和交易过程中，发行人自然应当履行信息披露义务，存托人与境外公司作为存托凭证的共同发行人，应当共同履行信息披露义务。

存托人承担信息披露义务有其合理性。

第一，受信义务的要求。存托人代持有人持有境外公司基础证券，二者之间的代持关系本质为代理或信托，存托人均负有受信义务。代理关系当中，存托人作为代理人，受信义务要求其向委托人履行报告义务，《1993 年英国商事代理条例》《美国代理法重述（第三次）》均明确规定代理人应向委托人提供必要的信息。[2] 同样，在信托当中，受托人对受益人负有报告信托事务处理情况的义务。[3] 因此，在存托人与广大投资者的代持关系中，存托人作为受信任者，负有受信义务，应履行信息报告的义务，也即证券法语境下的信息披露义务。

第二，缓解信息不对称的要求。信息经济学认为，市场的信息不对称将引致“逆向选择”，[4] 存托凭证市场中，信息不对称将导致优质 CDR 被劣质 CDR 驱逐出证券市场，劣质 CDR 将最终占据市场主要份额，投资者风险将显著上升。解决市场“逆向选择”的主要方法就是进行特定的机制设计来让市场中的信息劣势方获取更多真实、有效的交易信息。[5] 因此，为了缓解该等信息不对称，避免存托凭证市场的“逆向选择”，防止信息优势方欺诈作为信息劣势方的广大投资者，要求信息优势方向投资者真实、准确、完整地披露相关信息。存托凭证运行机制中，投资者处于信息的绝对劣势方，其能够获取的证券信息十分有限，因此属于信息获取主体；境外公司则属于存托凭证发行和交易信息的绝对优势方，基本所有的证券信息都是源于境外公司，因此境外公司属于信息披露的义务主体；存托人相对于境外公司处于信息劣势方，但其相对于投资者则属于信息优势方，因为存托人与境外公司之间的互

---

〔1〕 参见吴弘：《证券法教程》，北京大学出版社 2017 年版，第 129 页。

〔2〕《1993 年英国商事代理条例》第 3 条明确规定：“代理人必须：（b）向委托人提供对其有用且必要的信息。”《美国代理法重述（第三次）》第八章第 11 条：“发生下列情形时，代理人应当将其知道、有理由知道或应当知道的事实提供信息给委托人：（1）根据委托人的意思表示，代理人知道或有理由知道委托人希望获知该事实，或该事实对于代理人向委托人承担的义务来说是重要的；（2）并且，代理人向委托人提供信息不违背他对其他人所负的优先提供的义务。”转引自汪渊智：《代理法论》，北京大学出版社 2015 年版，第 478 页、第 517 -518 页。

〔3〕 参见何宝玉：《信托法原理研究》，中国法制出版社 2015 年版，第 320 -321 页。

〔4〕 See G. Akerlof, The Market for Lemons, *Quarterly Journal of Economics*, 1970, 84 (3), pp. 488 -500.

〔5〕 参见张维迎：《信息、信任与法律》，三联书店 2003 年版，第 77 页。

动交流更为频繁，存托人需要参与境外公司治理，可以更为及时、准确地获取境外公司信息，同时对于存托协议、托管协议等信息，存托人是直接参与方，能够获取第一手信息。因而，为缓解存托凭证市场的信息不对称，存托人作为信息的相对优势方，基于保护投资者权益的要求以及证券公开原则，应当负有信息披露义务。当然，存托人相对于境外公司却是信息劣势方，因而存托人信息披露违规的责任应当低于境外公司。

3. CDR 存托人信息披露义务的正当安排

（1）发行信息披露

在三级 ADR 的发行阶段，由境外公司和存托人各自向 SEC 履行境外公司股票和 ADR 的发行注册义务，二者分别提交 F-1 表（或 F-3 表）、F-6 表，二者不可相互替代。[1] 诚然，存托凭证是建立在境外证券"首次发行"基础上的"二次发行"，SEC 要求境外公司和存托人分别履行信息披露义务有其合理性，但实际上就 CDR 而言，基础证券的发行与 CDR 的发行其实在时间上并无前后之别，进行"首次发行"与"二次发行"的区分是为了厘清当中复杂的法律关系。因此，笔者认为，CDR 中无须要求存托人与境外公司分别提交不同的信披文件，由其二者共同签署、提交以下文件（见表 1）：

表 1　发行信息披露

发行信披文件	具体内容	文件签署主体	说明
CDR 发行说明书[2]	（1）境外公司和存托人等相关主体基本情况；（2）CDR 和基础证券的发行情况；（3）境外公司财务会计情况；（4）境外公司治理；（5）募集资金运用；（6）投资者保护；（7）风险因素；（8）其他重要事项。	境外公司及相关主体（具体包括境外公司的控股股东、实际控制人、董监高等）+ 存托人	CDR 发行说明书中应当充分披露（1）境外公司注册地法律制度与中国内地法律制度的主要差异以及该等差异带来的影响；（2）境外公司的双重股权结构、VIE 架构等。
CDR 上市公告书	（1）重要声明与提示；（2）CDR 上市情况；（3）CDR 和境外基础证券发行情况；（4）境外公司财务会计情况；（5）境外公司及其股东、实际控制人情况；（6）上市保荐机构及其意见；（7）其他重要事项。		上市公告书是发行人于证券上市前，向公众公告与证券上市有关事项的信息披露文件。[3]
CDR 协议类文件	包括存托协议、托管协议等。		发行说明书、上市公告书应当包含此类文件主要内容。

[1] See Mark A. Saunders, American Depository Receipts: An Introduction to U. S. Capital Markets for Foreign Companies, *Fordham International Law Journal*, 1993, Vol. 17, pp. 66-69.

[2] 《管理办法》中的表述为"招股说明书"，笔者认为以"CDR 发行说明书"表述更为合理和准确。

[3] 参见董安生主编：《证券法原理》，北京大学出版社 2018 年版，第 131 页。

（2）持续信息披露

一般而言，持续信息披露包括定期报告和临时报告，但在存托凭证特殊的运行机制中，存托人对持有人负有受信义务，需积极参与境外公司的治理活动，因此，存托凭证交易过程中应当持续披露的信息包括境外公司定期报告、临时报告和境外公司治理报告。〔1〕另外，无论是美国还是其他国家或地区的证券监管机构，均要求由境外公司来承担持续信息披露义务，〔2〕但是就 ADR 实践来看，由于境外公司不履行或不完全履行持续信息披露义务，导致美国投资者对某些 ADR 的投资热情渐低。〔3〕同时，鉴于共同信披模式可以有效降低信披成本等优势，要求存托人与境外公司共同承担持续信息披露义务有其必要性。（见表 2）

表 2　持续信息披露

持续信披文件	具体内容	文件签署主体	说明
定期报告	年度报告、中期报告、季度报告	境外公司及相关主体（具体包括境外公司的控股股东、实际控制人、董高等）+ 存托人	披露时间以境外和境内要求中较短者为准；同时需要对境外公司的双重股权结构、VIE 架构应予以特别提示。
临时报告	对基础证券、存托凭证及其衍生品种交易价格产生较大影响或其他类型的重大事件的报告		存托凭证交易过程中的“重大事件”还应当包括（1）存托人、托管人发生变化；（2）存托的基础财产发生被质押、挪用、司法冻结或发生其他权属变化；（3）存托协议和托管协议重大修改；（4）境外公司双重股权结构、VIE 架构等的重大调整。
境外公司治理报告	存托人提案情况、参与股东会表决情况、权利救济情况等	存托人	由于参与境外公司治理完全由存托人独立进行，因而该项信息披露义务应由存托人单独承担。

〔1〕诚然，根据公司治理活动其是定期开展还是临时开展可将公司治理报告的内容分类在定期报告或临时报告当中，为了突出存托凭证中境外公司治理报告的重要性和特殊性，笔者更倾向于将其单独作为一类持续信息披露内容。

〔2〕See Joseph Velli, American Depository Receipts: An Overview, *Fordham International Law Journal*, 1994 (S38), Vol. 17, pp. 46 –47.

〔3〕See Anonymous, SEC Regulation of American Depository Receipts: Disclosure LTD., *Yale Law Journal*, 1956, Vol. 65, p. 865.

投服中心参与证券代表人诉讼法律问题研究

黄雨露 *

目　次

近年来，我国资本市场违法案件频发，严重损害了投资者的合法权益，但证券领域的侵权纠纷呈现“小额多数”的特点，受损投资者人数众多且分布广泛，各自的投资额不大导致损失也相对较小，因而容易陷入集体行动困境——这些中小投资者出于自身经济成本的考虑，并不乐意通过民事诉讼的方式维护自身合法权益，即不会追究违法行为人的法律责任要求其赔偿损失，导致相关行为人的违法成本与社会危害性不相匹配。与此同时，随着《证券法》的修改，我国资本市场即将全面推行、分步实施注册制，“前端”的放松亟须配之以“后端”的收紧，如何破解证券侵权民事诉讼的集体行动困境，在保护投资者合法权益的同时使违法行为人承担其应当承担的违法成本，赋予证券侵权集体性诉讼以令人生畏的力量值得引起全面思考与讨论。

令人欣慰的是，2019 年新修改的《证券法》对上述难题做出了回应，从激活

* 黄雨露，法学硕士，任职于上海市金杜律师事务所。

《民事诉讼法》第54条所规定的人数不确定的代表人诉讼制度入手，引入投资者保护机构[1]担任诉讼代表人主导诉讼，并进一步在该种诉讼模式下确立“默示加入，明示退出”原则，将众多受损投资者纳入证券代表人诉讼制度的保护范围。本文正是从《证券法》这一顶层设计出发，在论证投资者保护机构的代表人主体资格具有正当性的基础之上，借鉴域外试行已久的集体性诉讼制度经验，明晰投资者保护机构在证券代表人诉讼制度中的权利范围，探讨如何建立投资者保护机构职责履行的激励与监督机制。

一、证券代表人诉讼中投服中心代表人主体资格证成

我国《民事诉讼法》并未直接设置诉讼代表人具体的资格标准，学理上通常从以下四个方面予以概括：其一，利害关系上，代表人应与其他成员对诉讼客体存在共同利害关系，是其所代表的一方当事人之一；其二，推选程序上，要么由经法定程序登记的权利人自行推选，或由人民法院与权利人协商确定，或由人民法院依职权指定；其三，具备充分的诉讼能力参与诉讼活动；其四，在履行代表义务之时，应尽最大善意保护全体被代表成员的合法权益。

截至2019年11月底，投服中心公布的数据显示，其已经持有了3700多家上市公司股票，并且将持续持有上述股票。但是在相关市场主体做出虚假陈述、内幕交易等违法行为后，根据相关法律规定的认定标准，投服中心究竟是不是权益受损的适格投资者其实仍然存在疑问。以虚假陈述案件举例，如果投服中心是在虚假陈述做出后买入上市公司股票，并在该行为被揭露后一直持有或者卖出，那么根据相关司法解释，其本身即属于适格原告的，与其他投资者拥有相同的利害关系，继而接受投资者的委托成为诉讼代表人，这在现行规定下没有太大问题。但是在投服中心并非适格原告的情况下，其作为投资者保护机构基于何种正当性在接受五十名以上投资者的委托后即成为诉讼代表人则有待探究，以及需要进一步厘清的是，是不是一旦五十名以上投资者提出委托，投服中心就必须予以接受。

（一）代表人资格条件界定

诉讼代表人，也称为原告代表或申请人，是指集团诉讼中代表所有集团成员发动集团诉讼或实施诉讼的行为人。[2]满足什么资格要求的代表人才能承担维护众多被代表投资者合法权益的代表人角色，这是探讨投服中心代表人主体资格正当性的重要前提。

---

〔1〕《证券法》规定的投资者保护机构，是指“依照法律、行政法规或者国务院证券监督管理机构的规定设立的投资者保护机构”，目前实践中常见的投资者保护机构包括中证中小投资者服务中心有限责任公司（以下简称“投服中心”）以及中国证券投资者保护基金有限责任公司（以下简称“投保基金公司”），考虑到投服中心拥有较多的证券诉讼实践经验，因此本文将主要论证投服中心如何参与证券代表人诉讼。

〔2〕王福华：《集团诉讼代表人资格研究——基于普通法国家的比较分析》，载《中外法学》2009年第2期。

1. 典型性

典型性，是指诉讼代表人代表原告提出的诉讼请求或针对被告提出的抗辩相对于集团诉讼的其他成员来说应当具有代表性，也就是说，如果由其他成员自身来承担代表人角色或者单独提起诉讼，他们也会提出与该代表人相同或类似的诉讼请求或者是抗辩理由。

就美国集团诉讼而言，《美国联邦民事诉讼法》第 23 条（a）（3）款是关于典型性的法律渊源，该条规定代表人的请求或抗辩对于集团的请求和抗辩来说应是典型的。美国通过规定代表人的典型性条件来判断是否有必要启动集团诉讼，举例来说，如果申请人希望发动集团诉讼并担任代表人，其需要简单证明，其与其他潜在集团成员（假设为一百人）存在共同的法律或事实问题，这些成员如果单独起诉寻求救济，也会提出与申请人一样的诉讼请求。

虽然说，我国证券代表人诉讼制度并不需要依据典型性条件启动，但这并不意味着，典型性要件在我国的代表人诉讼制度中即失去了适用空间。因为只有在代表人采取与其他集团成员相同或者相类似的诉讼请求或者抗辩的情形下，代表人对于集团成员实体权利的维护才是符合实际情况的。就典型性的具体方式判断，一般而言，利益诉求份额越大，参与诉讼活动的积极程度越高，出于自身利益考虑会尽最大善意维护受损害投资者一方的利益，提出最有利于己方的诉讼请求，并积极反驳被告的抗辩。

2. 充分性

集团诉讼进程中，集团成员无法亲自参与庭审活动并有效地就庭审过程发表意见，造成了集团成员诉讼参与权缺失的状况，程序上参与的不足对于最终实体权利的影响也非常大。在确定集团代表人具有典型性的基础之上，还需要进一步保证代表人的充分性，要求其有能力充分地在诉讼活动中保护被代表人的权益。综观各国规定，对代表人充分性资格条件的评估主要从参与诉讼的能力强弱和品行和经济状况的优劣两个方面具体展开：一方面，代表人应该充分展示出自己具备在集团诉讼中充分行使各项权利的能力，如了解证券市场专业知识等，以积极的行动而非消极的角色参与诉讼进程；另一方面，代表人自身的品行和经济情况也在一定程度上关系到代表人能否履行代表权利、维护被代表集团成员的合法权益，是考察代表人资格的“酌定情节”。

3. 排除利益冲突

集团诉讼中的代表人与一般机制中的代表一样，同样存在代表人与代表对象利益偏离的隐忧——代表人原本是代表所有集团成员的，结果却仅代表了集团的部分成员，甚至是站到了集团利益的对立面，与被告发生冲突，与集团整体利益相悖。为了避免上述利益背离的发生，普通法立法例做了很多努力，一般都在集团诉讼中规定，集团代表人的确定要经过正当程序，要尽合理善意履行代表人职责，坚守与集团成员之间不得存在利益冲突的“红线”，不能被一己私利或者他人的个人利益所俘虏。

（二）投服中心代表人主体资格的正当性基础

1. 法定诉讼担当理论下投服中心代表人资格阐释

（1）理论纷争：委托代理与诉讼担当

传统观点认为我国代表人诉讼中代表人的权利来源为委托代理制度，诉讼代表人依照当事人的委托，以当事人名义为当事人的权益代为实施或接受诉讼行为，代理的法律后果归于被代表人，且被委托的代表人必须在代理权限范围内从事诉讼活动。如若被代表人未被特别授权，诉讼代表人不能在诉讼进行中行使实体权利。〔1〕这一点在《民事诉讼法》的规范设计中体现地也非常明显，“代表人变更、放弃诉讼请求或者承认对方当事人的诉讼请求，进行和解，必须经被代表的当事人同意”。〔2〕但是，上述委托代理理论在解释以下两个问题时似乎遇到了“瓶颈”：

其一，根据委托代理理论的制度原理，委托诉讼代理人代为和解、撤诉一般也应以委托人的特别授权为前提。但是在民事诉讼法规体系并未明确规定的前提下，代表人行使撤诉权利是自主的，不受被代表人的制约，其申请撤诉并不需要经被代表的当事人事先同意，委托代理理论似乎与法规阐释存在抵牾。〔3〕

其二，虽然修订的《证券法》并未明确在投服中心已经接受五十个以上投资者委托的前提下，其他通过“默示加入”规则加入证券代表人诉讼的投资者是否需要补充对于投服中心作为其代表人的授权，但从法条的直接解释，以及结合此次《证券法》提高证券侵权民事纠纷处理效率的修法目的，“接受五十个以上投资者委托”应为投服中心成为“诉讼代表人”的充分条件，无须另行得到其他默示加入投资者的同意以及即使存在提起民事诉讼投资者中不愿意委托投服中心作为代表人的情况，也不影响投服中心作为证券代表人的资格。委托代理理论在此时似乎遇到了更深的“瓶颈”，既然都不存在“委托”，又何以解释诉讼代表人的权利来源。

所谓诉讼担当，是指本来并非民事法律关系主体的第三人，对他人的权利或法律关系有管理权，以当事人的地位，就因法律关系所产生的纠纷行使诉讼实施权，最后产生判决的效力则及于原民事法律关系的主体。〔4〕就具体类型而言，诉讼担当可以分为法定诉讼担当与任意诉讼担当。前者是基于法律规定的诉讼实施权授予，如《合同法》中的代位权人、破产制度中的破产管理人即是根据法律的规定被授予诉讼实施权，分别代债务人、破产人进行诉讼活动。后者则是指基于本来权利义务主体之意思进行的诉讼实施权授予，当然这种意思表示

〔1〕常怡主编：《民事诉讼法学》，中国政法大学出版社 1999 年版，第 138 页。

〔2〕《民事诉讼法》第 54 条。

〔3〕李祖军：《我国代表人诉讼撤诉制度的检讨与完善——以美国相关法制为借鉴》，载《法商研究》2018 年第 11 期。

〔4〕常怡主编：《民事诉讼法学》，中国政法大学出版社 1999 年版，第 140 页。

仍然需在法律允许的范围内。

具体运用到代表人诉讼制度来看，有的学者认为《民事诉讼法》第53条、第54条规定的代表人诉讼中的诉讼代表人就属于任意诉讼担当人。[1]也有学者不予赞同，其认为我国的代表人诉讼制度其实存在多种情形，需要分情况讨论，不能想当然地认为全部属于任意诉讼担当，有的需要运用法定诉讼担当理论来加以阐释。[2]

（2）理论选择：法定诉讼担当理论

从新《证券法》第95条第3款的直接规定来看，投保机构受五十名以上投资者委托，即可作为代表人参加诉讼，投服中心之所以拥有了诉讼代表人的资格，似乎是缘于其接受了投资者的委托授权，因此即使投服中心不是适格原告，仍然可以作为证券侵权纠纷的代表人，以当事人的地位行使诉讼实施权，追究违法行为当事人的侵权责任。

但任意诉讼担当理论似乎在解释以下这种情况时遇到了“瓶颈”：假设存在六十位投资者提起了证券欺诈侵权纠纷，仅有五十五名投资者愿意委托投服中心作为代表人，而其他五名投资者出于各种考虑不愿意委托投服中心作为代表人，且其他默示加入的投资者也尚未做出委托投服中心担任代表人的意思表示，根据前文解释，投服中心依然具有诉讼代表人资格的，无须全体投资者的明示统一授权。但任意诉讼担当理论是以原权利人明确的意思表示为前提，既然不存在投资者的统一授权，投服中心又何以有资格作为诉讼代表人参与代表人诉讼？

值得讨论的是可否将投资者默示加入“证券代表人诉讼”的行为视为默示同意将“诉讼实施权”授予投服中心，进而仍然用任意诉讼担当理论来解释投服中心的权利来源？根据民法学理论，单纯的沉默原则上不构成意思表示，只有在综合考虑当事人是否存在事先约定、行业交易惯例等多方面因素之后，足以充分地认为一方当事人有义务积极做出表示时，其沉默才能被认定为意思表示。[3]因此，本文认为，将投资者单纯的沉默视为授予诉讼实施权，是对于意思自治基本原则的较大突破，且缺乏交易惯例的支撑，不宜采纳。

因此，虽然《证券法》第95条第3款的表述中投服中心是因为接受了委托方才获得了诉讼代表人的资格，但是综合各种情形来看，投服中心获取代表人资格以及进而拥有代表人的权利来源其实是证券法的直接规定，之所以在这一规定中设置了“受五十名以上投资者委托”的条件，一方面是考虑到投服中心本身的资源有限，无法参与每起证券侵权纠纷代表人诉讼，另一方面则是兼顾了投资者的选择自由，尊重其自主选择代表其行使诉讼实施权的对象，《证券法》第95条第3款有关投服中心代表资格的规定是具有任意诉讼担当色彩的法定

---

〔1〕 肖峰：《第一审普通程序中若干问题的完善》，载《法律适用》2015年第4期。

〔2〕 肖建国、黄忠顺：《任意诉讼担当的类型化分析》，载《北京科技大学学报》（社会科学版）2009年第3期。

〔3〕 杨代雄：《容忍代理抑或默示授权》，载《政治与法律》2012年第4期。

诉讼担当，是平衡了集团诉讼效率和个体权益保护的中国特色创新。

2. 投服中心的“公益性”与“专业性”定位

在法定诉讼担当理论的阐释之下，投服中心被完美嵌入证券代表人诉讼制度中担当代表人，同时，投服中心的“公益性”与“专业性”定位，使其在并非适格原告的情况下，仍然能够满足代表人的资格条件，进一步增强了其代表人资格的正当性基础。

（1）具有公益性质的维权组织

投服中心作为一个经中国证监会批准设立的金融类投资者保护机构，法律意义上的组织形式为有限公司，但这与以“公益性维权组织”来定位投服中心的特殊身份并不冲突。投服中心的使命即是维护中小投资者的利益——通过自身提起诉讼或者是担任投资者的代理人进行支持诉讼，发挥自身在证券侵权纠纷解决领域的专业优势，保护陷入集体行动困境的中小投资者。[1]具体而言，由投服中心担任证券代表人诉讼的代表人具有专注于社会公益和避免滥诉的优势：

首先，无论投服中心为投资者采取的维权行动效果如何，投服中心对于证券侵权集体性诉讼的成果并不享有利润分配请求权，这就决定了其在担当诉讼代表人过程中，不会关注案件胜诉后的经济收益，而会把重心放在证券侵权争议本身。相较于其他首席原告可能存在的复杂利益动机，投服中心更能按照依法治国的中心思想实现惩治和威慑违法行为的初衷，实现社会对于其履行公益职责的期待。

其次，由投服中心主导代表人诉讼，选择代表案例，从公益律师库指派律师，可以防止集团律师收到诉讼酬金的过度激励，以致发生滥诉或者选择性起诉大公司的现象，因为投服中心并不会被胜诉酬金所激励。[2]

（2）专业水平出众

投服中心的“专业性”在与其他证券市场参与主体的对比中尤显特别：与监管机关相比，投服中心非仅着眼于最低的合规标准，反而凭借股东身份更多从公司治理的原则出发对证券市场相关规定法律法规的设计原理进行考虑；与法律中介服务机构相比，投服中心不会像中介机构囿于特定身份、专业领域的限制，观点容易带有倾向性，投服中心的知识范畴往往不会局限于个案或特殊情况，视野观更加开阔；[3]与数量众多且专业能力参差不齐的中小投资者相比，投服中心更是优势巨大，其可以根据对于案情的具体判断，综合运用《证券法》《民事诉讼法》等多方面的专业知识，协助中小投资者在庭审活动中充分维护己方利益，与被告公司展开积极对抗。

---

〔1〕 陈洁：《〈证券法〉应明确投服中心的功能定位》，载 http：//www.cs.com.cn/xwzx/zq/201612/t20161213_5117866.html，最后访问日期：2020 年 2 月 2 日。

〔2〕 汤欣：《建立中国式证券集团诉讼》，载《中国金融》2019 年第 23 期。

〔3〕 参见邓峰：《投服中心的定位、职能与前景》，载《投资者》2018 年第 2 辑。

（三）投服中心代表人主体资格之权责分析

1. 接受委托为权利抑或是义务？

根据新《证券法》第95条第3款所述，“投资者保护机构受五十名以上投资者委托，可以作为代表人参加诉讼”，证券法在这里的用词是“可以”，“可以”是授权性规范的典型用词，所谓授权性规范，是指示人们可以做出或要求别人做出一定行为的规范。“授权性规范的作用在于，赋予人们一定的权利去建立或改变法律地位和法律关系，以建立或调整国家所需的法律秩序。”[1]《证券法》第95条第3款只是规定投资者保护机构可以在满足一定条件的情况下获取诉讼代表人法律定位，去承担在证券代表人诉讼制度中维护投资者权益的法定职责。《证券法》第95条并不是直接要求人们必须从事某种行为的“义务性规范”，赋予投保机构在出现“五十名以上投资者委托”情形之时必须接受委托担当诉讼代表人的法定义务。

我国立法之所以在代表人诉讼制度中引入投服中心担任代表人，即在于投服中心的非营利性，可以很大程度上避免美国集团诉讼在具有逐利性的律师主导下经常出现的滥诉或者选择性起诉大公司的现象，而如果说，一旦存在五十名以上投资者进行委托，投资者保护机构即不能拒绝必须担任代表人的话，某种程度上是将证券代表人诉讼制度的主导权又还给了投资者这类“私主体”。

综上所述，投服中心应当具有决定是否接受投资人的委托成为诉讼代表人的权利，其基于合理理由拒绝投资者的委托并不违反诉讼代表人的职责，但是若其随意拒绝投资者委托则是不被许可的，“对于首席原告（投保机构）进行有效监督，督促其执行公证、透明、高效地案件遴选和推送诉讼的操作性规定十分重要”。[2]

2. 接受委托后的代表人职责

有意思的是，在新《证券法》修改公布后，投服中心第一时间予以回应：“第一，稳妥对接诉讼代表人职责，发挥证券公益机构投资者保护功能……第七，投服中心将秉承公益职责，在合适时机选取典型示范案件，启动代表人诉讼，继续发挥投资者保护机构应有的示范效用。”既然承担的是“诉讼代表人职责”，为何还可以“选择典型示范案件，启动代表人诉讼”，对于非典型案件予以拒绝代表是不是违反诉讼代表人职责的失职行为？投服中心的这一表态似乎增加了代表人资格性质的疑惑。

本文认为，“诉讼代表人职责”指的是投服中心作为兼具公益性和专业性的投资者保护机构在成为代表人之后，必须运用自己的专业知识，代表受损投资者参与诉讼活动，为投资者维权提供证据和法律层面的双重支撑；如果投服中心在诉讼进程中消极怠工，没有积极为

---

〔1〕 张文显：《对法律规范的再认识》，载《吉林大学社会科学学报》1987年第6期。
〔2〕 汤欣：《建立中国式证券集团诉讼》，载《中国金融》2019年第23期。

投资者收集证据或者是主张权利，可以说这是一种违反“诉讼代表人职责”的表现；但无法得出投服中心基于合理理由不接受五十名投资者的委托是一种“违反诉讼代表人职责”的表现，法定诉讼担当仍然是在“授权”，被授权的投服中心可以选择不予接受。

二、投服中心参与证券代表人诉讼的权利扩张与平衡

为使代表人诉讼机制的运行规则更符合大规模纠纷解决的内在需求，我们有必要在确定代表人满足典型性、充分性等资格要求，代表人的权利来源具有充分理论支撑的前提之下，进一步赋予代表人实体处分权，提高我国代表人诉讼制度的运行效率，使代表人诉讼彻底从共同诉讼的框架当中走出来，成为适配现代纠纷特征、成果显著的大规模纠纷解决机制。[1]

（一）代表人权利范围之实践考察

1. 投服中心代表人权利范围之现实困境：缺乏实体处分权

根据《民事诉讼法》的规定，代表人变更、放弃诉讼请求或者承认对方当事人的诉讼请求，进行和解，须经被代表的当事人同意。显然，在现行《民事诉讼法》体系下，诉讼代表人被赋予的只是一般的、不涉及被代表的当事人实体权利的程序权利，而无独立的实体上的处分权。因而，虽然《证券法》在人数不确定的代表人诉讼制度中引入了“默示加入，明示退出”规则，希望提升代表人诉讼机制的运行效率，但是在《证券法》没有特殊规定的情况下，投服中心作为代表人的权利范围上依然需要遵守《民事诉讼法》的限制。

在司法实践中，代表人要征求获得众多当事人的同意其实非常困难，达不成一致意见的情形时常出现，这种意见分歧可能使原本可以达成和解的集团诉讼最终毫无成果。毕竟如果投服中心和被告所达成的和解协议需要征得每一个被代表投资人的同意，在漫长的通知和等待回复的过程中，抑或是被告失去了耐心，抑或是被告实际经营状态发生了变化，相关和解方案就很可能化为泡影了。更遑论就诉讼进程中的诉讼请求上的些许变动仍需向每位被代表人发出通知以获得同意，更是十分费力，在被代表人动辄成千上万的证券侵权纠纷领域，实际操作性存在疑问。

2. 代表人权利范围之域外参考：实体处分权的赋予与限制

（1）我国台湾地区团体诉讼

我国台湾地区的证券市场结构与大陆类似，散户占比高，证券交易的换手率同样较高，但在证券市场出现违法行为之时，这些受损害的散户投资者起诉的积极性并不高，为解决上述难题维护证券市场的运行秩序，我国台湾地区在 2002 年制定了“证券投资人及期货交易

---

〔1〕 常怡主编：《比较民事诉讼法》，中国政法大学出版社 2002 年版，第 384 页。

人保护法”（以下简称“投保法”），并设立了专注于保护证券及期货投资人的“证券投资人及期货交易人保护中心”，允许我国台湾地区投保中心为了受损投资人的利益提起诉讼或仲裁，具体贯彻落实“投保法”。

本文将我国台湾地区投保中心提起的团体诉讼[1]的关键机制与大陆投服中心参与的证券代表人诉讼对比如下表1：

表1

诉讼运行机制	台湾地区投保中心提起的团体诉讼	大陆投服中心参与的证券代表人诉讼
诉讼的提起	由二十人以上证券投资人或期货交易人（以下简称“权利人”）授予诉讼实施权后，以自己名义提付起诉或仲裁。	受五十名以上投资者委托，可以作为代表人参加诉讼。
诉讼的加入制/退出制	加入：投资人可于第一审言词辩论终结前或询问终结前，加入诉讼或仲裁。	投资者保护机构为向人民法院登记，但投资者明确表示不愿意参加该诉讼的除外。 “默示加入，明示退出”
	退出：投资人也可于言词辩论终结前或询问终结前，撤回仲裁或诉讼实施权之授予。	
诉讼及仲裁权	保护机构就接受诉讼或仲裁实施权之事件，有为一切诉讼或仲裁行为之权。但权利人得限制其为舍弃、认诺、撤回或和解。	按照《民事诉讼法》规定，变更、放弃诉讼请求或者承认对方当事人的诉讼请求，进行和解，须经被代表的当事人同意。
交付赔偿金额	投保中心应将所得赔偿，扣除诉讼或仲裁必要费用后，分别交付各权利人，不得请求报酬。	无规定
起诉前的调阅权	投保中心为推动诉讼或仲裁之目的，有权请求相关市场主体协助或提出文件、相关资料。	无规定
降低诉讼成本	满足一定条件时得减免诉讼费；申请先予执行，得免于提供担保。	无规定

可以看出，同样为非营利组织主导，我国台湾地区团体诉讼中投保中心的实体处分权仍然是不完全的，投保中心舍弃、认诺、撤回或和解均可被证券投资人或期货交易人所限制，[2]但这种限制与大陆代表人诉讼制度存在两点不同，我国台湾地区投保中心的受限程度其实更低：

首先，我国台湾地区“投保法”之限制是一种“事后补充限制”，默认代表人投保中心具有实体处分权，但若被代表投资者出于各种原因不愿意授予投保中心实体处分权，应以书

[1] 在“投保法”的设计下，我国台湾地区投保中心为受损投资人的利益既可以提起诉讼，又可以提起仲裁，本文采用的“团体诉讼”概念，同时包含上述两种纠纷解决机制。

[2] 台湾地区“证券投资人及期货交易人保护法”第31条。

面形式向法院提出，也即“有限制方才不能实施”，而内地代表人诉讼制度下的代表人行使实体处分权须经被代表的当事人事先同意，即为“有授权方才能够实施”；

其次，我国台湾地区“投保法”之限制不是默认的全体限制，部分证券投资人或期货交易人做出“限制”的意思表示，效力范围不及于其他授予投保中心诉讼实施权的权利人。但大陆的“事先授权规则”其实存在一个默认前提——全体投资者并未授权，部分投资者的授权同意也不代表其他投资者的授权同意。

（2）美国集团诉讼

美国集团诉讼中，集团成员的诉权实际上委托给了诉讼代表人（即为“首席原告”），并且就美国集团诉讼的实践来看，首席原告委托的律师在胜诉酬金的激励下往往发挥着较为重要的作用，如果该诉讼代表人与集团律师串通，共同做出了不利于集团其他成员的和解/撤诉决定，将对集团成员利益造成较大的损害。[1]为此，美国《联邦民事诉讼规则》第 23 条（e）款针对集团的和解与撤诉规定了前置条件：①由法院决定是否通知集团，如果决定通知，需要以合理的方式使全部集团成员知悉；②法院审查批准拟议中的撤诉或和解方案；③当事人确认协议；④给予当事人再次退出的选择权利；⑤集团成员可提出反对，并表明这个反对意见仅适用于自身，还是适用于局部/整个集团。需要突出强调的是，就法院审查和解/撤诉方案而言，只有在举办听证会并确认该方案“公平、充分、合理”的前提下，法院方可批准集团诉讼的和解/撤诉提案。

但就非和解/撤诉所涉及的实体处分权，如在诉讼进程中承认/放弃对方的诉讼请求等，美国集团诉讼中并无特别规制，因为经过正常诉讼程序的判决结果并非是由集团代表或集团律师掌控，更多取决于法院依法审理的结果。

（二）投服中心代表人权利范围扩张的必要性及可行路径

对比其他国家或地区集体性诉讼中代表人的权利范围，可以发现我国代表人诉讼机制下代表人的权利范围相对局限，本文认为，从诉讼效率价值目标的指引、诉讼担当的理论阐释等角度考虑，应当考虑从合理路径赋予诉讼代表人更多实体性的权利。

1. 投服中心代表人权利范围扩张的必要性

（1）诉讼效率价值目标的指引

公平与效率是存在于民事诉讼法律制度中的两个重要价值目标，合理的民事诉讼制度规则设计总是努力在公平与正义两个价值目标之间寻找最佳平衡点，虽然从法理与实践来看，这种“最佳平衡”可能只存在于法学家的美好期待之中。公平与效率两种价值目标的特性其实存在差异：正义是偏伦理性的只能定性评价的价值目标，效率却可以定量评价，更偏功利性，正如学者所言，这对矛盾价值的选择任何司法制度都要面对，但是一劳永逸的解决方法

---

〔1〕 杜要忠：《美国证券集团诉讼程序规则及借鉴》，载《证券市场导报》2002 年第 7 期。

并不存在。[1]

就我国的立法与司法实践来看，在上述两种价值目标的抉择中，一贯更加强调追求绝对客观事实以实现实体正义，“错案必究”的提出就是对这种倾向的侧面反映，而对于诉讼效率的关注则相对不足。但综观各国设置的大规模群体性纠纷解决机制的本意，无论是美国集团诉讼还是我国的代表人诉讼，都是试图将一对多的诉讼对抗拉回到一对一的诉讼模式，通过一个审判程序避免诉讼拖延，提高纠纷处理效率。“集团诉讼制度本身就是效益原则的产物，效益原则比公正原则在集团诉讼中更加重要，当公正原则所强调了个体实体权利保护对集团整体运作产生负面效应时，有碍于集团的局部正义应当让位于集团效益。”[2]在集体性诉讼中，代表人可以看成是被“浓缩”的当事人，赋予其包括实体处分权在内的广泛的诉讼权利，有助于其“代表”职能的发挥，使“一对一”的诉讼模式设计真正产生意义。[3]

（2）诉讼担当理论应用的应然解释

如前文所述，投服中心取得代表人资格的权利来源基础即是法定诉讼担当理论——根据法律规定，以当事人的地位对于证券侵权纠纷行使诉讼实施权，相关判决的效力则及于证券侵权关系的受害投资者及违法行为人。投服中心基于法律规定获取了诉讼实施权，但在原有《民事诉讼法》体系下，投服中心的诉讼代表人资格却被赋予了“枷锁”，存在未必合理——诉讼代表人是全程跟进案件处理、与被告进行对抗的当事人，时刻把握着案件的处理进度及被告方的实际态度，对于究竟是和解还是由法院做出判决对于投资者的权益保护更加有利，比投资者本身更具发言权，而处于案件之外的投资者并没有参与案件的审判，让没有参加审判的被代表投资者去决策判断掌控诉讼进程本身就是一个难题。既然《证券法》基于对投服中心公益性及专业性的信任，在法定诉讼担当理论下阐释赋予了投服中心这一非适格原告以诉讼实施权，也应对于投服中心这一特别代表主体的诉讼实施权范围予以特别的配套设计。

2. 投服中心代表人权利范围扩张的可行路径

鉴于目前代表人权利范围限制的规定直接规定在《民事诉讼法》中，如果直接从《民事诉讼法》下赋予诉讼代表人实体处分权利对于整个代表人诉讼制度的影响较大，并且我国当前的群体性纠纷的主要形态中除了包括以证券侵权纠纷为代表的“小额多数”的群体性纠纷以外，也存一些“大额多数”的群体性纠纷，这类纠纷涉及标的额较大，与民众息息相关、意义重大，与解决“小额多数”纠纷的整体思路不尽一致，在讨论我国群体性纠纷诉讼制度的未来走向时，应该区别不同的群体纠纷的类型具体予以对待。[4]因此可考虑通过《证券

[1] 吴泽勇：《集团诉讼在德国：“异类”抑或“蓝本”》，载《法学家》2009 年第 12 期。
[2] 陈祥军：《海口市集团诉讼案件情况的调查分析》，载《特区法坛》2004 年第 7 期。
[3] 常怡主编：《比较民事诉讼法》，中国政法大学出版社 2002 年版，第 384 页。
[4] 相庆梅：《我国群体诉讼的类型化研究》，载《河北法学》2010 年第 6 期。

法》的进一步修改，单独在证券侵权纠纷这一“小额多数”领域投资者保护机构主导的证券代表人诉讼制度中，先行试验扩张投资者保护机构的权利范围，允许投资者保护机构享有实体处分权，可以“承认、放弃或者变更、放弃诉讼请求或者承认对方当事人的诉讼请求，进行和解”。

2020 年 3 月 24 日，上海市金融法院积极探索发布了《上海金融法院关于证券纠纷代表人诉讼机制的规定（试行）》（以下简称《代表人诉讼规定》），这是全国法院首个关于证券纠纷代表人诉讼制度实施的具体规定，回应了新《证券法》第 95 条的顶层设计。《代表人诉讼规定》第 44 条明确，“投资者保护机构为全体原告的代表人，有权代表全体原告参加审理，增加、变更或者放弃诉讼请求，与被告进行和解或者达成调解协议，提起或者申请撤回上诉，申请执行等”，可以说上海市金融法院基于自身的司法审判经验，在《代表人诉讼规定》给予了投资者保护机构在代表人诉讼中扩大的代表权利。虽然说根据上海金融法院的解释，投资者保护机构这一扩大化的代表权利来源在于“特别授权”，即其采取的制度原理方面的理论学说是“委托代理”，与本文诉讼担当理论的解释路径存在差异，但殊途同归——都明确了代表人的代表权利中应包含实体处分权。

（三）投服中心代表人权利范围扩张之平衡机制

从群体性纠纷效率价值目标和诉讼担当理论的应然解释出发，本文认为赋予诉讼代表人以扩张的实体处分权是实现集团诉讼制度功能的应有之义。但是如何防范诉讼代表人权利扩张后对于被代表人实体权利可能造成的潜在风险也是必须思考的问题，明确法院监督职能就是一个可行路径。

其一，担心投服中心作为诉讼代表人权利扩张后可能会影响投资者合法权益，其实本质上是对于原告内部主体间权利义务分配失衡的忧虑，既然“投服中心”与“被代表人”之间的内部关系存在失衡的隐忧，那么引入第三方外部主体，公正地对于双方间的分歧进行判断，是一个可供选择的方向。

其二，赋予人民法院在代表人诉讼中的干预权力，并不会违背“司法中立”原则，司法中立要求的是司法者在“两造”[1]的冲突中不偏不倚，我们在此强调的干预不是对于原告及被告间权利分配的倾斜，干预的对象是原告集团内部关系的调整和平衡，但这是为了更好地整理原告内部关系秩序，将具有分散性特征的原告群体高效、公平地凝聚在一起，使原被告放在公正的起点上进行对抗。

具体而言，法院作为审判机关的监督应体现在以下方面：对代表人恶意变更、放弃诉讼请求或者承认被告的诉讼请求裁定无效，审查批准投服中心代表原告与被告达成的和解或调

〔1〕 所谓“两造”，即诉讼的双方当事人。

解协议内容，对代表人在和解或调解中故意放弃某些权利的行为裁定无效，以及“代表人失格”的特定情形下裁定予以更换代表人等。

法院并非不允许代表人依据案件进程变更、放弃诉讼请求或者承认被告的诉讼请求，而是禁止代表人恶意实施上述行为，诚然被告会从代表人的上述行为中获取“利益”，但这种利益是由于被代表人的“恶意”行为引发的，并不存在被法律保护的正当性。和解或调解协议内容须经确认则是因为和解或调解协议涉及对于投资者实体权利的实际处分，直接对投资者产生影响，兹事体大。

（1）必要性分析

将退出的时机放置在代表人诉讼制度的起步阶段，其实一定程度上增加了投资者理性判断的难度。毕竟代表人诉讼伊始，对于默示加入的中小投资者来说，他们对于与案件本身相关的证据收集情况、索赔金额、以及投服中心的业务能力均缺乏了解，但随着诉讼进程的展开，可供中小投资者判断的信息将会越来越多，被告公司/个人的违法行为与违法结果之间的因果关系，索赔金额的大致范围都会愈加明晰，中小投资者也就更加容易对和解/调解协议本身是否公正合理以及投服中心及其聘请的公益律师是否真正代表了投资者的利益做出判断。逼迫投资者在集团诉讼启动伊始就决定是否退出，否则要么交出实体控制权完全由“首席原告”及集团律师掌控诉讼，要么失去通过集团诉讼寻求救济的机会，是“强人所难”的选择，缺乏程序法理上的正当性。[1]

（2）具体适用路径

回归到我国投服中心参与下的证券代表人诉讼制度而言，二次退出制在代表人诉讼制度中投服中心代表权利扩张的背景下，引入适用的紧迫性愈加彰显，但就具体适用的情形及阶段而言，需考虑法院判决与和解、调解情形的显著不同：

在法院判决的情况下，虽然不能排除诉讼代表人滥用扩张后的实体权利“承认、变更、放弃诉讼请求或者承认对方当事人的诉讼请求”，但正如前文所述，法院在涉及上述情形时，将会对于代表人做出上述决定的具体事由进行审查，一定程度上控制了代表人滥用实体权利的风险，另外，如果在诉讼进程中，允许当事人随意地因为投服中心所提出诉讼请求的些许变化而退出诉讼，将不利于诉讼集体本身的稳定性，也与集体性诉讼追求效率的价值目标相悖。

然而就和解与调解的达成来看，虽然法院在调解过程中，一定程度上参与了当事双方合意达成的过程，但就本质来看，仍然是当事人从解决已经发生的民事纠纷出发，就彼此间的争议互相让步或做出妥协进而最终协调一致的过程，争议纠纷究竟如何解决的决定权掌握在

---

〔1〕参见张大海、肖建红、罗健豪：《美国集团诉讼二次退出制及对我国的启示》，载《南京师大学报》（社会科学版）2009 年第 1 期。

当事各方手中，具体到投服中心参与的代表人诉讼机制而言，也即是投服中心和相关被告，此种情形下被代表投资者的个体权利保护的紧迫性更加凸显。赋予被代表人在充分了解诉讼情况后的“二次退出选择权”是对投资者实体权利的更进一步保护，也是对投资者诉讼程序权利的尊重。

三、投服中心参与证券代表人诉讼之激励与监督

投服中心兼具“公益性”与“专业性”，使其作为证券侵权集体性诉讼制度中的代表人具有正当性基础，在此基础上进一步赋予投服中心实体处分权，也可以改善现有证券代表人诉讼制度的内生弊端。但是，如何激励与监督投服中心这一非营利组织作为诉讼代表人在诉讼过程中合理行使扩张后的代表权利、妥善履行保护投资者权益的公益职责，则有待进一步的分析与思考。

（一）非营利组织参与证券侵权民事诉讼的困境析解

局限于新《证券法》刚刚出台，投服中心尚未就启动证券代表人诉讼展开实践，我们无法对其进行具体的实证和规范分析。然正如前所述，大陆证券市场与我国台湾地区证券市场的发展历史及市场结构存在可比性，因此我国台湾地区积累的实践经验教训可以提供参考借鉴。

1. 内生障碍：资金来源复杂及微观激励不足

从资金来源上看，依据台湾地区投保中心的捐助章程规定，投保中心的出资方包括台湾地区的证券交易所、期货交易所、证券商业同业公会、期货商业同业公会、环华证券金融股份有限公司和富邦证券金融股份有限公司等，既有证券市场的服务机构、自律组织，也有直接参与证券市场运营的利益集团。在此出资背景下，台湾地区投保中心的决策及运作难免受到上述公司及机构的一些影响，如果其积极诉讼，可能会被指责滥用权利，但如果消极行动，又或许会被诟病怠于履行职责。因此，正是这种复杂的出资背景，一定程度上使我国台湾地区投保中心在进行团体诉讼之时显得有些“进退维谷”。

从台湾地区投保中心公示的团体诉讼历史求偿案件统计来看，从 2007 年 6 月至 2020 年 3 月，投服中心提起的团体诉讼案件合计 315 个，但只有四个案子是完全独立的民事诉讼案件，[1] 其他基本都是跟随或者与刑事诉讼程序（包含简易程序）并行，分别是光洋（财报不实）、复兴航空（证券诈欺）、乐陞（公开收购违约不履行）、科风（延迟发放现金股利），其中乐陞与科风的诉讼事由并非是典型的证券侵权事由。综上所述，可以说在台湾地区的证

〔1〕《团体诉讼及仲裁历史求偿案件》，载 https：//www. sfipc. org. tw/MainWeb/article. aspx? L =1&SNO = aUlkGSaRjJ4NVesky03Z/g ==&TY =02&KW =vuDatTPWyt8 =&P =1，最后访问日期：2020 年 3 月 10 日。

券侵权诉讼治理中，检察官仍是中坚力量。

2. 外生障碍：不当干预的潜在威胁

此外，台湾地区投保中心的管理层仍处于主管机关的控制之下。从人事任免来看，“投保法”第11条规定了主管机关指派董事的两个来源，一是上述捐助人推举的代表；二是没有担任捐助人代表的证券市场上的学者专家或者秉持公正的其他人员，其中后一种来源的董事不得少于总人数的三分之二。从日常运作来看，“投保法”第16条也赋予了主管机构充分的权利，主管机关认为必要时，可以命令保护机构变更章程、业务规则等，或检查其业务、财产、账簿、书类或其他有关物件。可以看出，无论是人事任命抑或是日常运作，主管机关对于台湾地区投保中心的影响颇为深远，而这对于投保中心按照客观公正标准履行职责造成了阻碍，且已经产生了这方面的案例。例如，在美国次贷危机中，雷曼兄弟（Lehman Brothers）破产，大量通过本地银行购买雷曼兄弟发行或担保的结构化票据的台湾地区投资人，投诉银行在招揽他们购买复杂的金融产品时违反了适当性原则。台湾地区投保中心也因此被期待会针对本地银行提起团体诉讼以保护上述受损的投资人，然而投保中心最终却以“出售产品不是技术意义上的证券”为由拒绝起诉。这当中显然有防止本地银行遭受巨大索赔和避免证券市场巨大动荡的考虑，可以说是一个混杂法律和政治双重因素的决定。[1]

3. 治理隐忧下的监督乏力

非营利组织没有所有者监督机制，捐助者、管理层可能具有与非营利组织自身不同的动机，而委以行使诉讼实施权的证券投资人或期货交易人由于监督能力的欠缺和监督成本的顾虑无力实施监督，导致非营利组织自身的治理成为问题。具体反映到我国台湾地区的团体诉讼来看：台湾地区投保中心的出资方在完成出资后，不仅缺乏信息以监督非营利组织的运作，也可能缺乏监督的动机（因为缺乏剩余利润请求权）；而实际委托台湾地区投保中心提起证券诉讼的小额投资人更是缺乏相关的地位、能力与时间监督投保中心或其所委派律师对于经费的运用及采取的诉讼行为是否合理。在缺乏捐助者与投资者有效监督的情况下，如何确保台湾地区投保中心的表现符合其设立目的？台湾地区投保中心所委任的律师究竟适任与否？以及捐助者如何判断是否继续捐助财产，潜在的受害人如何判断是否委任或授予诉讼实施权？[2] 这些问题都需要进一步的思考。

---

〔1〕 Ching -Ping Shao, Representative Litigations in Corporate and Securities Laws by Government -Sanctioned Nonprofit Organizations: Lessons from Taiwan, *Asian -Pacific Law & Policy Journal*, Vol. 15: 1, 2014.

〔2〕 游志煌:《主导私权证券诉讼之法制模型探讨——律师驱策 VS 非营利组织》，东吴大学2004年硕士学位论文，第55页。

（二）投服中心代表人职责履行的现实隐忧

1. 独立性障碍仍然存在

独立性问题在投服中心参与的证券代表人诉讼模式下可能仍然存在，甚至在大陆地区证券市场的运行实践下会更加凸显。举重以明轻，面对国企改制而来的上市公司之时，即便是作为证券市场最高监管机构的证监会，也可能会有些力不从心。一方面我国证监会并不拥有美国资本市场中美国证券交易委员会（the U. S. Securities and Exchange Commission，SEC）的超然地位，另一方面尽管我国的国有企业已经进行了市场化的改革，但可能仍存在些许行政化的烙印，部分由国企改制而来/国有企业实际控制的上市公司，董事长行政级别较高，履历耀人，这其实在一定程度上给证监会的监管工作增加了难度。[1]如若证监会、证券交易所这样的证券自律监管机构行使监管职权都存在些许困难，那么由证券自律监管机构出资建立的投服中心，其独立性程度更加令人担忧：一方面，投服中心是否能鼓起勇气作为代表人参与到对国企改制后形成的“高级别”上市公司的证券侵权民事诉讼；另一方面，投服中心会不会基于维护社会稳定的需要和改善经济形势需求而有选择性（非前文所述存在正当理由）地接受投资者的委托?[2]

2. 监督机制尚且缺乏

从投服中心的治理机构来看，投服中心在其官网的简介中陈述：“投服中心为公司制法人单位，股东会是投服中心的权力机构，董事会是投服中心的决策机构，对股东会负责，行使股东会授予的权利，党委会是中心党的领导机构和重大业务决策机构，主要研究决定中心重大决策、重要人事任免、重大项目安排、大额资金使用等‘三重一大’事项，经营管理层为投服中心的执行机构，负责日常经营与管理。”[3]投服中心并未像一般公司在其自身的组织架构中设置监督机制，且投服中心在其官网也仅就其高级管理人员的薪酬情况及部分资产、网络设施项目的采购及实施情况进行了公示，有关投服中心具体履职行为情况的公开信息仍然缺乏，公众尚无法系统得知投服中心在纠纷调解、行权服务领域具体办结了多少案件，案件的办理情况如何，同时对于投服中心资金使用及资产状况也缺乏了解。可以预期，在现行公开机制下，公众对于投服中心承担代表人职责的履职情况也将由于缺乏信息而难以进行有效监督。

（三）困境化解：激励与监督机制的具体设计

1. 增强独立性，避免不当干预

虽然目前投服中心的注册资本体量庞大，“资金量绝对能保证投服中心的长期运作”，[4]

---

〔1〕 参见蒋大兴：《隐退中的“权力型”证监会——注册制改革与证券监管权之重整》，载《法学评论》2014 年第 2 期。

〔2〕 吕成龙：《投保机构在证券民事诉讼中的角色定位》，载《北方法学》2017 年第 11 期。

〔3〕 载 http：//www. isc. com. cn/html/zzjg/，最后访问日期：2020 年 2 月 20 日。

〔4〕《投服中心如何运作?》，载 http：//www. oeeee. com/nis/201706/20/509306. html，最后访问日期：2020 年 2 月 20 日。

但尚无法得知投服中心就自身运作资金的使用是否有独立的决定权，从长远发展来看，为了避免政府凭借出资地位的不当干预，《证券法》和相关法规可以考虑对保障投资者保护机构的资金来源进行具体的规则设计，特别是明确固定的投资规模或者财政支持增幅，降低投资者保护机构在履行职责之时受到出资方掣肘的可能性。[1]就组织机构的具体运行来看，证监会应避免对于投服中心人事任免及业务运行的全方位主导，可以考虑以周密的规范设计保证投服中心具有自主决策权的同时秉持维护公益为己任。就高管人员的组成来看，投服中心的高级管理人员配置可以参考证监会发行审核委员会外聘委员/台湾地区投保中心从捐助人代表之外选择专业人士的做法，引入资本市场的专业力量，毕竟相较而言，市场从业人员的独立性和内在激励性更强，有利于更好地完成投资者保护的职责。并且需要注意的是，在证券代表人诉讼进程中，具体承担代表人职责以及完成代表人具体工作的人员仍然是投服中心的工作人员，对这些人员的微观激励也非常重要，要为这些人员提供稳定的职位保障，同时建立合理公平的薪酬浮动政策。

2. 强化信息披露，便于履职监督

强制信息披露是证券市场监管的最重要制度之一，在实际运行过程中有效地减少了证券市场的信息不对称，因而将信息披露引入到投服中心参与的证券代表人诉讼中，将会提升公众（尤其是被代表投资者）对于投服中心履职行为的监督效果。具体而言：

接受委托前，当投服中心受限于机构自身人力物力的限制，无法接受每一件投资者希望委托的案件之时，如果只能选择部分案件提起代表人诉讼，案件选择是基于何种标准需要公开；接受委托代表案件进程中，公开案件进展到何种进度，证据搜集地是否充分以及是否需要投资者为诉讼提供帮助和支持；完成委托后，公示投服中心财务及运营信息，投服中心官网已就高管人员的薪酬进行了公示，但就投资者保护机构整体的运营状况外界仍不得而知，虽然说非营利组织进行的是公益活动，公益活动本身就是一个模糊的概念，而且从事的公益活动的效果很难进行评估。[2]但提供证券侵权集体诉讼服务这一“公众产品”是可以用数据和文字展示出来，尽管暂时由于没有同类非营利组织的存在，使投资者保护机构的运营成果不能进行横向对比，但是定期（按年度/季度）展现出来的成果方便了投资者和政府知晓投服中心的运营情况，降低了监督成本，主动公开的方式也在一定程度上解决了投资者和政府主动监督动力不足的“代理问题”。

3. 开放投资者保护机构间的竞争

竞争机制的引入在于激发投服中心参与证券代表人诉讼的活力，避免投服中心独占证券代表人诉讼可能滋生的弊端。我国台湾地区曾有观点提出，为妥善解决保护机构可能存在的

---

〔1〕 吕成龙：《投保机构在证券民事诉讼中的角色定位》，载《北方法学》2017 年第 11 期。

〔2〕 Geoffrey A. Manne, Agency Costs and The Oversight of Charitable Organizations, *Wisconsin law review*, Vol. 1, 1998.

公共执行效率不彰或易受政治介入等难题，应设立多种类型的保护机构，包括官方设立的、民间自行设立的等，在避免保护机构不堪重负的同时也增强保护机构之间的竞争。〔1〕同理，大陆也应当避免现有的投服中心或投保基金公司成为主导集体性诉讼的垄断组织，而应允许多家具有资质的非营利组织参与证券代表人诉讼机制，使这些非营利组织为了争夺政府资金、专业人才及市场等诸多方面的资源而专注于提升自身运转效率。〔2〕而且，从上海证券交易所和深圳证券交易所的并行实践来看，虽然二者的定位有所不同，但二者事实上存在竞争关系，这种竞争关系也从一定程度上提升了整个资本市场的运行效率。目前我国的投资者保护机构仅有投服中心及投保基金公司两家，未来可以考虑的一个方向是将现有的投服中心分立，由上海证券交易所、深圳证券交易所、上海期货交易所、中国金融期货交易所和中国证券登记结算公司五位股东分成两组，分别持有分立后的投资者保护机构股权，甚至在有必要的情况下，进一步引入郑州商品交易所、大连商品交易所等其他自律监管机构作为股东设立新的投资者保护机构，通过非营利组织间的有效竞争激励投资者保护机构积极参与证券代表人诉讼并高效履行代表人职责。

〔1〕 参见余凡：《论证券投资者保护机构的职能配置与治理角色——以台湾地区为样本》，载《浙江工业大学学报》（社会科学版）2019 年第 6 期。

〔2〕 参见汤欣：《论集团诉讼的替代性机制》，载《证券法苑》2011 年第 1 辑。

破产法制

破产重整企业信用修复的困境和出路

张世君　王子琛 *

目　次

引言

自2017年以来，伴随供给侧改革的持续深入，破产程序作为运用市场手段化解过剩产能的重要方法日益受到人们的关注。相比于破产清算程序和破产和解程序，破产重整程序具备拯救和再建企业的独特功能。因此，当企业濒临破产时，在可能的情况下优先适用破产重整程序是每一个企业相关利益人的必然选择。而破产重整案件数量的持续增加，使企业破产重整后信用难以修复的问题逐渐显现。重整企业的信用能否得到及时有效的修复，不仅关乎企业能否顺利起死回生，更关乎前期耗费大量司法资源促成的重整计划能否得到顺利执行。可以说，企业

* 张世君，法学博士，首都经济贸易大学法学院教授；王子琛，首都经济贸易大学法学院民商法学硕士研究生。

基金项目：本文系首都经济贸易大学2020年研究生科技创新资助项目“优化营商环境背景下破产重整企业信用修复制度的法律构建”的阶段性成果。

信用修复的质量决定了重整企业能否真正回到正常经营的轨道上。但破产重整企业信用修复制度在我国仍处起步阶段，相关理论认识和实践探索并不丰富，亟待学界予以深入研究。本文不揣浅陋，拟就该问题做一番粗浅探讨。

一、破产重整企业信用修复的现状与困境

（一）破产重整企业信用修复的现状

当前，我国并没有任何一部法律对破产重整企业如何修复其不良信用给予明确规定。由于破产重整企业均存在自身经营不善的现象，致使其重整前不可避免的会产生大量不良信用记录和信息。这些信用信息的提供者范围非常广泛，主要包括政府部门、金融机构、法院、行业协会、信息主体、企业交易对方、公用事业单位等。〔1〕总体来说，对破产重整企业影响较大的不良记录有四类：中国人民银行征信中心负责的征信不良记录、工商行政管理部门主管的经营异常不良记录、税务部门负责的纳税信用评级不良记录、人民法院负责的失信被执行人不良记录。这四类不良记录既是破产重整企业信用惩戒的主要后果，同时也是企业重整后信用修复的主要对象。

1. 人民银行征信系统不良信息记录现状

自 2013 年 3 月 15 日施行《征信业管理条例》以来，中国人民银行征信中心所负责的征信系统正式被确立为国家设立的金融信用信息基础数据库。征信系统全面收集企业和个人的信息。其中，以银行信贷信息为核心，还包括社保、公积金、环保、欠税、民事裁决与执行等公共信息。〔2〕在银行信贷信息方面，征信系统接入了所有商业银行、信托公司、财务公司、租赁公司、资产管理公司和部分小额贷款公司以及保险公司，基本覆盖各类放贷机构。〔3〕由于企业进入破产程序的最重要原因就是资不抵债，而大量破产企业的主要债权人是商业银行等各类信贷机构，故当企业进入破产重整程序时，大量金融债权逾期未偿还的信息就会通过各信贷机构录入到中国人民银行征信系统之中。在企业破产重整成功后，这些金融债权不良记录的存在，将对意在寻求进一步融资的重整企业带来巨大难题。

2. 法院失信被执行人不良信息记录现状

根据《最高人民法院关于公布失信被执行人名单信息的若干规定》，在被执行人存在有履行能力而拒不履行生效法律文书确定义务等情形时，人民法院应当将其纳入失信被执行人

---

〔1〕 参见范水兰：《企业征信法律制度及运行机制》，法律出版社 2017 年版，第 37 页。

〔2〕《中国人民银行征信中心中心概况》，载中国人民银行征信中心网：http://www.pbccrc.org.cn/zxzx/zxgk/gywm.shtml，最后访问日期：2020 年 5 月 25 日。

〔3〕《全国集中统一的企业与个人征信系统简介》，载中国人民银行征信中心网：http://www.pbccrc.org.cn/zxzx/zxzs/201506/d708068ce66c4cd6bbd5c37884b93c05.shtml，最后访问日期：2020 年 5 月 25 日。

名单。[1]一旦企业进入失信被执行人名单之中，其在人民法院的失信信息将被通报给政府相关部门、金融监管机构、金融机构、承担行政职能的事业单位及行业协会等单位，供相关单位依照法律法规和有关规定，在政府采购、招标投标、行政审批、政府扶持、融资信贷、市场准入、资质认定等方面对失信被执行人予以信用惩戒。[2]由于破产重整企业在进入破产程序前，普遍存在有多笔未履行生效法律文书所确定的义务的情况，故其很容易被法院纳入失信被执行人名单。在企业破产重整成功后，如果仍长时间处于失信被执行人名单之中，必然将严重阻碍企业正常经营的各个方面。

3. 税务部门不良信息记录现状

根据2014年起施行的《纳税信用管理办法（试行）》的规定，纳税信用级别设A、B、C、D四级。纳税机关按照守信激励，失信惩戒的原则，对评级为A级的企业给予一定激励措施，对评级为D级的企业则将采取如普通发票的领用实行交（验）旧供新、严格限量供应；加强出口退税审核等举措进行惩戒。[3]许多破产重整企业在进入重整程序前，已经存在经营异常的情况，随之产生由于资金周转不良导致在规定期限内未按税务机关处理结论缴纳或者足额缴纳税款、滞纳金和罚款的具体情形。而未在规定期限内按税务机关处理结论缴纳或者足额缴纳税款、滞纳金和罚款正是纳税信用评价直接判为D级的情形之一。[4]虽然2019年国家税务总局发布《关于纳税信用修复有关事项的公告》开始尝试对失信纳税人进行信用修复，但该公告中针对因未按时缴纳而直接判为D级的企业所适用的信用修复条件规定为：企业必须在期限期满后60日内足额补缴所欠税款，税务机关才可以依据纳税人申请重新评价纳税信用级别。[5]这明显并不能适用于刚刚通过破产重整计划而重生的企业，从而在事实上使破产重整企业一旦被评级为D级，就陷入一个恶性的纳税不良记录评级循环。

4. 工商行政管理部门不良信息记录现状

根据《企业信息公示暂行条例》的规定，当企业未按照条例规定的期限公示年度报告或者未按照工商行政管理部门责令的期限公示有关企业信息的，亦或企业公示信息隐瞒真实情况、弄虚作假的，工商行政管理部门将会把该企业列入经营异常名录，通过企业信用信息公示系统向社会公示，提醒其履行公示义务。满3年未依照该条例规定履行公示义务的，由国务院工商行政管理部门或者省、自治区、直辖市人民政府工商行政管理部门列入严重违法企业名单，并通过企业信用信息公示系统向社会公示。[6]被列入经营异常名录或严重违法企业

〔1〕 参见《最高人民法院关于公布失信被执行人名单信息的若干规定》（法释〔2017〕7号）第1条。

〔2〕 参见《最高人民法院关于公布失信被执行人名单信息的若干规定》（法释〔2017〕7号）第8条。

〔3〕 参见国家税务总局下发的《纳税信用管理办法（试行）》（国家税务总局公告〔2014〕40号）第18条、第32条。

〔4〕 参见国家税务总局下发的《纳税信用管理办法（试行）》（国家税务总局公告〔2014〕40号）第20条。

〔5〕 参见国家税务总局下发的《关于纳税信用修复有关事项的公告（纳税信用修复范围及标准）》（国家税务总局公告〔2019〕37号）。

〔6〕 参见《企业信息公示暂行条例》第17条。

名单后，企业将被限制或者禁入政府采购、工程招投标、国有土地出让、授予荣誉称号等工作中。[1]破产重整企业如未能在重整成功后尽快完成工商行政管理部门不良信息的信用修复，将对其后续参与招标等日常经营行为产生重大不利影响，从而导致企业无法达到破产重整制度所期望完成的重生效果。

（二）破产重整企业信用修复的困境

1. 信用修复的条件不明确

当企业重整成功后，普遍需要通过尽快寻找新的项目和业务来将企业拉回正轨，而在企业恢复正常经营的过程中，最为重要的就是解决资金的问题。向银行等金融机构贷款是企业为解决资金难题首先考虑的出路。但是，由于中国人民银行征信系统中依旧存在大量关于企业以前产生的不良记录和违约记录，致使贷款银行在审核时往往拒绝企业的贷款申请。根据《企业破产法》的规定，在破产重整计划中减免的债务，自重整计划执行完毕时起，债务人不再承担清偿责任。[2]企业重整计划中的债权清偿方案已经对破产重整企业的债务做了一次性的清偿规划。在重整企业以前所欠债务已经清偿或减免的情况下，商业银行等放贷机构依旧以破产重整企业以前的信贷不良记录为审核条件拒绝其贷款申请，显然不合情理。甚至在有些案件中，在企业提供充分抵押物担保的情况下，银行依旧以存在不良记录为由拒绝批准破产重整企业的贷款申请。[3]这就极大程度上加剧了重整成功后企业正常经营的难度，没有贷款资金的支持，企业很可能再次走向死亡。

另外，虽然国家税务总局已经关注到失信纳税企业的信用修复的问题，开始通过颁布《关于纳税信用修复有关事项的公告》等政策明确纳税信用修复的范围和标准。但是，现有的纳税信用修复标准并不能当然适用于破产重整企业。破产重整企业在评为税务信用D级的情况下，难以在税务机关处理结论明确的期限期满后60日内足额补缴，从而无法向税务机关申请重新评级。同时，纳税信用方面难以修复的另一困境在于破产重整计划执行完毕后，依据《企业破产法》第94条规定的重整计划减免的债务，债务人不再清偿的债务同国税总局发布的《欠缴税金核算管理暂行办法》中规定的对于实施兼并、重组、出售等改组的企业，主管税务机关应依法清算并追缴其欠缴的税金及滞纳金之间存在矛盾。[4]这种矛盾深刻反应出法规范并非彼此无关地平行共存，期间有各种脉络关联。[5]在客观上也给了税务机关在企业破产重整后不给予信用修复的理由。

---

〔1〕 参见《企业信息公示暂行条例》第18条。

〔2〕 参见《企业破产法》第94条。

〔3〕 参见马西蒙、乐鹏：《破产重整企业信用恢复问题初探》，载王欣新、郑志斌主编《破产法论坛》（第十三辑），法律出版社2018年版，第283－284页。

〔4〕 参见浙江省温州市中级人民法院联合课题组：《论破产涉税若干问题的解决路径——基于温州法院的实践展开》，载《法律适用》2018年第15期。

〔5〕 ［德］卡尔．拉伦茨：《法学方法论》，陈爱娥译，商务印书馆2003年版，第317页。

2. 信用修复的程序的不协同

前文已经提到，当前破产重整企业信用修复的内容主要涉及中国人民银行征信中心的不良记录、人民法院失信被执行人不良记录、税务部门纳税信用不良记录、工商管理部门企业信用不良记录这四大信用信息系统。这四大系统负责单位的不同决定了重整企业信用修复无法协同高效的全面完成。而这四类不良记录对企业的失信惩戒又集中在影响企业正常经营的各个方面，对于破产重整企业来说，没有统一协调修复机制，就加大了其修复信用的成本和难度。

例如，当破产重整计执行完毕后，法院即将破产重整案件结案。虽然重整计划执行完毕即在法律上结案，但是此时企业尚未走向正常经营的有序轨道。这意味着企业信用修复依旧需要依赖人民法院从中协调做大量工作，而法律上的结案意味着法院无法再依据相应破产重整案件案号出具协助执行通知书等函件，法院只能通过人际协商的方式同工商、银行、税务等部门沟通，帮助重整企业尽快恢复信用。即使在府院联动机制普遍建立的情况下，由于目前府院联动机制尚处于初期探索中，各地都是较为笼统的规定法院和政府各部门之间应互相配合，以帮助破产重整企业转危为安。在法院无法出具相应书面文件的情况下，部分政府机构难以顺利配合法院恢复企业的信用。这在一定程度上加大了法院在重整案件执行完毕后继续跟进企业的信用修复的工作难度。

（三）完善破产重整企业信用修复的现实意义

1. 对于优化营商环境的积极意义。通过市场化的优胜劣汰选择，资不抵债的企业进入破产程序并准备退出市场。但陷入经济困境的企业并不必然丧失未来可期经济利益与经营价值。在重生主义的深刻影响下，立法应当帮助具有重建可能的企业通过重整程序将原有债务进行清理，重新规划经营业务、经营计划，使其实现摆脱困境并再次焕发生机。在具备潜在市场价值的企业重整成功后，修复其不良信用记录事关重整企业未来在市场中的长期发展。市场经济的实质就是将资源交予市场机制进行分配，在市场再次选择企业获得新生的情况下，仍旧依据原企业的不良信用记录对重整企业进行各类限制，显然不利于重整企业重获生机。这对于今天正力求进一步完善社会主义市场经济体制，创造更便于企业营商环境的中国来说，并无益处。

根据世界银行2019年颁布的《2020年营商环境报告》，我国的营商便利度排名较2018年上升15位，位列全球第31位。除总体排名跃升之外，我国已连续两年被世界银行评选为全球营商环境改善幅度最大的10个经济体之一。[1]在中国营商环境得到世界认可的背景下，中国政府并未放缓脚步，2019年《优化营商环境条例》以及《加快完善市场主体退出改革

〔1〕参见《世行报告显示中国营商环境排名大幅提升》，载新华网 http：//www.xinhuanet.com/money/2019-10/25/c_1125150060.htm，最后访问日期：2020年5月25日。

方案》的颁布展现了中国将进一步优化营商环境的信心和决心。值得注意的是，在世界银行评价营商环境的体系中，专门设有"破产环节"这一评价栏目，体现出破产制度对于良好营商环境的积极作用。从现实的角度来看，改善和破产有关的重整企业信用修复制度对于提高营商环境评价体系下破产这一指标的排名具有重要影响。

2. 对于维护社会稳定具有重要意义。破产作为企业退出市场的重要方式之一，在破产清算后不可避免涉及大量员工的离职、债权人不满足清偿比例等社会问题。在现代社会经济生活彼此连带的背景下，任由企业破产就会带来巨大的损失。为了让社会正常存续下去，就必须让陷入困境但具有市场前景的企业继续经营下去。[1]破产重整制度作为兼具企业再建和维护社会稳定双重价值的法律程序，维护社会稳定是其重要的目标之一。企业重整成功后，保障员工不失业并不以企业存在为前提，而是以企业营业为前提。[2]由于信用社会的建立使企业的经营活动受制于各类不良信用记录引发的限制，重整企业的信用修复决定了企业能否向其他企业那样正常的营业。只有企业恢复正常营业能力，在具备较好市场前景的条件下，企业员工才能避免失业的命运，从而减轻大量失业人员造成的社会压力。

3. 对于节约司法资源具有重要意义。破产重整制度从启动到结束，人民法院投入大量司法资源。虽然根据我国《企业破产法》的规定，重整计划经人民法院批准后，重整程序即终止。[3]然而，实质意义上的重整活动才刚刚开始。企业重整计划的执行就是将纸面上的权利义务转化为现实上的权利义务。[4]在重整计划执行完毕后，债务清偿等问题已经得到实际解决。在此情况下，应尽快恢复企业信用，切实保障重整计划的执行。若因企业之前不良信用记录而导致其无法恢复经营，有可能再次将企业拖入濒临死亡的危险之中，从而严重浪费前期法院为企业重整计划得以制定、表决、批准、执行而耗费的大量司法资源。在我国现有司法资源本就不充沛的情况下，良好有序的修复重整企业的信用将防止司法资源的浪费。

二、当前破产重整企业信用修复的实践做法

（一）温州地区处理重整企业信用修复的成功经验

目前，浙江温州地区为处理重整企业信用修复问题，探索走出了一条具有当地特色的实践道路，这为后续各地处理信用修复问题而建立的府院联动机制提供了有益帮助。前文已经提到，信用修复的内容主要涉及银行不良信贷信息、税务部门不良纳税信息、工商管理部门不良经营信息、法院失信被执行人信息这四大类。温州地区为解决这四大类不良信息的修复

〔1〕 参见张世君：《破产重整制度的理论基础研究》，载《西部法学评论》2010 年第 1 期。

〔2〕 参见陈昶屹：《破产重整制度的建立与完善》，载《法律适用》2005 年第 3 期。

〔3〕 参见《企业破产法》第 86 条。

〔4〕 参见崔明亮：《破产重整计划执行法律问题研究》，载《中国政法大学学报》2018 年第 2 期。

问题，作出了积极的实践探索。首先是建立企业破产处置工作联席会议制度，将温州市企业破产处置工作领导小组下设办公室与原市处置办进行整合，定期召开联席会议，协调企业破产处置过程中遇到的棘手问题。[1] 在此基础上，出台府院联席会议纪要，强化政府在破产重整信用修复问题上提供公共服务的职能。这更好地解决各部门之间无法有效沟通以及相互之间不配合的弊病，通过建立统一的协商机制，使法院可以同商业银行、税务、工商等部门及时沟通，共同为企业恢复信用。

为解决重整企业因中国人民银行征信不良记录而导致的无法贷款、开具保函的问题，温州市在府院联席会议纪要中规定，重整企业管理人可以分别向温州市人民银行或者各商业银行提出申请，市人民银行和各商业银行在收到申请后七个工作日内，凭借管理人申请和法院的函件予以办理，将原有征信系统中企业违约欠款等不良信息替换为企业重整成功的信息，从而起到隔断原来企业失信记录的效果。[2] 这对于企业重新获得融资贷款来说，无疑是一个绝佳的解决途径。同时该办法充分考虑到直接将企业原有不良记录删除后，无法起到提示其他市场主体的风险，通过在大事记中提示企业重整成功的方式对第三人予以保护。

在税务不良信息修复层面，温州市明确要求税务部门在破产重整开始后，依照《企业破产法》的规定积极申报债权。在企业破产重整计划执行完毕后，对企业破产前欠缴的相关税款，凭借人民法院裁定书按规定程序上报核销，从而消除企业重整前的不良纳税记录。[3] 与此同时，针对企业破产重整过程中产生的相关税费，要求市国税、地税部门制定符合重整企业自身发展的缓减免政策，加大对重整成功企业的支持力度，尽最大可能避免由于税款再次拖垮企业。对于重整企业营业执照被吊销，但重整期间营业确实需要申请恢复的，温州市采取通过人民法院签发协助执行通知书的形式通知市场监管部门，由市场监管部门依据法院的协助执行通知书及时办理暂时恢复营业执照的手续，期限为半年，到期后如需续期，再由人民法院出具协助执行通知书办理。

总体来说，温州市在破产重整企业信用修复层面以政府出台的会议纪要为政策保障，通过强化政府各部门在破产重整过程中的服务职能，提升人民法院协助执行通知书等函件的效力，在温州地区内一定程度上解决了信用修复难题。但由于其属于地区内的实践探索，法院出具的相应函件在其他地区并不被认可，很多地区负责不良信息记录的部门以无法可依为理由予以拒绝，还是无法真正彻底解决信用修复难的问题。

（二）各地府院联动机制的建立

根据 2015 年中央经济工作会议中指出的“要依法为实施市场化破产程序创造条件”的

---

〔1〕 参见南单婵：《破产重整企业信用修复研究》，载《上海金融》2016 年第 4 期。

〔2〕 参见潘光林：《温州法院破产审判工作六项亮点》，载《人民法治》2017 年第 11 期。

〔3〕 参见中国破产法论坛：《温州经验：企业破产处置工作联席会议纪要（一）》，载搜狐网 https：//www.sohu.com/a/292263004_689962，最后访问日期：2020 年 5 月 25 日。

工作要求，以及在温州地区探索出的府院工作联席会议的成功经验，最高人民法院于2018年发布《全国破产审判工作会议纪要》，该《纪要》明确了要健全破产审判工作机制，最大限度释放破产审判的价值，提出了要进一步完善政府与法院协调、案件信息沟通等破产审判工作机制的要求。这回应了实践中引入府院联动机制的呼声，在事实上认可了府院协调机制对于破产审判工作的积极作用。基于此，为了有效解决现有企业破产引发的相关衍生社会问题，全国各地开始普遍建立府院联动机制。

以北京市为例，2019年10月28日，北京市高级人民法院联合国家税务局总局北京市税务局、北京市市场监督管理局等共计12个政府部门共同发布《北京市高级人民法院等部门关于建立企业破产工作府院联动统一协调机制的实施意见》。该意见中明确规定了各部门的任务分工，确定了北京市高级人民法院统筹汇总提出的法院系统在企业破产处置中需要政府部门协调解决的问题，统筹研究政府有关部门提出的与破产相关的法律问题的主体地位。在工作规则上，采取府院联动机制例会制度，由法院负责召集，原则上每半年召开一次全体会议，就相关工作情况、问题及工作计划进行通报、研究。同时，根据具体工作情况，可以不定期召开会议予以协商解决。〔1〕

府院联动机制作为替代立法和制度供给不足的有效机制，打破政府部门各自为政的现状，通过统一的常态化协商机制，强化了法院在破产审判中的主导地位。将由破产衍生的各类社会问题交由政府来解决，更好地利用政府和法院各自的优势，全力为破产重整企业的信用修复保驾护航。但需要特别注意的是，引入"府院联动"机制的目的是使政府在《企业破产法》之外更好地发挥其社会调整作用，通过建立、完善破产社会配套法律与制度，完成中央"为实施市场化破产程序创造条件"的任务，而不是要将政府重新推向行政干预的非市场化、非法治化的政策性破产老路。〔2〕

从北京市建立起的府院联动机制的内容上来看，规定相对较为笼统，多是原则性的宣誓条款，并未具体规定在什么样条件下，什么部门应该如何为企业信用作出修复。虽然出台的联合意见强化了法院统筹协调破产引发相应问题的地位，但是府院联动机制难逃协商机制的本质，依靠人际协商解决破产引发的相应社会问题，极大程度上取决于各单位的配合程度，这依旧不是通过纯粹的法治化手段对企业进行信用修复。而且，还容易导致回到过去行政干预破产的不良路径上。故而，在肯定现阶段府院联动机制作用的前提下，应认识到该机制并不是一套可以持续解决破产重整企业信用修复问题的终极办法。

（三）疫情期间针对破产重整企业信用修复的举措

在此次新型冠状病毒肺炎疫情发生后，一批关乎疫情期间特殊市场需求的破产重整企业

---

〔1〕 参见北京市高级人民法院下发的《北京市高级人民法院等部门关于建立企业破产工作府院联动统一协调机制的实施意见》（京高法发〔2019〕698号）。

〔2〕 参见王欣新：《论破产法的市场化实施》，载《人民法院报》2017年12月6日，第7版。

得以在人民法院的帮助下完成信用修复。在最高人民法院公布的《全国法院服务保障疫情防控期间复工复产民商事典型案例》中，有一例涉及破产重整程序结束后企业信用修复的案例。该案中的破产重整企业——龙游县宏泰食品有限公司（以下简称宏泰公司）作为浙江龙游县唯一的生猪定点屠宰企业，在破产重整计划执行完毕后恢复正常的生产经营。然而由于新冠疫情影响，浙江省启动重大公共突发卫生事件一级响应，宏泰公司只能在所在县域内进行经营活动，营业额大幅下降以及前期为扩大生产启动的改造计划共同造成资金的紧张。因银行征信系统的不良贷款信用记录尚未修复，导致商业银行将企业的贷款渠道封闭，使资金缺口逐渐增大，企业即将陷入困境。为解决企业融资难题，在企业破产案件已经结案的情况下，龙游县法院通过案后随访，帮助企业管理人同人民银行进行对接，完成了企业征信系统的信用修复，使宏泰公司获得了融资能力。[1]

疫情期间，各地人民法院为帮助企业尽快复工复产，在针对涉及防疫企业重整后由于被限制消费、列入失信被执行人名单等原因导致无法正常生产经营时，普遍采用特事特办原则。如浙江省衢州市中级人民法院通过制定《关于紧急开辟执行快速通道支持防疫企业、困难企业的九条措施》，明确为抗击疫情为防疫相关企业做好司法服务保障，根据企业遇到的具体情况快速予以信用修复。[2]之所以在此次疫情期间针对破产重整的防疫企业给予特殊帮助，还是通过人民法院的有效工作机制，将市场上最需要的企业予以解放，从而更好地让重整企业借助疫情期间的特殊市场需要，迅速步入正轨。

三、破产重整企业信用修复僵局的破解之道

（一）完善府院联动机制

从府院联动机制实践的现状来看，可以发现目前建立的府院联动机制的模式，多以法院同政府各部门联合发布建立联动机制的文件予以确定，在文件中笼统的规定各部门的工作职责，以及设立定期的联席会议进行沟通协调。虽然应该明确认识到现有的府院联动机制仅是解决破产引发的相应社会问题的过渡手段，但在各地已经逐步建立破产案件府院联动机制的背景下，完善府院联动机制，从而更好地使企业不良信用得以修复，是最符合实际情况破解信用修复难题的办法。同时，在府院联动机制完善的过程中，也可以为后续制定专门的信用修复办法探索可靠实现途径。

---

〔1〕 参见《全国法院服务保障疫情防控期间复工复产民商事典型案例》，载中国法院网 https：//www. chinacourt. org/article/detail/2020/03/id/4864026. shtml，最后访问日期：2020 年 5 月 25 日。

〔2〕 参见《特事快办！浙江衢州中院紧急开辟执行快速通道，支持防疫企业、困难企业共渡难关》，载中国法院网 https：//www. chinacourt. org/article/detail/2020/02/id/4789468. shtml，最后访问日期：2020 年 5 月 25 日。

1. 确立法院破产类函件的应有作用

本文认为，应当将现有联动机制中，依靠人际协商的工作模式，逐步改变为依靠法院出具协助执行通知书等函件，由其他政府部门直接予以认定的模式。虽然人民法院出具的裁定书、协助执行书等具有天然的法律效力，但实践中依旧存在即使提供相应函件，个别部门仍不予以配合的情况。故应在府院联动的文件中，明确人民法院作出的破产重整裁定、协助执行通知书等函件的法律效力与作用。当重整企业依据法院出具的函件向中国人民银行、税务、工商等部门申请修复其原有不良信用记录时，各部门应依据法院函件的要求，协助企业修复企业信用，并将重整的信息录入系统，从而替换原有不良信用记录。

2. 细化信用修复的条件

到底在什么阶段应该对重整企业的信用予以修复，修复的方式是全面修复还是部分修复，实践中仍然存在较大分歧。虽然前文已经提到依据法院的函件进行修复的建议，但也应该进一步细化法院基于什么样的条件，就可以出具相应函件要求政府部门对企业信用修复予以协助。

本文建议将条件分为两大区间段分别讨论：一是重整计划执行过程中，二是重整计划执行完毕后。在重整计划执行的过程中，对于确有紧迫必要恢复经营的企业，如此次疫情防疫过程中，负责生产防疫物资的企业，法院应根据管理人的申请，向中国人民银行、税务、工商部门发布暂时性的企业信用修复的协助执行通知书。这能够针对在特殊市场状态下，拥有巨大收益可能性的企业避免错过恢复正常营业的良机。这种暂时性的信用修复可以明确半年左右的期限，如期限届满后可以申请延期，待重整计划执行完毕后再进行彻底的全面信用修复。在重整计划执行完毕后，企业的清偿计划已经全面得以执行，原有债务除清偿外也依法获得减免。此时应明确，可依据法院出具的重整计划执行完毕的裁定书，各信用记录系统的主管单位全面修复破产重整成功企业原有的不良记录。

3. 探索明确信用修复的程序

重整企业信用修复的程序可以通过在府院联动政策性文件中予以规定，本文建议将修复的程序分为三步。首先，重整企业向受理破产案件的人民法院提出修复不良信用的申请。其次，收到修复申请的法院依法受理修复申请后，对修复的申请者主体资格以及是否满足信用修复的条件予以实质性审查，对于不符合修复条件或非适当修复主体资格的，明确原因后予以退回。对于通过实质性审查的申请，人民法院按照修复申请作出协助执行通知书并移送信用信息的提供部门。最后，收到法院协助执行通知书的信用信息提供部门，在内部备案后按照法院要求对重整企业的不良信息进行修复。信用修复的申请应以书面申请为主，适当扩宽一定的新媒体申请渠道，从而在降低申请受理成本的同时，提高重整企业信用修复的效率。

（二）建立信用修复与警示性不良记录公示的二元模式

为解决破产重整企业信用修复后，无法有效提示其他市场主体，企业曾经所具有的不良信用记录的问题。本文建议构建信用修复与警示性不良记录公示的二元模式。建立这一模式的根源在于区分不良信用记录导致的失信惩戒与不良信用记录本身。信用修复并不意味着将原有企业的不良记录全部删除，而是取消由于不良信用记录而导致的各类惩戒。重整成功后，取消各类原有的失信惩戒才能真正使企业涅槃重生。与此同时，保留相应警示性的不良记录则是对于其他市场主体的一种保护。

1. 区分禁止性、限制性、警示性信息的适用

对于不良信用信息的适用，应当进行适当分类。可以将其分为禁止性、限制性、警示性信息三类。对于失信企业的惩戒，应按照失信的实际状况区分为禁止性的惩戒、限制性的惩戒、警示性的公示。其中禁止性和限制性的惩戒多为现有各征信系统对于不良信用主体适用，主要表现为利用行政或司法手段禁止或限制失信主体进入政府招标、参评文明单位、获取补贴等领域。而警示性的信息公示，目前实践中使用的还较不成熟。在有限修复原则的指引下，在重整结束后，解除各类禁止性、限制性惩戒对企业恢复正常经营是必不可少的。但在全面解除惩戒的同时，并不能将原有企业的不良记录全部删除，而需要通过企业信用信息共享平台等将警示性信息予以公示，在督促重整企业未来诚信经营的同时，达到提示其他市场主体该企业曾有不良信用记录的作用。

2. 将重整企业原有不良信用标注为警示性记录

以中国人民银行的征信系统为例，破产重整企业重整前产生的逾期不良记录，在重整计划已经依法清偿完相应金融债权后，被免除的债务作为法定免除的债务，相应的逾期记录予以核销，但可以将系统内原有的逾期记录更改为警示性破产债务记录。需要指出的是，警示性破产记录并不属于传统意义上的不良记录，而仅是一种公示性质的记录。这主要可以避免商业银行过分依赖征信不良记录而导致企业贷款难的问题。

3. 加强重整案件的公示力度

在最高人民法院开发设计的“全国破产重整案件信息网”正式投入使用后，大量的破产重整案件的信息得以通过该网站对外进行公示。将重整企业信用修复的情况作为破产案件的重要节点录入其中，向信用信息使用主体进行公示。在此基础上，可将该平台同中国人民银行的征信系统、税务部门的纳税信用系统、工商管理部门的企业信息公示系统对接，将重整成功企业的信息协同公示，从而替换原有各系统中的不良记录，在保持各系统内容协调一致的状态下，向市场主体公示企业已经重整成功的重大消息。从长远的角度来看，应建立统一的公共信用信息平台，从而打破“信息孤岛”，实现信用信息的数据共享和“一站式”查询。[1]

（三）探索将信用修复内容纳入重整计划草案

根据《企业破产法》的规定，重整计划草案应当包括：债务人的经营方案；债权分类；

---

〔1〕 参见徐志明、熊光明：《对完善我国信用修复制度的思考》，载《征信》2019 年第 3 期。

债权调整方案；债权受偿方案；重整计划的执行期限；重整计划执行的监督期限；有利于债务人重整的其他方案。[1]重整企业的信用修复作为影响重整企业能否顺利重生的重要内容，其修复的质量同债务人重整有着不可分割的关系，应被认为符合上述重整计划草案的最后一项内容。在此基础上，将信用修复的方案纳入重整计划草案，在原有重整企业重整计划的确定过程中，同商业银行等金融债权人、税务部门等协商编制清偿方案时，增加对于债务清偿完毕后相应不良信用信息修复的步骤和措施。在重整计划经法院批准后，由金融债权人直接向中国人民银行征信中心报请登记企业重整信息，修复原有记录。

（四）增加适合重整企业的纳税信用修复条款

通过在《企业所得税法》《税收征收管理法》中增添更加符合重整企业实际情况的纳税信用修复条款，从而解决当前《关于纳税信用修复有关事项的公告》难以处理重整企业纳税不良记录的问题。应该意识到，重整制度在拯救企业的同时，还创造了经济效益和社会效益，属于包括政府在内的多方共赢。在多方共赢的角度，势必也需要多方的投入。政府在税收政策上给予优惠，设立专门适用于重整企业的纳税信用修复条款，不仅减轻企业负担，还可以为企业进一步守法纳税提供正向的激励。[2]从另一个角度讲，税收债权作为优先权已经在破产程序设计时予以特殊照顾，使其能够排除普通债权实现优先受偿。[3]这就更加需要税务部门针对重整企业不良纳税记录设计专门的条款帮助其修复信用。税务部门可以通过明确破产重整企业必须足额按时上缴的税费种类和可减免、优惠、抵扣、延期上缴的税费种类，区分破产重整企业不同于普通企业的税费征收标准和税率，为重整企业设计更快走出纳税信用评级D级的恶性循环。[4]通过一系列优惠税收政策的辅助使重整企业能够真正重整成功，尽快为我国社会主义市场经济贡献自身之能量。

四、结语

在破产重整制度作为供给侧结构性改革重要抓手的时代背景下，解决由破产重整衍生出的重整企业信用修复问题，将进一步优化我国营商环境，为市场经济再添发展动力。重整企业信用修复的难题集中在信用修复的条件不明确、信用修复的程序的不协同、重整案件结案后法院无法有效跟进等方面。虽然各地开始建立以府院联动机制为主的处理破产所衍生的相关社会问题的政策，但目前建立的府院联动机制作为暂时性的协调机制，不可避免地存在府

---

〔1〕参见《企业破产法》第81条。

〔2〕参见张劲松、沙涛、刘永欣：《供给侧结构性改革背景下预重整制度的构建》，载李曙光、刘延岭主编：《破产法评论》，法律出版社2018年版，第219-220页。

〔3〕参见张钦昱：《破产优先权之限制理论研究》，法律出版社2016年版，第213页。

〔4〕参见徐昭、姜弘毅：《破产重整企业信用修复的实践与思考》，载《征信》2018年第6期。

院联动的内容不具体，程序不明晰等问题。为了更好地使重整成功企业修复其信用，帮助企业早日恢复正常经营，应将现有府院联动机制予以完善。确定法院函件在信用修复中的作用，明确和细化信用修复的条件与程序。与此同时，探索建立信用修复与警示性不良记录公示的二元模式、探索将信用修复内容纳入重整计划草案、增加适合重整企业的纳税信用修复条款等措施。在充分认识到破产重整制度作用的情况下，解决现有重整企业信用修复的实践困境，建立适用市场经济要求的破产重整信用修复制度，将为我国经济社会发展提供更有力的法治保障。

我国个人债务清理机制考察

——兼谈个人破产制度的发展愿景

尤冰宁 *

目 次

引言

随着我国经济高速发展，万众创业和消费贷的升级，创业者、企业家或其他个人因投资或交易产生个人负债无力清偿的情况倍增，诉至法院后因为被执行人无可供执行财产而搁置的案子不胜枚举。2018 年 10 月 24 日，最高人民法院院长周强在向全国人大常委会的报告中提到：建议完善执行立法，推动个人破产制度，畅通“执行不能”的案件依法退出之路径[1]。

2019 年 7 月 16 日，国家发改委等印发《加快完善市场主体退出制度改革方案》。该方案提出，要研究建立个人破产制度，重点在于解决企业破产产生的自然人连带责任担保债务问题，明确自然人因担保等原因承担与生产经营活动相关的

---

* 尤冰宁，华东政法大学经济法博士研究生。

〔1〕 倪寿明:《积极推动建立个人破产制度》，载《人民司法》2018 年第 31 期。

负债可依法合理免责，逐步推进建立自然人符合条件的消费负债可依法合理免责，最终建立全面的个人破产制度〔1〕。该方案为我们规划了个人破产制度在我国落地的“路线图”。2020年5月，中共中央国务院《关于新时代加快完善社会主义市场经济体制的意见》再次提出：健全破产制度，改革完善企业破产法律制度，推动个人破产立法，完善市场经济体制。那么，如何在畅通“执行不能”案件退出路径时，推进个人破产制度在中国落地，试点法院从不同的角度进行了不同的尝试和摸索，以一种实用主义的立场，试图以点带面，寻找到一个更符合中国国情的模式。

一、我国个人债务清理的司法实践

个人债务清理制度是在我国尚未建立个人破产制度的特殊背景下，在现有的法律框架下，人民法院遵循意思自治原则，按照执行和解、参与分配等执行制度及理论，本着个人破产的原则及精神，在司法实践中探索发展出来的一种债务清理方式〔2〕。该制度以尊重当事人意思自治为前提，以诚信为原则，引入个人破产制度中的自由财产、债务豁免、失权复权等制度，在财产调查及清算基础上，通过附条件的执行和解，形成个人债务清偿方案，以达到执行程序有效退出、债务人信用修复的目的。目前地方法院积极探索推进个人债务清理的试点工作，先后出台了相关的规定。例如，浙江温州、台州、丽水；江苏苏州；山东高青县；广东东莞等地相继在辖区内法院进行试点工作，从执行程序开始或以企业破产案件审理为依托，积极探索推进个人债务清理的试点工作。

（一）个人债务清理的类型和适用程序

1. 债务清理类型

不同法院选择清理的债务类型主要分两种，一是因企业生产经营活动产生的个人债务，包括对企业债务承担清偿责任的经营者，和对企业债务承担担保责任的个人。二是其他个人债务。

有的法院仅针对企业生产经营活动产生的个人债务进行清理。如山东省高青县法院为解决金融机构在金融借款合同中要求企业的法定代表人、实际控制人、股东、甚至高管及其近亲属承担连带担保责任，将企业的有限责任转变为自然人的无限责任，当企业破产时，偿付不能的债务转为自然人的债务，导致许多企业家“跑路”的情况。将个人债务清理对象限定为破产企业的关联自然人，债务范围限定为破产企业生产经营活动中对企业债务承担清偿责任的个人债务。清理对象主要为：对该企业法人负保证责任的法定代表人、实际控制人、股

〔1〕 范曳杉：《七问个人破产制度》，载《投资与理财》2019年第8期。

〔2〕 吴龙章：《让“诚实而不幸者”摆脱困境》，载《人民法院报》2020年6月2日。

东、董事、监事及其他高管人员；因公司法人人格否认与个人财产混同而承担清偿责任的股东；其他为企业法人破产承担连带责任的自然人。

大部分法院针对上述两类债务提供债务清理。如浙江台州中院、温州中院；江苏吴江法院对个人债务清理范围主要限定为：不能清偿到期债务，并且资产不足以清偿全部债务或者明显缺乏清偿能力的自然人、自然人经营者，包括个人独资企业、合伙企业、个体工商户，为破产企业债务承担民事责任的有关人员等。

2. 适用程序

试点法院主要针对本辖区的债务人提供清理程序。法院根据案件不同的债务类型从执行程序开始或以企业破产案件审理为依托，借鉴企业破产程序和个人破产的有关制度给予处理。

如高青法院依托原破产案件的审理，在企业破产立案受理后，对于已进入破产程序的企业法人的关联自然人申请个人债务清理的，与企业破产案件共同使用“破申”编号，清理工作由承办破产企业案件的管理人负责，参照破产程序处理，但对申请人不能执行或者不执行个人债务清理方案的，裁定终结清理程序，恢复对申请人的保全和执行。[1]

浙江台州中院规定个人债务清理程序是强制执行程序与债务清理程序的衔接机制。要求启动个人债务清理程序的，必须符合债务违约时间在一年以上并已进入执行程序，经法院查控财产或强制执行后，财产不足以清偿全部债务或无适当财产可供处置并清偿债务的条件。确定了执行衔接——执转审查的受理程序，即由执行部门释明和征询申请执行人或被执行人意见后移交立案庭立“破申”案号，审判业务庭审查同意受理的立“破”字号审理[2]。管理人调查和法院审理后认定被执行人无失信行为，且在执行及债务清理阶段遵守相关法律规定的情况下，裁定终结对其的债务清理程序，原案件执行部门据此裁定终结执行程序。而对于存在隐匿财产行为，在管理人终止财产调查工作后，法院将恢复强制执行措施；对不如实申报债务的予以终结债务清理程序，并对该被执行人作退出执行程序处理。就债务人债务清理方案不履行或无法执行的法律后果与执行和解协议相同。

浙江温州中院的“个人债务集中清理”坚持“执破融合、依法清理”思路，将个人债务集中清理定义为执行特别程序，要求案件已进入执行程序，被执行人为债务清理申请人。对个人债务集中清理案件立“执清”案号进行统一管理。对于企业法人已进入破产或已经破产，对企业法人负保证责任的自然人和因公司法人人格被否认而承担清偿责任的自然人申请的案件由破产审判庭受理；其他的由执行局受理。[3]在财产调查及清算基础上，通过附条件的执行和解或金融机构一致行动，形成个人债务清偿方案，以完成执行程序有效退出、债务

〔1〕 详见《高青县人民法院关于企业破产中对有关个人债务一并集中清理的意见（试行）》。

〔2〕 详见《台州市中级人民法院关于执行程序转个人债务清理程序审理规程（暂行）》。

〔3〕 详见《温州中院关于个人债务集中清理实施意见（试行）》。

人信用修复之目的。[1]债务人的不诚信行为将导致恢复原债权额度的执行。

江苏吴江法院则对债务已进入执行程序的优先启动债务清理程序。债务人作为被执行人案件的，由立案部门立“执清”案号移交执行部门审理；其他个人债务清理案件，立“个清”案号移交破产审判部门审理。但债务清理过程中对债务人有不实申报行为、不遵守规定、逃废债、不能执行或不执行清偿计划等行为，作为裁定终结清理程序的理由，并恢复原生效法律文书的执行[2]。

（二）个人债务清理的创新及成效

1. 台州模式：行为保全令＋执行义务宣誓退出机制

浙江台州两级法院在2011年至2018年进行了个人债务清理的三阶段探索[3]。

第一阶段是2012年至2016年，在公司破产程序中对股东财产与公司财产进行合并破产。2012年，在浙江银象公司破产清算一案中，公司法人在经营中违规操作致使公司财产与其个人财产高度混同。天台法院在省内初次尝试将法人的个人财产与公司财产进行合并破产，同时免除法人的剩余债务。该清偿方案获债权人会议表决通过，一步了结了公司及法定代表人个人的诉讼、执行及信访案件。

第二阶段为2016年至2019年，在执行程序中试行执行义务宣誓退出机制。2016年，台州中院出台《台州市中级人民法院“无财产可供执行”案件退出机制实施办法（试行）》。该办法建立了中国首个执行义务宣誓退出机制。其辖区内的黄岩法院进行了试点，通过执行义务宣誓，让诚信债务人退出强制执行程序。自该办法试点实施以来，共计37例被执行人案件予以执行宣誓退出，并获得了申请执行人谅解。

第三阶段是2019年至当前，法院借鉴破产管理人制度，试行在执行程序中由管理人对被执行人财产及债务状况进行全面调查和清理，并形成法院强制执行与管理人财产及债务状况调查相结合的工作机制。

2019年4月26日，浙江省台州市中级人民法院发布《执行程序转个人债务清理程序审理规程（暂行）》。自试点工作开展以来，台州法院对3起被执行人案件实施管理人调查机制及债务清理机制。其中1起无财产供执行的案件在转入对被执行人债务清理后，经管理人调查及法院审理，认定其并无失信行为并且在执行、债务清理阶段遵守相关法律规定，故裁定终结对该被执行人的债务清理程序同时下达行为保全令。原案件执行部门据此裁定终结执行程序，执行案件实质性退出。其余2起案件中，一被执行人存在隐匿财产行为，故管理人终止财产调查，法院恢复强制执行；另一被执行人存在不实申报债务行为，同样被终结了债务

---

〔1〕霍建虹、钱祎、戚祥浩：《个人破产，如何“破冰”》，载《浙江日报》2019年10月24日。

〔2〕详见《苏州市吴江区人民法院关于个人债务清理的若干规定（试行）》。

〔3〕陈兴多：《探索个人“执行不能”退出路径》，载《台州日报》2019年5月18日。

清理程序。[1] 台州全市两级法院受理个人债务清理案件总数达 117 件。案件类型比较丰富，既包括债权人申请也有债务人申请；既有金融债权也有普通债权；既包括遗产债务，还包括金融消费者债务；既有主债务也有担保债务，在探索个人破产制度和执行不能退出长效机制方面取得了“五个全国首次”的成效。[2]

台州模式的成功经验在于对个人债务清理制度进行较为全面的探索，根据个人的实际负债情况为债务人提供清理或重整两种方式，以达到个人债务清理的目的。一是债务清理程序。当债务人无财产或财产难以清偿债务且没有预期收入时，法院将指定管理人，对债务人债权债务及剩余财产进行全面、公平的清偿。二是债务整理程序。当债务人财产目前难以清偿债务但有预期收入时，法院将指定管理人，对债权人及债务人之间的债务予以调整并形成还债计划，债务人按照该计划执行清偿[3]。

2. 温州模式：“金融 + 司法”协同和公职管理人

温州市委、市政府于 2018 年 11 月印发《关于创建新时代“两个健康”先行区加快民营经济高质量发展的实施意见》，提出“探索个人破产制度改革”要求相关部门研究推进试点工作，据此，温州中院开始个人债务集中清理的试点工作。2019 年 8 月，温州市中级人民法院发布《关于个人债务集中清理的实施意见（试行）》。同月，浙江执行办案管理系统为温州中院个人债务集中清理设立“执清”案号，在全市 11 家基层法院全面铺开个人债务集中清理试点工作。2019 年 9 月，平阳法院办结蔡某个人债务清理案件。同年 12 月，瓯海法院引导金融债权人以同意采取多数决表决规则的方式，变通性表决通过清理方案[4]。截至 2020 年 5 月，全市法院共计立“执清”字号案件 35 件，涉及执行案件 231 件，涉标的额 11.9 亿元，已办结“执清”案件 22 件，其中 11 件案件成功清理结案[5]。

温州个人债务集中清理模式具有以下两大成效。其一，建立府院联动机制。2019 年温州市的府院联席会议形成了第一个关于个人债务集中清理的《会议纪要》，启动了温州“探索个人破产改革试点”工作，确立了“党委领导、人大监督、府院联动、法院主办、试点先行”的工作模式。以市委、市政府《实施意见》的方式设立金融债权一致行动原则，针对金融债权案件中因企业破产产生的自然人连带责任担保债务问题，鼓励金融机构债权人积极参与个人债务集中清理程序，根据法院或管理人的建议，对债务减免、减免幅度、减免条件等相关事项采取一致性行动，以此激活银行债务减免制度，实质性化解金融债务“担保链”问题。

---

〔1〕 李思阳：《个人破产制度正式启动，谁都可以申请破产吗?》，载《现代商业银行》2019 年第 22 期。

〔2〕 罗亚妮：《五个全国首次！台州法院个人破产制度见成效》，载《浙江日报》2019 年 12 月 31 日。

〔3〕 胡姝娴：《台州出台全国首个针对个人债务清理的规程》，载 http://zjnews.zjol.com.cn/zjnews/201905/t20190509_100082629.shtml，最后访问日期：2019 年 5 月 8 日。

〔4〕 详见温州市中级人民法院 2020 年《温州法院个人债务集中清理试点工作情况》。

〔5〕 详见温州市中级人民法院 2020 年《全国首个公职管理人制度出台！破产公职管理人机构同时亮相》。

其二，建立公职管理人制度。针对试点工作中存在管理人取酬难和失权期间监管难，法院承担事务性工作过重等问题，建立公职管理人制度。通过合理运用司法行政机关公共法律服务资源，明确个人债务集中清理工作中行政性事务管理功能，推动破产综合事务改革，保障管理人工作的开展，加强履职保障，推进探索破产审判权与破产事务管理权的适度分离。

3. 丽水模式：金融助力重整

2020 年 4 月 15 日，浙江省丽水市中级人民法院联合遂昌县人民法院召开新闻发布会，介绍遂昌法院办结的全国首批个人债务重整案件相关情况，遂昌法院至今已通过“个人债务重整”办结全国首批 6 件案件，涉及 7 名债务人、31 件执行案件和 2 件诉讼案件；清偿标的共 157 万余元，惠及 30 名债权人。遂昌法院的“个人债务重整”特色及主要成效：法院仅提供制度平台，“重整”完全由市场主导。以“债权人通过免除债务人的部分债务就能尽快实现债权，而债务人通过尽最大努力清偿债务就能获得债权人的谅解”理念，通过市场筛选、信用审查、激励和惩罚相结合、多方监督的制度设计，有效防止逃废债。首先，债务人能否通过债务重整“被拯救”取决于债权人及第三方对债务人信用的判断。其次，与当地银行合作“重整贷”，引入第三方融资，为债务人提供重生的机会。银行通过财产申报、贷前调查、提供保证人等程序，能够较好地筛选出诚信的客户，使原本丧失履行能力的债务人恢复履行能力，实现参与方利益共赢。在贷款发放后，如客户不按期还款，银行可以直接申请恢复执行，提高客户违约风险，确保客户诚信履约。遂昌法院准备进一步引入保险机制，进一步激励银行为“诚实而不幸”的债务人提供“重整贷”服务，推动个人债务重整的启动时机从执行阶段进一步前移至审理乃至立案阶段。

此外，山东高青、江苏吴江、广东东莞等地也在进行试点。2019 年 10 月 26 日，山东省政府办公厅印发《关于深化“放管服”改革优化营商环境重点任务的分工方案》。方案提出由山东省法院牵头，省政府有关部门、各市政府负责“开展个人破产制度试点，探索推进个人债务清理程序，重点解决企业破产产生的自然人连带责任担保债务问题。完善个人配套机制建设，探索建立规范、严谨、具有惩罚性的公民信用体系及完善的财产登记制度”。同年 11 月 29 日，山东省高级人民法院确定高青法院等五家法院探索推进个人债务清理程序，重点探索在公司破产的情况下，自然人因担保而承担与生产经营活动相关负债的依法合理的免债路径。2020 年 3 月 5 日，山东省淄博市高青县法院出台了《关于企业破产中对有关个人债务一并集中清理的意见（试行）》。该意见重在解决企业破产产生的自然人连带责任担保债务问题。依据该意见，法院接受了破产企业高青继顺汽修有限公司的股东和破产企业高青青苑蓝天板纸有限责任公司的法人代表提起的个人债务清理申请。

2019 年 10 月，江苏省苏州市吴江区法院被江苏省高级人民法院确定为“开展个人破产制度相关的试点工作”的试点法院。同月，吴江法院颁布《苏州市吴江区人民法院关于个人债务清理的若干规定（试行）》，明确个人债务清理的适用范围、程序类型、审理流程、债务免除、信用考验等内容。2020 年 3 月 10 日，吴江法院裁定受理全省首例个人债务清理案件——自然人周某的债务清理申请，并通过网络随机摇号确定管理人。

二、个人债务清理的疑点、难点、堵点

个人债务清理程序以诚信为原则，以债务清理为基础，充分尊重债权人和债务人的意思自治，秉持“宽容失败，严惩逃债”的精神，确保个人债务清理程序透明、公正，以在失权作为惩戒，复权作为鼓励，免责机制为动力，鼓励债务人努力偿债，从而在债权人与债务人之间达成谅解，在债权保护和债务人重生之间寻找一个合理的平衡点，实现债务人、债权人利益的最大化。试点法院试图在现有法律框架内为个人债务清理探索出一种解决思路和实施路径，以缓解个人因没有个人破产法而无法退出债务陷阱的困境。这些探索为个人债务清理制度积累了丰富的实践经验和案例素材[1]，但也面临许多质疑和困惑。没有统一中央立法支持，地方法院如何解决制度供给问题。没有配套制度支持，地方法院如何解决案多人少的问题。许多问题仍有待从理论和实践层面进行深入探讨。以下，对个人债务清理的疑点、难点和堵点逐一展开研究。

（一）疑点：适用范围有限

个人破产法在各国的立法例上存在两种方式：认可自然人均有破产能力及仅商自然人有破产能力。但目前，大部分国家均采用中央立法的方式认可自然人有破产能力，在适用主体上实现了准入公平。目前我国各地法院在各自辖区范围内试行的个人债务清理也不同版本地采用这两种方式进行，但主要重点还是围绕解决企业破产产生的自然人连带责任，如经营者因企业经营而负债，股东、担保人为企业经营承担的担保责任的居多。实践操作过程中，各地法院有选择性地谨慎进行试点，试点案例主要是针对已进入执行程序却执行不能的案件。其中以商主体为主，特别是担保人居多，许多人通过债务清理虽然削减了个人债务，但其实主债务并未免除。

近年来，随着互联网金融业务的发展，各类消费贷经营者以无抵押、免担保、快速、便捷的信用贷款通过各种打折、促销方式吸引各类消费者，如京东白条、支付宝的借呗、花呗，各类银行信用卡、各类消费金融公司，小贷公司也层出不穷。更有甚者，各种校园贷、裸贷等非法贷款机构也参与其中。这种无门槛的鼓励消费方式，导致了低收入、甚至无收入群体，包括学生群体，深陷过度负债的牢笼，甚至引发暴力催收等恶性事件。青年群体正是富有创造力的群体，但因为无力偿债，很多人对生活失去希望，有的会选择逃避，甚至选择轻生，他们实际上是需要特别关注的群体。但因这类贷款的许多经营者在展业时即已对这部

---

〔1〕 王欣新：《个人破产法的立法模式与路径》，载《人民司法》2020 年第 10 期。

分贷款预留了风险准备金和呆坏帐处理机制，大部分已在执行案件进入法院之前即以其他方式解决。对于进入执行的案件则穷尽执行措施，采取限高、上失信人员黑名单、限制出境等强制措施，阻断了这些年轻人通向美好未来的道路。而这类案件量多，银行没有核销依据，就目前已公开报道的案例，除台州法院已受理70余件金融消费者债务清理案件[1]，其余法院尚无消费者债务清理的案例。

（二）难点：制度依据不足

对于个人债务清理，虽然实践中各地法院分别有交由执行庭审理和破产庭审理等不同的做法，但从性质上来说其仍属于执行行为，当债务清理程序不能进行下去，或清偿方案无法履行时则恢复强制执行。

1. 债务豁免依据不足

个人破产免责制度是个人破产制度最重要的制度安排，也是债务人申请破产保护的最大动力。债务人在个人破产程序按法律规定完成后，在法律规定被满足的条件下，债务人剩余的债务可以获得完全免除。除法定不可免责事项，被宣告破产的债务人一旦适用免责制度，债权人不能继续行使其债权请求权。债务人可以恢复干净的社会循环。破产免责制度补救人们因不慎作出的错误投资或理财决策所造成的损失，鼓励债务人重新开始。

个人债务清理机制借鉴了个人破产免责制度，通过债务人与债权人达成的清偿方案对债务人进行有条件的债务豁免。但这种豁免是建立在执行和解基础上的豁免，并不是真正意义上的免责。

首先，个人债务清理机制中债务人的余债是否予以免除，多是采用当事人自愿原则协商解决，法院仅能基于执行和解的原理进行个人免责，并以个人承诺为前提。这在现有法律框架范围内仍属于执行和解的范畴，其实际功能也许可以解决个人债务人在地方法院执行不能的案件，但对于个人如果在国内其他地方的负债、未发现的债务、跨境的负债如何解决仍然鞭长莫及。

其次，对于未参加债务清理程序的债权人，地方法院的“立法”并无法约束。这些债权人在债务清理程序结束后仍有权向债务人主张权利，债务人无法通过个人债务清理机制得到真正的免责。

最后，为避免纠纷，地方法院对免责规定只能慎之又慎。如吴江中院规定，因不可归责于债权人的事由导致该债权人未申报债权，债务人对该债权清偿数额未达到已申报债权受偿比例的部分则不免责，债务人负继续清偿责任。信用恢复期内债务人有超出维持本人及其抚（扶）养家庭成员基本生活水平的收入的，超出部分仍应用于追加清偿。

2. 债权人异议处理机制不足

对于债权人异议的处理，企业破产有债权人会议制度，对于破产清偿方案由债权人会议

---

〔1〕 罗亚妮：《五个全国首次！台州法院个人破产制度见成效》，载《浙江日报》2019年12月31日。

采用多数决方式表决通过，如果二次表决不通过，法院可以裁定确定。在强制执行参与分配程序中，如债权人对分配方案有异议的，可以提出分配方案异议之诉。但目前我国没有个人破产法，个人债务清理采用的法理基础是执行和解原理，在债权人对分配方案没有达成一致意见的情况下，法院以裁定确定分配方案没有依据。法院最多只能引导债权人同意采取多数决表决规则的方式，变通性表决通过清理方案。如温州瓯海法院在审理李某个人债务集中清理案时，两家银行对清理方案表决不同意，但经管理人统计表决票，按照表决规则对该清理方案予以通过。[1]那么出现债权人异议时，个人债务清理程序必然要终结。如此反复，极有可能加大债务清理成本，浪费司法资源。

3. 未经有效确认债权的清偿保护不足

强制执行是实现权利的行为和程序，其实现的权利，事先已经法定程序确认，由生效法律文书载明。强制执行的前提是具有明确、具体的执行依据。强制执行参与分配的主体也只能是已取得执行依据或对执行标的物享有担保物权等优先受偿权的债权人。而个人债务清理程序中，试点法院允许没有取得执行依据的债权人参与分配。按执行和解的原理，如果清偿方案最终未履行，则恢复强制执行。那么个人债务清理程序中未取得执行依据的债权人在债务清偿方案不通过，或在清偿方案未履行的情况下，则会面临着因没生效法律文书无权申请参与分配的问题。其无法通过恢复强制执行对债权予以保护的，必须再走债权确认程序，如司法确认或者诉讼、仲裁等。个人债务清理在这种情况下既无法达到集中清偿节约成本的目的，又无形中加大债权人追偿成本，是否也是对司法资源的一种浪费。

执行和解机理无法解决统一清偿问题，债务清理地方化不可避免地存在制度障碍。凡此种种，不得不让人心生疑虑，是否应重新审视个人债务清理机制的实效性。个人债务清理机制是否应让位给个人破产制度。

首先，个人破产制度只要个人存在破产原因，任何债权人都可以申请或参与分配，未进入司法程序取得债权确认法律文书的债权人可以通过债权申报程序来确认债权，减少了债权清收成本，对债权人而言更为客观公正。而个人债务清理程序中当清偿方案不履行或不能履行时，已发生的债务清理程序的行为的法律效力存疑，债务人选择个人债务清理的积极性存疑。

其次，个人破产制度的免责制度是真正意义上的免责，这能够吸引债务人将自由财产外的所有财产全部交由管理人，并如实申报财产，对于不诚实的债务人若发现其有隐瞒财产逃废债的行为，通过不予免责、不予复权等规定加以制约，并通过规定破产犯罪追究刑事责任[2]。

---

〔1〕 蔡雄强、夏旭丽等：《个人债务集中清理的实务难点与思考——以温州瓯海法院审结的李某个人债务集中清理案为视角》，载《人民司法》2020 年第 10 期。

〔2〕 商鹏鹏：《试论个人破产制度的建立所需的配套制度》，载《科技信息》2013 年第 5 期。

最后，个人破产制度以鼓励加惩戒相制约，确保债务清理过程中的信息透明，通过债务人如实申报财产等制度，减少了债权清收成本，保证债权人公平清偿和债务人生存权益兼具的集中清偿功能。这些都是个人债务清理机制无法比拟的。个人债务清理程序无论在债权人保护还是在债务人保护上都无法达到个人破产程序相当的结果。

（三）堵点：配套机制不足

司法改革以来，法院案多人少，法官不堪重负已成为一个众所周知的事实。在现有执行案件已饱和的情况下，又增加个人债务清理的职责，法院要如何解决案多人少的问题呢？在个人债务清理程序中，债务人是没有财务帐册的自然人，要确保债权清偿，债务人的财产核查是关键，如何核实债务人申报的财产是否属实。在个人债务清理方案通过后，还存在清理方案的监督执行问题，谁来监督，如何监督。这些不仅需要有个专业机构协助法院行使债务清理程序的事务管理权，还需要有个可以协调征信系统、财产登记系统、税务系统、金融系统、公安系统、证券交易系统、民政系统等机构的多方协调机制，仅法院一己之力无法实现。

在企业破产中破产审判权和破产事务管理权分离。破产管理人制度是破产制度中重要的制度之一。破产管理人担任着财产核查，资产清理，破产财产变价、分配等事务。一个破产案件的顺利审结离不开高效的破产管理人。管理人担负着对债务人的财产和债权债务进行全面核查及清算核查相关情况，并制作债务人及财产情况报告，与债权人协商、沟通，从操作层面给予债务清理程序以保障。管理人清算后，将财产分配方案提交债权人会议审议，并提请法院裁定终结破产程序。管理人工作接受债权人会议和法院的监督，管理人费用主要从破产财产取酬。但在企业破产法实施过程中，已明显出现管理人在协调地方政府和债权人关系时的力不从心。

由于配套机制不足，行政机构的协同缺位，导致有些破产案件审理多年未结。在个人债务清理程序中，试点法院借鉴企业破产中的管理人制度，建立个人债务清理管理人制度，并规范管理人职责。对进入个人债务清理程序的案件依法指定管理人，该管理人可由原企业破产管理人担任，或法院从入选管理人名册中指定，或债权人会议推选债权人代表组成。目前，温州法院利用破产审判中的府院联动机制积极推进债务清理进程。温州法院从个人债务清理过程中，发现管理人工作存在难点和痛点，如管理人薪酬少，工作量大，投入产出严重失衡，影响工作积极性，管理人队伍不稳定，工作质量也难以保障。失权期间的监管难，也是管理人工作的难点之一。

据此，温州中院通过府院联动会议，与温州市司法局探索建立公职管理人制度。确定公职管理人由“个人担任，机构管理”的模式，由司法行政机关公共法律服务部门为公职管理人的管理机构，承担个人债务清理工作中行政性事务管理功能，履行对公职管理人的监督、管理、协调等职责，确保个人债务清理、债务信用修复前的行为监督[1]。但该模式的运行情况如何，仍待进一步观察。

三、我国个人破产制度的可行路径

个人破产程序是在自然人出现资不抵债、支付不能或停止支付等破产原因时，为了保证公平有效清偿债务，对债权债务关系进行全面清理的一种特有程序。对诚信的债务人而言，个人破产可以帮助他们从过度负债中解脱出来，进而可以重新规划工作与生活。对于债权人，集中的债务清理可以全面调查债务人的财产及债权债务状况，有效防止债务人转移、隐匿财产，以及对债权人的个别清偿。同时，债务集中清理后对债务人的责任免除，也能警示债权人经济活动中可能的风险及代价，防止纵容过度负债的情况发生。对全社会，这个制度能为大量“执行不能”的案件提供一个退出机制。它与强制执行制度配合，能够形成一个“惩罚失信债务人、宽容诚实债务人”的债务处理模式，进而化解债务纠纷对社会造成的隐患。个人破产制度作为一个高效的债务清理机制具有的一举多得优势，不仅可以避免浪费性和没有收益的纠缠消耗，而且可以给诚实但不幸的人以重生的机会，对于促进生产力的发展具有不可估量的制度价值。

但碍于我国社会征信体系尚不完善及各种配套制度的不健全等原因，2004 年破产法草案在审议时，其中有关个人破产的立法条款被删除。目前个人破产制度仍是我国立法空白。竞争优势是一国财富的源泉。一个国家的竞争力来源一个良好的经营环境和支持性的制度。破产法是转轨经济国家改革的“宪法”[2]，是经济改革的母法，更是国家立法竞争中的重要一环。一个国家的破产制度完善与否已成为衡量该国市场经济成熟程度的重要标志[3]。个人破产制度是大势所趋，个人债务清理机制仅仅是过渡时期的良善选择。试点法院通过深化破产审判，探索个人债务清理机制，寻求债务人保护和债权人保护的平衡，化解执行难问题，对个人破产法立法提供了鲜活的案例，也让我们对个人破产制度在中国的实行有了一个立体的认识。过渡时期，宜吸取个人债务清理的经验，巩固个人债务清理取得的成果；在未来个人破产制度的建设过程中，宜回避个人债务清理机制中的不足，避免个人破产制度走弯路。

（一）过渡时期：借鉴域外经验，巩固本土经验

1. 确保清偿程序的透明、公正

个人破产法同时具有公法的强制性及私法自治性这两个特征。从域外个人破产的实践经

---

[1] 详见温州市中级人民法院 2020 年《全国首个公职管理人制度出台！破产公职管理人机构同时亮相》。

[2] 李曙光：《破产法的宪法性及市场经济价值》，载《北京大学学报》（哲学社会科学版）2019 年第 1 期。

[3] 李曙光、贺丹：《破产法立法若干重大问题的国际比较》，载《政法论坛》2004 年第 5 期。

验来看，个人破产立法所规定的制度内容一方面要适应社会的现实需求，另一方面，程序正义也同样重要。因此，仅有出色的制度设计却缺少程序规划，往往会留有事倍功半的遗憾。因此各地试点法院在个人债务清理实践中总结出的程序性经验对个人破产法治制度的建立提供着操作性的意见。笔者认为，在程序设计中应充分体现个人破产制度的理念，保障申请破产人的基本人权和发展权。公平公正的首要保障就是透明，确保清偿机制的透明、公正，具体到立法上就要求处理个人破产的程序是法定的、清晰的、完善的，法院在执行过程中有法可依且不打折扣。具体论述如下：

首先，坚持诚实信用原则。为确保清理程序的信息透明、客观公正，防止债务人欺诈、逃废债，损害债权人利益，各地法院均要求债务人在清理程序中应当诚实守信。如吴江法院明确个人债务清理遵循诚实信用原则。高青法院明文规定，个人债务清理的目的是“使诚实而不幸且守法的自然人债务人依法合理免责”，要求债务人申请进入清理程序应提交诚实信用承诺书，清理过程应当诚实守信，如实申报财产，不得有可能影响债务清理的不诚信行为。若有违反清偿方案承诺内容，法院可以裁定终结个人债务清理程序。

台州中院则建立债务人宣誓制度，要求债务人诚实守信，如实申报财产、接受债权人质询、遵守法律等。如债务人出现因赌博、挥霍消费、不良负债或欺诈等规避执行的不诚信行为的，将被禁止适用债务清理程序，债务人的不诚信行为将导致终结对债务人的债务清理程序，恢复强制执行措施，恢复原债权额度执行。同时，还加强了对债务人不诚信行为的民事制裁和刑事追究力度。例如，（1）擅离住所地、不配合债务清理的，予以训诫、罚款、拘留；（2）不提供相关财产资料、伪造债权债务材料或作虚假陈述的，予以罚款、拘留，构成犯罪的依法追究刑事责任；（3）转移、隐匿财产，逃避执行和债务清理，构成拒不执行判决、裁定罪的，依法移送公安机关处理。

其次，失权与复权限制。如何有效地利用免责制度，既能保护债务人，又能防止债务人破产滥用，损害债权人利益。防范债务人的道德风险，规范债务人行为是关键。目前各界对个人破产滥用的担忧主要在于“假破产，真逃债”。对于破产免责给债权人造成的损失需要由债务人以人格减等为补偿。个人破产的建构须以人格减等为基本，重点研究破产人的地位如何设置，从哪些方面限制破产人的经济、政治、伦理人格。[1]个人破产失权制度是对破产人的各种公、私权利或资格上的限制。失权在法律上具有附属性、制裁性的特点，具有加重破产人的破产责任的性质。失权同破产人的主观恶性、破产清偿的成数与比例、破产后果的严重程度以及破产案件的性质类型密切相关。而复权，顾名思义，即是对上述限制的解除，恢复其固有权利的一项制度。个人债务清理借鉴了个人破产的失权、复权制度，对债务人权利和行为进行一定的限制，同时将复权时限与清偿率挂钩，各地皆按最高6年内按清偿比率

---

〔1〕 欧元捷：《论个人破产建构的中国逻辑——以破产以免债的界分为起点》，载《山东社会科学》2020年第3期。

高低而设置的由短到长的复权时限，及债务人申请信用恢复的条件。台州中院建立债务人行为保全制度。当债务清理终结，债务人必须完成执行退出宣誓。法院可对债务人作出行为保全令，在债务清理结束后一定期限内限制债务人的相关行为和身份资格。债务人遵守保全令规定的，期满后即可回归正常工作和生活。

2. 探索破产行政管理体系

个人债务清理机制的最终归宿是个人破产制度的建立。如何构建个人破产的管理人制度，使破产审判权和破产事务管理权适度分离是个人破产制度的核心问题。学者陈夏红提出在个人破产制度设计中，可以启动破产行政管理体系改革，合理建构配套的破产行政管理机构，对个人破产进行前期审查和后期监督〔1〕。破产行政管理机构可以发挥如下核心职能：充当债务人的管理人，协调行政机构、督促债务人如实申报财产，在免责之前负责对债务人的日常监督，决定债务人免责，个人破产犯罪的侦查与起诉，相关法律咨询与援助，法律实施评估等。

就前期审查的模式而言，英国债务纾缓令〔2〕是个很好的借鉴。在全球经济受到新冠疫情的重击下，许多企业和个人出现财务困境。有的国家开始修改破产制度来应对当前的危机。但在破产制度相对成熟的国家，充分运用好现有的债务清理制度才是最及时有效的对策。英国的个人破产和债务清理制度相对发达，《1986 年破产法》（The Insolvency Act 1986）规定的正式程序包括：债务纾缓令（Debt Relief Order）、个人自愿安排（IVA）和破产清算程序（bankruptcy）。在案件分布上来看，英格兰和威尔士地区 2019 年度总的个人破产案件数量（Insolvencies）为 122 181 件，其中，16 702 件为破产清算案件（bankruptcies），占比 13.7%；债务舒缓令（DROs）的案件为 27 497 件，占比 22.5%；个人自愿安排（IVAs）的案件为 77 982 件，占比 63.8%。债务纾缓程序，是指符合条件的债务人经过申请后获得债务纾缓令，在一定期限（通常为 12 个月）结束后则可以勾销其未能清偿的债务。债务纾缓令程序是一种低成本、高效率的行政管理程序，不需要法院颁发令状，由英国破产服务局颁发债务纾缓令，并联合专业的债务咨询管理机构来实施〔3〕。

个人破产制度的良好运行则得益于地方政府的支持和配合。囿于法院的职责，如何合理建构配套的破产行政协同机制，由行政机构对个人破产进行前期审查和后期监督，是法院在探索个人债务清理机制最具现实意义的一环，该环节直接关系我国个人破产制度的设立和施行，也是实施的难点和重点。囿于中国国情，能否把府院联动中地方政府在破产制度中的行政功能特定化，提前对个人破产行政管理工作进行规划设计，是个人债务清理机制的司法实践对个人破产法提前演绎的难点和亮点。在我国推行破产行政管理机构作为前置审查及后期

〔1〕 陈夏红：《个人破产法与破产行政管理体系改革》，载《破产法快讯》2019 年 8 月 15 日。
〔2〕 ［英］凯特·库克：《从恐慌到计划：转向债务纾缓》，载微信公众号“阳光破产法课堂”2020 年 5 月 4 日。
〔3〕 ［英］凯特·库克：《从恐慌到计划：转向债务纾缓》，载微信公众号“阳光破产法课堂”2020 年 5 月 4 日。

监督的主体，可以减轻法院负担，降低个人破产的程序和成本。

3. 调动社会力量参与，发挥社会协同效应

个人破产制度并非独立的社会制度，它与其他社会制度存有紧密关系，是一项系统性的工程。有效开展个人破产制度离不开社会力量的参与和社会各界的协同。金融协同便是个人破产配套措施中不可或缺的一部分。以温州市委、市政府《实施意见》的方式为例，其设立金融债权一致行动原则，针对金融债权案件中因企业破产产生的自然人连带责任担保债务问题，鼓励金融机构债权人积极参与个人债务集中清理程序，根据法院或管理人的建议，对债务减免、减免幅度、减免条件等相关事项采取一致性行动，以此激活银行债务减免制度，实质性化解金融债务"担保链"问题。也正因为有了金融债权一致行动原则，瓯海法院才能成功引导金融债权人以同意采取多数决表决规则的方式，变通性表决通过清理方案。遂昌法院推行的"个人债务重整"中引入当地银行合作"重整贷"，借助市场化机制为债务人提供重生的机会亦是金融协同的一个很好的范例。台江中院在金融消费者债务清理中，与台州银行、泰隆银行、民泰银行等当地三家金融机构达成会议纪要，联合推进金融不良债权处置亦是个有益的探索。

此外，社会征信体系建设也是个人破产配套措施中的重要一环。社会信用体系建设就是运用法律手段建立守信激励和失信约束的奖惩机制，目的是增强全社会的诚信意识和信用水平。随着《关于社会信用体系建设的若干意见》的出台，以及国务院常务会议中提出的"十二五"期间内全方位开展社会信用体系，我国的征信系统建设已有了一定的成果。但是，该制度仍存在许多缺失，这常被视为我国个人破产制度引入的主要障碍，甚至在2004年个人破产离入法最近的一次——《企业破产法》草案稿中先被列入后又删除的核心缘由也是担心信用体系不完备使个人破产制度异化为债务人逃债之工具[1]。因此，加快在信用数据采集及使用方面的监督体制的建设及相应体系的建设，通过一个良好的监督和环境，确保征信活动的顺利进行，可为建立个人破产制度奠定良好的基础。同时，良好的征信系统可以保证个人破产制度中重要的一环——自由财产制度的实施。

自由财产是个人破产制度中特有的概念，是指法律规定的，由法院酌情决定的、可由破产人自由使用和处分的、不得扣押和查封并用于分配清偿的财产。这些财产保留的限度除了维持生计，还要保护在其破产后具备重生的可能性。各地法院在个人债务清理程序中也借鉴了自由财产制度，对债务人的财产执行范围予以一定豁免，准予保留一部分财产。主要包括两种：一是专属于债务人本身不可让与的财产权利，如专属于债务人人身权利的抚恤金、伤残抚助金，精神损害赔偿金、抚养费、赡养费、抚育费、退休金等，二是法律明文规定不得扣押的财产，主要是债务人及抚养人的生活必需和必要的生活用品。借助征信体系，调取债

---

〔1〕 张阳：《个人破产何以可能：溯源、证立与展望》，载《税务与经济》2019年第4期。

务人的征信信息，包括其资产总额、信贷状况、交易状况等，协助司法部门厘清债务人的财产状况。征信系统对于债务人财产状况的确认可作为确定自由财产范围的必要前提。

（二）发展愿景：地方试点先行，中央统一立法

个人债务清理是中国司法实践中对个人破产制度的有益探索，但其无法与完整的个人破产制度相提并论。要想解决债权公平清偿，债务人重生的问题，仍需通过立法来构建个人破产制度。立法者需要根据客观实际以及制度环境，审慎推进立法进程，全面有效地平衡债务人、债权人之间的利益。在立法方面，鼓励有立法权的地方先试先行，探索适合中国国情的立法道路。

1. 地方试点先行

深圳市根据《中共中央国务院关于支持深圳建设中国特色社会主义先行示范区的意见》明确的要求，用足用好经济特区立法权，在遵循宪法和法律、行政法规基本原则前提下，允许深圳立足改革创新实践需要，根据授权对法律、行政法规、地方性法规作变通规定。深圳市中级人民法院在抓好企业破产审判工作的同时，加强了对个人破产法律制度的探索与研究。2016 年，深圳中院完成了《个人破产制度研究》调研报告，并向深圳市人大常委会提交《深圳经济特区个人破产条例（建议稿）》，该建议稿得到深圳市人大常委会的高度重视。2020 年 4 月 28 日，深圳市人大常委会审议 18 项法规案、决定和报告，首次提请市人大常委会会议审议的《深圳经济特区个人破产条例》，将让深圳在全国率先建立个人破产制度，以此救济诚实守信的债务人，对恶意逃债或实施破产欺诈的债务人则将加以严惩。2020 年 6 月 2 日，深圳市人大常委会法工委办公室发布《深圳经济特区个人破产条例（征求意见稿）》。

审议过程中虽然有许多不同的声音，但求同存异，地方试点先行，中央立法逐步论证，殊途同归，构建具有制度竞争力的个人破产制度已指日可期。个人破产制度是成熟市场经济环境应有的救济退出机制，可以最大限度地解决创业者的后顾之忧、激发市场的创业热情，进而成为地方经济发展的推动力。此外，深圳作为国际化城市，着手推动个人破产法地方试点，有利于实现个人破产制度与国际接轨，营造稳定、公平、透明、可预期的国际一流法治化营商环境，[1] 并为个人破产法的中央统一立法打下坚实的基础。

2. 中央统一立法

国家层面出台适用于全国的《个人破产法》是稳定有序清理债权债务关系的前提。个人债务清理机制想发挥个人破产法的功能，就不可避免地面临地方法制度不足的缺陷。如破产管辖权的问题，如债务清理后后续新发现债权如何参与分配、如何处理债权人异议，转移的财产如何处理，不如实申报的个人如何追究责任等都是日后要面对的一系列现实问题。目

---

〔1〕 深圳市人大常委会：《深圳经济特区个人破产条例（征求意见稿）的说明》，载微信公众号“中国破产法论坛”2020 年 6 月 2 日。

前，各地法院试行的个人债务清理涉及管辖权、失权、复权、免责等一系列制度。这些制度如果地方化，产生差异，必然产生制度移民。同理，个人破产法如果地方化，一定会有制度差异，并产生“破产移民”。

一个兼顾差异化的中央化的制度，才能稳定有序地清理债权债务。无论是个人债务清理，还是个人破产，统一立法是大势所趋。地方立法如何向中央立法过渡，如何让地方立法与中央立法衔接，考验司法者与立法者的智慧。

律师实务

从《九民纪要》看隐藏行为法律规则对融资纠纷案件影响

王伟斌　逄丽丽 *

目　次

一、隐藏行为的概念

《民法总则》第146条规定，“行为人与相对人以虚假的意思表示实施的民事法律行为无效。以虚假的意思表示隐藏的民事法律行为的效力，依照有关法律规定处理”。这是我国在法律层面上首次直接规定虚假行为和隐藏行为。根据《民法总则》主要起草者之一杨立新教授的观点，第146条第1款是虚假行为的法律适用规则，第2款是隐藏行为的法律行为规则。杨立新教授认为：虚假行为的构成要件是：（1）需要由两方以上的表意人，只存在单方表意人只能构成真意保留；（2）当事人所表达的意思并非当事人的真意；（3）当事人对虚假意思表示的表达

* 王伟斌，法学硕士、上海市锦天城律师事务所高级合伙人，擅长公司并购、商事诉讼（仲裁）等领域；逄丽丽，法学硕士、上海市锦天城律师事务所合伙人，擅长公司与并购、跨境投资、涉外争议解决、私募股权投资，银行与金融等领域。

须有通谋。隐藏行为的构成要件是：（1）隐藏行为的行为主体须有表意人与相对人；（2）表意人与相对人须有通谋的虚假意思表示；（3）表意人与相对人须具有隐藏真实法律行为的共同故意；（4）当事人外表的虚假意思表示与隐藏的民事法律行为不一致。[1]从构成要件看，虚假行为与隐藏行为的相同之处在于都需要两方以上的当事人进行通谋虚假意思表示，区别在于隐藏行为在虚假的意思表示之下隐藏着他项法律行为。从法律适用规则看，虚假行为直接无效；而隐藏行为，其表面的虚假表示无效，而隐藏的能体现真实意思的行为的效力，要根据适用于该等行为的相关法律规定处理，可能有效，也可能无效。举例而言，若行为人为逃避债务与相对人通谋自己的房子赠与相对人，则构成虚假行为，适用《民法总则》第 146 条第 1 款，赠与合同无效；若行为人和相对人为避免缴税通谋通过赠与的方式转让房产，则构成隐藏行为，适用第 146 条第 2 款规定：虚假的意思表示（赠予）无效，隐藏的行为是房产买卖，适用房产买卖的合同，则为有效。

《民法总则》出台之前，隐藏行为的法律规则实际上在一些具体民商事司法解释中已经有所体现。如 2014 年 3 月 1 日生效的最高人民法院《关于审理融资租赁合同纠纷案件适用法律问题的解释》第 1 条第 2 款规定，对名为融资租赁合同，但实际不构成融资租赁法律关系的，人民法院应按照其实际构成的法律关系处理。2015 年 9 月 1 日生效的最高人民法院《关于审理民间借贷案件适用法律若干问题的规定》第 24 条规定，当事人以签订买卖合同作为民间借贷合同的担保，借款到期后借款人不能还款，出借人请求履行买卖合同的，人民法院应当按照民间借贷法律关系审理，并向当事人释明变更诉讼请求。当事人拒绝变更的，人民法院裁定驳回起诉。2015 年 12 月 24 日生效的最高人民法院《关于当前商事审判工作中的若干具体问题》就保理合同规定“应注意的是，实务中确实有部分保理商与交易相对人虚构基础合同，以保理之名行借贷之实。对此，应查明事实，从是否存在基础合同、保理商是否明知虚构基础合同、双方当事人之间实际的权利义务关系等方面审查和确定合同性质。如果确实是名为保理、实为借贷的，仍应当按照借款合同确定案由并据此确定当事人之间的权利义务”。

同时，隐藏行为法律规则在司法判例中也不鲜见。比如在名股实债的案件中，法院常以“名为股权投资，实为借贷”为由按照真实的借贷关系而非名义上的股权关系处理案件。

《民法总则》出台之后，司法实务中已经陆续出现了直接适用隐藏行为法律规则的判例，其中不乏最高人民法院的一些典型案例（详见下文）。笔者认为，2019 年《全国法院民商事审判工作会议纪要》（以下简称《九民纪要》）的出台将会极大地推动隐藏行为法律规则在各类案件中，特别是商事案件中的应用。原因在于：首先，《九民纪要》第三部分要求法院审理合同纠纷案件时，需依职权审查合同是否存在无效的情形。也就是说，法院在审理合同类纠纷案件时，即便当事人没有主张合同无效，也需要主动审查是否存在合同无效的情形。

---

[1] 参见杨立新：《〈民法总则〉规定的虚假民事法律行为的法律适用》，载《比较法研究》2017 年第 4 期；《〈民法总则〉规定的隐藏行为的法律适用规则》，载《法律科学》2018 年第 1 期。

而虚伪意思表示，就是合同（民事法律行为）无效的情形之一。故此，根据《九民纪要》，在合同纠纷案件中，法院都需主动审查案件是否存在《民法总则》第 146 条规定的虚伪意思表示。其次，《九民纪要》在多个条款中直接规定了某些类型的案件应该适用隐藏行为的法律规则，这就为各级法院适用隐藏行为规则提供了具体的指引。

通谋虚伪意思表示可以看作是“马甲”，现实中，当事方之所以大费周折地“穿马甲”行事，多是因为“马甲”下的真实法律行为或因法律、监管规章、或因政策等各种限制不便直接示人，这种现象在融资领域特别常见。融资可分为股权融资、债权融资。目前我国股权融资领域的限制措施已经不多，“穿马甲”的行为已经较为少见；债权融资按出资方主体的不同可分为金融机构融资和民间借贷。相对股权融资，这两者受到的监管规制比较多：对于债权融资，国家一方面施行金融机构牌照制度，即要求特定金融活动只能由持有相应牌照的机构从事。如我国原则上只允许金融机构从事贷款活动：对此，1996 年人民银行颁布的《贷款通则》第 61 条规定：“各级行政部门和企事业单位、供销合作社等合作经济组织、农村合作基金会和其他基金会不得经营存贷款等金融业务。企业之间不得违反国家规定办理借贷或者变相借贷融资业务。”相对应的，司法裁判中对非金融机构从事贷款业务的效力也予以否定性评价（职业放贷行为无效，甚至受到刑法的规制）；另一方面，国家对持牌金融机构的经营活动又有着诸多的监管措施，如对银行有资本充足率要求、借款人资质要求、同一授信管理、贷款流程要求、同业业务中交易对手白名单制度等。然而，但凡有监管，就存在规避、突破监管的行为。为绕开非金融企业不得从事贷款业务的规定，很多非金融企业通“股权投资”“循环贸易”等“马甲”从事借贷行为；为绕开监管机构对贷款行为的监管规定，金融结构会通过各种金融创新、过桥手段等“马甲”从事借贷活动。

二、隐藏行为法律规则在《九民纪要》条文中的体现

《九民纪要》的出台背景就是各种形式的债权融资（如民间借贷、大资管、票据中介业务）暴雷频发之后相关融资纠纷井喷，为统一各级法院对该等纠纷的裁判思路，《九民纪要》多个条款要求法院审判时应区分虚伪意思表示和隐藏行为。直接或间接体现该原则的条文如表 1 所示：

表 1　直接或间接体现该原则的法律条文

序号	条文	条文内容
1	第 69 条【无真实贸易背景的保兑仓合同】	保兑仓交易以买卖双方有真实买卖关系为前提。双方无真实买卖关系的，该交易属于名为保兑仓交易实为借款合同，保兑仓交易因构成虚伪意思表示而无效，被隐藏的借款合同是当事人的真实意思表示，如不存在其他合同无效情形，应当认定有效。保兑仓交易认定为借款合同关系的，不影响卖方和银行之间担保关系的效力，卖方仍应当承担担保责任。

续表

序号	条文	条文内容
2	第71条【让与担保】	债务人或者第三人与债权人订立合同，约定将财产形式上转让至债权人名下，债务人到期清偿债务，债权人将该财产返还给债务人或第三人，债务人到期没有清偿债务，债权人可以对财产拍卖、变卖、折价偿还债权的，人民法院应当认定合同有效。合同如果约定债务人到期没有清偿债务，财产归债权人所有的，人民法院应当认定该部分约定无效，但不影响合同其他部分的效力。 当事人根据上述合同约定，已经完成财产权利变动的公示方式转让至债权人名下，债务人到期没有清偿债务，债权人请求确认财产归其所有的，人民法院不予支持，但债权人请求参照法律关于担保物权的规定对财产拍卖、变卖、折价优先偿还其债权的，人民法院依法予以支持。债务人因到期没有清偿债务，请求对该财产拍卖、变卖、折价偿还所欠债权人合同项下债务的，人民法院亦应依法予以支持。
3	第89条【资产或者资产收益权转让及回购】	信托公司在资金信托成立后，以募集的信托资金受让特定资产或者特定资产收益权，属于信托公司在资金依法募集后的资金运用行为，由此引发的纠纷不应当认定为营业信托纠纷。如果合同中约定由转让方或者其指定的第三方在一定期间后以交易本金加上溢价款等固定价款无条件回购的，无论转让方所转让的标的物是否真实存在、是否实际交付或者过户，只要合同不存在法定无效事由，对信托公司提出的由转让方或者其指定的第三方按约定承担责任的诉讼请求，人民法院依法予以支持。 当事人在相关合同中同时约定采用信托公司受让目标公司股权、向目标公司增资方式并以相应股权担保债权实现的，应当认定当事人之间成立让与担保法律关系。
4	第100条【合谋伪造贴现申请材料的后果】	贴现行的负责人或者有权从事该业务的工作人员与贴现申请人合谋，伪造贴现申请人与其前手之间具有真实的商品交易关系的合同、增值税专用发票等材料申请贴现，贴现行主张其享有票据权利的，人民法院不予支持。对贴现行因支付资金而产生的损失，按照基础关系处理。
5	第103条【票据清单交易、封包交易案件中的票据权利】	审判实践中，以票据贴现为手段的多链条融资模式引发的案件应当引起重视。这种交易俗称票据清单交易、封包交易，是指商业银行之间就案涉票据订立转贴现或者回购协议，附以票据清单，或者将票据封包作为质押，双方约定按照票据清单中列明的基本信息进行票据转贴现或者回购，但往往并不进行票据交付和背书。实务中，双方还往往再订立一份代保管协议，约定由原票据持有人代对方继续持有票据，从而实现合法、合规的形式要求。 出资银行仅以参与交易的单个或者部分银行为被告提起诉讼行使票据追索权，被告能够举证证明票据交易存在诸如不符合正常转贴现交易顺序的倒打款、未进行背书转让、票据未实际交付等相关证据，并据此主张相关金融机构之间并无转贴现的真实意思表示，抗辩出资银行不享有票据权利的，人民法院依法予以支持。

分析上述条文可见，《九民纪要》中的隐藏行为条款多与债权融资活动相关：第 69 条涉及以无真实贸易背景而以保兑仓贸易方式向银行融资；第 89 条涉及资产收益权转让以及回购等方向向信托公司融资；第 100 条和第 103 条涉及票据融资。

另外，隐藏行为的“马甲”（虚伪意思表示）可能只有一个，如第 69 条、第 100 条下的虚伪表示分别为保兑仓贸易和票据贴现，隐藏行为是借款关系；在复杂的业务模式中，“马甲”也可能有多个，如第 103 条下的存在倒打款情形的票据清单交易和封包交易。实务中此类业务多有票据中介参与并发起。所谓的倒打款，是票据业务界的一种俗称。票据上背书的链条为 A→B→C→D，反映的票据行为是 A 将票贴给 B，B 转贴给 C，C 再贴给 D，正常情况下，贴现款的流向是 B 转给 A，C 转给 B，然后 D 再转给 C；但在倒打款的票据实务中，整个交易由 D 发起，款项的流向是 D 支付贴现款给 C，C 给 B，B 再给 A，D 是实际出资行，A 是实际用款方，而 B、C 可能仅是 D 找来的过桥银行。适用《九民纪要》第 103 条的规定，若 B、C 能够证明存在倒打款情形，则可以主张 A 与 B 之间的贴现行为、B 与 C 之间的转贴行为、C 与 D 之间的转贴行为是虚伪意思表示（存在多个“马甲”）而无效，出资行 D 对形式上的票据前手 B、C 不享有票据权利，多个“马甲”所隐藏的行为是 A 与 D 之间的借款关系。《民法总则》出台之前，最高人民法院对类似情形的裁判思路是“以倒打款的模式办理票据贴现业务虽不符合行业管理要求，但并无法律、行政法规对此作出效力性否定规定，在票据形式合法、签章真实、背书连续的情况下，不能以倒打款模式来否定票据债务人依据票据记载事项而承担的票据责任”（见恒丰银行股份有限公司泉州分行、通榆县农村信用合作联社票据追索权纠纷二审民事判决书，案号（2017）最高法民终 223 号），即倒打款行为不能否定票据行为的效力，过桥行 B、C 需要向 D 承担票据责任，而第 103 条体现的裁判思路完全推翻了最高人民法院之前的立场，适用隐藏行为规则之后对 B、C、D 的实体权利影响巨大。

三、隐藏行为的融资纠纷判例研究

最高人民法院已经在不少判例中适用隐藏行为法律规则，否定虚伪意思表示的效力，并按虚伪意思表示所隐藏的相关法律行为进行裁判。本文选取了三个典型案例进行讨论研究。

案例一：山煤国际能源集团晋城有限公司、恒丰银行股份有限公司西安分行合同纠纷案【（2019）最高法民终 1227 号】

2014 年 6 月 24 日，山煤国际能源集团晋城有限公司（以下简称“山煤晋城公司”）与陕西省石化产业集团有限公司（以下简称“陕西石化公司”）签订《煤炭买卖合同》，约定山煤晋城公司向陕西石化公司供应煤炭。2014 年 6 月 25 日，山煤晋城公司与恒丰银行股份有限公司西安分行（以下简称“恒丰银行西安分行”）、陕西石化公司签订《业务合作协议》，约定恒丰银行西安分行为山煤晋城公司和陕西石化公司之间的付款订货和货款结算提供授信融资支持，方式是恒丰银行西安分行为陕西石化公司承兑以山煤晋城公司为收款人的银行承兑汇票。相关合同签署后，恒丰银行西安分行为陕西石化公司开具了金额总计为 3.5 亿元的银行承兑汇票；汇票到期后，陕西石化公司未足额款项支付票款，导致恒丰银行埃西安分行产生垫款。

根据法院认定的事实，本案的交易架构图如图 1 所示：

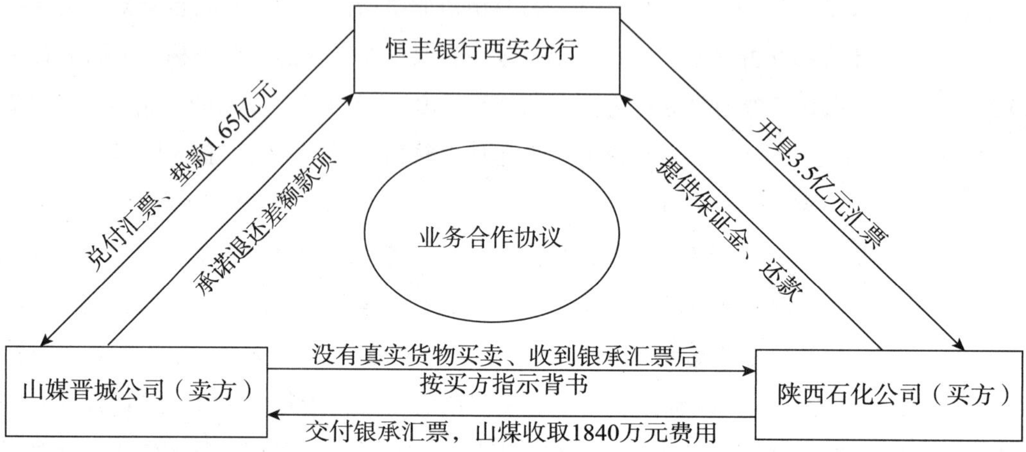

图 1　交易架构

恒丰银行西安分行起诉陕西石化公司、山煤晋城公司承担还款责任，要求其他相关主体承担担保责任，获得了一审法院的支持。

最高人民法院二审审理后认为，保兑仓交易是一种新类型融资担保方式，其基本交易模式是，以银行信用为载体、以银行承兑汇票为结算工具、由银行控制货权、卖方受托保管货物并以承兑汇票与保证金之间的差额作为担保。其基本的交易流程是：卖方、买方和银行订立三方合作协议，其中买方向银行缴存一定比例的承兑保证金，银行向买方签发以卖方为收款人的银行承兑汇票，买方将银行承兑汇票交付卖方作为货款，银行根据买方缴纳的保证金的一定比例向卖方签发提货单，卖方根据提货单向买方交付对应金额的货物，买方销售货物后，将货款再缴存为保证金。根据案涉《业务合作协议》载明的内容，本案当事人在该协议中约定的交易方式是较为典型的保兑仓交易。但保兑仓交易以买卖双方有真实贸易背景为前提。案涉《业务合作协议》虽然体现的交易方式为保兑仓交易，但根据查明的事实，山煤晋城公司与陕西石化公司之间并不存在真实的货物买卖交易。案涉保兑仓交易没有真实贸易背景，因此陕西石化公司、山煤晋城公司、恒丰银行西安分行之间并不存在真实有效的保兑仓交易法律关系。陕西石化公司、山煤晋城公司、恒丰银行西安分行之间真实的合同法律关系应为借款及担保合同关系，即恒丰银行西安分行向陕西石化公司提供融资借款，山煤晋城公司为陕西石化公司向恒丰银行西安分行的借款提供担保，上述借款及担保均是当事人真实意思表示，不违反法律规定，故案涉《业务合作协议》实质为借款及担保合同，应认定有效。

并且，鉴于《业务合作协议》明确约定“三方均为依法成立并合法存在的企业法人或金融机构，有权以自身的名义、权利和权限从事本协议项下的业务经营活动，并以自身的名义签署和履行本协议。签署本协议所需的有关文件和手续已充分齐备及合法有效”。最高人民法院不认可山煤晋城公司关于其法定代表人无权签订具有担保性质的合同或协议的上诉主张。在此基础上，最高人民法院判决改判山煤晋城集团应对陕西石化公司欠付恒丰银行西安分行的款项承担连带保证责任。

本案是适用《九民纪要》第 69 条的典型案例。本案合议庭认定山煤晋城公司、陕西石化公司与恒丰银行西安分行之间的《业务合作协议》所体现的保兑仓交易系虚伪意思表示，不存在真实有效的保兑仓交易法律关系；应按所隐藏的行为借贷合同和担保合同认定效力，并认定借贷合同和担保合同有效。对恒丰银行西安分行而言，虽然合议庭改判了山煤晋城公司承担责任的法律基础，但实体结果是一致的，恒丰银行西安分行有权要求山煤晋城公司就陕西石化公司不能还款的部分承担责任，所以恒丰银行并没有因为本案适用隐藏行为法律规则而遭受实体方面的损失。

本案值得探讨的一个问题是合议庭对担保合同有效的认定。本案判决虽然于《九民纪要》生效之后作出，但合议庭在说理论述部分没有按照《九民纪要》第 17 条、第 18 条关于公司为他人提供担保的相关规定审查担保合同的效力。若审查虚伪意思表示所隐藏的担保合同的效力时需要使用《九民纪要》第 17、18 条，根据本案的有关事实特别是上诉人山煤晋城公司的诉请，其公司章程明确要求对外担保应经过股东同意，但本案的《业务合作协议》未经股东同意，也就是说隐藏的担保行为没有经过股东的同意，即担保合同构成法定代表人的越权代表，合同是否有效取决于银行是否满足善意相对人的要求。然本案事实部分未提及银行符合善意相对人条件，若适用《九民纪要》第 17、18 条，担保合同被认定为无效的可能性很大；担保合同无效的，担保人山煤晋城公司根据过错程度承担缔约过失责任，还款责任不超过主债务人不能还款部分的二分之一，该等结果对银行而言与最高人民法院的实际判决会相差甚多。

合议庭为什么没有按照《九民纪要》第 17、18 条的规定审查担保合同的效力？笔者认为有两种可能性：第一，合议庭未注意到《九民纪要》第 17、18 条对公司担保的最新规定。考虑本案判决日期为 2019 年 12 月 6 日，而最高院从 2019 年年初就开始起草《九民纪要》，2019 年 8 月发布征求意见稿，且关于公司担保的效力规定是《九民纪要》最重要的条款之一，本案合议庭没有注意到第 17、18 条规定的可能性很低。第二，对隐藏在虚假意思表示之下的担保行为效力审查，不适用《九民纪要》第 17、18 条的规定。此种情形的可行性更大。笔者认为其背后的逻辑在于：根据第 17、18 条的规定，要主张越权代表的担保合同有效，债权人负有责任证明自己是善意相对人，即需要证明在订立担保合同时对担保人的董事会决议或者股东会决议进行了形式审查。第 17、18 条的逻辑基础是《公司法》第 16 条关于对外担保的规定是强制性规定，债权人理应知道，故法律赋予债权人审查公司决议的义务是恰当的。但是，若债权人主观上不认为其与相对人进行的法律行为构成担保行为，其当然就不会意识到需要审查公司决议，这个时候再要求行为人按照《公司法》第 16 条的规定审查公司决议的要求就过高了。

无论本案的合议庭未按《九民纪要》第 17、18 条的要求审查担保合同的效力是有意为之或其他，对银行等业内机构而言都应严格把握合规口径。一则要避免从事无真实贸易关系的保兑仓业务，二则要有意识要求实际上承担担保责任的当事方提供满足《公司法》第 16 条的决议，从而最大可能地避免业务风险。

案例二：中国民生银行股份有限公司南昌分行、上海红鹭国际贸易有限公司票据追索权纠纷二审民事判决书【（2017）最高法民终 41 号】

本案的相关合同行为是：2012 年 12 月 28 日，江西省地方有色金属材料有限公司（以下简称“有色金属公司”）作为买方与上海红鹭国际贸易有限公司（以下简称“红鹭公司”）作为卖方签署《阴极铜购销合同》，约定有限金属公司向红鹭公司购买阴极铜。同日红鹭公司作为贴现申请人向民生银行南昌分行申请贴现有色金属公司所开具的商业承兑汇票，并约定了贴现利息等具体事项。有色金属公司的实际控制人罗利刚、陶慧君亦与民生银行南昌分行签署了《担保合同》，为民生银行南昌分行在《贴现宝合作协议》下的主债权提供担保。民生银行南昌分行贴现了 1.1 亿元的商业汇票，扣除 5 561 111. 11 元贴现利息后，将贴现款 104 438 888. 89 元划入红鹭公司账户。相关票据行为是：2012 年 12 月 28 日有色金属公司开立收款人为红鹭公司 1. 1 亿元商业汇票一张，出票人和承兑人均为有色金属公司；第一被背书人是民生银行南昌分行（一审法院注：应为红鹭公司）；第二被背书人为民生银行南昌分行。

汇票到期后民生银行南昌分行未收到有色金属公司 1. 1 亿元票款，遂提起诉讼主张有色金属公司、红鹭公司承担票据责任，要求罗利钢、陶慧君承担担保责任。

根据法院认定的事实，本案交易如图 2 所示：

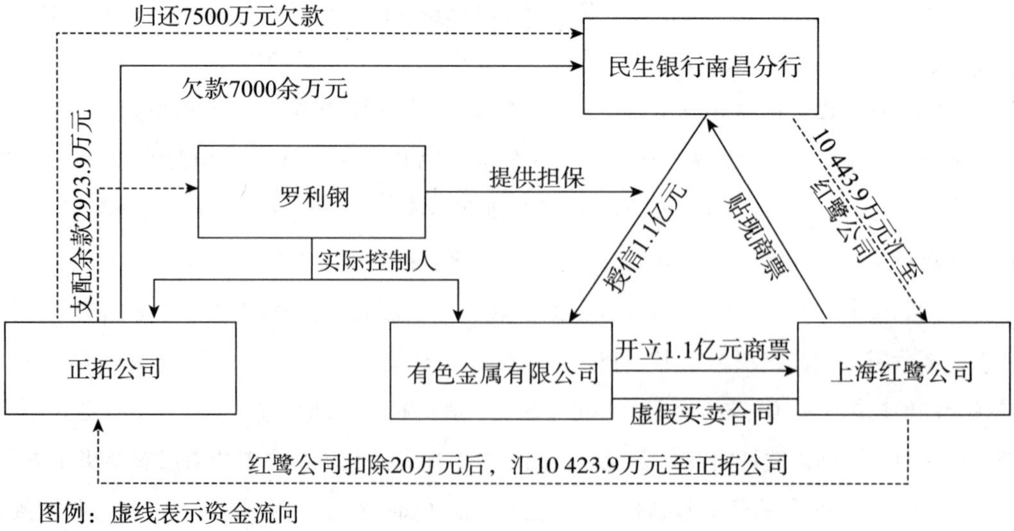

图 2　交易

最高人民法院二审审理认为：民生银行南昌分行与有色金属公司在本案中的真实意思表示是借款；案涉票据活动是各方通谋虚伪行为，所涉相关民事行为应属无效，民生银行南昌分行依法不享有票据权利，不能向红鹭公司主张票据责任；本案应按虚假意思表示所隐藏的真实法律关系（民生银行南昌分行与有色金属公司之间存在借贷关系）处理；罗利钢、陶慧君对有色金属公司本案借款提供担保的意思表示真实，因此，罗利钢、陶慧君应当按其承诺对有色金属公司的本案债务承担连带保证责任。

本案被称为“通谋意思表示无效”的第一案，受到不少律师同行以及业务学者的关注，对此案的评论文章很多[1]，其裁判要旨实际上就是《九民纪要》第100条。笔者在此想强调适用隐藏行为法律规则对当事人实体权利的影响。与案例一不同的是，适用隐藏行为法律规则之后，本案的实体判决对银行而言有着重大的不利影响：

首先，本案中，银行的诉请本金中不被支持的部分达500多万。这是因为银行在贴现票据时，先行扣除500多万的贴现利息，余额付给贴现申请人；贴现业务被认定为通谋虚伪意思表示而无效后，按借贷关系认定法律行为——而在借款合同中，法律不允许收取“砍头息”（借款的利息不得在借款本金中预先扣除），按实际出借金额认定借款本金金额。

其次，在案例一中，保兑仓协议下的虚假基础贸易合同的卖方被判承担担保责任，而本案中虚假基础贸易合同的卖方红鹭公司不向银行承担票据责任，也不承担其他性质的还款责任，这对银行而言损失是巨大的。因为在类似案例中，实际借款方（有色金属公司）往往是没有还款能力的，银行获得对其胜诉判决后实际意义也不大，而真正能回款的希望多放在参与交易的第三方公司（红鹭公司）身上。适用隐藏行为法律规则的后果是银行无法主张红鹭公司的还款责任，意味着无法实际实现回款。

案例三：江西蓝海国际贸易有限公司、中新联进出口有限公司企业借贷纠纷案【(2019)最高法民终880号)】

本案的相关事实为：2014年1月3日，上海中强能源（集团）有限公司（以下简称“中强公司”）作为买方与江西蓝海国际贸易有限公司（以下简称“蓝海公司”）作为卖方签订《采购协议》，约定中强公司向蓝海公司常年采购钢坯等商品，具体供货商为中强公司指定的中新联进出口有限公司（以下简称“中新联公司”）；蓝海公司与中新联公司签署《采购合同》，蓝海公司为钢坯买方、中强公司为钢坯卖方；中新联公司作为买方又与宁波沪皓有限公司、宁波泰区瓦公司，分别作为卖方，签订《工业品购销合同》，约定后者向中新联采购钢坯。根据法院认定的事实，宁波沪皓有限公司、宁波泰区瓦公司实际为中强公司控制。同日，蓝海公司与黄祖松、郑永华、黄春花、福建中资国本供应链管理有限公司（以下

〔1〕 参见王飞鸿、王晓明：《风向变了！最高法院金融审判“通谋虚伪表示”第一案来了!》，载微信公众号“出庭艺术”，2018年3月22日；曾大鹏，《〈民法总则〉“通谋虚伪表示”第一案的法理研判》，载《法学》2018年第9期。

简称“中资公司”）签订《担保合同》，约定后者为中强公司向蓝海公司提供担保。

2014 年 7 月 28 日，蓝海公司向中新联公司转款 75 000 750 元，转款用途处记载为“货款加急货款”。同日，中强公司向蓝海公司转款 15 194 447 元，转款用途处记载为“保证金”。2014 年 7 月 28 日，中新联公司向宁波沪皓公司转款 31 567 500 元，转款用途为“货款”。同日，中新联公司向宁波泰瓯公司转款 43 296 885 元，转款用途为“货款”。

蓝海公司起诉要求解除其与中新联公司的《采购合同》并承担退款责任，要求中强公司、黄祖松、郑永华、黄春花、中资公司等承担担保责任。

根据法院认定的事实，本案的交易结构如图 3 所示：

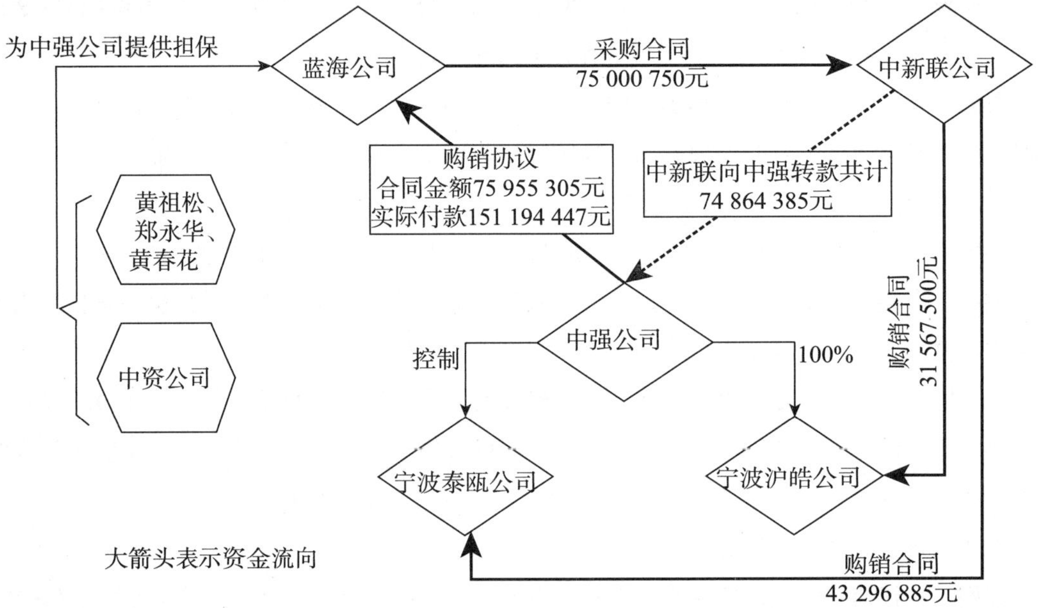

图 3　交易结构

就中新联公司应否向蓝海公司承担退款责任，最高人民法院认为，蓝海公司与中新联公司签订《采购合同》是双方为通过名义上的钢坯连环买卖，实现企业间借贷目的的一个环节，所隐藏的真实法律行为是蓝海公司为通过货物交易形式向中强公司出借款项。依照《民法总则》第 146 条“行为人与相对人以虚假的意思表示实施的民事法律行为无效”的规定，该《采购合同》应为无效的合同，而无效合同自始无效，不存在解除问题。蓝海公司与中新联公司签订《采购合同》进行钢坯买卖为虚假意思表示，中新联公司并非该案涉借款法律关系相对人，不应向蓝海公司承担返还款项责任。

就中强公司、黄祖松、郑永华、黄春花以及中资公司是否应承担案涉款项担保责任的问题，最高人民法院认为，在主合同《采购协议》无效的情形下，作为从合同的担保合同均无效。故蓝海公司基于无效担保合同要求中强公司、黄祖松、郑永华、黄春花以及中资公司承担担保责任，不予支持。

本案涉及所谓的“走单、走票、不走货”的闭环循环贸易融资，其本质上是相关方为规避非金融企业不得从事借贷的规定而采取的曲线民间借贷行为。在该等交易下，实际借款方是A，出借方是B，另外会有过桥方/通道方C，合同上的表面贸易关系为：A向B购买货物，B向C购买货物，C又向A购买货物；资金流向是A→B→C→A，各主体间往往没有实际的货物交付。而A→B与B→C之间的资金差额就是A向B融资的金额。

对上述行为的认定，最高人民法院裁判思路经历了合同无效、合同有效、以及适用隐藏行为法律规则的转变。在2014年之前，若证据显示没有实际货物买卖关系，法院多以虚假贸易形式进行的借贷行为，属于以合法形式掩盖非法目的，从而认定买卖合同属于无效合同。在（2014）民二终字第00056号案中，最高人民法院认为我国现行法律、行政法规对其所谓“走单、走票、不走货”的交易方式没有明确强制性禁止规定，且双方当事人意思表示真实的情况下，当事方以此为由主张买卖合同无效，法院不予支持；最高人民法院进一步认为涉案货物是否在各方之间实际交付并不影响涉案合同关系性质的认定。

在《民法总则》颁布之后，最高人民法院的裁判思路又一次发生了转变，认为应适用隐藏行为规则认定虚假意思表示无效（特别是出借方与过桥方之间的买卖合同）而真实的借款关系有效。除了本案，最高人民法院在2018年的中船重工（天津）物资贸易有限公司、陕西宇航科技工业有限公司合同纠纷案（案号：（2018）最高法民终888号）中亦有相同裁判思路。该案中，最高人民法院认定，“由于本案系各方以虚假的循环买卖合同隐藏的企业间融资借款法律关系的一个环节行为人与相对人以虚假的意思表示实施的民事法律行为无效，虚假的意思表示隐藏的民事法律行为效力。宇航公司、中船公司间以虚假意思表示订立的买卖合同应当认定无效，以该虚假意思表示隐藏的融资法律关系并无无效事由，应为有效”。

综上所述，对从事循环贸易融资的主体而言，适用隐藏行为法律规则的后果为：（1）资金出借方与资金借入方按借款合同认定法律行为，如不存在其他借款合同无效的情形，原则上应认定为有效。但是，《九民纪要》中关于职业放贷人的规定是否适用于闭环贸易融资存在不确定性。本案未涉及此法律点。（2）资金出借方无法主张循环贸易融资链条直接“卖方”的责任，该等直接“卖方”往往是实际融资关系的双方找来的过桥方/通道方。（3）对相关担保方是否承担责任存在不确定性。本案中，鉴于资金出借方蓝海公司要求过桥方/通道方中新联公司的买卖合同无效，则为该买卖合同承担担保责任的主体自然不承担担保责任。但是，若资金出借方主张相关方对资金借入方的承担连带担保责任，是否应予支持？本案裁判未涉及此法律点。

四、结论

在《九民纪要》出台之前的40年间，我国司法对民商事行为的效力审查经历了从严审查到逐步放开管制的过程，从一开始的“违法即无效”，过渡到“违反法律、行政法规无效”，再到“违反法律、行政法规的强制性规定则无效”，到“违反法律、行政法规效力性强制性规定则无效”，而近几年情况是“只要未明确违反则无效的都是管理性规定”，体现了司法限缩性解释合同无效、最大限度上遵循当事人意思自治的裁判思路；而《九民纪要》的出台，标志着另外一个阶段的开始，司法对民商事法律行为的规制有所回升，合同自由受到了更多的约束。《九民纪要》多处体现了这一思路的转变：关于公司担保的规定、收紧对管理性规定的界定（扩张效力性规定）、增加公序良俗的内涵等。

司法加强对当事人意思自治的审查的另外一个重要表现就是区分虚假意思表示和隐藏行为。在过往，法院多会按当事人书面合同所直接体现的意思表示认定法律关系，合同自由得到了很大程度的支持。然而，近几年债权融资领域的一些实操（如票据中介业务、各种形式的民间融资等）显示了“合同自由”被滥用后巨大的不良社会后果。在此背景之下出台的《九民纪要》对此予以了回应。最高人民法院审委会专委刘贵祥在全国法院民商事审判工作会议上的讲话指出，法院“要树立穿透式审判思维。商事交易如融资租赁、保理、信托等本来就涉及多方当事人的多个交易，再加上当事人有时为了规避监管，采取多层嵌套、循环交易、虚伪意思表示等模式，人为增加查明事实、认定真实法律关系的难度。妥善审理此类案件，要树立穿透式审判思维，在准确揭示交易模式的基础上，探究当事人真实交易目的，根据真实的权利义务关系认定交易的性质与效力”。

笔者认为，隐藏行为法律规则就是“穿透式审判”的重要工具，是刺穿当事方所穿的“马甲”以及合同的相对性的重要途径，对商业操作以及司法裁判都有着重大影响。从商业角度看，隐藏行为法律规则本质上要求相关业务不能仅满足表面合法合规，而应做到实质上合法合规。律师从业者也需要树立隐藏行为的法律意识，在非诉业务中需警惕“创新”的交易架构、严密的书面合同未必能够绕开法律规定，而在诉讼业务中根据当事方的利益适时主张或者抗辩隐藏行为的适用。

中芯国际回归 A 股涉及的主要法律问题

沈　诚　王　立*

目　次

中芯国际集成电路制造有限公司（以下简称“中芯国际”或“公司”）回归科创板上市，受到市场的广泛关注。项目于 2020 年 6 月 1 日被上海证券交易所正式受理，6 月 29 日获得中国证监会同意注册申请的批复，历时 29 天完成全部审核

---

* 沈诚：法学硕士，上海市锦天城律师事务所高级合伙人，擅长证券法律业务、公司法律业务等领域；王立：法学硕士，上海市锦天城律师事务所高级合伙人，擅长领域为证券与资本市场、公司与并购、跨境投资等。

流程，创下中国资本市场的记录。高效审核的背后彰显了中芯国际项目与科技强国战略以及科创板定位的高度契合，同时也很好地诠释了科创板更市场化的 2.0 版审核实践。当然，作为首例境外上市的红筹企业发行人民币普通股股票并在境内证券市场上市项目，在执行过程中也遇到了不少尚无先例的法律和技术操作问题，相关中介机构在项目正式申报前花费了大量时间进行论证，并与两地监管机构进行充分沟通，最终提出解决方案。笔者亲历了中芯国际科创板上市全过程，想就本项目所涉及的境外上市红筹企业 A 股上市特有的法律和实务问题做一些梳理，同时，也希望对有意或正在筹划回归 A 股的红筹企业有所帮助。

一、科创板上市条件

境外上市红筹企业申请发行 A 股并在科创板上市，除了须符合《科创板首次公开发行股票注册管理办法（试行）》和《上海证券交易所科创板股票上市规则》规定的发行和上市条件外，还须符合《国务院办公厅转发证监会〈关于开展创新企业境内发行股票或存托凭证试点若干意见〉的通知》（以下简称《若干意见》）、《试点创新企业境内发行股票或存托凭证并上市监管工作实施办法》（以下简称《实施办法》）、《关于创新试点红筹企业在境内上市相关安排的公告》等文件的要求。

现阶段申请科创板上市的境外上市红筹企业须符合《若干意见》和《实施办法》项下的试点企业要求，即应是符合国家战略、掌握核心技术、市场认可度高，属于互联网、大数据、云计算、人工智能、软件和集成电路、高端装备制造、生物医药等高新技术产业和战略性新兴产业，达到相当规模，社会形象良好，具有稳定的商业模式和盈利模式，对经济社会发展有突出贡献，能够引领实体经济转型升级的创新企业。须说明的是，根据《若干意见》和《实施办法》的规定，理论上而言，申报企业是否属于试点企业有一个经证监会咨询委员会甄选的过程，但由于实践操作中相关企业在申报前都与证券监管机构进行过充分的预先沟通，因此不需要完成额外的证监会遴选程序。

《关于创新试点红筹企业在境内上市相关安排的公告》修改了《若干意见》和《实施办法》中关于已境外上市红筹企业的市值标准，并提供了两套标准：（1）市值不低于 2000 亿元人民币；（2）市值 200 亿元人民币以上，且拥有自主研发、国际领先技术，科技创新能力较强，同行业竞争中处于相对优势地位。中芯国际选择了第二条市值标准进行申报。

此外，《若干意见》、《实施办法》和《科创板上市规则》三个文件都对试点红筹企业关于投资者权益保护方面提出了要求，要求试点红筹企业投资者权益保护水平，包括资产收益、参与重大决策、剩余财产分配等权益，总体上应不低于境内法律、行政法规以及中国证监会规定的要求。由此可见，前述问题在类似项目中的重要程度。这个问题其实也贯穿于项目前期沟通和正式审核，包括香港上市公司独立非执行董事和 A 股上市公司独立董事职权的差异、不设监事会的影响、重大交易和关联交易在披露和审批方面的差异等。

另外须提请注意的是，上海证券交易所近期发布的《关于红筹企业申报科创板发行上市有关事项的通知》，对拟红筹企业申报科创板上市涉及的一些上市条件做出了修订，主要考虑是红筹企业的股票面值及股本要求与境内市场存在较大差异。《科创板上市规则》第 2. 1. 1 条第（二）项规定：发行后发行人的股本总额不低于人民币 3000 万元，目前对于红筹企业，前述要求调整为：发行后的股份总数不低于 3000 万股。《科创板上市规则》第 2. 1. 1 条第（三）项规定：公开发行的股份达到公司股份总数的 25% 以上，公司股本总额超过人民币 4 亿元的，公开发行股份的比例为 10% 以上，目前对于红筹企业，前述要求调整为：公开发行的股份达到公司股份总数的 25% 以上；公司股份总数超过 4 亿股的，公开发行股份的比例为 10% 以上。

二、关于是否设置类别股份

中芯国际注册于开曼群岛，且依据开曼群岛相关法律法规成立，其目前发行的每股面值 0. 004 美元的普通股（港股）均在香港联交所上市，中芯国际本次拟发行面值同样为 0. 004 美元的人民币普通股（A 股），港股和 A 股是否可视为一类股票，进而是否需要在公司治理体系内建立类别股东表决制度，受到两地监管机构的关注。

实操中，与上述情况最接近的是 H 股公司（注：特指在中国大陆注册并于香港联交所上市的股份公司）。根据《到境外上市公司章程必备条款》的规定，注册成立于中国境内并于香港联交所上市的公司，其向境内投资人发行的以人民币认购的股份，称为内资股；公司向境外投资人发行的以外币认购的股份，称为外资股；外资股在境外上市的，称为境外上市外资股。根据《香港上市规则》附录 13D 第 f 项规定，在中国境内注册成立的发行人应在其章程中载入“除其他类别股份股东外，内资股股东和境外上市外资股东视为不同类别股东”。

从法理上来讲，中芯国际作为一家开曼群岛公司无须适用《到境外上市公司章程必备条款》关于类别股东及类别表决机制的安排。此外，《香港上市规则》亦未明确规定境外注册的上市公司发行 A 股必须与目前在联交所上市流通的普通股设定为不同类别的股份。

但站在香港联交所的角度，其对中芯国际是否需设立类别股份的主要考虑有两方面：首先，虽然公司章程可以规定 A 股和港股属于相同的类别，但实际上两者之间不能相互转化，即 A 股无法在联交所流通，港股也无法在上海证券交易所科创板流通，这一点上和其他只发行一类普通股的上市公司显然存在差异；其次，《香港上市规则》目前有第十九 A 章对 H 公司进行专门监管，但对于中芯国际科创板上市后的两地上市案例，目前的《香港上市规则》缺乏有针对性的规定。对于前述第一个问题，开曼律师出具了明确的意见，如果 A 股和港股具有相同的面值，且公司经修订的章程中明确两者为一类股份且享有相同权益，A 股和港股在开曼法项下可以构成一类股票，不受上市地不同、相互之间不能相互转换的影响。对于前述第二个问题，香港律师通过比较两地上市规则主要规定和逐条说明《香港上市规则》第十九 A 章的适用性，说明香港联交所可以基于《香港上市规则》现有规定对中芯国际进行 A 股上市后的监管。

上海证券交易所对中芯国际是否须设立类别股份主要从对 A 股股东权益的保障进行考察，即在没有设置类别股东表决机制的情况下，境内投资者权益保护水平总体上是否不低于境内法律法规规定的要求。经过中介机构的论证，开曼群岛和香港适用的法律法规对于投资者权益保护的规定不低于境内法律法规的要求，在未设立类别股份的情况下，A 股股东和港股股东享有同样权益，因此不设立类别股份不会导致 A 股股东权益保障受到不利影响。

在本项目的实践操作层面，中芯国际在股东特别大会审议通过的关于本次科创板上市的决议案中明确，本次发行的 A 股与其目前在香港联交所上市流通的股票属于相同的普通股类别。此外，经中芯国际股东特别大会以特别决议案审议通过的 A 股上市后适用的章程大纲和章程细则中亦明确所有普通股彼此于各方面均拥有同等权利。

三、香港联交所的审核流程

根据《香港上市规则》第 8. 20 条和第 13. 26 条，如发行人再次发行的证券，与已上市证券属同一类别，则须在发行前先申请将该等证券上市。除非本交易所已批准该等证券上市，否则发行人不得发行该等证券。此外，根据《香港上市规则》，发行人在发行证券的情况下，需要向香港联交所递交 C1 表格。

香港联交所关于中芯国际本次发行的 A 股是否和港股属于同类别股份其实也决定了香港联交所这端的审核流程。在香港联交所认定 A 股与港股为不同类别，并且 A 股不会在香港联交所上市的情况下，有关发行人即无须提交 C1 表格，亦无须申请豁免适用《香港上市规则》第 8. 20 条和第 13. 26 条；而在香港联交所认定 A 股与港股为同类别股份，并且 A 股不会在香港联交所上市的情况下，则有关发行人须就《香港上市规则》项下所有该类别股票须于联交所上市的要求向香港联交所申请豁免，若香港联交所同意豁免，则无须提交 C1 表格。

在本项目中，由于经过多轮沟通香港联交所认可中芯国际拟发行的 A 股与目前在香港联交所上市的港股为同类别股份，中芯国际进一步向香港联交所申请豁免拟发行的 A 股不需要按照《香港上市规则》第 8. 20 条和第 13. 26 条在香港联交所上市。香港联交所上市科在审核过程中也向中芯国际提出了多轮问题，其关注的问题主要包括：A 股发行上市的主要步骤、A 股的性质、现有港股与 A 股能否互换、A 股上市后的股份登记及存管机构、A 股从上海证券交易所退市的具体步骤及所需批准、中国大陆法律法规在投资者保护水平上是否优待 A 股股东、在中国大陆法律法规与《香港上市规则》项下规定存在冲突时，中国大陆法律法规是否限制公司遵守《香港上市规则》。

中芯国际发行A股并在科创板上市最终在通过香港联交所上市委员会聆讯后收到香港联交所出具一份正式豁免函。根据前述豁免函，香港联交所对中芯国际本次发行A股并在科创板上市无异议，并同意豁免公司在满足特定条件下（包括之后年度配发股份一般授权、年度股份购回授权及自愿撤回在香港联交所上市需遵循规定安排），无须根据《香港上市规则》相关规定申请本次拟发行的A股在香港联交所上市。此外，香港联交所明确了公司在完成本次发行A股并在科创板上市后就A股可豁免遵守《香港上市规则》部分规定（主要包括公司通信、过户证明规定及证券登记服务）。

在本项目中，中芯国际不需要向香港证券及期货事务监察委员会（SFC）履行专门程序。但据我们所知，在香港联交所对本项目进行审核过程中与香港证券及期货事务监察委员会一直保持密切沟通。

四、股东名册管理

《开曼群岛公司法》第40条对开曼公司股东名册应包含的信息做出了具体的要求。此外，根据《开曼群岛公司法》的规定，对已上市的开曼公司而言，经其公司章程做出规定或经公司做出特别决议，该公司的上市股份的权属可依据其适用的法律、上市的证券交易所的适用法规和规则进行确认和转让。《开曼群岛公司法》允许已上市的开曼公司的股东名册采用“非可读方式”记录《开曼群岛公司法》第40条要求包含的必要信息，前提是“非可读方式”记录符合其适用的法律、上市的证券交易所的适用法规和规则，并且能以“可读方式”进行重现。

同时，根据《证券登记结算管理办法》《中国证券登记结算有限责任公司证券登记规则》《中国证券登记结算有限责任公司科创板股票登记结算业务细则（试行）》等法律法规，中国证券登记结算有限责任公司（以下简称“中登公司”）设立电子化证券登记簿记系统，根据证券账户的记录，办理证券持有人名册的登记；在证券交易所上市的科创板股票应当全部存管在中登公司；中登公司证券登记簿记系统内的证券登记信息包括但不限于以下内容：证券持有人姓名或名称、有效身份证明文件号码、证券持有人通信地址、持有证券名称、持有证券数量；中登公司出具的证券登记记录是证券持有人持有证券的合法证明。

中芯国际分别召开董事会及股东特别大会审议通过A股上市后适用的章程大纲和章程细则。根据A股上市后适用的章程大纲和章程细则相关条款的规定：公司依据上海证券交易所提供的凭证建立人民币普通股的股东名册；公司人民币普通股股东名册的存放地在上海，并委托中国证券登记结算有限责任公司管理；中国证券登记结算有限责任公司出具的股东名册是股东持有本公司股份的合法证明。

鉴于中芯国际在其 A 股上市后适用的章程大纲和章程细则中明确规定在本次 A 股发行后将通过中登公司的电子化证券登记簿记系统建立 A 股的股东名册，中登公司证券登记簿记系统中保存的电子记录可以包含《开曼群岛公司法》规定开曼公司股东名册应包含的必要信息，并且中登公司可以出具证券登记记录，以“可读方式”重现 A 股的股东名册，因此，中登公司系统中保存的电子记录以及该机构出具的证券登记记录可以满足《开曼群岛公司法》规定的构成有效股东名册的条件，中登公司系统中保存的电子记录构成开曼群岛法律认可的股东名册。

五、公司章程主要修订内容

章程大纲和章程细则对一家开曼公司而言具有非常重要的法律意义。在公司内部控制和投资者权益保障方面，除了注册地和各上市地适用法律法规中的强制性规定，章程大纲和章程细则是开曼公司须优先遵守的公司内部规定。章程大纲和章程细则的重要性也体现在其修改须经股东大会做出特别决议案通过，根据《开曼公司法》的规定，特别决议案，是指有权投票表决的股东于股东大会上投票并至少获四分之三票数通过的决议案。

一般 A 股上市公司的公司章程通常都是根据中国证监会发布的《上市公司章程指引》制定的，但开曼公司的章程大纲和章程细则在体例和表述上相对于《上市公司章程指引》都有较大差异。根据公开信息，此前在科创板上市的红筹企业华润微电子有限公司的章程细则实质上也是参照《上市公司章程指引》修订的。但考虑到港股股东的接受程度，本次中芯国际章程大纲和章程细则的修订没有实质修改原有的体例，主要还是根据项目实施的需要增加或修订了相关条款。

本次中芯国际章程大纲和章程细则的修订主要涉及两个方面。一方面是增加了与新发行的 A 股相关的必要条款，主要包括：（1）A 股的定义；（2）A 股的存管，公司发行的 A 股将在中国证券登记结算有限责任公司集中存管；（3）A 股的股东名册，公司 A 股股东名册的存放地在上海，并委托中国证券登记结算有限责任公司管理，中国证券登记结算有限责任公司出具的股东名册是股东持有本公司股份的合法证明；（4）A 股的交易，公司的 A 股股东可以中国大陆地区证券监管部门和上海证券交易所允许的方式，通过互联网系统电子方式转让股份；（5）A 股的公告，公司发给 A 股股东的通知应在中国证监会指定的媒体上发布公告，该公告一旦发布，所有人民币普通股股东即被视为已经收到有关通知；（6）兜底性地规定公司 A 股的发行、上市、登记、交易等事项应适用中国大陆地区法律、法规、规范性文件。

另一方面主要是从确保公司投资者权益保护水平（包括资产收益、参与重大决策、剩余财产分配等权益）总体上不低于境内法律法规规定的角度，参照《上市公司章程指引》和其他中国大陆关于上市公司治理的法律法规，主要围绕股东大会和董事会职权进行了一些修订，如，公司原先由董事会决定利润分配，现在调整为由股东大会决定。但出于公司实际情况和长期实践操作的考虑，修订后的公司股东大会和董事会职权也并非与一般 A 股上市公司完全保持一致。根据 A 股上市后适用的公司章程细则，中芯国际的董事报酬、财务预算方案、发行一般公司债券（不包括发行可转换债券等影响发行人股本的证券）、向并表企业（构成《香港上市规则》项下“关连人士”的除外）提供担保、变更发行人募集资金用途等事项仍将由董事会决定，而根据境内要求前述事项 A 股上市公司一般须提交股东大会审议。虽然存在上述差异，但是 A 股上市公司股东大会大多数职权已经归入中芯国际股东大会的职权范畴，此外，公司董事由股东大会任命和罢免，其在对公司经营管理事项进行审议时，根据《香港上市规则》和《科创板上市规则》均负有忠实和勤勉义务，并应维护公司和全体股东的利益。因此，修订后的中芯国际章程大纲和章程细则中关于股东大会和董事会的职权划分并未损害股东参与发行人重大决策的权利。

六、特定股东的优先认购权

中芯国际的主要股东大唐控股和大基金一期在投资中芯国际时均在有关股权购买协议中约定了优先认购权，大致内容是：如中芯国际发行新的普通股、任何可转换为或可交换为普通股的证券，或任何可认购普通股的认股证或其他权利，除若干例外情况外（如向员工授予期权及相关行权、向所有在册股东配股或送股等），主要股东或其附属公司有优先按比例购买发行人发行的该等新证券的权利，如发生控制权变更（《香港收购准则》规定）则优先认购权安排终止，且主要股东行使优先认购权应符合适用法律法规的规定。大唐控股和大基金一期在有关交易文件中约定优先认购权主要是防止中芯国际后续发生的融资摊薄其股权比例。

根据中国《公司法》第 126 条的规定，同种类的每一股份应当具有同等权利。据此，对于一家根据中国《公司法》在中国境内注册的股份有限公司，其无法向持有同种类股份股东中的特定股东授予在股份有限公司后续增发股份时的优先认购权。但根据开曼律师和香港律师的确认，对于一家在开曼群岛注册并且普通股在香港联交所上市的有限公司，特定股东基于其与公司签署的协议对该公司享有优先认购权不违反开曼群岛和香港地区适用法律的规定。据此，在特定股东是否能够对上市公司享有优先认购权方面，境内外法律存在差异。

上海证券交易所在本项目审核过程中主要从几方面关注上述特定股东享有的优先购买权。首先是前述特定股东所享有的优先认购权对其他股东的影响。根据《香港上市规则》的规定，上市公司的主要股东为上市公司的关联人，而主要股东是指有权于发行人的任何股东大会上行使或控制行使 10% 或以上投票的人士，因此，大唐控股及大基金一期均构成发行人在《香港上市规则》项下的关联人。根据《香港上市规则》对于关联交易的相关规定，发行人因大唐控股及大基金一期在行使优先认购权而向其配售股份时，该等发行的实施需要取得半数以上的独立股东批准。综上所述，相较其他股东，大唐控股及其附属公司、大基金一期或其附属公司的优先认购权使其有机会在发行人发行新的普通股、任何可转换为或可交换为普通股的证券，或任何可认购普通股的认股证或其他权利时，受到更小的股权比例摊薄影响，但是该优先认购权的行使前提为超过半数的独立股东审议通过，因此，该股东权利未对其他股东的合法权益造成实质损害。

其次是对于发行人控制权的影响。发行人与大唐控股及大基金一期分别签署的股权购买协议明确约定大唐控股及大基金一期享有的优先认购权并不适用于可导致香港《公司收购合并及购回守则》项下规定的控制权（持有或合共持有发行人 30% 或以上的投票权，无论其持有量是否构成实际控制权）改变的情况。据此，在发行人股权结构未发生实质变动，且大唐控股或/及大基金一期按照前述协议履行约定的情况下，大唐控股或大基金一期不会仅因为享有前述协议项下的优先认购权而导致其及其关联方控制发行人。

最后是除优先认购权以外，中芯国际的股东是否享有其他特殊股东权利，是否存在需要清理的对赌协议。根据《上海证券交易所科创板股票发行上市审核问答（二）》第 10 条的要求，存在对赌协议情形的，原则上要求发行人在申报前清理，但满足一定要求的对赌协议可以不清理。由于大唐控股及大基金一期享有的优先认购权并属于对赌协议的范畴，因此不需要根据审核问答进行清理。同时，我们也注意到，上海证券交易所近期发布的《关于红筹企业申报科创板发行上市有关事项的通知》规定，红筹企业向 PE、VC 等投资人发行带有约定赎回权等优先权利的股份或可转换债券（以下统称优先股），发行人和投资人应当约定并承诺在申报和发行过程中不行使优先权利，并于上市前终止优先权利、转换为普通股。由于中芯国际目前不存在发行在外的优先股，大唐控股及大基金一期所持有的股份均为普通股，因此也不需要适用前述通知强制对两家主要股东目前享有的优先认购权进行终止。

七、股本溢价用于股息分派

根据中国《公司法》第 167 条和第 168 条的规定，股份有限公司以超过股票票面金额的发行价格发行股份所得的溢价款列入资本公积金，公司的公积金用于弥补公司的亏损、扩大公司生产经营或者转为增加公司资本，未规定可以进行股息分派。据此，对于一家根据中国《公司法》在中国境内注册的股份有限公司，其股本溢价不得用于股息分派。但根据《开曼群岛公司法》，开曼公司可以使用股本溢价及/或其他根据《开曼群岛公司法》可用于股利分配的科目进行股利分配。据此，在股本溢价是否可用于股息分派方面境内外法律存在不同规定。

正是基于上述差异，上海证券交易所在审核过程中重点关注中芯国际本次发行 A 股并在科创板上市后，是否存在利用本次发行形成的股份溢价进行分红的可能性，以及如何防范老股东利用股利分配政策的差异损害新股东利益。

对此，公司主要从两个维度进行回复。首先，根据本次发行上市后适用的《公司章程》，利润分配及弥补亏损方案须由发行人股东大会审议通过。公司于本次发行上市后，若发生股利分配政策的任何修订或实施股利分配，均需由股东大会审议通过，因此 A 股股东享有参与决策的权利。其次，公司本次发行 A 股并在科创板上市之募集资金具有明确的用途，且该等募集资金的用途已取得现有股东的同意。此外，公司也已经制定了《募集资金管理制度》，根据前述制度，本次发行上市的募集资金应当按照招股说明书或募集说明书所列用途使用，未经法定程序，不得随意改变募集资金投向，公司变更后的募投项目亦应当投资于主营业务，因此公司本次募集资金实际无法用于向股东分红。我们也注意到，在华润微电子有限公司项目上，公司和控股股东还专门就发行 A 股取得的股本溢价不会用于股息分派出具了专门的承诺。

八、独立董事与独立非执行董事的职权差别

根据证监会发布的《关于在上市公司建立独立董事制度的指导意见》，A 股上市公司应当建立独立董事制度，董事会成员中应当至少包括三分之一独立董事。《科创板上市规则》规定科创板上市公司独立董事应当重点关注上市公司关联交易、对外担保、募集资金使用、并购重组、重大投融资活动、高管薪酬和利润分配等与中小股东利益密切相关的事项。独立董事可以提议召开董事会、股东大会，以及聘请会计师事务所、律师事务所等证券服务机构对相关事项进行审计、核查或者发表意见。此外，《关于在上市公司建立独立董事制度的指导意见》和中国上市公司协会发布的《上市公司独立董事履职指引》对 A 股上市公司独立董事的职权以及需发表专项独立意见的范围做了更具体的规定。

《香港上市规则》要求港股上市公司的董事会必须包括至少三名独立非执行董事，其中至少一名独立非执行董事必须具备适当的专业资格，或具备适当的会计或相关的财务管理专长，并且发行人所委任的独立非执行董事必须占董事会成员人数至少三分之一，这些都和 A 股上市公司独立董事的要求非常类似。但港股上市公司的独立非执行董事和 A 股上市公司的独立董事仍存在一些差异。

首先在职权范围方面。根据《香港上市规则》相关规定，一般香港上市公司独立非执行董事特有的职责主要包括：对须独立股东批准的关联交易、须少数股东批准的供股或公开招股、以实物配发方式作构成重大出售的出售、公司自动在香港联交所撤回上市地位、须获得股东批准的分拆上市建议、在下一次年度股东大会之前更新一般性授权向股东给予意见；年度审核持续关联交易；批准向上市发行人董事、最高行政人员或主要股东或其各自联系人授

予期权（任何获授期权的独立非执行董事不计算在内）。相对 A 股的独立董事，港股上市公司独立非执行董事的职权范围更聚焦。其次在发表意见的形式方面。港股上市公司独立非执行董事只有当发表意见的事项须于公告中载明、提交股东大会审议或记载于年报时才会出具书面意见，其他情况下不一定会出具书面意见。最后是在独立董事发表意见前是否须由独立机构提供意见。港股上市公司独立非执行董事当就特定须提交股东大会审议的事项发表意见时，公司会先聘请独立财务顾问向独立董事委员会及股东提出建议。A 股上市公司独立董事自行决定是否须聘请外部审计机构及咨询机构。

根据《科创板上市规则》，红筹企业注册地公司法等法律法规或者实践中普遍认同的标准对独立董事职责有不同规定或者安排，导致独立董事无法按照本所规定履行职责或者发表意见的，红筹企业应当详细说明情况和原因。鉴于《科创板上市规则》项下需要独立董事发表意见的关联交易、并购重组、重大投资活动等已经包含在《联交所上市规则》要求独立非执行董事审批的事项范围内。公司的独立非执行董事一贯根据《联交所上市规则》及香港证券市场普遍认同的标准履行职责。上述差异不会对境内投资者造成重大不利影响，对投资者权益的保护水平总体上不低于境内法律法规规定的要求。因此境内监管机构认可中芯国际在本次发行上市后其独立非执行董事继续根据《香港上市规则》履行其职责。

九、监事会职权的分担

由于在中芯国际之前已经有两家非境外上市红筹企业申报科创板上市，因此境内监管机构基本上对在开曼群岛注册的企业不设监事会和监事没有太大异议。但是从信息披露以及对 A 股股东权益的保障水平是否总体上不低于境内法律法规的角度，上海证券交易所在本项目审核过程中仍然要求逐条比对中国《公司法》第 53 条、54 条及中国《证券法》第 82 条规定的监事会职责。

经比对，在发行人未设立监事和监事会的情况下，一方面中国《公司法》第 53、54 条规定的监事会部分职责（主要包括检查公司财务、对董事、高级管理人员执行公司职务的行为进行监督。当董事、高级管理人员的行为损害公司的利益时要求董事、高级管理人员予以纠正，发现公司经营情况异常可以进行调查）可以由公司的独立非执行董事及审计委员会替代行使；另一方面中国《公司法》和中国《证券法》赋予监事和监事会的其他一些职权（如召集股东大会、向股东大会提出议案、保证信息披露准确等），公司均提供了有利于保证投资者权益的有效替代措施，如，给予股东召集股东大会的权利、向股东大会的提案权、制定信息披露管理制度等。据此，公司不设立监事会不会导致发行人对投资者保护造成不利影响。

十、境外市场实施重大事项时境内股东的权益保护

由于公司在港股市场发行过新股、可转债以及相关衍生产品，因此境内监管机构从投资者权益保护角度重点关注前述事项是否可能会摊薄境内股东权益，同时在港股审议公司合并、分立、收购、清算、解散等重大事项时境内公众股东是否有相应的权益保护机制。

针对境内监管机构上述关注，我们从如下几个方面予以论述回应。

首先，有关重大事项均须股东大会审议通过方可实施。根据《公司章程（A 股上市后适用稿）》，公司授权发行股份总数的变动及增加已发行在外股份总数需提交股东大会审议通过后方可实施。本次发行上市后若公司发行股票、可转换为股份的证券、认股权证等可能增加股本的证券，则两地公众股东都同样地面临权益被摊薄的情况，而不是仅有境内公众股东的权益被摊薄。同时根据《公司章程（A 股上市后适用稿）》，公司合并、自愿清盘以及变更公司形式、公司在一年内购买、出售重大资产超过公司最近一期经审计总资产 30% 的事项须由股东大会以特别决议（3/4 表决权）通过。相对于 A 股上市公司股东大会做出特别决议应当由出席股东大会的股东所持表决权的 2/3 以上通过，公司股东大会通过特别决议案的难度更大。

其次，根据《公司章程（A 股上市后适用稿）》，董事会可全权酌情决定以遥距通信方式举行股东大会，股东可透过遥距通讯方式参与股东大会。此外，公司会根据《上海证券交易所上市公司股东大会网络投票实施细则》为其人民币普通股股东行使表决权提供网络投票方式。

再次，根据《香港上市规则》相关规定，独立非执行董事特有的职责包括对需少数股东批准的供股或公开招股、公司自动在香港联交所撤回上市地位、需获得股东批准的分拆上市建议等重大事项向股东给予意见；对于须提交股东大会审议的重大交易，公司将聘请具有适当资格的会计师就被收购的业务或公司编制的会计师报告。

最后，根据公司《信息披露事务管理制度》，当发生可能对公司证券及其衍生品种交易价格产生较大影响的重大事件，并且投资者尚未得知时，公司应当立即披露，说明事件的起因、目前的状态和可能产生的影响。

我们认为，公司已经就后续发行新股、可转债、衍生产品等可能摊薄境内公众股东权益的产品，或者审议合并、分立、收购、清算、解散等重大事项向境内公众股东提供了多方位的保护机制。

十一、其他相关法律问题的处理

（一）派生诉讼

境内《公司法》下明确规定了股东派生诉讼，监管机构关注公司作为开曼公司，是否有相关股东权益保护机制。我们理解，公司系注册于开曼群岛的有限公司，因此并不适用《公司法》。此外，依据开曼群岛相关法律及《香港上市规则》，发行人治理架构中无须设置监事会，因此《公司法》中涉及监事会或监事的内容公司也无法参照适用。

根据开曼律师的确认，《开曼群岛公司法》没有类似《公司法》派生诉讼的规定。如果发生了对公司实施的不当行为，公司通常是提起诉讼的适格原告，一般情况下，股东不能提起派生诉讼。但是，开曼群岛大法院一般会遵循和适用普通法原则，可能允许公司无控制力的股东提起诉讼并以公司名义提起针对下列事项的派生诉讼：（1）公司采取非法或越权行为，且（若关乎越权行为）不能通过股东事后追认的方式变为合法且不越权；（2）虽未越权，但公司某一行为未取得需要的有效或特定多数股东（超过简单多数）的授权；（3）对公司实施控制的人士对少数股东构成欺诈的行为，并且行为不当者操控公司，使公司无法对行为不当者采取法律行动；以及（4）有关行为损害相关股东的个人权利。

基于上述，我们认为开曼公司虽然不适用《公司法》，但是根据开曼群岛的司法实践，股东在特定情况下依然有权提起派生诉讼。

（二）诉讼管辖及法律适用

本次发行完成后，公司的公众股东可以依据中国《证券法》《民事诉讼法》《涉外民事关系法律适用法》等法律法规及其相关的司法解释，在中国境内向有管辖权的人民法院提起民事诉讼，追究发行人及其他相关责任人的法律责任，包括在发行人的信息披露内容出现虚假记载、误导性陈述或者重大遗漏并致使公众股东在证券交易中遭受损失时，公众股东可追索赔偿。

境内投资者在有管辖权的中国境内法院向发行人提起诉讼并取得生效的司法判决、裁定的，可根据生效的裁判文书，通过法定程序向中国境内有管辖权的法院申请强制执行，但如果涉及中国司法判决、裁定在中国境外执行，则需要依据中国与其他国家签署的民商事司法协助相关的双边协定（条约）、外国法律规定和互惠原则向其他国家申请承认和执行中国法院的判决、裁定。中国的司法判决、裁定能否在境外获得承认与执行，存在一定的不确定性。

虽然公众股东可以依据中国相关法律法规向有管辖权的人民法院提起诉讼、申请执行公司的境内资产，但是公司注册于开曼群岛，受开曼群岛大法院管辖，如公众股东向开曼群岛大法院起诉发行人，寻求保护自己的权利，鉴于中国目前未与开曼群岛订立双边司法互助的协议或安排，开曼群岛大法院的判决能否在中国获得承认与执行，亦存在一定的不确定性。同时，本次发行后，公众股东持有的发行人股票将统一登记、存管在中国境内的证券登记结算机构。如某一公众股东拟依据开曼群岛法律向发行人提起证券诉讼或其他民事诉讼，该名公众股东须按中国境内相关业务规定取得具有法律效力的证券登记记录，该程序和限制可能导致境内投资者需承担额外的跨境行使权利或者维护权利的成本和负担。

为保障境内投资者可依据相关法律规定在中国境内向有管辖权的人民法院提起民事诉讼，中芯国际及其董事、高级管理人员分别出具了《关于适用法律和管辖法院的承诺函》，承诺若本次 A 股发行发生纠纷，将适用中国内地法律，并由中国境内有管辖权的人民法院管辖，其不会对上述法律适用及法院管辖提出异议。在审核过程中，境内监管机关特别要求公司明确前述承诺函提及的“纠纷”应包括以下两类诉讼：（1）当公司合法权益受到董事、高级管理人员或他人侵害时，境内投资者提起的派生诉讼；（2）因公司信息披露出现虚假记载、误导性陈述或者重大遗漏，致使境内投资者在证券交易中遭受损失，境内投资者针对发行人及其他相关责任人提起的民事赔偿诉讼。

（三）开曼实体法的影响

上海证券交易所在项目审核过程中关注了《开曼群岛经济实质法》对公司的影响。公司作为一家在开曼群岛注册成立的控股主体，需要满足《开曼群岛经济实质法》项下的简化经济实质测试要求，具体要求包括：（1）按照《开曼群岛公司法》的要求完成了所有适用的备案；（2）在开曼群岛具有充足的人力及合格的办公场所开展控股业务。在公司仅从事“控股业务”的情况下，由于此前已取得了《存续证明》并在开曼群岛委聘了注册代理，目前已经满足《开曼群岛经济实质法》的简化经济实质测试要求，不存在因违反《开曼群岛经济实质法》受到重大处罚或被注销的风险。鉴于《开曼群岛经济实质法》及相关细则仍在进一步完善过程中，如果公司从事的业务未来不能被归类为“控股业务”，则需要满足更加复杂的经济实质测试要求。

（四）募集资金涉及跨境流动

根据《存托凭证跨境资金管理办法（试行）》的规定，如境外发行人需将募集资金汇出境外，应持业务登记凭证到开户行办理相关资金汇出手续，如境外发行人将募集资金留存境内使用，应符合现行直接投资、全口径跨境融资等管理规定。公司将募集资金留存在境内使用的具体方式而言，主要可以通过增资或提供股东借款的方式将募集资金投入具体使用募集资金的境内子公司。

若公司以募集资金向外商投资企业性质的境内子公司增资的，需向工商行政管理部门申请办理变更登记（备案）手续，于办理变更登记（备案）时通过企业登记系统向商务部门提交变更报告。同时，被投资的境内子公司应向主管外汇管理部门就增资事宜申请办理登记变更。境内子公司在使用增资的资金时，还应当遵守外汇管理部门关于境内机构使用资本项目外汇收入的相关规定。

发行人以募集资金向境内子公司提供股东借款的，企业应当遵守跨境融资风险加权余额上限的限制并及时办理跨境融资信息报送和信息更新，并应当向国家外汇管理部门申请办理外债登记。为方便向境内子公司提供股东借款路径下的内部管理，有关公司也可以考虑选择一家境内控股平台根据《跨国公司外汇资金集中运营管理规定》（汇发〔2015〕36 号）和《国家外汇管理局关于印发〈跨国公司跨境资金集中运营管理规定〉的通知》（汇发〔2019〕7 号）等相关政策要求，申请办理跨国公司跨境外汇资金集中运营资质。在境内控股平台取得前述资质的情况下，可在人民币募集资金到账后，首先以购汇的方式将人民币募集资金转换为美元，其次再将相关募集资金以借入外债的方式划拨至跨境资金集中运营主办企业，由主办企业按照外汇管理的有关规定向募投项目实施主体提供借款。

因此，在现行的外商投资、外汇管理框架下，境外公司依法通过向境内子公司增资或提供贷款的方式将境外资金用于境内项目不存在障碍。

助贷业务中实施新冠肺炎疫情金融支持举措的法律分析及操作建议

林先海　陆滢伊 *

目　次

目前，助贷业务是金融机构参与个人消费贷款、小微企业贷款的主流模式，助贷业务对缓解小微企业融资难问题、刺激消费拉动经济增长具有重要意义，对促进我国经济发展起到了重要作用。在助贷业务中，金融机构与第三方合作机构（以下简称“助贷机构”）合作，由金融机构向助贷机构推荐的借款人发放个人消费贷款或小微企业经营贷款。在新冠肺炎疫情（以下或称“疫情”）等突发状况的影响下，助贷业务贷款资产质量受到了不同程度影响，借款人的偿还能力受到了很大冲击。出于稳定民生、缓解社会矛盾、促进经济发展的考虑，很多金融机

* 林先海，法学硕士，上海市锦天城律师事务所律师，擅长互联网金融、资产证券化、金融信托等资产管理领域；陆滢伊，法律硕士，上海市锦天城律师事务所律师，擅长互联网金融、资产证券化、金融信托等资产管理领域。

构及助贷机构在国家政策的鼓励下实施了减免利息、发放优惠券等多种金融支持应对举措，相关举措是否合法合规？金融机构及助贷机构承担怎样的责任？这些问题对于金融机构及助贷机构而言事关重大。

本文将首先介绍助贷业务的基本结构，然后梳理关于疫情影响下的监管政策规定及金融机构、助贷机构应对疫情影响的金融支持举措，再分析金融机构、助贷机构应对疫情金融支持举措的法律性质及金融机构与助贷机构、借款人之间的法律关系并对金融机构、助贷机构应对疫情金融支持举措提出相应的操作建议。

一、助贷业务基本结构

助贷业务是指金融机构与助贷机构通过互联网技术等手段合作开展的，由助贷机构提供获客、初审、电子合同签署、贷后管理服务，并由金融机构终审完成发放贷款的一种业务。助贷机构一般是具有强大获客能力及科技风控优势的机构，包括具有科技背景的科技金融公司（如微众银行、蚂蚁小贷等）及具有科技优势的金融科技公司（如奇虎360、携程旗下科技公司等）。金融机构主要包括商业银行、信托公司、小额贷款公司、消费金融公司等。[1]

助贷业务的基本结构（如图1所示）[2]：

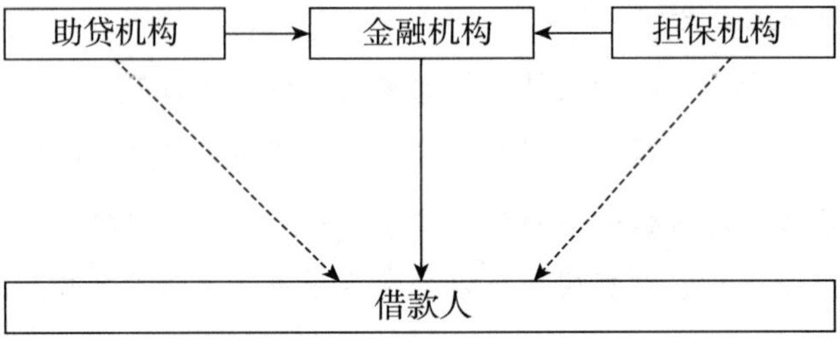

图1

在助贷业务结构中，金融机构作为贷款人向自然人、小微企业等借款人发放消费贷款及经营贷款，助贷机构为贷款发放提供获客推介、初步审核等服务，并作为金融机构和借款人联系的中介进行信息传递，有些助贷业务会安排融资担保公司提供保证担保或保险公司提供保证保险，贷款人向借款人收取借款利息，融资担保公司及保险公司向借款人另行收取担保费及保险费，助贷机构一般不得向借款人另行收取费用。其中，金融机构发放贷款的资金来源有些为自有资金，有些为理财资金，例如，商业银行参与助贷业务的资金来源一般为自有

---

〔1〕 林先海：《信托公司参与互联网助贷的法律基础及法律风险防范》，载《公司法律评论》2019年卷总第19卷。

〔2〕 林先海：《信托公司参与互联网助贷的法律基础及法律风险防范》，载《公司法律评论》2019年卷总第19卷。

资金，信托公司参与助贷业务的资金来源一般为通过信托计划募集的理财资金。当然，在完整的助贷业务项下还有技术服务机构、支付服务机构、获客服务机构、资金结算机构、商户等多个主体的参与，鉴于该等主体并非本文讨论的重点，笔者在此不对该等主体的具体角色进行赘述。

采用助贷业务模式的消费金融类产品中最典型的应属“蚂蚁花呗”“蚂蚁借呗”，蚂蚁金服旗下企业作为助贷机构提供助贷服务，在借款人有借款需求时通过助贷机构服务平台向金融机构申请借款，金融机构审核通过后以自主支付或受托支付的形式向借款人发放小额贷款。

采用助贷业务模式的小微企业贷款产品中最典型的应属“微业贷”，针对有经营需求的小微企业，微众银行与其他金融机构合作向其发放经营贷款。微众银行作为助贷机构或联合贷款方提供助贷服务，有借款需求的小微企业法定代表人通过微众银行服务平台进行身份认证并申请借款，金融机构审核通过后向小微企业发放贷款。

二、关于疫情影响下金融支持举措的相关监管政策规定

新冠肺炎疫情发生后，企业生产及人民生活受到了较大影响，我国出台了一系列支持小微企业、弱势个体渡过难关的鼓励政策，其中最为具体的应属中国人民银行、财政部、中国银行保险监督管理委员会、中国证券监督管理委员会、国家外汇管理局于2020年1月31日联合发布的《关于进一步强化金融支持防控新型冠状病毒感染肺炎疫情的通知》（银发〔2020〕29号），其具体内容如下：

“为受疫情影响较大的地区、行业和企业提供差异化优惠的金融服务。金融机构要通过调整区域融资政策、内部资金转移定价、实施差异化的绩效考核办法等措施，提升受疫情影响严重地区的金融供给能力。对受疫情影响较大的批发零售、住宿餐饮、物流运输、文化旅游等行业，以及有发展前景但受疫情影响暂遇困难的企业，特别是小微企业，不得盲目抽贷、断贷、压贷。对受疫情影响严重的企业到期还款困难的，可予以展期或续贷。通过适当下调贷款利率、增加信用贷款和中长期贷款等方式，支持相关企业战胜疫情灾害影响。各级政府性融资担保再担保机构应取消反担保要求，降低担保和再担保费。对受疫情影响严重地区的融资担保再担保机构，国家融资担保基金减半收取再担保费。”

“加强制造业、小微企业、民营企业等重点领域信贷支持。金融机构要围绕内部资源配置、激励考核安排等加强服务能力建设，继续加大对小微企业、民营企业支持力度，要保持贷款增速，切实落实综合融资成本压降要求。增加制造业中长期贷款投放。”

“完善受疫情影响的社会民生领域的金融服务。对因感染新型肺炎住院治疗或隔离人员、

疫情防控需要隔离观察人员、参加疫情防控工作人员以及受疫情影响暂时失去收入来源的人群，金融机构要在信贷政策上予以适当倾斜，灵活调整住房按揭、信用卡等个人信贷还款安排，合理延后还款期限。”

“切实保障公众征信相关权益。人民银行分支机构和金融信用信息基础数据库接入机构要妥善安排征信查询服务，引导公众通过互联网、自助查询机进行征信查询。要合理调整逾期信用记录报送，对因感染新型肺炎住院治疗或隔离人员、疫情防控需要隔离观察人员和参加疫情防控工作人员，因疫情影响未能及时还款的，经接入机构认定，相关逾期贷款可以不作逾期记录报送，已经报送的予以调整。对受疫情影响暂时失去收入来源的个人和企业，可依调整后的还款安排，报送信用记录。”

根据以上规定，我国监管部门鼓励金融机构根据实际情况采取的金融支持举措具体可以做如下理解：

1. 金融机构采取金融支持举措适用的对象包括以下范围：（1）小微企业；（2）以下四类自然人：①因感染新型肺炎住院治疗或隔离人员；②疫情防控需要隔离观察人员；③参加疫情防控工作人员；④受疫情影响暂时失去收入来源的人群。

2. 针对小微企业的具体金融支持举措包括：①不得盲目抽贷、断贷、压贷，例如在小微企业出现经营困难导致触发提前还款或不继续发放贷款的情况时，不得盲目按约定要求提前还款及停止继续放款等；②可予以展期或续贷、增加信用贷款和中长期贷款，例如借款到期时允许延期，新增贷款不需要借款人提供保证及抵押等担保措施，发放期限较长的贷款等；③适当下调贷款利率；④对受疫情影响暂时失去收入来源的企业，可依调整后的还款安排，报送信用记录。

3. 针对自然人的具体金融支持举措包括：①在信贷政策上予以适当倾斜，例如优先向该类人群发放贷款等；②灵活调整个人信贷还款安排、合理延后还款期限，例如减免一定的息费或允许延期还款等；③合理调整逾期信用记录报送，例如相关逾期贷款不作逾期记录报送，已经报送的予以调整等。

在疫情影响下，小微企业的经营尤其困难，部分自然人下沉客户亦会因此失去收入来源，根据河南省发展改革委于2020年3月对1348家中小微企业的抽样调查数据显示，“受疫情监控、交通受阻、企业停产等因素影响，28.67%的企业综合成本增加50%以上，43.38%的企业预估疫情造成的损失将达到去年营业收入的50%以上”[1]。就微观而言，上述金融支持举措对于每个小微企业、自然人个体而言，都具有重大意义，对于缓解其受疫情影响而暂时的经营及生活困难起到重要作用；就宏观而言，上述金融支持举措对于缓解经济暂时停滞，促进疫情结束后的经济复苏亦具有重要意义。

---

〔1〕《疫情之下　部分小微企业“夹缝求生”》，载新浪网：http://finance.sina.com.cn/roll/2020-03-21/doc-iimxyqwa2139067.shtml，最后访问日期：2020年4月20日。

三、金融机构及助贷机构应对疫情影响的金融支持举措

金融支持举措的落实不仅是国家政策的落实，更是社会责任的体现，无论是金融机构还是助贷机构等有能力的主体都应积极参与，在实践中亦是如此。根据笔者检索的网络公开信息，金融机构及助贷机构等主体应对疫情影响主要采取了如下金融支持举措：

1. 对于受疫情影响的相关借款人减免利息、罚息等费用。例如，马上消费金融股份有限公司于2020年2月3日发布《关于做好疫情防控工作保障金融服务的通知》，对于客户采取以下金融支持举措：（1）针对参加疫情防控工作的人员（志愿者、医生、护士、施工人员等），在疫情期间的个人消费贷款发生逾期的，根据客户实际情况可延期30天还款；（2）对于湖北地区及非湖北地区受影响的客户，若客户因疫情情况影响无法还款，根据实际情况可延期30天还款，差异化减免罚息罚金。苏宁金融也发布了《苏宁金融关于保障疫情期间金融服务的相关公告》，针对主要疫情地区的医疗人员、患者等受疫情影响群体，苏宁金融制定了相应的还款宽限政策，包括罚金、罚息不同程度的减免等。[1]

2. 对受疫情影响的相关借款人调整还款计划、延长宽限期。例如，兴业消费金融股份有限公司于2020年2月13日发布《关于疫情期间个人信贷服务的温馨提示》，对“参加疫情防控的医护人员及其直系亲属、感染新冠病毒肺炎患者、其他受疫情影响暂时失去收入来源的客户”给予合理延后还款时间、适当延长贷款期限，相关调整期间对无法按原计划还款的客户不计入违约记录等帮扶措施。微粒贷也推出了微粒贷产品借款人因受疫情影响无法按时还款的，可以通过微粒贷客服提出延期还款的申请，经人工审核通过后即可给予一定期限的延期处理。[2]

3. 对受疫情影响的相关借款人续贷。例如，疫情发生后上海浦东发展银行股份有限公司上海分行在上海地区推出小微企业无还本续贷服务，积极为小微企业解决融资难、融资贵问题，该项服务切实为某民营汽车配件制造企业解决了燃眉之急。[3]苏宁金融发布了《苏宁金融关于保障疫情期间金融服务的相关公告》，对因防疫工作影响流动性的企业，提前开展自动展期和无还本续贷业务，助力缓解流动性危机，渡过难关。[4]

4. 对受疫情影响的相关借款人缓报、删除违约征信信息。例如，针对疫情期间可能造成

---

〔1〕《苏宁金融出台多项举措　全力保障疫情期间金融服务》，载新浪网：http：//finance. sina. com. cn/roll/2020 -02 -10/doc -iimxyqvz1633900. shtml，最后访问日期：2020年4月20日。

〔2〕《微粒贷在疫情前终于做对了，所谓“套路”你得细品！》，载百度网：https：//baijiahao. baidu. com/s? id =1663918140412015400&wfr =spider&for =pc，最后访问日期：2020年4月20日。

〔3〕《浦发银行上海分行为受疫情影响的民营小微企业提供无还本续贷服务》，载中国银行业协会网：https：//www. china -cba. net/Index/show/catid/39/id/27603. html，最后访问日期：2020年4月20日。

〔4〕《苏宁金融出台多项举措　全力保障疫情期间金融服务》，载新浪网：http：//finance. sina. com. cn/roll/2020 -02 -10/doc -iimxyqvz1633900. shtml，最后访问日期：2020年4月20日。

用户履约的不便，支付宝平台在疫情期间暂停更新芝麻分。对于逾期发生在 2020 年 1 月 23 日（含）至 2 月 4 日的情况，恢复 2020 年 1 月 23 日（含）至 2 月 4 日下降的芝麻分，不作为失信记录。自 2 月 5 日起，暂停芝麻分变化，其中包括 2 月 6 日的芝麻分更新日。[1]苏宁金融也发布了《苏宁金融关于保障疫情期间金融服务的相关公告》，制定了旗下任性付、任性贷产品的相应金融支持举措，其中包括合理调整逾期征信记录的报送等。[2]

对于助贷业务中实施金融支持举措的发起形式，有些是金融机构主动发起，有些是助贷机构主动发起，对于助贷机构或其关联方同时作为融资担保公司或保险公司向借款人收取担保费、保险费的结构中，也可能由担保机构就担保费、保险费范围实施相关举措。在助贷业务项下，借款人办理相关金融支持举措的途径一般均是通过助贷机构 APP 客户端等服务平台申请办理。

四、金融机构、助贷机构应对疫情金融支持举措的法律性质

对疫情而言，在我国现行法律法规体系下最容易联想到的法律性质便是“不可抗力”和“情势变更”，但金融机构、助贷机构所实施的相关金融支持举措可以视为根据监管部门的鼓励措施而采取的举措，并不能完全适用不可抗力、情势变更的相关规定，对于不同的举措应根据具体情形判断其法律性质及金融机构、助贷机构的责任。

（一）助贷业务项下金融机构、助贷机构对受疫情影响的借款人采取的金融支持举措，应当区分是否适用不可抗力、情势变更相关规定以判断其法律性质

1. 疫情可能构成不可抗力

根据我国《民法总则》第 180 条规定，因不可抗力不能履行民事义务的，不承担民事责任。法律另有规定的，依照其规定。我国《合同法》第 117 条规定：“因不可抗力不能履行合同的，根据不可抗力的影响，部分或者全部免除责任，但法律另有规定的除外。当事人迟延履行后发生不可抗力的，不能免除责任。”

所谓不可抗力，是指不能预见、不能避免并不能克服的客观情况，包括自然灾害、社会异常事件及政府突发行为等。自然灾害包括地震、海啸、台风、海浪、洪水、蝗灾、风暴、冰雹、沙尘暴、火山爆发、山体滑坡、雪崩、泥石流等；社会异常事件包括战争、武装冲突、罢工、劳动力缺乏、骚乱、暴动等；政府突发行为包括政府、司法机构发布的命令，例如反倾销措施等。[3]当然，发生上述事件并不一定必然构成不可抗力，“不能预见、不能避免”且构成因

---

[1] 《支付宝公告！因疫情花呗账单不能及时还清，不会追责》，载融 360 网：https：//www. rong360. com/gl/2020/02/07/181492. html，最后访问日期：2020 年 4 月 20 日。

[2] 《苏宁金融出台多项举措　全力保障疫情期间金融服务》，载新浪网：http：//finance. sina. com. cn/roll/2020 -02 -10/doc -iimxyqvz1633900. shtml，最后访问日期：2020 年 4 月 20 日。

[3] 刘凯湘、张海峡：《论不可抗力》，载《法学研究》2000 年第 6 期。

果关系是其必要条件，例如，在上述事件发生后实施的交易则不满足“不能预见”的必要条件，不能适用“不可抗力”，不是由于该类事件导致的后果亦不能适用“不可抗力”。

新冠肺炎疫情系突发公共卫生事件，在一定条件下不能预见、不能避免且不能克服，可能构成《民法总则》《合同法》规定的“不可抗力”。最高人民法院及各地司法机关已出台通知文件对此予以指导，例如，最高人民法院《印发〈关于依法妥善审理涉新冠肺炎疫情民事案件若干问题的指导意见（一）〉的通知》（法发〔2020〕12 号）规定，“对于受疫情或者疫情防控措施直接影响而产生的民事纠纷，符合不可抗力法定要件的，适用《中华人民共和国民法总则》第一百八十条、《中华人民共和国合同法》第一百一十七条和第一百一十八条等规定妥善处理；其他法律、行政法规另有规定的，依照其规定。当事人主张适用不可抗力部分或者全部免责的，应当就不可抗力直接导致民事义务部分或者全部不能履行的事实承担举证责任”。上海市高级人民法院《关于充分发挥审判职能作用为依法防控疫情提供司法服务和保障的指导意见》规定，“对因疫情影响，当事人不能履约或履约对当事人权益造成重大影响的，应依照公平、诚实信用等原则，综合考量当事人之间的约定、疫情的发展阶段、疫情与履约不能或履约困难之间的因果关系以及疫情影响的程度等因素，根据不可抗力或情势变更等相关规定，并结合案件具体情况，妥善处理”。吉林省高级人民法院发布《关于审理涉新冠肺炎疫情民商事案件的工作指引》，对于疫情下不可抗力和情势变更原则的适用做出了明确规定，“对因疫情影响，当事人不能履行合同或继续履行合同对当事人权益造成重大影响的，应依照公平、诚实信用等原则，综合考量当事人之间的约定、疫情发展阶段和影响程度以及因果关系等因素，根据不可抗力或情势变更等相关规定，并结合案件具体情况，妥善处理”。

传染性疾病暴发作为不可抗力在我国司法实践中也有大量的案例可供参考。早在 2003 年非典型肺炎（SARS）暴发时即已经产生了大量将非典型肺炎（SARS）疫情认定为构成不可抗力的案例。截至目前，也已经有司法判例将新冠肺炎疫情认定为不可抗力，例如，在河南省郑州市中级人民法院于 2020 年 4 月 10 日裁判的《拉风传媒股份有限公司、河南广播电视台合同纠纷执行实施类执行裁定书》［案号：（2020）豫 01 执 274 号］中，拉风传媒股份有限公司与河南广播电视台因迟延付款产生纠纷，法院认为付款义务人河南广播电视台由于新冠肺炎疫情的不可抗力因素影响导致付款延期不构成根本违约。

在助贷业务项下，若新冠肺炎疫情构成不可抗力，则借款人有权就其逾期还款等违约行为主张法律规定的免除责任等权利。

2. 疫情可能构成情势变更

根据最高人民法院《关于适用〈中华人民共和国合同法〉若干问题的解释（二）》第 26 条规定：“合同成立以后客观情况发生了当事人在订立合同时无法预见的、非不可抗力造成的不属于商业风险的重大变化，继续履行合同对于一方当事人明显不公平或者不能实现合同目的，当事人请求人民法院变更或者解除合同的，人民法院应当根据公平原则，并结合案件的实际情况确定是否变更或者解除。”

所谓情势变更，是指客观情况发生了变化，而该变化既是当事人在订立合同时无法预见的也不构成不可抗力，并且继续履行合同可能导致不公平或不能实现合同目的。情势变更应该算是对不可抗力制度的补充，对于不构成不可抗力而又可能导致显失公平的客观变化情况导致的法律后果进行明确规定。适用情势变更的具体情况包括政府政策变更等，例如，最高人民法院于 2015 年 10 月 21 日裁判的《常州新东化工发展有限公司、江苏正通宏泰股份有限公司与常州新东化工发展有限公司、江苏正通宏泰股份有限公司建设工程施工合同纠纷、技术委托开发合同纠纷申请再审民事判决书》[案号：(2015) 民提字第 39 号] 中，法院认为，虽然《合同法》及有关司法解释并未明确规定政府政策调整属于情势变更情形，但是如果确实因政府政策的调整，导致不能继续履行合同或者不能实现合同目的，当然属于合同当事人意志之外的客观情况发生重大变化的情形，因此，应该认定本案政府政策调整的情形属于最高人民法院《关于适用〈中华人民共和国合同法〉若干问题的解释（二）》第 26 条规定的情势变更情形。

基于疫情的不可预见性，可能触发《合同法》司法解释规定的“情势变更”。若构成“情势变更”，则相关主体有权主张法律规定的变更合同等权利，例如借款人有权主张变更关于贷款利率及期限的约定。

3. 助贷业务项下疫情是否可能构成不可抗力、情势变更需要具体情况具体分析

疫情对于不同交易主体是否构成不可抗力或情势变更不能一概而论，相关义务履行主体能否以疫情为由主张免除责任或变更合同等法定权利，需要具体问题具体分析，综合考虑合同签署情况（包括但不限于签署时间等）、疫情对其履行义务是否构成直接影响及因果关系等事项进行判断。

在司法实践中存在较多不认可疫情构成“不可抗力”“情势变更”的案例，例如，根据浙江省海宁市人民法院于 2020 年 4 月 14 日裁判的《徐洁、朱伟借款合同纠纷执行审查类执行裁定书》[案号：(2020) 浙 0481 执异 17 号]，申请执行人朱伟与被执行人汤捷、徐洁因民间借贷违约发生纠纷，被执行人提出异议认为其违约行为是由于发生新冠肺炎疫情导致的，应当予以免责，而法院则不予认可，法院认为新冠肺炎疫情作为突发公共卫生事件是事实，该事件确实导致有的合同无法履行，但并不导致所有应履行的义务都无法履行，本案中被执行人的义务是归还借款，即使银行停止营业，无法从银行领取现金，但线上支付始终没有停止，事实上，本案中履行还款义务也是通过线上支付，新冠肺炎疫情作为突发公共卫生事件并不必然导致无法履行义务。再如，湖南省洞口县人民法院于 2020 年 3 月 27 日裁判的《肖三礼、雷晚玉等与呙勇志租赁合同纠纷一审民事判决书》[案号：(2020) 湘 0525 民初 127 号] 中，法院认为，只有在合同履行期限之内才能构成不可抗力或情势变更，本案中双

方签署的合同已履行完毕，自动终止，因此，新冠肺炎疫情对双方之间租赁合同法律关系既不构成不可抗力，也不构成情势变更。

在助贷业务项下，对受疫情影响的借款人采取减免利息等措施，部分情形可以认定为适用不可抗力、情势变更相关法律规定的当然法律后果，部分情形则不能归为适用不可抗力、情势变更相关法律规定的当然法律后果，不同情形的措施具有不同的法律性质。

在实践中，助贷业务基本均为线上业务，借款人一般通过互联网进行线上借款和还款，基于该特性，助贷业务中借款人还款义务的履行适用不可抗力的条件一般是比较严格的。对于助贷业务项下借款人未按约定进行还款的违约行为而言，认定疫情属于“不可抗力”“情势变更”免责事由的必要条件之一是疫情与借款人违约行为之间的因果关系。对于存在因果关系的情形，可以按照法律规定免责，例如，对重症确诊患者而言，因其病情严重而导致无法操作还款进而导致其违约，可以认定疫情与其违约行为之间存在因果关系，免除其受疫情影响期间的违约责任；对被隔离人员而言，若借款需要进行线下还款的，则因其行动受到限制而无法外出还款进而导致其违约，可以认定疫情与其违约行为之间存在因果关系，免除其受疫情影响期间的违约责任。对于不存在因果关系的情形，则不可以按照法律规定免责，例如，对于非患者、非被隔离人员而言，疫情一般不会对其按时还款造成障碍，若其未按约定进行还款，则很难认定疫情与其违约行为之间存在因果关系，不能根据“不可抗力”“情势变更”相关规定当然免除其违约责任；对确诊患者而言，在其未确诊且未被隔离时应还款而未按约定时间还款的违约行为，亦不能冒然认定疫情与其违约行为之间存在因果关系，不能根据法律规定当然免除其违约责任。对于疫情与违约行为之间是否存在因果关系的判断，需要考虑多种因素，单纯的以确诊等人群范围进行划分而不考虑违约时点也是不准确的。此外，对于疫情发生后产生的借款行为而言，因其不满足“不可预见”的条件，不能认定为“不可抗力”及“情势变更”。例如，在疫情发生后，借款人发生了借款行为，此时疫情已经发生并且借款人可以预见自己有可能会被感染，若此后借款人被确诊为重症患者，因此导致借款人的违约行为不能适用“不可抗力”及“情势变更”免责。

因此，助贷业务项下对借款人采取的减免利息等措施，部分情形可以认定为因不可抗力、情势变更的影响而当然采取的法律规定的措施，部分情形则不然。对于因不可抗力、情势变更的影响而当然采取的法律规定的措施，可以认定为金融机构、助贷机构根据法律法规的规定采取的措施；对于不能归为因不可抗力、情势变更的影响而当然采取的法律规定的措施，其法律性质应为金融机构、助贷机构与借款人另行协商一致对合同进行变更或金融机构、助贷机构单方放弃部分或全部债权。

（二）金融机构与助贷机构之间构成代理关系，金融机构可能需要对助贷机构单方做出的金融支持举措承担责任

在助贷业务项下，金融机构一般不与借款人直接进行对接，对于借款人的咨询、回复以及合同签署、信息披露等事宜一般是由助贷机构根据金融机构的委托进行处理，甚至有些借款人天然地认为助贷机构便是贷款人，此时，金融机构与助贷机构之间构成代理关系。

对于实施金融支持举措而言，金融机构亦通过委托助贷机构代为处理，一般而言，对于贷款利息、还款期限等金融机构享有的权利相关举措而言，应取得金融机构同意后方可由助贷机构代为向借款人表示同意，但若助贷机构在未取得金融机构同意的情况下擅自采取同意借款人减少利息等措施的，则该行为在金融机构和借款人之间仍然可能是有效的，因为金融机构与助贷机构之间构成表见代理的关系，但是金融机构可向助贷机构主张赔偿责任。

根据我国《民法总则》第 172 条规定："行为人没有代理权、超越代理权或者代理权终止后，仍然实施代理行为，相对人有理由相信行为人有代理权的，代理行为有效。"根据我国《合同法》第 49 条规定："行为人没有代理权、超越代理权或者代理权终止后以被代理人名义订立合同，相对人有理由相信行为人有代理权的，该代理行为有效。"根据最高人民法院《关于适用〈中华人民共和国合同法〉若干问题的解释（二）》第 13 条规定："被代理人依照合同法第四十九条的规定承担有效代理行为所产生的责任后，可以向无权代理人追偿因代理行为而遭受的损失。"

根据上述规定，在助贷业务项下，即便助贷机构没有代理权、超越代理权而同意借款人延期还款或减免利息，或因此与借款人签署借款协议补充约定相关金融支持举措事项，借款人基于此前业务的代理关系仍有理由相信助贷机构有代理权，因此，金融机构与助贷机构之间构成表见代理关系，金融机构需按照助贷机构与借款人协商一致的内容履行约定事项。但是，对于助贷机构的无权代理行为而导致的金融机构贷款利息等损失，金融机构有权根据法律规定向助贷机构进行追偿。

当然，在不涉及金融机构对借款人享有权利的情形下，助贷机构有权自主做出决策，例如，助贷机构同时是融资担保公司或保险公司时，助贷机构有权单方决定减少借款人承担的担保费或保险费，而不因此导致金融机构贷款债权受到影响，无须征得金融机构的同意。

此外，基于特殊的项目结构安排，也可能存在助贷机构与金融机构协商由助贷机构单方决定对借款人实施的金融支持举措，减免借款人利息或向借款方发放优惠券等，然后助贷机构就因此减少的金融机构债权对金融机构实时补偿。笔者认为，在这种结构项下，助贷机构与金融机构之间的法律关系为债务承担，即金融机构对于借款人享有贷款债权，助贷机构自愿代为偿还借款人对于金融机构负有的部分债务。

（三）金融机构对监管认可的借款人缓报、删除违约征信信息属于符合监管规定做出的举措，对监管认可范围外的相关借款人缓报、删除违约征信信息则违反监管规定

根据《征信业管理条例》（国务院令第 631 号），从事信贷业务的机构应当按照规定向金融信用信息基础数据库提供信贷信息。《个人信用信息基础数据库管理暂行办法》（中国人民银行令〔2005〕第 3 号），商业银行应当遵守中国人民银行发布的个人信用数据库标准及其有关要求，准确、完整、及时地向个人信用数据库报送个人信用信息，商业银行是指在中华人民共和国境内设立的商业银行、城市信用合作社、农村信用合作社以及经国务院银行业监督管理机构批准的专门从事信贷业务的其他金融机构。金融机构负有按照规定准确、完整、及时地报送个人及企业信用信息的义务。

疫情发生后，根据银保监会等监管部门规定，在疫情下要求金融机构合理调整逾期信用记录报送，但相关借款人限于以下范围：（1）因感染新型肺炎住院治疗或隔离人员；（2）疫情防控需要隔离观察人员；（3）参加疫情防控工作人员；（4）受疫情影响暂时失去收入来源的个人和企业。该等规定属于监管部门在疫情情况下的特殊规定。如果金融机构对监管认可范围外的借款人缓报、删除违约征信信息，则可能出现违规。但是，鉴于监管部门要求金融机构"合理调整逾期信用记录报送"，可以在一定程度上认定金融机构有一定的裁量权，并且疫情为特殊情形，尽管金融机构对监管认可范围外的借款人采取相应征信措施，在具备合理解释的情况下金融机构受到监管部门处罚的风险不大。

而对于芝麻信用积分暂缓调整的情形，并不属于法律规定的征信范畴，芝麻信用并不是法定的征信机构，而仅是民营企业对于借款人的评分，只不过其评分在目前的助贷业务中对借款人的信用评价影响分量很大，甚至会超过金融信用信息基础数据库对于借款人的影响，其分数调整不受监管的严格约束，可由企业在不违反法律法规的前提下自行确定。

五、关于金融机构、助贷机构应对疫情金融支持举措的操作建议

（一）助贷机构无权单方确定金融机构对借款人采取相应措施，金融机构与借款人之间法律行为应经金融机构同意，否则助贷机构需承担赔偿责任

助贷业务项下金融机构与借款人之间形成借贷法律关系，助贷机构不是该借贷法律关系的主体。对于减免借款利息、延期还款、缓报征信等相关措施，应经金融机构同意方可实施，若由助贷机构进行操作则需获得金融机构相应事先授权或事后追认。例如，金融机构可以与助贷机构就相关金融支持举措的具体落实情况在合作协议中明确约定，对于借款人需签署的补充协议等合同样本做出明确约定。

若助贷机构未经金融机构同意而与借款人达成变更借款合同的合意，则存在构成表见代理的风险，助贷机构的行为可能构成对金融机构的表见代理进而导致相关变更约定对金融机构生效。笔者建议金融机构与助贷机构注意安排该等风险的补救措施。例如，就该等情形下助贷机构的违约责任做出明确约定。

（二）助贷机构可在不影响金融机构权利的情况下单方决定金融支持举措

助贷机构同时作为融资担保机构或保险公司提供保证担保或保证保险时，若助贷机构有权向借款人收取担保费或保险费，则在担保费及保险费债权项下，金融机构不是其法律关系

主体，助贷机构作为债权人有权单独做出处置，但该处置不应当影响借款人对金融机构负有的债务。笔者建议在该等情况下对于借款人还款安排做出明确约定，例如助贷机构需要向借款人明确表示其免除的债务仅为担保费及保险费，而不含贷款利息。

（三）金融机构应根据不同资金来源情形确定相应措施是否可由金融机构自行决定

助贷业务项下金融机构类型多样，主要包括银行、信托公司、消费金融公司、网络小额贷款公司等。不同机构及不同业务模式项下的金融机构资金来源不同，部分金融机构发放贷款的资金来自固有资金，例如商业银行；部分金融机构发放贷款的资金来自资产管理产品，例如信托公司管理的信托计划。当然，有些贷款人并不是原始债权人，而是通过其他金融机构受让的贷款债权，例如在交易所发行的消费金融类资产证券化产品，其债权人为资产管理公司，但资金来源也是资产证券化产品投资者认购资金；商业银行以自有资金受让的贷款债权项下，资金来源仍是其自有资金。不同金融机构在采取应对疫情金融支持举措时应根据具体资金来源情况考虑其权限及责任。

对于金融机构以自有资金发放或受让的贷款债权而言，金融机构是贷款资产的债权人并享有相应贷款债权的当然处置权。该类金融机构有权在任何情况下自行决定采取减免息费、延期还款等金融支持举措。

对于金融机构以资产管理产品资金发放或受让的贷款债权而言，尽管金融机构根据资产管理产品相关文件约定及法律法规规定对资产管理产品项下财产以自身名义进行管理运用，但资产管理产品并非金融机构固有财产。因此，金融机构管理运用贷款资产的具体措施应符合法律法规规定及相关文件约定，必要时应征得资产管理产品投资者同意，具体情形如下：

（1）自主决定情形

①相关措施符合法律法规规定时金融机构有权自主做出决定。例如，在疫情构成不可抗力、情势变更的情形时，金融机构根据法律规定有权减免符合不可抗力、情势变更情形的借款人的罚息，这也是法律规定的金融机构的义务，当然，在实践中，若未经司法程序，是否构成不可抗力、情势变更也是有一定的不确定性的，相应地，金融机构是否有权自主决定也是难以判断的。

②相关措施符合资产管理产品投资文件关于管理运用资金权限的约定，且不损害投资者的利益时金融机构有权自主做出决定。例如，资产管理产品投资文件约定，金融机构作为管理人有权根据实际情况对管理方式及相关交易文件进行相应调整，而无须另行取得投资者的同意，则在金融机构遵守法律法规规定且不影响投资者利益时，即便不符合不可抗力、情势变更要件，金融机构亦有权采取适当减免相关借款人息费等金融支持举措。

（2）应当取得投资者同意的情形

对于金融机构有权自主决定情形外，金融机构应当按照投资文件约定召开投资者大会并取得投资者的有效同意。例如，对于资金来源为集合资金信托计划的信托公司持有贷款债权的情形，在不符合不可抗力、情势变更情形且信托公司无权自主决定时，信托公司对未受疫情影响的借款人减免利息、罚息，调整还款计划，延长宽限期，对不符合放款标准的借款人续贷，这些措施均需另行召开受益人大会取得投资者同意，否则金融机构可能需要对投资者因此造成的损失承担赔偿责任。

当然，对虽然属于不可抗力、情势变更的情形，但相关举证较为困难的，或实践中较难进行认定的，为避免金融机构的行使主动管理责任，笔者亦建议金融机构应取得投资者同意。

（四）资产逾期率等监控指标需根据具体情形调整

金融机构、助贷机构采取金融支持举措后，资产逾期率等监控指标判断标准可能因此发生变化，笔者建议金融机构与助贷机构就此标准的进一步明确作出约定，避免事后发生纠纷。例如，在金融机构对相关借款人采取同意延长宽限期或调整还款计划的措施时，因还款计划调整，相应贷款资产亦可能不会计入逾期资产，助贷业务项下贷款资产逾期率便不会因该笔借款未按原约定偿还而受到影响，金融机构应及时对逾期资产监控标准与助贷机构同步指标统计标准进行调整。

（五）助贷机构应尽量采取对金融机构影响较小的应对措施

部分助贷业务项下，应尽量采取对金融机构影响较小的应对措施。对于助贷机构收取超额收益或担保机构收取担保费、保险费而金融机构仅享有固定收益的助贷业务而言，为避免金融机构的主动管理责任或固定收益的减少，笔者建议金融机构与助贷机构或担保机构协商因采取疫情应对措施而导致的风险及产生的损失由助贷机构或担保机构承担，以减少疫情对金融机构固定收益的影响。例如，在助贷机构或担保机构收取服务费或担保费用的情形下，免除、延缓的息费应首先由助贷机构或担保机构收取的费用承担，或由助贷机构或担保机构另行对金融机构进行补偿，或另行安排担保机构对相关贷款提供增信，或者可以安排由助贷机构或担保机构先受让相应贷款资产后再由助贷机构或担保机构自行决定采取相应应对疫情的措施。

（六）相关应对措施的核实手段尽量完善

无论采取何种应对疫情的措施，在落实相应措施时均需对相应借款人是否符合条件进行审核。鉴于助贷业务的小额线上特性，并且在疫情影响下无法线下作业，相关审核程序基本只能通过线上完成，借款人提交的证明材料均为电子材料，造假成本较低，审核的难度较大，难免会出现审核错误的情况。例如，根据报道，有些银行在疫情发生后收到客户提交的半年前的诊断证明并据此要求减免息费。为避免审核错误而造成的额外经济损失及相关主体责任，笔者建议金融机构与助贷机构应充分利用金融科技手段进行材料收集并谨慎审核。当然，此时金融机构与助贷机构的合作还需注意“授信审查、风险控制”核心业务外包的风险，笔者也建议监管部门对于疫情等特殊情况作出例外认可。

六、结语

助贷业务是金融科技支撑下的新金融业务，交易主体多样，交易结构及法律关系亦较为复杂。助贷业务项下金融机构为应对新冠肺炎疫情而采取的措施多种多样，任一环节程序不当均有可能导致金融机构、助贷机构承担不利后果。因此，金融机构、助贷机构应在做好疫情金融支持的同时，厘清不同措施的具体法律性质，按照法律法规及相关文件约定进行操作，避免因此承担不利的后果。当然，基于助贷业务的特殊结构，在特殊情况下也需要监管部门对于相关结构安排进行特殊支持。

域外法制

英国财务报告委员会（FRC）*

英国尽责管理守则2020

邵佳盈　译

原则概览

资产所有者与资产管理者原则

宗旨与治理

1. 宗旨、策略与文化
2. 治理、资源与激励
3. 利益冲突
4. 促进功能完善的市场
5. 审查与担保

投资方式

6. 客户与受益人需求
7. 尽责管理、投资与ESG[1]整合
8. 监督管理者与服务提供者

议合

9. 议合
10. 协作
11. 逐级上报

权利行使与责任承担

12. 权利行使与责任承担

服务提供者原则

1. 宗旨、策略与文化
2. 治理、资源与激励
3. 利益冲突
4. 促进功能完善的市场
5. 支持客户尽责管理
6. 审查与担保

---

* 财务报告委员会的职责在于促进企业的透明与诚信。财务报告委员会制定了《英国公司治理与尽责管理守则》《英国会计和精算工作标准》；监测并采取行动以提高公司报告质量；对会计师和精算师执行独立安排。作为英国审计主管部门，财务报告委员会制定了审计及道德标准，并监督和加强审计质量。

〔1〕 ESG（Environment Social Responsibility Corporate Governance），即环境、社会和公司治理，是社会责任投资的基础，包括信息披露、评估评级和投资指引三个方面，是绿色金融体系的重要组成部分。——译者注

导语

尽责管理是指通过对资本的尽责分配、经营和监督为客户和受益人创造长期价值，从而为经济、环境和社会带来可持续效益。

《英国尽责管理守则 2020》（以下简称《守则》）为资产所有者、资产管理者以及协助这两者的服务提供者设定了高度的尽责管理标准。

《守则》包含一套针对资产管理者和资产所有者的“应用与解释”原则，以及一套单独针对服务提供者的原则。《守则》并未规定单一的有效尽责管理方法。相反，《守则》允许组织以符合其自身商业模式和策略的方式达到期望。

自首版《英国尽责管理守则》公布以来，投资市场发生了重大变化。固定收益债券、房地产和基础设施等上市权益以外的资产投资大幅增长。这些投资具有不同的条款、投资期限、权利和责任，签署人需要考虑在这些情形下如何有效行使尽责管理权。

环境（尤其是气候变化）以及社会因素（除了治理）已经成为投资者在作出投资决策和进行尽责管理时需要考虑的关键性问题。此《守则》还承认，作为市场诚信的守护者，资产所有者和资产管理者在努力降低系统性风险以及作为投资组合的管理者方面发挥着重要作用。

如何报告

所有原则均以报告预期（reporting expectations）为依据。这些报告预期表明了组织应在其尽责管理报告中包含的信息，并将构成评估报告质量的基础。

> 在适用这些原则时，除其他问题外，签署人应当考虑下列问题：
>
> - 英国公司治理准则和其他治理准则的有效适用；
> - 董事的义务，特别是根据 2006 年《公司法》第 172 条应考虑的事项；
> - 资本结构、风险、策略与绩效；
> - 多样性、薪酬和员工利益；
> - 审计质量；
> - 环境与社会问题，包括气候变化；以及
> - 遵守契约与合同。

每项原则在“管理活动”（activity）与“结果”（outcome）标题下列明了其报告预期。一些原则在“背景”（context）标题下也列明了报告预期，要求披露背景信息或必要政策，

以便了解和评估所采取的尽责管理办法。

一些报告预期同资产管理者或直接投资者更为相关，而另一些则与资产所有者或利用中介的人更为相关。组织必须确定哪些报告期望与其在投资界中的业务或角色相关并适用。

例如，在原则 6 中，“签署人应披露的内容大致可分为：成员的规模与概况，包括计划中的成员数目和成员的平均年龄；或其客户群体，例如是机构或是零售，以及客户的地理分布”。

《守则》包含对上市权益资产更为详细的报告预期，反映了上市权益尽责管理的相对成熟。但是，签署人应当利用其现有资源、权利和影响力来行使尽责管理权，还必须投入资本。

报告应当易于理解、简明扼要、语言简洁，在尽可能不损害有效尽责管理的前提下做到明确与透明。

报告应当使用单一文件结构清晰地描述该组织如何应用《守则》，适当运用相关数据、图解、表格、示例与案例研究。报告应当注重管理活动与结果，并提供足够的信息使读者能够无须参考别处就清楚理解《守则》的应用。然而，报告可能援引更详尽的政策与披露，包括针对其他的报告要求。因此任何附加信息都应清晰易懂。

报告应公正、中立且易懂。例如，报告应承认所经历的挫折、吸取的教训以及取得的成就。实现预期成果的管理活动可能需要持续一年以上，故难以在组织报告的期限内完成。在这种情况下，应当指出该点并报告进展情况。

《守则》承认签署人的规模、类型、商业模式和投资方式各不相同，并且履行尽责管理职责的方式各不相同。报告预期不要求每个基金或每项投资策略都披露其管理活动。然而，报告提供的信息应明确表明尽责管理活动如何在基金、资产类别和地理位置上进行与之业务相称的区分。

报告必须由申请人的主管组织审查和批准，并由主席、首席执行官或首席投资官签署。

一旦申请人被接纳为《守则》的签署人且其报告获本委员会批准，则该报告即为公开文件，必须提供在签署人的网站上，如果没有网站则必须以其他可供查阅的形式提供。

更多关于如何提交报告和评估过程的信息，请访问英国财务报告委员会的官网。

资产所有者与资产管理者原则

资产所有者与资产管理者不能委派其职责，且须对管理有效尽责负责。管理活动包括投资决策、监督资产并提供与之相称的服务、与发行方议合并使其对重大问题承担责任、与他人合作以及行使权利、承担责任。

资本用于投资一系列的资产类别，投资者对这些类别有着不同的条款和期限、权利和影响程度。无论资本如何用于投资，签署人[1]都应利用其现有的资源、权利和影响力来行使尽责管理权。

宗旨与治理

> **原则 1**
>
> **签署人的宗旨、投资理念、策略与文化使尽责管理能够为客户与受益人创造长期价值，从而为经济、环境和社会带来可持续利益。**

报告期望

背景

签署人应阐明：

- 组织的宗旨及其文化、价值、商业模式、策略的概要；以及
- 投资理念，即哪些因素被认为对预期的投资结果很重要及原因。

管理活动

签署人应阐明采取了哪些行动以确保其投资理念、策略和文化对尽责管理有效。

结果

签署人应披露：

- 其宗旨与投资理念如何指导其进行尽责管理、投资策略与决策制定；以及
- 评估其代表客户与受益人最佳利益的有效性。

> **原则 2**
>
> **签署人的治理、资源和激励措施能对其尽责管理工作提供支持。**

报告期望

管理活动

签署人应阐明：

- 其治理结构和程序如何能够监督与问责其组织内部的有效尽责管理，以及选择该方法的理由；
- 其如何拥有尽责管理活动所需的合适资源，包括：

－其选择的组织与员工结构；

－其资历、经验、资质、培训和多样性；

－其在体系、程序、研究和分析方面的投入；

－服务提供者使用其资源的程度及其提供的服务；以及

[1] “签署人”（signatories）即指资产管理者，下文同。——译者注

- 绩效管理或奖励机制如何激励员工投入尽责管理与投资决策。

结果

签署人应披露：

- 所选择的治理结构和程序在支持其尽责管理方面的有效性；以及
- 如何对其改进。

原则 3

签署人在处理利益冲突时应当把客户与受益人的最大利益放在首位。

报告期望

背景

签署人应披露其利益冲突政策以及该政策在尽责管理中的适用。

管理活动

签署人应阐明其如何识别和处理与尽责管理有关的任何实际或潜在利益冲突。

结果

签署人应披露其如何处理实际或潜在利益冲突的实例。

利益冲突可能由以下原因引起：

- 股权架构；
- 资产所有者与资产管理者之间的业务关系，和/或其管理的资产之间的关系；
- 管理者及其客户之间的尽责管理政策差异；
- 兼任董事职位；
- 债券和权益经理的目标；以及
- 客户或受益人的利益相互背离。

原则 4

签署人应当识别并应对市场性和系统性风险，以促进金融体系的良好运行。

报告预期

管理活动

签署人应阐明：

- 其如何识别并视情况应对市场性和系统性风险；
- 其如何与其他利益相关方合作以促进金融市场运作的持续改善；
- 其在参与的任何相关行业举措中所担任的角色、所作贡献的程度及对其有效性的评估，并举例阐明；以及

- 其如何调整相应的投资。

结果

签署人应披露其在识别和应对市场性和系统性风险以及促进金融市场良好运行方面的有效性评估。

> 市场性风险是指会导致经济损失或影响整个市场总体表现的风险，包括但不限于：
> - 利率变化；
> - 地缘政治问题；以及
> - 汇率。
>
> 系统性风险是指可能导致行业、金融市场或经济崩溃的风险，包括但不限于：
> - 气候变化；以及
> - 单个或一组企业的失败。
>
> 利益相关方可能包括投资者、发行方、服务提供者、政策制定者、审计公司、非盈利组织、监管组织、协会和学者。

> **原则 5**
>
> **签署人应当审查其政策，确保其程序，并评估其活动的有效性。**

报告预期

管理活动

签署人应阐明：

- 其如何审查自身的政策，以确保有效的尽责管理；
- 其为（直接从事或由他人代表从事的）尽责管理获得了哪些内部或外部担保和选择该种方式的理由；以及
- 其如何确保尽责管理报告的公平、中立与合理。

结果

签署人应阐明其审查与担保如何促进其尽责管理政策与程序的持续改进。

> 内部担保可以由高管、指定组织、董事会、委员会或内部审计提供；外部担保可以由独立第三方提供。

投资方式

> **原则 6**
>
> **签署人应当考虑客户和受益人的需求，并向其传达尽责管理、投资的活动与结果。**

报告预期

背景

签署人应披露：

• 大致分为：

–计划结构，例如该方案是否为继承信托计划、职业退休基金、固定收益或固定缴款等；

–成员的规模及简介，包括计划中成员的数目与平均年龄；

或者

–其客户群体，例如是机构或是零售，以及客户的地理分布；

–跨资产类别和地理位置进行管理的资产

• 其认为适于客户和/或受益人需求的投资期限及其原因。

管理活动

签署人应阐明：

• 其如何（在何处）征求受益人的意见，以及选择这种方法的原因；

或者

• 其如何寻求和接受客户的意见，以及选择这种方法的原因；

• 如何将受益人的需求反映到适当投资时限相一致的尽责管理和投资活动中；

或者

• 如何根据客户的尽责管理与投资政策管理资产；

• 其向受益人传达了哪些为满足受益人需求而进行的尽责管理与投资活动以及取得的成果，包括所提供信息的类型、传达的方式与频率；

或者

• 其向客户传达了哪些为满足其需求而进行的尽责管理与投资活动以及取得的成果，包括所提供信息的类型、传达的方式与频率，以使签署人能够履行其尽责管理报告的要求。

结果

签署人应阐明：

• 其如何评估为了解客户和/或受益人的需求而选择的方法的有效性；

• 其如何考虑征求到的受益人意见，以及因此而采取了哪些行动；

或者

• 其如何考虑客户的意见，以及因此而采取了哪些行动；

• 其管理者没有遵从尽责管理与投资政策的行为及其原因；

或者

• 其没有按照客户的尽责管理与投资政策进行资产管理的行为及其原因。

原则 7

签署人应当系统地整合尽责管理和投资活动，包括物质环境、社会和治理问题以及气候变化，以履行其职责。

报告预期

背景

签署人应在持有资产之前、监督资产持有过程和退出时，披露其在评估投资时优先考虑的问题，其中应当包括对其重要的 ESG 问题。

管理活动

签署人应阐明：

- 在资金、资产类别或地域方面，尽责管理与投资活动的整合有何不同；
- 如何确保：

– 投标书已要求整合尽责管理与投资活动，且包括重要的 ESG 问题；以及

– 委托书的设计与授权已要求整合尽责管理与投资活动，以符合客户与受益人的投资时限范围；

或者

- 其采用的流程符合：

– 整合尽责管理与投资活动，包括重要的 ESG 问题，以符合客户和/或受益人的投资时限范围；以及

– 确保服务提供者已收到明确且可行的准则，以保障尽责管理与投资活动的整合，包括重要的 ESG 问题。

结果

签署人应阐明在亲自或由他人代表其进行尽责管理的过程中所收集的信息是如何影响收购、监督与退出决策的，并如何参照该信息为客户和/或受益人提供最佳服务。

原则 8

签署人应对资产管理者和/或服务提供者进行监督并追责。

报告预期

投资活动

签署人应阐明其如何监督服务提供者，以确保提供的服务符合需求。

结果

签署人应阐明：

- 如何提供服务以满足其需求；

或者

- 在管理者和/或服务提供者未能满足签署人的预期时将采取的行动。

> 例如：
>
> - 资产所有者监督资产管理者与投资顾问，以确保资产的管理与其投资、尽责管理策略与政策相符；或
> - 资产管理者监督投票顾问机构（proxy advisors），以确保尽可能合理地按照管理者的政策进行表决；以及
> - 资产管理者监督数据和研究提供者，以确保其产品与服务的质量和准确性。

议合

> **原则 9**
>
> **签署人应与发行方议合以维持或提高资产价值。**

报告预期

管理活动

签署人应阐明：

- 为其他代表签署人的议合者设定的预期，以及如何设定；

或者

- 如何选择并优先考虑议合（例如，关键因素和/或资产持有规模）；
- 举例阐明如何制定信息充分且精确的目标；
- 采用何种议合方式以及程度；
- 根据原则 1 和原则 6 “背景” 所作的披露，阐明其所选方式的原因
- 在资金、资产或地域方面，议合有何差异。

> 议合方式的事例包括但不限于：
>
> - 面会主席或其他董事会成员；
> - 与管理层举行会议；
> - 写信给公司以提起关注；以及
> - 通过公司顾问提出关键问题。

结果

签署人应阐明正在进行或过去 12 个月内已经达成的、亲自或由他人代表其进行的议合结果。

例如：

- 如何通过议合来监督公司；
- 发行方采取的任何举措或变更；
- 议合结果如何影响投资决策（购买、出售、持有）；以及
- 议合结果如何影响逐级上报。

举例应当中立，包括未取得或尚未取得预期成果的事例。

原则 10

签署人应在必要时参与协作议合，以影响发行方。

报告预期

管理活动

签署人应披露其参与了哪些协作议合以及参与的原因，包括亲自参与或由他人代表其参与的活动。

例如：

- 与其他投资者合作，促使发行方实现特定变更；或
- 作为更广泛利益相关者联盟的一部分就专题问题进行议合。

签署人应提供实例，包括：

- 涉及的问题；
- 措施或论坛；
- 其作用与贡献。

成果

签署人应详述协作议合的结果。

例如：

- 发行方采取的任何举措或变更；
- 议合结果如何影响投资决策（购买、出售、持有）；以及
- 其既定目标是否达成。

举例应当中立，包括未取得或尚未取得预期成果的事例。

原则 11

必要时，签署人应逐级上报其尽责管理活动以影响发行方。

报告预期

管理活动

签署人应阐明：

- 为逐级上报资产管理者代表其进行的尽责管理活动而设定的预期；

或者

- 如何选择和优先考虑问题，并为逐级上报制定明确的目标；
- 运用示例说明何时选择逐级上报其议合，包括考虑的问题和所选方法的原因；以及
- 在资金、资产或地域方面，逐级上报有何差异

结果

签署人应详述逐级上报的结果，无论是亲自进行还是由他人代表其进行。

例如：

- 发行方采取的任何举措或变更；
- 逐级上报的结果如何影响投资决策（购买、出售、持有）；以及；
- 其既定目标是否达成；以及
- 议合方式的任何变更。

举例应当中立，包括未取得或尚未取得预期成果的事例。

权利行使与责任承担

原则 12

签署人应积极行使其权利并承担责任。

报告预期

上市权益和固定收益投资的报告预期如下。此外，同其根据原则 6 提交的报告中所披露的那样，签署人应报告其所投资的其他能够行使权利和承担责任的资产类别中如何行使权利并承担责任。

背景

签署人应当：

- 说明为资产管理者代表其行使权利并承担责任而设定的预期。

或者

- 阐明其如何行使自己的权利并承担责任，以及其方式在资金、资产或地域方面有何差异。

此外，对于上市权益资产，签署人应当：

- 披露其表决政策，包括任何基础政策以及基金依据该政策制定自身政策的程度；

- 说明采纳投票顾问机构（proxy advisors）默认建议（default recommendations）的程度；
- 报告客户可以在多大程度上推翻基础政策；
- 披露其允许客户在独立账户和集合账户中直接表决的政策；以及
- 说明其为表决而采取的股票借贷、回收的办法，以及如何设法减少“无效表决”。

管理活动

对于上市权益资产，签署人应当：

- 披露去年所表决股份的比例以及原因；
- 提供表决记录的链接，如果表决适用弃权则应包括弃权的情况；
- 阐明部分或全部表决决定的理由，特别是以下情形：

－有人投票反对董事会；

－有人投票反对股东决议；

－投票被弃权；

－投票不符合表决政策。

- 阐明另一实体（entity）在多大程度上执行了表决决定，以及如何监督由他人代表其作出的任何表决；以及
- 阐明如何监督其享有的股权和表决权。

对于固定收益资产，签署人应阐明在以下方面所采取的方式：

- 对契约或合同中的条款与条件寻求修正；
- 设法获取信托契约中提供的信息；
- 减值权（impairment rights）；以及
- 审查招股说明书与交易文件。

结果

对于上市权益资产，签署人应提供其过去 12 个月内表决结果的实例。

服务提供者原则

服务提供者在投资领域发挥着关键作用，其提供服务以帮助客户履行尽责管理职责。适用这些原则的服务提供者包括但不限于投资顾问、投票顾问机构、数据和研究提供者。

服务提供者为帮助其客户而承担的尽责管理活动可能包括但不限于议合、表决建议和执行、提供数据和研究、咨询以及提供报告框架与标准。

原则 1 **签署人的宗旨、策略和文化能够促进其有效尽责管理。**

报告预期

背景

签署人应阐明组织的宗旨、提供的服务及其文化、价值、商业模式与策略的概要。

管理活动

签署人应阐明采取了哪些行动以确保其策略和文化能够促进有效尽责管理。

结果

签署人应披露其所评估的为实现客户最佳利益而提供的服务效益。

原则 2

签署人的治理、员工、资源和激励措施能够促进其进行有效尽责管理。

报告预期

管理活动

签署人应阐明：

- 其治理结构和程序如何能够促进有效尽责管理的监督与问责，以及选择该方法的理由；
- 其服务的质量与准确性如何促进有效尽责管理；
- 其尽责管理具备的适当资源，包括：

–其选择的组织和员工结构；

–其资历、经验、资质、培训和多样性；

–其在体系、程序、研究和分析方面的投入；

以及

–如何适当激励员工提供服务；

- 确保收费与所提供的服务相适应。

结果

签署人应披露：

- 其所选择的治理结构和程序能够如何有效支持客户尽责管理；以及
- 如何改进。

原则 3

签署人应当识别、处理利益冲突并将客户的最大利益置于首位。

报告预期

背景

签署人应披露其利益冲突解决政策，该政策旨在将客户利益置于首位并减少或避免客户利益相互背离时产生的利益冲突。

管理活动

签署人应阐明其如何识别和处理因客户利益而产生的任何冲突情况。

结果

签署人应披露其处理实际或潜在利益冲突的事例。

引起利益冲突的原因包括但不限于：

- 股权架构；
- 业务关系；
- 兼任董事职位，以及；
- 客户间利益的相互背离。

原则 4

签署人能识别并应对市场性和系统性风险，以促进金融体系的良好运行。

报告预期

管理活动

签署人应阐明：

- 其如何识别并视情况应对市场性和系统性风险；
- 其如何与其他利益相关方合作以促进金融市场运作的持续改善；以及
- 其在参与的任何相关行业举措中所起的作用。

结果

签署人应披露其贡献程度，以及评估其在识别和应对市场系统性风险并促进金融市场良好运行方面的有效性。

市场风险是指会导致经济损失或影响整个市场总体表现的风险，包括但不限于：

- 利率变化；
- 地缘政治问题；以及
- 汇率。

系统性风险是指可能导致行业、金融市场或经济崩溃的风险，例如气候变化。

利益相关方可能包括投资者、发行方、服务提供者、政策制定者、审计公司、非盈利组织、监管组织、协会和学者。

原则5

签署人应当在考虑物质环境、社会和治理问题的基础上帮助客户整合尽责管理和投资活动，并交流所开展的管理活动。

报告预期

背景

签署人应披露客户群体，例如是机构或是零售，以及客户的地理分布。

管理活动

签署人应阐明：

- 其服务如何为客户的尽责管理与服务提供者的业务性质相适应提供了最佳帮助；
- 是否征求了客户的意见与反馈，以及选择该方法的理由；以及
- 与客户沟通的方式和频率。

结果

签署人应阐明：

- 在提供服务时如何考虑了客户的意见与反馈；以及
- 所选择的与客户沟通并了解其需求的方式的有效性，以及如何评估该有效性。

原则6

签署人应审查其政策，确保其程序。

报告预期

管理活动

签署人应阐明：

- 如何审查其政策与活动，以确保支持客户的有效尽责管理；
- 其为（直接从事或由他人代表从事的）帮助客户进行尽责管理获得了哪些内部或外部担保，及其选择该方法的理由；以及
- 其如何确保尽责管理报告的公平、中立与合理。

结果

签署人应阐明其审查与担保的反馈如何促进其尽责管理实践的持续改进。

附件

英国监管要求

此《守则》属自愿性质，且设定了高于英国最低监管要求的标准。签署人可以对其报告选择适用此《守则》的要求，并根据其他与尽责管理相关的英国监管要求或国际尽责管理准则披露信息[1]。然而，英国财务报告委员会在根据此《守则》评估报告时，不能保证满足所有其他监管要求或管理准则的规定。

资产所有者

企业年金计划必须根据《养老金条例》[2]制定，并说明其如何执行与权利行使相关的政策以及如何参与所有的投资活动，包括如何监督被投资公司及其表决行为。资产所有者还必须说明其股权投资策略如何与其负债（liabilities）相一致，并提供与资产管理者的协议信息。

根据英国金融行为监管局（FCA）的《高级管理安排、系统与控制（SYSC）》资料手册，保险人和再保险人必须制定并说明如何为其上市权益投资实施业务审计政策，包括如何监督被投资公司，其表决行为以及投票顾问机构的任用。

资产所有者还必须提供其与资产管理公司的安排信息，并说明其股权投资策略如何与其负债相一致。养老金监管组织鼓励资产所有者在其固定收益和固定缴款计划的受托人指导中遵守此《守则》。

资产管理者

根据英国金融行为监管局的《商业行为手册》（COBS），资产管理人必须制定并说明如何对其上市权益投资实施业务审计政策，包括如何监督被投资公司、其表决行为和投票顾问机构的任用。

《商业行为手册》要求公司披露其对此《守则》所作承诺的性质，如果不承诺此《守则》，则必须披露替代的投资策略（COBS 规则 2. 2. 3）。

投票顾问机构

《2019 投票顾问机构（股东权利）条例》（PA 条例）要求投票顾问机构在英国金融行为监管局的监督下公开披露行为准则，并说明其如何遵守。投票顾问机构可能希望使用服务提供者的原则作为其行为准则。

投票顾问机构还必须披露并执行利益冲突政策，并保证其建议的准确性和可靠性。

---

〔1〕 针对不同签署人类型及其所适用的监管要求、管理准则和监管组织，详见附件中的表格。——译者注

〔2〕 英国就业及退休保障部（DWP）发布了企业年金基金条例，英国住房、社区与地方政府部（MHCLG）发布了地方政府养老金计划条例。详见附件中的表格。

表 1

<table>
<tr><th>签署人类型</th><th>规章制度</th><th>监管组织</th></tr>
<tr><td>资产所有者－企业年金计划受托人</td><td>大不列颠
•《2005 年企业年金计划（投资）条例》
The Occupational Pension Schemes（Investment）Regulations 2005
•《2013 年企业与个人养老金计划（信息披露）条例》
The Occupational and Personal Pension Schemes（Disclosure of Information）Regulations 2013
修订：
•《2018 年养老金保障基金（可供计算退休金的服务）及退休金计划（投资及披露）（修订及改进）条例》
The Pension Protection Fund（Pensionable Service）and Occupational Pension Schemes（Investment and Disclosure）（Amendment and Modification）Regulations 2018
•《2019 年企业年金计划（投资及披露）（修订）条例》
The Occupational Pension Schemes（Investment and Disclosure）（Amendment）Regulations 2019
北爱尔兰
•《2005 年企业年金计划（投资）条例（北爱尔兰）》
The Occupational Pension Schemes（Investment）Regulations（Northern Ireland）2005
•《2014 年企业与个人养老金计划（信息披露）条例（北爱尔兰）》
The Occupational and Personal Pension Schemes（Disclosure of Information）Regulations（Northern Ireland）2014
修订：
•《2018 年养老金保障基金（可供计算退休金的服务）及退休金计划（投资及披露）（修订及改进）条例（北爱尔兰）》
The Pension Protection Fund（Pensionable Service）and Occupational Pension Schemes（Investment and Disclosure）（Amendment and Modification）Regulations（Northern Ireland）2018
•《2019 年企业年金计划（投资及披露）（修订）条例（北爱尔兰）》
The Occupational Pension Schemes（Investment and Disclosure）（Amendment）Regulations（Northern Ireland）2019</td><td rowspan="2">英国养老金监管局（The Pensions Regulator）</td></tr>
<tr><td>资产所有者－受托人委员会</td><td>•《固定收益养老金计划投资指南》
Investment guidance for defined benefit pension schemes
•《投资治理指南（针对固定缴款养老金计划）》
A guide to investment governance（for defined contribution pension schemes）</td></tr>
</table>

续表

签署人类型	规章制度	监管组织
资产所有者 - 保险人和再保险人	•《高级管理安排、系统与控制》（SYSC）资料手册 3. 4 SRD 要求 Senior Management Arrangements, Systems and Controls（SYSC）sourcebook 3. 4 SRD Requirements	英国金融行为监管局（Financial Conduct Authority）
资产管理者	《商业行为手册》（COBS）2. 2B SRD 要求和 2. 2. 3 披露对 FRC《尽责管理守则》的承诺 Conduct of Business Sourcebook（COBS）2. 2B SRD requirements and 2. 2. 3 Disclosure of commitment to the FRC's Stewardship Code	
投票顾问机构	•《2019 年投票顾问机构（股东权利）条例》 The Proxy Advisors（Shareholders' Rights）Regulations 2019 •《决策程序与处罚手册》 Decision Procedure and Penalties Manual •《执行指南》 Enforcement Guide	

英国金融行为监管局（FCA）

建立有效的尽责管理监管框架

（对于第 19/1 号讨论文件的反馈意见报告　FS 19/7）

（2019 年 10 月）

欧阳琪、魏佳卿　译

目　次

1. 概要

1.1　资产所有者和资产管理人的尽责管理，包括在知情的基础上做出投资决策，以及一旦投资后对投资资产进行积极的监督。尽责管理活动与金融行为监管局（Financial Conduct Authority，FCA）的目标相一致，即使相关市场良好运转。尽责管理活动可以提高市场质量和诚信度，还有助于为客户和受益人创造可持续的长期价值。有效的尽责管理也有望带来更广泛的经济、环境和社会效益。

1.2　通过监管，我们旨在确保资产管理人及人寿保险公司等公司能为他们的顾客创造良好的收益。为实现这一目标，对于很多公司来说，践行尽责管理不可或缺。例如，当一名资产管理人代表资产所有者进行长期投资活动时，践行尽责管理就十分必要。

1.3　2019 年 1 月，我们与财务报告委员会（Financial Reporting Council，FRC）共同发表了一份讨论文件，题为《构建尽责管理的监管框架》（Building a Regulatory Framework for Stewardship，DP19/1）。本反馈意见报告系在 FCA 监管职责范围内，对我们收到的广泛反馈意见进行回应。

1.4　由于 DP19/1 是一份联合讨论文件，在对未来工作进行规划时，我们一直注意保持与 FRC 之间的密切协作，而且该协作将持续进行。FRC 修订 2020 年版《英国尽责管理守则》（The UK Stewardship Code 2020）（以下简称《守则》）时，除对其征求意见外，还参考了本反馈意见报告中的内容。该守则已于今天公布。

1.5　我们认真考虑了利益相关方的意见。我们同意多数受访者的观点，目前不应当再对人寿保险公司和资产管理人提出更多与尽责管理有关的要求。我们还同意，应当先让公司适应已于 6 月份生效的股东参与的新规则［落实修订后的《股东权利指引》（第二版），the revised Shareholder Rights Directive，SRDII］及其他相关措施。

1.6　还有证据表明，一些公司已经在加大投资，以提高其尽责管理能力。随着对环境、社会和公司治理问题（environmental，social and governance，ESG）的日益关注，我们发现，越来越多的机构投资者倾向于寻求提供更高尽责管理水平的资产管理人。

1.7　不过，通过与行业、FRC、政府部门及其他监管机构合作，我们已经确定了应当采取的一些措施，以解决有效尽责管理残留的一些问题，包括第 1.17 段中概述的部分。我们的行动建立在现有举措的基础之上，其中包括最近发表的《气候变化与绿色金融：应对和后续措施概要》（Climate change and green finance：Summary of responses and next steps，FS19/6）中宣布的举措。特别是：

- 我们将研究资产所有者如何制定和沟通他们的尽责管理目标，并且，我们将采取行动，鼓励资产所有者、资产管理人和服务提供者之间有利于实现该目标的安排。
- 我们将帮助解决影响有效尽责管理实践的监管、信息和结构性障碍问题，包括对一些要求增强发行者气候变化披露的规则的修订征求意见。
- 我们将进一步考虑企业文化、公司治理和领导能力在气候风险管理和尽责管理实践中的作用。
- 我们将采取一系列行动，以促进更好地披露公司的尽责管理实践及成效。

1.8　随着《守则》的出台，我们将继续与 FRC 合作。DP19/1 关注的一个重点领域是有效尽责管理的监管基准与通过《守则》促进更高标准之间的平衡。因此，持续的密切沟通和协调非常重要。我们将与 FRC 及其后续机构，一同开展适当的工作安排。

1.9　随着新守则生效，我们考虑将在必要时采取进一步行动，以便监管框架能持续促进有效尽责管理。

这会影响到谁

1.10 此反馈意见报告适用于那些直接从事尽责管理工作或对尽责管理活动的效果感兴趣的人，他们包括：

- 受 FCA 监管的资产管理公司和人寿保险公司。
- 养老金提供者，养老金计划运营商和养老金计划受托人。
- 已有和将来的《守则》签署方。
- 投票顾问，投资顾问和其他服务提供商。
- 上市公司，债券发行人及其顾问。
- 政策制定者及监管机构。
- 行业团体、交易机构、消费者团体、个人消费者、慈善机构以及民间社会团体、行业专家、评论员、学者、智囊团等。

我们的讨论文件

1.11 DP19/1 就如何能最有效地鼓励机构投资界更积极地参与尽责管理工作征求意见。在英国资本市场的现有结构中，我们考察了有效尽责管理应该是什么样子，对于为客户和受益者投资的金融服务公司的最低预期应该是什么，英国应该追求的标准，以及如何实现这些标准。

1.12 我们收到 48 份书面答复，并与利益相关方广泛开展各种会议、圆桌会议和其他活动进行沟通。与此同时，监管人员还与资产管理公司进行了会面，以征集对尽责管理实践的见解。

对于 DP19/1 的反馈意见总结

1.13 总体而言，DP19/1 获得了好评。利益相关者普遍同意我们的观点，即尽责管理有助于相关市场良好运作。但是，大家对于 DP19/1 中关于尽责管理的定义有不同的观点。特别是，有人质疑将更广泛的社会和经济利益纳入管理目标是否适当。

1.14 大多数利益相关方同意 DP19/1 中提出的有效尽责管理的关键属性，但作了一些小的改进。他们一致认为，资产所有者必须确定清晰的目标，并就此进行有效沟通，以促进整个机构投资界采取一致的尽责管理行动。

1.15 利益相关方还一致认为，我们应采取全面系统的办法进行尽责管理。也就是说，尽责管理工作的有效性，取决于资产所有者、资产管理人和服务提供者在整个机构投资界以相互支持的方式共同发挥作用。

1.16 大多数受访者反对现在对资产管理人或人寿保险公司提出更多的尽责管理要求，特别是在该领域的新规则尚未完全落实的情况下。更普遍的是，利益相关者反对指令性规则，他们指出，尽责管理目标和实践具有不确定性且种类繁多。

1.17 然而，他们大体上同意我们对尽责管理工作的潜在成本、激励措施和信息障碍的评估。他们强调了以下几点：

- 资产所有者和资产管理人之间的投资授权，投票指引和其他安排，可能与资产所有者及受益人的投资和尽责管理目标不完全一致。
- 证券发行人披露的气候变化等长期因素信息可能不足以使投资者作出长期决策。
- 《市场滥用行为监管规定》（Market Abuse Regulation）和竞争法中存在的监管不确定性可能妨碍发行人与投资者之间的接触。
- 公司披露的尽责管理信息可能不够详尽，无法使投资者根据其尽责管理质量来对公司进行优劣区分，这可能会削弱市场自律性。
- 服务提供商（包括投票顾问和投资顾问）可能不会充分践行投资者要求的尽责管理。
- 公司的治理安排可能没有充分重视有效尽责管理的价值。

1.18 我们将在第3节中对收到的反馈意见进行更详细的总结。

我们的回应

1.19 我们已经仔细考虑了利益相关者的反馈意见，并同意我们现在不应该引入新的监管措施来规定资产所有者和资产管理人应该如何践行尽责管理。

1.20 然而，我们仍应该与业界和其他监管机构一道采取进一步措施，消除有效尽责管理一些最主要的障碍。这些行动将为我们已经采取的监管措施作补充，以及落实《守则》和其他即将采取的举措。通过消除这些障碍，我们的目标是为加快有效尽责管理工作的进展创造条件。

1.21 公司以客户和受益人的利益为导向，因此对于尽责管理有不同的优先次序、不同的管理策略并为此分配不同的资源。我们对此并无异议。

1.22 我们期望各公司明确表明，为客户和受益人的最大利益行事，是否需要他们开展尽责管理工作和其他活动，以改善被投资公司的公司治理能力，促进可持续的长期价值创造。然后，公司应该以合理、明确和不具误导性的方式向客户披露他们如何处理这些活动。如果它们不承担尽责管理责任，公司应该明确这一点，以便客户和受益人能够选择最有可能实现其目标的公司。

1.23 我们后续措施将在第4节中阐述，这些措施以正在进行的其他举措为基础，包括第19/6号反馈意见报告中宣布的行动。我们对相关进展一直保持关注，包括《守则》的出台。我们还将在监管和研究工作中继续保持对于尽责管理的关注。根据有效尽责管理的关键属性，我们的工作可以总结如下：

目的明确

1.24 我们注意到利益相关方的一些评论，他们认为在机构投资界建立针对尽责监管的相互支持性安排十分重要。为此，我们将进一步研究资产所有者、资产管理人和服务提供商之间的安排。

1.25 其中，我们注意到资产管理人对养老金计划受托人表决规则不太认可，所以我们将考察资产管理人的表决政策。

1.26 我们将采取三项活动：

• 开展行业研讨会，为尽责管理设定一个清晰的目标。作为第一步，我们将于 2020 年第一季度与其他监管机构共同举办一次行业研讨会，讨论资产所有者如何制定和传达他们的监管目标，以及这些目标如何能有效被资产管理人和服务提供商所接受。考虑到有人还提出了其他问题，我们还将以此为契机，收集有关如何最好地将我们目前关于尽责管理和股东参与规则，扩大适用至自主投资型个人养老金计划（Self – Invested Personal Pension scheme，SIPP）运营商的初步意见。

• 参与资产管理行业相关工作。我们将参与由投资协会牵头的业界工作，研究如何推动投资委托授权事务以及资产所有者与资产管理人之间的其他安排的长期视角。

• 投资顾问。竞争和市场管理局（Competition and Markets Authority，CMA）已经提议，投资顾问应当接受 FCA 的监管。财政部正在考虑此建议，并将适时征询意见。在取得咨询结果之前，尽责管理问题将作为我们与财政部通力合作，为投资顾问设计适当的监管制度工作的一部分。

有效的监督，参与和挑战

监管问题

1.27 如前所述，我们认为投资者在单独和联合地与发行人接触时，可以充分遵守《市场滥用行为监管规定》和竞争法，只要他们考虑如何谨慎行事并作出适当调整。

1.28 我们将继续与业界合作，以确定需要关注的领域，并提供适当的解释说明，实现投资者和发行人在监管规则范围内的有效互动。关于《市场滥用行为监管规定》，我们很乐意就针对投资者或发行人已经发现的具体问题进行讨论，并将考虑是否适宜提供进一步的指导。

发行人信息披露

1.29 我们在 FS19/6 中宣布，我们将在 2020 年年初就新的“遵守或解释”规则的提案征求意见，该规则要求某些上市发行人根据气候变化相关财务信息披露工作组（the Task Force on Climate – related Financial Disclosures，TCFD）的建议，披露与气候相关的信息。这将是改善证券发行人长期因素信息流的第一步，同时也使证券发行人对我们的监管要求有所了解。

服务提供商

1.30 我们将研究各种不同类型的服务提供者以及它们对尽责管理工作的影响：

• 我们将考虑针对投票顾问的新制度生效后将发生的效果。

• 我们将考虑专业的 ESG 数据服务提供者所发挥的作用；第一步，我们将考察这些服务的性质和质量，投资者如何使用这些服务以及它们对这些服务的依赖程度。

• 我们将支持法律委员会关于中介化证券的综述型研究，特别是关于通过代名人持有证券对行使股东权利的影响的研究。

支持有效尽责管理的文化和制度架构

1.31 在 FS19/6 中，我们表示，我们将进一步关注企业文化、治理能力和领导能力，以确保它们以适当方式管控气候变化风险，帮助向零净排放过渡。我们希望我们的监管框架可以促进气候变化问题的透明度和问责制。而这项工作可以考虑设置更宽泛的针对高管的尽责管理问责机制。被提议的独立治理委员会（Independent Governance Committees，IGCs）新规则，也将是对个人职业养老金计划尽责管理工作的重要补充。

尽责管理活动的信息披露和透明度

1.32 我们将采取一系列行动，促进提高公司的尽责管理实践和成效的信息披露质量。其中包括在 FS19/6 中宣布的措施，这些措施可以帮助客户和受益者评估公司的业务、产品和服务是否达到其可持续性目标。

•《守则》。我们将继续与 FRC 合作，协助其根据新守则开展拟议的活动和成果报告工作。

• 监管。一般而言，我们将继续在监管过程中与公司在尽责管理上进行沟通。这其中，我们可能会考虑以下证据：公司根据股东参与规则要求披露的信息，以及公司根据《守则》提交的报告。

• 受监管公司的气候变化信息披露。我们将与其他机构合作，考虑如何最有效地加强资产管理公司和人寿保险公司等受监管公司关于气候变化的信息披露，从而使他们能够在其业务活动如何与客户可持续发展目标保持一致这一方面保持信息透明。其中，我们将考虑实施符合 TCFD 要求的最有效的信息披露方法。

• 对绿色金融产品和服务的展望。在 FS19/6 中，我们提及了将开展的后续工作，以促进消费者享受真正的绿色产品和服务，包括：

——盘问那些被发现存在误导性营销情形的公司（所谓的“漂绿”），阐明我们的期望，并采取适当的措施防止消费者受到误导。

——进一步开展关于“漂绿”的政策分析，并酌情采取行动（如发布新指引）。

——参与欧盟正在开展的相关行动，特别是关于通用标准和产品信息披露的行动。

我们寻求的结果

1.33 我们期待看到有效的尽责管理。这将有助于实现我们的战略目标——确保相关市场良好运转，以及我们的 3 个运作目标：

• 它将通过提高市场质量和资本配置效率来保障市场诚信。

• 通过鼓励企业积极追求满足消费者偏好的价值达到有利于消费者的效果。

● 公司对尽责管理成效的适当披露，可以鼓励他们为了消费者的利益而在尽责管理质量上进行竞争。

衡量标准

1.34 有效尽责管理的关键属性就是其衡量标准，我们将在对受监管公司的监管和与行业参与者的持续接触过程中找寻证据，证明存在进步。

平等及多样性问题

1.35 我们已经考虑到本反馈意见声明中的提案中潜在的平等和多样性问题。总体而言，我们不认为这些提案会对2010年《平等法案》（the Equality Act 2010）所规定的任何受保护群体产生重大影响。

2. 本反馈意见报告的广泛背景

2.1 我们在尽责管理上的监管与其他旨在推动以长远眼光看待投资行为、为委托人和受益人创造可持续价值的监管活动紧密相关。

其他与长期投资相关的举措

2.2 我们发布了DP19/1，并附有一份征求意见稿（CP19/7），讨论如何实施SRDII规定，适用对象是受FCA监管的人寿保险公司、资产管理人以及关联交易股票发行人。

2.3 我们有关股东参与的新规则在我们的政策声明PS19/13《促进股东参与的提案：对CP19/7的反馈和最终规则》（于2019年5月发布）中有所体现。这些规则建立了重要的监管基准，它们要求人寿保险公司和资产管理人披露他们的尽责管理方法，使客户和受益人能够在知情的基础上做出决策。

2.4 一些政府部门和监管机构对于促进有效的尽责管理这一问题非常重视。因此，我们的工作会在FRC、商业、能源和工业战略部（Department for Business，Energy and Industrial Strategy，BEIS）、财政部、就业和养老金部（Department for Work and Pensions，DWP）以及养老金监管局（the Pensions Regulator，tPR）几个部门之间进行协调。

2.5 为明确和强化受托人的投资职责，DWP在2018年出台的新投资条例的基础上针对信托型养老金计划实施SRDII中规定的措施。其中包括他们对投资活动实施尽责管理的政策，以及对ESG风险与机遇因素的考量。

2.6 财政部制定了《2019年投票顾问（股东权利）条例》［Proxy Advisors（Shareholder Rights）Regulations 2019］。该条例要求投票顾问披露其冲突管理政策、研究方法、表决政策和人员配备以及是否遵守自愿行为守则。该条例赋予我们有限的权力来监督投票顾问是否满足这些披露要求。

2.7 在与DP19/1同时发布的另一份征求意见稿中，FRC提出了对2012年版《英国尽责管理守则》的修订建议。FRC 认真考虑了收到的答复，并发布了《守则》。新的守则致力于设置一个高于原监管基准的尽责管理的标准，保持英国在尽责管理上良好的国际声誉。DP19/1 也考虑到我们的监管规则与《守则》之间的适当平衡。

2.8　我们还正在进行其他工作，以促进以长远眼光看待投资活动：

● IGCs 于 2015 年成立，旨在评估个人职业养老金计划（及路径投资）提供者的可持续的经济效益。2019 年 4 月，我们曾在 CP19/15 中，对扩大 IGCs 职权范围、赋予其新职责征求了意见。其中包括，IGCs 必须考虑并报告其所监管公司的尽责管理政策的充分性和质量问题，以及这些公司如何在其投资策略中体现 ESG 风险因素和成员关注的问题。

● 2018 年年底，我们发布了一份征求意见稿（CP18/40），建议修改允许连结规则，允许散户投资者在获得适当保护的情况下，获得投资连结基金的长期耐心资本投资机会。此外，我们还发布了第 18/10 号讨论文件，对英国授权基金在现有规则下投资耐心资本的潜在障碍这一问题上征求意见。我们正在考虑收到的反馈意见，并将在适当时候公布我们的回应。

与提倡可持续金融及投资的联系

2.9　当然，这项工作还与人们越发关注一般公司和投资公司如何应对气候变化以及其他 ESG 风险和机遇有关。

2.10　英国政府承诺到 2050 年实现温室气体净零排放，该承诺具有法律约束力。为应对这一挑战，英国政府于 2019 年 7 月发布了《绿色金融战略》(Green Finance Strategy)，强调了金融服务在为英国的“绿色”经济融资中发挥着至关重要的作用。

2.11　在这一领域，有大量的国际产业和监管举措。最值得一提的是，欧盟委员会正在实施的一个范围广泛的雄伟计划《可持续金融行动计划》(Sustainable Finance Action Plan)。具体内容包括可持续财务披露、可持续基准和促进对可持续活动的一般理解的分类方法。

2.12　政府在其《绿色金融战略》中承诺，无论脱欧的结果如何，英国都将达到欧盟绿色金融计划目标的要求。欧盟委员会也在研究金融市场的短期性问题，并从欧洲监管机构处收集有关此方面的技术建议。

2.13　通过在这一领域的工作，包括在本文件和最近的 FS19/6 中所述的内容，我们正在考虑如何使规则较好地支持和鼓励资产所有者和资产管理人在适当情况下采取长期视角。其中，我们也在考虑公司如何在其业务、风险和投资决策中应对气候和其他 ESG 风险。

2.14　这与我们同审慎监管局（以下简称 PRA）、FRC 和 tPR 一起，针对绿色金融战略发表的联合声明内容一致。此宣言表明了我们对气候变化带来的金融风险和机遇的共同理解，以及我们将在此问题上共同努力的承诺。与 PRA 一起，我们举办了气候金融风险论坛(Climate Financial Risk Forum)，以汇集各金融领域的代表，分享最佳实践经验，并开发应对气候相关金融风险的实用工具和方法。

3. 反馈意见及回应内容的总结

3.1　本节总结了我们收到的对于 DP19/1 的反馈意见，以及我们的回应。第四节详细介绍了我们接下来将实施的措施。

3.2　我们共收到 48 份书面答复，并通过一系列一对一会议、圆桌会议和其他活动与利益相关方进行广泛的接触。尽责管理同时也是我们 3 月与伦敦经济学院共同举办的一次会议的一个重要主题。我们由衷地感谢所有受访者提供的宝贵意见。

3.3　收到的书面回复中，几乎有一半来自行业协会。我们还收到了其他利益相关者的书面答复，包括学者、资产管理人、资产所有者、大型咨询公司、特殊利益和民间社会团体以及交易所。我们的法律顾问小组也提供了反馈意见。

3.4　我们将这些反馈意见汇总整理，总结出了利益相关者重点关注的主题。

尽责管理的定义和目标

3.5　DP19/1 就尽责管理的定义征求了意见。FCA、FRC 联合讨论文件中提出的定义与 FRC 在修订《守则》征求意见过程中提出的定义一致。它旨在凸显尽责管理的更广泛的经济作用，而不是仅为监管提供基础。DP19/1 将尽责管理定义为："在整个机构投资界负责任地分配和管理资本，为受益人、经济和社会创造可持续价值。"

收到的反馈意见

3.6　在定义问题上，我们收到了各种各样的反馈。作出答复的大多数利益相关方同意，尽责管理工作应侧重于资本分配和监督。许多受访者也同意在定义中纳入更广泛的经济和社会考虑。

3.7　然而，DP19/1 给出的定义中，将受益人的利益与更广泛的经济和社会的利益放置在同等重要的地位，许多资产管理人和一些资产所有者对此表示了担忧。他们强调，他们仅对客户负有信托责任。他们认为，要求他们为更广泛的经济和社会利益负担同样程度责任这一期望，与为客户负责的首要责任相冲突。他们指出，除非客户明确要求，公司不能优先考虑经济或社会目标。

3.8　支持 DP19/1 中定义的人认为，这些目标之间没有冲突。一些人强调，追求经济和社会目标不一定导致投资回报降低，特别以长远眼光来看。一位资产管理人指出，管理客户和受益人中长期风险的行动，符合"一个好管理人和好受托人"的要求。有受访者将气候变化作为这类风险的一个例子。

3.9　一位资产所有者受访者表示，文件中提议的定义与自己的观点一致，即通过"我们的受益人将如何选择"的视角评估 ESG 风险。

3.10　一些支持这一定义的受访者也提出了一些修正和改进意见。其中，有人要求我们增加对实现环境目标的明确解释。

3.11　一些受访者建议我们仔细考虑机构投资界不同代理人的角色和责任，以及这些角色和责任如何影响他们的尽责管理实践。例如，许多资产所有者不会积极地与被投资公司接触。他们可能会专注于为资产管理公司设定目标，并监督目标是否实现。

3.12　除了收到对 DP19/1 的反馈外，FRC 在对《守则》的修订征求意见时，也收到了关于尽责管理定义的大量反馈意见。尽管一些资产所有者和其他利益相关者更加支持征求意见中提出的定义，但大部分反馈意见与 DP19/1 的反馈中表达的观点相一致。FRC 已考虑了此反馈，并针对《守则》发布了修订的尽责管理定义，作为修订后的守则的一部分。

3.13　受访者还要求我们继续与 FRC 密切合作，以确保采取协调一致的尽责管理方法。

我们的回应

我们仔细考虑了这些反馈意见，并在 FRC 完成修订《守则》工作时，与其进一步讨论了这些问题。在这些问题上，保持两方工作持续协调非常重要，既有利于我们在这一领域的监管活动，也有利于 FRC 通过《守则》鼓励各方提高尽责管理标准。

我们注意到，对于文件中提及的，公司在尽责管理目标上应对受益人、经济和社会给予同等重视，一些利益相关者认为这存在潜在冲突，因此他们持保留态度。

我们认为，必须承认有效的尽责管理能有效促进取得更好的经济、环境和社会产出。但是，我们认识到，这些结果可能是以间接形式出现的，在为客户和受益者追求可持续的财务回报时产生。

一直以来，我们的监管基础就是保障客户和受益人的利益。作为监管机构，我们希望确保公司有效地履行尽责管理职责，这是为客户创造价值的必要条件。然而，这不应妨碍资产所有人在其投资信念及其为资产管理人设定的投资授权中，提倡实现更广泛的目标，只要该目标符合受益人偏好。

例如，针对基于信托的养老金计划的新投资条例中提到，受托人可以阐明在制定其投资原则声明时如何考虑成员的偏好。同样，我们为 IGCs 提出的新规则要求，除其他事项外，他们还需要报告其公司如何在其投资决策和策略中考虑 ESG 因素和成员关注的问题。

在第 4 节中，我们描述了未来将开展的工作，研究资产所有者如何制定其投资计划和尽责管理目标，以及这些目标如何反映在资产所有者与资产管理人的安排中。

我们也注意到，无论在公共政策方面，还是在行业实践方面，一直以来的走向都是为了从更广阔的公司宗旨迈进。可持续和绿色金融相关工作日益强调机构投资界，更广泛地来说，金融界，在推动取得积极和可持续的经济、环境和社会成果方面的作用。

欧盟的可持续金融行动计划明确追求这些可持续性目标。例如，资产所有人可以设定一个可持续的基准或要求披露资料，以确认资产管理人正在以符合其可持续性期望的方式管理投资。我们将继续参与欧盟的相关倡议，并评估其对于英国的影响。

在投资者设定这些类型的目标时，尽责管理可以发挥重要作用。政府的绿色金融战略明确提到了其资产管理工作组的工作，该工作组最近成立了一个分组，以促进可持续的尽责管理。

尽责管理活动的重点

3.14　尽责管理在为受益人、经济和社会创造价值时，是否有需要重点关注的特定领域，DP19/1 对此征求了意见。

收到的反馈意见

3.15　在利益相关者对此问题的回答中，有一些主题被多次提及。收集到的反馈意见中，气候变化和环境作为尽责管理工作的重点领域，被受访者反复提及，公司治理问题也是提及较多的主题之一，例如多样性和高管薪酬。一些反馈意见强调了社会考虑因素，并指出在 ESG 因素中，迄今为止，社会问题受到的关注最少。

3.16　然而，一些资产管理人员强调，在确定尽责管理工作的优先事项方面，灵活性非常重要，因为这些事项的优先性自然会随着时间的推移而改变。一个行业组织评论说："有效的尽责管理不能归结为一系列需要解决的问题——这将把管理工作变成一项合规工作，并阻止资产经理根据其尽责管理方法将自己与竞争对手区分开来。"

3.17　一个养老金基金在确定尽责管理问题的优先次序时说，尽责管理工作应侧重于影响投资长期价值的重大问题。这得到了其他人的响应。一位学术回应者评论说，"最好的管理能让蛋糕做大，为投资者和利益相关者创造更多价值。"

我们的回应

与许多反馈意见的观点相一致，我们认为，对于许多公司而言，为了谋求客户和受益人的最大利益，尽责管理将是其实现长期可持续价值创造的战略不可或缺的一部分。尽责管理工作的重点将取决于这一长期目标。因此，它通常包括仔细考虑 ESG 因素，与《守则》的规定相一致。

但是，我们承认，尽责管理工作的优先事项将因机构和时间而异。因此，我们不想对尽责管理重点领域作出具体的规定。

我们还同意，尽责管理不应成为合规工作。因此，第 4 节的重点将是消除有效尽责管理的障碍和创造条件，使以市场主导的激励措施可以提高尽责管理工作水平。

有效尽责管理的关键属性

3.18　DP19/1 对有效尽责管理的关键属性征求了意见。征求意见稿提出了 4 个关键属性，并提出了一些与这些属性相一致的示例行为。这些属性是：

- 目标明确。
- 有效的监督、参与及挑战。
- 有利于尽责管理的制度架构和文化。

- 尽责管理活动公开透明。

收到的反馈意见

3.19　受访者大致同意文件中建议的关键属性。一些人提出了一些小的修正意见。例如，其中包括指出机构投资界中不同代理商扮演的不同角色，并强调了“结果”对于投资者尽责管理的重要性。

3.20　一些受访者说，在考虑那些符合这些属性的行为时，我们应考虑允许使用不同种类的尽责管理办法。他们还建议，我们应该强调集体参与的重要作用，以增加个人资产所有者和资产管理人的影响力。

3.21　一些受访者，包括资产管理人、资产所有者、交易机构和利益集团，强调了将尽责管理工作纳入投资过程的重要性。他们认为，尽责管理工作应该是投资过程的核心，而不是在某一个治理架构或参与团队中进行的孤立活动。他们认为，这将使尽责管理真正实现其目标和作用，并能使公司在与其他公司合作时提高企业的信誉。

3.22　利益相关者再次要求，希望我们与 FRC 在负责各自的尽责管理工作时，能始终如一地贯彻适用关键属性。

我们的回应

鉴于提供反馈意见的受访者普遍赞同 DP19/1 中确定的关键属性，我们采纳了这些属性——针对反馈意见进行了一些修正——以帮助引导我们的政策思考方向，并描述我们试图实现的结果（见表 1）。我们还用这些属性来组织我们的行动和第四部分提及的后续步骤。

表 1　有效尽责管理的关键属性

目标清晰 明确尽责管理的范围、作用和目的。反映客户和受益人的投资和尽责管理目标合同条款及其他安排。	**有效的监督、参与及挑战** 积极有效地对资产进行监控、与发行人的有效对话以及行使所有权。将尽责管理工作纳入投资过程以促进客户和受益人的投资和尽责管理目标的实现。
有利于有效尽责管理的制度架构和文化 存在有利于制定投资策略及开展尽责管理活动的、与客户及受益人的投资和尽责管理目标相一致的文化及制度架构。	**信息披露、尽责管理活动和结果透明** 机构投资界通过报告和信息披露以证明尽责管理的活动及成效符合客户及受益人的投资和尽责管理目标。

我们同意受访者的观点，应该参考关键属性对尽责管理的结果进行评价。尽责管理的价值——以及资产所有者对尽责管理的需求——将取决于尽责管理为客户和受益人可持续的长期价值创造所做的贡献。

与此相一致，我们还注意到，《守则》还要求提供关于尽责管理活动和成果的报告。我们正在参与 FRC 正在进行的这项工作。我们预计，这一报告能使我们发现尽责管理工作的价值。通过比较不同公司所取得的成果，报告能推动有效尽责管理的竞争性市场的发展。

适用尽责管理的机构、资产类别和地域范围

3.23 DP19/1 就适用尽责管理的机构、资产类别和地域范围征求意见。

收到的反馈意见

3.24 受访者普遍认为，鉴于机构投资界的复杂性，尽责管理工作的开展应该获得包括资产所有人、资产管理人、被投资公司和服务提供者在内的机构投资界的相互支持，这一点至关重要。尽管实现起来有难度，但人们普遍认为应当在所有资产类别和地区开展尽责管理工作。

机构的适用范围

3.25 利益相关方普遍赞同讨论文件中全面系统适用尽责管理工作的观点。许多受访者都认为，资产所有人通过对资产管理人授权等安排，确定了尽责管理的基调。他们还认为，这些安排应反映受益人在相关时间范围内的利益诉求。但他们承认，这些活动有些并不具有系统性。

3.26 一位顾问建议我们对机构投资界进行更详细的研究，描绘出其中不同的互动、信息流和激励机制。例如，我们应该承认，不同类型的资产所有者——例如基于信托的养老金计划、基于契约的养老金计划、主信托、人寿保险公司——可能拥有不同的资源、激励和约束内容。

3.27 利益相关者还表示，服务提供商需要为尽责管理提供有效支持。我们将在本节后面讨论一些潜在的障碍。

资产类别的适用范围

3.28 大多数利益相关者认为，公司应在上市股票之外践行尽责管理。他们承认拥有投票权的上市股票可能更容易实现尽责管理，但他们认为债券持有人仍然可以发挥其影响力。一些受访者强调债券持有人“在资本结构中的重要地位”。例如，有人指出，债券持有人可以在进行投资之前施加压力，例如，订立契约和披露投资期望时，以及债务被结转时。

3.29 受访者承认，跨资产类别行使尽责管理可能使事情变得更加复杂。例如，一家资产管理交易机构表示，它可能需要特定的治理安排实现所传递消息的一致性，并处理同一家公司下不同优先顺位和不同种类的资产权利之间的冲突。

3.30 其他受访者提到了尽责管理在其他投资活动中的作用。例如，一家私募股权和风险投资行业的交易机构强调，长期持有资产和在作出重大决策时具有可衡量的风险，是激励对资产进行尽责管理的天然诱因。

3.31 代表互惠公司的另一名受访者说，互惠公司的所有权属于顾客，在本质上符合所有者和顾客的利益。他们认为，由于没有季度报告周期或卖方分析师的压力，这种所有权结构有助于防止短期行为。他们还指出，这是互惠公司市场份额近期增长的驱动力。

地域范围

3.32　利益相关方普遍认为，有效的尽责管理不仅需要跨机构投资界合作，而且需要跨国界的协调行动。然而，他们也指出了实现这一目标的挑战。这些挑战包括不同国家存在不同的法律和监管要求、不同的本地市场条件以及使用本地代理机构的必要性。一些利益相关方还提到投资活动中的“本土偏见”，我们在 DP19/1 中将其定义为投资者更倾向于积极与母国辖区内投资公司合作。

我们的回应

人们普遍认同应当从全面系统的角度看待尽责管理工作，正如 DP19/1 所建议的那样。因此，第 4 节所述的几项行动和后续步骤旨在消除障碍，以便在整个机构投资界建立一个相互支持的管理环境。

我们也同意受访者认为尽责管理应当在广泛的资产类别和地理范围适用的观点。

因此，我们支持《守则》在上市股票之外的应用，并在守则中纳入针对服务提供商的原则。然而，我们也注意到了一些受访者指出的潜在挑战，我们将与 FRC 合作，考察这些挑战是否存在实际证据。

在地域范围方面，SRDII 中关于股东参与规则的适用范围，将扩大至公司的全部股票组合，其中包括在英国以外上市交易的股票。

此外，《英国尽责监管守则》（2012 年版）的签署者多为总部设在境外的资产所有者、资产管理人和服务提供商。我们期望 2020 年版也能达到这一标准。如果《英国尽责监管守则》（2020 年版）开始提高最佳尽责管理实践的门槛，其他司法管辖区很可能也会选择采用类似的标准。此前，一些国家已将该守则作为本国制定相应规范的基础，其他司法管辖区对 FRC 的修订活动也十分关注。

尽责管理方法的举例

3.33　我们就具有不同目标和投资战略的公司如何进行尽责管理征询意见，期待受访者能在尽责管理的优先顺序、资源配置、如何与投资决策相结合等问题上给予反馈意见。

收到的反馈意见

3.34　对这个问题的大多数反馈意见来自资产经理。受访者描述了他们的尽责管理方法，包括优先次序、组织和资源配置、影响和升级。一家资产管理交易机构还引用了一些调查结果，该结果来自其 2018 年的调查报告《尽责管理实践》（Stewardship in Practice）。

- 优先参与。受访者指出了许多关键因素，这些因素影响了他们如果对尽责管理实践进行优先排序。其中包括公司的持股规模、自公司上次参与以来的时间、个别公司特有的问题以及公司在特定利益主题下的表现。

- 组织和资源配置。一些公司表示，他们正在扩大其尽责管理团队，加强他们的尽责管理能力。他们还描述了尽责管理团队与投资团队不同程度的整合。一位利益相关方讨论了企业如何逐步发现它们需要气候变化、网络安全和职工健康与安全等主题的技术专家。一些公司将他们支持尽责管理的数据策略描述为“正在进行的工作”。

● 影响和升级。一家资产管理交易机构表示，尽责管理活动通常遵循以下顺序：“发现问题；强化管理；投票表决；资本退出”。其他受访者描述了这种程式化方法的不同之处。一位学者强调了将撤资战略作为积极尽责管理战略的一部分的重要性。一些受访者指出，管理透明和为退出设置门槛可能是被投资公司的一项重要纪律。

● 不同投资策略下的尽责管理工作。在 DP19/1 中，我们的观点是，与活跃基金相比，指数策略更有可能采取更集中、自上而下的主题式尽责管理方法。虽然一些受访者表示了赞同，但一些指数经理强烈反对这种说法。指数经理人强调，他们利用自己的规模和影响力，在董事会多样性或气候变化等问题上对被投资公司设定了很高的预期。这些公司表示，他们的主题活动可能成为整个市场深刻变革的催化剂。

3.35 一些受访者强调了集体参与对解决不同公司共同关心的主题或特定问题的价值，尤其是当个人参与成效较低时。一位受访者指出：“对于在英国上市的公司来说，因所有权分散而产生的障碍亟待解决，集体参与对扫清这一障碍至关重要。”利益相关方还指出，集体参与是分享专业知识和分摊原本高昂的参与成本的重要方式。

3.36 通过监管资产管理人的尽责管理工作，我们也收集了与公司尽责管理活动相关的信息。公司除了需要做一个守法、称职的代理商和市场参与者之外，资产管理人的尽责管理人角色也是我们关注的三大重点之一。我们的调研结果（见表 2）。

表 2 监管工作中与资产管理人尽责管理实践相关的发现

尽管资产管理人对尽责管理方法的优劣排序存在差异，也没有尽责管理的万能方法，我们仍然发现了一些较为有效的措施，这些措施均符合 DP19/1 中阐述的有效尽责管理的属性，下文部分列举了这些有效的措施。

目的明确

● 公司的主要利益相关方理解尽责管理的重要意义。

● 重大利益相关方同意将明确的、有文件记录的尽责管理目标和优先事项作为正式公司治理流程的一部分，并定期进行审查。

● 公司向客户与受益人征求对尽责管理的建议。

● 公司应思考如何对不同类别的资产均能够进行称职的尽责管理。

有效的监督、参与及挑战

● 具备系统性地追踪尽责管理实践及成效、将 ESG 数据有效纳入资产分配决策考虑范围的能力。

● 公司应考量如何使专业人员最大程度的利用 ESG 数据。

● 公司在制定自身的投票要求或原则应与投票顾问开展合作。

● 公司识别并处理与行使尽责管理职能相关的利益冲突。

续表

• 公司可通过与投资团队接触和与前台系统融合这两种方式将尽责管理融入投资过程。 制度架构和文化 • 尽责管理团队拥有足够的资源，并获得高管的支持。 • 公司依据尽责管理活动的实践与成效调整投资团队中成员的报酬。 尽责管理活动公开透明 • 公司应向其现有客户和潜在客户披露其现有的尽责管理措施。 • 尽责管理目标和/或尽责管理措施的优先次序应为透明且便于投资者获取的。 • 公司应详略结合地披露尽责管理的成效，如被投资单位业务活动的案例研究等信息应详细披露，而依据尽责管理措施的优先次序可以粗略披露其他信息。

我们的回应

我们注意到，尽责管理的方法具有多样性，且尽责管理的实践处在演进阶段。

考虑到我们收到的反馈意见以及在尽责管理过程中与一些公司的接触，我们确定了一些与 DP19/1 中提出的关键属性相一致的尽责管理的实践做法，我们也观察到一些尽责管理实践措施与这些属性似乎不太一致。有证据表明，各公司更加重视前述问题，且增加了对提高尽责管理能力的投资。监管者将继续就这些问题与公司进行接触。

基于现有所了解的情况，我们预计公司将根据近期（和即将到来的）法规发展、《守则》的出台以及客户需求的增加，进一步强化尽责管理活动。

在研究工作中，我们亦考虑过不同投资策略下的尽责管理实践。我们目前正在研究指数策略对市场质量的影响。作为其中的一部分，我们的研究人员正在为国际证券委员会组织开展一个跨尽责管理机构的项目。到目前为止，我们得到的初步结论是，构建机构和战略的多样化生态系统可以改善市场质量和公司业绩。

集体参与可能有助于实现共赢的关系。更广泛地说，我们同意利益相关方的看法，即集体参与是投资者行使有效尽责管理的重要方式，在所有权高度分散和个人投资者影响力不足的背景下，这一情况尤为明显。

有效尽责管理之障碍

3.37　在 DP19/1 中，我们列出了尽责管理所面临的障碍，包括对尽责管理的投资不足、激励措施失调和信息流问题等。我们询问了受访者对这前述障碍的看法，以及他们认为有效尽责管理所面临的最大挑战是什么。我们还询问了受访者对于前述障碍与尽责管理框架的其他方面相互影响的看法。

3.38　DP19/1 还就投票顾问潜在的问题征求意见，以及 SRDII 和英国修订后的《守则》中提出的新措施是否能充分解决这些问题。

收到的反馈意见

3.39　利益相关方普遍同意我们对有效尽责管理之障碍的描述。他们还对这些障碍的含义进行了细节性的描述与评析。其中一些关键的新观点被我们总结如下。

对尽责管理的投资

3.40 人们普遍认为，尽责管理工作的代价十分高昂，特别是对小规模公司及中小投资者来说。受访者强调，应加大投资力度从而为建设团队、提高团队技能、开发数据功能以及与被投资公司的有效接触创造条件。公司指出，他们通过明确尽责管理目标、对尽责管理方法进行优劣排序、或以集体参与尽责管理的方式来降低尽责管理成本。

资产所有者和资产管理人之间的安排

3.41 一些受访者担心，资产所有者的投资和尽责管理目标可能不会系统性地考虑受益人的长远利益，如 ESG 因素。受访者称，从受益人处获取具有代表意义的信息是十分困难的。但我们了解到，有机构曾经尝试获取这些信息。例如，荷兰的退休金基金会曾收集过基金会成员对其可持续性目标的信息。

3.42 利益相关方担心，资产所有者与资产管理人之间通过合同安排或其他安排可能无法有效促进尽责管理。例如，受访者一致认为，如果短期财务业绩是选择和评估资产管理人的关键驱动力，那么将存在激励不足的问题。投资协会称，他们正在制定一项工作方案，以确定如何将长远因素纳入投资授权的设定以及资产所有者和资产管理人之间的其他安排。

3.43 一个资产所有者交易机构，作为退休金计划受托人的代表，对资产管理人的投票规则表示担忧。他们认为资产所有者没有能力影响这些规则的制定，尤其是通过联营工具投资时。该受访者称，最近的调查结果显示，许多资产管理人并不认同所谓的“最佳”投票规则和投票规则指引，包括这些规则关于气候变化、董事会中性别和种族多样性问题上的实践。他们主张前述做法会使受托人难以履行其在新投资规章项下的尽责管理责任。他们要求我们就此问题行使对资产管理人的监管职能。

3.44 受访者还就投资顾问的作用发表了意见。他们认为，投资顾问在很大程度上能够影响经理人的选任、战略性资产的配置，许多资产所有者，特别是中小投资者，都非常看重投资顾问的建议。这意味着依赖投资顾问来解决尽责管理问题会产生重要的系统性影响。

3.45 最近的一项调查结果显示，有公益机构称，许多顾问仍然不将 ESG 因素作为向资产所有者提供服务时关注的重点。而资产所有者的投资及尽责管理目标包括 ESG 和其他涉及长远利益的问题。因此，投资顾问帮助资产所有者做出的投资决策可能并非与资产所有者的投资及尽责管理目标完全契合。

3.46 在与利益相关方的进一步的接触时，我们了解到，尽管投资顾问已经开始注意到资产所有者的长远利益这一问题，但许多顾问仍将 ESG 视为提供资产管理人选任建议时的次要考虑因素。

资产管理人对尽责管理实践与成效的披露义务

3.47 受访者承认，公司所披露的信息可能并不足以反映尽责管理活动的成效，从而无法彰显尽责管理活动的价值。他们说，这可能会使资产所有者难以判断资产管理人是否提供了符合他们利益与目标的服务。反过来，这可能会削弱公司间关于尽责管理举措的竞争。然而，他们指出，令人满意的成果报告是非常困难的。

3.48　一位利益相关方指出了报告的“模式化”风险，模式化的报告“不一定能真实反映投资者和公司之间的互动效果”。一个贸易机构建议“应更好、更一致地公开披露资产管理人的尽责管理活动”。

3.49　利益相关方表示，尽责管理信息的披露情况已经有所改善。也有一些行业开始努力核查和评估公司的披露情况，以期对信息披露领域的已有实践作出总结。受访者期望 FRC 拟作出的尽责管理实践和成效报告能够提高尽责管理信息披露的质量。

3.50　他们还表示，公司投资组合的投资方向将随气候变化或其他 ESG 因素产生改变，对此信息的披露情况若得以改善，将有助于资产所有者和受益人在知情的基础上，作出与其投资和尽责管理目标保持相一致的选择，他们认为，采用一致的信息披露框架，如 TCFD 制定的披露规则，可能会对此有所帮助。

3.51　鉴于尽责管理工作与可持续投资之间的联系，重视消费者保护的受访者对公司向投资者披露的与可持续品相关的信息的质量、一致性和可靠性表示了担忧，其中一个担忧是可能会存在“漂绿”行为。

监督障碍

3.52　资产管理人、交易机构等利益相关方对监督的不确定性可能构成有效尽责管理之障碍表示担忧。

3.53　在与利益相关方接触时，他们经常会提及的一个问题是，在实行尽责管理的情况下，当投资者和发行人就战略事项进行谈判时《市场滥用行为监管规定》的适用具有不确定性。

3.54　一些受访者提出，公司基于泄漏内幕信息的担忧可能不愿进行信息披露。例如，某资产管理交易机构发现，“发行人经常以此为由拒绝与股东个人或集体接触”。

3.55　同样，一些受访者称，内部规则适用情况的不透明度使得一些投资者，尤其是海外投资者，对通过与发行人接触或从发行人处获取非公开信息的方式了解尽责管理成效的做法表示担忧。

3.56　一些受访者还称，当投资者集体参与时，竞争规则的透明度存在缺陷。在前述情形下，公司间合作与信息共享应如何与“一致行动”规则相协调？受访者要求我们就这一问题提供指导。一家投资机构指出：“为了让集体参与有效地发挥作用，参与者需要清楚地了解参与的目标、边界，以及确信他们是在一个安全可靠的环境中行动的。”

3.57　我们理解，欧洲证券及市场管理局（European Securities and Market Authority）基于《收购要约指令》之规定，针对股东间协作与一致行动所做的公开声明可在一定程度上缓解投资者参与尽责管理的困境，至少在收购情境下确为如此。欧洲证券及市场管理局的声明确定了股东参与活动的“白名单”，股东可以借此参与公司治理。

3.58 不过，受访者希望我们能进一步落实以下两个问题。

被投资公司的 ESG 信息及其他涉及长远利益的因素。

3.59 若干利益相关方表示，证券发行方应更好地披露 ESG 及其他涉及长远利益的信息。一些人认为，此类信息的披露不足是尽责管理缺乏效力的主要原因。

3.60 不过，代表发行人和投资者的受访者提到，在向投资者提供有助于做出决策的高质量信息与给发行者设定负担之间，需要做出平衡。

3.61 一些利益相关方，包括代表发行人的交易机构提到，需要确保财务报告在包含所有相关信息的同时能简明易懂。另一利益相关方指出，公司可能会不愿意披露长期策略，以避免披露具有商业敏感性的信息。

3.62 一些受访者表示，公司发行人与投资者之间的“信息不对称”可通过将信息披露和信息报告标准化的方式得以改善。他们说，采用一致的框架将使发行人明确所需披露的信息，也会减少投资者临时要求提供信息的情形的发生。

3.63 一个资产管理交易机构称，它已为被投资公司制定了一个可长期适用的信息报告指引。若干受访者建议证券发行人采用 TCFD 对披露气候变化信息的模式。可持续性会计准则理事会的工作成果和一些证券交易所开发的 ESG 信息披露框架也被提及。

专业数据服务提供者

3.64 一些受访者指出，若发行人没有将信息充分披露，投资者从专业 ESG 数据服务提供者处获取的数据与指标可能是非基于完整可靠信息而做出的。他们进一步指出，数据提供者通常依靠评估模型来填补数据空白。

3.65 他们还说，到目前为止，数据服务提供者在进行公司层面的 ESG 指标确定与评级工作时所使用的方法的透明度极低。我们发现，不同的数据服务提供者针对同一公司所做的 ESG 评级结果差异较大，但差异存在的原因尚未明朗。

3.66 一位资产管理人说，不具备获取和分析数据能力的小型公司所面临的一个特殊问题是，如何从数据服务提供者处获取可靠且高质量的、与长期利益相关的数据信息。

3.67 在后续讨论中，利益相关方指出，ESG 数据行业发展迅速。他们注意到，评级机构和其他大型公司正在扩展产品线和从事收购交易，投资者越来越注重数据的核查，并且对数据的透明化提出要求。

投票顾问

3.68 DP19/1 先于财政部对投票顾问的新规则而颁布，财政部的新规则与 SRDII 中的规定相一致。

3.69 超过 20 位受访者回答了我们有关投票顾问的提问。通常情况下，投票顾问提供的服务能获得投资者的认可但较难使发行人满意，发行人对投票顾问参与公司事务之行为的不满表现得尤为显著。约一半的受访者表示，SRDII 中规定的新要求和修订版《守则》拟对服务提供者提出的要求尚不足以解决投票顾问现存的问题。

3.70　一些利益相关方对投票顾问的研究质量、投票建议以及利益冲突的处理表示担忧。投资者的投资及尽责管理目标中包括对 ESG 因素及其他长远利益因素的考量，投票顾问的投票应与此类目标相一致，投票顾问应披露其业务与前述目标的一致程度。一位利益相关方称，投票顾问“应公开他们在如薪酬、气候变化、现代奴隶制、塑料污染等关键领域所使用的方法以及前述领域中问题的解决方式”。

3.71　发行人及其顾问指出，他们发现投票顾问公司与发行人公司间缺乏互动。一个利益相关方称，前述互动通常是在最后一分钟才完成的，导致的后果是发行者没有足够的时间回应改进建议或确认顾问调查结果的准确性。一个利益相关方指出了一个潜在问题，即基于不准确信息做出的代理投票的数量可能会超过投资者在知情基础上做出投票的数量。

3.72　就资产管理人对投票顾问的研究和投票建议的依赖程度这一问题，受访者持不同看法。受访者说，大型资产管理人是在广泛收集研究建议的基础上才做出投票决策。这些资产管理人通常聘用多个投票顾问，尽管许多投票顾问都主要依赖同一个大型投票顾问提供的投票基础设施。一些受访者强调了小型资产管理公司存在的风险，即可能依赖单个投票顾问做出的研究和建议。

公司治理

3.73　一些利益相关方对资产管理人的治理安排表示担忧，因为他们的治理可能并不重视有效尽责管理的价值。

3.74　一个交易机构建议资产管理公司披露他们对于尽责管理的治理方式。另一位利益相关方指出，缺乏公司领导层的支持将会成为尽责管理工作的一大障碍。

我们的回应

我们非常感谢所收到的关于有效尽责管理之障碍的回复，回复详细阐述了 DP19/1 中强调的有关关键成本、激励、信息和协调问题。

我们已经审查了这些障碍，并认为被提及的许多障碍确实可能对有效尽责管理之供需产生重大影响。他们可能会阻碍形成相互支持以实现有效尽责管理的氛围。因此，尽我们所能移除障碍是十分重要的。

在第 4 节中，我们列出了为解决主要障碍的举措，包括与行业、FRC、政府和其他尽责管理机构合作。通过帮助清除障碍，我们旨在创建一个由市场主导的、激励机构投资界孕育有效尽责管理文化的环境。

散户投资者的尽责管理

3.75　DP19/1 重点是对由机构投资者的尽责管理做出规定。然而，也存在关于投资顾问、代持股公司和 SIPP 运营商等公司如何支持散户投资者行使尽责管理权利的问题。

3.76 我们具体询问了是否应将 SIPP 运营商纳入我们近期颁布的有关股东参与的规则的适用范围，为落实 SRDII 中针对资产管理人和人寿保险公司之规定，我们制定了前述规则。SIPP 运营商是以客户的名义，代表客户接受、持有和管理 SIPP 名下的基础资产的公司。

收到的反馈意见

对散户投资者的投资建议

3.77 一个代表财富管理人和财务顾问的贸易协会说，包括《守则》在内的现行尽责管理框架的适用对象是机构投资者。他们建议监管机构启动一个项目，研究如何确立尽责监管工作的框架，该框架针对向散户投资者提供投资服务及建议的公司。他们指出，直接照搬机构投资者适用的尽责管理框架无法产生合理的、符合比例原则的效果。

SIPP 运营商

3.78 11 位受访者就 SIPP 运营商是否需要承担 SRDII 项下的义务发表了评论。其中约半数受访者支持 SIPP 运营商在新规则范围适用 SRDII。一位受访者说如果将 SIPP 运营商排除在适用范围之外，可能会导致大量的“投票权空心化”。其他利益相关方指出，由于 SIPP 运营商提供多种服务，将能够影响投资决策、便利投票过程的 SIPP 运营商纳入适用范围才是合理的。

3.79 不支持扩大适用范围的受访者大多为财富经理。他们指出，将 SIPP 运营商纳入适用范围是不切实际的，且会导致不成比例的成本。例如，他们指出，SIPP 运营商通过成百上千的资产管理公司进行投资，且投资于成千上万的公司。

名义持股架构下的投票权行使

3.80 DP19/1 已经注意到了当散户投资者直接投资，但以公司作为登记的名义持股人时，散户投资者应如何行使权利的问题。

3.81 少数受访者担心，在这种情况下，名义持股公司的投票结果可能并非与受益人利益完全一致。在此情况下，除非名义股东代表散户投资者进行投票或存在其他特殊安排，否则投资者并无权参与投票。

3.82 一位利益相关方称，“在交易链条中存在联合名义持股人时，应提高公众与投票相关之困难的认识”。另一个代表股东的利益相关方称，为通过名义账户代为持股的股东行使投票权提供便利且无须因此承担额外费用，对保护股东权益和股东民主至关重要。

我们的回应

我们已注意到散户投资者相关问题的反馈，并将继续协同行业与其他监管机构促进为散户投资者提供服务的咨询公司行使尽责管理权利。鉴于现在欧盟有关于投资顾问在评估投资决策与客户利益的一致性时应如何评价可持续性的提案，我们将继续考量前述问题的解决。

我们意识到，存在将尽责管理要求附加给 SIPP 运营商的现实阻碍，如 SIPP 运营商的商业模式存在多样性。

然而，我们也对一些利益相关方的担忧表示理解，鉴于SIPP运营商的商业模式发挥着影响投资者选择资产管理公司和/或基金的作用，若不能对尽责管理成效设定明确预期，可能产生不利后果。

鉴于此，我们将进一步思考，考虑到公司具有不同的商业模式，应如何以符合我们目标的方式扩展现有尽责管理规则的适用范围及强化股东与SIPP运营商的互动。

同时，我们将鼓励SIPP运营商在符合其商业模式及与其所提供服务相关的领域内践行尽责管理。一些SIPP运营商可考虑签署《守则》。

同时，我们也注意到利益相关方提出的散户投资者以公司作为名义持股人时行权的困难。我们将对法律委员会对中介化证券的综述型研究提供支持，对明确名义持股情形下股东权利行使的影响提供建议。

尽责管理有关规则以及《守则》

3.83 在DP19/1中，我们对如何适当平衡尽责管理规则和《守则》的适用以促进有效尽责管理征求意见，还对如何处理尽责管理框架设计过程中的遇到的一些具体问题征求意见。

收到的反馈意见

3.84 绝大多数受访者不赞成在现阶段实行更多的尽责管理规则。他们认为，现行规则中已包含必要的尽责管理干预措施，并且在实行新的尽责管理措施之前，应先考虑将《守则》以及其他针对可持续融资的相关措施融入现行尽责管理框架。

3.85 一位利益相关方指出，修订后的《守则》与引用《守则》的《商业行为准则》2.2.3之规定之间存在相互影响的问题。他们指出，市场激烈竞争以及存在《商业行为准则》2.2.3之要求的条件下，《守则》的适用会被强化，由此催生更为严格的尽责管理标准。

3.86 一些利益相关方明确支持拟出台的、在前述规则间进行平衡的措施——"提高最低标准门槛"——并且同意通过推动《守则》的适用以提高尽责管理标准。

3.87 然而，一个利益相关方指出，在设计拟出台的尽责管理框架时应注意小规模资产所有者无力承担大量尽责管理责任的问题。另一个利益相关方提到，应该明确"胡萝卜加大棒"方法。还有一位利益相关方称，促成"最佳实践"非常重要，并建议称应对《守则》的签署方规定一个黄金标准或"合格标准"。

3.88 受访者普遍认为，为更好地施行SRDII，运用"遵守或解释"的方法适用我们近期颁布的与股东参与尽责管理活动相关的规则是合适的。他们赞成基于原则的解释方法，允许采取一系列措施来行使尽责管理职能。然而，以利益集团为代表的少数受访者，要求强化适用前述方法，例如，强制投票和强制披露尽责管理活动。

3.89　利益相关方称，FCA 和 FRC 持续的紧密合作对确保《守则》与整体尽责管理框架的一致性非常重要。

我们的回应

我们已经阅读了反馈意见，并同意大多数受访者主张的不应在尽责管理领域推行新规则。如前所示，我们可采取行动以解决尚存的尽责管理之障碍。我们将在第 4 节中进一步讨论这些内容。

我们认同受访者提到的“遵守或解释”的方法会催生一系列的尽责管理方法出现。只要存在高质量且准确的尽责管理活动及成效的披露。客户及受益人就可以通过他们的选择推动市场自律尽责管理。

我们也同意受访者提到的 FCA 和 FRC 在尽责管理领域的紧密合作有利于确保我们的尽责管理基线与《守则》之间的平衡，以实现尽责管理的框架供给。我们将按照《守则》的规定，继续与 FRC 合作。我们将逐步落实适当的措施以促进与 FRC——及其继任者——之间的有效合作。我们将考虑在修订版《守则》生效后是否有采取新的措施的必要。

4. 今后的行动及举措

4.1　我们关于股东参与的新规定于近期才开始生效。我们赞同在推动新的尽责管理规则之前，应当给予行业一定时间来适应前述新规定、《守则》以及其他与可持续融资相关的提议。

4.2　然而，我们收集到的与 DP19/1 相关的反馈信息揭示了在整个机构投资界中现存的、影响有效尽责管理的障碍。根据该反馈，我们将着手研究机构投资界潜在的信息披露、激励措施和协调问题（见图 1）。

4.3　在我们的管理职责范围内，我们希望帮助扫清以下障碍。如果这些障碍可以被移除，市场导向的激励措施可作为现有措施和《守则》的补充机制，相比起鼓励投资者积极参与尽责管理更为有效。正如一些利益相关方所指出的，宽泛性、指令性规则的弊端在于，它可能鼓励监管人基于守法原则、使用逐项排查的方式行使尽责管理权利。这可能代价高昂，甚至适得其反。

4.4　在此背景下，本节列出了我们可采取的一些行动，包括与行业、FRC、政府和其他尽责管理机构合作，以解决最显著的一些障碍并创造一个有利于尽快提高有效尽责管理效率的环境。

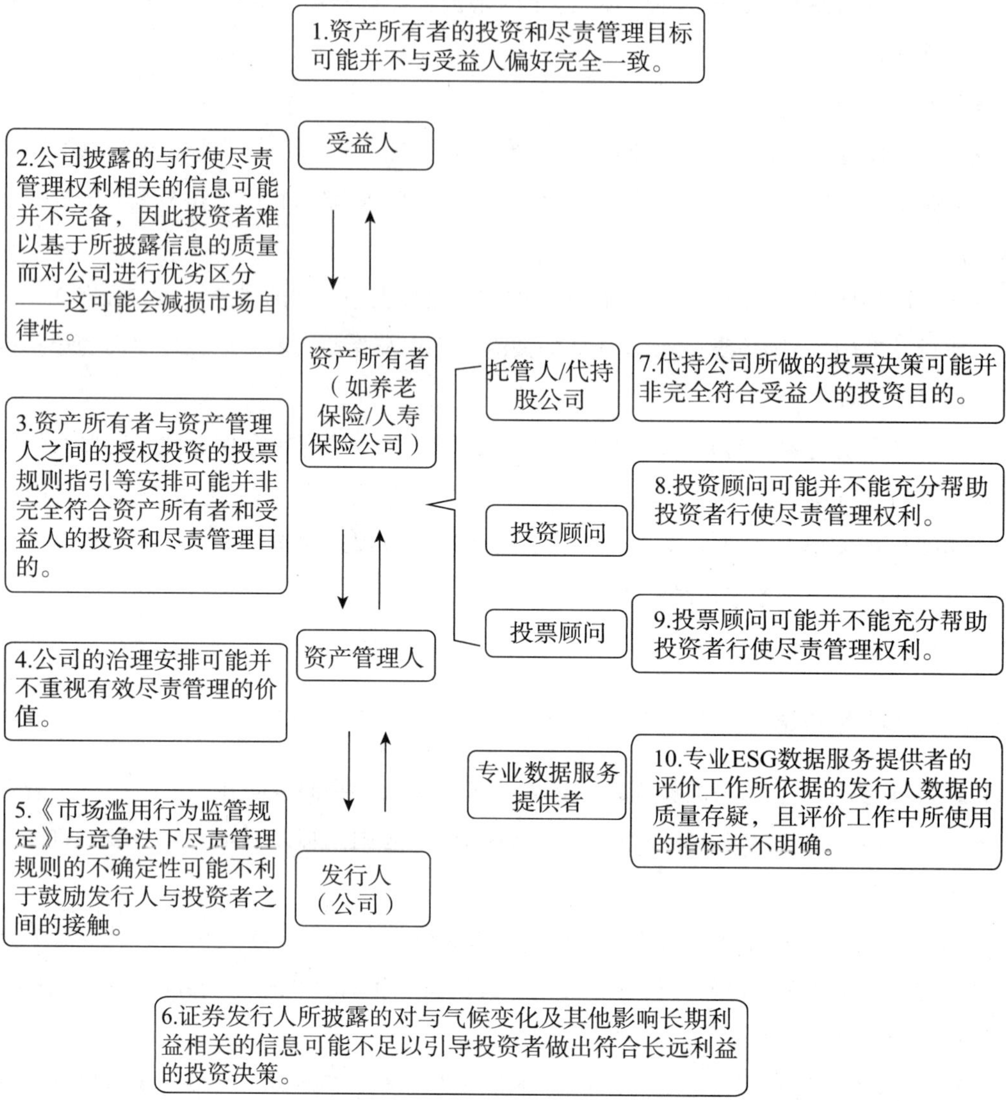

图 1　机构投资界内有效尽责管理的障碍

解决已识别的有效尽责管理之障碍的行动

4.5　下文说明了为解决图 1 中所列之障碍，我们拟采取的行动。

4.6　受访者普遍支持我们在 DP19/1 中确定的有效管理的关键属性。因此，我们将依据这些属性对日后在此方面的政策工作进行优先排序，并根据这些属性制定我们的行动计划（见表 3）。

表 3　解决已识别的有效尽责管理之障碍的行动

		我们的行动
有效尽责管理的关键属性	**目的明确** 明确尽责管理的范围、作用和目的。反映客户和受益人的投资和尽责管理目标合同条款及其他安排。	我们将进一步研究资产所有者、资产管理人和服务提供者之间的安排，以及这些安排如何促进尽责管理目标的实现： **行业研讨会** 在 2020 年第一季度，我们将协同其他监管机构举办一次行业研讨会，讨论资产所有者如何制定和沟通他们的尽责管理目标，以及这些目标如何被资产管理人和服务提供者采纳。 **参与行业工作** 我们将参与由投资协会主导的正在进行的行业工作，投资协会正在考虑如何在投资授权和资产所有者与资产管理人的其他安排中合理纳入长远利益的考量因素。 **投资顾问** 财政部正在考虑 CMA 提出的将投资顾问应受 FCA 监管的建议，并将在适当时候进行问询。在问询取得结果之前，尽责管理问题将作为我们与财政部通力合作、为投资顾问设计恰当监管制度工作的一部分。
	有效的监督、参与及挑战 积极有效地对资产进行监控、与发行人的有效对话以及行使所有权。将尽责管理工作纳入投资过程以促进客户和受益人的投资和尽责管理目标的实现。	**监督问题** 我们将继续与行业合作，明确与《市场滥用行为监管规定》和竞争法有关的问题多发领域，使发行人和投资者能够在监管范围内有效互动。 **发行人的信息披露** 在 2020 年年初，我们将根据 TCFD 的建议，对如何将新“遵守或解释”的气候变化信息披露规则适用于特定上市发行人征求意见；现有的信息披露义务也将被明确。 **中介化证券/投票的实践** 我们将支持法律委员会对中介化证券的综述型研究。 **服务提供者** 我们将考虑，在 SRDII 的背景下出台的、用于规范投票顾问的新尽责管理制度生效后将产生怎样的结果。 我们将考虑专业 ESG 数据服务提供者所起的作用；首先，我们将研究这些服务的性质和质量，以及投资者如何使用这些服务以及对服务的依赖程度。
	有利于有效尽责管理的文化和制度架构 存在有利于制定投资策略及开展尽责管理活动的、与客户及受益人的投资和尽责管理目标相一致的文化及制度架构。	**企业文化及公司治理** 我们将进一步考虑企业文化、公司治理和领导能力在确保企业采取适当行动管理其气候变化风险和支持向净排放量为零过渡中发挥的作用。 我们希望，我们的尽责管理框架能促进气候变化相关问题的透明度和可问责性；可以考虑设置更宽泛的针对高管的尽责管理问责机制。 我们拟对 IGCs 订立的新规则是对个人职业养老金计划下尽责管理治理的重要补充。

续表

有效尽责管理的关键属性	**尽责管理实践及成效的公开透明** 机构投资界通过报告和信息披露以证明尽责管理的活动及成效符合客户及受益人的投资和尽责管理目标。	**尽责管理及可持续性的信息披露** FRC 拟根据《守则》之规定实施尽责管理活动及成效的信息披露，我们将与 FRC 协同开展这项工作。 我们将始终把参与公司的尽责管理作为我们监管工作的一部分。 我们将考虑如何最大程度地强化公司（如资产管理公司和人寿保险公司）与气候变化相关信息的披露，对此问题我们将采取的行动应与其他现行举措相协调。 我们将对已有证据表明可能存在“漂绿”行为的公司进行问责、表明我们对他们的期望、进行进一步的政策分析并酌情采取其他适当的行动。

目的明确

4.7　我们认为，目的明确是促成有效尽责监管的关键要素之一。明确的目的可以在整个机构投资界中奠定协作开展尽责管理活动的基调。明确的目的可以反映资产所有者和受益人的投资和尽责管理目标。

4.8　根据《守则》的规定，签署方必须建立促进其尽责管理目标实现的组织宗旨、战略、价值观和文化目标。它们的尽责管理目标应使它们能够充分履行其对客户或受益人负有的义务。

4.9　我们从利益相关方那里了解到，公司有时无法向客户明确说明其目标。问题发生的根源可能有以下几项，如图 1 所示：

- 资产所有者的投资及尽责管理目标可能并非完全与受益人的偏好相一致（表 1 所列的障碍 1）。
- 资产所有者和资产管理人之间的投资授权、投票规则指引等安排并非完全符合资产所有者及受益人的投资目标（障碍 3）。
- 投资顾问可能并不充分支持投资者行使尽责管理权利（障碍 8）。

4.10　我们将进一步研究资产所有者和资产管理人之间的安排以及它们如何促进有效尽责管理，并将采取以下行动。

行业研讨会

4.11　首先，在 2020 年第一季度，我们将协同其他有利害关系的监管机构举办一次研讨会以确定尽责管理目标。我们将召集来自机构投资界的代表说明资产所有者如何制定和沟通各自的尽责管理目标，以及这些目标如何被资产管理人和服务提供者采纳。

4.12　考虑到前述提及的其他问题，我们也将利用研讨会的机会，首次对如何最好地将我国现行尽责管理与股东参与规则扩展适用至 SIPP 运营商征求意见。根据所收集的意见，我们预计将在 2020 年后期就规则的变化征求意见。

投资授权

4.13　在投资协会的领导下，我们将参与此领域正在进行的行业工作。工作内容是考虑如何在投资授权以及资产所有者与资产管理人之间的其他安排中适当纳入长远利益因素。

4.14　投资协会的工作目标是考虑资产所有者和资产管理人之间的关系治理以及通过合同和其他安排建立激励机制。这项工作旨在指导如何在下述安排中纳入长远利益因素，具体包括：

- 资产管理人的选任和指派。
- 投资授权的合同基础。
- 持续的监控、尽职调查和绩效评估安排。

4.15　投资协会正在计划建立一个跨行业的指导小组来监督这项工作。

投资顾问

4.16　我们注意到，一些利益相关方对投资顾问在向资产所有者提供建议时尽责管理工作的程度表示担忧。

4.17　在2018年进行市场调查后，CMA建议称投资顾问应受FCA监管，财政部正在考虑这项提议并将适时进行问询。在问询取得结果之前，尽责管理问题将作为我们与财政部通力合作、为投资顾问设计恰当监管制度工作的一部分。

有效的监督、参与及挑战

监督问题

4.18　一些利益相关方认为，尽责管理的不确定性是个人或集体在与被投资公司进行接触时所面临的障碍之一（障碍5）。这些利益相关方强调，《市场滥用行为监管规定》和竞争规则的适用存在不明确的问题。我们发现了前述问题并与许多利益相关方就此展开讨论。

4.19　我们认为，与发行人的有效接触是资产所有者和资产管理人切实行使尽责管理权利的重要手段。如前所述，我们认为投资者在单独和联合地与发行人接触时，可以充分遵守《市场滥用行为监管规定》和竞争法，只要他们考虑如何谨慎行事并作出适当调整。

4.20　例如，我们注意到了投资者论坛为设计集体参与的制度框架所开展的具体工作。投资者论坛刚刚发布了一个修订版的框架，该框架旨在提供一个“安全可靠的环境”，在此环境下，论坛成员可以行使集体监督的权利。

4.21　我们将继续与行业合作，明确与《市场滥用行为监管规定》和竞争法有关的问题多发领域，使发行人和投资者能够在监管范围内有效互动。关于《市场滥用行为监管规定》，我们希望能够针对投资者或发行人已经发现的具体问题进行讨论，并将考虑提供进一步的指导的恰当性。

发行人的信息披露义务

4.22　证券发行人披露的与ESG及其他长远利益信息相关的信息的覆盖面、质量和一致性也是影响有效尽责管理的潜在障碍（障碍6）。

4.23 一些受访者表示，投资者所获信息的质量可通过将信息披露和信息报告标准化的方式得以改善。他们说，采用一致的框架将使发行人明确所需的信息，也会减少投资者临时要求提供信息的情形的发生。类似意见在我们就与气候变化与绿色金融相关的DP18/8征求意见时也曾出现。

4.24 我们在FS19/6中宣布，我们将在2020年年初对新规则的引入征求意见，新规则的内容为依据TCFD的建议要求某些上市发行人对与气候有关的信息进行披露。至少在初期阶段，我们建议采用“遵守或解释”的方法。这一方法的风险点在于，这一披露模式是有利于部分发行人的，但这将是改善被投资者所提供与长远利益相关的信息的质量的第一步，同时也向发行人明确表示了我们的期望。

4.25 我们还将明确，针对于公司财务能力前景有重大影响的气候变化影响进行报告是现有的披露义务的内容之一。

4.26 未来，我们将进一步考虑，发行人对除气候变化外的其他可持续性事项所披露的信息是否能充分发挥支持投资业务、加强风险防控及促进投资决策的作用。随着披露框架的形成，可能需要采取进一步措施以促进信息披露的一致性和可比性。

投票顾问

4.27 投票顾问对尽责管理工作的支持程度也存在若干问题（障碍9）。一些利益相关方对投票顾问所提供的研究结果和投票建议的质量、投票顾问如何协调利益冲突以及投票顾问如何根据投资者的投资和尽责管理目标做出投票表示担忧。发行人和他们的顾问也指出，他们发现发行人与投票顾问之间缺乏沟通。

4.28 为配合SRDII中的措施，2019年6月，我们制定了新的规范投票顾问的规则。新规则增加了若干信息披露要求，包括冲突协调政策、研究方法、表决政策、工作人员的配备以及是否遵守自愿行为守则。

4.29 前述规则使我们在监督投票顾问的信息披露时只能发挥有限作用。根据新规则，投票顾问应在2020年4月1日前向我们通报其执业情况。投票顾问公司最近也有通过最佳实践原则小组发起了一项新的行为守则，FRC颁布了《服务提供者守则》的基本原则，用以作为《守则》的部分内容。

4.30 新规则并没有直接解决受访者提出的一些问题。然而，我们期望新的制度将有助于提升市场的透明度。我们将考虑针对投资顾问的新制度生效后将发生怎样的效果。

ESG数据服务提供者

4.31 利益相关方高度重视专业数据服务机构在整理、评估与提供ESG指标与评级过程中发挥的重要作用，但认为一些服务机构在评估工作中所使用的方法的透明度存在不足（障碍10）。

4.32 此为未来重点关注的领域。首先，我们正在考察数据服务提供者所提供服务的本质与质量、投资者如何使用这些服务以及投资者对这类服务的依赖程度。我们将在我们的监管职责范围内，考虑如何根据此项事实调查结果采取下一步行动。

中介化证券

4.33 受访者还指出，代持股公司是妨碍散户投资者进行有效尽责管理的因素之一（障碍7）。例如，在散户投资者直接投资但以代持公司为名义股东时，散户投资者如何行使股东权利就成为问题。

4.34 BEIS 已要求法律委员会作出综述型研究。该研究将对现行中介化证券的尽责管理框架下已有的法律及存在的问题做出描述。在研究过程中，法律委员会已发出征求意见的通知，意见反馈截止时间为 2019 年 11 月 5 日。我们将支持法律委员会的综述型研究，并对名义股东代持证券对股东权利的影响提供意见。

促进有效尽责管理的文化及制度架构

4.35 一些利益相关方还对公司的治理架构是否有利于开展尽责管理工作的开展表示担忧（障碍 4）。在 FS19/6 中，我们提到，我们将进一步考虑企业文化、公司治理和领导能力在确保企业采取适当行动管理其气候变化风险和支持向净排放量为零过渡中发挥的作用。

4.36 我们希望，我们的尽责管理框架能促进气候变化相关问题的透明度和可问责性，为实现这一目标，可以考虑设置更宽泛的针对高管的尽责管理问责机制。我们注意到，《守则》的签署方应当披露其针对尽责管理工作的治理架构和问责机制。

4.37 我们拟为 IGCs 订立的新规则将为独立监督服务提供者的尽责管理创造条件，这是对个人职业退休金计划中尽责管理治理的重要补充。拟发布的新规则将通过代表受益人进行补充监督的方式，成为组织架构外促进有效尽责管理的补充机制。

尽责管理活动及成果的信息披露及透明度

4.38 据说，公司所披露的尽责管理成效可能不足以充分表明尽责管理活动的价值。受访者称这会使资产所有者难以判断资产管理人是否提供了符合他们要求的服务。若所披露信息不是对公司尽责管理成效进行优劣区分的充分依据，市场自律的效力可能会受到减损（障碍 2）。

4.39 发布 DP19/1 后，我们已对人寿保险公司和资产管理人执行 SRDII 的有关规定制定了新规则。新规则要求，除符合其他要求外，人寿保险公司和资产管理人应当披露各自的股东参与尽责管理的政策以及投资策略的主要内容如何对资产的长远收益产生影响（或说明选择不做某决策的原因）。我们拟对 IGCs 做出的新规则也强调个人职业养老金计划所披露的与 ESG 与尽责管理政策相关信息的充分性和质量。

4.40 我们将采取一系列行动，促进提高公司的尽责管理实践和成效的信息披露质量。

- 《守则》（2020 年版）。我们将继续与 FRC 合作，协助其根据新守则开展拟议的活动和成果报告工作。依据《守则》之规定，FRC 已经提高了《守则》签署方的报告义务。所需报告的内容包括尽责管理活动和成效。在 FRC 对报告提出了新期望并将引进评估方法帮助监督签署方报告的背景下，我们将就此与 FRC 保持密切合作。

• 监督。与公司就尽责管理问题进行沟通将始终是我们监管工作的一部分。为完成该监管工作，我们将考量对从公司依据我们所制定的规则所披露的与股东参与尽责管理的相关信息、以及依据《守则》所报告的信息中提取的证据。

4.41　我们将依据 FS19/6 采取进一步的行动以帮助客户和受益人评估公司的经营运转及其产品和服务是否符合其可持续性目标：

• 被尽责管理公司的气候变化信息披露。在我们要求特定上市发行人披露气候变化相关信息的工作的基础上，我们将考虑如何以最佳方式强化如等资产管理公司和人寿保险公司等被尽责管理公司披露气候变化相关信息。我们拟采取的方法需与其他正在实施的举措相协调。其他正在实施的举措包括在政府的绿色金融战略下为研究如何最好地开展符合 TCFD 要求的信息披露而创立的跨尽责管理机构工作队和 2019 年早期我们与审慎尽责管理局共同创立的气候金融风险论坛。我们认为，如上所述，提高对发行人披露信息的要求是进一步改进受尽责管理公司披露与气候相关信息的基础。

• 对绿色金融产品和服务的展望。在 FS19/6 中，我们提及了将开展的后续工作，以促进消费者享受真正的绿色产品和服务，包括：

——盘问那些被发现存在“漂绿”情形的公司，阐明我们的期望，并采取适当的措施防止消费者受到误导。

——进一步开展关于“漂绿”的政策分析，并酌情采取行动（如发布新指引）。

——参与欧盟正在开展的相关行动，特别是关于通用标准和产品信息披露的行动。

美国证券交易委员会（SEC）

关于代理投票建议规则的适用解释及指引*

浦泽原　译

一、引言

随着投资顾问和其他机构投资者对投票顾问机构（proxy advisory firm）的使用越来越广泛，投票顾问机构提供的服务也越来越广泛，我们和工作人员已经研究了在联邦代理规则下，投票顾问机构提供的代理投票建议是如何构成征集的问题。[1]另外，我们和工作人员通过各种论坛、发言与公众接触，以讨论与代理投票程序有关的各种问题，其中就包括下文将讨论的问题。例如，2010 年，委员会发布了一份概念公告，征求公众对投票顾问机构在美国代理体系中的作用和法律

---

* 本指引是证券交易委员会（以下简称“SEC”或“委员会”）根据 1934 年《证券交易法》第 14 条（以下称《交易法》和《联邦代理规则》）颁布的，适用于代理投票建议，于 2019 年 9 月 10 日生效。本指引中，除非另有说明，当提及《证券交易法》或《证券交易法》的规则或这些规则的任何段落时，指的是《美国法典》第 15 卷第 78a 节［15 U. S. C. 78a］，而其中《证券交易法》是作为《美国法典》的一部分。当提及《证券交易法》的规则或这些规则的任何段落时，指的是《联邦法规法典》第 17 卷第 240 节［17 CFR 240］中发布的这些规则。

〔1〕 委员会今天还公布了 1940 年《投资顾问法》第 206（4）-6 条、1940 年《投资公司法》表 N-1A、表 N-2、表 N-3 和表 N-CSR 规定的有关投资顾问代理投票责任的指导意见。见《委员会关于投资顾问代理投票责任的指引》，发布编号 IA-5325（2019 年 8 月 21 日）［联邦法规］（以下称《投资顾问代理投票指引》）。

地位等问题的意见。[1]2013年，工作人员举行了一次圆桌会议，讨论机构投资者和投资顾问使用投票顾问机构服务的问题。[2]2014年，投资管理部和公司财务部的工作人员发布了一份《员工法律公告》（SLB 20），就投票顾问机构经常依赖的联邦代理规则的两项豁免规定的有效性和具体要求提供指引。[3]工作人员于2018年11月主办了一个关于代理程序的圆桌会议（“2018圆桌会议”），其中成立了一个小组负责研究关于投票顾问机构作用以及其如何被投资顾问使用的问题。[4]同时该会议还组织了活动用以邀请公众就投票顾问机构的使用及其使用产生的问题提供意见。[5]委员会仔细考虑了就这些议题所收到的反馈，并综合利用广泛的信息、历史经验和公众参与，兹此就联邦代理规则对投票顾问机构所提供代理投票建议的适用性问题提供了解释和相关指引。

具体而言，在下文第二节中，我们就代理投票建议是否构成《联邦代理规则》项下的“征集”问题以及《证券交易法》（以下简称《交易法》）第14a-9条对代理投票建议的适用性问题提供了解释和相关指引。下文讨论的解释和相关指引是委员会审查整个代理程序的一部分。作为这项工作的一部分，工作人员还建议委员会提出规则修正案，以解决投票顾问机构所依赖的《交易法》第14a-2（b）条中的代理投票权征集（proxy solicitation）豁免的问题。[6]

二、关于代理投票建议规则的适用解释及指引

问题1：投票顾问机构提供的代理投票建议是否构成联邦代理规则下的征集？

回答：一般来说，是的。《交易法》第14（a）节[7]适用于根据《交易法》第12节登

〔1〕《美国代理体制概念》，发布号34-62495（2010年7月14日）[75 FR 42982（July 22，2010）]（以下称《概念》）https：//www. sec. gov/comments/s7-14-10/s71410. shtml. 上可以找到针对《概念》而收到的评论信。

〔2〕见证券交易委员会公布的议程、投票顾问服务圆桌会议小组成员，载https：//www. sec. gov/news/press-release/2013-253. 收到回应公告的信件可在https：//www. sec. gov/comments/4-670/4-670. shtml. 上查阅。

〔3〕证券交易委员会第20号员工法律公告（以下称SLB 20），《代理投票：投资顾问的代理投票责任和投票顾问机构的代理规则豁免》（2014年6月30日）。SLB 20代表了投资管理和公司财务部门员工的意见。这不是委员会的规则、条例或声明。此外，委员会既没有批准也没有反对其内容。与所有员工指引一样，SLB 20没有法律效力：它不改变或修改适用法律，也不为任何人规定新的或额外的义务。

〔4〕参见《主席杰伊·克莱顿，宣布SEC工作人员关于代理程序的圆桌会议的声明》，载https：//www. sec. gov/news/public-statement/statement-announcing-sec-staff-roundtable-proxy-process。

〔5〕参见《关于宣布证券交易委员会工作人员关于代理程序的圆桌会议的声明的评论》；文件编号：4-725，载https：//www. sec. gov/comments/4-725/4-725. htm。

〔6〕17 CFR 240. 14a-2（b）.

〔7〕15 U. S. C. 78n（a）. 第14（a）条规定，“当违反委员会为公众利益或为保护投资者而订明的必要或适当的规则及规例时，任何人的征集或允许使用其姓名征集根据本法令第12条登记的任何证券的任何代理权、同意书或授权书的行为即属违法”。

记的任何证券的任何代理投票权征集行为，并授权委员会制定必要或适当的规则和条例以管理此类征集，以维护公共利益或保护投资者。[1]委员会定义了《交易法》第14a-1（l）条规则中的“征集”一词。[2]委员会的定义很宽泛，除其他外，包括“在有理由认定为导致取得、拒绝或撤销代理的情况下与证券持有人的通信”。[3]

与委员会对征集的广义定义和解释该术语的判例法相符，[4]委员会先前声明联邦代理规则适用于任何试图影响股东代理投票的人，无论该人本身是否寻求作为代理人的授权。[5]因此，即使该人在不寻求取得、拒绝或撤销代理的情况下亦有可能构成征集。此外，委员会还指出，即使目的仅在于影响投票的人也可能对投票的最终结果漠不关心。如上所述，委员会意识到“征集”定义的范围可能会使得投票顾问机构受到代理规则的约束，因为它们提供的

---

〔1〕 但是，外国私人发行人不受第14（a）条的限制。17 CFR. 240. 3a12-3（b）。此外，仅根据《交易法》第15（d）条进行报告的注册人不受联邦代理规则的约束。

〔2〕 17 CFR 240. 14a-1（l）.

〔3〕 我们注意到，多年来，委员会根据《交易法》的宗旨，在符合公共利益或保护投资者的需要或适当的范围内，扩大了“征集”的定义。例如，见《代理规则修正案》，发布号1823（1938年8月11日）[3 FR 1991（Aug. 13，1938）]；《对条例X-14的修正案》，发布号2376（1940年1月12日）[5 FR 174（Jan. 12，1940）]（需要在每个案件中明确的是当事人征求代理权的任何通信都构成征集，而不仅仅是以代理形式提交的通信）；《征集代理法案》，发布号3347（1942年12月18日）[7 FR 10655（Dec. 22，1942）]（修订了代理“征集”的定义，包括“撤销代理或不执行代理的任何请求”）；《通过代理规则修正案》，发布号34-5276（1956年1月17日）[21 FR 577（Jan. 26，1956）]（以下称《代理规则修正案》）（定义“征集”包括“在有理由认定为导致取得、拒绝或撤销代理的情况下与证券持有人的通信”）。委员会注意到，该定义除其他外，可能适用于那些可能并非为自己寻求代理授权或对投票结果无动于衷的人。见《股东之间的通信条例》，发布号34-31326（1992年10月16日）[57 FR 48276（Oct. 22，1992）]（以下称《通信条例》）。在处理那些可能并非是为自己寻求代理授权或对投票结果无动于衷的人的通信时，委员会没有缩小征集的范围以排除这些通信，而是制定了规则免除这类人在《联邦代理规则》下的信息和备案要求，同时保留代理反欺诈条款（规则14a-9）的适用范围。例如，见《股东沟通，股东参与公司选举程序和公司治理》，发布号34-16356（1979年11月21日）[44 FR 68764（Nov. 29，1979）]（以下称《股东参与》）（豁免任何顾问向与该顾问有业务关系的任何其他人提供代理投票建议）；《通信条例》（豁免未寻求代理授权且对有待表决的事项没有实质性利益的股东之间的通信）。

〔4〕 在考虑什么构成“征集”时，法院也同样采取了广泛但灵活的观点。例如，见 Union Pacific Railroad Co. v. Chicago and North Western Railroad Co.，226 F. Supp. 400，408（N. D. Ill. 1964）（认为经纪交易商在有争议的合并中向目标公司股东提供的报告构成一项征集，因为该报告告知股东，一个竞价者的报价“远比另一个更有吸引力”，因此是一项可合理认定为影响股东投票决定的通信）。另见 SEC v. Okin，132 F. 2d 784（2d Cir. 1943）（认为被告股东就年度会议致函其他股东，要求他们不要为公司签署任何代理的行为，是参与了征集）；Sargent v. Genesco，Inc.，492 F. 2d 750（5th Cir. 1974）（认为一封解释公司最近财务困难并认可再融资计划条款的管理层信函是一项征集，因为其目的是预先阻止股东妨碍该计划，尽管这封信没有明确要求股东采取任何行动）；Reserve Life Ins. Co. v. Provident Life Insurance Co.，499 F. 2d 715（8th Cir. 1974）（认为发给有表决权信托证书持有人以延长有表决权信托期限的信件构成代理投票权征集）。

〔5〕 参见《代理规则修正案》（在修正“征集”的定义时，包括在有理由认定为导致取得、拒绝或撤销代理的情况下与证券持有人的通信，委员会解释说，这一定义可包括“由任何已征求或打算征求代理权的人作出的为诱使证券持有人取得、撤销或拒绝代理而作出的任何陈述，不论该陈述是否附有授权、撤销或拒绝代理的明确请求……”）；《电子股东论坛》，发布号34-57172（2008年1月18日）[73 FR 4450（Jan. 25，2008）]。另见 Long Island Lighting Co. v. Barbash，779 F. 2d 793（2d Cir. 1985）（将报纸和广播发布的鼓励公民支持国营公用事业公司的广告认定为与即将到来的董事会选举相关联的征集行为，因为这类广告可能间接导致授权、撤销或拒绝代理）和《证券交易委员会简报》，法庭之友，第7页（以下称《SEC LILCO 简报》）（因此，代理规则不仅适用于直接要求取得、撤销或拒绝代理，也适用于可能间接实现此结果的通信或一系列旨在最终达到这样效果的通信中的一步）。

建议经过合理认定后，可导致代理的取得、拒绝或撤销。[1]在表达这一观点时，委员会指出，一般而言，提供代理投票建议构成《交易法》第14a－1.17条所指的“征集”。[2]

一项特定的通信是否构成征集，往往取决于“通信发布的目的——即目的是否是为了影响股东的决定”，这一点可以从通信的实质内容和传输的环境中得到证明。[3]关于通信的实质内容，投票顾问机构向其客户提供的代理投票建议通常会先描述将在注册人即将召开的会议上提交的具体提案，然后为每个提案提供一份“投票建议”，指导客户应如何投票。[4]这些公司还经常通过自己建立的在线平台提供它们的投票建议，以方便客户参与代理投票活动。而就提供投票建议的环境而言，投票顾问机构将其在研究分析有关股东投票事项方面的专业知识推向市场，以协助其客户在股东大会上作出投票决定。[5]许多投资顾问聘请投票顾问机构并向其支付费用，以获得各种问题的详细分析，包括投资顾问应如何在注册人即将召开的会议上对提案进行投票建议。[6]在下文所述的很多情况下，投票顾问机构会通过应用投资顾问自己制定的投票准则为特定投资顾问提供建议。[7]

---

〔1〕 参见《概念》，75 FR at 43009。

〔2〕 请见《代理投票权征集中的经纪交易商参与》，发布号7208（1964年1月7日）［29 FR 341（Jan. 15，1964）］（以下称《经纪交易商》）。有关是否应将代理投票建议视为“未经请求的”代理建议的讨论，请见下文注释26～27。

〔3〕 请参阅《SEC LILCO简报》（描述了一些因素，用于确定主流报纸上发布的广告在经过合理认定后是否具有取得、拒绝或撤销代理的效果并因此构成征集）。

〔4〕 例子包括：一家投票顾问机构做出的对存在争议的董事选举的报告，内容包含了对持不同意见的股东和管理层提出的候选人的详细评估，结论是管理层候选人“在作为上市公司董事方面似乎比持不同意见的其他候选人更有相关经验”，并建议“在此之前，有必要对管理（蓝色）卡上的被提名人进行投票”；另一份投票顾问报告分析了注册人有关高管薪酬的做法，并出于各种原因提出了投票反对注册人批准特定高管薪酬的咨询投票的建议；一家投票顾问机构评估了持不同意见的股东团体提交的废除某些董事会通过的章程修正案的提案，并建议“对该股东提案投反对票是有必要的，因为该种持不同意见的做法似乎没有任何价值”。

〔5〕 例如，一家名为“机构股东服务集团”的代理顾问（ISS）将自己提升为“公司治理和代理投票领域公认的行业领先者”，并向投资顾问解释，他们应考虑ISS“经过证明的分析代理问题的的本领和能力”。见ISS，尽职调查合规（2017年11月），可在https：//www. issgovernance. com/file/duediligence/Due－Diligence－Package－November－2017. pdf查询，最后访问日期：2019年8月13日。另一家代理顾问公司Glass，Lewis&Co.，LLC（“Glass Lewis”）将其业务描述为“一家领先的独立治理服务公司，为全球1300多家客户提供代理研究和投票管理服务”，并表示“机构投资者客户主要使用“Glass Lewis研究”帮助他们做出代理投票决定，他们在股东大会前后与公司接触时也使用“Glass Lewis研究”。见《股东投票研究与分析提供商的最佳实践原则》，Glass Lewis 2018年1月1日至12月31日的合规声明，载http：//www. glasslewis. com/wp－content/uploads/2019/02/GL－Compliance－Statement－2019. pdf，最后访问日期：2019年8月13日。

〔6〕 截至2019年，ISS报告称，它拥有约2000家机构客户。载https：//www. issgovernance. com/about/about－iss/，最后访问日期：2019年8月13日。Glass Lewis报告称，截至2019年，该公司拥有“1300多个客户，包括全球最大的养老金计划、共同基金和资产管理公司的大多数客户，他们共同管理着超过35万亿美元的资产”。载https：//www. glasslewis. com/company－overview/，最后访问日期：2019年8月13日。

〔7〕 见ISS日期为2018年11月7日的信函（以下称“ISS信函”）（“2018年1月1日，ISS的前100名客户中约有85%使用了自定义代理投票政策”），载https：//www. sec. gov/comments/4－725/4－725. htm；和Glass Lewis日期为2018年11月14日的信函，（“如上所述，大多数Glass Lewis的客户……根据定制政策或通过定制流程进行投票，这已成为机构投资者的标准做法”），载https：//www. sec. gov/comments/4－725/4－725. htm。

而作为受托人的投资顾问又对其每一位客户在提供（包含投票在内的）服务方面负有谨慎和忠诚的义务。[1]投票顾问机构向其投资顾问客户提供投票建议，期望这些建议将被其投资顾问客户用于协助其在作出投票决定时履行信义义务（fiduciary duty）。投票顾问机构通常在股东大会召开前不久提供其建议，这进一步增加了这些建议影响投资顾问有关对于投票决定所作出的最终决策的可能性。[2]我们认为，由一家公司提供的此类投票建议，如果该公司在研究和分析代理问题方面具有专业知识，目的是帮助其客户做出代理投票决定（不仅仅是提供管理性服务），则应视为符合联邦代理规则的征集，因为它是“在合理认定为导致授权、拒绝或撤销代理的情况下与证券持有人的通信”。我们认为，这一解释符合委员会的以往观点：即顾问向客户提供代理投票建议的行为构成联邦代理规则项下的征集。[3]

即使投票顾问机构根据客户自己制定的投票准则（不仅仅是提供管理性服务）提供建议并认识到事实情况可能有所不同，我们认为这种影响投票决定的分析和建议一般也应被视为一种征集。上述这种通信通常是以投票建议的形式进行的，它基于公司对代理材料的分析并考量某一特定事项是否符合或涵盖于客户的投票准则之内；它通常在会议前不久发送给客户，以帮助客户投票决定；它可能是影响客户投票决定的一个因素。此外，如上所述，投票顾问机构根据其在研究和分析代理问题方面的专业知识来推销其服务，以帮助其客户做出代理投票决定。因此，即使投票顾问机构基于客户自己的投票准则提供代理投票建议，我们认为也应被视为旨在影响客户投票决定的商业服务，只要这种通信反映的不仅仅是管理性服务。我们认为即使在客户可能不遵守本建议的情况下也

---

〔1〕 请参阅《投资顾问代理投票指引》。

〔2〕 参见高管薪酬中心的信函（2018 年 11 月 12 日），（“……在发行人年会召开前的短时间内发布代理报告。随后，报告中的数据将由机构投资者用来履行其信义义务以进行表决，进而代表股东的最大利益。”）。另请见 Frank M. Placenti 的《代理顾问真的是一个问题吗?》，美国资本形成理事会（American Council for Capital Formation）（2018 年 10 月）（在 2016 年和 2017 年代理季，有分别占 15.3% 和 19.3% 的股东投票是在一家投票顾问机构发布其建议后的三天内做出的），载 http：//accf.org/wp－content/uploads/2018/10/ACCF_ProxyProblemReport.pdf；见 Smallwood v. Pearl Brewing Co.，489 F.2d 579，600（5th Cir. 1974）（声明在确定通信是否为征集时，还必须知道，在作出有问题的通信时，是否已请求代理，或征集代理的时间是否临近。一般来说，一项通信距离股东投票越远，通信就越不可能对股东投票施加影响）。

〔3〕 请参阅《经纪交易商》。尽管委员会认识到代理投票建议可能对股东有利，但委员会并没有改变其认为该建议很可能属于征集定义的观点，而是选择将此类征集豁免在代理规则的信息和备案要求之外。一般见《股东参与》，现在的《交易法》第 14a－2（b）（3）条［17 CFR 240.14a－2（b）（3）］，只要符合该条规定的条件，豁免任何顾问向与顾问有业务关系的任何其他人提供代理投票建议，使其不受《联邦代理规则》的信息和备案要求的影响。规则 14a－2（b）（3）要求如下：

（i）顾问在其正常业务过程中提供财务建议；

（ii）顾问向接受建议的人披露与注册人或其任何关联方、或提供建议事项的证券持有人支持者的任何重大关系，以及顾问在该事项中的任何重大利益；

（iii）顾问在提供代理投票建议时，除接受建议的人以及根据本款接受类似建议的其他人外，不收取任何特别佣金或酬金；

（iv）代理投票建议不是由《交易法》第 14a－12（c）条的规定的代表征集代理权的人或代表参与选举的人所提供的［17 CFR 240.14a－12（c）］。

应当这样认定。

出于类似原因，我们不同意以下观点："投票顾问机构提供的代理投票建议不符合征集的定义，因为不应将这种建议视为'未经请求的'投票建议。"〔1〕我们认为，投票顾问机构提供的这些服务有别于客户主动向其财务顾问或经纪人询问如何投票时代理人主动提供的建议，而这些"经请求"的建议尚不构成征集。〔2〕但是代理公司提供的这些服务不再仅仅是回应客户的询问，而是投票顾问机构通过主动推销其研究和分析代理问题的专业知识，以帮助客户作出代理投票决定。

尽管有上述规定，我们注意到以代理投票建议的形式进行征集的人员，包括投票顾问机构，可利用联邦代理规则中有关豁免信息和备案的规定。〔3〕而本解释中的任何内容均无意限制对这些豁免的依赖。

问题 2：《交易法》第 14a－9 条是否适用于代理投票建议？

回答：是的。不受《联邦代理规则》信息和备案要求约束的征集仍受《交易法》第 14a－9 条的约束，该条禁止任何征集行为在重要事实方面做出虚假性或误导性的陈述。〔4〕此外，此类征集不得遗漏任何必要的重要事实，以使其中的陈述不具有虚假性或误导性。〔5〕第 14a－9 条规则还适用于作为征集行为的一部分而被披露的意见、理由、建议或观点，就本条规则而言，这些意见、理由、建议或观点可能是对重要事实的陈述。〔6〕如果提供了此类意见，建议或类似观点，则可能还需要披露潜在的事实、假设、限制和其他信息，以使这些观点不会引起规则 14a－9 对于虚假性和误导性的关注。〔7〕因此，任何通过代理投票建议进行征

〔1〕参见 ISS 信函（区分"未经请求的"投票建议和"经请求的"投票建议，并要求委员会确认：虽然"未经请求的"代理投票建议构成征集，但注册投资顾问根据合同义务并基于客户选择的准则提供的投票建议不属于"未经请求"的代理投票建议，因此不构成征集）。

〔2〕请参阅《经纪交易商》（阐述证券交易委员会总法律顾问的意见，即如果经纪人只是回应其客户的咨询请求和"不积极发起沟通"，则经纪人不构成"征集"）。

〔3〕例如，参见 17 CFR 240. 14a－2（b）（1）和 17 CFR 240. 14a－2（b）（3）。

〔4〕参见 17 CFR 240. 14a－9。另见《概念》，75 FR at 43010（即使免除联邦代理规则的信息和备案要求，提供代理投票建议仍受第 14a－9 条禁止虚假和误导性陈述的约束）。

〔5〕17 CFR 240. 14a－9。

〔6〕参见 Virginia Bankshares，Inc. v. Sandberg，501 U. S. 1083，1092（1991）（董事会建议股东批准公司合并的提案，因为董事会认为该提案对少数派股东"公平"并且提出的合并对价的价值"较高"，法院认为这些是对重大事实的陈述，因为这些陈述在两个层面上构成了对重大事实的陈述：董事会建议的行为是出于所给出的理由和所持的想法，并陈述了理由和想法背后的实质问题。

〔7〕参见 Dowling v. Narragansett Capital Corp.，735 F. Supp. 1105，1119（D. R. I. 1990）（否定了一项请求驳回第 14a－9 条申诉的动议，原因是"本案指控涉及对公司资产价值的虚假陈述和对基础信息的不披露，而价格公允性意见涉及到股东决定的核心问题"）。委员会工作人员先前曾就第 14a－9 条代理投票权征集中的披露适当性和充分性提出过疑问。例如，见《关于代理规则的解释》，发布号 34－16833（1980 年 5 月 23 日）［45 FR 36374（May 30，1980）］（说明了公司财务部的观点，即在投票权争夺（proxy contest）中，处置注册人的资产和将出售收益分配给股东是意见不同之人的目标，根据第 14a－9 条规则，对于出售收益的估价，"只有当它们和其他信息一起披露有助于股东了解预计可变现价值的计算基础和数值局限时"，将该估价包含在代理权征集材料中才是适当的。

集的人不得作出重大虚假或误导性陈述，或遗漏重大事实。例如，不得遗漏其建议所依据的基础信息或可能影响其分析和判断的信息，因为这些信息是使建议不具误导性所必需的。代理投票建议的提供者应考虑是否需要根据具体陈述的内容披露以下类型的信息，以避免潜在违反规则 14a－9：[1]

- 对于就特定事项制定投票建议方法的解释说明（包括说明该方法与公布的指导方针、政策或分析此类事项的标准方法有无实质性偏差），当遗漏此类信息，将使投票建议具有重大虚假或误导性时；[2]
- 如果代理投票建议基于注册人公开披露以外的信息，例如第三方信息来源，[3]则需披露这些信息的来源以及这些信息不同于注册人公开披露信息的程度（当这种差别是重大的，并且未能披露这些差别会导致投票建议具有虚假性和误导性时）；
- 尽可能充分的披露与提供代理投票建议有关的重大利益冲突，以便客户能够评估这些冲突的关联性。[4]

---

〔1〕 我们了解到，一些投票顾问机构目前已经能够披露本节所列示例中的一些信息。

〔2〕 如果代理投票建议实质上是基于投票顾问机构选择的多家同行公司的方法得出的，则披露可能需要包括各家同行公司的具体身份，以及选择这些同行公司的原因，以及在必要时说明为什么其选择的同行公司与注册人选择的不同。例如，就注册人对高管薪酬的提案提出投票建议时，若是将注册人的高管薪酬政策与投票顾问机构选择的其他公司的高管薪酬政策相比较时，可能需要披露此类信息。

〔3〕 这些来源可能包括第三方研究或出版物、商业或金融信息数据库，或第三方发布的评级或排名。

〔4〕 法院通常认为，可能造成利益冲突的关系或利益是为避免违反第 14a－9 条规则而应披露的重要信息。例如，参见 Maldonado v. Flynn，597 F. 2d 789（2d Cir. 1979）（注意到当董事之间存在自我交易的可能性时，“股东有权获得如实陈述的事实信息”，并强调了第 14a－9 条在披露这些信息方面的重要性）。

新加坡金融管理局（MAS）

数字代币发行指引

胡赟頔　译

1　目的

1.1　本文提供了有关新加坡金融管理局（MAS）管理的相关法律适用于新加坡数字代币发售或发行的一般指引。

1.2　就本指引而言，证券法指《证券和期货法》（第289章）（SFA）以及《金融顾问法》（第110章）（FAA）。

1.3　本指引的内容并不详尽，没有法律效力，也不修改或取代任何适用的法律、法规或要求。

2　证券法在新加坡数字代币发售或发行中的适用

2.1　如果数字代币属于SFA所规定的资本市场产品[1]，则数字代币的发售或发行可能受到MAS的监管。资本市场产品包括任何证券、集合性投资计划的单位、衍生产品合约和用于杠杆式外汇交易的即期外汇合约。

---

〔1〕　根据SFA第2（1）条，“资本市场产品”包括任何证券（包括股票、债券和商业信托的单位）、集合性投资计划的单位、衍生产品合约（包括股票、债券、商业信托单位的衍生产品）、用于杠杆式外汇交易的即期外汇合约以及MAS可能规定为资本市场产品的其他产品。

构成资本市场产品的数字代币

2.2 MAS将审查数字代币的结构和特征，包括其所附权利，以确定数字代币是否为SFA所规定的一种资本市场产品。

2.3 例如，数字代币可能构成—

2.3.1 股票[1]，授予或代表某一公司的所有权[2]，代表代币持有人在公司中的责任[3]，并代表其与此公司其他代币持有人之间的共同契约[4]；

2.3.2 债券，构成或证明由数字代币持有人向代币发行人出借或可能出借金钱所形成的债务[5]；

2.3.3 商业信托中的单位[6]，授予或代表商业信托的信托财产所有权；

2.3.4 证券衍生产品合约[7]，包括以股票、债券或商业信托单位为基础标的的任何衍生产品合约；

2.3.5 集合性投资计划[8]（CIS）的单位[9]，代表对CIS的权利或权益，或获得CIS权利或权益的一种期权。

另请注意，第2.3段中描述的特征并不详尽。

构成证券、证券衍生产品合约或CIS单位的数字代币发行人

2.4 构成证券[10]、证券衍生产品合约或CIS单位的数字代币发行，与按传统方式发行

---

[1] 根据SFA第2（1）条，并结合《公司法》（第50章）第4（1）条，“股票”是指“公司股本中的份额，包括股份，除非明示或暗示了股票或股份之间的区别。”

[2] 《新加坡哈尔斯伯里法》第6卷，（LexisNexis，2010年）第70.343段。

[3] 同上。

[4] 同上。

[5] 同上，第70.394段。

[6] 根据SFA第2（1）条的定义，结合《商业信托法》（第31A章）第2条。根据《商业信托法》第2条，就商业信托而言，“单位”是指“商业信托的信托财产中实益所有权的份额”。

[7] 根据SFA第2（1）条，“证券衍生产品合约”包括各种以证券或证券指数为基础标的或标的中任何部分的衍生品合约，但有一类衍生产品合约除外，此类合约被规定在依据SFA第341条所制定的监管规则中。请参见SFA第2（1）条有关“衍生产品合约”的定义。

[8] 根据SFA第2（1）条，“集合性投资计划”包括与任何财产有关的安排：

a）参与者对财产的管理没有日常控制权，无论参与者是否有权就这种管理受到咨询或给予指导；

b）具有以下两个特征之一或两者兼具：

（i）该财产由经理或由经理作为代表统一管理；

（ii）参与者的出资，以及应向参与者支付的由出资产生的利润或收入被汇总在一起；

c）这种安排的效力（或目的，既定目的或既定效力）是为了使参与者能够参与或获得因收购、持有、管理、处置、行使、赎回财产或任何财产部分中的任何权利、权益、所有权、利益，或这些权利、权益、所有权、利益到期而产生的利润、收入或其他付款、回报；或者使参与者能够获得从此类利润、收入或其他付款、回报中支付的款项。

[9] 根据SFA第2（1）条，就集合性投资计划而言，“单位”是指集合性投资计划（无论是否构成一个实体）中的权利或权益（无论如何描述），并包括获得集合性投资计划中任何此类权利或权益的期权。

[10] 包括股票、债券和商业信托的单位。有关SFA中“证券”的定义，请参见SFA第2（1）条。

的证券[1]、证券衍生产品合约[2]、CIS 单位[3]一样，根据 SFA 第 13 部分[4]，受到相同的管制。

2.5　如果主体想要发行构成证券、证券衍生产品合约或 CIS 单位的数字代币（发行），则必须符合 SFA 第 13 部分的要求。这些要求包括发行必须编制或附有招股说明书，且招股说明书符合 SFA 的规定并已经在 MAS 注册（招股说明书要求）。

2.6　此外，就 CIS 单位的发行而言，必须遵守授权或认可要求[5]（授权或认可要求）。根据 SFA 获得授权或认可的 CIS 须符合投资限制[6]以及业务活动的要求[7]。请参见 2005 年《证券和期货（投资发行）（集合性投资计划）条例》（SF（OI）（CIS）R）、《集合性投资计划守则》（《CIS 守则》）和《SFA 下 CIS 制度从业人员指引》，以获得更详细信息。

2.7　但是，一些发行可以免除招股说明书要求，CIS 单位可以免除授权或认可的要求，其中包括：

2.7.1　发行是在任一 12 个月内发行金额不超过 500 万新元（或等值的外币）的小额（私人）发行[8]，并受限于特定条件；

2.7.2　发行是在任一 12 个月内向不超过 50 人进行的私募发行[9]，并受限于特定条件；

2.7.3　发行仅面向机构投资者[10]；

2.7.4　发行面向合格投资者[11]，并受限于特定条件。

小额（私人）发行、私募发行以及面向合格投资者的发行分别受到特定条件的限制，其中包括广告限制[12]。

---

[1] SFA 第 13 部分第 1 分部。

[2] SFA 第 13 部分第 1 分部。

[3] SFA 第 13 部分第 2 分部。

[4] 请参见 SFA 第 240、296 条。

[5] 请参见 SFA 第 286、287 条以及 2005 年《证券和期货（投资发行）（集合性投资计划）条例》第 2 部分。

[6] 请参见《CIS 守则》附件 1。

[7] 请参见《CIS 守则》。

[8] 请参见 SFA 第 272A、302B 条。小额发行必须是同时符合第 272A（3）条以及 302B（3）条的私人发行。私人发行面向预先确定的人作出，包括原先与发行人有专业上或其他方面联系的人。正如“私人”这一术语所展现的，每一次私人发行必须由发行人亲自或由其代表人向预先确定的对象作出，并且只能由该发行所面向的预先确定的对象接受。请参见根据《小额发行豁免》制定的《私人发行指引》，以了解更多细节。

[9] 请参见 SFA 第 272B、302C 条。

[10] 请参见 SFA 第 274、304 条。关于“机构投资者”的定义，请参见 SFA 第 4A（1）（c）条。

[11] 请参见 SFA 第 275、305 条，以及附表 6。关于“合格投资者”的定义，请参见 SFA 第 4A（1）（a）条以及 2005 年《证券和期货（规定具体投资者类型）条例》第 2 条。

[12] 请参见 SFA 第 272A（10）、302B（10）条以了解“广告”的定义。为了解更多有关股票、债券发行中广告限制的信息，请参见《对第 272A、272B 条以及第 275 条中广告限制的指引》（指引号：SFA 13－G15）。

促进数字代币发售或发行的中介[1]

2.8 MAS注意到，以下一类或多类中介机构对数字代币的发售或发行起到了促进作用：

2.8.1 运营平台的主体，在该平台上一个或多个数字代币发行人进行主要的数字代币发售或发行（主要平台）；

2.8.2 就任何数字代币提供财务咨询的主体；

2.8.3 运营数字代币交易平台的主体（交易平台）。

2.9 主体在新加坡运营与数字代币有关的主要平台，且该数字代币构成任何种类的资本市场产品的，该主体可以根据SFA的规定从事一项或多项受规制的活动[2]。凡在受规制活动中开展业务或声称开展此类业务的主体，必须持有SFA规定的该项活动的资本市场服务许可证，除非另获豁免。[3]

2.10 在新加坡就任何构成投资产品[4]的数字代币提供财务咨询[5]的主体，依据FAA的规定[6]，必须就该种财务顾问服务获得财务顾问许可证的授权，或依法可以豁免。[7]

2.11 主体在新加坡开设或运营数字代币交易平台，且该数字代币构成证券、衍生产品合约或CIS单位的，该主体可以开设或运营场内交易市场[8]或声称运营此种市场。根据SFA的规定，其必须获得MAS的批准成为获批交易所，或被MAS认可为受认可的市场运营商[9]，除非另有豁免。

SFA和FAA的域外效力

2.12 部分在新加坡境内或部分在新加坡境外，或全部在新加坡境外运营主要平台或交易平台的主体，根据SFA第339条[10]，SFA的要求对其活动具有域外适用的效力。请参考《SFA第339条（域外效力）的适用指引》（指引号：SFA15－G01），以了解详情。

2.13 居住在海外的主体从事旨在或可能诱使新加坡公众或部分公众使用其提供的任何

---

〔1〕想要申请资本市场服务许可证的公司可以参考《授予资本市场服务许可证标准的指引》（指引号：SFA 04－G01）以及《许可申请、代表通知和费用支付指引》（指引号：CMG－G01）。

〔2〕请参见SFA附表2，以了解受SFA规制的“受规制活动”类型。

〔3〕请参见SFA第82条。

〔4〕根据FAA第2（1）条，“投资产品”指：（a）SFA第2（1）条规定的任何资本市场产品；（b）任何即期外汇合约，出于杠杆目的的外汇交易除外；（c）任何人寿保单；（d）规定的任何其他产品。

〔5〕请参见FAA第6条并结合第2（1）条有关“财务顾问”定义的规定。请注意财务顾问不包括规定在FAA附表1中的任何主体。

〔6〕想要申请财务顾问许可证的公司可以参考《授予财务顾问许可证标准的指引》（指引号：FAA－G01）以及《许可申请、代表通知和费用支付指引》（指引号：CMG－G01）。

〔7〕请参见FAA第6条。

〔8〕关于“场内交易市场”的定义，请参见SFA附表1第1部分。

〔9〕运营平台为构成证券的数字代币二级市场交易提供便利的主体，可以参见《市场监管指引》（指引号：SFA02－G01），以获知其是否需要根据SFA的规定申请成为获批交易所或受认可的市场运营商。

〔10〕请参见《SFA第339条（域外效力）的适用指引》（指引号：SFA15－G01）。

财务咨询服务的活动或行为，此人将被视为在新加坡从事财务顾问。[1]

3　反洗钱和反恐怖主义融资法的适用

3. 1　MAS 强调，相关《MAS 关于反洗钱与反恐怖主义融资的通知》（AML/CFT 要求）将获得适用，如果某主体被认定为属于从事前述第 2. 8 – 2. 11 段中列明的一项或多项受规制活动的中介且属于：

3. 1. 1　SFA 规定的资本市场服务许可证的持有者；

3. 1. 2　根据《证券和期货（业务许可及经营）条例》（10 号条例）（SF（LCB）R）附表 2 第 5（1）（i）段注册的基金管理公司[2]；

3. 1. 3　根据 SF（LCB）R 附表 2 第 3（1）（d）、3A（1）（d）段和/或第 7（1）（b）段，可豁免申请资本市场服务许可证的主体；

3. 1. 4　根据 FAA 规定，获得许可的财务顾问；[3]

3. 1. 5　根据 FAA 第 23（1）（c）条的规定，就其以财务顾问身份在新加坡从事的任何财务咨询服务，免于申请财务顾问许可证的保险经纪人；[4]

3. 1. 6　根据 FAA 第 23（1）（f）条以及《财务顾问条例》（2 号条例）第 27（1）（d）条的规定，就其以财务顾问身份在新加坡从事的任何财务咨询服务，免于申请财务顾问许可证的主体。[5]

3. 2　适用于前述主体的 AML/CFT 要求大致包括以下内容：

3. 2. 1　采取适当的步骤来识别，评估和了解他们的洗钱和恐怖主义融资（ML/TF）风险；

3. 2. 2　根据相关的 MAS 通知，制定并实施政策、程序和控制措施，包括与进行客户尽职调查和交易监控，筛选，报告可疑交易和记录保存有关的政策、程序和控制措施，以使他们能够有效地管理和缓解已被识别的风险；

3. 2. 3　在发现更高的 ML/TF 风险时实施强化措施，以有效管理和缓解这些较高风险；

3. 2. 4　监督这些政策、程序和控制措施的执行情况，并在必要时作出改进；

3. 3　但是，如果数字代币所实现的功能不属于 MAS 监管范围，其须遵守其他打击

---

〔1〕 请参见 FAA 第 6（2）条。

〔2〕 请注意 SFA 于 2018 年 10 月 8 日进行了修改，SFA 附表 2 中“基金管理”的定义被扩大至包含对 CIS 的管理。

〔3〕 请参见《对财务顾问有关反洗钱和反恐怖主义融资的通知》（MAS 通知号：FAA – N06），以了解涵盖人员的范围以及应适用的 AML/CFT 要求。

〔4〕 同上。

〔5〕 同上。

ML/TF的法律。MAS特此强调，所有人必须遵守以下内容：

3.3.1 根据《腐败，贩毒和其他严重犯罪（没收违法所得）法》（第65A章）（CDSA）第39条的规定，有义务向新加坡警察部队商业事务部可疑交易报告办公室报告可疑交易；

3.3.2 根据《恐怖主义（打击融资）法》（第325章）（TSOFA）以及实施联合国安理会决议的各种规定（联合国规定），禁止与指定的主体和实体进行交易或向其提供金融服务。

3.4 《支付服务法》（PS法）于2019年1月14日获得议会通过。提供数字支付代币交易服务或为数字支付代币交易提供便利服务的人，必须获得许可，并且仅出于AML/CFT的目的，其将受到《PS法》的监管，而且将被要求制定应对ML/TF风险的政策、程序和控制措施。

4 相关法律适用于数字代币发售或发行的说明

4.1 以下案例研究说明了由MAS监管的相关法律的适用情况。MAS强调，这些案例研究仅出于说明目的。它们并不指示或结论性地说明相关法律将如何适用于涉及数字代币发售或发行的特定案件。案例研究中的说明也并不详尽，并有意避免使用“实用代币”或“稳定币”之类的术语标签。

4.2 如果您希望在新加坡发行数字代币或在新加坡运营一个涉及数字代币的平台，建议您寻求有资质的法律从业人员的专业建议，以确保您提议的活动符合新加坡所有可适用的法律、法规和规定。在将法律适用于您的案件时，您和您的法律顾问应该超越标签名称，审查每个代币的特点和特征。

案例研究1

A公司计划开设一个平台，实现平台用户之间计算能力的共享和租用。A公司打算在新加坡提供数字代币（代币A）以筹集资金用于开发该平台。代币A将赋予代币持有人使用A公司平台的访问权。代币只能用于支付租用其他平台用户所提供的计算能力的租金。代币A不具有任何其他附随的权利或功能，并且不是也不旨在成为公众或部分公众认可的用于支付商品或服务，或清偿债务的交换媒介。A公司打算向包括新加坡在内的全球任何人发行代币A。

由MAS管理的相关法律对代币A发行的适用情况：

- 代币A的持有者仅有权访问和使用A公司的平台，并且有权用代币A来支付租用其他用户所提供的计算能力的租金。代币A不会为其持有人提供任何其他附随的权利或功能。因此，根据SFA的规定，代币A不构成资本市场产品。
- A公司发行代币A不受SFA或FAA任何要求的制约。但是，A公司在开展业务时必须遵守所有新加坡法律，包括 CDSA，TSOFA 和联合国规定。

《PS 法》的适用：

• 根据《PS 法》，代币 A 不会被视为数字支付代币，因为它不是也不旨在成为公众或部分公众认可的用于支付商品或服务，或清偿债务的交换媒介。

案例研究 2

B 公司从事房地产开发和商业地产的经营。它计划通过向包括新加坡在内的全球任何人发行数字代币（代币 B）来筹集资金开发购物中心。代币 B 将被设计成代表 B 公司的股份，并将以数字形式表示代币持有人对 B 公司的所有权。B 公司还打算就代币 B 的发行提供财务咨询。

由 MAS 监管的相关法律对代币 B 发行的适用情况：

• 代币 B 是股份，且构成 SFA 所规定的证券。

• 代币 B 的发行需要符合招股说明书的要求，除非根据 SFA 的规定另有豁免。

• 从事证券代币交易业务的资本市场服务许可证持有人必须遵守 MAS 通知（通知号：SFA04 – N02）中的 AML/CFT 要求。

• B 公司交易资本市场产品，且该产品属于 SFA 定义的证券，如果符合以下情况，则不需要持有资本市场服务许可证：（a）不经营属于证券的资本市场产品的交易业务；或者（b）经营属于证券的资本市场产品的交易业务，但依法可以适用豁免。例如，如果该公司通过受 MAS 监管的金融机构〔1〕交易自己账户中属于证券的资本市场产品，如资本市场服务许可证持有人进行证券资本市场产品的交易。

• 为了提供有关代币 B 发行的财务咨询，除非另有豁免〔2〕，否则 B 公司必须是获得许可的财务顾问。

• 获得许可的财务顾问必须遵守 MAS 通知（通知号：FAA – N06）中的 AML/CFT 要求。

案例研究 3

C 公司打算向新加坡在内的全球任何人发行数字代币（代币 C）。C 公司将此次发行筹集的资金汇集起来，用于投资金融科技初创公司的股票以及采矿设备或房地产，以实现多元化（投资组合）。C 公司还将管理投资组合。代币 C 的持有者对 C 公司的日常运营或投资组合管理不享有任何权力。投资组合产生的利润将汇总并分配给代币持有者。这种安排的目的

---

〔1〕 请参见《证券和期货（业务许可及经营）条例》（10 号条例）附表 2 第 2（1）（a）段。

〔2〕 如果 B 公司持有 SFA 规定的进行资本市场产品交易的资本市场服务许可证，则 B 公司在新加坡以财务顾问身份从事的任何财务咨询服务，可免于申请财务顾问许可证。取而代之的是，B 公司将受到某些报告要求的制约，包括《财务顾问条例》（2 号条例）第 37（1）条的要求，即向 MAS 通知，其根据 FAA 开始从事财务咨询服务的业务。

是使代币持有人能够从投资组合中获得利润。

由 MAS 监管的相关法律对代币 C 发行的适用情况：

- C 公司针对代币 C 设定的安排构成 CIS（安排）。

- 基于此，除非根据 SFA 另有豁免，否则此项安排须依据其是否在新加坡境内，获得 SFA 第 286 条的授权或 SFA 第 287 条的认可。除非 SFA 另行豁免，否则该安排还将受制于 SFA 第 13 部分第 2 分部，SF（OI）（CIS） R 和《CIS 守则》中可适用的要求。

- 基于此，代币 C 将构成 SFA 规定的 CIS 单位。

- 除非另有豁免，否则 C 公司可能需要获得资本市场服务许可证，以开展 SFA 规定的受到规制的基金管理活动业务。

- 资本市场服务许可证的持有人必须遵守 MAS 通知（通知号：SFA04 – N02）中的 AML/CFT 要求。

- 由于 C 公司不提供有关代币 C 的财务咨询服务，因此 FAA 不适用于代币 C 的发行。

案例研究 4

D 公司是一家在新加坡注册并开展业务的公司。它打算向公众发行数字代币（代币 D），但新加坡人将无法获得该代币。D 公司将此次发行筹集的资金汇集起来，用于投资金融科技初创公司的股票投资组合。D 公司将管理股票投资组合。代币 D 的持有者对 D 公司的每日经营或股票投资组合的管理不享有任何权力。股票投资组合产生的收益也将汇总并分配给代币 D 持有人。这种安排的目的是使代币持有人能够从股票投资组合中获得收益。

由 MAS 监管的相关法律对代币 D 发行的适用情况：

- 由于代币 D 的发行仅面向海外人士（代币 D 不会向任何在新加坡的人发行），因此 SFA 第 13 部分不适用于该发行。

- 如果 D 公司在新加坡管理股票投资组合，则其可能在新加坡从事基金管理业务。如果这样的话，除非另有豁免，否则 D 公司将需要持有资本市场服务许可证才能从事基金管理业务。

- 资本市场服务许可证的持有人必须遵守 MAS 通知（通知号：SFA04 – N02）中的 AML/CFT 要求。

- 由于 D 公司不提供有关代币 D 的财务咨询服务，因此 FAA 不适用于代币 D 的发行。

案例研究 5

E 公司计划建立一个平台，以帮助初创企业通过数字代币发行（发行）向投资者募集资金。为了促进发行，E 公司将为每个发行的初创企业设立一个实体（实体），用作对初创企业进行投资的工具。希望投资于初创企业的投资者将向各自的实体提供贷款（贷款）。作为回报，实体将向投资者发行创业公司独有的数字代币（代币 E）。代币 E 将向包括新加坡在内的全球任何人发行。代币 E 将代表投资者作为向实体提供贷款的债权人的权利。E 公司的平台还将作为一个市场进行运营，以促进使用E公司平台的投资者之间进行代币E的二级交易。此外，E公司打算就此项发行向投资者提供财务咨询。

由MAS监管的相关法律对代币E发行的适用情况：

- 代币E构成债券，并构成SFA规定的证券。
- 除非根据SFA另行豁免，否则实体需要遵守与发行有关的招股说明书要求。
- 为促进平台上代币E的购买或销售，E公司可能需要获得资本市场服务许可证，以交易SFA所规定的证券资本市场产品，除非另获豁免。
- 根据实体在E公司平台上进行的业务活动，除非另有豁免，否则实体可能需要获得资本市场服务许可才能交易SFA所规定的证券资本市场产品。
- 资本市场服务许可证的持有人必须遵守MAS通知（通知号：SFA04 - N02）中的AML/CFT要求。
- 为了就实体所发行的代币E向投资者提供财务咨询，除非另有豁免，否则E公司必须是获得许可的财务顾问。[1]
- 获得许可的财务顾问必须遵守MAS通知（通知号：FAA - N06）中的AML/CFT要求。
- E公司可能就代币E的二级交易运营一个场内交易市场。基于此，除非获得其他豁免，否则根据SFA，E公司必须经MAS批准为获批交易所，或被MAS认可为受认可的市场运营商。

案例研究6

F公司计划建立一个数字支付代币交易平台，该平台允许用户将不构成证券、衍生产品合约或CIS单位的数字支付代币（如比特币）交换为法定货币。在运营的最初几年中，平台将被设置成不得交易构成证券、衍生产品合约或CIS单位的数字代币。几年后可能会取消这一限制。

由MAS监管的相关法律对代币F发行的适用情况：

- 由于F公司的数字支付代币交易不允许交易受SFA监管的任何产品，因此SFA将不适用。
- 如果F公司打算交易根据SFA构成证券、衍生产品合约或CIS单位的任何数字代币，则F公司应重新评估其定位。例如，在取消上述限制后，F公司可能正在运营有组织的市场，以交易构成证券、衍生产品合约或CIS单位的数字代币。基于此，除非获得其他豁免，否则

---

〔1〕 如果E公司持有根据SFA进行资本市场产品交易的资本市场服务许可证，则E公司就其在新加坡以财务顾问身份提供的任何财务顾问服务，免于申请任何财务顾问许可证。取而代之的是，E公司将受到某些报告要求的约束，包括《财务顾问条例》（2号条例）第37（1）条的要求，即向MAS通知，其根据FAA开始从事财务咨询服务的业务。

根据 SFA，F 公司必须经 MAS 批准为获批交易所，或被 MAS 认可为受认可的市场运营商。

《PS 法》在 F 公司数字支付代币交易中的适用情况：

• 请注意，虽然开设或运营数字支付代币交易所的活动目前不受 MAS 监管，但 MAS 打算根据 PS 法案仅出于 AML/CFT 的目的对此类活动进行监管。根据 PS 法案获得许可从事此类活动的实体必须遵守 AML/CFT 要求，包括与识别和验证客户，持续监控，ML/TF 疑虑筛查，可疑交易报告和记录保存有关的要求。F 公司在开展业务时还必须遵守所有新加坡法律，包括 CDSA，TSOFA 和联合国规定。

案例研究 7

G 公司在美国成立，其主要营业地点在美国。G 公司打算向包括新加坡在内的全球任何人提供数字代币（代币 G)。代币 G 受未来代币简单协议（SAFT）约束，是美国法律（或 Howey 测试[1]）下的“投资合同”（因此构成证券)。代币 G 可以在场外交易或第三方加密货币交易所进行二级市场交易。

由 MAS 监管的相关法律对代币 G 发行的适用情况：

• 仅有能在二级市场上进行交易的能力并不会导致数字代币被视为为 SFA 规定的资本市场产品。

• Howey 测试对代币的处理不是决定代币是否属于受 SFA 监管的产品的考虑因素。

• 尽管已根据美国法律对代币 G 进行了评估，G 公司仍须另行单独评估其在新加坡的代币 G 发行是否符合 MAS 监管的证券法。

案例研究 8

H 公司计划建立一个去中心化的平台，以收集有关各种电子商务网站上消费者支出的用户数据。这形成了一个生态系统，在此系统中零售商可以根据消费者行为数据来进行针对性的广告投放。为了为平台的开发提供资金，H 公司打算通过发行数字代币（代币 H）从投资者那里募集资金。代币 H 仅授予投资者对平台特性进行投票的权利。代币 H 没有其他附加的权利。H 公司还将向投资者分发代币 H，作为参与消费者支出调查的奖励。奖励给投资者的代币 H 的数量仅取决于他或她在平台上的使用情况和活动，而不是通过对该平台的进一步投资。

由 MAS 监管的相关法律对代币 G 发行的适用情况：

• 代币 H 不是股票，因为它不代表任何公司股份中的任何法定或实益所有权。由于奖励的分配与投资者在平台上的使用情况和活动成正比，因此它并不代表要求获得股息或资本回报的权利。

• 代币 H 不是债券，因为它不会产生或承认 H 公司的债务。

---

[1] Securities and Exchange Commission v. W. J. Howey Co. 328 U. S. 293 (1946).

• 代币H不是CIS单位，因为没有经理人管理资产（计划资产），并且投资者基于他们在平台上的参与获得新的代币H的奖励，而不是利润、收入或其他付款或与计划资产有关的回报。代币H也不涉及汇集投资款，或汇集源自投资并将支付给投资者的收入或利润。

• 由于代币H并不构成SFA规定的资本市场产品或FAA规定的投资产品，因此SFA或FAA的要求不适用于H公司对代币H的发行或交易。

• 即便如此，H公司在开展业务时必须遵守所有新加坡法律，包括CDSA，TSOFA和联合国规定。H公司也可能希望就2012年《主体数据保护法》（2012年第26号法案）在其商业模式上的可适用性寻求法律建议。

案例研究9

I公司从发行前到发行后的整个数字代币发行过程中提供咨询服务。这些服务包括审查白皮书以及概念和目标的适当性，介绍律师和开发人员，为代币安全协议以及发行后代币的交付提供咨询建议。公司I的客户（客户）是通过发行数字代币（代币I）来募集资金以支持其产品和服务的开发的公司。公司I具有严格的客户选择标准，并且仅向发行代币I的客户提供服务，这些代币只能用于交换该客户提供的产品或服务，并未赋予持有人从任何人处获得任何形式付款的权利。除了兑换客户的产品和服务外，代币I不具有其他功能或权利。I公司不提供有关数字代币发行适用新加坡法律的法律建议。此外，I公司不提供有关数字代币发行对投资者风险或适当性的建议，也不对投资哪种数字代币提出任何建议。I公司向数字代币投资者提供的服务本质上是可操作的，例如举办有关如何参与发行，创建和加密钱包、代币转移等方面的培训和研讨会。

由MAS监管的有关数字代币发行咨询服务的相关法律的适用：

• 代币I不太可能构成SFA下的资本市场产品，因为它只能用于兑换客户的产品或服务。

• 由于I公司的咨询服务无关证券、CIS单位或特定证券衍生产品合约的资金募集，因此公司不太可能进行受监管的公司财务咨询活动。

• 由于I公司不向客户或数字代币发行的投资者提供财务咨询，因此FAA将不适用。

• 即便如此，I公司在开展业务时必须遵守所有新加坡法律，包括CDSA、TSOFA和联合国规定。

《PS法》的适用：

• 如果代币I是或旨在成为公众或部分公众认可的用于支付商品或服务，或清偿债务的交换媒介，则根据《PS法》，代币I可被视为数字支付代币。

• 如果代币I是数字支付代币，则I公司可能正在从事提供数字支付代币交易服务的业务。

• I公司应考虑其服务是否受到《PS法》的监管，如果是，则应在业务开始时依据

《PS 法》申请许可证。该法律发布后，公司应考虑该法律下的义务以及适用于数字支付代币服务提供商的 AML/CFT 义务，这些义务将发布以征询意见。

案例研究 10

J 公司计划建立一个平台，使投资者可以通过实物钻石的代币化来投资实物钻石。J 公司打算在新加坡发行数字代币（代币 J），以筹集资金开发此平台。代币 J 将赋予持有人使用该平台并将代币 J 随时回售给 J 公司的权利。代币 J 不代表对实物钻石的权利，也不代表除使用平台以外的任何其他功能或权利。所有未售出的代币 J 将被销毁。

由 MAS 监管的相关法律对代币 J 发行的适用情况：

- 由于 J 公司有义务从持有人那里回购代币 J，如果代币 J 代表 J 公司应偿还持有者特定金额的债务，则代币 J 可能构成债券。
- 根据 J 公司的业务活动以及代币 J 是否构成债券，J 公司可能需要持有资本市场服务许可证，以进行 SFA 规定的证券资本市场产品的交易，除非另有豁免。
- 资本市场服务许可证的持有人必须遵守 MAS 通知（通知号：SFA04 – N02）中的 AML/CFT 要求。
- 由于 J 公司将不会提供有关代币 J 的财务咨询服务，因此 FAA 将不适用于代币 J 的发行。

案例研究 11

K 公司打算以每个代币 1 美元的价格向包括新加坡在内的全球任何人发行数字代币（代币 K）。K 公司旨在通过将代币价值与美元挂钩来实现代币 K 价格的相对稳定。为此，K 公司将只接受以美元电子存款形式向其美元计价银行账户支付代币 K 价款。这些存款将用作法定货币储备，以支持每个流通代币 K 的所谓 1 美元价值。代币 K 的持有者有权与 K 公司交换代币 K，每个代币可换取 1 美元。K 公司无权从代币持有者处取消或赎回代币 K。K 公司可能会考虑未来与零售商店建立合作关系，以使代币 K 可以用于支付购买费用。

由 MAS 监管的相关法律对代币 K 发行的适用情况：

- 由于 K 公司有义务从持有者处回购代币 K，因此如果代币 K 代表 K 公司应偿还持有者每个代币 1 美元的债务，则代币 K 可能构成债券。但是，如果代币 K 属于《PS 法》所定义的“电子货币”，则 MAS 的一般监管立场是不将代币 K 视为债券进行监管。

《PS 法》的适用：

- 代币 K 可能被视为《PS 法》规定的“电子货币”。K 公司应考虑代币 K 是否还符合《PS 法》定义的“电子货币”的其他要素，以及它是否正在开展《PS 法》所定义的提供“电子货币发行服务”的业务。如果 K 公司正在开展提供电子货币发行服务的业务，则必须根据《PS 法》获得许可，除非就提供该特定支付服务，其被豁免申请许可。

5 沙盒标准在受 MAS 监管的数字代币上的适用

5.1 任何以创新方式应用技术以提供由 MAS 监管的金融服务的公司，都可以申请监管沙箱。MAS 希望有兴趣的公司在提交申请前能够进行尽职调查，例如在实验室环境中对提议的金融服务进行测试，并了解部署提议的金融服务所需满足的法律法规要求。请参考“金融科技监管沙盒指引”中列明的评估标准。

5.2 如果申请获得批准，MAS 将通过放宽其规定的特定法律法规的要求，以提供适当的监管支持，否则申请人在沙盒有效期内将受到这些要求的制约。

小型企业重整法案（2019）

朱家禛　译

本法案为“小型企业重整法案”。为修订《美国法典》（US Code）第十一编第十一章，增添“第五分章　小型企业债务人重整”部分。

第五分章　小型企业债务人重整

§1181. 其他法条的排除适用

（a）原则上——本编第105（d）、1101（1）、1104、1105、1106、1107、1108、1115、1116、1121、1123（a）（8）、1123（c）、1127、1129（a）（15）、1129（b）、1129（c）、1129（e）条和第1141（d）（5）条[1]，不适用于本分章

---

〔1〕译者注：第105条（d）款规定法院有权召开进展会议，并可就特定情形裁定其认为适当的限制和条件，以确保案件迅速和经济地处理。第1101条（1）项规定“经营债务人”指债务人，但具备本编第322条资质的人担任托管人的情形除外。第1104条规定法院任免托管人的正当理由、程序；若托管人存在不法行为，则法院应当裁定一名监察员对此进行调查。第1105条规定法院终止托管人的任命的情形，并应当恢复债务人对其财产的占有和管理、业务的经营。第1106条规定托管人及监察员的义务。第1107条规定经营债务人的权利、权力和义务。第1108条规定除非法院另行裁定，否则托管人可以经营债务人的业务。第1115条规定破产财产的内容。第1116条规定小型企业（small business）案件中托管人或经营债务人的义务，包括（1）在不迟于救济令发布之日起7日内提供资产负债表、业务报表、现金流量表和联邦所得税申报表；若未提供，须就此发表声明；（2）除非法院另有裁定，参加法院或者美国联邦破产托管人举行的会议；（3）除非法院另有裁定，及时归档所有报表；（4）继续保持符合行业习惯且适当的保险；（5）及时提交纳税申报表和其他政府要求的备案、及时缴纳税款；（6）允许美国联邦破产托管人，或其制定的代表检查债务人的营业场所、账簿和记录。第1121条规定提交重整方案的主体及时间，主体包括债务人，以及特定情形下的利害关系人。在小型企业案件中，除非法院另有裁定，只有债务人在收到救济令之日起180日后才可提出方案，特殊情况下该期限也可延迟。第1123条（a）款（8）项规定个人破产情形下重整方案中有关债务偿付的内容。

下的案件。

（b）法院的职权——除非法院依法另有裁定，否则本编第1102条（a）款（1）、（2）项和（4）项以及第1102（b）、1103条和第1125条[1]不适用于本分章下的破产案件。

（c）免责的特别规定——根据本编第1191条（b）款批准的方案，不适用本编第1141条（d）款[2]，除非该方案符合本编第1192条规定的情形。

§1182. 定义

本分章下：

（1）债务人——“债务人”指小型企业债务人。

（2）经营债务人——“经营债务人”指债务人，除非根据本编第1185（a）条免除经营债务人的资格。

§1183. 托管人

（a）原则上——如果联邦破产托管人根据第28编第586条（b）款[3]，任命一人为本分章下案件的常务托管人，且其符合本编第322条[4]规定的托管人的任职资质，则该自然人应当担任本分章下任何案件的托管人。如若不然，联邦破产托管人应指定无利害关系人担任特定案件的托管人，或者在必要时由联邦破产托管人自己担任案件的托管人。

（b）托管人的义务——

（1）托管人应当履行本编第704条（a）款（2）、（5）、（6）、（7）项和（9）项[5]规定

（接上页）第1123条（c）款规定个人破产情形下重整方案内容的限制。第1127条规定重整方案的修改限制、程序。第1129条（a）款（15）项规定法院批准个人破产重整方案的要件。第1129条（c）款规定原则上法院只能确认一个重整方案，除非其根据本编第1144条撤销了批准。如果其他法条规定可以适用多个方案，则法院在决定批准何者时，须考虑债权人及权益持有人的优先权。第1129条（e）款规定在小型企业案件中，除非根据第1121条（e）款（3）项延长批准时间，否则法院应在不迟于方案提交之日起45日内批准方案。第1141条（d）款（5）项规定个人破产案件中方案批准的效力。

〔1〕译者注：第1102条（a）款（1）项规定美国联邦破产托管人在救济令发出后应当及时组建无担保债权人委员会；同时还可以组建其他的债权人委员会或股权持有人委员会（committees of equity security holders）。第1102条（a）款（2）项规定经利害关系人请求，必要时法院可组建另外的债权人委员会或股权持有人委员会。美国联邦破产托管人应当组建此类委员会。第1102条（a）款（4）项规定法院可以裁定美国联邦破产托管人改变委员会成员的任命。第1102条（b）款规定债权人委员会、股权持有人委员会的成员组成。第1103条规定债权人委员会的职权和职责。委员会可以聘请会计师、律师和其他代理人，可就案件的管理与债务人或托管人进行磋商，可调查债务人的营业和财务状况，可参与制定重整方案，可就任何方案提出意见，可请求任命监察员或托管人等职能。第1125条规定破产申请后的披露与恳请。除非债权人获悉方案或方案摘要以及获得法院批准的书面的披露说明，否则不能旋即对方案作出表决。不同的债权人对信息的需求程度存在差异。

〔2〕译者注：第1141条（d）款规定方案批准后的效力。

〔3〕译者注：第586（b）条规定在特殊情形下，经总检察长批准，美国联邦破产托管人可任命常务托管人。

〔4〕译者注：第322条规定破产托管人需向联邦破产托管人提供一份保证（bonds），以确保忠实履行托管人职责。

〔5〕译者注：第704条（a）款（2）、（5）、（6）、（7）项和（9）项分别规定托管人的义务包括：对收到的财产负责；审查债权的真实性；如有必要应当反对债务人的免责；除法院另有裁定外，经利害关系人请求，提供有关财产及其管理的信息；就财产的管理向法院及联邦破产托管人提交最后报告及账目。

的义务；

（2）法院根据利害关系人、托管人，或者联邦破产托管人请求，依法作出裁定时，托管人应当履行本编第1106条（a）款（3）、（4）项和（7）项[1]规定的义务；

（3）托管人应当根据本编第1188条，出席进展会议并被聆讯，以及参与下列事项的聆讯：

（A）留置财产的价值；

（B）本分章方案的批准；

（C）已批准的方案的修改；或

（D）出售破产财产；

（4）托管人应当确保债务人根据本分章确认的方案按时开始付款；

（5）如果债务人不再是经营债务人，托管人应当履行本编第704条（a）款（8）项[2]和第1106条（a）款（1）、（2）项和（6）项[3]规定的义务，包括经营债务人的业务；

（6）如果存在与家庭扶养相关的债权，则托管人应当履行本编第704条（c）款[4]规定的义务；或

（7）托管人应当促成制订协商一致的重整方案。

（c）托管人服务的终止

（1）原则上——如果债务人的方案经由本编第1191条（a）款批准，则托管人的服务应在方案实质完成时终止，除非联邦破产托管人根据本条（b）款（3）项（C）分项和本编第1185条（a）款的规定，基于履行义务的需要重新任命托管人。

（2）实质完成的通知的送达——自债务人的方案实质完成之日起14日，债务人应向法院书面提交，并将该实质完成的通知送达托管人、联邦破产托管人，以及所有利害相关人。

§1184. 经营债务人的权利和权力

在遵守法院可能规定的限制或条件的前提下，除本编第330条[5]规定的主张薪酬的权利之外，经营债务人应享有所有权利和权力。经营债务人应当履行本章案件下托管人一切的职责和义务，包括经营债务人的业务，但本编第1106条（a）款（2）、（3）项和（4）项[6]规定的义务除外。

---

〔1〕见第385页注1。

〔2〕译者注：第704条（a）款（8）项规定如果债务人的业务被授权继续经营，托管人应当向法院、联邦破产托管人及相关税收行政部门提交定期报告、业务经营的摘要，包括收支报表及联邦托管人或法院要求的其他文件。

〔3〕见第385页注1。

〔4〕译者注：第704条（c）款规定与个人扶养相关的债权，托管人应当书面通知债权人使用国家儿童支持执法机构（State child support enforcement agency）的服务，并书面通知国家儿童支持执法机构该等债权。

〔5〕译者注：第330条规定经通知利害相关人、联邦破产托管人和经聆讯后，法院可以支持托管人、监察员等人员合理的薪酬、可被偿还的费用。

〔6〕见第385页注1。

§1185. 经营债务人资格的免除

（a）原则上——无论是破产案件开始前、后，还是债务人未能按照根据本分章批准的方案履行义务时，在经利害关系人的请求下，经通知、听证，法院应当基于欺诈、欺骗、无法律资格或有重大经营决策失误行为的原因，裁定债务人不得作为“经营债务人”。

（b）恢复——在利害关系人的请求下，经通知、听证，法院可以恢复经营债务人的资格。

§1186. 破产财产

（a）内涵——如果破产方案经本编第 1191 条（b）款批准，在本编第 541 条[1]规定的财产外，破产财产还包括：

（1）案件开始至案件结束、驳回或转变为本编第 7、12 章或第 13 章规定的案件这一期间内，债务人取得的该条规定的所有财产，以先发生者为准；和

（2）案件开始至案件结束、驳回或转变为本编第 7、12 章或第 13 章规定的案件这一期间内，债务人因提供服务所获的收益，以先发生者为准。

（b）债务人继续持有财产——除依据本编第 1185 条规定，本分节批准的方案或本分节批准方案的裁定另有规定外，债务人应当继续持有所有破产财产。

§1187. 债务人的义务和报告要求

（a）书面提交要求——根据本分章选择成为债务人后，债务人应根据本编第 1116 条（1）项（A）和（B）分项[2]的要求书面提交文件。

（b）其他规定的适用——除本编规定的义务以及法律另有规定外，债务人应当遵守本编第 308 条[3]和第 1116 条（2）、（3）、（4）、（5）、（6）项和（7）项[4]的规定。

（c）单独披露声明的豁免——如果法院根据本编第 1181 条（b）款，裁定适用本编第 1125 条[5]，则应当适用本编第 1125 条（f）款。

§1188. 进展会议

（a）原则上——除本条（b）款规定的情形外，法院应在依本章发出的救济令生效之日起 60 日内，召开进展会议，以促进本分章下破产案件迅速、经济地解决。

（b）例外——如果因为客观上不可归责于债务人的情形而需要延期，则法院可根据本条（a）款延长召开进展会议的时间。

（c）报告——根据本条（a）款举行的进展会议，债务人应当在不迟于召开之日前 14 天

---

〔1〕 译者注：第 541 条规定普通债务人财产的范畴以及不属于债务人的财产。

〔2〕 见第 385 页注 1。

〔3〕 译者注：第 308 条规定债务人的报告要求。其中，小型企业债务人应提交定期财务报告和其他报告。

〔4〕 见第 385 页注 1。

〔5〕 见第 385 页注 1。

的时间，向法院书面提交报告，并将该报告送达托管人和所有利害相关人，该报告应详细说明债务人为达成协商一致的重组计划所作的和将要作出的努力。

§1189. 方案的书面提交

（a）书面提交方案的主体——只有债务人可以在本分章下提出方案。

（b）期限——自依本章发出的救济令生效之日起90日内，债务人应当提交方案，除非法院因为客观上不可归责于债务人的情形而决定延长期限。

§1190. 方案的内容

（1）根据本分章提出的方案应包括——

（A）债务人商业经营的简要历史；

（B）清算分析；和

（C）重整方案下有关债务人偿付能力的预测；

（2）应根据方案执行的需要，要求债务人将未来盈利或其他未来收入的全部或部分交由托管人监督管理；和

（3）尽管有本编第1123条（b）款（5）项[1]的规定，根据本分章提出的方案，如果与授予担保权益有关的新价值满足下列情形，可以变更仅以债务人主要居所为不动产担保的债权人的权益：

（A）该新价值不主要用于获取不动产；且

（B）该新价值主要用于债务人的小企业。

§1191. 方案的批准

（a）条款——仅当满足本编第1129条（a）款（第15项除外）[2]的所有要求时，法院才得以根据本分章确认方案。

（b）例外——尽管有本编第510条（a）款[3]的规定，如果方案符合本编第1129条（a）款的所有要求（第8、10、15项[4]除外），如果该方案不存在不公平的歧视，且对于利

---

〔1〕 译者注：第1123条（b）款（5）项规定方案可修改有担保债权人的权利，但仅以债务人主要居所为不动产担保的债权人的权益除外。

〔2〕 译者注：第1129条（a）款规定法院批准破产重整方案的要件，包括：方案符合法律规定且基于诚实信用；方案中规定的款项经过法院合理的批准；与方案相关的利益冲突经披露；政府机构批准了方案中的相关费率；方案经过债权人表决；若方案存在减损债权，则至少需要一类减损的债权接受该方案；方案批准后，债务人或其继受者接受清算或进一步财务重组的可能性不大；方案中所涉及的费用已付清，或者该方案规定在生效之日支付所有此类费用；方案与退休金相关的安排妥当；与个人扶养相关的债权已经支付，或者该等债权在申请提交后是首先支付的；方案中所有财产的转让应当遵循非破产法律中的规定。其中第（15）项规定的是个人破产案件中法院批准重整方案的要件。

〔3〕 译者注：第510条（a）款规定本编下的从属协议具有强制性，与非破产法下适用该协议具有同等程度的效力。

〔4〕 译者注：第1129条（a）款（8）项规定每一类债权已表决通过该方案，且方案没有减损该类债券；第（10）项规定若方案存在减损债权，则至少需要一类减损的债权接受该方案。

益受到减损并尚未接受该方案的每一类债权或利益而言，是公平合理的，经债务人请求，法院应当批准该方案。

（c）制定规则——根据本条的目的，对于每一类债权或利益而言，方案必须公平合理的要求包括下列条件：

（1）对于有担保的一类债权，方案应当符合本编第 1129 条（b）款（2）项（A）分项[1]的规定。

（2）自方案生效之日起——

（A）未来 3 年（或者法院确定的不超过 5 年的较长期间）内，自方案规定的第一笔付款期限届满之日起，债务人所有可支配收入将用于支付该方案规定的款项；或

（B）未来 3 年（或者法院确定的不超过 5 年的较长期间）内，自方案规定的第一次分配期限届满之日起，方案中可供分配的财产价值不少于债务人预计的可支配收入；

（3）（A）（i）债务人能够根据本方案偿付所有款项；或

（ii）债务人有合理的可能性偿付本方案下的所有款项；且

（B）本方案提供适当的救济措施，可能包括对非免税资产的清算，为在未付款的情况下保护债权或利益的持有人。

（d）可支配收入——根据本条的目的，“可支配收入”是指债务人收到的、客观上不需要用于支付下列情形的收入——

（1）（A）因扶养、支持债务人及其受扶养人的支出；或

（B）自方案提交之日起，首笔偿付与家庭个人扶养相关的债权的支出；

（2）债务人为持续经营、保全或者业务运作所必需的支出。

（e）特殊规则——尽管有本编第 1129（a）（9）（A）条的规定，但对本编第 507 条（a）款（2）、（3）项[2]规定的债权进行偿付的方案，可根据本条（b）款予以确认。

§1192. 免责

如果债务人的方案根据本编第 1191 条（b）款被批准，在债务人已清偿方案前三年（或者法院确定的不超过 5 年的较长期间）之内的所有应付款后，除非法院批准债务人在本章救济令做出后的免责弃权书，法院应当准予债务人对本编第 1141 条（d）款（1）项（A）分项[3]规定的所有债务、以及方案中为本编第 503 条[4]所允许的其他债务免责，但下列债务除外：

---

〔1〕 见第 385 页注 1。

〔2〕 译者注：第 507 条（a）款规定享有优先顺位的费用和债权。其中，第（2）项为管理费用、联邦储备银行的无担保债权、根据第 28 编第 123 章产生的费用；第（3）项为根据本编第 520 条（f）款产生的无担保债权。

〔3〕 译者注：第 1141 条（d）款（1）项（A）分项规定重整方案经批准后，债务人在批准之日前所产生的以及本编第 502 条（g）、（h）、（i）款规定的任何种类的债务可以免除。

〔4〕 译者注：第 503 条规定一个实体可及时提出支付管理费用的要求，或经法院依法许可延缓提出该要求。

（1）最后一次付款期限在方案的前三年（或者法院确定的不超过5年的较长期间）届满之后；或

（2）本编第523条（a）款[1]规定的债务种类。

§1193. 方案的修改

（a）批准前的修改——债务人可以在方案批准前随时修改方案，但不得修改方案而导致不满足本编第1122、1123条[2]的要求，但第1123条（a）款（8）项[3]除外。修改后的方案经提交法院，（正式）成为方案。

（b）批准后修改——如果方案已经根据本编第1191条（a）款确认，债务人可以在方案批准后、实质完成结束前随时修改方案，但不得修改方案而导致不满足本编第1122、1123条的要求，但第1123条（a）款（8）项除外。根据本款修改的方案，仅当情况需要作出该等修改，且法院经通知、聆讯后根据本编第1191条（a）款批准，才得成为方案。

（c）其他修改——如果方案已经根据本编第1191条（b）款确认，债务人可以在三年（或者法院确定的不超过5年的较长期间）内随时修改方案，但不得修改方案而导致不满足本编第1191（b）条的要求。根据本款修改的方案，仅当情况需要作出该等修改，且法院经通知、聆讯后根据本编第1191条（b）款批准，才得成为方案。

（d）债权或利益的持有人——如果方案已经根据本编第1191条（a）款确认，原本同意（或拒绝）方案的债权或利益的持有人将根据具体情况被视为同意（或拒绝）修改的方案。除非在法院确定的时间内，前述债权或利益的持有人变更之前的同意或拒绝。

§1194. 款项

（a）由托管人保留和分配——托管人收到的款项和资金应由托管人保留，直至方案被确认或拒绝确认。方案确认的，托管人应当按照方案分配。如果方案未被确认，托管人应在扣除下列金额后向债务人退还款项：

（1）本编第503条（b）款[4]允许的任何未付索赔；

（2）为充分保护有担保债权人的财产权益而支付的款项；和

（3）应向托管人支付的费用。

（b）其他的方案——如果方案依据本编第1191条（b）款批准，除方案中另有规定或另有确认方案的裁定外，托管人应根据方案向债权人支付款项。

---

〔1〕译者注：第523条（a）款列举了免责的19种例外情形。

〔2〕译者注：第1122条规定债权或者权益的分类。第1123条规定重整方案的内容。

〔3〕译者注：第1123条（a）款（8）项规定个人破产案件重整方案的内容。

〔4〕译者注：第503条（b）款规定管理费用的范畴。

（c）批准之前的付款——在方案批准前，经通知、聆讯，法院可授权托管人向有担保债权人支付款项，以充分保障财产权益。

§1195. 与专业人员交易

尽管有本编第 327 条（a）款[1]的规定，但专业人员并不会仅因持有债务人低于10 000 美元的债权（产生于案件开始前），而被债务人取消本编第 327 条下的聘请资质。

〔1〕 译者注：第 327 条规定专业人员的聘请。其中（a）款规定托管人经法院批准，可以聘请律师、会计师、估价师等专业人员，该专业人员不得存在利益冲突且能够协助托管人履行本编的义务。

理论综述

2019年中国公司法理论研究综述

王　雪

2019年，我国公司法理论研究在宏观和微观领域都取得了丰硕的学术成果，其中代表性著作如下：

教材类著作：刘俊海：《现代公司法》（第三版），法律出版社；朱锦清：《公司法学》（修订本），清华大学出版社；郑云瑞：《公司法学》（第二版），北京大学出版社；李东方：《公司法》，北京大学出版社；杨敏等：《公司法》，中国政法大学出版社；隋彭生：《公司法》，中国人民大学出版社；等等。

理论类著作：林少伟：《股东代表诉讼：世界与中国》，华中科技大学出版社；高菲：《新经济公司双层股权结构法律制度研究》，法律出版社；陈福阵：《公司管控》，法律出版社；臧兴东：《上市公司高管薪酬法律规制研究》，知识产权出版社；戴盛仪：《公司法上的债权出资研究》，湖北人民出版社；吴高臣：《有限责任公司法论》，中国民主法制出版社；陶涛：《英国公司法与商法》，电子工业出版社；李钦、马碧玉：《印度公司法精要》，法律出版社；薛夷风：《公司法的理论与实务》，厦门大学出版社；唐英：《公司法与保险法若干理论前沿问题研究》，法律出版社；等等。

翻译类著作：［美］伊斯特布鲁克：《公司法的逻辑》，黄辉译，法律出版社；［美］格林菲尔德：《公司法的失败：基础缺陷与进步可能》，李诗鸿译，法律出版社；［美］斯蒂芬·M. 班布里奇、M. 托德·亨德森：《有限责任》，李诗鸿译，上海人民出版社；［德］托马斯·莱赛尔、吕迪格·法伊尔：《德国资合公司法》，高旭军等译，上海人民出版社；［日］山本为三郎：《日本公司法精解》，朱大明等译，法律出版社。

实务类著作：最高人民法院：《司法解释理解与适用全集：公司卷》，人民法院出版社；国家法官学院案例研究中心：《中国法院 2019 年度案例：公司纠纷》，中国法制出版社；中国法制出版社编：《中华人民共和国上市公司法律法规全书》，中国法制出版社；法规应用研究中心编：《公司法一本通》，中国法制出版社；宋燕妮：《中华人民共和国公司法释义》，法律出版社；广州市律师协会编：《公司法实战智慧》，中国法制出版社；郑远民：《〈公司法〉司法大数据分析》，民主与建设出版社；云闯：《公司法司法实务与办案指引》，法律出版社；徐新林主编：《公司法务实务操作指引》，法律出版社；王东敏：《公司法审判实务与疑难问题案例解析》，人民法院出版社；人民法院出版社法规编辑中心：《公司法司法解释及司法观点全编》，人民法院出版社；刘文科：《最新中华人民共和国公司法配套解读与实例》，法律出版社；高云、游文星：《新公司法实务操作指南》（第二版），法律出版社；陶光辉：《公司法务部：揭开公司法务的面纱》，法律出版社；虞政平：《公司法案例教学》（第二版），人民法院出版社；乔路主编：《公司诉讼法律风险防范实务指引》，法律出版社；等等。

此外，学者们也发表了大量公司法学术论文。因篇幅受限，本文仅以 2019 年法学核心期刊为主对 2019 年公司法研究中关注的核心问题作一综述。

一、公司法基本理论

（一）公司法总则的重构

有学者认为，现行公司法总则的大部分条款被提取到《民法总则》，剩余条款已然难以担当总则的功能与作用。从企业发展史和企业法律形态的结构来看，独资企业、合伙企业实质上类似于股东承担无限责任的公司，是一种替代性组织。未来公司法宜选择重构路径，通过对企业形态改造，将独资企业、合伙企业改造为无限公司、两合公司、有限责任合伙等，并整合到公司法中，编纂完备的公司法典。借鉴日本公司法的立法经验，将目前国内学者所主张的商法通则等内容作为基础，进而重构公司法的总则。[1]

但也有不同观点认为，在中国公司法改革过程中，主张以公司法统领全部企业类型，这不仅打破了企业制度的进化路径，导致“业主制企业”失去其设立便利、运营便利、税收便利的优势，而且还产生了不必要的“制度转换成本”。因此，企业制度并非仅仅是理性设计的结果，还是商业实践的产物，更需要税收制度引导形成。中国的公司法王国不需要重建——在企业类型改造方面，不宜走以公司法统领全部企业类型的道路。[2]

---

〔1〕 钱玉林：《公司法总则的再生》，载《环球法律评论》2019 年第 4 期。

〔2〕 蒋大兴：《需要重建公司王国吗？——不宜用公司法统领全部企业类型》，载《环球法律评论》2019 年第 6 期。

（二）公司营利性的制度规范

我国《民法总则》将法人主要分为营利法人与非营利法人。有学者指出，这一分类实际上既考虑了中国特色，又移植了国外分类模式，可以评价为移植中微小的创新，但从商法的角度更须分析营利法人的界定和商法现代化过程中与其他制度的协调问题，尤其是在法人制度的完善方面，需要从法政策性的角度考虑如何协调营利性内涵。除了《民法总则》的概括性规定以外，从立法完善的角度并基于商法的特殊性，应当分别制定不同法律予以规范，尤其是在民商合一的模式下，不能忽视公司法中营利性所具有的特殊性。[1]

（三）公司利益条款的构建

有学者研究认为，构建我国公司法律规范框架内公司利益的基本形象必然以创设“公司利益条款”为前提。一方面，应将“公司利益”理解为规范性概念并在公司法层面明确董事会经营管理义务的具体内容、确立其履职时维护公司利益的基本理念并将“公司价值的持续提升”作为公司经营目标的终极目的和根本导向。另一方面，学界应积极提供“技术支持”，主要围绕“公司价值的持续提升”的基本内涵及其作为利益冲突化解工具的具体使用方法展开全面深入研究。此外，司法者以相应的法律规范为基本判断依据，并结合学界的最新研究成果，努力探索有效解决公司内部利益纠纷的司法途径。[2]

（四）公司法民事责任的解释

公司法在狭义范围内调整并规范公司股东以契约方式联合的内部关系和外部关系，即成员相互之间及其与公司本身之间的法律关系，并在此基础上产生了公司章程所生契约责任和侵犯公司成员权权益而导致的侵权责任。学者研究指出，由于公司法自身运行的特点，只有使违反公司章程所涉契约责任与侵犯公司成员权而产生的侵权责任相分离，才能使公司法更有效地规范其成员的行为。虽然法律规制结果出现了请求权聚合的现象，但在民法体系的整体框架之下，两种法律责任并行设置，可以更好地发挥公司法应有的规范功能。公司治理是遏制公司成员侵权行为的有效方法，因此，为公司法设置惩罚性赔偿是一种合理的探索。[3]

（五）公司社会责任的落实

我国《公司法》明确规定公司应承担社会责任。该责任应如何具体落实，有学者提出了四个方面的建议：其一，公司遵守法律是公司履行社会责任的基本义务。其二，在公司治理框架内发挥独立董事和董事会专门委员会的社会责任功能；有节制地允许职工参与公司经营决策，实行民主管理；表决权代理、股东提案机制也能发挥一定的作用。其三，在特殊情况

---

〔1〕 陈景善：《公司法人营利性再考》，载《比较法研究》2019 年第 2 期。

〔2〕 杨大可：《德国法上的公司利益及其对我国的启示》，载《清华法学》2019 年第 4 期。

〔3〕 杨壮志：《公司法民事责任的解释方法——以公司股东内部法律责任分析为视角》，载《法律科学》2019 年第 6 期。

下，董事、高管可能需要对其他非股东成员承担受信义务。其四，公司从事经营活动应接受政府和社会监督，最有效的方式是上市公司应履行社会责任披露义务。[1]

（六）《公司法》修订的相关研究

1. 防止公司法改革中的泛民法化风险

有学者指出，从公司制度的演变和发展来看，作为一种风险化的营利组织，其本身带有的风险性与民法的人本性是相冲突的。看似节约立法成本的泛民法化改革方式，实则可能需要支付更大的社会成本，并会面临不同法律部门理念冲突、规范重心失调、应有体系瓦解以及伦理基础动摇等一系列问题。因此，《公司法》在修订过程中，应当坚守风险固化与风险防范的基本立场，在尊重体系化与完整性的基础上，体现公司法的未来发展趋势。[2]

2. 与世行营商环境评估的对接

有学者基于对世行营商环境评估失分指标的细致研究，建议对《公司法》进行十处修订，从而既不伤害其他法益，又能大幅提升我国在这一方面的全球排名。具体包括以下几大类：对董事长与总经理的分任制、召集股东大会的通知时间、出售重大资产的决议规则、利润分配的期限进行简易修订；明晰控股股东的责任、董事的勤勉义务、利害关系董事的加重责任、显失公平决议的可撤销规则；顺应世行方法论，调整优化有限责任公司股东重大分歧的解决机制、解除不适任董事任职资格问题的法律表述。另外，深入研究股东的优先权、子公司持有母公司股份、股东诉讼的便利度等相关问题，进而决定是否修法。[3]

二、公司资本制度

（一）资本认缴制的补救

自 2013 年修订《公司法》实行“认缴资本制”以来，不仅引起了学界对我国公司资本制度的认识分歧，在实践中也引发了许多新问题。有学者指出，面对新问题，要实现我国公司资本制度的健全与完善，在修订《公司法》时需要进一步正确衡平社会本位与个人本位的关系，需要深刻思考资本与资产的关系，需要准确处理“宽进”与“严管”的关系。同时，还必须补强相关的法律制度与法律规则，重视对人格否认制度的适用，适时引入“资本充实原则”“衡平居次原则”，确立“股东出资责任加速到期”规则，以及实缴资本优先的效力规则等，以切实维护市场秩序与交易安全。[4]

---

〔1〕 施天涛：《〈公司法〉第 5 条的理想与现实：公司社会责任何以实施》，载《清华法学》2019 年第 5 期。

〔2〕 范健：《公司法改革中的泛民法化风险——兼谈〈民法总则〉颁布后的〈公司法〉修订》，载《环球法律评论》2019 年第 4 期。

〔3〕 罗培新：《世行营商环境评估之“保护少数投资者”指标解析——兼论我国公司法的修订》，载《清华法学》2019 年第 1 期。

〔4〕 石少侠、卢政宜：《认缴制下公司资本制度的补救与完善》，载《国家检察官学院学报》2019 年第 5 期。

（二）出资加速到期制度的适用

加速到期制度与股东出资自由相匹配，是公司法资本原则的具体体现，也是在股东有限责任原则之下维护公司债权人利益的手段。有学者指出，在规范适用上，由于我国没有明确的法律规定和司法解释，应当适用我国《公司法》第 3 条第 2 款，并扩张解释最高人民法院《关于适用〈中华人民共和国公司法〉若干问题的规定（三）》（以下简称《公司法解释（三）》）第 13 条第 2 款；并认为股东出资义务加速到期的实质是在公司之后承担补充责任。〔1〕

（三）催缴出资制度的完善

有学者研究指出，我国出资催缴制度缺陷较多，亟须完善。首先，应区分公司内外关系，如涉公司外部第三人利益，则公司必须催缴；如仅为公司内部关系，则完全交由公司自治。其次，"催"的主体应由公司意志决定，若不能就此形成公司意志，则将董事会确定为催缴执行主体。再次，对于期限未届至的出资，若不涉及公司外部第三人利益，公司不得提前催缴；对于未约定期限或期限届至的出资，公司可随时催缴。最后，应分别在合同法和组织法视角下完善股东催而不缴的法律责任，确保公司催缴的效果。〔2〕

（四）股与债的关系认定

股与债是公司融资交易中的两个有名合同。在这两个有名合同之间，存在数量众多、类型丰富的无名合同。有学者研究指出，在不违反借贷管制、利息管制、公司资本管制的前提下，这些无名合同不应被认定为无效。在定性上，是否参与全部利润的按比例分配，是区别股与债的关键要素，而单纯拥有组织法上的投票权、董事委派权、利润分配权甚至有名义上的股东资格，都不宜作为将债权认定为股权的充分依据。鉴于现行法的弊端，应当尊重当事人关于股债安排的自由约定。〔3〕

面对实践中大量出现的股债融合现象，传统意义上的股债区分的风险标准、控制标准、信义义务标准等不再行之有效，公司法事实上难以回应资本市场创新的制度需求。为了应对股债融合的冲击，我国未来的公司法改革，应充分考量公司法的发展性和变动性等特性，谋求公司法与实践发展之间的协调性与互动性，着力提升公司法回应企业融资创新的能力，以股债融合串联公司法制度规范，整体推进公司融资制度、公司治理制度、公司并购制度之结构性改革。〔4〕

---

〔1〕 刘铭卿：《股东出资义务加速到期研究》，载《政治与法律》2019 年第 4 期。
〔2〕 袁碧华：《"认"与"缴"二分视角下公司催缴出资制度研究》，载《中国法学》2019 年第 2 期。
〔3〕 许德风：《公司融资语境下股与债的界分》，载《法学研究》2019 年第 2 期。
〔4〕 李安安：《股债融合论：公司法贯通式改革的一个解释框架》，载《环球法律评论》2019 年第 4 期。

三、股份、股东及股权

（一）新股发行的比较法研究

中日公司法学者通过比较研究发现，中日新股发行的差异在于中国法使用事前的规制策略，公共执法强，私人执法相对弱，而日本法主要使用事后的规制策略，充分发挥司法权的诉讼与非诉功能。解释因素在于行政权与司法权的比较优势差异与成熟度。“脱亚入欧”的日本建立起了独立与成熟的司法机构，而中国在新股发行代理成本及其他方面，使用行政权而不是司法权去解决公司治理与资本市场发展中的问题，行政替代了司法。[1]

（二）优先股与普通股的利益分配

优先股是股不是债，优先股与普通股的利益竞争在公司组织中展开，因此优先股合同权利的边界应在组织法的框架下划定。有学者指出，优先股与普通股的利益分配问题在组织法中首先应回归到程序层面，信义义务的制度方法迎合了现代商业环境与公司治理下对公司决策进行事后判断的需要。信义义务依托于司法审查，其关键在于法官通过何种方法适用模糊的法律标准并切入复杂的商事交易。根据比较法经验可以勾勒出划定优先股合同权利的组织法边界、回应优先股与普通股利益竞争的中国方案：一方面，对公司决策过程的认知切换到具体的商事语境；另一方面，实现法律分析与会计计算的深度融合，公司纠纷的裁判向现代公司价值计算开放。[2]

（三）股权登记的效力

对于股权登记的效力，有学者认为，有限责任公司未发生股东资格纠纷时，股东名册和工商登记均具有证明股东资格的效力。在发生股东资格纠纷时，工商登记具有最优的法律效力，作为判断股东资格的法定依据，除非有相反证据推翻登记内容不实。今后应逐步采取单一的股东资格认定依据制度，将工商登记作为唯一的股东资格认定依据。工商登记不仅具有对抗第三人的效力，同时具有对抗公司和原股东以及所有利益相关方的效力。工商登记中应当单独设置股东信息档案页。公司应当依据工商登记的股东信息再设置股东名册。[3]

对此，也有学者研究认为，基于商事登记对抗力一般原理与股权登记对抗力的规范分析，登记对抗的适用前提，就在于真实权利与公示权利出现不符。有限公司股权登记对抗力的核心是明确“第三人”范围，逻辑推论与司法实践都锁定在股权处分的相对人、公司的债权人、登记股东的债权人等三类人。借助于类型化分析，将《公司法解释（三）》第 26 条限

---

〔1〕 沈朝晖、[日] 饭天秀总、段磊：《中日公司新股发行制度的功能主义比较》，载《清华法学》2019 年第 2 期。

〔2〕 潘林：《优先股与普通股的利益分配——基于信义义务的制度方法》，载《法学研究》2019 年第 3 期。

〔3〕 刘凯湘：《股东资格认定规则的反思与重构》，载《国家检察官学院学报》2019 年第 1 期。

制解释为登记对抗适用的场合，将《公司法解释（三）》第 27 条第 1 款的公司债权人限缩为善意者，将《公司法》第 32 条第 3 款中的第三人认定为不包括登记股东自身债务的债权人，商事登记的对抗力理论体系得以建构。〔1〕

（四）股东权利的保障

1. 股东提案权

股东提案权是股权的重要权能之一。中日公司法学者研究发现，两国股东提案权具有共同的立法宗旨，但是两国对该权利的规范路径并不相同，中国将股东提案权定性为临时提案权进行规范，而日本将股东提案权区分为议题权、议案权与议案要点通知权。为此，两国面临的法律问题不尽相同，特别是董事会对股东提案的审查权限、审查方式，以及股东滥用提案权的方式都存在较多争议。由于两国确立该制度的实践都较短，都存在“技术性不足，操作性不强”的问题，需要加以完善。规范股东提案权，需要平衡股东民主与公司效率之间的关系、公司自治与国家强制之间的关系，需要从董事义务视角对股东提案权进行规范，需要从技术与细节着手防止股东与董事会滥用权利。〔2〕

2. 股东知情权穿越

随着母子公司架构、集团公司模式大量涌现，部分企业甚至形成了金字塔式控制结构，母子公司架构下的母公司股东权益缩减问题日益突出。我国《公司法》立法框架是建立在单一法律主体的前提下，以坚持公司独立人格为基本原则，并未明确有效的规制母子公司法律关系。对此，有学者提出，为维护母公司股东权益，我国应借鉴域外相关理论和制度，构建股东知情权穿越制度。制度构建的主要内容包括股东知情权穿越的行使条件、行使主体、适用范围、方式，以及从属公司的拒绝事由、股东穿越行使知情权被拒的法律救济。〔3〕

3. 股份回购的法律规制

上市公司股份回购制度日益受到理论和实务界的关注。有学者以上海证券交易所颁布的《上市公司回购股份细则》为基础，从实体法和程序法等多个角度，对上市公司“为维护公司价值及股东权益所必需”而实施回购的法律规则进行研究，并认为应从两方面进行规制：反市场操纵，公司、股东与债权人的利益平衡，回购后处理；另外，要从决议规则与备案程序、信息披露与违法责任、推进回购监管规则和股东诉权的衔接等角度完善相应的程序法规则。〔4〕

4. 投资者保护机构

由证券监管者主导建立的投资者保护机构作为积极股东出现，并获得一系列法定授权，

〔1〕 李建伟、罗锦荣：《有限公司股权登记的对抗力研究》，载《法学家》2019 年第 4 期。

〔2〕 梁上上、［日］加藤贵仁、朱大明：《中日股东提案权的剖析与借鉴——一种精细化比较的尝试》，载《清华法学》2019 年第 2 期。

〔3〕 王建文：《论我国股东知情权穿越的制度构造》，载《法律科学》2019 年第 4 期。

〔4〕 冯辉：《“维护公司价值及股东权益所必需”而回购的法律规制》，载《东方法学》2019 年第 6 期。

是近年来我国上市公司治理版图中不可忽视的新现象。这种特殊的股东积极主义有其理论与现实合理性，并有望伴随着《证券法》的修订发挥更为重要的作用，但也因各种制约而存在一定的问题和局限。对此，有学者提出，适当匹配行权议题与手段，是投资者保护机构深化其股东积极主义探索的关键。监管者在助推这类新型股东积极主义的同时，应当对其所难以触及领域的替代性市场机制保持开放态度。〔1〕

5. 受压制股东的救济

股东压制是封闭公司的治理难题。英国不公平损害制度为受压制股东提供了“一揽子”的救济方案。其适用对象涵摄强、手段多样、效果可靠等制度优势值得关注，且与我国《公司法》第 20 条的“禁止滥用股东权利”规定具有相当的契合度。基于上述思考，有学者提出，我国公司法在解决股东压制现象时，需在立法、司法层面解决三个问题：一是充分发挥章程、股东间协议对股东压制的事先预防作用；二是确立《公司法》第 20 条之保护股东的一般性条款地位，扩展其调整行为范围，增加救济措施，为股东压制提供兜底性解决方案；三是处理好司法介入与公司自治之间的平衡，力求适当救济每一位受压制股东。〔2〕

（五）控制股东的规制

在我国公司法中，虽然以直接规制的方式对控制股东滥用权利的行为以及不正当行使关联关系损害公司利益的行为进行了明确规定，但是并没有明确对控制股东滥用影响力的行为进行规范。学者研究发现，对于这一问题，日本公司法中主要是通过对公司经营者进行严格规范来实现对控制股东滥用影响力行为的间接规制。对于我国公司法而言，一方面必须要考虑在我国现有的法律下如何有效规范控制股东滥用影响力的行为，并且明确我国采用直接规制的理论依据；另一方面，还应重视日本公司法所采用的间接规制的功能与意义，考虑企业集团、公司并购等复杂的场景，夯实理论基础调整制度的外延以构建更加完善而有效的控制股东规制。〔3〕

（六）股权转让的相关研究

1. 股权转让构成要件

股权具有相对性权利的构造，股权让与在于变更股权之绝对性归属关系，以解决股权进入受让人之责任财产范畴的准确时点。因而有学者就股权让与在转让当事人间的构成，提出意思主义的立场，亦即股权让与合意一经生效，受让人即有效取得股权。唯有采取意思主义的构造，股权交易实务中出现的“附股权保留的买卖”以及“股权让与担保”等交易结构，才能在法教义学上得以妥当地构造。股东名册记载，仅是股权受让人向公司主张并行使股权

〔1〕 郭雳：《作为积极股东的投资者保护机构——以投服中心为例的分析》，载《法学》2019 年第 8 期。

〔2〕 李建伟：《股东压制的公司法救济：英国经验与中国实践》，载《环球法律评论》2019 年第 3 期。

〔3〕 朱大明、［日］行冈睦彦：《控制股东滥用影响力的法律规制——以中日公司法的比较为视角》，载《清华法学》2019 年第 2 期。

的要件，并非实证法上股权让与的构成要件。至于公司登记中的股东登记，从现行法规定来看，显然不属于转让当事人间的股权让与构成要件，不影响意思主义的理论。[1]

2. 股权转让限制

对于股权转让的限制，有学者指出，指导案例96号简单运用人合性法理造成司法过度包容，不仅加剧人合性与资合性的紧张关系，而且可能伤害有限公司的人合性。对于股权转让限制措施的合法性审查，应当旨在实现平衡有限公司的人合性与资合性之间的利益冲突，防止以假借维护人合性之名行权利滥用之实。针对股权转让限制措施所展开的合法性审查，应当放弃合同性关系论证，一方面承认后续章程修改对反对股东的拘束力；另一方面避免简单认可限制措施对赞成股东的效力；应当通过引入合理性标准，从公司人合性之有无、是否需要限制措施、手段与目的之间的合比例性三个角度全面考量限制措施的合法性；应当将对股权转让自由的有限保护作为一项决议规则。[2]

3. 股权转让责任

有学者指出，无论是从股权转让的法律性质还是从股权自由转让原则考量，都应承认认缴期限内未实缴出资股权转让行为的效力。构建未实缴出资股权转让后的出资责任规则应严格区分出资期限是否届满。未届期的未实缴出资股权之上存在合法的出资期限利益，不能将其认定为股东未履行或者未全面履行出资义务，股权转让后的出资责任归属应参照债务承担规则认定。已届期的未实缴出资股权转让后的出资责任归属应贯彻外观主义立场，由受让人承担出资责任；受让人不知标的股权未实缴的，承担出资责任后可向出让人追偿。出让人与受让人合谋，将未实缴出资的股权转让给明显缺乏认缴能力的受让人时，可以借鉴民法上的撤销权制度，赋予债权人撤销权，在债权人主张撤销股权转让行为之前，并不影响未实缴出资股权转让后的责任归属。[3]

4. 股权转让制度完善

有学者研究认为，有限公司股权对外转让制度中的反对股东购买规则在实践中常被架空，这并非是因为该项规则未明确界定购买价格，而是其不应和优先购买权并存。完善有限公司股权对外转让制度，可以采取优先购买权模式，也可以采取同意加他人购买模式。由于这两种模式各有优劣，不妨将两者均设置为赋权性规则，由公司选择适用。如果希望将其中一项设置为缺省性规则，则应同时将另一项设置为赋权性规则。这样做可以减少当事人议定新条款的缔约成本，减少缺省性规则的粘性，从而在更大程度上实现公司自治。[4]

---

〔1〕 张双根：《论股权让与的意思主义构成》，载《中外法学》2019年第6期。

〔2〕 楼秋然：《股权转让限制措施的合法性审查问题研究——以指导案例96号为切入点》，载《政治与法律》2019年第2期。

〔3〕 刘敏：《论未实缴出资股权转让后的出资责任》，载《法商研究》2019年第6期。

〔4〕 伍坚：《有限公司股权对外转让制度研究》，载《法学杂志》2019年第10期。

（七）股东除名

当股东的行为符合《公司法解释（三）》第 17 条第 1 款规定的除名条件时，公司股东会有权作出解除该股东资格的除名决议。学者研究指出，股权被冻结不能成为阻碍除名决议生效的因素。对股权冻结情况下，公司对股东除名或者宣布失权的原因是多样化的，应坚持私法自治原则，司法谨慎介入公司营运空间。在不存在欺诈的情形下，公司股东会依前述规定在股权冻结情况下作出的除名决议应为有效。适用股东除名制度有利于平衡公司及其股东与被除名股东及其债权人利益。法院在审查公司作出的股东会除名决议时，除了审查股东除名的形式要件外，还应实质性地审查股东除名决议是否会损害公司债权人以及被除名股东的债权人的利益。[1]

四、公司治理

（一）公司治理与金融监管的关系

防范风险的制度路径是公司治理与金融监管并重。有学者指出，公司治理是本，金融监管是标，只有在完善公司治理基础之上加强金融监管才能实现标本兼治。资本泛滥时期金融风险的根本原因是公司本质的异化，完善公司治理结构是化解金融风险的根本路径。中国金融监管的目标应该是回归公司的本质。实现中国公司治理和金融监管法治目标，首先需要按照现代商法的理念完善我国现行公司法，构建中国公司治理的制度体系，同时需要按照现代商法理念构建商事金融基本法。只有这样，公司的健康成长和金融的正当监管才有基本的法律标准和行为依据。[2]

（二）董事会的相关研究

1. 董事会的规制模式

有学者认为，董事会的规模与结构可能是公司根据其面临的内外市场环境所做出的一种反应，通过市场自发调节而成，立法强制规制其人数不具有实践理性。域外鲜有强制规制董事会人数区间的先例，符合公司自治和管制公司的成本效益分析。如果公司法有意保持对公司董事会规模的某种强度的规制体系，尚有比严格规制人数区间的更优选择，其中符合国情的分类规制思路固然值得重视，但正当程序的供给才是不遑多让的重点。[3]

2. 专门委员会制度的重构

团队生产理论突破了传统的委托代理理论或公司合同理论的分析框架，认为董事会的职

---

〔1〕 雷鑫：《股权冻结条件下股东除名决议的效力及其利益平衡》，载《政治与法律》2019 年第 5 期。
〔2〕 范健：《资本泛滥时期的公司治理与金融监管》，载《法学杂志》2019 年第 2 期。
〔3〕 李建伟：《董事会规模强制规制模式的解释与反思》，载《法学杂志》2019 年第 10 期。

责还应该包括对利益的平衡与协调。有学者研究认为，想要实现董事会对公司各方参与者的利益平衡，必须加强董事专门委员会的权力，从实质上解构董事会权力并实现权力的重新分配，让更具独立性的专门委员会行使好相应的权力。专门委员会成员一般都是专业人士，对于如何平衡各方利益能够提供更为科学的意见和建议。同时，对于董事会治理而言，能够形成更有效的监督和制约机制。发挥好董事会专门委员会的实际效果，在团队生产理论的指引下，让董事会权力行使更具科学性和合理性。[1]

3. 国有企业党委会与董事会的协调

这是国有公司治理中非常重要的一个命题。有学者研究指出，科学地将党建内嵌至国有企业内部治理结构中，能充分回应在加快国有企业的现代企业制度建设进程中，政府过度干预和企业家精神缺失导致的董事会效能低下的难题，有效抑制国有企业贪腐低效和内部人控制的顽疾，完善国有资产管理体制，并积极回归国有企业的公益性质。但是新老三会的并存造成了制度性内耗和不同价值追求的功能性冲突，顶层设计的缺失也造成了党委会治理薄弱和监督隔离机制的缺乏，立体构建党委会职能的确权路径是协调党委会和董事会之间关系的关键所在。因此，建立以董事会为经营决策核心，以党委会为政治领导核心的管理体系，并使之与国有企业分类改革相匹配成为了深化国有企业改革的应有之义。[2]

（三）公司决议制度

1. 公司决议与协议的界定

有学者认为，在司法实践中存在协议“杀死”决议的现象。协议在我国公司治理中运用甚广，无论是放松管制，还是保障股东权益，或是维护公司人合性，都难以成为协议“杀死”决议的正当理由。无论是旨在加强收购监管的一致行动（协议）制度，还是意在确认行为效力的表决权拘束协议，查其本质都无法得出强制履行协议的结论。通过明确公司程式在公司法上的价值，也能进一步厘清公司法语境下协议与决议的界定。当公司法制度供给显著少于合同法，且决议制度本身还存在诸多不足时，协议极易“杀死”决议。要阻却这种伤害，公司法需要构建特殊的协议制度；同时，决议制度也需要在目的、原则、内容、程序、效力及责任等方面进行系统性修复。[3]

2. 公司决议功能的反思

有学者研究认为，按组织行为学理论，组织决策始终存在“同意”与“授权”两种行使方式，对公司商业判断而言，“授权”这一精英治理模式有天然优势，能满足商业决策快速反应之需求，还能权责清晰地贯彻“自己行为、自己责任”，避免“决议大锅饭”衍生的不负责决策、冷漠决策、沉默决策现象。表面看来，共同决议机制旨在实现公司内部高效决

---

〔1〕 韩文：《董事会治理优化路径研究：专门委员会制度的重构》，载《法学杂志》2019年第7期。
〔2〕 孙晋、徐则林：《国有企业党委会和董事会的冲突与协调》，载《法学》2019年第1期。
〔3〕 周游：《公司法语境下决议与协议之界定》，载《政法论坛》2019年第5期。

策和监督制衡，但这两大目标均已落空。公司内部共同会议只是尊重资本主权的威权仪式，与其说是决策形式，不如说是信息交流。公司民主不是政治民主的经济翻版，前者以“合作性博弈”为基础，后者以“竞争性博弈”为基础。从合同法中的“合同性代理”到公司法中的“组织性代理”，代理人的权限受到了更多监管与限制。基于合作性博弈的品性，公司内部共同会议应淡化其决议功能，强化其信息沟通功能。由此，也应改造公司决议的效力评价机制。要让股东会/董事会回归“讨论/辩论的场所”，软化对公司决议效力的司法干预。[1]

3. 公司决议的法律适用

公司决议制度调整公司意思的形成，亦即部分成员或机关成员的意思如何成为公司的意思从而约束全部。对此，有学者指出，公司决议的本质是“公意”，而非“合意”。决议只有在符合公司法与章程规定的程序与权限时，方被评价为公司意思。公司决议的特殊性，决定了其应由公司法专门调整的必然性。故对公司决议，公司法有规定的，当然应适用公司法；公司法未有规定的，应先根据公司法的精神与原理进行法律解释和漏洞补充，避免动辄向民事行为法逃避，对公司决议削足适履地适用法律行为的一般规则。[2]

4. 股东会决议效力的认定

有学者研究指出，伪造股东签名的股东会决议效力的认定，在司法实践中存在较大争议，主要可以归纳为两种裁判路径：一是伪造签名直接导致决议无效；二是伪造签名间接影响决议效力，其效果分为无效、可撤销、不成立三种情形。第一种路径体现了个体法思维，与民法的救济理念相符，却违背了团体决议效力维持理念；第二种路径体现了团体法思维，但未厘清伪造签名的性质及其与决议效力的正确关系。应区分伪造签名针对的决议事项类型以及伪造签名的严重程度来确定决议效力。若伪造股东签名针对股东个人权利处分，则属于虚假的意思表示，不发生股东个人权利“被处分”的效果，但并不必然影响决议中其他事项的效力；若伪造签名针对公司事务处理，则属于表决方式瑕疵，无论是否影响整个表决权数比例，均产生决议可撤销的效果。当伪造公司事务决议的签名严重到伪造决议的程度时，决议视为不存在。[3]

5. 差异化表决制度的比较法研究

构建差异化表决制度的核心应当在于如何防范差异化表决权架构引发的公司控制权与公司经济利益或现金流的背离，以及在这种背离下产生的代理成本和滥用控制权的风险。有学者结合中日实践研究认为，日本的类别股制度相对完善，尤其是类别股法定与类别股东大会的规制对我国公司法、证券法相关制度的可借鉴之处颇多。如认真处理好差异化表决架构的

---

〔1〕 蒋大兴：《重思公司共同决议行为之功能》，载《清华法学》2019年第6期。

〔2〕 周淳：《组织法视阈中的公司决议及其法律适用》，载《中国法学》2019年第6期。

〔3〕 王延川：《伪造股东签名的股东会决议效力分析》，载《当代法学》2019年第3期。

公司法调整与合同法规范；改变我国类别股东大会与类别表决制度的短板现象；信息披露应当成为监督者对差异化表决权安排的上市公司的监督重点；完善股东诉讼，约束实施差异化表决安排的上市公司之控股股东。[1]

（四）公司担保的相关研究

1. 公司担保的解释路径

《公司法》第 16 条未明确公司未履行相关决议程序即提供担保的法律行为效力，成为一项制度漏洞，需要借助法律解释方法予以填补。对此，有学者认为，应当将漏洞填补回归至现行法的价值判断框架之内，以实现公司法整体框架的价值同一性。《公司法》第 16 条以授权第三人规范的方式，明确了公司章程在担保事项上的对外效力，契合《公司法》所确立的决策授权和形式程序正义，已经成为公司作为拟制法人的组织规则基础，应当尊重。对于《公司法》第 16 条的解释，文义解释无以提供有效结论，体系解释的结论在于债权人应当基于公司作为拟制存在进行法律判断，维持引致所产生的章程对外效力。此外，目的解释和历史解释无法对《公司法》第 16 条提供有效的补强论证。[2]

2. 公司担保的法律适用

有学者认为，《公司法》第 16 条是关于“公司担保决议机制”的规定，其所要解决的问题是公司对外提供担保的权力归属与行使的正当性与程序性要求，不能以违反《公司法》第 16 条作为判定担保合同效力的直接依据。在处理违反《公司法》第 16 条的法律后果时，应遵循“两步走规则”：第一步自然应依据《公司法》的治理规则和救济规则判定担保决议自身的效力和责任，包括因公司担保决议实质和程序违法、违规和违章而导入《公司法》第 22 条的适用。在对公司决议形成了司法性裁决后再启动第二步，考察其对公司担保合同的效力影响。当公司担保决议经司法裁判为无效或被撤销后，由此牵连出《合同法》《担保法》的介入和适用，进而引发担保合同可能发生无效的后果。[3]

3. 公司代表越权担保的效果

有学者研究认为，通过界定《公司法》第 16 条的规范性质来判断公司法定代表人越权担保的效力，具有局限性。一则强制性规定的二元化区分无法涵盖私法上的越权规范；二则法定代表人越权担保首先应解决该行为的效果是否归属于公司，其次才有合同效力判断的讨论空间，两者并非同一问题。从规范目的看，第 16 条是通过公司法定代表人代表权限的法定限制来保护公司及其股东利益。法定代表人越权为他人债务提供担保的，首先应以《合同法》第 50 条为基础判断该行为是否对公司发生效力。相对人未尽审查义务，知道或者应当

---

〔1〕 朱慈蕴、［日］神作裕之：《差异化表决制度的引入与控制权约束机制的创新——以中日差异化表决权实践为视角》，载《清华法学》2019 年第 2 期。

〔2〕 岳冰：《解释论视角下公司担保行为效力的规范立场》，载《法学杂志》2019 年第 10 期。

〔3〕 施天涛：《〈公司法〉第 16 条的规范目的：如何解读、如何适用?》，载《现代法学》2019 年第 3 期。

知道法定代表人超越权限，其法律后果应当类推无权代理的规定予以处理，即对公司而言属于效力待定的行为。[1]

另有学者则认为，以《公司法》第 16 条第 1 款的规定为基础，依照《民法总则》第 61 条的规定，公司代表越权担保只发生归属于公司的私法效果，根本不会发生"无权代表"或"无权代理"的问题，从而不存在公司对公司代表越权担保"不承担责任"的问题，更不会有担保合同是否有效的问题。公司仅可以"相对人恶意"对抗其要求公司承担责任的主张。公司有证据证明相对人知道或者应当知道公司代表越权担保的事实，也仅有公司依法取得拒绝承担责任的抗辩权的私法效果。[2]

五、债权人的权利保护

（一）认缴制下的债权人保护

有学者认为，对债权人来说，股东有无出资或者何时出资并不重要，重要的在于股东应在认缴出资范围内对于股东债务承担责任，这也是有限责任原则的应有之义。作为公司法重要立法目的和目标的债权人保护并不因出资约定自由化而降低标准，应当允许债权人突破股东和公司之间的约定，请求股东提前出资，否则，资本的自由化只会被滥用，从而使交易安全和市场秩序遭受破坏。当然，即使股东出资义务被加速到期，出资人或者股东也只是在公司不能清偿债务且属于自己出资额度内提前履行出资义务。[3]

（二）股份回购中的债权人保护

有学者指出，上市公司回购制度中，优先保障回购效率的制度安排在债权人利益保护上存在明显疏忽，也不符合《公司法》关于减资的立法理念。在立法大规模放开并鼓励股份回购的背景下，应当予以弥补。第一，应明确要求上市公司在呈交证监会的回购备案材料中附上法定期限内已清偿债务或已提供足额担保的证明；对于公开发行债券的，也应提供债券持有人会议关于同意公司不清偿债务或担保的表决案，或当债券持有人会议在法定期限内无法形成有效决议时，提交已足额担保的证明；此外，还应规定由全体董事对回购导致不能偿还债务承担补充责任。第二，目前《上市公司回购股份细则》对回购应通知债权人的约束只适用于回购后减资，这是对《公司法》减资规则的狭隘理解。债权人保护应构成公司行为的底线性约束，凡损害或有损害债权人利益之可能的，都应设置相应的制度保障。[4]

---

〔1〕 高圣平、范佳慧：《公司法定代表人越权担保效力判断的解释基础——基于最高人民法院裁判分歧的分析和展开》，载《比较法研究》2019 年第 1 期。

〔2〕 邹海林：《公司代表越权担保的制度逻辑解析——以〈公司法〉第 16 条第 1 款为中心》，载《法学研究》2019 年第 5 期。

〔3〕 刘铭卿：《股东出资义务加速到期研究》，载《政治与法律》2019 年第 4 期。

〔4〕 冯辉：《"维护公司价值及股东权益所必需"而回购的法律规制》，载《东方法学》2019 年第 6 期。

（三）股权转让中的债权人保护

将认缴期内未实缴出资部分的股权转让给明显缺乏缴纳能力的受让人将导致公司的实收资本能力降低，最终影响公司债务清偿能力。针对公司清偿能力降低情形下的债权人保护问题，减资程序提供了有益的参考。《公司法》第 177 条规定的减资程序主要包括两个方面的制度设计，一是编制资产负债表及财产清单；二是公告债权人及未接到公告通知的补救措施。反观股权转让程序，股东信息变更登记是对抗外部债权人的必备要件，因此可从登记程序入手构建债权人保护制度。具体而言，可从受让人资信情况识别和债权人不信任时的保障措施两个方面入手。[1]

六、公司法中的诉讼问题

（一）商业机会的司法认定

我国司法审判对公司商业机会的认定，存在适用标准缺乏共识、法律适用宽严不一等诸多问题。对此，有学者认为，我国对公司商业机会的司法认定，不能套用英美司法的审判思维。公司商业机会具有营造性和依附性两个基本特征。这两个特性应当是商业机会司法认定的两个思考维度。董事代表公司行为而营造的商业机会应当归属于公司；归属于公司的商业机会应当与公司合法的经营范围相吻合，这既是商业机会依附于公司的经营活动进而实现其价值的客观必然，也是公司商业机会能受到法律保护的必然要求。公司财力、公司意愿以及交易对方意愿等因素不能成为公司商业机会司法认定的考量依据。[2]

（二）公司决议诉讼的相关研究

1. 公司决议诉讼规则的重构

有学者研究认为，公司决议只具有约束股东及董监事的内部效力而不具有外部效力，债权人等外部主体对决议效力不存在法律上的利益，无权主张确认决议无效或不存在。股东会决议撤销之诉中对股东资格的要求不应剥夺股权转让自由，董监事仅在决议损害公司利益时才享有撤销权。董事会决议瑕疵之诉中，董监事只可在董事会无法自我纠正时提起诉讼，同时应比照代表诉讼要求限制股东诉权。股东及董监事可作为无独立请求权第三人参加诉讼，有权进行与所参加方相抵触的诉讼行为。此外，应按瑕疵而非决议区分诉讼标的，但针对同一瑕疵提起的后诉不构成重复诉讼而属共同诉讼，针对同一决议的诉讼应当合并审理。判决不存在对世效力，既判力只在原告胜诉时发生扩张。[3]

---

〔1〕 刘敏：《论未实缴出资股权转让后的出资责任》，载《法商研究》2019 年第 6 期。

〔2〕 沈贵明：《公司商业机会的司法认定》，载《法学》2019 年第 6 期。

〔3〕 丁勇：《组织法的诉讼构造：公司决议纠纷诉讼规则重构》，载《中国法学》2019 年第 5 期。

2. 公司决议诉讼的功能与程序

有学者指出，公司决议诉讼根据功能可分为两类：一类是股东之外的人员因自身权利受到公司决议的影响在拥有确认利益的前提下提起的请求确认公司决议不成立或无效的诉讼，其属于普通的确认之诉，适用民事诉讼法的一般规范；另一类是股东提起的旨在客观监督公司决议的不成立、无效或撤销之诉（共益性诉讼），由于这类诉讼追求的诉讼目的相同，因此应当承认它们的诉讼请求实质相同，也即针对同一决议基于相同事实提起的决议不成立、无效和撤销之诉，构成重复起诉。为进一步避免矛盾判决和促进判例统一，未来还应当承认共益型公司决议诉讼的判决既判力向全体股东发生扩张，并在专属和集中管辖、合并审理、和解、仲裁等方面制定明确规范。[1]

3. 公司决议行为保全的构成要件

实践中，公司决议行为保全决定可能是错误的，因此而造成的损害将不可弥补，为此，法院应尽量降低这种可能性。有学者指出，在司法适用公司决议行为保全时，应以“审慎性”为目标。在这一目标指导下，我国法院应参考美国的行为保全司法适用理论并适当变通，将申请人资格、决议的实施将造成难以弥补的损害、申请人存在胜诉可能性、利益衡量的结果倾向于支持申请人四个方面作为公司决议行为保全的构成要件。在四个要件的构成体系上，各个要件均为必要非充分条件，不得进行动态体系的调整，即四个要件缺一不可。同时，也不得用申请人提供担保来补充构成要件的不足，以适当提高公司决议行为保全的标准，避免其成为控制权争夺的工具。[2]

---

〔1〕 周翠：《公司决议诉讼的功能定位与程序机制》，载《中外法学》2019年第3期。
〔2〕 陈彦晶：《公司决议行为保全构成要件的确定》，载《当代法学》2019年第5期。

2019 年中国证券法理论研究综述

吴佩瑶

2019 年，我国证券法理论研究不断深入推进，从国内学者已发表的大量学术成果来看，其中代表性著作包括：

教材类著作：禄正平：《证券法学》，商务印书馆；邢会强：《证券法学》，中国人民大学出版社；朱锦清：《证券法学》（第四版），北京大学出版社；等等。

理论类著作：李宇先：《证券期货犯罪研究》，人民法院出版社；彭冰：《法律与新金融》，法律出版社；刘远志：《跨境证券交易法律监管研究》，法律出版社；路育：《证券交易所调整证券交易异常法律机制研究》，法律出版社；廖原：《股票发行注册制下的信息披露法律问题研究》，武汉大学出版社；盛学军：《新时期金融法变革中的消费者保护研究》，法律出版社；宁荣：《内幕交易的多副面孔——中国的监管标准与执法实践》，经济科学出版社；李东方：《证券监管法论》，北京大学出版社；杨旭、何积华：《证券虚假陈述民事裁判规则研究》，北京大学出版社；等等。

实务类著作：中国证券监督管理委员会行政处罚委员会：《证券期货行政处罚案例解析（第二辑）》，法律出版社；中国证券监督管理委员会：《中国资本市场法制发展报告 2018》，法律出版社；余文恭：《图解资产证券化政策法规指引与重点提示》，中国法制出版社；毛伟：《说上就上　公司创业板上市法律实务和案例解析》，中国经济出版社；申林平：《科创板上市解决之道》，法律出版社；谢庚、徐明：《新三板系列丛书　新三板研究》，中国金融出版社；等等。

此外，学者们也发表了大量证券法学术论文。因篇幅受限，本文以 2019 年核心期刊为主对 2019 年证券法研究中关注的核心问题作一综述。

一、证券法修改的方向

2019 年 12 月，新《证券法》经历四读后终于落地，这是《证券法》继 2005 年修订后迎来的又一次大修。理论界对于证券领域的市场化改革有着较为深刻的探讨，其中的思想也与此次修法方向一致。

有学者回顾我国资本市场三十年的发展历史，提出我国资本市场改革逻辑正在从融资企业角度出发走向从投资者角度出发。前者集中体现在股票发行额度制和核准制，后者集中体现在股票发行注册制。同时，新三板与科创板的设立体现了我国证券监管哲学基础由实质审核转向形式审核，由"盈利中心主义"转向"信息披露中心主义"。上述逻辑转换对我国现行证券法律及相关制度提出了新的要求，以发挥市场在资源配置中的决定性作用。[1]

有学者认为，证券发行核准制中行政关系主导市场机制与民事法律关系，扭曲了直接融资的资源配置方式，而在注册制中，信息披露是连接发行人与投资者的桥梁。证券法修订首先要坚持市场机制的理念，平衡证券发行核准制与注册制的"双轨制"关系，以强制性信息披露为核心，厘清证券市场主体发行、保荐、上市、投资、交易与审核之间的民事法律关系，以及民事主体与行政主体之间的行政监管关系，发挥证券监管矫正证券市场失灵的作用。同时，需要解决证券违法的先行赔付、行政和解、行政处罚与司法诉讼对接的程序冲突，协调行政罚款和没收、上缴国库与投资者保护之间的关系。其认为，《证券法》应当界定市场主体与行政主体之间的权利配置与责任边界；从规范分析可得，《证券法》需要权衡市场与监管之间的公正与效率、成本与收益。[2]

有学者借用生态学概念，以"资本市场生态"描述资本市场各参与者及环境之间的关系与相互作用，各参与者之间的利润流向构成"食物链"，该生态具有资本循环、利润分配和信息传递三大功能。其认为，我国资本市场生态的表面问题是"反向食物链"引发市场乱象，深层次问题是市场机制未能充分发挥作用，而根源在于行政管制过多，政府与市场未能形成良性循环。因此，应深化改革来化解行政管制与市场机制之间的矛盾，加强监管以降低市场信息不对称，放松管制激发市场活力，同时防范化解系统性风险。[3]

二、"证券"的范围

"证券"的定义是证券法面临的第一问题，而明确证券的特征将有助于界定证券的范围。

---

〔1〕 邢会强：《我国资本市场改革的逻辑转换与法律因应》，载《河北法学》2019 年第 5 期。
〔2〕 席涛：《〈证券法〉的市场与监管分析》，载《政法论坛》2019 年第 6 期。
〔3〕 杨宗杭、曹硕等：《我国资本市场生态的特点、问题及优化路径》，载《证券市场导报》2019 年第 5 期。

有学者将证券的特征概括为“共同投资，风险裸露”，即证券是投资者为了获取利润而取得的代表投资性权利的凭证/合同（投资性），投资者之间共同进行了投资或者该凭证/合同允许投资者对外拆分转让（横向共同性），同时该凭证/合同具有损失本金的风险，且该风险未受其他专门法律的有效规制（风险未受规制性）。该学者认为凡符合上述定义的凭证、产品或合同都是证券，都应纳入《证券法》的调整范围。当然，证券概念的扩大是有边界的，一方面，随着金融创新的发展，不是所有的金融衍生品都可以界定为证券；另一方面，证券的外延小于金融投资商品，不具有横向共同性的金融投资商品不是证券。[1]

证券与金融投资商品的内涵区分、边界界定一直是学界关注的重点。有学者倾向于认定证券在本质上是一种投资性权利，金融投资商品是上位概念，证券是下位概念，二者存在包含关系。其建议回避以静态表述方式定义证券，采用动态方式重新认定证券，将具有收益性、标准化、风险性、可交易或可赎回的投资性合同、有价证券以及行政法规和司法解释认定的其他金融投资商品认定为证券。证券概念中金融投资商品类型可划分为固定收益类金融投资商品、权益类金融投资商品、衍生品类金融投资商品。同时，其认为应尽可能扩大“证券”的覆盖范围，将其他暂时难以标准化和规范化的金融投资商品统统归入衍生品类金融投资商品领域，推行更为严格的监督检查和惩戒制度，如此能够产生“驱赶”效应，将衍生品类金融投资商品向权益类金融投资商品类型驱赶，尤其是往“证券”方向驱赶，从而与“证券”的扩大化衔接起来。[2]

三、证券发行注册制与科创板的实施

证券市场是否实行注册制一直以来都是学界的议论焦点。注册制强调以信息披露为中心，由市场而非监管机构对企业价值进行判断，股票发行注册制改革的本质是放开准入、简化发行程序、提高发行效率，赋予企业公平的股票融资权利。2019 年中国证监会发布《关于在上海证券交易所设立科创板并试点注册制的实施意见》，促使股票发行注册制改革迈出了坚实的一步，而科创板的制度设计与运行情况也成为理论界探索注册制建立与完善的研究对象。

有学者认为，法律在取消股票发行标准和监管机构股票发行实质审查权时，客观上也削弱了政府在股票发行阶段的投资者保护功能。因此，法律应该在弱化发行审核的同时强化股票上市审核和价值评判，针对注册发行特征设置有别于审核发行模式下的股票上市标准和制度规则，赋予证券交易所股票上市实质审查和选择权，通过公司经营年限、最低总股份、财务和盈利、股权结构和流动性等硬性指标，以及一系列软性指标和严格的上市审查规则，实

---

〔1〕 邢会强：《我国〈证券法〉上证券概念的扩大及其边界》，载《中国法学》2019 年第 1 期。
〔2〕 杜一华：《〈证券法〉修订中的金融投资产品的边界》，载《中国流通经济》2019 年第 10 期。

现对注册发行的股票价值的补充性甄别，以防止发行过程中忽略的瑕疵、风险和欺诈延续到交易阶段。[1]

有学者认为我国股票发行注册制尚未成熟，实践中仍延续着核准制下的顽疾：与美国信息披露的核心载体为招股书不同，我国注册制的信息披露载体存在模糊性，我国证券监管机构对法律意见书、律师工作报告等文件的管制体现了浓厚的父爱监管理念。这种父爱监管理念带来了诸多问题：第一，律师习惯“抄作业”，即制作合格的法律产品后，往往容易忽视其背后隐含的信息披露引发的法定责任；第二，中介责任不清，特别是在证券领域的先行赔付实践中，对保荐机构、律所过错的认定，是“一般注意义务”还是“特别注意义务”，是否做到“审慎核查”“勤勉尽责”，将涉及相当多的法律和事实问题。其认为证券法在法律产品、信息披露产品管制这一问题上能做的非常有限，父爱监管理念的调整很大程度上取决于证券监管机构的自我调整，以及被管制行业的自我调整。[2]

关于如何完善注册制，有学者提出，秉承“证券制度改革——发行行为合规——监管高效”的改革逻辑，我国各证券市场参与者在注册制试点中应重新审视与建构自身的监管职责：第一，证券监管机构回归到“市场保护者”的角色，具体职责为推动证券类微观法规政策的制定、加强证券交易场所的监管、重点关注证券业重大违法问题的处理；第二，证券交易所依照市场发展规律实现行业自律与自我监管；第三，股票发行人的市场义务显著增加：履行信息披露义务是提高公司品质的要求，增强证券市场诚信价值观念的构建、完善公司内部治理模式；第四，证券中介机构监管实现职业化改革，规范证券中介机构的执业行为，加强其内控合规建设，引入声誉评价机制，夯实中介机构的法律责任，保障服务质量。由此形成一种运行高效且分工明确的证券市场参与者的监管，并着力实现政府与市场之间“职能主义与效率主义的互动”。[3]

有学者认为科创板实施注册制的总体思路是以市场化为导向，以信息披露为中心，以中介机构把关为基础，着力减少发行审核领域的行政干预，积极发挥市场在资源配置中的决定性作用。其认为科创板的实施应具备以下五个方面的要素：第一，科创板是面向符合一定条件的不特定投资者的公开发行方式。第二，注册制下证监会与交易所分工审核，以上市标准为中心，强调交易所的上市审核以及上市标准的多样性，淡化盈利能力的重要性。第三，保荐人、承销机构、律师事务所、会计师事务所等中介机构归位尽责，发挥市场“看门人”作用。第四，以招股说明书为信息披露的核心内容，要求发行人的信息披露重点突出、语言浅白、准确到位，以投资者需求为导向，突出有效信息，强化行业特征与经营模式，突出对科

---

〔1〕 巫文勇、余雪扬：《注册制下股票发行标准重建研究——基于注册发行与相关上市规则的冲突分析》，载《江西财经大学学报》2019 年第 4 期。

〔2〕 唐应茂：《证券法、科创板注册制和父爱监管》，载《中国法律评论》2019 年第 4 期。

〔3〕 吕红兵、朱奕奕：《证券市场参与者的监管职责审视与重构——以上海科创板注册制试点为背景》，载《北京行政学院学报》2019 年第 2 期。

创板企业风险因素的判断。第五，实行严格的差异化退市制度。学者建议建构先行赔付制度、促进证券投资者保护基金的功能转型、加大虚假陈述行政与刑事责任力度、明确中介机构责任分担、引入证券公益诉讼与示范判决作为防范科创板注册制风险的配套机制。[1]

四、科创板的差异化表决机制

2019 年 3 月，证监会与上海证券交易所制定了《科创板上市公司持续监管办法（试行）》《上海证券交易所科创板股票上市规则》，对科创板差异化表决机制进行了专门规定。差异化表决机制是指发行人可在一般规定的普通股份之外，发行拥有特别表决权的股份，其主要功能是隔离投票权利和出资义务之间 1∶1 的配比关系，创始人与高管能够通过持有带有超级投票权的股权，实现以相对少的出资便可以控制公司的目的。支持者认为该种设计充分尊重了科创公司的实践选择与发展规律，董事会可以不拘泥于短期盈利，从而基于长期发展战略作出决策；反对者则多从一股一权原则、代理成本上升与治理独裁、投资者权利剥夺等角度进行抨击。

有学者围绕我国首例采纳差异化表决安排的“优刻得公司”的治理安排，反思了我国监事会与独立董事的监督模式，认为我国应该采取综合治理模式，同时其指出我国不宜强制性推行时间日落条款，并肯定了科创板对于董事和控股股东授信义务的现实治理安排。其认为，立法者应寻求创始人控制权愿景与中小股东权益保护之间的最佳平衡，监管者应坚持监管强度与投资者博弈能力相匹配的严格监管机制，司法者应充分尊重差异化表决下的公司自治，兼顾防范控制股东滥用表决权。我国进行差异化表决制度的法律移植过程中，必须立足于我国投资者保护偏弱、监事会与独立董事监督形式化、监管措施仍在摸索中、科创板治理商事裁判刚刚起步的现状，寻求适合本土的科创板治理体系。[2]

有学者认为类型化是双层股权结构研究的逻辑起点，其依据表决权集中形态将其分为排外型、共治型与集中型三种类型，认为企业治理内生需求、资本市场成熟程度、实施机制有效与否是差异化表决机制本土化的关键影响因素，通过考察差异化表决权机制的设计与实践发现，本土化过程中的潜在风险有：控制权垄断异变，内部监督机制失衡，市场定价机制不完全以及监管规则逐底竞争。其认为应针对不同控制权集中形态设置相应的类型化防范策略，例如针对排外型，应完善股东大会分类表决机制、引入控制股东信义义务、健全监事会和独立董事的职能等；针对共治型则应明确任期表决权配置标准、引入家族股东信义义务；针对集权型则应增设定期失效型日落条款、拓宽异议股东股份回购情形，明确任期表决权配

---

〔1〕 陈洁：《科创板注册制的实施机制与风险防范》，载《法学》2019 年第 1 期。

〔2〕 傅穹、卫恒志：《表决权差异安排与科创板治理》，载《现代法学》2019 年第 11 期。

置标准等。[1]

五、证券市场的风险防范

设立股市平准基金干预股市是化解流动性缺失，防范系统性风险和金融风险的有效方式。有学者建议，我国应借鉴域外立法经验，在《证券法》修改时对股市稳定基金做出原则性规定，并授权国务院制定《股市稳定基金监督管理条例》，规定具体事项。基于我国股市发展快、制度不健全、股市非理性因素多、投资者教育不足等各种因素，在具体设计上，其认为我国适宜设立长期的股市稳定基金，应对随时可能出现的股市异常波动：基金规模可维持在总市值 10% 左右；基金来源可包括股东出资、财政拨款、债权发行、贷款等；可设立股市稳定基金监督管理委员会，作为基金的监管机关和决策机关；平准基金可在市场剧烈异常波动，股市交易流动性丧失，有可能引发系统性风险时或有重大事件发生时，经证监会同意入市操作；操作时需防范利用未公开信息交易，并建立基金卖出后的收益提存机制。[2]

六、证券市场监管

（一）证券监管法的理论基石

阐明《证券法》的监管理念是建立和完善证券监管法具体制度的前提条件。有学者认为证券监管法的调整对象、本质、价值和基本原则等是形成证券监管法基础理论的基石：证券监管法的调整对象为证券监督管理关系，即国家介入证券市场的监督管理和证券业自律监管关系；证券监管法是具有经济法属性的证券法，其本质属性在于它是《经济法》的部门法，因而是以社会公共利益为本位的法；证券监管法的基本价值由秩序、效益和公平三大价值构成，秩序是效益和公平得以存在的前提，是整个证券市场得以维系的基础；证券监管法的基本原则包括公开、公正、适度、高效和政府集中统一监管与行业自律监管有机结合等五项基本原则。[3]

（二）证券监管方式的完善

1. 资本市场监管的时间节点

针对我国资本市场 2015 年的运行与证监部门的护盘干预，有学者对我国沪深 300 指数及

---

〔1〕 李俪：《双层股权结构本土化的潜在风险与防范制度研究——兼评科创板特别表决权规则》，载《金融监管研究》2019 年第 12 期。

〔2〕 马其家、黄飞：《我国股市稳定基金法律制度的构建——以我国 2015 年股市流动性风险救助为视角》，载《法学杂志》2019 年第 12 期。

〔3〕 李东方：《证券监管法的理论基础》，载《政法论坛》2019 年第 3 期。

其10个一级行业指数进行了泡沫检验，将我国资本市场的突出风险点界定为“对市场泡沫产生引导作用的行业泡沫（‘行业泡沫’）发生的时点”。该学者设计并进行了系列反事实仿真分析，得出：第一，市场形成突出风险点的时点，是最佳监管节点；使用诸如公开警示等监管手段以刺破行业泡沫，能维系市场有效运行。第二，针对市场泡沫的膨胀，强制国有控股公司减持泡沫较大的个股，能削减系统性风险，但某些行业仍残留泡沫；比较而言，主要以市场和法规手段及时化解突出风险点，能实现最有效的监管。因此，在资本市场有效运行的状态下，应以延续市场的弱有效运行为目标，依据法律进行常规性监管，同时加强有效市场的机制建设；当行业泡沫出现且形成突出风险点时，应实时进行针对性监管，通过刺破这些泡沫及时化解突出风险点，维系市场有效运行；如果前述行为未达预期，则突出风险点正在向系统性风险演变，证监部门应果断实施以阻断市场泡沫膨胀为目的的强制干预，使市场从泡沫状态回归有效运行状态。相较之下，实时化解突出风险点，应作为优先的监管时点和方式。[1]

2. 信息技术带来的监管转型

资本市场中信息传播的秩序直接关系市场平稳运行，以互联网为核心的现代信息技术改变了传统市场中的信息传播方式，提高了证券市场资源配置的效率，但也带来了诸多监管问题。有学者认为在理论层面，互联网证券市场较之传统证券市场存在信息不对称新特点、竞争的不完全性越发凸显、系统性风险加大等问题，这些问题为现代证券监管提供了正当性基础。在现实层面，证券投资者个人信息被泄露、虚假证券信息扰乱市场秩序、技术本身伴随的交易风险等问题，导致证券监管范围、监管难度增大，对监管技术的要求亦随之增高。因此，应对互联网证券监管之挑战，要构建统一协调、高效的监管职能体系，着重从投资者个人信息保护、证券交易信息审查、技术风险防范等方面构建完备的互联网证券监管体系。[2]

有学者认为，互联网以及新媒体的发展使得证券信息传播和投资咨询活动体现出新情况、新特征，促使“荐股骗局”、“黑嘴”、市场操纵等传统问题进一步演化升级，其原因在于适当性管理、限制向公众推荐以及从业人员资质要求等现有核心制度落实不到位，违法行为处罚力度严重不足，制度供给滞后、监管效能不足。其认为根治证券投资咨询乱象，应按照“先规范，后发展”的整体监管思路，分步推进。首先要开展专项整治，重塑监管权威，破除行业“潜规则”；其次要完善监管法规，加强监管协作，提高监管效能；最后是明确定位，扶优限劣，督导行业回归本源。[3]

---

〔1〕 王少平、赵钊：《中国资本市场的突出风险点与监管的反事实仿真》，载《中国社会科学》2019年第11期。

〔2〕 侯东德、苏成慧：《互联网证券监管问题研究——以网络安全风险防控为视角》，载《法学论坛》2019年第2期。

〔3〕 林雯、黄坤、王琦：《互联网环境下证券投资咨询乱象分析及监管建议》，载《证券市场导报》2019年第7期。

3. 对机构投资者的监管

有学者认为，随着资本市场不断对外开放，投票顾问在我国的市场前景值得期待。该服务的特点决定了公共监管相较于私人执法是更优的规制路径。对此，该学者建议：第一，着手构建更为完善的上市公司投票权征集制度，明确机构投资者行使投票权时所负的忠实勤勉义务。第二，鉴于我国资本市场以散户为主的结构特征，监管者应重点关注上市公司、机构投资者等当事方在股东投票前公开投票顾问研究报告与投票建议的情形，要求当事方通过法定渠道披露相关信息，必要时可通过监管问询等措施要求相关方澄清事实。第三，针对资本市场诚信基础相对薄弱的现状，监管者应格外警惕此类机构可能存在的利益冲突，严打上市公司贿赂投票顾问“买建议”、投票顾问将投票建议内容与上市公司是否购买其他服务相挂钩等不当利益输送行为。第四，我国资本市场的进一步开放将导致境外机构投资者持有 A 股比例上升，证券监管部门和上市公司协会等行业自律组织应引导 A 股上市公司关注域外投票顾问的投票政策并尝试与之开展积极沟通。〔1〕

七、证券市场违法行为及其规制

我国证券市场常见的违法行为有内幕交易、操纵市场等，随着注册制改革的落地实施，证券监管中心将逐渐由发行审核环节向后转移，以行政处罚、刑事处罚为主要内容的追责机制将是事后监管的核心。因此，证券违法行为的认定与处罚适用便显得尤为重要。

（一）内幕交易

1. 内幕交易的行政监管

关于内幕交易行为的行政监管，有学者认为内幕交易案件的执法应当以可识别的、能够产生易得性的案件作为执法重点，证监会应当对案件分类管理制度予以更多重视和利用，具体体现为具有较高社会知名度的当事人涉及证券违法的案件、涉及重大交易金额的案件以及复杂的内幕交易案件。在优化案件分类管理、提升可感知的威慑力的同时，执法机关还应当从实质意义上提升对违法案件的打击力度，敢于对拥有重大影响的案件考虑情节严重性以适用高数额、高倍率的处罚。此外，内幕交易的刑事处罚对市场具有最强的威慑力，未来应继续谋求行刑衔接的优化。〔2〕

2. 内幕交易的刑法规制

就内幕交易刑法规制的主体方面，我国现行法律肯定法人组织可以构成内幕交易罪，但

〔1〕 郭雳、赵轶君：《机构投资者投票顾问的法律规制——美国与欧盟的探索及借鉴》，载《比较法研究》2019 年第 1 期。

〔2〕 吕成龙、范良聪：《“触不可及”还是“近在咫尺”？——证监会内幕交易执法的风格和逻辑》，载《证券法苑》2019 年第 1 期。

在具体案件的处理过程中，如何就法人组织与法人组织中自然人所进行的内幕交易予以区分仍是难题。有学者基于对成熟资本市场法域，主要是美国证券立法、执法与判例的借鉴，建议：（1）基于被害人视角，对内幕交易罪不同情形中受侵害客体予以细分，仅在法人组织不是“自然人犯罪行为的被害人”的基础上探讨追究刑事责任的理论可能性；（2）在反欺诈理论的基础上，综合案件具体情况，将雇员内幕交易犯罪视为法人组织犯罪，但该认定仅在法人作为证券市场独立第三方时具有合理性。[1]

2012年《关于办理内幕交易、泄露内幕信息刑事案件具体应用法律若干问题的解释》（以下简称《内幕交易司法解释》）第4条将预定交易计划设置为得阻却内幕交易责任的事由。然而，该项规则在作为重要借鉴对象的美国早已遭受了深刻批驳：预定交易计划规则极易成为高管等使用者进行证券欺诈活动的工具，而且也消解了主观故意要件，提升了私人投资者获取救济的难度，严重扭曲了既有证券监管体系。有学者认为，《内幕交易司法解释》借鉴了SEC于2000年10月颁布的10b5－1规则并加以完善，在基本的法律框架上，较10b5－1规则较优，但具体制度上仍显粗糙，漏洞较多，因此，应在坚持既有基本法律框架的前提下，对预定交易计划规则存在的问题进行补救，具体途径为：约束通过控制信息披露时机滥用预定交易计划，增强预定交易计划的披露负担，修补预定交易计划中有关设立、修改和终止的漏洞。[2]

《中华人民共和国刑法修正案（七）》专门设置了利用未公开信息交易罪，该罪与内幕交易罪存在泄露对象、危害程度不同等差异。关于该罪共同犯罪的认定，有学者提出：（1）一般主体可以构成该罪的教唆犯和帮助犯，前提是与特殊主体之间存在事前通谋。（2）在该罪中建议行为涉及的未公开信息包括涉及交易投资具体信息的投资决策信息以及涉及证券交易、变动等影响价格的监管信息和行业信息；明示、暗示中的“示”是指建议他人从事相关交易的行为，“明”和“暗”是关于未公开信息是否明确告知而言的。（3）利用未公开信息交易共同犯罪构成应以事前通谋为前提，如果特殊主体是采取暗示的方式实施建议行为，那么应当排除行为人之间存在事前通谋。（4）我国现行刑法并未将私募基金从业人员纳入利用未公开信息交易罪的主体范围之内，但是，从应然角度分析，有必要通过修改《刑法》条文及有关法律法规等方式，将私募基金从业人员纳入利用未公开信息交易罪的主体范围之内。但基金从业人员之间利益输送的行为不是利用未公开信息交易的行为。[3]

（二）操纵市场

1. 操纵市场的认定标准与行为分类

关于操纵市场行为的认定标准，有学者认为，市场操纵的认定标准需要更加深入关注市

---

〔1〕 宋颐阳：《内幕交易罪犯罪主体识别理论之检讨——以美国法为视角的分析》，载《法学》2019年第3期。

〔2〕 楼秋然：《作为内幕交易责任阻却事由的预定交易计划：问题及其补救》，载《证券法苑》2019年第1期。

〔3〕 刘宪权、林雨佳：《利用未公开信息交易共同犯罪的认定》，载《政治与法律》2019年第4期。

场操纵的违法性实质。现有的市场操纵分析框架强调对行政处罚案例中涉及的认定标准的优化与完善，采用了规则分析框架，但规则分析框架因主观动机判断困难、客观形式日益复杂、比例标准难以把握，不能有效地就新型市场操纵行为、业务规则做出恰当的理论回应。因此，需要在规则分析框架的基础上构建以维护价格真实和流动性价值为取向生成的价值分析框架，二者共同作用，优化市场操纵行为的分析范式。〔1〕

对于虚假申报操纵市场的行为认定，学者研究后认为应包含三个构成要件，即主观故意、客观行为和行为后果。主观故意的认定应当依据客观行为进行推定，而客观行为的构成不仅包括频繁的申报和撤单，还应当包括反向卖出行为及正常交易习惯等因素；行为后果要件需要考量虚假申报行为是否达到影响证券交易价格或者交易量的程度；虚假申报行为和操纵后果之间不需要直接因果关系，只需有足够条件能认定产生了实际影响即可。判断是否产生了影响，则需要综合考量申买量占同期市场申买量的比例以及涉案股票的委比数值和股票的价格成正相关关系等因素。〔2〕

关于操纵市场的行为分类，有学者结合当前执法实践，将信息性操纵分为编造传播虚假信息型和利用信息优势型两个基本类型。认定前者的关键在于行为人具有能够影响市场的特定身份；认定后者的关键是以直接或间接证据认定操纵故意，除了操纵计划书、当事人口供等直接证据外，用间接证据认定不正当信息发布时，发布过程的草率性、发布时点的反常性和发布内容的草率性，认定不正当信息发布和外部事件之间配合关系的间接证据应当能证明二者在时间轴上具有关联性、对应性，以及配合结果可能产生特定的操纵作用力。上市公司是不正当信息发布的行为人，其责任不应低于实际控制人，且应高于外部配合交易者或市值管理方案提出人。〔3〕

在证券做市交易与市场操纵的区分上，有学者认为虽然做市商的流动性供给和定价功能，会导致做市商对证券价格的内心价值判断与其做市行为客观所表达的观点不一致，但该种不一致乃是为履行积极义务所致，因此不存在操纵的故意，在逻辑上不属于市场操纵。因此，是否存在操纵的故意构成了在事实上区分证券做市交易和市场操纵的关键。迁移至新三板市场中，应当考虑到低流动性的市场环境、持续双向报价的积极义务、中央交易对手的特别安排、调节库存的客观需要等特殊因素，设置异于操纵故意一般认定标准的特别要求，即以操纵动机、异常反向操作、发布虚假信息、不理性交易的证明作为认定基础。虽然该种做法存在发生假阴性错误的风险，但该种错误的实际危害较假阳性错误而言更小，且可以通过

〔1〕 张超、甘培忠：《市场操纵的规范解构和分析框架维度构建》，载《暨南学报》（哲学社会科学版）2019 年第 9 期。

〔2〕 冒智桥：《虚假申报操纵市场认定规则探究——以阮某诉证监会行政处罚案为例》，载《法律适用》2019 年第 18 期。

〔3〕 缪因知：《信息型操纵市场行为执法标准研究》，载《清华法学》2019 年第 6 期。

加强市场相关机制的建设、适当增加市场报价之间的竞争来加以纠正和控制。[1]

2. 操纵市场的刑法规制

以幌骗为代表的高频交易策略或行为具有释放虚假供求信息、引发市场跟随、牟取非法利益的主观意图，并往往借由程序化高频技术实现其目的。美国首例“幌骗”型高频交易刑事案的司法实践是从交易模式来界定“幌骗”行为与正常的市场交易行为之界限，通过间接证据来证明幌骗“意图取消”之主观目的。借鉴于此，有学者认为在我国现行刑法体系内，以《刑法》第182条操纵证券、期货市场罪的兜底条款对“幌骗”型高频交易行为进行刑事制裁并不违反罪刑法定原则。同时，可借鉴美国经验，在幌骗行为客观要件的明确中，以证券期货法律等行政前置法明确其违法性，确立幌骗等新型操纵行为的客观要件；在幌骗行为主观意图的刑事推定上，以间接证据为支撑，合理适用刑事推定原则，从其客观行为推定“不以成交为目的”之主观故意。[2]

对于“抢帽子”行为，有学者认为其是操纵证券、期货市场的一种，应当以“同质性”解释将其纳入操纵证券、期货市场罪的“兜底条款”，进行刑法规制。作为一种新型的证券犯罪行为，“抢帽子交易”在司法认定层面有如下重点问题需要探讨：（1）主体要素界定。“抢帽子交易”的主体范围应较《关于公安机关管辖的刑事案件立案追诉标准的规定（二）》的规定有所扩大，在确定其主体时，要考察发布信息的行为人与受其所发布信息影响的投资者之间是否具有利益冲突、行为人是否具备相应的市场影响力。（2）行为要素界定。“抢帽子交易”的行为体现为：第一步，在公开发布信息前先行买卖或持有证券；第二步，在公开发布信息，证券交易价量达到其所期望的水平后，行为人实施反向交易行为，从中谋利，即公开发布信息行为与证券交易行为的结合。（3）因果关系认定。“抢帽子交易”型操纵证券市场罪属于结果犯，判断公开发布信息行为与证券价量变动之间是否存在刑法上的因果关系，应以公开发布信息行为是否合法则地造成了证券价量变动为标准。[3]

（三）大额持股变动违法行为

违规增持行为可分解为两个不同行为，即未按规定披露行为与继续购买股票的行为。随着违规增持行为的愈演愈烈，大额持股信息披露规则面临严重的生存危机。有学者认为，虽然刑事责任与行政责任对防止违规增持各自发挥了一定作用，但成效极为有限，摆脱危机的根本路径在于针对违规增持行为构建合适的私法救济体系。一方面，违规增持合同是有效的，其交易结果不得改变，违规增持者可以获得股票所有权；另一方面，该行为存在违法性，具有可归责性，行为人需要承担相应的民事责任。具体而言，首先，违规增持可能构成

---

〔1〕 萧鑫：《证券做市交易与市场操纵的界分》，载《比较法研究》2019年第1期。

〔2〕 商浩文：《美国首例“幌骗”型高频交易刑事定罪案及其借鉴》，载《华东政法大学学报》2019年第2期。

〔3〕 左坚卫、张淑芬：《“抢帽子交易”型操纵证券市场罪研究》，载《法学杂志》2019年第6期。

内幕交易或操纵市场，证券监管机构可以责令违规增持者转让其非法持有的证券，此为行政责任。其次，“责令限期转让”与“判决限期转让”的本质均为恢复原状，沿着从前者（行政责任）向后者（民事责任）转变的逻辑路径，法院可以判决行为人限期抛售违法所持有的股份，令其吐出违法收益并应归公司所有。在改正完成前，违规增持者不得行使该股票的表决权。〔1〕

许多学者认为，以往监管者主要适用违反披露规则的法律责任对敌意收购中大额持股变动违法行为者进行处罚，但处罚较轻，难以阻吓违法，因此应长期限制违法者的表决权。然而，有学者通过实证研究发现这种观点并不适当：从事实层面看，大额持股变动违法的主要类型是违法减持和不以获得控制权为目的的违法增持，此种规制措施对其没有效果；从法律层面看，大额持股变动违法应定性为交易问题，而非组织问题。但是，“长期限制表决权”是解决组织问题的典型措施，相关司法实践表明，这种问题属性与措施功能的错配，不仅难以解决眼前问题，还会引发更大的危害。实际上，大额持股变动违法也可适用违反慢走规则之“罚款”责任，其更适配于此类行为的问题属性，而且实践效果良好。〔2〕

八、投资者保护机制的完善

（一）个人投资者保护的逻辑

保护中小投资者合法权益，是促进资本市场持续稳定健康发展的重要内容。有学者梳理投资者保护模式的演变历史，当投资者理性不断降低时，保护模式将从信息模式转向父爱主义模式。然而，法律父爱主义模式具有扭曲保护理念、限制私法自治、侵蚀自我负责根基的副作用。因此，投资者保护制度应凸显“以人民为中心”的新时代价值观灵魂，并呼应“卖者有责、买者自负”原则之精神内核。保护对象并非投资者的财产利益，而是其投资决定；保护目的并非避免其做出不理性的投资决定，而是使其依私法自治自我决定并自我负责；保护的价值观是以促进其发展为终极要义。同时，应关注投资者的异质性，细化个人投资者分类，依不同保护需求提供差异化保护。〔3〕

（二）新型投资者保护机构的设置

中证中小投资者服务中心有限责任公司（以下简称“投服中心”）是2014 年成立的证券金融类公益机构，归属中国证监会直接管理，其主要职责包括持股行权、受投资者委托进行调解、提供公益性诉讼支持等。该种由证券监管者主导建立的投资者保护机构作为积极股东

〔1〕 梁上上：《论违规增持的司法救济》，载《法商研究》2019 年第 2 期。

〔2〕 龚浩川：《论敌意收购中大额持股变动违法之法律责任——基于证券监管与司法裁判的实证研究》，载《当代法学》2019 年第 2 期。

〔3〕 张艳：《个人投资者的保护逻辑与新时代的路径选择》，载《当代法学》2019 年第 1 期。

出现，并获得一系列法定授权，是我国上市公司治理版图中不可忽视的新现象。有学者认为，这种特殊的股东积极主义有其理论与现实合理性，并有望伴随着《证券法》的修订发挥更为重要的作用，但鉴于其性质、定位、策略和监管环境等很多约束条件，投资者保护机构主导的股东积极主义有着边界和局限。因此，完善投服中心作为积极股东的行权机制需要做到：审慎匹配行权事项与手段，创新行权方式；进一步探究联合机构投资者行权方式；将股东派生诉讼作为重点努力方向。同时，监管者在助推这类新型股东积极主义的同时，应当对其所难以触及领域的替代性市场机制保持开放态度。[1]

（三）投资者保护的措施

除了针对证券市场违法行为进行行政与刑事处罚外，保证投资者的损失能够有效填补、明确证券发行人等主体的民事责任也是保护投资者合法权益的关键。

有学者以证券市场先行赔付为话题，总结归纳现有实践，认为构建先行赔付制度的问题在于：先行赔付的适用范围是否限于公司欺诈上市和虚假陈述的情形，是否需要对先行赔付的主体区别对待，先行赔付协议的法律性质为何、先行赔付人能否在全额赔付与仅对自己需要承担的部分先行赔付中进行选择。就先行赔付支付本身而言，从法理基础上看，先行赔付是私法主体行为与公法权威共同作用的结果，在私法层面上将先行赔付人的侵权之债转化为合同之债，而在公法层面上发挥了行政和解的功能。在制度的构建和完善上，鉴于我国目前的国情，先行赔付的适用范围可以暂时限定在虚假陈述领域，待以后不断积累经验和时机成熟后再逐渐拓展；应当以自愿作为先行赔付的基础，将对先行赔付人的从轻减轻处罚作为激励机制，并通过对相关时间节点的规定形成制约机制；先行赔付应当以全额赔付为原则，只有在能够事先确定各方责任份额的情况下才可以按份先行赔付；公益性投资者保护机构在先行赔付中应当加强统筹协调，以保障先行赔付的公开、公平和公正。[2]

证券支持诉讼是投服中心的职能之一，自2016年投服中心受托起诉P2P公司以来，证券支持诉讼在保护中小投资者方面发挥着重要作用。有学者以法经济学为视角，阐述证券支持诉讼对投资者保护的效用。其认为，判决金额、诉讼费用和律师费均会影响投资者的诉讼意愿，根据既有的法律框架与诉讼方式，投资者权益很难得到完全补偿，单独诉讼或者共同诉讼很难对大规模的投资者进行救济。然而，在证券支持诉讼方式下，律师费的负担转移给投服中心，投资者的诉讼成本得到降低，同时委托投服中心提起诉讼的便利使投资者能够充分“搭便车”而扩大群体规模。可以说，证券支持诉讼是公共执法与私人执法的有机结合，有助于提高执法效率并降低社会成本。对于证券支持诉讼的制度完善，学者从保护投资者权益与提高司法效率角度提出建议：第一，允许律师风险代理；第二，在确定参加诉讼的投资

〔1〕 郭雳：《作为积极股东的投资者保护机构——以投服中心为例的分析》，载《法学》2019年第8期。
〔2〕 肖宇、黄辉：《证券市场先行赔付：法理辨析与制度构建》，载《法学》2019年第8期。

者数量方面，由大陆法系的“进入制”过渡到美国集团诉讼的“退出制”；第三，增设审前双方证据充分开示程序，减少当事人信息差异，促进司法资源的合理利用。[1]

九、证券市场的国际化

在国际资本流动不断加强的背景下，发行存托凭证已经成为跨境融资的主要方式。新《证券法》虽然已将存托凭证正式纳入法定证券类型，然而对于我国资本市场而言，各类存托凭证仍属于新产品，因此对其的制度构建不可忽视。

所谓沪伦通，即上海证券交易所与伦交所的互联互通机制，初期即从存托凭证开始。跨境转换制度是沪伦通规则的一项关键制度，该制度赋予我国证券公司跨境买卖英国上市公司股票、生成和赎回存托凭证的专营权。有学者认为，跨境转换制度以及该制度所依赖的禁止发行新股融资制度，都是临时性、过渡性的法律规则，事实上，此类临时法规则具备法律实验功能，可以避免长期性规则对当事人权利带来的永久伤害，减少资本市场对外开放的成本，但同时也存在制度重置成本高、法律质量不高等潜在问题。就监管角度而言，对于此类规则，可能存在加强管制与放松管制并存的情形，不是单纯的“自由式监管父爱主义”，而是“混合式监管父爱主义”，由此可能产生临时法蜕变为永久法以及具有不可逆性等深层问题。[2]

有学者认为，存托凭证是基于信托制度创新的国际资本市场间的金融投资工具，中国存托凭证制度解决了所有港股、中概股、双重股权结构公司、VIE 结构公司回 A 的难题。然而，中国存托凭证在市场监管、外汇管制、投资者保护等方面存在制度性障碍，因此我国需借鉴国际存托凭证制度，规范和完善存托凭证发行制度并防范运作中可能对我国资本市场带来的潜在风险，具体而言：第一，逐步推进存托凭证与基础证券之间的双向自由转换机制。第二，建立协调统一的分级监管机制。一方面，建立国际合作监管体制，完善境内外监管合作；另一方面，完善境内监管法律体系，建立多层次法律监管体制。第三，完善投资者权益保护机制。[3]

针对存托凭证境内投资者的权益保护问题，该学者专门撰文对此阐发论述。实践中，投资者权益风险主要为信息劣势导致投资者知情权难以保障、发行交易机制复杂使得投资者权益保护存在风险、司法管辖权冲突使投资者权益救济面临困境。借鉴美国存托凭证法律监管机制，中国存托凭证投资者保护机制的完善需要：（1）进一步明确发行人、存托机构、托管

〔1〕 王琳：《投资者权益保护与证券支持诉讼：以法经济学为视角》，载《重庆大学学报》（社会科学版）2019 年第 4 期。

〔2〕 唐应茂：《沪伦通及其跨境转换制度：临时法角度的初步分析》，载《环球法律评论》2019 年第 6 期。

〔3〕 薛晗：《中国存托凭证制度的规制逻辑与完善路径》，载《中国政法大学学报》2019 年第 2 期。

机构对投资者的义务与职责，具体而言，一要明确存托机构欺诈发行中基础证券发行人和存托机构对投资者的责任承担；二要明确存托凭证投资者进行公司诉讼的具体路径；（2）要建立协调统一的国内监管体系和国家监管合作机制；（3）要有效协调存托凭证发行交易中的管辖权问题；（4）要建立存托凭证投资者团体保护机制和集团诉讼机制。[1]

针对融资参与型存托凭证的信息披露问题，有学者指出该类存托凭证是在存托协议与托管协议基础上构建而成的契约创设型证券，存托人是该类证券的名义发行人，境外企业则属于实质发行人。中国证监会发布的《存托凭证发行与交易管理办法（试行）》为该类证券设定的境外企业单独承担型信息披露模式，无法为投资者知情权提供充分保护，难以为非参与型存托凭证信息披露规则提供制度铺垫，同时，境内存托人的信息披露业务能力也不能得到培育。其认为，在充分借鉴域外融资参与型存托凭证信息披露模式设计经验的基础上，我国宜构建以境外企业承担信息披露义务为主、存托人与托管人承担信息披露义务为辅的信息披露模式：存托人与境外企业应分别承担存托凭证与境外基础证券在我国的发行信息披露义务；境外企业独立承担存托凭证的上市信息披露义务；存托人应分别承担面向投资者与境外企业的中介信息披露义务；存托协议与托管协议应分别约定境外企业及托管人向存托人提供的契约性信息披露义务。境外企业、存托人及托管人通过强制性与契约性制度安排共同向投资者提供优质、充分的信息披露服务。[2]

在理论界对存托凭证相关制度不断完善的同时，也有学者针对存托凭证对我国企业发展可能产生的负面影响表示担忧，其认为从证券法1998年颁布至今，我国法律对创新企业存在"支持——限制——支持"的历史怪圈，其背后动因在于，中国境内企业与带有外资身份的创新企业在争取境内外上市资源过程中产生的张力。《创新企业回归A股规则》允许发行存托凭证，结合对境外设立的创新企业的种种优惠待遇，将带来境内企业与创新企业的直接对立，并将延续境内资本市场一直存在的大企业和小企业之间的紧张关系，存在针对创新企业的新一轮限制的可能性。[3]

十、区块链与证券市场

区块链去中心化、高效透明、分布式记账等技术特点，使其在证券市场上应用前景广阔，我国金融业对区块链技术的发展高度关注。

有学者认为，区块链技术在对传统金融机构制度产生冲击的同时会引发一定的法律风

---

〔1〕 薛晗：《中国存托凭证投资者保护机制的完善路径》，载《中国法律评论》2019年第2期。

〔2〕 蒋辉宇：《论我国融资参与型存托凭证信息披露模式的合理选择与制度完善——兼评〈存托凭证发行与交易管理办法（试行）〉中的信息披露规则》，载《政治与法律》2019年第1期。

〔3〕 唐应茂：《独角兽、法律周期论与民族国家建构 红筹企业与中国存托凭证制度的初步研究》，载《中外法学》2019年第2期。

险：第一，区块链应用于证券市场将冲击现有的法律制度，并容易诱发非法集资等金融犯罪；第二，区块链去中心的特性将逐渐形成无中介机构信用背书的金融市场，将诱发偷钻监管缝隙的违法犯罪行为；第三，区块链去中心化绕开了监管机构，虽然省去了交易环节，降低了证券交易成本，但基于技术漏洞而发生的侵权行为原则上难以规范与救济，因此也增加了投资者的维权难度。为了防范区块链技术应用于证券市场所带来的风险，促进证券市场健康发展，我国首先应当建立统一标准的区块链规则，防范区块链系统性风险；其次，应推进区块链相关立法，防范区块链证券交易脱离监管的风险；再次，应打击区块链证券中的非法集资等犯罪行为，防范区块链灰色风险；又次，应借鉴“监管沙盒”的成功经验，防范区块链潜在风险；最后，应完善区块链证券交易的监管手段，防范区块链适用风险。[1]

有学者认为无论是在理论上还是实践中，区块链技术在证券业都具有广阔的应用前景。区块链不可能消除中央金融基础设施，因此其“去中心化”的特征可能不会构成实质性阻碍，相反，区块链技术平台的维护和危机处置主体不可缺失并需要具有权威性，所以“有中心”专门负责的区块链技术平台将是在证券领域应用的重要路径，同时国家层面、监管机构的引导和监督不可或缺。在我国，区块链技术的应用存在很多障碍，场外交易的障碍主要集中于对区域性股权交易中心和地方政府的管理职权的冲击，场内交易中，区块链技术的应用将与证券登记、证券发行与交易、交易清算与结算、客户管理等方面产生矛盾。因此学者建议：第一，以创新业态发展为基础，合作构建体系化监管规则；第二，持续关注分布式账本技术的市场发展，评估是否需要监管行动；第三，以维护金融安全为底线，应对金融欺诈等违规风险；第四，制定法律规范，回应基本法律问题。[2]

---

〔1〕 陈思语：《区块链应用于证券交易的法律风险及防范》，载《法律适用》2019 年第 23 期。

〔2〕 刑梅：《区块链记住在证券领域的应用与监管研究》，载《证券法苑》2019 年第 3 期。

2019年中国破产法理论研究综述

杨海岳

2019年，破产法理论研究取得了丰硕的成果，其中代表性著作如下：

教材类著作：王欣新：《破产法（第四版）》，中国人民大学出版社。

理论类著作：冯坚：《破产程序中利息债权审查问题研究》，法律出版社；贺丹：《企业集团破产：问题、规则与选择》，中国法制出版社；汪灏：《商事纠纷：公司、企业与破产》，北京大学出版社；汪世虎：《破产管理人选任创新机制研究》，华中科技大学出版社；王欣新：《破产法论坛（第十五辑）》，法律出版社；吴长波：《变革中的破产法：理论与实证》，知识产权出版社；徐阳光、张婷：《破产法茶座（第三卷）》，法律出版社；叶建平：《涅槃之道：破产的应然思考与实然探索》，法律出版社。

实务类著作：陈夏红：《破产重整实务指南》，法律出版社；程品方：《人民法院企业破产实务疑难问题解析》，法律出版社；戴红兵：《破产审判的广西实践与探索》，法律出版社；江丁库：《民营企业破产管理法律实务》，人民法院出版社；鞠海亭：《维护金融安全的破产审判路径》，法律出版社；孙创前：《破产管理人实务操作指引（第二版）》，法律出版社；万国营：《破产审判手册（第二版）》，法律出版社；吴在存：《破产审判专业化与规范化：北京破产法庭的探索与实践》，法律出版社；徐阳光：《破产审判的富阳实践：基于项目化指引的探索》，法律出版社；张艾：《破产典型案件实务精要》，法律出版社；等等。

此外，学者们也发表了大量破产法学术论文。因篇幅受限，本文仅以2019年核心期刊为主对2019年破产法研究中的核心问题作一综述。

一、破产财产与破产债权债务

破产财产与破产债权债务的厘清，对于破产债权人与破产债务人的利益保护均至关重要，是破产中不可忽视的问题，学界对于这方面的讨论与研究也不断趋于深入与完善。

（一）破产财产及相关权利问题

破产财产是破产程序得以进行的物质基础，厘清破产财产及相关权利问题对于破产程序的推进至关重要。

1. 破产别除权

在破产清算程序中行使担保权既需要经过债权集中申报程序和破产管理人的审查，又需通过债权人会议的决议以确定担保权的实现方式，此则难以谓之绝对的“别除”。破产法的立法原则决定了担保债权相对于税收债权、劳动债权的绝对优先地位，对担保财产的清算价值分配应当以尊重实体法规范为根据。在特殊类型担保中，未公示担保权、预告登记的债权不应当享有“别除”效力，让与担保应当适用别除权制度而非取回权制度。〔1〕

2. 破产财产除外制度

破产财产除外制度的缺失是我国破产法的制约因素之一。对此，有学者指出，应注重关于我国破产财产除外制度体系化的路径选择。在立法技术上，注重制度本身的完善，保持破产财产体系中破产财产及破产财产除外两个部分的完整性。在完善破产财产制度中积极引入“负面清单”模式，重点以破产财产除外所维系的基础权利为中心加以系统构造：确定构建基点；揭示现有规则缺陷；因应提出构建设想，尽可能消除制度内部的矛盾和冲突，形成积极层面与消极层面互补协调的破产财产体系。〔2〕

（二）共益债务

在当前理论界，对于共益债务的界定尚未形成统一认识，但基本上都强调了共益债务应处在“破产程序中”的时间界限，同时也强调了债务的“共益”性质。有学者结合共益债务的内涵和特征，将其定义为在破产程序中发生或设定的主要为保全全体债权人利益，而以债务人财产负担并依法随时清偿的债务的总称。主张在破产实践中，不能僵化地理解共益债务的两个基本属性。对共益债务“共益”享受主体宜作扩大理解；对共益债务的范围把握应当坚持“为债务人整体资产或具体资产保值增值所产生的债务”“法律规定债务人应当承担的债务”“为清算、重整、和解等共益目的所产生的债务”三条认定标准。一项债务是否具有“共益性”宜交由债权人进行自治判断，债权人应区分共益债务的种类，以债的发生根据

---

〔1〕 李忠鲜：《论担保权在破产中的别除机制》，载《河北法学》2019 年第 6 期。

〔2〕 于新循、王赛男：《我国破产财产除外制度的检视与构想——以基础权利为中心》，载《四川师范大学学报》（社会科学版）2019 年第 2 期。

为逻辑，对共益债务的种类进行逻辑重构。在破产实践中需要准确理解“随时清偿、优先清偿、比例清偿原则”，分清不同程序中的清偿主体，始终坚持“债务到期”和按生效法律文书履行的清偿原则，对不同类型的共益债务，应有针对性地采用不同的清偿程序，实现共益债务清偿的公平性和标准化。[1]

关于破产程序启动后为提高债务人营运资产变价价值而产生的借款债务的共益性质，有学者认为，对共益债务第 1 项与第 4 项的外延判断，应当回归“共益”属性，摆脱“为债务人继续营业”的限制。[2]

（三）破产债权

破产债权，是指在破产宣告前成立的，对破产人发生的，依法申报确认并得由破产财产中获得公平清偿的财产请求权。

1. 金融债权的处置

在破产程序中，金融债权具有以下特点：一是债权种类繁多；二是债权金额较大，债权总额中权重较高；三是债权性质特殊且复杂；四是金融机构决策机制复杂。有学者认为，金融类债权处置在有财产担保债权的认定和清偿、明股实债类债权的认定、融资租赁类债权、连带责任保证债权、金融机构债转股问题层面均存在一定的问题，并且金融机构债委会与债权人会议尚未建立有效对接机制。主张破产金融债权处置的配套制度的完善需要：加快完善《破产法》相关配套制度体系；金融机构要加强风险控制，并积极参与破产进程；破产管理人应与金融债委会主动对接，引导金融债委会在破产程序中发挥有效作用；受理法院应主动构建金融债委会与债权人会议对接机制。[3]

2. 骗取出口退税款的破产清偿顺位

债务人骗取出口退税的，在其破产程序中将涉及行政罚款、刑事罚金的清偿。由此，因债务人骗取出口退税款的行为而产生的行政罚款、刑事罚金与追缴金三者，构成了破产程序中的请求权结构。有学者研究指出，针对债务人设立专用退税账户接受税务机关退税划拨的情形，税务机关可以通过行使专户中的取回权实现追缴金的受偿；在退税款与债务人其他财产混同的情况下，税务机关在债务人破产程序中主张追缴金请求权的性质为公法不当得利请求权，应当选择归入税收优先权的序列在债务人破产财产中受偿，税收优先权的实现需要受到破产程序进展的制约，由管理人在变现破产财产之后统一分配。[4]

---

〔1〕 洪燕：《共益债务的理论重构及其实践》，载《四川理工大学学报》（社会科学版）2019 年第 3 期。

〔2〕 樊星：《共益债务与破产法司法解释三的法律适用——基于北京京西峪鑫物资有限公司申请北京京西国利信机电设备有限公司破产清算案的分析》，载《法律适用》2019 年第 12 期。

〔3〕 左北平：《论破产程序中金融债权处置的相关问题》，载《中国注册会计师》2019 年第 2 期。

〔4〕 范志勇：《论骗取出口退税款的破产清偿顺位》，载《交大法学》2019 年第 2 期。

二、破产企业高管对债权人的责任

破产企业高管个人对债权人的损害赔偿责任，是我国破产法上一个重要而又被忽略的问题。在企业正常经营情况下，高管对债权人并不承担直接的民事义务，个人的损害赔偿责任也无从发生，但在破产阶段，这种情况将发生变化。进入破产程序中的企业所影响的利益主体是多元的，对于公司法、破产法而言，需要在制度设计时予以重点考虑债权人的利益保护问题。对企业高管科以相应的法律义务，责令高管在违反法律义务而损害债权人利益时承担赔偿责任，是最直接的保护手段。对于破产企业高管对债权人损害赔偿之个人责任的承担方式，有学者认为，间接方式比较有利于保护破产债权人的利益。首先，间接方式的实施效果更公平，更符合破产立法的宗旨。其次，采纳间接方式，可以使法律关系更加简单明了，使追究董事的不法行为在司法实践中更易操作。最后，间接承担方式成本较低，可操作性强，更易落实。因此，追究破产企业高管的损害赔偿责任应在破产程序中集中处置为宜，由破产管理人将赔偿金归入破产财产，对全体债权人进行分配。当破产企业高管个人面对债权人的追责时，可以援引商业判断规则主张自己的免责。〔1〕

三、特殊主体破产

市场主体退出制度是现代化经济体系的重要组成部分，2019 年，国家发展改革委、最高人民法院等 13 部委印发的《加快完善市场主体退出制度改革方案》提出：要构建和完善自然人破产制度和特殊主体破产制度。

（一）个人破产

2019 年 2 月 27 日最高人民法院发布《人民法院第五个五年改革纲要（2019～2023）》，明确提出“研究推动建立个人破产制度”，个人破产立法问题再度进入了人们的视野。〔2〕

1. 个人破产制度建立的必要性和重要性

随着市场经济的深化，消费金融逐渐兴起，资金借贷的体量和结构向个人倾斜，传统民事主体呈现“泛商化”之势。囿于个人破产立法制度缺位，司法中大量存在个人执行不能的“僵尸案件”，实践中也出现债务清理之困局。

学者们研究指出：建立个人破产制度可以帮助社会树立破产免责理念，重新理顺社会日常债务关系，重新构筑新的“债务观”；〔3〕鼓励诚实信用行为，打击破产欺诈逃债等失信行

〔1〕 张世君：《破产企业高管对债权人损害赔偿的个人责任研究》，载《中国政法大学学报》2019 年第 5 期。

〔2〕 殷慧芬：《个人破产立法的现实基础和基本理念》，载《法律适用》2019 年第 11 期。

〔3〕 刘冰：《论我国个人破产制度的构建》，载《中国法学》2019 年第 4 期。

为，健全完善市场经济社会的诚信理念与保障体系，妥善处理由此可能产生的诸多社会矛盾，促进资源向效率更高主体进行流动；[1]营造一个建立稳定、和谐社会的坚实基础，为市场经济的健康发展提供法律与制度保障，提升我国的营商环境，与国际规则与惯例接轨，更好地融入国际经济贸易体系，促进市场经济与社会制度全面发展完善；[2]有利于促进个人信用信息全面融合，促进个人信用市场全面建立，引导债权人更加客观地、审慎地对待债务关系，同时，还可以对债务人的行为进行引导，帮助诚实债务人获得成本更低的救济。[3]

此外，个人破产制度的建立符合我国社会经济发展的实际需要，尤其有助于缓解“执行难”等现实问题。[4]它可以弥补现行破产法的不足和缺憾，进一步完善营商主体（包括企业和个人）的市场退出机制，完善民事执行程序，[5]有助于为拥有企业家精神、“诚实但是不幸”的债务人创造一种最佳的营商环境。[6]

另外，个人破产法对整个现代经济和金融体系有着重要作用：首先，个人破产程序有利于银行呆坏账核销制度的改进，提升对金融机构不良贷款的管理水平，盘活存量贷款额度，深化供给侧结构性改革；其次，有利于降低金融不良贷款的总体催收成本；再次，个人破产重整有利于保障住房贷款的整体安全；此外，个人破产制度是金融—经济体系的一道社会防火墙，一方面可以制约“影子银行”的体量，另一方面可以保护普通民众免于沦为金融系统崩塌灾难中的“池鱼”，同时还可以低成本地替代社会福利体系的部分功能；最后，个人破产制度可以激发社会中的创业热情，进而提高企业家从事风险性投资活动的意愿。[7]

2. 个人破产制度建立的可行性

（1）正向论证：“胡萝卜＋大棒”式激励与惩罚并立的制度设计是个人破产落地之本

“社会信用体系欠佳”常被视为我国个人破产制度引入的主要障碍，然而，回溯破产演进的历史，社会信用状况并未成为个人破产制度建立的障碍，对信用体系的高要求背后暗含着强压管制的制度思维，其试图通过完备的信用体系来约束债务人，以增强债务偿付之可能，但现代个人破产并非仅着眼于这般“大棒”强制，还需“胡萝卜”般的激励制度进行配合，信用体系不仅不应成为一味惩治债务人的工具，更应成为鼓励债务人守信的手段。个人破产制度的立法关键不在信用体系如何，而是在于提供赏罚分明、全面细致的制度架构来对债务人进行合理的鼓励与约束。另一反对个人破产落地的关键理由是我国个人财产登记制度尚不完善，实际上，个人财产透明并非破产制度建立的必要条件，因为破产财产识别并不

---

〔1〕 易有禄、万文博：《个人破产的法经济学分析》，载《江西财经大学学报》2019年第5期。
〔2〕 王欣新：《用市场经济的理念评价和指引个人破产法立法》，载《法律适用》2019年第11期。
〔3〕 刘冰：《论我国个人破产制度的构建》，载《中国法学》2019年第4期。
〔4〕 马哲：《论个人破产余债免除制度在我国的适应性及构建》，载《中国政法大学学报》2019年第4期。
〔5〕 李宏伟：《我国构建个人破产制度的现实困境与法治对策》，载《中州学刊》2019年第11期。
〔6〕 蔡嘉炜：《个人破产立法与民营企业发展：价值与限度》，载《中国政法大学学报》2019年第4期。
〔7〕 齐砺杰：《个人破产的金融维度》，载《中国政法大学学报》2019年第4期。

是个人破产制度的前提，个人财产信息也不应该被国家强权过度干预，如此凸显登记对破产之效的观念背后依然表露出将个人破产寄托于政府对债务人的“父爱式”管控，而忽视柔和的“胡萝卜式”激励安排。[1]

（2）反向分析：依法治国、市场经济、财产登记制度和个人信用信息技术的进步可为个人破产提供助力

首先，《企业破产法》实施已逾 10 年，积累了大量司法经验，破产审判工作日趋完善，培养出一批专业破产法官、破产管理人和其他专业人员，经济社会开始了解和接受破产概念，这为建立个人破产制度提供了较好的司法基础。其次，执转破制度确立后，重视运用破产制度解决执行问题，个人破产制度需求与日俱增。最后，互联网技术发展带动个人征信系统和个人财产登记制度发展，为个人破产制度实施奠定了基础。[2]

3. 个人破产制度的构建

个人破产是一套复杂的系统化规范体系，其制度涉及内容繁多，主体、财产和机制是个人破产的基本要素，也是其与企业破产制度界分的基础，应进行重点考量。

（1）个人破产立法需把“人的因素”放在首位

由于个人债务人的主体资格不因破产程序的终结而消灭，因此需有专门的制度来保障自然人的生存和发展，帮助自然人债务人拥有生存和发展的可能性，寻求更合理的解决个人债务纠纷的方式，避免包括强制让与债务人未来收入在内的长期负担。[3]

（2）立法模式的选择

把个人破产与企业破产放在一部破产法下，或者制定一部单独的个人破产法各有其可取之处。有学者认为，个人破产制度立法应分阶段进行，采取由点及面的传导型立法方式，宜采取个人破产法（可称为“中华人民共和国个人债务整理法”）与企业破产法并行的立法模式，这两部法律相互协调，构筑全面、完善的破产法律制度体系，前者即规制个人破产事宜的单行法，其主要任务是构建系统的个人破产制度。关于前者的名称，学者认为“破产”一词带有明显的惩罚色彩，不能反映现代破产法促进个人创新创业的立法意图，而使用“债务整理”的表述有利于债务人重新创业，有助于提高社会对个人破产的接受程度，促进社会对处于困境的债务人的包容、接纳，为个人破产制度的实施营造良好的社会环境。[4]有学者认为，单独立法可以更好地考虑到个人债务人的特殊需求，更容易附加到特别程序，对于破产界限和清偿计划的具体建议也更容易在单独立法中明确体现。把个人破产放置到一般破产制度中也有其优点，有些个人破产案件牵涉复杂的破产问题，有时企业破产转换到个人破产处

---

〔1〕 张阳：《个人破产何以可能：溯源、证立与展望》，载《税务与经济》2019 年第 4 期。
〔2〕 刘冰：《论我国个人破产制度的构建》，载《中国法学》2019 年第 4 期。
〔3〕 殷慧芬：《个人破产立法的现实基础和基本理念》，载《法律适用》2019 年第 11 期。
〔4〕 李宏伟：《我国构建个人破产制度的现实困境与法治对策》，载《中州学刊》2019 年第 11 期。

理是必要的。个人破产和企业破产的统一立法使二者之间这些类型的重叠更容易管理。[1]

（3）立法的主要内容

①引进余债免除制度

我国在建立个人破产制度的时候宜同时引入余债免除机制。有学者指出，在引进该机制时要明确其适用范围：余债免除制度只能存在于个人破产制度之中，只适用于自然人破产人，债务人须向法院提出申请，法院在审查案件具体情况以后作出允许免除剩余债务的许可或拒绝作出。并且，引进余债免除制度时要为其设计一系列限制性条件，第一，债务人仍须将其被清算以后一定期间内所取得的可支配收入交予债权人或指定的受托人，由后者依法对该等款项进行管理和分配，以鼓励债务人在破产后迅速重新站起，也保障债权人获得“二次清偿”的机会；第二，在债务人构成破产犯罪、实施破产欺诈或者有其他不诚信、不善意表现等情况下，拒绝赋予债务人以余债免除许可；第三，将某些类型的债务排除在免除的范围之外，债务人必须对之负责；第四，获余债免除许可的债务人在破产之后的一定时间内须“良好表现”，以保障对债权人的“二次清偿”，也是对“不慎”的破产人的约束和教育；第五，如果债务人的余债免除许可是通过欺诈获得的，或有其他类似情况存在，利害关系人可在一定期限内申请撤销该许可。[2]

②建立财产豁免制度、失权与复权制度

个人财产豁免制度，不但能为债务人重新创业提供基本物质保障，而且能避免债务人破产后流离失所，从而提高债务人主动申请破产的积极性，促进个人破产制度实施。可采用列举加概括的方式，规定豁免财产包括满足债务人及其家属基本需求的房屋、车辆等社会保障福利，债务人的生活必需品、工作用品等。建立失权与复权制度的主要目的是平衡债权人的心态，同时对债务人进行警醒和教育，使其提升经营素质和能力，避免再度陷入破产。在具体建立时，应考虑三个方面的内容：其一，债务人在破产还债期间应当积极就业，不得依靠社会保障福利而消极度日，所得收入在扣除必要的生活学习开支后按月清偿债务；其二，对处于破产还债期间的债务人，限制其高消费、非必要消费，限制其取得相关任职资格；其三，法院在报纸、电视、网络等大众传媒上公告失权人名单，由全体债权人及社会公众监督失权人的行为。[3]

③创建法庭外和法庭内债务清理制度

法庭外债务清理制度功能定位是促进债务人和债权人达成和解，制定债务清偿计划，避免债务人破产。学者认为应该建立强制性的法庭外债务清理制度，债务人只有进行法庭外债务咨询，并有咨询服务人员提供的证明材料和债务咨询过程中产生的法律规定的文件，才能

---

〔1〕 殷慧芬：《个人破产立法的现实基础和基本理念》，载《法律适用》2019 年第 11 期。

〔2〕 马哲：《论个人破产余债免除制度在我国的适应性及构建》，载《中国政法大学学报》2019 年第 4 期。

〔3〕 李宏伟：《我国构建个人破产制度的现实困境与法治对策》，载《中州学刊》2019 年第 11 期。

向法院申请破产。创建法庭内个人破产制度，应从个人信用更好评价和监测的、有 3 年以上固定年收入的个人着手，再逐步建立适用于农村承包经营户等其他自然人的破产制度，让个人、家庭和社会有一个适应的过程，给制度创建和运行留有试错和纠错的空间。还要考虑法庭外债务处理制度与法庭内债务清理制度和企业破产制度的衔接问题，既要服务好债务人和债权人，切实解决实际问题，又要对法庭内债务清理制度的实施提供助力，做好铺垫和辅助工作。同时还要避免对现有企业破产制度的相关规定造成冲击，尽量将制度创建的成本降到最低，注意与其他法律制度之间的衔接，做到循序渐进地融合。[1]

④管辖权规则和域外效力规则的设置

有学者认为，我国应借鉴目前各国单边立法模式，采取适度扩展的管辖权规则，只要债务人本人在我国拥有财产，我国法院便可获得对其启动破产程序的权利。在设置管辖权条文时可采用列举的方式，将“主要利益中心地”与“营业所”与传统的住所地、经常居所地、居所地以及财产所在地一并列入我国法院可行使管辖权的范围。为了保护我国债权人利益，现阶段并不建议完全放弃我国破产程序的域外效力。对非本国债务人启动破产程序的域外效力应设置引导性而非排除性的规定，即“原则上”这些程序应不具备域外效力，但“人民法院认为确有必要的情形除外”。法律可列举明显不能放弃域外效力的情形。[2]

（4）完善配套制度和措施

在我国建立个人破产制度时，应当注重配套机制的建构，主要包括：①完善个人财产登记制度。明确债务人在个人破产程序中的财产情况及状态，保障债务人财产状况的稳定性，防止其为逃避债务而隐瞒、转移、隐匿财产。为此，应依据《物权法》《不动产登记暂行条例》的相关规定，在全国范围内实行不动产统一登记制度，建立统一的不动产登记查询服务平台，对登记机构、登记程序和登记信息等实现共建共享、共同保护。②完善社会保障制度。政府有必要发挥社会保障制度的功能和作用，出台相应的激励、优惠措施，鼓励有能力的债务人重新创业。③完善容错文化宣传机制。通过各种媒体宣传，让社会公众普遍认识到：个人破产制度并非鼓励债务人借合法手段逃避债务，而是要保障债权人的合法权益及其公平受偿，保障诚信的债务人重启事业，并对恶意破产行为进行惩戒。[3]

（二）房地产企业破产

房地产企业破产案件涉及法律关系繁多，牵涉利益广泛，事关社会安全稳定。有学者指出，其最大难点在于商品房买卖合同的继续履行与破产解除权行使的权益冲突。在进入破产程序后，对于双方均未履行完毕的商品房买卖合同，管理人有权根据《企业破产法》第 18

---

〔1〕 刘冰：《论我国个人破产制度的构建》，载《中国法学》2019 年第 4 期。

〔2〕 李小林：《全球化背景下的个人破产立法——适用范围与成本收益分析》，载《中国政法大学学报》2019 年第 4 期。

〔3〕 李宏伟：《我国构建个人破产制度的现实困境与法治对策》，载《中州学刊》2019 年第 11 期。

条规定行使破产解除权以使合同归于解除。但是第 18 条行使破产解除权对合同相对人的权益和破产企业的财产影响甚大，应当对其进行规范和限制。在房地产企业破产案件中，基于对购房消费者生存权的保障及现有法律的立法精神，应给予消费型购房人的合法权益特殊保障，要保障购房人的基本生存权，基于公平原则、比例原则将消费者已经给付的定金（非定金罚则中的另外一倍）及购房本金确定为共益债权，赋予已给付购房款本金共益债权地位，对于本金、定金之外的其他债权，如利息、违约金、赔偿金等不应再予以特殊保护，将其认定为普通破产债权。坚持破产企业财产利益保值增值和消费型购房人基本生存权相平衡原则，逐步完善《企业破产法》中有关管理人对商品房买卖合同行使解除权的原则及条款，使之对房地产企业破产案件更加具有针对性，以实现保护消费型购房者基本生存权和破产财产保值增值的利益平衡。[1]

（三）金融机构破产

近年来，中国金融机构不良资产呈现上升趋势，这增加了金融机构的破产风险。当前中国的金融机构破产立法呈现“碎片化”的状态。多个法律和部门规章都对金融机构破产制度作了规定，诸多破产规则散落在一般公司破产规则与特殊破产规则之中。这些规则缺乏统一协调的方式来处置金融机构的破产风险。[2]

1. 商业银行破产存款人权益保护

存款是商业银行的重要资金来源，商业银行破产应当妥善处理存款人权益问题，然而由于我国商业银行破产程序中存在对不同存款人区别对待、破产清偿顺序模糊、法律适用冲突、存款保险程序启动困难等问题，阻碍了存款人权益的优先实现，商业银行破产程序以及存款人权益保护的法律法规有待完善。综合域外经验和我国实际，以破产法视角完善商业银行存款人权益优先保护，应当从破产法体系和商业银行法律制度出发，统一商业银行破产存款人的权益保护范围，构建商业银行破产法律规则，强化《存款保险条例》理赔机制，充分发挥商业银行破产中的“府院联动”机制作用。[3]

2. 金融监管机构

金融监管机构在处置金融机构破产程序中扮演着重要角色，但基于分业经营模式，监管机构在处置金融机构破产问题时也面临着利益冲突。随着金融市场的演变，金融业之间的界限开始变得模糊，在金融控股集团模式下开展跨行业经营成为趋势，这削弱了分散的监管体系所拥有的专业化优势，给监管机构带来了极大的挑战。首先，从制度设计层面而言，金融机构破产规则分散于多个部门法律之中，相关监管机构主导着各自监管的金融机构的破产立

---

〔1〕 王刚：《房地产企业破产中待履行商品房买卖合同的解除权研究》，载《河北法学》2019 年第 2 期。

〔2〕 苏洁澈：《金融监管机构在金融机构破产中的角色》，载《江汉论坛》2019 年第 5 期。

〔3〕 齐明、刘雯丽：《我国商业银行破产存款人权益优先保护问题研究》，载《社会科学战线》2019 年第 8 期。

法进程，导致了结果的不确定性；其次，在程序运行阶段，早期干预、接管、托管、撤销（清算）程序之间缺乏必要的衔接；综观中国的金融机构破产规则，通常赋予监管机构极大的自由裁量权，这种规则设计事实上架空了司法机关，使其难以真正发挥作用。为了有效运行金融机构破产程序，遏制监管机构滥用权力，为破产机构利益关联方提供有效的救济，应当在立法中增加以下内容：第一，金融破产法律应制订具体的接管规则，明确接管的性质，让司法机关能够对接管决定进行审查；第二，金融机构破产规则应当提供司法救济措施，建立更适合金融机构破产的裁判规则；第三，对涉及金融机构破产的审查时限作特殊的规定，提升司法审查的专业性和保障破产制度的有效运行。[1]

四、破产重整制度

破产重整是濒临破产、具有挽救希望的企业法人，经债权人、债务人或其他利害关系人的申请，在法院的主持下及利害关系人的参与下，依法同时进行生产经营上的整顿或资本结构上的调整的制度安排。破产重整是目前世界各国公认的挽救企业、预防破产最有力的法律制度之一，[2]也是近四十年我国破产法最重要的进展。[3]

（一）重整程序中小额债权清偿机制问题

在我国，小额债权的清偿模式主要包括：小额债权与其他普通债权在同一表决组内同比例受偿；作为独立的一组，获得高于其他普通债权受偿比例乃至 100% 的清偿；不单独分组，纳入普通债权组并分段递减清偿。小额债权的单独分组不同于立法关于担保债权、职工债权、税收债权等权利类别的分组，它存在如下法理缺失：一是违背债的平等性原则，二是造成逻辑上的荒唐后果，三是操作程序的繁琐复杂。鉴于此，学者主张小额债权纳入普通债权分段递减清偿以替代分组优惠清偿的模式，不仅可以实现程序便捷的立法目的，而且更接近债的平等性目标，便于重整计划的通过，未来立法应该以普通债权的分段递减清偿来替代小额债权的分组优惠清偿。[4]

（二）破产重整企业融资问题

破产重整融资至关重要，赋予其优先受偿权具有历史发展的必然性和逻辑自洽性，体现了法的公平、效率、利益平衡等基本价值。反观我国立法，对重整融资中债权的优先受偿问题存在缺陷与疏漏。学者在进行比较与规范研究后，从立法层面提出如下修改建议：第一，

---

〔1〕 苏洁澈：《金融监管机构在金融机构破产中的角色》，载《江汉论坛》2019 年第 5 期。

〔2〕 沈芳君：《现有法律体系下破产重整案件的审判思路和实践——浙江直立汽配破产重整案的实证分析和启示》，载《法律适用》2019 年第 20 期。

〔3〕 李曙光：《破产法的宪法性及市场经济价值》，载《北京大学学报》（哲学社会科学版）2019 年第 1 期。

〔4〕 韩长印：《从分组到分段：重整程序中的小额债权清偿机制研究》，载《法学》2019 年第 12 期。

应明确将重整中的借款界定为“共益债务”，优先于无担保债权受偿；第二，建议突破“共益债务”定义中有关时间点的限制，将重整融资中债权的优先受偿权向前延伸至重整程序申请后至法院裁定前的阶段；第三，应构建超级优先权，使其优先于既存担保债权，但必须对担保债权人给予保护，并由债务人或管理人证明其无法通过任何其他方式获得融资以及担保债权人有机会申述；第四，将重整融资中债权的优先受偿权向后拓展至重整转清算程序中。[1]

破产重整企业在债权融资实践中遇到障碍，主要是因为我国《企业破产法》缺乏有效的激励与保障规则，也未形成成熟的破产债权交易市场和破产职业共同体。有学者认为，需要坚持破产重整价值目标，基于“可持续经营”与“利益平衡”的“二元论”确立破产重整价值理念。为拯救重整企业，提高融资成功率，有必要重塑微观规则，包括但不限于：激活《企业破产法》第75条第2款、创立超级优先权、规定程序转换中的退出优先权、确认贷款协议中的敲诈勒索性条款与混合担保条款无效等。同时，从宏观视角出发，基于供求定律视角倡导政府创新、发展破产债权交易市场，要求义务人及时、真实、全面地依法履行信息披露义务，发挥破产职业共同体的合力，从而激活信贷市场，完善我国破产企业债权融资法律制度。[2]

（三）上市公司重整中资本公积金转增股本除权问题

上市公司重整方案中大多包含资本公积金转增股本的内容，该转增行为是否应当根据《上海证券交易所交易规则》作除权处理，对此存在不同认识。上海证券交易所交易规则的制定和调整，主要考虑了股东权益变动和股份内在价值这两大对股价产生实质影响的核心因素，上市公司重整方案中关于债转股内容的制定，分为向原股东或战略投资人分配和向债权人分配两种，二者在转增股份后的股东权益变动与股份内在价值方面存在显著不同。转增股本全部向债权人分配的，与《上海证券交易所交易规则》规定的常态化转增相比，在这两方面亦存在显著不同。如果重整方案获得债权人会议及出资人会议通过，应当视为方案内容符合其权益要求。破产重整案件中，用于偿债的资本公积金转增股份，只要未向原股东进行分配，且方案通过债权人大会通过的，经前述核心要素衡量，并不存在除权的需要。为便于今后破产重整案中类似资本公积金转增股本方案的统一调整和适用，避免每个类似案件都重新采取个案协商、沟通的烦琐流程，有必要探索建立统一的规则，对《上海证券交易所交易规则》的相关规定予以修改完善，以保障破产案件审理的效率和公正。[3]

---

〔1〕丁燕：《论破产重整融资中债权的优先性》，载《法学论坛》2019年第3期。

〔2〕丁燕：《破产重整企业债券融资的异化及其解决》，载《华东政法大学学报》2019年第4期。

〔3〕重庆市第一中级人民法院课题组：《上市公司重整中资本公积金转增股本除权问题研究——以重庆钢铁重整案为研究视角》，载《法律适用》2019年第5期。

（四）宣告破产后转重整的合法性分析

在程序转换问题上，以宣告前转换为原则，但对历史遗留的特殊个案允许宣告后转程序为例外，并应注意限制其适用条件，防止程序的滥用。在适用条件上，应判断是否依据旧法宣告破产，以及审慎识别企业是否具有重整价值。管理人和法院应充分考虑何种资产处置方式更有利于债权人和破产财团，企业是否具有存续价值和继续运营价值。如果企业仅仅只是资产价值增大，但没有继续营业必要，则不一定采用重整程序，可在清算程序中剥离、转让其有效资产或营业，让有生命力的资产继续经营并发挥效益。此外，此类历史案件是否转换程序，应充分听取债权人意见。法院应当组织听证会，充分听取债权人、管理人、债务人、主管部门及相关各方的意见，再由法院审慎裁定中止破产宣告，并裁定转入重整。转入重整后，如无法及时重整成功，法院应尽快恢复宣告裁定，尽早实现分配、清偿。〔1〕

五、破产清算义务人

依据现行法律规定，清算义务人是基于其与公司之间存在的特定法律关系，在公司解散时负有在法定期限内启动清算程序、成立清算组织，并在未及时清算给相关权利人造成损失时依法承担相应责任的民事主体。在清算程序中，负有全面配合和协助清算组清算工作的清算义务人，是承担妥善保管并向清算组移交公司财产、账册、重要文件等资料的义务主体，并直接承担未能履行上述义务的法律责任。有学者认为，债务人破产原因的出现并不是公司的解散事由，对未出现解散原因的债务人，清算义务人没有申请破产清算的义务。在破产清算程序中，负有妥善保管并向管理人移交公司财产、账册、重要文件等资料义务者，是破产法规定的公司法定代表人以及财务管理人员和其他经营管理人员，不能认为只要在破产程序中因债务人财产、印章和账簿、文书下落不明等无法清算就可以追究清算义务人的连带责任或相应责任。〔2〕

另有学者指出，我国现行《公司法》与相关司法解释所确立的将有限公司股东作为清算义务人的制度，使股东责任从有限责任变为无限责任，造成了股东与债权人之间利益关系的失衡，直接影响股东的投资信心与意愿，长此以往可能摧毁我国的市场退出法律体系，不利于我国经济的持续发展与繁荣。基于股东、董事、监事、直接责任人等在公司治理结构中地位与职权的分析，学者认为，有限公司的清算义务人不是股东，只有董事才是妥当的清算义务人。为切实保护债权人利益，应该保留清算义务人制度，同时，还应增设董事的破产申请义务。为此，《公司法》及最高人民法院《关于适用〈中华人民共和国公司法若干问题的规

〔1〕 刘宁：《宣告破产后转重整的合法性分析》，载《政法论坛》2019 年第 5 期。
〔2〕 王欣新：《论清算义务人的义务及其与破产程序的关系》，载《法学杂志》2019 年第 12 期。

定（二）〉》相关条款应予完善：首先，正确理解《公司法》第183条第1句，将重点落在"公司"上，利用法律解释方法将"董事"解释为有限公司的清算义务人；其次，对最高人民法院《关于适用〈中华人民共和国公司法若干问题的规定（二）〉》第18、19、20条进行修改，对有限公司股东与董事的权利义务进行重新调整，删除股东作为清算义务人的相关规定；再次，正确理解《民法总则》第70条与最高人民法院《关于适用〈中华人民共和国公司法若干问题的规定（二）〉》相关条款的关系，在适用《民法总则》第70条时，避免在具体案件的法律适用中再继续引用该解释；最后，废止"指导案例9号"，重新选择能正确反映有限公司董事清算义务的案例。[1]

六、实质合并破产制度

实质合并破产制度，是指对相互关联的企业债务进行合并，剔除关联企业间的债权及担保，并将目标企业的资产进行合并，对关联企业所有的债务人按比例进行清偿。

（一）实质合并破产制度的适用价值

首先，实质合并制度有利于减少债权人参与的程序成本，从实质上保障对债权人进行公平清偿，和《企业破产法》规定原则与精神一致。其次，实质合并制度有利于提高破产审判效率，降低破产成本。再次，实质合并制度能有效地规制关联企业违规行为，保护债权人利益。最后，实质合并制度符合诚实信用原则，有益于维护公平竞争的市场秩序，[2]有利于维护关联企业运营链条的完整性，提高财产处置价值和重整成功的可能性，有助于规范我国公司经营，弘扬竞争伦理和商业道德，对于补齐我国市场主体退出机制短板，营造高质量营商法治环境亦具有积极的现实意义。[3]

（二）实质合并破产制度的困境与出路

我国实质合并破产在实务与理论上存在冲突：关联企业在实体合并破产中没有依照法定公司合并程序和要求来操作，却进行了主体、财产和债权债务的实质合一；不同法院对破产关联企业范围的界定标准不一；法院难以解决破产各方合并的自愿性问题；公司实体合并的法定程序与破产程序中债务清偿限制之间存在冲突；难以用公司人格否认理论厘清实体合并的法理基础；关联企业间债权债务合并的性质和消灭的法律依据难以认定等。针对这些问题，学者指出，应该从公平保护债权人利益原则出发，在界定实体合并破产的关

[1] 梁上上：《有限公司股东清算义务人地位质疑》，载《中国法学》2019年第2期。

[2] 曹文兵：《供给侧改革背景下实质合并破产制度的构建与完善——以16件关联企业实质合并案件为分析样本》，载《理论月刊》2019年第7期。

[3] 王静、蒋伟：《实质合并破产制度适用实证研究——以企业破产法实施以来76件案例为样本》，载《法律适用》2019年第12期。

联企业范围时，对具有企业集团形态的关联企业可直接合并破产而无须证明其是否具有"人格混同"的事实，对不具有企业集团形态的关联企业则需要根据"人格混同原则"和"保护债权人利益原则"确定是否合并。对于法院判案的法律依据，则可类推适用或直接援引类似法律规定的法理等，且最高人民法院可发布指导案例以统一实体合并破产的司法裁判标准。[1]

在具体规则制定上，有学者通过对相关案件的梳理分析认为，应以否认各关联企业的独立人格为核心，从申请主体、启动模式、管辖法院、债权人保护及管理人选任等方面对其予以完善。[2]同时，实质合并规则的运用自应慎重，其认定标准和程序设计要统筹各方利益，兼顾公平和效率。最高人民法院会议纪要对实质合并规则适用作出统一规范，但仍属框架性规定，需要司法实践进一步积累经验，为后续实质合并规则立法奠定扎实基础。[3]

七、"执转破"机制

"执转破"，是指执行法院针对符合破产条件的作为被执行人的企业法人，通过一定的程序将其移送至破产审判部门接受审查从而启动破产程序的法律制度。

（一）"执转破"基本面向厘清

《最高人民法院关于执行案件移送破产审查若干问题的指导意见》（以下简称《指导意见》）第 2 条第 2 款明确指出，适用"执转破"的"被执行人为企业法人"，因此，企业法人是实行"执转破"的唯一对象。[4]但是，有学者认为，"执转破"适用主体范围应将非法人组织包括在内，法律规定可以参照适用破产程序的其他组织同样应当享有适用"执转破"的资格。[5]

《指导意见》采用的是破产申请主义模式，但是，有学者认为，如果彻底采纳破产申请主义的立场，执行程序与破产程序就应该泾渭分明，从债权的角度是不能实现的，如果需要辅之以职权主义，职权是否适合嵌入到执行程序中，有待于进一步斟酌、考量和完善。[6]

《企业破产法》关于执行中止的时间点为破产申请被受理后。但《指导意见》则前移了执行中止的时间，有利于尽早地固定企业法人的财产，防止其进行个别清偿，从而维护众多

---

〔1〕 蔡唱、郑显芳：《论实体合并破产实务和理论的冲突与调试》，载《山东社会科学》2019 年第 10 期。

〔2〕 曹文兵：《供给侧改革背景下实质合并破产制度的构建与完善——以 16 件关联企业实质合并案件为分析样本》，载《理论月刊》2019 年第 7 期。

〔3〕 王静、蒋伟：《实质合并破产制度适用实证研究——以企业破产法实施以来 76 件案例为样本》，载《法律适用》2019 年第 12 期。

〔4〕 刘旭东：《执破衔接视阈下"执转破"要点透视及规范进路》，载《河北法学》2019 年第 4 期。

〔5〕 范志勇：《论"执转破"的启动与程序衔接》，载《商业研究》2019 年第 7 期。

〔6〕 王雄飞：《执行和破产程序衔接具体法律问题研究——基于浙江的执破衔接工作实践展开》，载《法律适用》2019 年第 15 期。

债权人的利益。[1]但是，在实践当中，执行法官"发现作为被执行人的企业法人符合《企业破产法》第 2 条规定的"也是非常难以操作的，标准难以把握和确定。

关于申请费的性质，有学者认为，宜界定为费用为妥，应当在到位的执行款项中获得按比例的优先清偿，优先于申请执行人的申请执行债权，同时按照执行到位的执行款项与申请执行金额的比例来确定执行申请费金额。[2]

（二）"执转破"的合理性与合法性

"执转破"是执行程序与破产程序的衔接过程，这种衔接可以令"执转破"制度本身兼备执行与破产程序之长，为企业法人的执行不能开放出多元化的解决渠道，可以"一揽子"解决债务纠纷，高效化解矛盾；概括清偿债权人债务，公平保障社会公共利益；分类配置债务人资源，避免资源的闲置与浪费，实现个体利益与社会利益的有机统一。[3]《关于适用〈中华人民共和国民事诉讼法〉的解释》第 513 条为"执转破"提供了合法性的途径。[4]

（三）完善"执转破"的思路

"执转破"，难在一个"转"字，这既包括法律制度层面的衔接，也包括实践操作层面的衔接，只有二者有序高效衔接，才能顺利推进该项工作的开展。

1. 实现执行转破产机制的规范化、常态化

这主要体现在：实现移送材料文书的规范化、破产原因识别的规范化、执行中止及例外的规范化、执行成果沿用的规范化、财产保全措施的规范化、破产费用界定的规范化，[5]巩固执行与破产的资源对接机制，扩大"执转破"的适用范围，引入职权主义的辅助启动模式，[6]规范执破移送操作流程，明确移送案件筛选条件，从而提高审查受理的效率和衔接的成功率。

2. 构建执破双向互通机制

这主要包括：参照执行系统实现破产财产查询的完善，借助执行程序实现破产财产处置的完善，借助执行程序实现破产财产交付的完善，建立执行程序与破产程序的有效双向互通机制，实现执破结合、相互贯通的良性循环。[7]

---

〔1〕 刘旭东：《执破衔接视阈下"执转破"要点透视及规范进路》，载《河北法学》2019 年第 4 期。

〔2〕 王雄飞：《执行和破产程序衔接具体法律问题研究——基于浙江的执破衔接工作实践展开》，载《法律适用》2019 年第 15 期。

〔3〕 刘旭东：《执破衔接视阈下"执转破"要点透视及规范进路》，载《河北法学》2019 年第 4 期。

〔4〕 浙江省温州市瓯海区人民法院课题组：《从"执转破"到"破转执"——执破双向互通联动机制之司法探索》，载《法律适用》2019 年第 3 期。

〔5〕 白田甜、景晓晶：《"执转破"衔接机制的优化原则与实践完善》，载《法律适用》2019 年第 3 期。

〔6〕 刘旭东：《执破衔接视阈下"执转破"要点透视及规范进路》，载《河北法学》2019 年第 4 期。

〔7〕 浙江省温州市瓯海区人民法院课题组：《从"执转破"到"破转执"——执破双向互通联动机制之司法探索》，载《法律适用》2019 年第 3 期。

八、其他

除上述问题之外，学界关于破产法的研究还体现在企业破产程序中的税收法律问题、破产法的反思与完善以及外国破产程序的承认与协助方面。

（一）企业破产程序中的税收法律问题

税收立法不成熟致使我国现行税法与许多法律存在矛盾与冲突，对税收行政执法产生了一些不必要的羁绊，也对其他法律的实施带来一些麻烦，企业破产法与税法的冲突引发较多争议并受到人们的关注。解决好相关问题，应当站在法理的高度，从逻辑上理顺处理两法关系应遵循的原则，建立起一套以《企业破产法》为基础的可行且具备操作性的统一规则；承认有限的税收优先权，分层次处理好税收债权的滞纳金、相关收费、行政罚款等不同构成部分的偿还顺位问题；减少纳税人避税的法律漏洞；解决税收债权人的破产程序申请权、破产管理人的税收角色承担、破产财产处置税费承担模式；对于法律规定没有解决的矛盾，承认负责裁决的人民法院地位至高无上。[1]

（二）外国破产程序的承认与协助

外国破产程序的承认与协助是跨境破产实践最敏感、最困难的问题，但是，当前我国尚未建立完善的跨国界破产法律制度，关于外国破产判决承认和执行的规定过于简略，缺乏操作性、适用范围过窄且偏离国际统一规则，在承认与协助外国破产程序的要件、承认的效果、多个破产程序的平行和协调方面均存在一定问题。[2]

展望我国相关立法与制度的建立与完善，有学者提出如下建议：第一，充分研究并借鉴联合国贸法会关于《跨国界破产示范法》和《示范法》等相关规则和立法指南规定，完善我国承认和执行破产及与破产有关判决的相关制度；第二，在制定的条款与内容方面应当采取“宜细不宜粗”的原则，要强调程序规则的具体、详细、简单、快速和可操作性；第三，在立法形式上，建议在《企业破产法》进行修改之前，先由最高人民法院制定相关司法解释。[3]

---

〔1〕 张松、王怡：《企业破产程序中的若干税收法律问题》，载《税务与经济》2019 年第 4 期。

〔2〕 金春：《外国破产程序的承认与协助：解释与立法》，载《政法论坛》2019 年第 3 期。

〔3〕 雷雨清、王欣新：《〈跨国界承认和执行与破产有关判决的示范法〉与我国相关立法的完善》，载《法律适用》2019 年第 19 期。

案件聚焦

2019年中国资本市场最具影响力案件评析

越权担保，谁来埋单？

——“彭辉诉陈云川、嘉茂公司股权转让纠纷案”的法律分析

王天颖

【案情介绍】[1]

湖南嘉茂房地产开发有限公司（以下简称“嘉茂公司”）成立于2009年9月4日，其股东登记为彭辉、陈云川及案外人孙长江、肖茂雄，陈云川为公司法定代表人。2015年7月20日，彭辉与陈云川、孙长江、肖茂雄、嘉茂公司签订《股权转让协议书》，约定彭辉转让给陈云川、孙长江、肖茂雄其占目标公司（嘉茂公司）42%的股份。此后，彭辉与陈云川、嘉茂公司签订《补充协议书》，约定嘉茂公司自愿对陈云川在“主协议”和本补充协议项下所欠彭辉的全部股权转让款本息承担连带给付责任。后陈云川未按约定支付股权转让款，彭辉诉至法院[2]，期间，对于应当支付的股权转让款数额以及嘉茂公司应否承担连带给付责任，双方争执不下，继而也引发了学界的广泛关注。

（一）股权转让双方基本情况

1. 股权转让方

彭辉，系嘉茂公司股东，持股42%。2015年7月20日，彭辉与陈云川、孙长江、肖茂雄、嘉茂公司签订《股权转让协议书》约定，彭辉愿意将其占目标公司

---

〔1〕 以下事实与分析基于湖南省株洲市中级人民法院（2017）湘02民初236号民事判决书，以及湖南省高级人民法院（2019）湘民终290号民事判决书。

〔2〕 湖南省株洲市中级人民法院（2017）湘02民初236号民事判决书。

（即嘉茂公司）42% 的股份以人民币 4000 万元的价格全部转让；协议一并对彭辉与易迪军、陆国富股权转让款纠纷作出安排，即彭辉全部承担易、陆二人追索股权转让款的判决责任，因上述执行案件对嘉茂公司造成的损失，彭辉全额补偿，填平公司受到的损失。嘉茂公司主张在该两案被扣划执行款之日冲抵彭辉对嘉茂公司的等额借款本金，并在各方同意的前提下，在认购股东为收购彭辉 42% 股份而向彭辉支付的股权转让款中先预留 1100 万元。扣除彭辉提存于嘉茂公司的款项后，余额 2900 万元作为认购股东收购彭辉 42% 股份应向彭辉支付的股权转让金额。

此处彭辉与易、陆二人的纠纷牵涉另一家公司，即醴陵长江房地产股份有限公司（以下简称“长江公司”），长江公司原始股东为吴学斌（50%）、陆国富（30%）、易迪军（20%）。2008 年 5 月 23 日，陆国富、易迪军分别与彭辉签订《股权转让合同书》，约定陆国富、易迪军将其在长江公司开发的步行街项目持有股权 30%、20% 转让给彭辉。且长江公司于 2008 年 7 月 24 日出具《担保承诺书》，对上述股权转让款承担连带偿还本息的责任。2009 年 4 月 23 日，醴陵市人民法院裁定准予长江公司重整，并于同年 9 月 21 日裁定长江公司的破产重整计划由嘉茂公司负责执行，长江公司所有财产及债权债务均由嘉茂公司享有和承担。

2. 股权受让方

据《股权转让协议书》约定，陈云川、孙长江、肖茂雄均愿意行使股权受让的股东优先权。且 2017 年 4 月 19 日，彭辉与陈云川、嘉茂公司针对上述《股权转让协议书》（主协议）签订《补充协议书》，其中约定：（1）彭辉已经按照约定将该 42% 的股权工商变更登记至陈云川名下 30%，孙长江名下 9%，肖茂雄名下 3%。（2）陈云川承诺于协议签订后在 2017 年 9 月 30 日前给付完毕余款。

3. 错综的股权转让

（1）彭辉、陈云川与嘉茂公司

彭辉、陈云川均为嘉茂公司股东，彭辉将自己所持 42% 的股权全部转让，并已办理工商变更登记。且经由转让方（彭辉）、受让方（陈云川、孙长江、肖茂雄）、目标公司（嘉茂公司）的共同确认：截至 2015 年 3 月 31 日，陈云川以珠海市嘉茂投资发展有限公司、珠海市嘉莱机电设备有限公司等名义出借了本金 7973.2559 万元，滋生利息 4645.51 万元给嘉茂公司，该款项至今尚未偿还。故此嘉茂公司自愿对陈云川在“主协议”和本补充协议项下所欠彭辉的全部股权转让款本息承担连带给付责任。

（2）彭辉、陆国富、易迪军与嘉茂公司

彭辉分别受让陆、易二人长江公司 30%、20% 的股权，2008 年 7 月 24 日，长江公司出具《担保承诺书》，承诺彭辉保证于 2008 年 10 月 31 日前分别支付陆、易二人 1400 万元、1000 万元股权转让款，由长江公司承担连带偿还本息的责任，由上可知，醴陵市人民法院裁定准予长江公司重整后，嘉茂公司负责执行长江公司的破产重整计划，嘉茂公司因此代长江公司清偿了部分债务，对于彭辉应当支付给陆、易二人的股权转让款的担保责任，转而由嘉茂公司承担。又，因陆、易二人分别诉彭辉、嘉茂公司、长江公司股权转让款案，经醴陵市人民法院、株洲市中级人民法院两审及湖南省高级人民法院再审，于2013年5月21日作出（2013）湘高法民再字第74、75号民事判决书，判决彭辉支付陆、易二人本息合共1800万元，嘉茂公司先后被执行合计人民币404万元。又，嘉茂公司于2011年4月28日向彭辉借款项人民币500万元，扣除被法院强制执行的404万元后，本息余额共计474万元[1]。

（3）股权转让款支付程序

彭辉等各方在《股权转让协议书》中对股权转让款的支付方式及支付时间进行了约定，股权转让款4000万元除留置1100万元后，剩余2900万元分四次完成。（具体支付方式及时间见表1）：

表1

	金额（万元）	支付条件
第一次	300	在醴陵市工商行政管理局确定股权变更登记在认购股东名下之日起3天内支付
第二次	600	15天之内支付
第三次	1800	待彭辉与易迪军、陆国富股权转让纠纷通过诉讼、和解、执行等方式最终了结，使嘉茂公司不再承担连带担保责任之日起3天内与彭辉结清
第四次	200	①彭辉向醴陵市工商行政管理局申请注销长江公司并完成注销手续后15日内 ②协议签署后24个月内，非彭辉原因不能完成注销手续，则支付款项

但截至《补充协议书》签订之日，陈云川仅给付转让款55万元，虽陈云川同时在《补充协议书》中保证余款在2017年9月30日前给付完毕，但一直未履行。由此，彭辉向法院提起诉讼，请求陈云川支付股权转让款，嘉茂公司承担连带清偿责任。

（二）一审嘉茂遭连带

诉讼中，彭辉请求判令陈云川支付股权转让款及利息暂合计2648.9199万元，嘉茂公司承担连带给付责任。嘉茂公司答辩称保证期间已过，无须承担保证责任。

一审法院湖南省株洲市中级人民法院认为，陈云川未按约定足额支付股权转让款，已经

---

〔1〕 彭辉对嘉茂公司出借500万款项，截至2015年3月31日，该借款利息余额计为378万元。扣除被法院强制执行的404万元，目标公司结欠甲方借款本息金额：500 +378 −404 =474万元。

构成违约，应当承担违约责任，且对应当支付的股权转让款具体金额进行了确认。根据本案各方当事人订立的《补充协议书》约定所示，嘉茂公司自愿承担连带给付责任，意思表示真实。故嘉茂公司应对陈云川拖欠的股权转让款及利息承担连带责任。嘉茂公司提出的答辩意见因缺乏事实和法律依据，不予采纳。判决陈云川于判决生效之日起十日内向彭辉支付股权转让款1873.5714万元及利息，嘉茂公司承担连带支付责任，承担责任后，有权向陈云川追偿。

（三）原审被告意难平，双双上诉

一审判决作出后，陈云川、嘉茂公司不服判决，提起上诉，诉讼中，双方各执一词，陈云川、嘉茂公司称，嘉茂公司就股权转让款承担连带清偿责任违反了《公司法》第16条的规定，侵害了公司债权人及其他股东权益，属于无效条款。彭辉答辩称，《补充协议书》是嘉茂公司自愿对转让款本息承担连带给付责任，并未明确是保证责任，股权转让款1285余万元也是股东会一致通过约定由嘉茂公司偿还，且《公司法》第16条规定并不是效力性规定，只是公司内部管理性规定。

2019年7月10日湖南省高级人民法院作出二审判决。法院认为，首先，协议中虽然未使用“担保”一词，但条款的性质与担保无异。其次，陈云川签订《补充协议书》时系嘉茂公司股东、法定代表人，其未经股东会决议即以公司名义为个人债务承担连带给付责任，构成越权代表，且彭辉不属于善意相对人，因此，嘉茂公司无须承担连带给付责任。

【法律分析】

（一）陈云川是否应当支付股权转让款及利息

1.《股权转让协议书》中的相关约定

2015年7月20日，各方所签订的《股权转让协议书》系当事人的真实意思表示，且没有违反法律法规的禁止性规定，合法有效，各方均应当按照协议约定行使权利，履行义务。除预留的1100万元，各方在《股权转让协议书》明确约定了股权转让款的分批支付时间及支付方式，第一笔300万元款项的支付前提是股权变更登记之日起3天内，第二笔600万元款项的支付条件是15天之内，该两笔款项的支付条件均已成就，但据《补充协议书》的内容所示，陈云川仅支付55万元，现仍未按照《补充协议书》中其所承诺的在2017年9月30日前将款项给付完毕，因此，陈云川应当按照上述协议约定向彭辉支付股权转让款。

2. 第三次股权转让款的支付条件是否成就

关于第三次股权转让款的支付，协议中约定，该笔款项的支付前提是结束彭辉与陆、易二人之间的股权转让纠纷，嘉茂公司不再承担连带担保责任。而根据（2013）湘高法民再终字第74号、第75号民事判决书中所载，关于彭辉余欠的股权转让款，陆、易二人可在长江公司或嘉茂公司（代长江公司）对吴学斌的债权实现后另诉解决，因此长江公司或嘉茂公司对吴学斌的债权是否实现直接决定了彭辉与陆、易二人的股权转让纠纷是否彻底了结，也决定了嘉茂公司是否不再承担连带担保责任。也即，如果长江公司或嘉茂公司对吴学斌实现了债权，则陆、易二人可再次起诉彭辉要求支付股权转让余款，并要求嘉茂公司承担连带担保责任；反之，如果长江公司或嘉茂公司不向吴学斌主张债权，则陆国富、易迪军能否再向彭辉主张余欠股权转让款，就处于悬而未决的状态。该判项将向吴学斌主张债权的权利赋予长江公司或嘉茂公司，而根据案述事实，嘉茂公司负责执行长江公司的破产重整计划，如果嘉茂公司向吴学斌主张权利，则其自身有可能对彭辉欠付陆、易二人股权转让款承担连带责任，这也就是为什么嘉茂公司一直未向吴学斌主张过债权，也接连导致彭辉与陆、易二人的股权转让纠纷无法彻底了结。由此，二审法院认为，该1800万元股权转让款的支付条件属于“将来确定不会发生的事实”，与附条件合同中“条件”的基本属性之一“必须是将来发生的不确定的事实”不相符，并非《合同法》第45条规定的附条件合同，故第三笔款项的付款期限约定不明。依据《合同法》第62条规定，当事人就合同履行期限约定不明确，债务人可以随时履行，债权人也可以随时要求履行，但应当给对方必要的准备时间。现彭辉持有的嘉茂公司的股权已按比例转移登记至陈云川名下，彭辉通过起诉的方式要求其支付股权转让款，符合法律规定。因此，陈云川应当依约支付第三次股权转让款。

3. 是否存在债务抵消

陈云川上诉主张存在债务抵消，彭辉不应重复主张权利。由（2015）醴法执字第517－1号、518－1号两份民事裁定书可知，嘉茂公司在陆、易二人诉彭辉股权转让纠纷案中实际代彭辉清偿债务共计1769.7647万元。而根据《股权转让协议书》，彭辉对嘉茂公司出借500万款项，在法院对嘉茂公司强制执行扣划后，其利息余额计为378万元。又因彭辉在自己应得的4000万股权转让款中预留了1100万元在嘉茂公司，作为陆国富、易迪军案可能给嘉茂公司造成损失的补偿，彭辉对嘉茂公司及陈云川享有的债权为1978万元（1100万元＋500万元＋378万元），两相抵消后，彭辉对嘉茂公司仍享有债权208.2353万元（1978万元－1769.7647万元）。由此，陈云川该主张无事实和法律依据。

（二）嘉茂公司是否应当承担担保责任

本案所涉情形较为特殊，其一，属于公司为本公司股东提供担保，根据《公司法》第16条规定，属于公司提供的关联担保，必须经股东会或股东大会决议；其二，陈云川系嘉茂公司股东及法定代表人，对公司的一般事务享有概括的代表权限，其同时还作为被担保债权的债务人；其三，彭辉系嘉茂公司原股东，其所转让的亦为其所持有的嘉茂公司的股份，若公司承担了连带给付责任，可能涉及抽逃出资的相关问题。鉴于此，本案不同于一般意义上的公司担保，无论是担保的目标债权及参与担保的各方主体均存在一定的特殊性，以下分述之。

1. 公司对外担保案件裁判思路

《公司法》第 16 条的性质往往直接决定了该条款是否可以作为判断担保合同效力的规则，从而间接影响了案件的裁判思路。关于法定代表人越权担保效力认定，主要有“规范性质识别”“法定权限限制”“内部管理规定”三种认识。

在“规范性质识别”逻辑下，首先判断该条是任意性规定还是强制性规定。有观点认为，该条是规范公司内部治理行为，属于任意性规定。但随着认识的深入，我们可以发现，该条多次使用“不得”“必须”等词语，并没有赋予当事人依约定选择适用或者排除的权利，因此，《公司法》第 16 条并不属于任意性规定。此后，在强制性规定的范畴下，学界开始了关于该条属于效力性强制性规定还是管理性强制性规定的讨论，若属于效力性强制性规定，对担保法律关系的所有当事人都具有约束力〔1〕；若属于管理性强制性规范，则并不必然导致担保合同无效，也即公司法并非指向公司经营的外部交易行为（外部交易行为主要是合同法的任务），而是指向公司涉外业务的内部管控与治理〔2〕。但另有学者指出，将强制性规定区分为管理性与效力性并不周延，不能涵盖所有的强制性规定〔3〕。因此便有了“法定权限限制”一说，该说认为《公司法》第 16 条是对法定代表人权限的法定限制，未经有关决策机构决议，法定代表人签订担保合同的，构成越权代表。这一限制区别于意定限制，所谓意定限制，是指公司章程或股东（大）会对法定代表人的代表权所作的限制。有学者支持这一观点，认为根据《公司法》第 16 条第 1 款，公司提供普通担保的决议由董事会还是股东会作出系由章程决定，故该条系对代表权的约定限制〔4〕。法定限制，顾名思义，就是法律对法定代表人的代表权作出的限制，正如有学者所言，章程只能在《公司法》第 16 条所限定的范围内进行选择〔5〕，已经实质上剥夺了法定代表人单独为担保行为的权限，因此，《公司法》第 16 条应当视为对代表人权限的法定限制。在上述两种主要路径之外，另有一些判决持“内部管理规定”一说〔6〕，认为《公司法》第 16 条是对公司内部治理的程序性规定，与第三人无关，第三人无须担负审查义务，虽然保护了交易安全，但极不利于公司利益的维护，也会打击公司开展对外担保的积极性。

案件终审判决作出后，2019 年 11 月，最高人民法院印发《全国法院民商事审判工作会

〔1〕 华德波：《论〈公司法〉第 16 条的理解与适用：以公司担保债权人的审查义务为中心》，载《法律适用》2011 年第 3 期。

〔2〕 施天涛：《〈公司法〉第 16 条的规范目的：如何解读、如何适用》，载《现代法学》2019 年第 3 期。

〔3〕 高圣平、范佳慧：《公司法定代表人越权担保效力判断的解释基础——基于最高人民法院裁判分歧的分析和展开》，载《比较法研究》2019 年第 1 期。

〔4〕 朱广新：《法定代表人的越权代表行为》，载《中外法学》2012 年第 3 期。

〔5〕 参见罗培新：《公司担保法律规则的价值冲突与司法考量》，载《中外法学》2012 年第 6 期。

〔6〕 类似观点可参见（2015）最高法民申字第 2538 号裁定、最高法民申 1007 号裁定。

议纪要》（以下简称《九民纪要》）。从《九民纪要》第17条[1]相关表述可以看出，担保行为不是法定代表人所能单独决定的事项，而必须以公司股东（大）会、董事会等公司机关的决议作为授权的基础和来源。对于《公司法》第16条的性质，《九民纪要》跳出效力性强制性规定与管理性强制性规定的二分[2]，采纳了“代表权限制说”，认为其属于组织规范的范畴，限制的是法定代表人的代表权限，而强制性规定、任意性规定本身属于行为规范的范畴，因而不能简单地将《公司法》第16条归入管理性规定或者效力性规定[3]。由此可见，最高人民法院亦支持了“法定权限限制”一说。《九民纪要》将此类案件的审理思路归纳为三个步骤[4]，首先，看有无决议。对于法定代表人而言，没有决议直接对外提供担保的构成越权代表；对于相对人而言，如果没有对决议进行审查，则可能被认定恶意。其次，区分关联担保和非关联担保之后看决议是否适格。最后，虽然有决议，但系伪造、变造的，由于这已经超出相对人形式审查义务的范围，因此可以依表见代表规则请求公司承担担保责任。

沿着这一思路，回到本案，陈云川是嘉茂公司股东、法定代表人，《补充协议书》中所约定的嘉茂公司对陈云川个人对彭辉所欠之债承担连带给付责任，且据已有证据显示，该担保的约定并未经过股东会决议，其行为已经违反了《公司法》第16条第2款“公司为公司股东或者实际控制人提供担保的，必须经股东会或者股东大会决议”的规定。虽然根据《民法总则》，在公司的外部关系上，代表人原则上享有概括的、不受限制的代表权限[5]，但分析《公司法》第16条可知，其已剥夺代表人未经特别决议而以公司名义对外提供担保的权限。对于非关联担保，第16条将决定权赋予股东会或董事会会议；对于关联担保，则强制要求股东会或股东大会作出决议，且关联股东、实际控制人不得参与该事项的表决。[6]因此，在本案关联担保的情形下，未经公司股东会决议，陈云川作为法定代表人直接决定公司的担保事项，该行为已构成越权代表。继而将适用规则导向《合同法》第50条。

---

〔1〕《九民纪要》第17条：“为防止法定代表人随意代表公司为他人提供担保给公司造成损失，损害中小股东利益，《公司法》第16条对法定代表人的代表权进行了限制。根据该条规定，担保行为不是法定代表人所能单独决定的事项，而必须以公司股东（大）会、董事会等公司机关的决议作为授权的基础和来源。法定代表人未经授权擅自为他人提供担保的，构成越权代表，人民法院应当根据《合同法》第50条关于法定代表人越权代表的规定，区分订立合同时债权人是否善意分别认定合同效力：债权人善意的，合同有效；反之，合同无效。”

〔2〕立法者其实对于该二分法已有所摒弃。参见李适时主编：《中华人民共和国民法总则释义》，法律出版社2017年版，第447页。

〔3〕最高人民法院民事审判第二庭编著：《〈全国法院民商事审判工作会议纪要〉理解与适用》，人民法院出版社2019年版，第181页。

〔4〕最高人民法院民事审判第二庭编著：《〈全国法院民商事审判工作会议纪要〉理解与适用》，人民法院出版社2019年版，第181页。

〔5〕朱广新：《法定代表人的越权代表行为》，载《中外法学》2012年第3期。

〔6〕高圣平、卢祖新、蒋佩佚、范佳慧：《公司担保问题的裁判路径与具体规则》，载《人民司法》2019年第10期。

2. 相对人审查义务

在明确适用《合同法》第 50 条后，公司担保是否有效这一问题的答案将取决于相对人是否为善意，善意是指相对人对法定代表人的越权行为不知情，随之而来的一个问题就是，应当由谁来承担相对人善意或者恶意的举证责任，是否可以依《合同法》第 50 条的规定首先推定相对人为善意。有学者认为，对于善意与否的判断，应当由主张相对人为恶意的一方当事人承担举证责任，否则推定相对人善意。在公司为他人提供担保的一般案件中，公司通常会以法定代表人是越权代表为由主张担保合同无效，而此时，相对人如若想使公司继续承担担保责任，则必须举证证明自己已经对相关决议进行审查。由此可见，善意与否的举证责任由相对人承担，而非被推定。

本案中，既然陈云川属于越权代表，根据《合同法》第 50 条规定："法人或者其他组织的法定代表人、负责人超越权限订立的合同，除相对人知道或者应当知道其超越权限的以外，该代表行为有效。"且最高人民法院《关于适用〈中华人民共和国担保法〉若干问题的解释》第 11 条规定："法人或者其他组织的法定代表人、负责人超越权限订立的担保合同，除相对人知道或者应当知道其超越权限的以外，该代表行为有效。"问题的焦点便转至相对人彭辉是否属于"知道或应当知道"其超越权限。由案述事实可知，其一，彭辉是嘉茂公司的原股东之一，知晓嘉茂公司的股权结构；其二，法律明文对公司提供关联担保的决策机关作出强制性安排，基于法律的公示性，相对人彭辉既然主张嘉茂公司应当承担连带给付责任，则应当举证证明在与陈云川、嘉茂公司签订担保条款之时已经审查股东会决议，从而证明自己对法定代表人陈云川的代表权限享有合理信赖〔1〕。依二审判决所持观点，彭辉未提供证据证明其有理由相信该行为已经获得嘉茂公司股东会决议同意，故其自身存在明显过错，不属于善意相对人。继续向前推理，可以导出，陈云川的代表行为（签订担保条款）无效，嘉茂公司不应当承担连带清偿责任。

诚然，由于本案中没有任何关于嘉茂公司承担担保责任的股东会决议，再加上债权人彭辉系嘉茂公司原股东，因此对于本案中相对人善意与否的判断较为简单，但实务中，法定代表人越权代表而又有可能构成表见代表时，区分相对人善意或是恶意便有了较为广泛的讨论空间，这往往涉及相对人审查义务的标准。目前，相对人的审查义务仅限于形式审查已逐渐成为通说，即相对人仅对内部文件是否齐全、是否符合法定形式进行审查〔2〕，以此区别于需要对公司章程、担保决议的真实性、合法性、有效性进行审查的实质审查标准〔3〕。根据《九民纪要》第 18 条规定，对于关联担保，相对人应当审查：（1）股东（大）会决

〔1〕 高圣平、卢祖新、蒋佩佚、范佳慧：《公司担保问题的裁判路径与具体规则》，载《人民司法》2019 年第 10 期。

〔2〕 高圣平、卢祖新、蒋佩佚、范佳慧：《公司担保问题的裁判路径与具体规则》，载《人民司法》2019 年第 10 期。

〔3〕 梁上上：《公司担保合同的相对人审查义务》，载《法学》2013 年第 3 期。

议；（2）决议的表决程序符合《公司法》第16条的规定，即在排除被担保股东表决权的情况下，该项表决由出席会议的其他股东所持表决权的过半数通过，签字人员也符合公司章程的规定。对于非关联担保，相对人应当审查：（1）董事会决议或者股东（大）会决议；（2）同意决议的人数及签字人员符合公司章程的规定。

但由此不可避免地牵涉出另一个问题就是，公司章程是否具有对世效力，即如果在非关联担保中，公司章程规定的决策机关与实际作出决议的机关不一致时该作何处理。在“章程规定应当由董事会作出决议，实际由股东（大）会作出”这一情形下，由于股东（大）会属于公司的权力机构，董事会也通常在股东（大）会的“指挥棒”下开展工作，因此，股东（大）会此时作出的担保决议应当是有效的。在“章程规定决议应当由股东（大）会作出，实际由董事会作出”这一情形下，有学者认为，《公司法》第16条对担保关系的所有当事人都具有约束力，且公司章程的对抗效力也是义务来源〔1〕，第三人得经由登记机关得知章程之内容而决定是否与之发生交易关系，所以章程可以对抗第三人〔2〕。因此第三人负有审查章程的义务，该种情形下，董事会越权所签订的担保合同无效。但《〈全国法院民商事审判工作会议纪要〉理解与适用》中对此作出了回应：根据《民法总则》第61条第3款“法人章程或者法人权力机构对法定代表人代表权的限制，不得对抗善意相对人”的规定，原则上不得对抗善意相对人，除非该公司为上市公司；公司章程规定由董事会决议的，根据“举重以明轻”的解释规则，股东会决议也可以。另外，公司章程对于担保是有数额规定的，相对人如何判断此时担保数额是否已经超出章程关于担保总额的限制。笔者以为，以相对人形式审查义务的标准，要求其审查公司以前所有的担保数额未免过于苛刻，再加上获取这一部分信息难度过大，因此，即使章程对于担保总额有所规定，也不应科以相对人如此繁重的审查义务。

3. 是否可以认定以股权转让的方式抽逃出资

对于抽逃出资，现行法并没有给出明确的定义。有学者认为，抽逃出资，意为股东未经合法程序而取回其出资财产，但依然保留其股东资格并按原有数额持有股权或股份〔3〕。出资是股东应尽的义务，抽逃出资不仅有害于公司，更是对公司债权人权利的侵害。本案中，彭辉与陈云川同为嘉茂公司的股东，二人之间进行股权转让时，约定由嘉茂公司对陈云川欠付的股权转让款本息承担连带清偿责任。如若陈云川无法清偿其所欠付的股权转让款，而要求公司承担担保责任，则意味着，公司以自有资产支付该公司股东的股权转让欠款，由此便涉及抽逃出资相关问题。有学者认为，其一，公司为股东间股权转让款提供担保并不当然会

---

〔1〕 华德波：《论〈公司法〉第16条的理解与适用：以公司担保债权人的审查义务为中心》，载《法律适用》2011年第3期。

〔2〕 王文宇：《公司法论》，中国政法大学出版社2004年版，第80页。

〔3〕 王军：《中国公司法》，高等教育出版社2017年版，第158页。

产生股东抽逃出资的后果，公司为受让股东支付股权转让款后，其仍可向受让股东追偿，该追偿权，反映在财务上就是应收账款，其最终是否可以实现，是执行层面的问题，不影响资产不变的结论[1]。其二，公司为股东间股权转让款提供担保并未侵害公司其他股东、公司债权人的利益。如认为公司承担担保责任有损自身利益，公司股东可依《合同法》第 52 条请求认定担保无效；公司债权人可依法主张债权人的撤销权，其权利是一直被保障的。

笔者认为，上述观点仍有进一步讨论的空间，本案所述情形应当被认定为抽逃出资。首先，公司一旦对股东间股权转让提供担保，就会给公司的资产带来不确定性，虽然公司承担担保责任后有权进行追偿，公司所支付的款项有可能追回，但试想，本应当用于公司生产经营的款项被用来偿还股东个人的债务，即便该款项有可能被追回，但亦无法否认公司权益曾经被侵害过这一既存事实。其次，法律赋予当事人权利救济的手段并不等同于当事人的权利没有受到过侵害，进一步说，即使经过救济，当事人的权益回复到完满的状态，也绝不代表其曾经没有受到过侵害。因此，不能以权利可以救济而否认侵害的存在。若任由公司对股东间股权转让承担担保责任，而不将其认定为抽逃出资，有损于市场交易的安定的同时还可能打击商人从事商事活动的积极性。事实上，法院在司法审判中也认为[2]，该类担保违反了《公司法》关于抽逃出资的规定，应当予以禁止。

回到本案，除了从《公司法》第 16 条和《合同法》第 50 条的角度可以否认担保条款的效力，二审法院审理认为，嘉茂公司为股东的股权转让欠款承担连带责任违反了《公司法》第 35 条之规定，该股东构成抽逃出资。也就是说，股东以公司资产清偿了自身债务，导致股东以股权转让的方式从公司抽回出资的后果，构成实质意义上的抽逃出资。《公司法》规定股东必须向公司缴纳其认缴的注册资本金数额，公司必须在公司登记机关将公司注册资本金及股东认缴情况公示，在未经公司注册资本金变动及公示程序的情形下，股东不得以任何形式用公司资产清偿其债务。

【结语】

本案作为 2019 年度人民法院十大商事案件之一，准确适用了《公司法》第 16 条之规定，最终以担保条款无效，嘉茂公司不承担连带清偿责任作结。在"法定权限限制"进路下，《公司法》第 16 条被视为对代表人权限的法定限制。本案中，陈云川作为嘉茂公司的法定代表人，未经决议授权，擅自为他人提供担保，其行为已构成越权代表，依《合同法》第 50 条的规定可知，彭辉作为公司股东，明知公司针对该担保事项未形成有效决议，没有尽到

---

〔1〕 江涛、顾婷：《公司为股东间股权转让提供担保并非当然无效》，载《上海法学研究》集刊（2019 年第 6 卷）。

〔2〕 参见（2017）最高法民申 3671 号判决。

形式审查的义务，不属于善意相对人。再者，本案属于公司为股东间股权转让提供担保，构成了实质意义上的抽逃出资。也即，嘉茂公司无须对该越权担保行为承担连带清偿责任。总之，“《公司法》第 16 条”作为规定公司担保相关事项的核心条款，在关于公司担保的商事审判和学术研究中，一直处于话题的漩涡中心。本案的处理方式兼顾了交易效率与公平，对维护私法自治和保护交易信赖具有借鉴意义。

公司“暗保”之司法裁判新变

——“安通控股、安康营业信托纠纷案”的法律分析

王琰萍

近年来，公司经营内外部环境复杂，部分控股股东、实际控制人通过违规担保，侵占公司及中小股东利益现象频发。2005 年《公司法》第 16 条明确将担保决议权分配给了由章程确定的股东会或董事会，但第 16 条并未对违反该条款的法律后果做出规定，而《民法总则》第 61 条、《合同法》第 50 条等又确认了法定代表人代表权一般不受限制的原则，使学者和司法裁判人员在公司法定代表人越权对外担保的法律效力的认定上争议不断。2019 年 9 月 11 日最高人民法院出台《全国法院民商事审判工作会议纪要》（以下简称《九民纪要》），其中第 17 – 23 条为公司为他人提供担保的合同效力问题确定了新的规范，保证了法律适用的统一。安通控股、安康营业信托纠纷案作为《九民纪要》颁布之后最高人民法院受理的上市公司违规担保第一案，其参考和指导意义明显。

【案情介绍】[1]

（一）“差额补足”保收益

2017 年 9 月 27 日，安康与吉林省信托有限责任公司（以下简称“吉林信托公司”）签订《信托合同》，信托期限为 12 个月，受益人为安康。合同另约定，信托资金由吉林信托公司按照安康的意愿，以吉林信托公司的名义，向安康指定的仁建国际贸易（上海）有限公司（以下简称“仁建公司”）发放信托贷款。同日，

〔1〕 本案案情参见最高人民法院（2019）最高法民终 1524 号判决书。

安康与郭东泽签订《差补和受让协议》。协议中明示，郭东泽为仁建公司的实际控制人，为保证安康的资金安全和收益实现，郭东泽愿意以差额补足及受让安康信托受益权的方式为安康的信托本金及年化 13% 收益的按期足额获取提供担保责任。（四方关系见图 1）

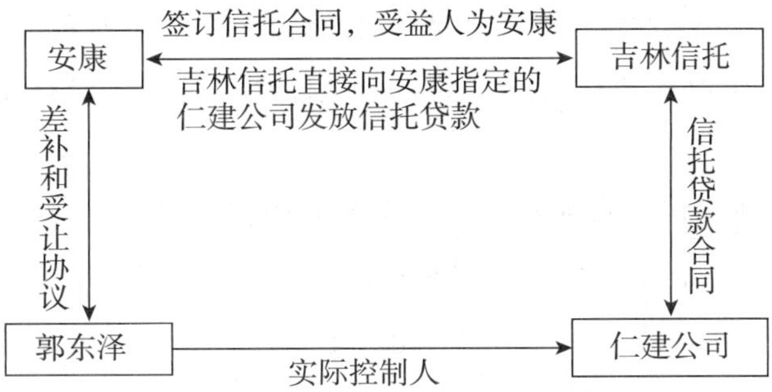

图 1　四方关系

按照协议约定，郭东泽负有差额补足义务：安康在《信托合同》项下每个信托利益分配日，如因包括但不限于仁建公司未能及时、足额清偿《信托贷款合同》项下本息等任何原因，导致安康未能按照年化 13% 的信托收益率按时、足额获得信托利益分配的，郭东泽应就差额部分承担全额补充责任。郭东泽按照协议约定还应当受让安康的信托受益权。若郭东泽已履行完毕差额补足义务，视为支付完毕信托受益权转让价款，则信托终止时，安康将信托受益权转让给郭东泽；若郭东泽未按照协议约定履行差额补足义务，安康有权利要求郭东泽补足差额，受让信托受益权。

（二）安通担保无决议

郭东泽亦系安通控股股份有限公司（以下简称“安通公司”，“安通公司”为上市公司）的控股股东、时任法定代表人，2017 年 9 月 28 日，安康与安通公司签订未经安通公司内部决议审查的《保证合同》。该《保证合同》是郭东泽以安通公司名义与安康签订，合同上加盖了安通公司公章并有郭东泽签名，该担保行为未经股东大会决议通过。合同约定安通公司就郭东泽依据《差补和受让协议》应向安康支付的差额补足款、信托受益权转让价款、违约金，以及安康为实现上述债权而发生的费用向安康承担连带保证责任。（三方关系见图 2）

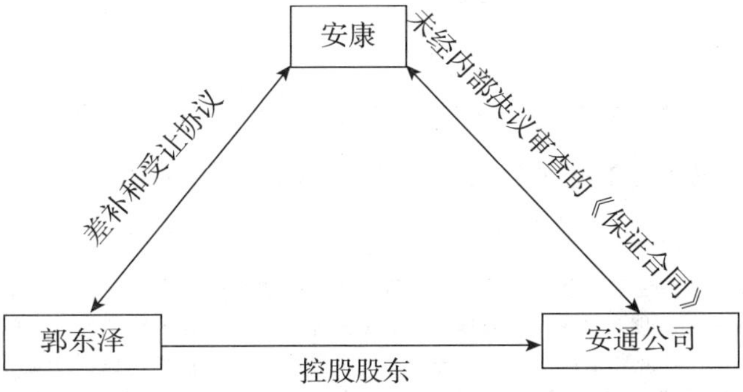

图 2　三方关系

（三）一审合同有效力

2018 年 10 月 10 日，案涉信托贷款到期，由于仁建公司未支付全部利息，郭东泽亦未按照《差补和受让协议》约定向安康补足差额，受让信托受益权。安康遂向法院起诉，请求法院判令郭东泽承担其与安康约定的差额补足和信托受益权远期受让的义务，即向安康返还信托借款本金 2 亿元人民币和利息以及违约金，并且要求安通公司对此款项承担连带保证责任。

一审法院认为，本案的争议焦点在于《差补和受让协议》和《保证合同》是否有效。关于《差补和受让协议》的效力问题，郭东泽以《差补和受让协议》实为保证合同、主债权（安康对仁建公司的债权）不存在[1]为由，主张该协议作为从合同，应当无效。对此，一审法院认为安康与郭东泽签订的《差补和受让协议》是既具有信托受益权转让的债权转让法律关系，又具有增信担保作用的差额补充法律关系，系无名合同。其中郭东泽对安康承担的安康从吉林信托公司获取的信托净收益不足信托本金年化 13% 部分的差额补充义务，属于郭东泽作出的支付承诺，相对于被补充之债权具有独立性。此与通常具有从属性、补充性的保证担保不同，客观上虽然具有增信担保的保障作用，有别于担保法意义上的保证担保行为。郭东泽主张的《差补和受让协议》无效的理由不能成立。

关于《保证合同》的效力问题，一审法院认为：郭东泽系安通公司的控股股东和案涉《保证合同》签订时的法定代表人，故其依法有权代表安通公司与安康签订案涉《保证合同》。根据《民法总则》第 61 条的规定，法定代表人对外签订合同所代表的是公司，其法律后果由公司承受，担保合同也不例外。《公司法》第 16 条的规定属于管理性规范，其对于法定代表人签约代表权等方面的限制和分配，属于公司内部事务，对公司以外的第三人不具有约束力。若违反第 16 条的规定，公司或其他股东可以据此向法定代表人追责，只要不能证明《保证合同》签约双方有恶意串通的行为，即应认定公司签订的《保证合同》有效。《保证合同》载明“保证人为债务人提供保证担保完全出于自愿，并经内部有权机关通过，不违背公司章程，保证人在本保证合同项下的全部意思表示真实有效”，安通公司书面作出上述保证，应视为安康已尽到相应注意义务。

（四）二审判决出反转

二审法院亦承认了《差补和受让协议》的效力，但对《保证合同》的效力问题有截然不同的看法。二审法院认为根据《公司法》第 16 条，担保行为不是法定代表人所能单独决

---

〔1〕 其认为安康将案涉资金用于设立信托后，其即失去对该资金的所有权，转为持有相应的信托份额。吉林信托公司与仁建公司之间的债权债务关系，与安康无关，安康不享有对仁建公司的债权。安康与郭东泽签订的《差补和受让协议》中约定：“乙方（郭东泽）愿意以差额补足及受让甲方（安康）信托受益权的方式为甲方的信托本金及年化 13% 收益的按期足额获取提供担保责任”证明该协议实为担保合同，由于主债权（安康对仁建公司的债权）不存在，该协议作为从合同，应当是无效合同。

定的事项，必须以股东大会、董事会等公司机关的决议作为授权的基础和来源。本案中，没有证据证明案涉《担保合同》经过了股东大会决议，郭东泽的行为属于越权代表。

关于法定代表人越权代表行为的效力问题，根据《合同法》第50条，判断的关键是相对人是否知道或者应当知道法定代表人的行为超越权限，是否属于善意相对人。本案中，郭东泽在签订案涉《担保合同》时是安通公司的第一大股东、法定代表人，其以安通公司名义为自己的债务提供担保，属于关联担保，道德风险很高。因此，关联担保的相对人应当承担更高的注意义务。此外，安通公司属于上市公司，章程、关联担保等重大经营事项均应依法公开，相对人可以通过很低的交易成本获取信息。与关联担保的相对人相比，中小股东克服信息不对称、防范大股东、法定代表人等高管道德风险的成本更高。无论从利益平衡的角度还是从注意义务分配的角度看，上市公司的法定代表人以公司名义对外提供关联担保的，相对人应当审查该担保是否经过股东大会决议。本案中，仅有《保证合同》的约定，没有充分有效的证据证明安康对《担保合同》是否经过安通公司股东大会决议进行了审查，表明安康未尽到应尽的注意义务，不属于善意相对人。

虽然案涉《保证合同》无效，当事人无权依据合同约定请求合同相对人承担合同义务，但根据《担保法解释》第7条[1]，主合同有效而担保合同无效，债权人、担保人有过错的，担保人承担民事责任的部分，不应超过债务人不能清偿部分的二分之一。就担保人而言，安通公司内部管理不规范，无论是会计师事务所的报告，还是安通公司的《内控制度报告》，均未发现此违法担保行为，有重大过错。就债权人而言，安康未提交充分有效的证据证明其在签订案涉《担保合同》时经过安通公司股东大会决议进行了审查，对于案涉《担保合同》无效亦存在过错。综合考虑双方当事人过错和全案情况，安通公司应对郭东泽不能清偿在案涉《差补和受让协议》项下债务的二分之一向安康承担赔偿责任。

本案虽已终局，但作为《九民纪要》颁布之后最高人民法院受理的上市公司违规担保第一案，其已然引起了广泛的讨论，加以公司对外担保问题本身长期在理论和司法实践上争论不休，对本案判决进行分析研究，在《九民纪要》出台的背景之下，对厘清违反《公司法》第16条对外担保的合同效力争议，以及今后实践操作和司法裁判均具有较大的参考意义。

【法律分析】

（一）信托差额补足式增信的性质

差额补足协议是为了保证权利人利益的实现，当权利人预期利益与实际获得之间存在差额时，

---

〔1〕 最高人民法院《关于适用〈中华人民共和国担保法〉若干问题的解释》第7条规定："主合同有效而担保合同无效，债权人无过错的，担保人与债务人对主合同债权人的经济损失，承担连带赔偿责任；债权人、担保人有过错的，担保人承担民事责任的部分，不应超过债务人不能清偿部分的二分之一。"

义务人需要按照协议的约定予以补足。作为较为典型的增信措施，差额补足协议在各种投融资业务中较为常见，差额补足协议条款也成为众多私募、信托、基金纠纷案件的争议焦点。

本案中，安康与郭东泽签订《差补和受让协议》，协议中表明：郭东泽为仁建公司的实际控制人，为保证安康的资金安全和收益实现，愿意以差额补足及受让安康信托受益权的方式为安康的信托本金及收益的按期足额获取提供担保责任。关于该《差补和受让协议》的性质和效力，存在不同的观点。

1. 担保说。该观点主张案涉《差补和受让协议》实际上是保证合同，由于安康与仁建公司之间不存在债权债务关系，安康不享有对仁建公司的债权，主债权不存在，该协议作为从合同，应当是无效合同。

2. 债的加入。对于债的加入我国现行立法并未做出明确的规定，但部分法院在判决论理上会采纳债的加入学说，其指第三人与债权人、债务人达成三方协议或第三人与债权人达成双方协议或第三人向债权人单方承诺由第三人履行债务人的债务，但同时不免除债务人履行义务的债务承担方式〔1〕。该观点认为案涉《差补和受让协议》系郭东泽为保障安康在《信托合同》项下的信托利益实现，而自愿与安康签署的具有增信效果的无名合同。郭东泽的差额补足义务，系基于安康作为信托受益人在信托计划项下享有的要求分配信托利益的权利而存在，是独立的付款义务，所以其性质为债的加入。债的加入与担保说的主要区别在于，通过债的加入后形成的债务系独立于原主之债务。但该观点仅解释了《差补和受让协议》下郭东泽就差额承担全额补充责任部分，忽略了其中信托受益权转让的债权转让法律关系。

3. 无名合同说。一审法院河南省高级人民法院认为，《差补和受让协议》具有强化信托资产投资安全的增信作用，是既具有信托受益权转让的债权转让法律关系，又具有增信担保作用的差额补充法律关系的无名合同。

最高人民法院在二审判决书中亦表明《差补和受让协议》是双方当事人的真实意思表示，不违反法律、行政法规的强制性规定，合法有效。最高人民法院以及河南省高级人民法院都明确了《差补和受让协议》是独立合同，并不是担保合同。《担保法》第 6 条规定："本法所称保证，是指保证人和债权人约定，当债务人不履行债务时，保证人按照约定履行债务或者承担责任的行为。"保证系从合同，保证人是从债务人，是在主债务人不履行债务时承担补足义务的主体，保证债务属于次生债务。其四个特性为：从属性、单务性、无偿性和补充性〔2〕。若差额补足协议被认定为保证合同，根据从属性原则，则需要去探讨主合同的效力情况，并且主合同的效力直接影响差额补足协议的效力。本案中，安康是信托受益人，吉林信托公司是信托受托人，仁建公司是借款人。仁建公司与吉林信托公司之间存在信

---

〔1〕 江苏省高级人民法院《关于适用（中华人民共和国合同法）若干问题的讨论纪要（一）》（苏高法审委〔2005〕16 号）第 17 条。

〔2〕 参见崔建远：《代物清偿与保证的联立分析》，载《东方法学》2011 年第 5 期。

托贷款合同关系，吉林信托公司才有权要求仁建公司履行债务。安康与吉林信托公司之间是信托关系，吉林信托公司从仁建集团收到款项再分配给安康，安康并没有权利要求仁建公司履行债务。换言之，《担保法》称"当债务人不履行债务时"在本案中并不存在。《九民纪要》第91条〔1〕表明，判断差额补足协议的性质，不能简单地认为其属于保证合同关系，还是需要对具体合同条款进行认定。本案中《差补和受让协议》约定的是郭东泽补足安康年化13%的信托收益、支付信托贷款本金和受让安康的信托受益权，而非为仁建公司在案涉合同项下所负债务承担担保责任。虽然《差补和受让协议》中有"承担担保责任"字样的出现，但判断差额补足协议是否为保证，关键并不在于其文字内容如何表达，而是差额补足协议在交易结构中的位置。

就差额补足协议而引起的纠纷，应该首先对该条款的性质进行定性，然后才能进一步讨论。根据《九民纪要》第91条，判断这一类文件的性质，不能仅根据文件文字表述，还需结合具体内容确认相应的权利义务关系，并根据案件事实情况确定相应的民事责任。

（二）法定代表人越权担保的效力

本案中，郭东泽作为安通公司的控股股东、时任法定代表人，以安通公司名义与安康签订《保证合同》，该合同上加盖了安通公司公章并有郭东泽签名，但该担保行为未经股东大会决议通过。对于法定代表人越权担保行为的效力，一审法院和二审法院给出了截然相反的判决。其缘由在于《公司法》第16条并未对违反该条款的法律后果做出规定，而《民法总则》第61条、《合同法》第50条等又确认了法定代表人代表权一般不受限制的原则，使不同的法院在审理此类案件时，存在各自不同的视角逻辑、分析路径和价值取向，导致相似的案件常常出现完全不同的判决结果。经归纳总结，司法实务对于法定代表人越权担保的处理主要有以下几种路径：

1. 法律规范属性说。其以《公司法》第16条的规范性质来认定担保合同的效力，主要形成了两种观点：如果第16条是效力性强制性规范，则直接依据《合同法》第52条，判定法定代表人违反该条款所进行的越权担保无效，反之，如果第16条是管理性强制性规范，则对于法定代表人违反该条规定进行的越权担保的合同效力应当进一步考察。

2. 内部管理规范说。其主要围绕公司内部组织规范是否具有对外效力展开。《公司法》第16条的调整对象是公司内部法律关系，本质上是认定董事会或股东会决议效力的裁判依据，而不能直接成为认定公司担保合同效力的裁判依据。〔2〕这其中暗含的司法裁判逻辑为：

---

〔1〕《九民纪要》第91条"信托合同之外的当事人提供第三方差额补足、代为履行到期回购义务、流动性支持等类似承诺文件作为增信措施，其内容符合法律关于保证的规定的，人民法院应当认定当事人之间成立保证合同关系。其内容不符合法律关于保证的规定的，依据承诺文件的具体内容确认相应的权利义务关系，并根据案件事实情况确定相应的民事责任。"

〔2〕钱玉林：《寻求公司担保的裁判规范》，载《法学》2013年第3期。

法院在审理公司担保合同案件过程中，可以绕开《公司法》第 16 条规定，直接依据《合同法》第 50 条引以裁判。

3. 法定权限限制说。其以《合同法》第 50 条为规范基础，将《公司法》第 16 条理解为对公司法定代表人代表权限的法定限制，未经公司担保决策机构的决议，法定代表人代表公司签订担保合同，构成越权代表，结合具体个案事实判断相对人是否属于《合同法》第 50 条规定的除外情形——“知道或者应当知道其（法定代表人）超越代表权限”，进而判断违反《公司法》第 16 条的担保合同的效力〔1〕。

主张第 16 条是“效力性强制性规范”的理由主要在于：既然《公司法》已经对公司担保权的决策权进行了分配，对决策程序也进行了分配，就没有留给当事人意思自治的空间，法定代表人违反该条规定进行的越权担保自始无效，无须多论。《公司法》作为公法化的私法，其立法目的首先是要保护公司和股东的合法权益，要防止法定代表人滥用职权损害公司和股东的合法权益，这其中特殊的立法价值和立法目的亦不容忽视〔2〕。而主张第 16 条是“管理性强制性规范”和主张内部管理规范说的价值立场在于：《公司法》主要是公司组织法，公司的本质是民商事主体，担保合同是否有效，应根据担保法等规定进行认定，如果以内部管理程序问题否定担保合同的效力，对于担保相对人而言十分不公平，且影响交易安全和效率，不利于公司制度的发展〔3〕。这些观点从一个极端到另一个极端，显然都存在弊端，其造成的结果是在保护一种利益的同时无法兼顾到另一利益。保障公司和股东的利益和保障交易安全、提高交易效率都是《公司法》的核心价值，需要在两种价值中寻求理论和个案上的平衡点，不能顾此失彼。

从经济分析理论最小交易成本看，债权人在担保关系中处于主导地位，完全可以在签订合同时要求债务人和担保人提供公司章程、担保决议等相关资料，如此债权人审查的成本将会降低。而公司作为法人机构，其内部管理纷繁复杂，内部人员利用公司为自己债务违规提供担保的可能性很大，公司防范违规担保的成本并不小。相比较之下，债权人审查义务的成本可能小于公司防范违规担保的成本。而债权人作为商事主体，理应在自身债权的担保上尽一定的审查义务，从而证明自己的善意，保障担保的有效实现。经过反复的利益考量，《九民纪要》第 17 条〔4〕规定：“对违反《公司法》第 16 条构成越权代表的，人民法院应当根据

---

〔1〕 参见高圣平、范佳慧：《公司法定代表人越权担保效力判断的解释基础——基于最高人民法院裁判分歧的分析和展开》，载《比较法研究》2019 年第 1 期。

〔2〕 参见华德波：《论〈公司法〉第 16 条的理解与适用》，载《法律适用》2011 年第 3 期。

〔3〕 参见赵德勇、宋刚：《关于公司对外担保的法律问题》，载《理论探索》2007 年第 2 期。

〔4〕 《九民纪要》第 17 条：“为防止法定代表人随意代表公司为他人提供担保给公司造成损失，损害中小股东利益，《公司法》第 16 条对法定代表人的代表权进行了限制。根据该条规定，担保行为不是法定代表人所能单独决定的事项，而必须以公司股东（大）会、董事会等公司机关的决议作为授权的基础和来源。法定代表人未经授权擅自为他人提供担保的，构成越权代表，人民法院应当根据《合同法》第 50 条关于法定代表人越权代表的规定，区分订立合同时债权人是否善意分别认定合同效力：债权人善意的，合同有效；反之，合同无效。”

《合同法》第 50 条关于法定代表人越权代表的规定，以订立合同时债权人是否善意分别认定合同效力：债权人善意的，合同有效；反之，合同无效。”《九民纪要》采纳的就是法定权限限制说，认为《公司法》第 16 条作为公司法规定的规范，属于组织规范的范畴，限制的是法定代表人的代表权限，即法定代表人尽管可以一般地代表公司对外从事行为，但对于担保行为，因其涉及公司以及股东的重大利益，不是法定代表人所能单独决定的事项，必须要以公司股东（大）会、董事会等公司机关的决议作为法定代表人代表权的基础和来源。[1]法定代表人未经授权擅自为他人提供担保的，构成越权代表，应当根据《合同法》第 50 条的规定来认定其效力。

本案中，河南省高级人民法院认为，《公司法》第 16 条的规定属于管理性规范，其对于法定代表人签约代表权等方面的限制和分配，属于公司内部事务，对公司以外的第三人不具有约束力。在权利人没有与法定代表人恶意串通的情况下，应该优先保护《保证合同》的稳定性以及权利人的信赖利益。其说理糅杂了主张第 16 条是“管理性强制性规范”的观点和内部管理规范说。而最高人民法院则认为，《公司法》第 16 条所规定的公司对外保证属于公司股东大会、董事会等的授权事项，非法定代表人能够单独决定。权利人无法证明其对法定代表人的保证行为的授权进行审查的情况下，不能认定《保证合同》有效。这一态度与《九民纪要》第 17 条相同，本案亦是对《九民纪要》相关规定的一次极具意义的实践运用。“法律解释是解释主体基于价值判断选择解释对象和运用解释方法的结果。”[2]《公司法》第 16 条有关公司担保的基本规范，本就是出于“公司为他人提供担保，可能给公司财产带来较大风险，需要慎重”的考量，其对公司一般的对外担保以及为公司实际控制人、股东担保做出了区分性规定。之所以进行区分规定，亦是为了防止实际控制人在未经公司授权的情况下，以公司的名义进行担保所诱发的道德风险。为防范该风险，在商事交易签订《保证合同》过程中，相对人对于公司法定代表人或者高管的签约行为，审查是否具有内部授权非常重要。本案中，相对于关联担保的相对人，上市公司的中小股东克服信息不对称、防范上市公司大股东、法定代表人等高管道德风险的成本更高，而相对人可以通过很低的交易成本了解到上市公司法定代表人是否有权自行决定对外担保以及公司股东大会重大决议事项。无论从利益平衡的角度还是从注意义务分配的角度看，上市公司的法定代表人以公司名义对外提供关联担保的，相对人应当审查该担保是否经过股东大会决议。

（三）相对人“善意”的判断

按《九民纪要》第 17 条规定，相对人在订立合同时是否“善意”是判断合同效力的关键。如何认定相对人是否善意，难点在于判断相对人是否“应当知道”公司法定代表人在实施越权担

---

〔1〕 最高人民法院民事审判第二庭：《〈全国法院民商事审判工作会议纪要〉理解与适用》，人民法院出版社 2019 年版，第 181 页。

〔2〕 邹海林：《私法规范文本解释之价值判断》，载《环球法律评论》2013 年第 5 期。

保行为。讨论相对人是否“应当知道”实质上是讨论相对人有无审查与担保相关文件的义务。

对相对人有无审查义务这一问题，理论界和实务界的立场大致可分为“肯定说”“否定说”。支持“肯定说”的学者认为，“审查义务”乃是基于对《公司法》第 16 条规范目的把握的基础上，学者们提出的平衡股东、公司、相对人利益的“利器”。[1]支持“否定说”的理由，多从《公司法》第 16 条属于公司内部程序，公司章程不具有公开效力、交易成本等层面展开论述。对于“肯定说”与“否定说”之争，上一部分已经论述了要求相对人承担一定审查义务的合理性，在此不再赘述。

在支持“肯定说”立场的内部，亦存在分歧。主要是针对担保合同相对人承担审查义务时应当遵循的标准，存在实质审查标准和形式审查标准之分。形式审查是指第三人仅对材料的形式要件进行审查，即审查材料是否齐全，是否符合法定形式，对于材料的真实性、有效性不作审查。而实质审查要求在形式审查的基础上，对材料是否属实，提供的文件、证件是否真实、有效、合法、完整，是否符合国家法律、法规和政策规定等进行核实。公司法律界的主流观点倾向于形式审查。理由在于，对债权人而言，担保是对其债权实现的进一步保障，为了确保担保的有效性，其需要依照法律和公司章程的规定对相关材料的合法性进行形式审查。但若要求债权人进行真实性审查，让其审查公司内部决议程序是否有效进行，甚至担保行为是否为公司真实意思表示，需要耗费较高成本且不一定达到目的。相较之下，公司作为担保人对己方提供的材料的真实性进行负责，成本更低且更具效率。所以将债权人的审查义务限于形式审查具有合理性。

本案中，郭东泽是安通公司的时任法定代表人和控股股东，其代表安通公司与安康为自己的《差补和受让协议》项下的债务签订《保证合同》，属于关联担保的典型情形。对于关联担保，按照《公司法》第 16 条的规定，必须经股东大会表决，《九民纪要》第 18 条[2]与

---

〔1〕 参见李游：《公司担保中交易相对人合理的审查义务——基于 458 份裁判文书的分析》，载《政治与法律》2018 年第 5 期。

〔2〕《九民纪要》第 18 条：前条所称的善意，是指债权人不知道或者不应当知道法定代表人超越权限订立担保合同。《公司法》第 16 条对关联担保和非关联担保的决议机关作出了区别规定，相应地，在善意的判断标准上也应当有所区别。一种情形是，为公司股东或者实际控制人提供关联担保，《公司法》第 16 条明确规定必须由股东（大）会决议，未经股东（大）会决议，构成越权代表。在此情况下，债权人主张担保合同有效，应当提供证据证明其在订立合同时对股东（大）会决议进行了审查，决议的表决程序符合《公司法》第 16 条的规定，即在排除被担保股东表决权的情况下，该项表决由出席会议的其他股东所持表决权的过半数通过，签字人员也符合公司章程的规定。另一种情形是，公司为公司股东或者实际控制人以外的人提供非关联担保，根据《公司法》第 16 条的规定，此时由公司章程规定是由董事会决议还是股东（大）会决议。无论章程是否对决议机关作出规定，也无论章程规定决议机关为董事会还是股东（大）会，根据《民法总则》第 61 条第 3 款关于“法人章程或者法人权力机构对法定代表人代表权的限制，不得对抗善意相对人”的规定，只要债权人能够证明其在订立担保合同时对董事会决议或者股东（大）会决议进行了审查，同意决议的人数及签字人员符合公司章程的规定，就应当认定其构成善意，但公司能够证明债权人明知公司章程对决议机关有明确规定的除外。债权人对公司机关决议内容的审查一般限于形式审查，只要求尽到必要的注意义务即可，标准不宜太过严苛。公司以机关决议系法定代表人伪造或者变造、决议程序违法、签章（名）不实、担保金额超过法定限额等事由抗辩债权人非善意的，人民法院一般不予支持。但是，公司有证据证明债权人明知决议系伪造或者变造的除外。

《公司法》第 16 条对应，在审查范围上对关联担保和非关联担保作出了区别规定，要求关联担保中相对人审查股东会决议。对决议内容的审查标准，第 18 条亦规定一般限于形式审查，只要求尽到必要的注意义务即可。按第 18 条规定，若本案相对人安康为善意，其首先应审查股东大会决议，包括查看决议中签章的股东是否对应于公司章程中的记载，核对股东的姓名或名称以及股东的签章。但仅需按照理性人标准对公司担保决议中的股东签章与公司章程上的股东签章进行表面上的核对即可，无须鉴别签章的真实性。其次，要审查在排除关联股东表决权的情况下，决议中同意担保的股东所持表决权之和是否达到法律规定的或公司章程中载明的股东大会决议形成的最低表决权要求。但实际上安康没有证据证明其对案涉《担保合同》经过安通公司股东大会决议进行了审查。安通公司于二审时提供了新证据：《担保合同》签订时间前后其发布的公告截屏，拟表明其从未就案涉《保证合同》作出股东会决议，也未就案涉《保证合同》发布过公告，所以本案情形亦不符合《九民纪要》第 22 条[1]“债权人根据上市公司公开披露的关于担保事项已经董事会或者股东大会决议通过的信息订立的担保合同”的情形。安康未尽到应尽的注意义务，不属于善意相对人。

实务中还有诸多影响相对人审查义务的因素，虽然《九民纪要》没有进行规定，但在分析案件的过程中也可以加以考虑。如本案中安通公司为上市公司，上市公司的担保信息需要按照法律规定及监管部门的要求向社会公布，相对人获取上市公司的章程及相关信息更为便利，在上市公司对外担保过程中相对人负有更加审慎的审查义务。不同类型的债权人，审查能力也不同，若债权人为银行或其他金融机构或具有审查贷款的业务流程的专业人士，应当具备更高的审查能力。但如果像本案中，债权人安康是一个自然人，在民间借贷领域，债权人审查能力不足，且普遍没有审查公司章程的意识，对于这类债权人的要求较于银行等机构应当降低。

（四）合同无效后的责任承担

对于越权担保的民事责任，《九民纪要》第 20 条作出了规定“担保合同无效，债权人请求公司承担担保责任的，人民法院不予支持，但可以按照担保法及有关司法解释关于担保无效的规定处理”。

本案中，虽然《保证合同》被认定无效，安康无法请求安通公司承担担保责任，但郭东泽以安通公司名义与安康签订的案涉《担保合同》上加盖了安通公司公章并有郭东泽签名。而且，根据安通公司的公开材料，2017 年，即案涉《保证合同》签署年度，华普天健会计师事务所经审查安通公司后，出具的《2017 年度控股股东及其他关联方资金占用情况专项审核报告》明确表示没有发现存在上市公司违反章程规定对外出具担保的事实。安通公司 2017

---

〔1〕《九民纪要》第 22 条：“债权人根据上市公司公开披露的关于担保事项已经董事会或者股东大会决议通过的信息订立的担保合同，人民法院应当认定有效。”

年《内控制度评价报告》中也没有发现内控重大缺陷，都证明安通公司内部管理不规范，对于案涉《担保合同》无效，有重大过错。安康未提交充分有效的证据证明其在签订案涉《担保合同》时对安通公司股东大会决议进行了审查，对于案涉《担保合同》无效亦存在过错。双方都存在过错，按《担保法解释》第 7 条，综合考虑双方当事人过错和全案情况，安通公司最后承担了二分之一责任。

【案外余论】——民法典施行后公司对外担保合同效力

2020 年 5 月 28 日，全国人大表决通过了《民法典》，其中，《合同编》第 504 条规定："法人的法定代表人或者非法人组织的负责人超越权限订立的合同，除相对人知道或者应当知道其超越权限外，该代表行为有效，订立的合同对法人或者非法人组织发生效力。"与《合同法》第 50 条相比，增加了"订立的合同对法人或者非法人组织发生效力"一句。该规定表明，在越权代表行为中，相对人是否知道或者应当知道法定代表人超越权限，仅涉及代表行为法律效果的归属问题，而因代表行为产生的担保合同是否有效则需要根据《民法典》中有关民事法律行为效力及担保合同效力的规则进行具体判断。在公司对外担保合同的效力认定上，首先应判断该合同是否对公司发生效力，再判断合同本身的效力。按照第 504 条的规定，合同对法人发生效力的，此时若合同有效，则由法人履行合同义务，承担合同责任；若合同无效，则由法人承担合同无效的法律后果。合同对法人不发生效力的，则无论合同是否有效，均与法人无关，由法定代表人或者负责人履行合同义务或承担合同责任或合同无效的法律后果。《民法典》的这一调整或将改变《九民纪要》中关于公司为他人担保的规定。本案如果按照《民法典》的规定判决，可能出现不同的结果。本案中，债权人安康没有对决议进行任何审查，其若属于"知道或应当知道法定代表人超越权限的情形"，此时法定代表人的代表行为无效，担保合同不对安通公司发生效力，安通公司既不承担担保责任，也不用承担担保无效的民事责任。不过《民法典》将会对公司为他人提供担保的司法实践产生何种影响，仍需等待《民法典》生效后，法院做出具体判决才能知晓。

“对赌”应否服输？

——“华工案”的法律分析

俞雪薇

与目标公司“对赌”引发关注的原因在于如下几方面：一是我国现行法下，投资人仍为普通股股东，却享有请求公司进行回购股份的权利，协议安排似乎超越了同股同权规则的规制；二是股份回购会引发债权人利益保护与尊重商事经营自主权之间的利益衡量。江苏华工创业投资有限公司（以下简称“华工公司”）与扬州锻压机床股份有限公司（以下简称“扬锻公司）之间请求公司收购股份纠纷案的再审判决文书一经公开，引发理论界与实务界的热议。此判决就“对赌协议”的效力问题以及履行问题进行了区分认定，肯定了华工公司与扬锻公司之间“对赌协议”的效力，并就“对赌协议”的履行可能性问题进行说理，因此被视为具有创新性、突破性的一份判决。与目标公司“对赌”的协议效力未来是否会一直被认定有效，接下来是否只需要考虑“对赌协议”的履行问题，这些问题将一直接受司法实践的检视。

【案情简介】[1]

（一）良好的开端：华工公司溢价增资扬锻公司

回溯至2011年7月6日，华工公司与其他一众公司以及扬锻公司的全体原股东共同签订《增资扩股协议》，约定以公司2011年预测净利润9350万元为基础，

---

〔1〕 江苏省高级人民法院（2019）苏民再62号民事判决书。

按 10.12 倍 PE 估值，以增资后注册资本 8600 万元计算，确定本次增资的价格为人民币 11 元/元注册资本，华工公司以现金 2200 万元人民币对公司增资，其中 200 万元作为注册资本，2000 万元列为公司资本公积金。同日，扬锻公司全体原股东为甲方、扬锻公司为乙方、华工公司为乙方签订一份《补充协议》。《补充协议》第一条股权回购第 1 款约定：若乙方在 2014 年 12 月 31 日前未能在境内资本市场上市或乙方主营业务、实际控制人、董事会成员发生重大变化，丙方有权要求乙方回购丙方所持有的全部乙方的股份，乙方应以现金形式收购；第 2 款约定：乙方回购丙方所持乙方股权的价款按以下公式计算：回购股权价款 = 丙方投资额 + （丙方投资额 ×8% ×投资到公司实际月份数/12） - 乙方累计对丙方进行的分红；第 3 款约定：甲方、乙方应在丙方书面提出回购要求之日起 30 日内完成回购股权等有关事项，包括完成股东大会决议，签署股权转让合同以及其他相关法律文件，支付有关股权收购的全部款项，完成工商变更登记；第 4 款约定：若甲方、乙方在约定的期间内未予配合并收购丙方所持有公司股份，则乙方应按丙方应得回购股权价款每日的 0.5‰比率支付罚息，支付给丙方；第三条违约责任约定：本协议生效后，乙方的违约行为导致丙方发生任何损失，甲方、乙方承担连带责任。2011 年 7 月 20 日，华工公司实缴增资 2200 万元，其中注册资本 200 万元，资本溢价款 2000 万元。

（二）中途的筹划：扬锻公司改制为股份公司

2011 年 11 月 20 日，扬锻公司创立大会，全体股东参加会议并一致表决同意通过新的公司章程。其中第 1 条规定：扬锻公司为股份有限公司；第 2 条规定：本公司章程自生效之日起，即成为规范公司的组织与行为、公司与股东、股东与股东之间权利义务关系的具有法律约束力的文件，对公司、股东、董事、监事、高级管理人员具有法律约束力；第 16 条记载华工公司为公司股东；第 21 条规定：公司在下列情况下可以依照法律、行政法规、部门规章和本章程的规定回购本公司的股份：（1）减少公司注册资本；（2）与持有本公司股份的其他公司合并；（3）将股份奖励给本公司职工；（4）股东因对股东会作出的公司分立、合并决议持异议，要求公司回购其股份。除上述情形外，公司不进行买卖本公司股份的活动。

（三）失败的结局：华工公司将扬锻公司诉至法院

因扬锻公司无法于 2014 年 12 月 31 日前在中国境内资本市场上市，2014 年 11 月 25 日，华工公司致函扬锻公司并以书面形式请求扬锻公司根据补充协议的约定以现金形式回购华工公司持有的全部公司股份。因扬锻公司未能按期回购，华工公司将其诉至法院。该案历经江苏省扬州市邗江区人民法院一审、江苏省扬州市中级人民法院二审、江苏省高级人民法院再审。其中一审法院、二审法院均将案件争议焦点归纳为：《补充协议》约定的回购主体是否包括扬锻公司全体原股东？案涉回购协议是否有效？一审、二审法院均认为《补充协议》约定的回购主体仅为扬锻公司。该回购协议不符合扬锻公司新章程所规定的可以回购的情形，因违反公司禁止规定且违背资本维持原则而无效。江苏省高级人民法院再审则从案涉协议约定的股权回购主体为扬锻公司、扬锻公司新章程未对“对赌协议”作出变更、案涉“对赌协议”效力应认定有效、案涉对赌协议具备履行可能性以及扬锻公司应承担责任的范围五个方面展开分析，作出如下判决：(1) 撤销江苏省扬州市中级人民法院(2017)苏10民终2380号民事判决及扬州市邗江区人民法院(2016)苏1003民初9455号民事判决；(2) 扬州锻压机床股份有限公司于本判决生效之日起十日内支付江苏华工创业投资有限公司股份回购款25 199 135.81元及以2200万元为本金按每日0.5‰计算的逾期付款利息自2015年1月31日起计算至本判决生效之日止；(3) 潘云虎、董宏斌、耿长明、赵宏卫、张惠生、何灿焜、钟担、扬州淮左投资中心、扬州亚东投资中心、扬州吉安投资中心、扬州金锻投资中心对本判决第二项确定的义务承担连带清偿责任；(4) 驳回江苏华工创业投资有限公司的其他诉讼请求。本文将主要结合再审法院的裁判思路进行分析。

【法律分析】

(一)“补充协议”与新公司章程之间的关系

本案中的“补充协议”由华工公司、扬锻公司以及扬锻公司的其他11名股东签订，涉及对赌的主体为华工公司和扬锻公司，其他股东就“对赌”承担保证责任。其主要内容为在华工公司增资入股扬锻公司的一定期间内，扬锻公司若未能在境内资本市场上市或者主营业务、实际控制人、董事会成员发生重大变化，华工公司有权请求扬锻公司按照一定的价款回购自身所持有的扬锻公司股份。在“补充协议”签订之后，扬锻公司全体股东(包括华工公司在内)签署新章程，将扬锻公司改制为股份有限公司。该新章程中就扬锻公司可以股份回购的四种情形进行明确约定，其中并未包含因履行与华工公司的对赌协议而进行股份回购的情形。在后的新章程是否构成对在先的“补充协议”的变更，对于这一问题存在不同的观点。

本案的一审法院认为扬锻公司2011年新公司章程对公司回购股份情形的重新约定系各股东真实意思表示，构成对“补充协议”约定的否定，对华工公司具有约束力。二审法院也持上述观点。再审法院则认为新章程不构成对“补充协议”的变更。理由在于该章程第21条第1款第1项规定公司可回购本公司股份的事由为“减少公司注册资本”。该规定与《补充协议》约定的股份回购并不存在冲突，即扬锻公司可在不违反《公司法》及公司章程关于股份回购强制性规定的情形下，通过履行法定手续和法定程序的方式合法回购华工公司持有的股份。

笔者认为：“补充协议”是独立于新公司章程而存在的，新公司章程不构成对“补充协议”的变更。理由在于：一是“补充协议”与“新公司章程”性质不同，约束不同的主体。二者应各自依据相应效力判断规则进行效力判断，就同一事项约定不一致时无法得出在后的新章程变更了在先的“补充协议”的结论。二是华工公司与扬锻公司“对赌”的主要内容之一为扬锻公司在未来可以上市，而根据我国《公司法》的规定，上市公司一定是股份有限公司。扬锻公司制定新的公司章程、改制转变成股份有限公司本就是履行“补充协议”约定的阶段性行为，无法判断出双方有修改“补充协议”的意思表示。三是基于我国公司章程备案的要求以及证监会对于上市公司监管的要求，诸如华工公司与扬锻公司之间的“补充协议”往往作为“抽屉协议”来对待，因此无法在公司章程中有明确体现。[1]

（二）华工公司的身份认定

本案中，在扬锻公司无法如期完成公司上市后，华工公司请求扬锻公司按照一定价款进行股份回购。再审法院认为华工公司在向扬锻公司出资后，同时具备该公司股东及该公司债权人的双重身份。问题在于就同一笔投资款项，华工公司是否同时可因此产生两种身份，是否有必要严格遵守股债二分的思路，还是认可一定程度的股债融合？

理论上就股与债的划分主要从三个方面认定：一是财产属性不同，股权为投资人对企业资产所享有的权利，投资人无权要求还本股息，而债权则为权利人因让渡资金使用权而享有的要求到期还本股息的权利；二是清偿顺序不同，在公司清算时，股东劣后于债权人参加财产分配；三是成员权属性不同，债权主要是财产权利，而股权则包含身份性权利，如投票权。有学者指出，实践中已经出现了较为普遍的股债交融现象。“对赌协议”便是具有股债交融属性的一类投融资工具。法律应当尊重股债杂糅的交易安排。欲评价其效力，应遵循合同无效、合同内容控制等合同法一般规则，而不能因为股债杂糅的形式本身而否定其效力，或者强行将其归入股或者债。[2]

最高人民法院 2018 年 12 月发布的《最高人民法院民二庭第五次法官会议纪要》指出，“同一当事人在同一合同中不能同时既是债权人又是股权人，但是在不同的阶段，其可以从债权人转变为股权人（债转股），也可以从股权人转化为债权人（股转债）。在名股实债中，投资人在退出前享有股权，退出后享有债权，本质上属于股转债，并不违反股债不能并存在法理。”此可谓对最高人民法院对于股债界分争议的回答，较以往的思路更体现出对于商事自治的尊重和包容。

笔者认为：在整个交易过程中，华工公司存在身份转换的情况。在华工公司向扬锻公司溢价增资后，华工公司成为扬锻公司的股东。在约定的“对赌”条件尚未成就之前，华工公司无法请求扬锻公司进行回购。此时，华工公司仅为扬锻公司的股东。当约定的“对赌”条件成就之后，华工公司有权依约定请求扬锻公司进行股份回购，为的是消灭自身的股东身份。在其完全退出扬锻公司之前，具备债权人和股东的双重身份，出现了股债交融的情况。

---

〔1〕 参见刘新波：《华工案对赌纠纷 3 大争议焦点，再审判决并未给出完美答案》，载 https：//mp. weixin. qq. com/s/_BvufPNSMVZLI5A2HGXV0g，最后访问日期：2020 年 7 月 25 日。

〔2〕 许德凤：《公司融资语境下股与债的界分》，载《法学研究》2019 年第 2 期。

（三）“补充协议”的效力

与目标公司“对赌”的协议效力争议由来已久。该问题根源在于一方“对赌”主体为公司。现行公司法语境下，公司需要严格遵守资本维持原则和债权人保护原则。以股份回购或者业绩补偿为内容的“对赌协议”反映的是一定情形下公司资产向股东的单向流出，这是否导致协议因有违资本维持原则和债权人保护原则而无效？对于这一问题存在不同的观点。

最高人民法院在“甘肃世恒案”中提出的经典观点为：与目标公司“对赌”无效。具体理由为：与“目标公司”“对赌”下的业绩补偿承诺使投资人取得了相对固定收益，而此固定收益脱离了目标公司的经营业绩，损害了公司利益和债权人利益，应当认定该业绩补偿承诺无效。[1]本案一审、二审法院皆认为“补充协议”中股份回购条款因资本维持原则和公司法禁止性规定而无效，与最高人民法院在“甘肃世恒案”中的观点基本保持一致。本案再审法院则认为公司法对于有限公司的股份回购限制较少，“补充协议”中有关股份回购价款的约定以及股份回购的程序安排充分了华工公司与扬锻公司的合意，并且不存在《公司法》第52条的合同无效事由，从而认定与目标公司“对赌”有效。《全国法院民商事审判工作会议纪要》（以下简称《九民纪要》）第5条[2]也基本吸收了上述裁判思路的观点。

公司法对于资本维持原则的坚守很多情况下是为了实现债权人利益保护的管制目标。这一管制目标的实现依赖于公司法中有关资本维持原则的强制性规定与《合同法》第52条第5项的联结，也即建立起合同效力与管制目标之间的联系[3]，在意欲实现管制目标时将合同评价为无效。这样的管制目标是有必要的，但是为实现这样的管制目标是否要采取合同无效这样最为严厉的合同效力评价手段其实是存疑的，商事自治的问题也是需要兼顾的。既有法律体系认可效力性强制规定与管理性强制规定二分的做法。即使为实现管制目标而认定合同无效，认定合同无效的依据也应当是效力性强制规定，而非所有强制性规定。

公司法对于有限公司与股份公司在众多方面进行了区分，总体而言对于股份公司的管制强于有限公司。“补充协议”签订时，扬锻公司尚为有限公司，改制为股份公司后，是否受到更为严格的股份回购规则约束？再审法院严格按照合同订立时双方的状态来判断股份回购合同的效力。股份回购条款触发机制之一为扬锻公司未能在境内资本市场上市，故扬锻公司作为有限公司必然要历经转变为股份有限公司的过程。《公司法》第142条严格限定了股份有限公司进行股份回购的情形，扬锻公司在股份回购条款被触发时已是股份公司，再审法院并未明确指出此时扬锻公司与华工公司的股份回购约定是否违反了《公司法》第142条的规

---

〔1〕 参见最高人民法院（2012）民提字第11号民事判决书。

〔2〕《九民纪要》第5条第1款：投资方与目标公司订立的“对赌协议”在不存在法定无效事由的情况下，目标公司仅以存在股权回购或者金钱补偿约定为由，主张“对赌协议”无效的，人民法院不予支持，但投资方主张实际履行的，人民法院应当审查是否符合公司法关于“股东不得抽逃出资”及股份回购的强制性规定，判决是否支持其诉讼请求。

〔3〕 潘林：《“对赌协议第一案”的法律经济学分析》，载《法制与社会发展》2014年第4期。

定而使其效力受到影响。笔者认为,《公司法》第 142 条有关股份回购的规定采取了“原则禁止 + 例外允许”的立法模式,属于禁止性强制性规定,意在维持股份有限公司的资本。《公司法》第 142 条究竟属于效力性强制规定还是管理性强制规定,这一问题本身仍有待回答。因此不应简单认定“补充协议”违反该规定而无效。

有学者指出:“‘对赌协议’以合同手段改变公司格局,我国商事审判在公司法问题与合同法问题的交叉错位中,将自由与强制的矛盾作为纠纷裁判的重心。并且,合同效力问题压倒性地成为核心甚至唯一争点,裁判过程在有效抑或无效的非此即彼的判断之下展开。这种僵化的处理方式使商主体的自治与公司法的管制难以共存,从而最终使自由与强制的矛盾无法调和。”[1]再审法院的裁判思路似乎呼应了学者的主张,灵活处理了“对赌协议”的效力问题,从双方就股份回购价款的具体计算方式以及回购机制触发后扬锻公司及原 11 名股东如何配合回购安排的细节中进行解读,说明“对赌协议”充分反映了双方之间的合意,是商人间的意自治,且不存在合同无效事由,应当认定“对赌”有效。《公司法》第 142 条也相应成了判断合同履行的依据。

笔者也赞同“对赌协议”效力的判断主要依据合同法规则,“对赌协议”的履行受到公司法与合同法的双重管制的思路。原则上肯定“对赌协议”的效力,在履行阶段实现公司法的管制目标,有利于充分尊重商主体的意思自治,也可防范合同一方利用僵化的裁判规则获益,使“对赌协议”并未偏离资本维持原则的管制,接受合同法与公司法的双重约束。

(四)“补充协议”的履行

此前司法裁判大多集中在“对赌协议”效力的探讨,对于“对赌协议”的履行规则探讨较少。本案中再审法院迈出了重要的一步,对华工公司的再审申请中认为扬锻公司有条件和义务依法定程序通过减少注册资本的方式回购股份的观点进行回应,就“补充协议”具备法律上的可能性和事实上的可能性进行说理,认定扬锻公司具备履行能力。具体而言,再审法院认为“补充协议”中的股份回购可以通过新公司章程或者《公司法》第 142 条中规定的减少注册资本来实现,不会损害到债权人的利益,因此具备法律上的可能性;再审法院认为扬锻公司持续进行分红,具备清偿能力,因此具备事实上的清偿能力。《九民纪要》第 5 条第 2 款[2]也吸收了再审法院以减资方式实现回购的观点。

本案中,“对赌协议”履行内容为股份回购。股份回购是指公司基于特定目的购买其股

---

[1] 潘林:《重新认识“合同”与“公司”——基于“对赌协议”类案的中美比较研究》,载《中外法学》2017 年第 1 期。

[2] 《九民纪要》第 5 条第 2 款:投资方请求目标公司回购股权的,人民法院应当依据《公司法》第 35 条关于“股东不得抽逃出资”或者第 142 条关于股份回购的强制性规定进行审查。经审查,目标公司未完成减资程序的,人民法院应当驳回其诉讼请求。

东持有的公司股份的行为。按照《公司法》第 142 条[1]的规定，股份公司可以减资目的而进行回购，减资为回购的目的之一，回购也可以基于其他目的如股权激励而产生。[2]“减资依公司净资产流出与否，分为实质性减资和形式性减资。实质性减资是指减少注册资本的同时，将一定金额返还给股东，从而也减少了净资产的减资形式。形式性减资是指只减少注册资本额，注销部分股份，不将公司净资产流出的减资形式，这种减资形式不产生资金的流动，往往是亏损企业的行为，旨在使公司的注册资本与净资产水准接近。”[3]华工公司请求扬锻公司进行股份回购，可能涉及扬锻公司实质性减资、定向减资，可能损害公司债权人的利益、其他股东的利益，应当受到资本维持原则的限制。

资本维持原则意在限制公司向股东单向流出资产。“对赌协议”的履行关键在于确认公司资产符合履行标准，可以向股东流出。[4]履行标准的问题涉及的实为债权人、投资者和其他股东的保护顺位问题。履行标准可以确定为不损害债权人和其他股东的利益。债权人和投资者之间，债权人应当得到优先保护。在公司尚未进入清算之前，《公司法》第 177 条规定了公司减资情况下的债权人保护程序，以避免减资造成债权人利益的损害，实现债权人的优先保护。投资者和其他股东可以同股不同权，投资者得到优先保护，前提为投资者与其他股东之间就保护顺序事先或者事后达成合意。

本案中，在现行公司法规则供给情况下，如何进行规则适用，来保障履行标准的实现呢？

“补充协议”约定的股份回购可以参照适用《公司法》第 142 条因减资而进行股份回购的规定，具体包括《公司法》第 43 条减资决议的规定和《公司法》第 177 条减资情形下债权人保护程序的规定，以实现对扬锻公司的债权人和其他股东的利益的维护。笔者认为是可以参照适用，而非必须适用的理由在于：一是扬锻公司进行股份回购的资金来源。从会计准

---

[1] 《公司法》第 142 条：“公司不得收购本公司股份。但是，有下列情形之一的除外：（一）减少公司注册资本；（二）与持有本公司股份的其他公司合并；（三）将股份用于员工持股计划或者股权激励；（四）股东因对股东大会作出的公司合并、分立决议持异议，要求公司收购其股份；（五）将股份用于转换上市公司发行的可转换为股票的公司债券；（六）上市公司为维护公司价值及股东权益所必需。公司因前款第（一）项、第（二）项规定的情形收购本公司股份的，应当经股东大会决议；公司因前款第（三）项、第（五）项、第（六）项规定的情形收购本公司股份的，可以依照公司章程的规定或者股东大会的授权，经三分之二以上董事出席的董事会会议决议。公司依照本条第一款规定收购本公司股份后，属于第（一）项情形的，应当自收购之日起十日内注销；属于第（二）项、第（四）项情形的，应当在六个月内转让或者注销；属于第（三）项、第（五）项、第（六）项情形的，公司合计持有的本公司股份数不得超过本公司已发行股份总额的百分之十，并应当在三年内转让或者注销。上市公司收购本公司股份的，应当依照《中华人民共和国证券法》的规定履行信息披露义务。上市公司因本条第一款第（三）项、第（五）项、第（六）项规定的情形收购本公司股份的，应当通过公开的集中交易方式进行。公司不得接受本公司的股票作为质押权的标的。”

[2] 刘燕：《对赌协议的裁判路径及政策选择——基于 PE/VC 与公司对赌场景的分析》，载《法学研究》2020 年第 2 期。

[3] 参见安建主编：《中华人民共和国公司法释义》，法律出版社 2005 年版，第 249 ~250 页。

[4] 游冕：《对赌裁判的发展与思索：资本维持、履行标准与法定抗辩》，载 https：//www. sohu. com/a/331940140_159412，最后访问日期：2020 年 4 月 23 日。

则中所有者权益的构成部分来看，包括股本、资本公积金、盈余公积金（包括法定盈余公积金和任意盈余公积金）以及未分配利润，以上哪些部分可以用于回购；构成公司资产部分的现金或者可以短时期内变现的资产是否可以用于回购。《公司法》有关股份回购资金来源的规则仍有待明确。扬锻公司若进行回购的资金充足，并未涉及注册资本的减少，似乎也就没有必要通过履行相应的减资程序来坚持维护债权人利益的原则。二是股份回购涉及向华工公司的不同比减资，超出了同股同权的安排。若扬锻公司确实需要使用注册资本来进行股份回购，此时的股份回购实为向华工公司的不同比减资。目前，已出现认为《公司法》规定的减资决议需要经过三分之二以上多数决通过的表决规则仅仅适用于同比减资的情形，不同比减资需要全体股东一致同意的裁判观点。[1]综上所述，笔者认为基于保护债权人利益、公司利益、其他股东利益的考量，扬锻公司进行股份回购若需使用注册资本，则需要先适用减资程序并且减资决议应当由全体股东一致同意通过。

另本案中，扬锻公司并未能依约履行相应程序进行回购。在 Thoughtworks 案中，特拉华州的法官主要通过董事会作出不予回购的决策依据具有充分性以及决策程序具有正当性，从而选择尊重董事会的商业判断，支持不予回购的决定。其中关键的案件事实为董事会为回赎股份，聘请了专门的财务顾问和法律顾问。其中，法律顾问向董事会提供了决定可用于履行回赎义务的“合法的可利用的资金”，财务顾问也就上述方面给出专业建议，并为回赎寻求资金。[2]本案中，仅可得知扬锻公司尚处于经营状态，并且连续多年进行分红，扬锻公司拒绝进行股份回购。但是扬锻公司能够用于股份回购的合法可用的资金有多少并无从得知。笔者认为，此时根据“补充协议”的约定，在华工公司提出股份回购请求的30日内，扬锻公司若未按约进行回购，构成履行迟延，应按照协议中相应的罚息约定承担违约责任。基于资本维持原则的要求，扬锻公司可与华工公司就违约责任具体如何承担进行设计，扬锻公司承担违约责任过程中的每次资金流出应当有比例或者数额的限制。

（五）对再审法院裁判结果的合理性反思

在认定合同有效且具备履行可能性的情况下，再审法院直接判决扬锻公司十日内支付股权回购款。结合前面“对赌协议”履行规则的分析，扬锻公司是否需要利用注册资本来进行回购是一个非常重要的问题。再审法院却未能基于此进行裁判。首先，若涉及注册资本的减少，则需要履行相应的减资程序，以保护债权人的利益。根据《公司法》第177条的规定：“公司需要减少注册资本时，必须编制资产负债表及财产清单。公司应当自作出减少注册资本决议之日起十日内通知债权人，并于三十日内在报纸上公告。债权人自接到通知书之日起三十日内，未接到通知书的自公告之日起四十五日内，有权要求公司清偿债务或者提供相应

〔1〕参见上海市第一中级人民法院（2018）沪01民终11780号民事判决书。

〔2〕潘林：《重新认识“合同”与“公司”——基于“对赌协议”类案的中美比较研究》，载《中外法学》2017年第1期。

的担保。”从规定来看，减资程序并不一定可以在十日内完成，也即法院判决预留给公司进行决议的时间过短，而会事实上造成扬锻公司先进行股份回购再履行减资程序的情况出现。这与法院在前论述“对赌协议”履行应当通过先履行债权人保护程序，再进行回购的逻辑有冲突。在公司资金有限的情形下，无法实现对于债权人利益的维护。其次，若此处涉及注册资本减少，涉及的是注册资本的定向减少，此时仅个别投资者的持股比例下降，获得公司返还资本。这实际已经突破了同股同权的限制，需要其他全体股东就因回购事由而引发的自身权益变化进行明确的表态。即此种情况下的减资需要更高的同意度，也往往意味着更长的磋商时间。实践中，上述的减资程序中可能需要全体股东一致同意减资。法院也许考虑到若判决扬锻公司于一定期间内作出减资决议，一是有干预公司自治之嫌，二是则会出现行为判决难以执行的问题。[1]

在认定合同有效的基础上，在回购条件已经成就的情况下扬锻公司未按期赎回，已经构成违约，法院却未认定扬锻公司违约，法院也未直接判决由扬锻公司向华工公司承担相应的违约责任。如此做法原因在于，若判决扬锻公司承担违约责任，华工公司便可依据生效的判决绕过公司的减资程序直接申请对扬锻公司的财产进行强制执行，从而获得股份回购价款的违约损害赔偿，这将使股份回购限制、资本维持限制的规则、原则和目的落空。所以法院也回避了判决扬锻公司承担违约损害赔偿责任的做法。

法院既无法判决扬锻公司强制履行减资决议程序，也无法判决扬锻公司向华工公司承担违约损害赔偿责任。法院因肯定合同的效力，认定不存在履行障碍，而陷入了如何裁判要求扬锻公司履行回购义务的困境当中。细究该困境的造成原因还是在于，法院在扬锻公司尚未作出相应决议的情况下认为扬锻公司达到“对赌协议”的履行标准。《九民纪要》第 5 条第 2 款规定：“投资方请求目标公司回购股权的，人民法院应当依据《公司法》第 35 条关于‘股东不得抽逃出资’或者第 142 条关于股份回购的强制性规定进行审查。经审查，目标公司未完成减资程序的，人民法院应当驳回其诉讼请求。”该条规定的出台应当是意识到“华工案”裁判陷入的困境，使法院避免因自身裁判而干预公司自治或者使资本维持原则被架空的情况出现。

与目标公司“对赌”情形下，如何同时适用合同法规则与公司法规则以实现投资者、债权人以及其他股东平衡保护的问题仍然值得研究。具体而言，股份回购的性质认定、资金来源问题，定向减资的程序问题等都仍然需要理论界和实务界的共同关注。

---

〔1〕 刘相文等：《〈九民会议纪要（征求意见稿）〉系列解读——当前形势下对赌纠纷案件司法裁判要旨之探析与反思》，载 https：//mp. weixin. qq. com/s/m2AKe5OJ3l61Qn8O7dww8Q，最后访问日期：2020 年 4 月 20 日。

“中药白马”深陷泥潭，“康美之恋”终成绝唱

——“康美药业造假案”的法律分析

顾 亮

2019 年 4 月 29 日，康美药业发布了一份《关于前期会计差错更正的公告》，公告具体阐述了公司 2017 年年报中出现的 14 项会计错误。其中多计货币资金高达 299.44 亿元，引起市场一片哗然。2019 年 5 月 17 日，中国证监会发布对康美药业的调查进展，确认康美药业财务造假。在成熟资本市场中，财务造假欺诈乃是重罪，我国目前已经建立起基本的信息披露规范体系，也已建立信息披露违法违规的责任追究体系。康美药业财务造假一案着实严重影响了投资者对资本市场的信心，我国关于上市公司信息披露的法律制度仍需进一步完善。

【案情介绍】

（一）康美药业究竟有没有谎言

2018 年 10 月 15 日，某微信公众号首发了一篇对康美药业财务进行质疑的文章《康美药业究竟有没有谎言》[1]，其指出关于康美药业财务造假早在 2012 年就引起全民讨论，但多年过去康美已然成长为 A 股医药名片之一。即便如此，作者依然认为康美药业存在一些超越财务报表常理的地方，具体体现在以下几方面：

---

〔1〕 初善投资：《我是如何发现康美药业和康得新造假的》，载 https：//mp. weixin. qq. com/s/qxQ61vrrjccfSja9KMCHZA，最后访问日期：2020 年 4 月 21 日。

股债融资形成的存贷双高；经营现金流量净额远低于净利润；应收账款和存货高企；中药材贸易毛利率高；股东股权质押比例高。[1]

10月16日，该文章在雪球、头条等网站进行转载，随后康美药业股价触及跌停，并连续跌停。10月18日，康美药业发布公告《关于媒体报道的澄清说明》，对货币资金、存货、大股东股权质押、中药材贸易毛利率等情况进行说明，并保证该公告内容不存在任何虚假记载、误导性陈述或者重大遗漏，并对其内容的真实性、准确性和完整性承担个别及连带责任。[2]然而，该澄清说明并未能帮助康美药业平息风波，12月28日，中国证监会对康美药业涉嫌信息披露违法违规正式立案调查。[3]

（二）会计差错更正公告震惊市场

2019年4月30日，康美药业发布《关于前期会计差错更正的公告》，其在公告中表示，在受到证监会立案调查后，公司进行了自查以及必要的核查，认为2018年以前，康美药业营业收入、营业成本、费用及款项收付方面存在账实不符的情况，主要包括货币资金多计299.44亿元，营业收入多计88.98亿元，营业成本多计76.62亿元，销售商品、提供劳务收到现金多计102.99亿元等共14项会计错误。[4]

公告一出，市场哗然，康美药业会计错误多达14处，货币资金多计高达299.44亿元，金额之大刷新A股记录。随后康美药业当即收到上海证券交易所的监管工作函，交易所认为康美药业在财务管理、信息披露、内部控制等方面可能存在重大疑问，并要求其认真自查和核实有关情况，充分披露相关信息，明确投资者预期。[5]

（三）千亿市值公司就此坠落

在经过媒体质疑、证监会立案调查、自曝会计差错、接连收到交易所监管函之后，证监会于2019年5月17日通报康美药业调查进展，调查表明康美药业披露的2016年至2018年财务报告存在重大虚假记载，涉嫌违反《证券法》（2014年修正）（以下简称"原《证券法》"）第63条等相关规定，具体行为包括使用虚假银行单据虚增存款、通过伪造业务凭证进行收入造假、部分资金转入关联方账户买卖公司股票。同时，证监会也对公司审计机构正中珠江

---

〔1〕 初善投资：《扫雷5：康美药业究竟有没有谎言》，载https：//mp. weixin. qq. com/s/qxQ61vrrjccfSja9KMCHZA，最后访问日期：2020年4月21日。

〔2〕《康美药业股份有限公司关于媒体报道的澄清说明》，载https：//pdf. dfcfw. com/pdf/H2_AN201810171215425098_1. pdf，最后访问日期：2020年4月21日。

〔3〕《康美药业股份有限公司关于收到中国证券监督管理委员立案调查通知的公告》，载https：//pdf. dfcfw. com/pdf/H2_AN201812281280436418_1. pdf，最后访问日期：2020年4月21日。

〔4〕《康美药业股份有限公司关于前期会计差错更正的公告》，载https：//pdf. dfcfw. com/pdf/H2_AN201904301324533918_1. pdf，最后访问日期：2020年4月21日。

〔5〕《康美药业股份有限公司关于收到上海证券交易所对公司前期会计差错更正等有关事项的监管工作函的公告》，载https：//pdf. dfcfw. com/pdf/H2_AN201904301325110932_1. pdf，最后访问日期：2020年4月21日。

会计师事务所涉嫌未尽勤勉尽责义务立案调查。[1]至此，康美药业究竟有没有谎言的答案揭晓。随后，康美药业发布公告向广大投资者致歉，并主动向交易所申请对公司股票实施风险警示。5 月 21 日，康美开始实施风险警示，此后股价便“跌跌”不休，曾经千亿市值的“中药白马”股就此坠落。

在证监会对康美药业处罚的通报中，证监会将康美药业的行为定性为有预谋、有组织、长期、系统实施财务造假的行为，恶意欺骗投资者，影响极为恶劣，后果特别严重，并依法对康美药业及马兴田等 22 名当事人予以行政处罚，并对 6 名当事人采取证券市场进入措施，对涉嫌犯罪的，严格按照有关规定移送司法机关追究刑事责任。[2]

【法律分析】

信息披露制度是资本市场健康发展的制度基石，是维护投资者权益的重要保障。上市公司应严格遵循信息披露各项规定，确保披露的信息真实、准确、完整。但康美药业财务造假一案的数额之大、持续时间之久不得不引起对我国信息披露制度如何完善的深入思考。

（一）信息披露违法成本是否需要提高

根据原《证券法》第 193 条的规定，发行人、上市公司或者其他信息披露义务人未按照规定披露信息，或者所披露的信息有虚假记载、误导性陈述或者重大遗漏的，责令改正，给予警告，并处以 30 万元以上 60 万元以下的罚款。对直接负责的主管人员和其他直接责任人员给予警告，并处以 3 万元以上 30 万元以下的罚款。在对康美药业的行政处罚中，证监会对康美药业处以 60 万元的罚款，对马兴田、许冬瑾分别处以 90 万元的罚款，其中作为直接负责的主管人员罚款 30 万元，作为实际控制人罚款 60 万元。[3]根据法律规定，证监会已对康美药业及其实际控制人作出了顶格处罚。但这违法成本在近 300 亿元虚增货币资金面前根本不值一提。长期以来，市场及投资者对上市公司财务造假行为深恶痛绝，并且他们认为上市公司财务造假行为屡禁不止的很大原因在于违法成本过低，行政罚款甚至是终身市场进入，无法与上市公司及其实际控制人利用财务造假获得的利益相提并论。那么信息披露的违法成本究竟是否需要提高，违法成本又该如何进行量化呢？

一提到上市公司财务造假，人们言必称美国“安然事件”。2019 年，在康美、康得新相继爆出财务造假行为后，一张“上市公司财务造假处罚的中外对比图”广泛流传。图中细数

---

〔1〕《证监会通报康美药业案调查进展》，载 https：//www. csrc. gov. cn/pub/newsite/zjhxwfb/xwdd/201905/t20190517_ 356012. html，最后访问日期：2020 年 4 月 21 日。

〔2〕《证监会对康美药业等作出处罚及禁入告知》，载 https：//www. csrc. gov. cn/pub/newsite/zjhxwfb/xwdd/201908/t20190816_ 360715. html，最后访问日期：2020 年 4 月 21 日。

〔3〕《康美药业股份有限公司关于收到中国证券监督委员会〈行政处罚及市场禁入事先告知书〉的公告》，载 https：//pdf. dfcfw. com/pdf/H2_AN201908161344407487_1. pdf，最后访问日期：2020 年 4 月 21 日。

安然公司财务造假的处罚结果及后果：安然公司被美国证券交易委员会罚款5亿美元，股票摘牌，公司破产；公司CEO判刑24年并罚款4500万美元，财务欺诈策划者判刑6年并罚款2380万美元，公司创始人在诉讼期间去世仍被追讨1200万美元赔偿；投资者通过集体诉讼获得71.4亿美元；审计机构安达信破产；负责安然的三大投行向破产受害者支付近45亿美元赔偿金。[1]"安然事件"给美国社会留下的最重要遗产就是直接促进了《萨班斯－奥克斯利法案》的出台。该法案主要从加强信息披露和财务会计处理的准确性、确保审计师的独立性以及改善公司治理等主要方面对现行的证券、公司和会计法律进行了多处重大修改，而且针对上市公司新增了许多相当严厉的法律规定，也从刑罚上加重了对于违反联邦证券法的犯罪打击力度。[2]

也许是受康美药业财务造假事件的影响，提高信息披露违法成本的呼声日益高涨，2019年12月28日通过的《证券法》（以下简称"新《证券法》"）在信息披露违法方面予以了更加严厉的处罚。新《证券法》第197条第2款规定，信息披露义务人报送的报告后者披露的信息有虚假记载、误导性陈述或者重大遗漏的，对公司最高可处以1000万元的罚款，对直接负责的主管人员最高可处以500万元的罚款。较之原《证券法》，违法信息披露的法律责任普遍提高。

上市公司信息披露违法违规，最大的受害者是投资者，证券法确立了保护投资者利益的宗旨，提高上市公司财务造假的罚款上限是否有助于投资者的保护？上市公司信息披露违法的根源，往往在于实际控制人、控股股东或个别大股东为了维持或提高上市公司的股价，同时也在于高管人员为了完成业绩目标，或为了掩盖违法或违规行为，或基于盲从大股东意志，以维持和获取相应的利益。因此，无论是过错源头还是利益去向，上市公司都不是主要主体。[3]因此，修改证券法对上市公司财务造假罚款上限意义不大，也不是问题之重点。加大对上市公司的罚款，会导致上市公司的财产减损，从而削弱其后续进行民事赔偿的承担能力，最终承担不利后果的是上市公司债权人和广大投资者。

著名会计学家黄世忠教授曾指出上市公司财务造假的预期收益与预期成本严重失衡，并建议按照下列方式进行经济处罚：处罚金额＝虚增利润×造假至被发现期间平均市盈率×实际控制人持股比例。但是该罚款并非由上市公司支付，而应该由实际控制人支付，该部分罚款的用途将主要用于赔偿财务造假给中小股东造成的经济损失。[4]笔者认为该措施若能切实实施，投资者的权益将受到极大保护。一来上市公司将不会面临巨额的罚款支出，而是将巨

---

〔1〕《财务造假，康得新被罚60万，安然被罚5亿，国内的违法成本真这么低》，载https://www.sohu.com/a/326375074_100047038，最后访问日期：2020年4月21日。

〔2〕缪雄：《上市公司会计造假监管体系研究》，中南大学2004年硕士学位论文。

〔3〕刘凌云等：《上市公司信息披露违法的责任会不会太重了》，载https://mp.weixin.qq.com/s/hVyAPf47b9khfOeM－ehR8Q，最后访问日期：2020年4月21日。

〔4〕黄世忠：《上市公司财务造假的八因八策》，载《财务与会计》2019年第16期。

额罚款转嫁至实际控制人个人身上；二来罚款的资金去向也将用于补偿投资者的经济损失。

综上所述，信息披露的违法成本固然应当提高，但同时应从投资者保护的角度出发，设计完善的处罚制度，包括处罚对象、处罚额度以及罚款最终去向。短期来看，可以将行政罚款、没收等“暂缓入库”或者实行“财政回拨”制度，按照赔偿原则赔偿给相关投资者；长期来看，可以借鉴美国《萨班斯－奥克斯利法案》设立公平基金制度，把行政罚款纳入公平基金，用于赔偿投资者。〔1〕在康美药业一案中，公司实际控制人虽接受了罚款并终身禁入证券市场，但其从一系列财务造假的行为中获得的利益不得而知，可能存在严重失衡的情形。2015 年美国司法部颁布了《公司违法行为的个人责任指令》，似乎是在回应美国广大民众的批评，过于放任华尔街的高管。因此，我国证券监管部门在对上市公司追究责任的同时，亦应加大对个人的责任追究，从根本上杜绝违法之源。

（二）康美药业是否需要退市

针对康美药业财务造假一案，市场舆论除了认为康美药业接受的处罚太低，还认为康美药业应当摘牌退市。那么康美药业是否会被强制退市呢？

国内外证券市场发展的经验表明，一个完整的证券市场制度不仅包括发行、上市和交易制度，还应该包括退市制度。通过退市制度，建立起优胜劣汰的市场机制是证券市场健康可持续发展的基础。根据证监会《关于改革完善并严格实施上市公司退市制度的若干意见（2018 年修正）》，上市公司退市分为主动退市与强制退市，其中强制退市的类型又分为重大违法、不满足交易标准要求以及不满足财务状况指标三种。

首先，从交易标准角度，当前康美药业不论是在股本总额、股权分布、股票成交量以及股票市值方面都不满足退市标准。其次，从财务状况角度，尽管康美药业在 2016 年至 2018 年虚增营业收入、虚增营业利润、虚增货币资金等，但就连续三年亏损的退市标准来说，康美药业或许确实不符合这一退市条款的要求。

最后人们自然想到通过重大违法强制退市制度来要求康美药业退出证券市场，康美药业财务严重造假，构成重大信息披露违法。2018 年退市新规规定，上市公司构成欺诈发行、重大信息披露违法或者其他涉及国家安全、公共安全、生态安全、生产安全和公众健康安全等领域的重大违法行为的，证券交易所应当严格依法作出暂停、终止公司股票上市交易的决定。其中，对重大信息披露违法行为是可以作出退市处理的，但规定却极为笼统。根据上海证券交易所上市规则及《上海证券交易所上市公司重大违法强制退市实施办法》，强制退市条件中的信息披露违法退市条件为：上市公司披露的年度报告存在虚假记载、误导性陈述或者重大遗漏，根据中国证监会行政处罚决定认定的事实，导致连续会计年度财务指标实际已

〔1〕 徐文鸣：《证券民事诉讼制度实施效果的实证研究——以虚假陈述案件为例》，载《证券市场导报》2017 年第 4 期。

触及《股票上市规则》规定的终止上市标准。但如前所述，康美药业经调整后的财务指标依然是符合上市标准的。换言之，上海证券交易所不能依据此条要求康美药业退市。尽管上海证券交易所还增加了一条兜底条款，若交易所认定上市公司违法行为的事实、性质、情节及社会影响等将严重损害证券市场秩序的，亦将被终止上市，但上海证券交易所是否会对康美药业作出退市决定依然存在不确定性。

证券市场中重大信息披露违法的现象并不少见，但自该项退市制度推出以来，鲜少有因为重大信息披露违法而退市的。而那些因信息披露违法而退市的公司，通常的情况是财务报告存在虚假记载导致连续财务指标实际已触及《股票上市规则》规定的终止上市标准。如此看来，只要上市公司依然存在盈利能力，因信息披露违法违规而被强制退市的风险极小。

为实现证券市场之优胜劣汰，严格的退市制度是必不可少的。但同时退市制度的建立，亦应将投资者保护作为宗旨。假若康美药业退市，中小投资者的权益是否能得到保护？当一只股票退出二级市场，投资者通常有三种选择：其一，当个股退出二级市场后，会进入三板市场，投资者可以通过三板市场进行交易；其二，继续持有股票，等待公司股票重新申请上市；其三，向上市公司进行索赔，这种情况一般出现在上市公司破产退市中，而破产清偿将按照顺序清偿，普通投资者清偿顺序一般排在最后。因此，即便市场对康美药业的退市持肯定态度，康美药业的股东显然更关注公司退市之后他们的股票应当如何处置、权益应当如何维护。这一方面需要结合支持诉讼、共同诉讼、先行赔付等机制，给予退市公司投资者有效的司法救济手段以获得相关赔偿；另一方面，需要建立和健全多层次市场及相关制度，使退市公司能够得到不同类型和层次的资本市场服务，为投资者提供具有一定流动性的交易场所以便处置公司股票。〔1〕

此外，退市制度的发展并不局限于对市场违规行为的惩治，由于证券市场交易活动的根本目标是对经济效益的追求，因此退市制度的基本目标和功能也和市场经济效益相关。对于证券交易所和证券监管者而言，强制退市关系到具体证券标的的价值评判，也关系到市场整体的质量和信誉、市场定位的客观需求和证券价值的公允评判，仍是退市制度实施最为基本的原则和目标。〔2〕具体而言，在上海证券交易所仅可凭借前述兜底条款，认定康美药业严重损害证券市场秩序从而强制其退市，这一理由是不够的。因为真正损害证券市场秩序的是公司实际控制人，而由此造成退市的不利后果却要由公司投资者来承担，这有违公平。交易所还需对公司当前的价值做出公允评判，若公司依然有投资价值，那么维持上市则可能对投资者有利。因此，对于康美药业是否需要退市，上海证券交易所应遵循市场化的逻辑与思维，在对公司造成的市场影响及公司本身的价值做出全面衡量之后，方可作出决策。

---

〔1〕 周晓萍：《我国证券市场退市制度及机制研究》，载《中国证券》2018 年第 3 期。
〔2〕 陈煜：《美国证券市场强制退市决策权理论研究》，载《证券市场导报》2015 年第 5 期。

（三）中介机构责任如何承担

在上市公司财务造假、持续信息披露违法违规过程中，发行人、上市公司董事高管以及控股股东、实际控制人自然是违法行为的主要策划及实施者，同时会计师、律师等出具的相应意见的中介机构亦难辞其咎。证券市场中介机构的独立性、专业性使证券市场其他参与方对之有合理的信赖，中介机构承担着保证发行人、上市公司各类文件真实、准确、完整的法定职责。中介机构若不能尽到勤勉尽责之义务，证券市场其他参与各方的利益将受到影响，证券市场之秩序将受到破坏。

在康美药业财务造假一案中，作为公司会计机构的正中珠江会计师事务所（以下简称正中珠江）因涉嫌未尽勤勉义务被证监会立案调查。正中珠江是康美药业 2001 年首次公开募股（Initial Public Dffering，IPD）时的中介机构，直至 2018 年年报的 19 年，正中珠江均为康美药业年报审核会计师事务所。2016 年、2017 年，在出现重大会计错误的年报中，正中珠江出具的均是“标准无保留意见”，2018 年年报，正中珠江第一次为康美药业出具非标审核意见，且仅为“保留意见”。[1]在如此巨大的“会计差错”面前，正中珠江对康美药业的审计无疑是严重的审计失败，正中珠江作为专业中介机构其审计独立性何在？

正中珠江若被证监会核实出具不实报告、未尽勤勉义务将面临的行政处罚自不待言，对于广大投资者而言，其亦应同康美药业一起承担民事赔偿责任。根据新《证券法》第 163 条的规定，证券服务机构制作、出具的文件有虚假记载、误导性陈述或者重大遗漏，给他人造成损失的，应当与委托人承担连带赔偿责任，且实行过错推定。同时，新《证券法》大幅提高了行政处罚之额度，证券服务机构未勤勉尽责，可处业务收入 10 倍以下的罚款；固定金额罚款最高可达 500 万元，对责任人罚款最高可达 200 万元。当然在实践中界定中介服务机构是否勤勉尽责时，应当合理区分发行人责任与中介机构责任；合理区分各中介机构之间的责任；要在中介机构内部合理划分责任。[2]

此外，有一主体虽非为中介机构，但其在财务造假中似乎扮演着不可或缺的角色，对其责任的追究也受到广泛关注。康美药业的行政处罚事先告知书显示，康美药业在 2016 年至 2018 年上半年，通过财务不记账、虚假记账，伪造、变造大额定期存单或银行对账单等方式虚增货币资金 225 亿元、299 亿元、361 亿元。业内人士表示，在正常执行相应审计程序的过程中，当审计货币资金时，审计师会给资金账户所在银行发送函件，确认账户及所称金额的存在，其他货币资金也会经过严格的程序去核验其真实性。[3]在实施这些程序后，从理论上讲应该不会出现数额如此巨大的货币资金虚增的差错。有学者认为唯一

---

〔1〕 第一财经：《正中珠江“死扛”，不改康美药业年报审计意见》，载 https：//baijiahao. baidu. com/s?id =1634934796171492782&wfr = spider&for = pc，最后访问日期：2020 年 4 月 21 日。

〔2〕 黄江东：《新〈证券法〉全面构建注册制相关法律责任体现》，载《中国金融》2020 年第 8 期。

〔3〕 李秀芝、王雷生：《千亿康美帝国崩塌记》，载《中国企业家》2019 年第 7 期。

合理的解释是银行配合康美药业造假，向正中珠江提供了虚假的询证回函和银行流水记录。[1]假若真是银行配合上市公司造假，其是否也应当承担法律责任，应当承担何种法律责任。

同样是安然事件，在打击信息披露违法"帮助犯"方面亦能给我们一定的启示。2013年11月，美国证监会起诉加拿大帝国商业银行及其13名高级管理人员帮助安然公司连续多年通过一系列结构复杂的财务交易实施证券欺诈。该等交易在其财务报告中体现为虚增收入10亿美元，虚增经营现金流20亿美元，隐瞒债务26亿美元。最后该案和解结案，该银行缴纳合计8000万美元罚款，其多名高管亦缴纳2万至50余万美元不同金额的罚款。[2]由此我们可以看到，美国证监会不仅可以处罚上市公司、中介机构，更是能对配合上市公司造假的机构追究责任，让财务造假中的每一个责任人都得到相应的处罚。

那么在我国能否依据法律对财务造假的"帮助者"进行处罚呢？按照现行《证券法》的立法规定，除了证券中介服务机构，似乎并没有直接对其他"帮助"上市公司违法者予以追究责任的规定。我国学者对此问题已有所研究，按照目前的立法框架，可以通过"共同行政违法"的途径去追究责任。首先，帮助行为是查处共同行政违法时的主要打击对象；其次，在违法信息披露的特殊主体问题上，《证券法》规定的责任主体虽是发行人、上市公司，证券服务机构，但这并不意味着不能对除上述主体之外的"帮助者"进行处罚。[3]而在实践中，证监会也曾对帮助上市公司实施财务欺诈的外部人士给予警告并罚款的处分。[4]

结合上述美国安然事件、我国证监会的处罚决定以及学者对证券违法行为"帮助者"责任追究的理论阐述，假如康美药业财务造假行为是在银行的配合与帮助下完成，银行可能会被追究责任。当然，我国应尽快在立法上明确证券违法"帮助者"的责任，以给执法工作提供有力明确的法律支撑。

随着证券市场在国民经济中的地位和作用越来越重要，证券法律制度建设也将面临前所未有的挑战。《证券法》的灵魂应该是投资者权益的保护，其他制度都应该围绕这样一个核心理念去设计。[5]我国《证券法》已建立一系列投资者保护制度，包括赔偿机制、诉讼机制、退市机制、和解机制等，未来我们应当进一步增强证券法律制度体系的完备性、配套性、整体性。

---

〔1〕 黄世忠：《康美药业财务造假延伸问题分析》，载《财会月刊》2019年第17期。

〔2〕 张子学：《信息披露违法案中行政处罚帮助教唆者的尝试与提示》，载《证券法苑》2015年第2期。

〔3〕 张子学：《信息披露违法案中行政处罚帮助教唆者的尝试与提示》，载《证券法苑》2015年第2期。

〔4〕《中国证监会行政处罚决定书（新疆中基实业股份有限公司、刘一、文勇等8名责任人）》，载https://www.csrc.gov.cn/pub/zjhpublic/G00306212/201409/t20140919_260655.htm，最后访问日期：2020年4月21日。

〔5〕 信春鹰：《我国〈证券法〉的发展历程及其修改完善》，载《证券法苑》2014年第1期。

【结语】

多年以前，央视曾播出过一首名为《康美之恋》的广告歌，歌曲讲述的是康美药业创始人夫妇相识相恋、共同创业的故事，展现了一幅唯美的画面。多年以后，康美药业巨额财务造假案震惊资本市场，创始人夫妇被处以终身禁入证券市场。从昔日的潮汕小药企，逐步发展成为中药行业的“大白马”，再到千亿市值的公司轰然倒塌，这一切不禁令人唏嘘。我们在完善证券市场法治建设的同时，亦要将企业家精神中的诚信、责任牢记心中。

并购战场节节败退，资本迷局谁是赢家

——“勤上股份并购连环案”的法律分析

钱 程

东莞勤上光电股份有限公司（以下简称“勤上股份”）作为首家以大功率LED半导体照明为主营业务的上市公司，曾以“LED照明第一股”独占业内鳌头。然而自2016年勤上股份拟进行业务转型，随着多个教育标的的收购，公司业绩竟是一路走低，其间公司更是多次收到深圳证券交易所（以下简称“深交所”）出示的关注函、警示函并屡次陷入诉讼纠纷。2019年，勤上股份再次因为教育标的收购而被爆出并购连环案。本文即以此期间的法律关系为切入点，就相关主体的责任承担进行学理分析。

【案情介绍】[1]

（一）乘上价值过山车

2016年1月，勤上股份发布公告称，公司拟以发行股份及支付现金的方式购

〔1〕本文中的案情整理参见如下相关资料：《对赌期满承诺业绩仅完成52.24%，龙文教育减值超15亿元、高管层调整》，载新浪财经：https://cj.sina.com.cn/articles/view/6497146893/18342980d02000ierc，最后访问日期：2020年4月16日；《勤上股份2017年靠教育业务扭亏　子公司龙文教育再度未完成业绩承诺》，载每日经济新闻：https://www.nbd.com.cn/articles/2018-04-04/1205644.html，最后访问日期：2020年4月16日；《勤上股份乌龙：商誉减值业绩“变脸”净利降2010%》，载网易财经：https://money.163.com/17/0419/19/CIDKFOOV0025814U.html，最后访问日期：2020年4月17日；《勤上股份并购现案中案：2500万合同诈骗引出付款疑云》，载每日经济新闻：https://www.nbd.com.cn/articles/2019-12-25/1396138.html，最后访问日期：2020年4月19日；《收购龙文教育闹上法庭，深交所问询勤上股份》，载凤凰网财经：https://finance.ifeng.com/c/7siwshclQZO，最后访问日期：2020年4月20日；勤上股份于深圳交易所官网披露的《发行股份及支付现金购买资产并募集配套资金暨关联交易报告书（草案）（修订稿）》《关于重大资产重组收购的广州龙文教育科技有限公司100%股权2018年末减值测试报告》《2017年年度报告（更新后）》；广东省东莞市中级人民法院（2018）粤19民初72号判决书。本文仅是基于上述资料进行的学术分析与探讨，不涉及任何与本案相关的争议解决问题，特此说明。

买广州龙文教育科技有限公司 100% 股权（以下简称“龙文教育”），交易作价为 20 亿元，其中 5 亿元现金向龙文教育创始股东兼董事长杨勇支付，该并购款项来源于勤上股份通过向特定对象发行股份所募集的配套资金。[1] 同时勤上股份与目标公司龙文教育的九名原股东及其他补偿义务人（以下统称“业绩补偿承诺人”）订立的《标的资产业绩承诺补偿协议》（以下简称“《补偿协议》”）中约定，龙文教育 2015 ~ 2018 年累计实现的税后净利润不低于 5. 638 亿元，若低于上述承诺金额，则业绩补偿承诺人应按承诺金额与实际净利润差额的 2 倍向勤上股份进行补偿。若业绩补偿承诺人应向勤上股份支付的补偿总金额超过《补偿协议》约定的补偿上限 11. 276 亿元，则业绩补偿承诺人的总补偿金额按照 11. 276 亿元确定。勤上股份同年 12 月 1 日披露的公告显示，以 2015 年年报所披露的数据为参照，公司重组后资产从 32 亿元扩增至 52 亿元、资产负债率从 30. 32% 大降至 25. 93%；利润收益方面增幅尤为明显，净利润从 2074 万元暴增近 4 倍至 1 亿多元、每股收益从每股 0. 0554 元增至 0. 2248 元。[2]

但吊诡的是，与想象中利润暴增的愿景不同，龙文教育在被全资收购后表现却一蹶不振：被收购前，龙文教育 2015 年全年营收 7 亿元，净利润 8725 万；被收购后，却从未完成业绩承诺。2016 年龙文教育实现净利润 6642 万元，完成率为 66%；2017 年净利润为 8414 万元，完成率为 65%；到了 2018 年，龙文教育依旧未完成业绩承诺。业绩“对赌”期届满时，龙文教育在约定中的三年内净利润合计为 2. 95 亿元，此次“对赌”完成率仅为 52. 24%。截至 2018 年 12 月 31 日，龙文教育 100% 股东权益评估值与购买龙文教育的交易价格相比，减值 13. 40 亿元。[3]

（二）主动放弃制约措施

收购结果的异常远超人们预期，同样引起疑窦的是对赌期间勤上股份行为的诡异。勤上股份于收购龙文教育的方案中披露，收购标的龙文教育完成工商变更登记的十个工作日内，公司应使用募集资金向龙文教育原股东杨勇支付现金对价 5 亿元。龙文教育已于 2016 年 8 月完成工商变更登记，为进一步保护公司权益，经双方协商确认，公司改变原付款安排，转而在业绩对赌期内分批向杨勇支付现金对价 5 亿元。2017 年 1 月 17 日，杨勇将限售股份质押到广州证券，其后受到监管部门告示要求杨勇限期内将其限售股份质押解除。为了解除杨勇

[1] 参见勤上股份：《发行股份及支付现金购买资产并募集配套资金暨关联交易报告书（草案）（修订稿）》，载深圳证券交易所官网：https：//www. szse. cn/disclosure/listed/bulletinDetail/index. html?78567a3e - 572b - 4e10 - afa5 - fe60f6c731c1，最后访问日期：2020 年 4 月 16 日。

[2] 参见勤上股份：《发行股份及支付现金购买资产并募集配套资金暨关联交易实施情况暨新增股份上市公告书》，载深圳交易所官网：https：//www. szse. cn/disclosure/listed/bulletinDetail/index. html?09be4511 - e1a6 - 4310 - 871c - 10d38ff982e2，最后访问日期：2020 年 4 月 16 日。

[3] 参见勤上股份：《关于重大资产重组收购的广州龙文教育科技有限公司 100% 股权 2018 年末减值测试报告》，载深圳交易所官网：https：//www. szse. cn/disclosure/listed/bulletinDetail/index. html?5a2052d3 - eaf5 - 41e0 - 9a24 - f1a550d43221，最后访问日期：2020 年 4 月 17 日。

于广州证券所质押的限售股份，公司将1亿元代杨勇汇入广州证券，作为现金对价支付的一部分，并在2017年7月27日使用募集资金账户向杨勇个人支付0.2亿元现金对价。2017年公司使用募集资金支付杨勇现金对价金额合计为1.2亿元。[1]此后勤上股份于2018年7月9日分19笔向杨勇转账，每笔款项各为2千万元，均备注为股权对价款，上述支付凭证合计5亿元[2]，勤上股份亦在其披露的《2018年半年度报告》中证实了对杨勇的股权转让款已经全部支付。令人奇怪的是，在长达三年的对赌期内勤上股份仅分两次即完成了股权转让对价款项的支付，这一行为似乎并不符合商业逻辑。通常而言，上市公司与目标公司原股东约定分期支付股权转让款的目的即在于担保业绩补偿条款顺利实施，防止目标公司原股东在业绩未能如约达成的情况下无力履行补偿义务。勤上股份在龙文教育的对赌期届满前5个月即支付了全部股权对价款，对此我们应当追问，为何勤上股份在龙文教育对赌期业绩达标存在高风险的背景下，仍要支付3.8亿元股权收购款，以致造成业绩对赌期结束时，上市公司手中却无更多制约目标公司原股东实现业绩补偿的砝码，攻守失据，陷入被动？

（三）背后计划浮出水面

相关资料显示[3]，上述3.8亿元的现金对价款，勤上股份本应于2019年4月底才支付。但龙文教育原股东杨勇提出以这笔资金增持勤上股份，勤上股份的实际控制人李旭亮表示同意。此后，由李旭亮牵线，杨勇及其弟杨正找到了可以提供1∶3杠杆配资的广东亿邦泰基金管理有限公司（以下简称“亿邦泰”）沟通该增持计划。最终杨正与亿邦泰于2018年5月21日签订《联合增持投资协议》，合同约定由杨正出资3.5亿元，（由亿邦泰协助）按1∶3杠杆配资，杨正共计出资14亿元（原先出资的3.5亿元和配资的10.5亿元），亿邦泰同样出资14亿元，双方共计28亿元，由亿邦泰作为投资管理人，使用上述28亿元增持勤上股份股票。若杨正出资的14亿元发生亏损，所有损失由亿邦泰承担。而根据一份杨正账户的银行流水显示，2018年7月9日，杨勇将2500万元分成两笔，先后以500万元、2000万元转给杨正，随后杨正将这两笔资金转入亿邦泰账户。上述银行流水还显示，同日杨勇除了将上述2500万元转给杨正外，还另外将3.25亿元分3笔转到杨正的账户上。不过时隔一天，杨正就将这3.25亿元转到了自己名下的另外两个银行账户。而7月9日，根据勤上股份《2018年半年度报告》显示，正是上市公司支付杨勇剩余3.8亿元并购款的日期。无论是从时间上的一致性还是从数额上的相似性，这一系列巧合不禁让人将此3.5亿元增持资金与3.8亿元并购款联系在一起。

---

〔1〕 参见勤上股份：《2017年年度报告（更新后）》，载深圳交易所官网：https://www.szse.cn/disclosure/listed/bulletinDetail/index.html?a9b75e79-adcb-4013-8c68-5ecb54fe00ec，最后访问日期：2020年4月17日。

〔2〕 参见广东省东莞市中级人民法院（2018）粤19民初72号判决书。

〔3〕 参见《勤上股份并购现案中案：2500万合同诈骗引出付款疑云》，载每日经济新闻：https://www.nbd.com.cn/articles/2019-12-25/1396138.html，最后访问日期：2020年4月19日。

同时，相关资料显示[1]，2018 年 5 月 23 日，杨勇代杨正与刘志斌、李旭亮签订了一份《联合增持协议 - 补充协议》，协议约定：杨正所持的 3.5 亿元产品，当利润及本金未达 7 亿元时，暂不分配；当杨正所持产品可分配利润达到 3.5 亿元以上，亿邦泰支付 3.5 亿元给杨正，剩余利润杨正及李旭亮五五平分。同时亿邦泰有责任重新修改签订收益权转让，杨正方和李旭亮方各占 1.75 亿元产品的收益权。然而这一埋伏的暗线最终未能展现在世人眼前——由于杨正拒绝履行《联合增持投资协议》，勤上股份未能获得增资，勤上股份的实控人李旭亮自然也不会获得相应的利润分成，同时已经支付的 3.8 亿元的并购款也难以请求返还。

（四）踏上漫漫诉讼路

由于并购款的全部支付，勤上股份逐渐失去了主动权，不得不等至业绩对赌期届满时向业绩补偿承诺人请求业绩补偿。但主要业绩补偿承诺人杨勇所持有的 5% 以上的股份由于其他债权债务纠纷而被北京市高级人民法院司法冻结，致使勤上股份到期无法进行回购注销，杨勇不能履行业绩承诺补偿义务的风险大大提高。深交所亦及时察觉到此种风险，并于 2018 年 8 月 6 日向勤上股份董事会发出问询函，要求勤上股份采取措施消除杨勇后续无法完全履行业绩承诺补偿的风险。2018 年 8 月 7 日，杨勇向勤上股份作出《〈补偿协议〉履行保障承诺书》（以下简称《保证书》），不可撤销地承诺："1. 杨勇及其他龙文教育原股东向勤上股份承诺龙文教育 2015 年至 2018 年累计实现的税后净利润不低于 5.638 亿元，否则，应按该协议约定向勤上股份进行补偿。2. 龙文教育 2015 - 2017 年度累计实现净利润总额约为 2.4 亿余元（具体金额以审计为准），与杨勇及其他龙文教育原股东向勤上股份承诺的业绩目标相差很大，以此估算，在《补偿协议》约定的业绩承诺期届满时，该业绩目的不可能完成，需要向勤上股份进行业绩差额补偿。故杨勇将于 2018 年 8 月 12 日前向公司支付人民币 24 000万元作为其履行《标的资产业绩承诺补偿协议》的履约保证金。3.《标的资产业绩承诺补偿协议》约定的业绩承诺期满后，按该协议约定的补偿义务执行完毕后，公司在 10 个工作日内退还杨勇已支付的履约保证金（退还不计利息）；如《标的资产业绩承诺补偿协议》项下应向公司补偿的义务未能全部履行的，杨勇支付的履约保证金用于冲抵杨勇在该协议项下应向公司支付的全部补偿金。"[2]然而杨勇未能按期履行合同义务，勤上股份于 2018 年 9 月 3 日以未在期限内收到履约保证金为由向广东省东莞市中级人民法院提起诉讼，请求杨勇支付履约保证金。[3]

---

〔1〕 参见《勤上股份并购现案中案：2500 万合同诈骗引出付款疑云》，载每日经济新闻：https：//www.nbd.com.cn/articles/2019 -12 -25/1396138.html，最后访问日期：2020 年 4 月 19 日。

〔2〕 参见勤上股份：《关于深圳证券交易所问询函的回复公告》，载深圳交易所官网：https：//www.szse.cn/disclosure/listed/bulletinDetail/index.html? 010f0e5a -7c16 -4cc4 -b2a5 -d27fdfb1f03e，最后访问日期：2020 年 4 月 19 日；广东省东莞市中级人民法院（2018）粤 19 民初 72 号判决书。

〔3〕 参见广东省东莞市中级人民法院（2018）粤 19 民初 72 号判决书。

2019 年 8 月 30 日，东莞市中级人民法院作出一审判决，认定《保证书》并非双方真实意思表示而归于无效，杨勇无须向勤上股份交付 2.4 亿元履约保证金。由于失去了业绩补偿的履约保证，勤上股份在对赌期届满时面对标的资产糟糕的业绩，不得不使出最后的手段。根据《补偿协议》，龙文教育的九名原股东按照其在龙文教育中的原有相对持股比例承担按份补偿义务。业绩补偿承诺人的总补偿金额高达 11.276 亿元，业绩补偿承诺人应先以本次收购中以非现金资产认购取得的股份按本次出让股权比例进行补偿，股份不足以补偿时需以现金进行补偿。其中张晶等三名业绩补偿承诺人以非现金资产认购取得公司股票数量的 15% 全部用于向公司补偿后，仍不足的部分由其所持股的北京龙文环球教育科技有限公司（以下简称"龙文环球"）承担补偿金额的差额部分。上述业绩承诺方均应按照《补偿协议》约定的方式履行业绩承诺补偿义务。鉴于杨勇持股数量不足以补偿，按照《补偿协议》杨勇需承担差额现金补偿，经测算，差额股票折算成现金补偿的金额约 7889.25 万元，龙文环球应承担的现金补偿金额约 1.18 亿元，同时，杨勇和龙文环球就《补偿协议》项下的补偿义务互相承担无限连带责任（《补偿协议》项下责任承担方式见图 1）。

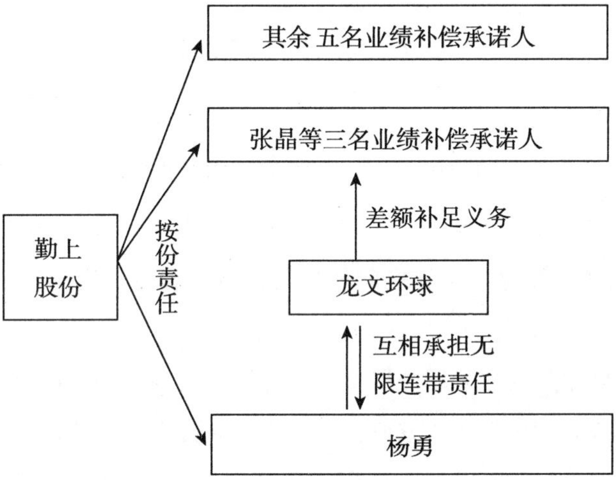

图 1　《补偿协议》项下责任承担方式

【法律分析】[1]

以结果的角度来看，勤上股份与龙文教育的纠纷显然是近年来颇为热门的对赌纠纷，并且龙文教育令人失望的业绩使补偿诉讼几乎不可避免。但实际上在本案中可以发现，勤上股份与龙文教育原第一大股东杨勇之间的法律关系发生了多次变化，并且正是这种变化使勤上

〔1〕 需要指出的是本文所作之法律分析均是基于媒体报道材料的法学理论分析。

股份对于杨勇一步步失却了主动权。归纳本案的若干重要阶段（见图 2），值得思考的法律问题则包括：勤上股份于业绩对赌期内向杨勇支付全部并购款是否合法？以及杨勇所出具的《保证书》是否有效？

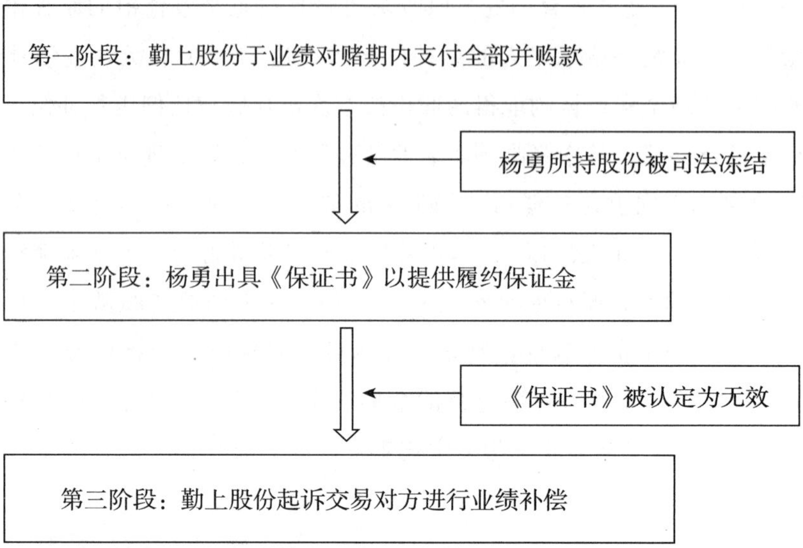

图 2　本案若干重要阶段

（一）提前支付并购款的责任

根据相关资料显示[1]，勤上股份与杨勇所约定的最后一期付款时限直到 2019 年 4 月才届满，而勤上股份却于 2017 年、2018 年向杨勇支付了全部现金对价。从勤上股份自身的角度来看，此中问题可能存在于：提前付款是否需要履行一定的审议决策程序以及信息披露？

在我国的对赌实践中，买方采用分期支付并购款项的方式均不鲜见，或是于购买资产协议中进行初始约定，或是为了保障买方权益、防止标的资产在对赌期内出现价值变动过巨的情况而合意改变原协议的付款安排，本案情况即属于后者。但无论是何种方式，资产过户安排均属于资产重组交易合同的主要内容之一，应当按照《上市公司重大资产重组管理办法》的相关规定进行披露。勤上股份披露的交易方案显示，勤上股份最近一个会计年度（2015 年度）经审计的合并财务会计报告期末资产总额为324 083.64万元，而本次购买资产的交易额达到200 000万元，交易额达到资产总额的 61.71%，符合《上市公司重大资产重组管理办法》第 12 条第 1 款第 1 项规定的“购买、出售的资产总额占上市公司最近一个会计年度经审计的合并财务会计报告期末资产总额的比例达到 50% 以上”的情形。因此本次交易属于重

〔1〕 参见《勤上股份并购现案中案：2500 万合同诈骗引出付款疑云》，载每日经济新闻：https：//www.nbd.com.cn/articles/2019－12－25/1396138.html，最后访问日期：2020 年 4 月 19 日。

大资产重组，应当适用《上市公司重大资产重组管理办法》的规定。

勤上股份于报告书中曾披露本次交易的现金对价将于广州龙文的股权过户至公司名下之日起十个工作日内一次性支付，但后续改变其披露口径，称为进一步保护公司权益，公司改变原付款安排，转而在业绩对赌期内分批向杨勇支付现金对价，且该信息仅在《2017 年半年度报告》中进行简单披露，致使社会公众无法得知具体付款安排。若协议约定的最后一期付款期限确为 2019 年 4 月，则提前支付的行为不仅可能违反合同约定，甚至可能构成对募集资金的违规使用。募集资金系由上市公司直接向投资者所募集的，对其管理使用直接体现了上市公司保护投资者的力度，因此《上市公司监管指引第 2 号——上市公司募集资金管理和使用的监管要求》（以下简称《监管要求》）规定上市公司原则上必须严格按照募投项目使用募集资金。《监管要求》第 11 条更是规定上市公司应当真实、准确、完整地披露募集资金的实际使用情况，募集资金投资项目实际投资进度与投资计划存在差异的，上市公司应当解释具体原因。具体到募集资金用于偿还债务的用途，监管机构应当对付款安排、债务到期日等要素进行关注。观察域外法治，这些因素同样具有重要性：美国对募集资金监管强调披露的真实有效性，其证券交易委员会主要于 S—K 规则项目 504 中规定关于募集资金的监管要求，如果发行证券申请人没有对全部或者大部分募集资金制定专门的使用计划，则应披露这一事实；第 4 条更规定如果有较大比重资金用于偿还债务，必须说明该债务的利率及到期日。而香港对募集资金的要求在《首次公开招股上市文件的披露——所得款项用途》（HKEx - GL33 - 12）第 3.7 条中亦规定所得款项如用作解除债项，则上市文件中必须披露该债项的利率、到期日、有关债项所得款项的用途等。[1] 本案所涉及的重大资产重组中所募集的配套资金部分用于偿还上市公司对于杨勇的债务（支付并购款），该项目的实际投资进度应当根据交易合同的付款安排。分期付款机制的安排即在于控制买方风险，使买方可以在交易过程中以不安抗辩权的方式停止价款支付，以此督促出让方和目标公司推进并购的目的；提前付款的行为实际上是放大了投资者的风险，导致对赌失败的结果可能以股价跌落的形式影响投资者的利益，因此本案存在募集资金使用与计划不符而未进行及时披露的问题。

除外部的信息披露之外，还应考虑上市公司内部的审议决策程序。根据《上市公司重大资产重组管理办法》第 21 条第 1 款的规定，批准上市公司进行重大资产重组的权利由股东大会所享有。但实际上股东大会的权力并不会一直贯彻资产重组始终：上市公司的众多中小股东所导致的集体行动困境和理性冷漠使由股东大会主导资产重组缺乏效率，并且实际上难以进行。因此对于公司日常经营具有实际控制权的董事会才是实际主导资产重组进行的公司

---

〔1〕 参见陈华敏：《境外成熟市场经验对完善募集资金监管的启示》，载《证券市场导报》2018 年 3 月。

机关，《上市公司重大资产重组管理办法》[1]要求股东大会将办理资产重组的具体权力授予董事会。本案中勤上股份召开的 2016 年第一次临时股东大会通过决议授权董事会全权办理本次交易，但问题在于提前付款是否需要召开董事会进行审议。根据勤上股份制定的《公司章程》，交易涉及的资产总额占上市公司最近一期经审计总资产的 8% 以内仅需由董事长进行审批，无须上升到董事会。本案所涉及提前支付的并购款至多为 3.8 亿，而当时最近一期经审计总资产约为 71 亿[2]，提前支付并购款的行为按照数据而言似乎尚不足以达到董事会审议的高度。但笔者认为董事会仍然应当经过审议程序，理由包括：第一，《公司章程》中规定董事会的职权包括管理公司信息披露事项。从董事会行使职权的方式来看，主要即是履行审议程序并通过董事会决议。更何况本案中所涉及的问题是募集资金的使用情况，董事会更应当以严格的方式履行其职权。第二，从权责一致的角度看，《证券法》规定上市公司董监高应当保证上市公司所披露的信息真实、准确、完整，否则可能因此承担民事及行政责任。同时董事作为掌握上市公司权力的人物，对公司负有忠实义务和勤勉义务。保证上市公司如实披露信息，是董事注意义务的重要内容。[3]因此上市公司发布信息经过董事会审议通过，亦是董事会承担责任的体现。由此看来，勤上股份在本案中并未及时履行信息披露义务和董事会决策程序。

（二）《保证书》之效力及责任判断

本案中，由于杨勇所持有的公司股份被司法冻结，业绩对赌期届满时勤上股份可能无法回购其股份并注销，因此杨勇存在到期不能履行或迟延履行补偿义务的风险。对于深交所的问询，杨勇主动出具《保证书》，承诺提供 2.4 亿元担保《补偿协议》的履行，公司亦允诺在杨勇履行补偿义务的十日内返还履约保证金，否则将以该保证金冲抵杨勇在《补偿协议》应向公司支付的全部补偿金。而杨勇拒绝履行的行为，使无论是勤上股份，还是处于资本迷局外的观望者，都希望知道此中责任应当如何分配。

《保证书》项下的主要义务即为杨勇向勤上股份提供 2.4 亿元保证金。由于《保证书》不存在特别成立要件或生效要件的障碍，因此其不存在不成立或尚未生效的状态，且本案无须要追认之情事而不存在效力待定的可能，因此本案《保证书》的效力主要涉及的是有效、无效或者可撤销问题。《民法总则》及《合同法》对于合同无效及可撤销事由均采概括列举

---

〔1〕《上市公司重大资产重组管理办法》第 23 条上市公司股东大会就重大资产重组作出的决议，至少应当包括下列事项：（一）本次重大资产重组的方式、交易标的和交易对方；（二）交易价格或者价格区间；（三）定价方式或者定价依据；（四）相关资产自定价基准日至交割日期间损益的归属；（五）相关资产办理权属转移的合同义务和违约责任；（六）决议的有效期；（七）对董事会办理本次重大资产重组事宜的具体授权；（八）其他需要明确的事项。

〔2〕参见勤上股份：《2017 年年度报告（更新后）》，载深圳交易所官网：https://www.szse.cn/disclosure/listed/bulletinDetail/index.html?a9b75e79-adcb-4013-8c68-5ecb54fe00ec，最后访问日期：2020 年 4 月 17 日。

〔3〕参见熊锦秋：《上市公司发布信息应经董事会审议》，载《证券时报》2016 年 3 月 25 日第 A03 版。

之方法，因而若不存在法律上无效及可撤销之事由，合同应当有效。

观察本案，杨勇系自愿向勤上股份作出不可撤销的承诺，似乎并不存在欺诈、胁迫之情事，杨勇对于自己出具《保证书》，负担处分自己财产之行为亦并未出现重大误解；且其为自己所负担之补偿义务进行金钱担保，难谓显失公平。因此《保证书》不存在可撤销事由。杨勇为其对勤上股份的债务进行担保，有利于上市公司债权的实现，使其以避免因业绩对赌失败而蒙受过大损失，这对于公司以及中小股东而言均是利好消息，自然不存在所谓损害国家、集体以及第三人的利益，更不会因此而违背社会善良风俗以及强制性法律规定，这也导致绝大多数无效事由不需要进一步考虑。此时仍然存在数项值得探讨的合同无效事由。

1. 合同部分内容是否存在瑕疵

《保证书》系杨勇与勤上股份之间所订立的合同，但在《保证书》内容陈述中使用“本人及其他广州龙文教育科技有限公司原股东向贵公司承诺……”的措辞。由于合同法律关系具有相对性的特征，未经第三人同意不得对其设定负担，对第三人设定负担的约定无效。[1]但根据《保证书》载明的内容，其他广州龙文教育科技有限公司原股东承诺的内容为龙文教育在对赌期内应达到的税后净利润累计不低于5.638亿元，若未达到则承担补偿义务，这一内容与勤上股份收购龙文教育时所订立的《补偿协议》并没有实质上的不同。龙文教育原股东在《保证书》项下所作的承诺仅构成对于原有债权债务的确认，并未实质性修改或产生新债权债务，因此并不属于为第三人设定负担的情形。退一步而言，若这种情况必须取得第三人的授权，未取得第三人追认而归于无效的后果也并不会波及整个合同。《保证书》的主体内容在于约定杨勇提供履约保证金的义务，最主要的债务人系杨勇而非其他龙文教育的原股东，因此无效的原因仅存在于合同内容的一部分，该无效部分的缺失并不影响杨勇提供履约保证金义务的继续存在，因而《保证书》能够适用部分无效的规则而使其他部分继续有效。[2]

2. 意思表示是否真实

尽管前文已经说明此处并不存在欺诈胁迫之情事，但杨勇及勤上股份是否真的欲以提供保证金为代价消除杨勇后续无法完全履行业绩承诺补偿的风险，二者是否可能仅为了应对深交所的问询？由是需要探讨通谋虚伪表示以及以合法形式掩盖非法目的的适用可能。

首先，笔者认为不构成通谋虚伪表示。通谋虚伪表示指双方当事人一致同意仅造成订立某项法律行为的表面假象，而实际上并不想使有关法律行为的效果产生。[3]尽管实践中多伴随着内部隐藏行为，但其并不以隐藏行为的存在为要件，即双方当事人可以出于某种目的或动机仅约定表面的虚伪表示，如为骗取信用而订立虚假合同，此时认定通谋虚伪表示的存在

---

〔1〕 参见［德］梅迪库斯：《请求权基础》，陈卫佐等译，法律出版社2012年版，第101页。
〔2〕 参见崔建远：《合同法总论（上卷）》，中国人民大学出版社2011年版，第306页。
〔3〕 参见［德］卡尔·拉伦茨：《德国民法通论（下册）》，邵建东译，法律出版社2003年版，第497页。

较为困难。按照传统民法理论，通谋虚伪表示应具备意思表示的存在、表示与真意不符、当事人以非真意的表示与相对人通谋三项要件。[1]在本案当中，双方之间就保证金的交付、补偿义务的担保达成合意，但除此以外双方当事人并无更多行为证明其欲图合同有效，因此仅从当事人行为的角度并无法排除通谋虚伪表示的可能。从本案事实证据来看，双方并未提交相应证据表明《保证书》的订立只是为了应付监管，实际上双方并不使其产生效力。通常情况下，合同文本的证明力高于外部证据，只有当多项外部证据相互间吻合且都与合同文本相矛盾时，才可以认定它是通谋虚伪表示。[2]而从《保证书》订立的背景和目的来看，合同是在杨勇可能无法完全履约的情形下，为了应对深交所关于消除风险的问询所缔结。在资本市场实践中，此种针对交易所问询函而采取的公开承诺并不少见，其作用不仅仅在于应对交易所或主管机构的监管，其背后更深层次的动因在于保护投资者利益、稳定资本市场预期。一般情况下，出于对投资者所形成信赖利益的保护和诚信信息监管的要求，监管机构具备积极推动承诺履行的正当性和动力，甚至会采取信息披露违法责任乃至刑事责任的手段迫使承诺人履行承诺，而承诺无效显然是监管方最不愿意看到的结果。诚然司法逻辑和监管逻辑可能存在不一致，但出于对私法自治的尊重，尤其是对双方意思表示真意的解释更应当采取审慎的态度，不轻易以最具破坏性的方式认定法律行为的效力，更何况无效的结果可能会导致社会公众投资者信赖利益遭受损失。

其次，笔者认为以合法形式掩盖非法目的同样不成立。诚然，通谋虚伪表示与以合法形式掩盖非法目的具有一定的相似性、交叉性，甚至在立法尚未对虚伪表示做出明确的规定时，通过对《合同法》第 52 条第 3 项的解释可以得出虚伪表示无效的规则。[3]但二者比较重要的区别在于：虚伪表示是当事人不希望外在的意思表示发生法律效果，而希望被掩盖的真实意思发生法律效力，也即是当事人虚构了一项法律行为来掩盖其真实的目的，而其并不希望发生虚构的行为的法律后果；与之不同，“以合法形式掩盖非法目的”不要求当事人虚构一个虚假的法律行为，而是当事人只是实施某种形式合法的法律行为并“真诚地期待约定的结果发生”。[4]本案中显然并不存在试图以订立并履行《保证书》为形式所掩盖的非法目的，因此该说法亦不成立。

3. 对赌条款是否有效

《保证书》的目的在于担保业绩补偿义务的履行，从性质上看属于《补偿协议》的从合

---

〔1〕 参见王泽鉴：《民法总则》，北京大学出版社 2009 年版，第 285 页。

〔2〕 赵申豪：《〈民间借贷司法解释〉第 24 条之解释与检视》，载《甘肃政法学院学报》2019 年第 6 期。

〔3〕 耿林：《强制规范与合同效力——以合同法第 52 条第 5 项为中心》，清华大学 2006 年博士学位论文，第 99 –100 页，转引自李伟平：《论“以合法形式掩盖非法目的”之法律行为无效条款的独立意义》，载《法律适用》2019 年第 8 期。

〔4〕 Palandt/Herinrichs，a. a. O. §117，Rn. 5.，转引自李伟平：《论“以合法形式掩盖非法目的”之法律行为无效条款的独立意义》，载《法律适用》2019 年第 8 期。

同。根据《担保法》第5条第1款，主合同无效时担保合同也归于消灭。其中主合同无效并非狭义地指主合同全部无效，主债权无效时即可基于担保权利的从属性而导致担保合同的消灭。〔1〕本案中的主债权即为《补偿协议》项下的业绩补偿债权，具体则表现为请求股份回购和现金补偿的权利。尽管《保证书》出具时由于对赌期尚未届满，勤上股份请求业绩补偿的债权尚未产生，但这并不妨碍双方先行约定的保证关系之成立。尽管担保合同是从属于主合同的从合同，但担保合同的当事人可以约定对将来债务提供担保，法律并没有规定其担保的主债务必须在担保合同成立时就已经存在。〔2〕

约定主债权的业绩补偿条款，也即对赌条款是否有效，是近年来争议较大的问题，《全国法院民商事审判工作会议纪要》（法〔2019〕254号）对此提供了大量的解释规则。本案的对赌模式为目标公司（龙文教育）的股东与投资方（勤上股份）约定业绩对赌，对赌内容并不涉及目标公司的利益，因此不存在违反资本维持原则或其他损害目标公司债权人的后果，属于双方合法的意思自治结果。至于双方所约定的业绩对赌未实现时，勤上股份有权低价回购股份（1元回购8000万股股份）并注销，也并不会出现无效的后果。对于勤上股份而言，回购股份属于其自身收回投资的措施，无所谓“股东变相抽逃出资”，而且其低价回购并不会造成自有资金的减少，损害债权人利益的后果。从实证法的角度，《公司法》虽然严格限制公司回购股权的情形，但上市公司出于提振股价等目的回购公司股份〔3〕，客观上对公司价值和股东权益有利。本案中双方约定的业绩对赌失败时勤上股份所享有的回购作为交易对价支付的股份，即是一种挽回投资损失的手段，可以被解释为《公司法》第142条第1款第（6）项所规定的“为维护公司价值及股东权益所必需”。因此本案的业绩补偿条款也不存在效力障碍，不会出现主债权无效从而导致担保合同无效的后果。

综上分析的结论即是，本案中《保证书》并不存在无效及可撤销的事由，合同应当依法成立生效。随之而来的结果即是勤上股份有权请求杨勇交付《保证书》项下的2.4亿元履约保证金，杨勇不履行交付义务的行为将会导致其承担违约责任的后果，而勤上股份则可以通过申请强制执行的方式保障自己的利益得以实现。

---

〔1〕 参见曹士兵：《中国担保制度与担保方法》，中国法制出版社2017年版，第41页。

〔2〕 参见交通银行股份有限公司娄底分行与湖南担保有限责任公司、湖南金鹰服饰集团有限公司金融借款合同纠纷申诉、申请民事裁定书［（2015）民申字第2671号］。

〔3〕 参见叶林：《股份有限公司回购股份的规则评析》，载《法律适用》2019年第1期。

“暴风投资”引发投资风暴

——“暴风集团、光大证券等连环诉讼案”的法律分析

杨亚楠

【案情介绍】[1]

北京暴风科技股份有限公司（后变更为“暴风集团股份有限公司”，以下简称“暴风集团”）主要从事互联网信息服务、技术开发和技术咨询、版权贸易和代理服务等业务。2016年由暴风集团发起的一个产业并购基金项目，吸引了各方资本的参与。然而由于此后并购对象的经营不善，引起了投资人之间的一系列诉讼。其中，投资人之一光大资本投资有限公司（以下简称“光大资本”）的差额补足函义务是本案的分析重点之一。

（一）隆重登场

2015年8月18日，暴风集团经董事会决议，设立了全资子公司暴风（天津）投资管理有限公司（以下简称“暴风投资”）。

2016年3月11日，暴风投资与光大资本签署了《光大资本投资有限公司与暴风（天津）投资管理有限公司关于共同发起设立新兴产业并购基金之合作框架协

---

〔1〕 本文中的案情整理参考如下相关资料：光大证券股份有限公司于2018年10月30日、2019年2月2日、2019年3月28日、2019年6月1日在巨潮资讯网（www. cninfo. com. cn/）发布的公告，以及北京暴风科技股份有限公司（暴风集团）于2015年8月18日、2016年3月11日、2016年3月15日、2016年3月18日、2016年4月19日、2016年5月24日、2019年2月24日、2019年5月8日……在巨潮资讯网（www. cninfo. com. cn/）发布的公告，以及相关媒体报道材料。本文仅是基于上述资料进行的学术分析与探讨，不涉及任何与本案相关的争议解决问题，特此说明。

议》，拟以有限合伙企业的形式共同发起设立产业并购基金——光大—暴风新兴产业并购基金，由光大资本的子公司光大浸辉投资管理（上海）有限公司（以下简称“光大浸辉”）为执行事务合伙人。该协议中指出：“4. 出资进度：第一期基金设立可通过各方出资新设，亦可根据暴风投资及其关联方、光大资本及其关联方合作的实际需要，通过无偿或以名义价格（即无需花费实际成本）受让已存续的有限合伙企业份额的方式实施…… 9. 退出机制：标的资产达到各方约定条件后，其对应的基金资产将通过优先出售予暴风投资及其指定关联方的方式实现退出。”

同年3月15日，暴风投资和光大资本的合作协议达成。时任光大资本投资总监的项通，将其作为有限合伙人持有的上海浸鑫投资咨询合伙企业（有限合伙）（以下简称“浸鑫基金”）的全部合伙份额（对应认缴合伙企业出资额980万元），分别转让给暴风集团、暴风投资和光大浸辉。其中，暴风集团受让项通持有的浸鑫基金20%份额，对应认缴出资额为200万元；暴风投资受让项通持有的浸鑫基金5%的份额，对应的认缴出资额为50万元；光大浸辉受让项通持有的浸鑫基金73%份额，对应认缴出资额为730万元，再加上光大浸辉原本作为浸鑫基金的普通合伙人持有的对应20万元出资额的合伙份额，光大浸辉的认缴出资额共750万元。浸鑫基金出资额共1000万元。（见表1）

表1　合伙份额转让后的浸鑫基金各合伙人认缴出资额

合伙人	认缴出资额/万元
暴风集团	200
暴风投资	50
光大浸辉	750
合计	1000

（二）宏图初谋

2016年3月18日，暴风集团通过董事会决议对浸鑫基金进行增资。增资完成后，暴风集团作为有限合伙人出资6000万元、暴风投资作为普通合伙人出资1500万元。相应的，光大浸辉作为普通合伙人也将出资从750万元增加到22500万元。至此，浸鑫基金出资额共3亿元。

4月15日，暴风集团通过董事会决议，将暴风投资对浸鑫基金的出资额从1500万元变更为100万元。后暴风集团、暴风投资和光大浸辉与其他投资人签订《上海浸鑫投资咨询合伙企业（有限合伙）有限合伙协议》及补充协议（以下简称“合伙协议”），最终浸鑫基金目标募集资金为人民币52.03亿元。其中，暴风集团出资2亿元，暴风投资出资100万元，光大浸辉出资100万元，上海群畅金融服务有限公司（以下简称“上海群畅”）为普通合伙人出资100万元；其他投资人作为有限合伙人共出资50亿元，包括招商财富资产管理有限公

司（以下简称“招商财富”）出资28亿元、上海爱建信托有限责任公司（以下简称“上海爱建”）出资4亿元等。（见表2）

表2 最终浸鑫基金各合伙人认缴出资额

合伙人	合伙人性质	认缴出资额/亿元
暴风集团	有限	2.00
暴风投资	普通	0.01
光大浸辉	普通	0.01
上海群畅	普通	0.01
招商财富	有限	28.00
上海爱建	有限	4.00
其他	—	18.00
合计	52.03	

5月24日，暴风集团发布公告称：浸鑫基金将作为暴风科技产业并购基金的平台，对MP & Silva Holdings S.A.（以下简称“MPS”）股东持有的MPS 65%股权进行收购，并已于5月23日完成交割。

至此，由暴风集团和光大资本发起的产业并购基金项目，投资人和项目内容等信息已经明了。MPS身为欧洲体育版权代理公司，经营全球重要体育专业联赛的媒体转播权以及分销协议，购买并持有多个体育产权。根据同日发布的《北京暴风科技股份有限公司关于与MP & Silva Holding S.A.签署战略合作备忘录的公告》，双方将利用其地位和影响力推进和发展双方在中国和全球业务的发展和战略成长。在国内互联网视频服务行业蒸蒸日上、体育产业发展受到大力支持的背景下，收购MPS对于向互联网娱乐平台转型的暴风科技来说，将有利于其进一步扩展市场份额。

（三）风云突变

然而，浸鑫基金入股MPS之后，随着MPS持有的相关体育赛事联盟版权合约到期和行业竞争，MPS经营难以为继。

2018年10月17日，英国伦敦高等法院根据《破产法》，判定法国网球协会与MPS的法律纠纷案中，MPS须以资抵债偿还法网660万美元版权费。这一判令导致MPS公司的剩余资产都将归公司债权人所有，曾拥有众多世界顶级赛事版权的MPS公司面临破产。这也导致投资仅2年多的浸鑫基金项目将难以继续下去。

2019年2月2日，光大证券发布公告称，其全资子公司光大浸辉担任执行事务合伙人的浸鑫基金临近到期日，投资项目出现风险。随后，2月24日暴风集团也明确表示MPS公司经营陷入困境，不具备持续经营能力，浸鑫基金面临较大风险。

（四）同室操戈

MPS 公司破产后导致浸鑫基金无法按原计划实现退出，开始发酵出连锁反应。

根据光大证券 2018 年第三季度报告，2018 年 10 月 22 日光大浸辉收到了上海国际经济贸易仲裁委员会（上海国际仲裁中心）签发的仲裁通知。上海华瑞银行股份有限公司因与光大浸辉关于《上海浸鑫投资咨询合伙企业（有限合伙）合伙协议之补充协议》的争议事宜，请求裁决光大浸辉向其支付投资本金、投资收益、违约金、诉讼费用等合计人民币约45 237万元。光大证券 2018 年度报告显示，11 月 15 日光大资本收到法院通知，华瑞银行就同一事由以光大资本为被告，向上海金融法院提起民事诉讼，涉及金额约43 136万元。

2019 年 5 月 8 日，暴风集团表示收到了北京市高级人民法院送达的相关诉讼文件，光大浸辉及浸鑫基金以暴风集团未能履行《关于收购 MP& Silva Holding S. A. 股权的回购协议》的约定为由，对暴风集团及冯鑫提起"股权转让纠纷"诉讼，请求法院判令暴风集团向光大浸辉、浸鑫基金支付因不履行回购义务而导致的部分损失 6. 88 亿元及利息。关于此回购协议，暴风集团 2019 年 2 月 25 日《关于公司重要事项的公告》和 5 月 8 日《关于诉讼事项的公告》中有所披露："2016 年 3 月 2 日，暴风集团、冯鑫及光大浸辉签署意向性协议《关于收购 MP& Silva Holding S. A. 股权的回购协议》，约定在光大浸辉与暴风投资设立的特殊目的企业收购 MPS 65% 股权交割后，届时根据有效的监管规则，双方应尽合理努力尽快进行最终收购。收购对价应公允，价格、支付方式由暴风投资与光大浸辉一致同意通过。双方同意最终收购应在初步收购交割完成后合理可能的情况下尽快完成，且原则上最迟于初步交割完成后 18 个月内完成。"暴风集团在设立和运营浸鑫基金时未对此回购协议及时履行相应的审议程序和信息披露义务，受到了深圳证券交易所的公开谴责处分。

6 月 1 日，光大证券表示，光大资本于近日收到了上海金融法院送达的应诉通知书，浸鑫基金中作为一优先级合伙人之利益相关方的招商银行对光大资本提起诉讼，要求光大资本依据《差额补足函》，在优先级合伙人不能实现退出时履行相应的差额补足义务，诉讼金额约为 34. 89 亿元。2019 年 2 月 2 日光大证券《关于全资子公司重要事项的公告》中首次提及此《差额补足函》："浸鑫基金中，两名优先级合伙人的利益相关方各出示一份光大资本盖章的《差额补足函》，主要内容为在优先级合伙人不能实现退出时，由光大资本承担相应的差额补足义务。"

此外，相关诉讼还有深圳恒祥股权投资基金企业（有限合伙）诉光大浸辉、暴风投资、上海群畅私募股权投资合同纠纷，嘉兴招源涌津股权投资基金合伙企业（有限合伙）诉光大浸辉私募股权投资合同纠纷。

【法律分析】

暴风集团曾经为家喻户晓的互联网企业之一，这场投资以最初的 2. 6 亿元加杠杆撬动了

52亿元的资本，从项目设立到陷入困境继而引发一系列诉讼，主要争论点在于此次结构化基金设置过程中约定的《差额补足函》和相关回购协议的效力问题。

（一）浸鑫基金的结构化模式剖析

浸鑫基金的结构化设计可以通过2016年成都市中级人民法院审理的上海君富投资管理有限公司与四川信托有限公司合同纠纷案［（2016）川01民初1694号］得以明晰。该案件中上海君富投资管理有限公司（以下简称“上海君富”）拟与四川信托有限公司设立合伙企业参与浸鑫基金投资，在设立合伙企业的磋商过程中双方产生了合同纠纷。该案中，成都中级人民法院认定：浸鑫基金载体为上海浸鑫投资咨询合伙企业（有限合伙），采用结构化设计，总资产份额为50亿元，其中优先级份额为30亿元，中间级份额为10亿元，劣后级份额为10亿元。上海浸鑫拟出资47亿元收购MPS公司65%股权，并计划于收购完成后18个月内卖给一上市公司，实现合伙企业投资人的资金退出。后上海浸鑫资产变更为52.03亿元。浸鑫基金的中间级投资人有权获得预期固定收益和超额收益，每年的预期固定收益为项目投资额的15%，超额收益为全体中间级的超额收益＊投资人的项目投资额/10亿元。

结合几起相关诉讼的信息和光大资本2018年《年度报告》“预计负债的确认”内容可以确定，浸鑫基金优先级合伙人出资32亿元，中间级合伙人出资10亿元，劣后级合伙人出资10亿元。招商财富为优先级有限合伙人，出资28亿元；上海爱建为另一名优先级有限合伙人，出资4亿元。光大资本对两名优先级合伙人出具了《差额补足函》，在优先级合伙人不能实现退出时承担差额补足义务。暴风集团与光大浸辉事先签订了回购协议，约定浸鑫基金收购MPS 65%股份初步交割后18个月内，暴风集团对浸鑫基金承担回购义务，后暴风集团作为劣后级有限合伙人对浸鑫基金出资2亿元。然而，自2016年5月23日MPS股份初步交割完成18个月期满后，暴风集团并未履行回购义务，直至2018年10月MPS破产，基金无法退出，基金众多投资人损失惨重。

（二）系争《差额补足函》的性质分析

差额补足协议作为一种增信措施，是金融发展过程中出现的一种创新手段，主要用于确保投资项目的收益及借贷中的债权实现，学术界将差额补足函主要分为权益类差额补足和债务类差额补足。其中，前者通常出现在涉及对赌或信托、资产管理产品、基金投资人收益分配等安排的投资交易中，差额补足义务的履行不以债务人未履行债务为前提。关于差额补足协议的性质，学术界主要存在三种不同的观点：构成保证、构成债务加入和构成独立的合同责任。

（1）系争《差额补足函》是否构成保证

权益类差额补足协议是通过减少投资人对投资本金及收益的担忧促成投资交易，其产生与投资交易本身有着密切的联系，在效果上与担保近似，但又不完全符合《担保法》关于保证的规定，通常被认为是一种变相担保。

为树立同案同判思维，规范法官自由裁量权，增强民商事审判的公开性、透明度以及可预期性，2019 年最高人民法院发布的《全国法院民商事审判工作会议纪要》（以下简称《九民纪要》）对包括差额补足协议在内的增信文件的性质进行了明确。

《九民纪要》第 91 条表示：“信托合同之外的当事人提供第三方差额补足、代为履行到期回购义务、流动性支持等类似承诺文件作为增信措施，其内容符合法律关于保证的规定的，人民法院应当认定当事人之间成立保证合同关系。其内容不符合法律关于保证的规定的，依据承诺文件的具体内容确定相应的权利义务关系，并根据案件事实情况确定相应的民事责任。”根据《担保法》第 6 条：“本法所称保证，是指保证人和债权人约定，当债务人不履行债务时，保证人按照约定履行债务或者承担责任的行为。”保证合同作为一个从合同，其成立的前提是有一个明确具体的主合同，通过主合同设立一个明确具体的债权，当主合同债权得不到保障时，由保证合同确保主债权的实现。

本案中招商财富以认缴出资额的方式成为浸鑫基金的优先级合伙人，而光大资本非浸鑫基金的合伙人，尽管系争《差额补足函》的出现与招商财富投资浸鑫基金看似联系密切，但是以现有的材料来看，并没有一个明确的招商财富为债权人的主债务存在，也就不存在保证合同。

（2）系争《差额补足函》是否构成债务承担

由于浸鑫基金投资中并无招商财富为债权人的债务，该《差额补足函》也不会导致债务承担，但是保证和债务承担本身是需要进行区分的。

保证人担保债务人的债务与债务承担在效果上是近似的，确保了债权人的债务实现，从保证人与债务人、债务承担人与原债务人之间的关系来看则有明显的区别。在中国城市建设控股集团有限公司、安信信托股份有限公司营业信托纠纷二审判决［（2018）最高法民终 867 号］中，法官认为：“《中华人民共和国担保法》第 6 条规定，‘本法所称保证，是指保证人和债权人约定，当债务人不履行债务时，保证人按照约定履行债务或者承担责任的行为。’根据该条规定，保证、尤其连带保证责任，在以担保原债务人的债务为目的这一点上，与债务加入（并存的债务承担），性质相同。尤其在债权人与承担人达成合意、成立债务加入的情形下，两者更难区分。但实践中，仍有区分的必要和标准，如债务加入下承担人的债务，是与原债务并立的自己债务；而保证债务则为保证他人的债务，是附属于主债务的债务。再如，承担人在承担后对债权人有清偿或者其他免责行为时，对于原债务人有无求偿权及其求偿范围，依据承担人与债务人之间内部法律关系而确定；而《中华人民共和国担保法》第 31 条规定，保证人承担保证责任后，有权向债务人追偿。故在当事人意思表示不明时，应斟酌具体情事综合判断，如主要为原债务人的利益而为承担行为的，可以认定为保证，承担人有直接和实际的利益时，可以认定为债务加入。”

（3）系争《差额补足函》是否构成独立的合同责任

在构成独立的合同责任时，义务人仅在当事人约定的条件达成时承担差额补足义务，不依附于其他法律关系。此种认定比较有利于权利人，举证方面只需证明该约定是双方当事人一致、共同的真实一致意思表示且不存在任何违反《合同法》第 52 条关于合同无效具体情形的规定。

在招商银行诉光大资本合同纠纷一案中，由于光大资本作出《差额补足函》时没有明确的招商银行为债权人的债务存在，且此约定属于双方当事人的真实意思表示，笔者倾向于认为光大资本的差额补足义务属于独立的合同责任。

此外，本案可能会针对是否追加暴风集团、暴风投资作为第三人参加诉讼进行讨论。

本案系招商银行根据光大资本对招商财富作出的《差额补足函》起诉要求光大资本补足投资本金及收益。虽然起初光大资本与暴风集团共同合作发起设立新兴产业并购基金，目的是拓展暴风集团的业务，但是投资人以合伙人的形式加入浸鑫基金的载体上海浸鑫投资咨询合伙企业（有限合伙），基金的执行事务合伙人是光大浸辉，暴风集团及其子公司暴风投资、光大浸辉和招商财富之间是合伙关系，光大资本非浸鑫基金的投资人，且暴风集团及暴风投资与招商财富之间没有明确的债权债务关系。

系争《差额补足函》由光大资本向招商财富出具，非合伙协议的从合同，并购投资亏损责任也不是本案的审理范围，因此暴风集团、暴风投资与本案纠纷的处理无直接关联，暴风集团和暴风投资不应当成为本案的第三人。

（三）系争《差额补足函》的效力分析

“资管新规颁布以前，在金融资管创新领域，司法机关在处理资管合同纠纷中，本着尊重市场规律、当事人意思自治原则以及当事人系自身利益的最佳判断者的角度，对于即使资管合同内容的安排违反部门规章的案件，也不认定为无效。”[1]因此就差额补足协议的法律效力而言，多数案件中法院通过对事实进行梳理、分析，发现差额补足协议是各方当事人真实意思表示，内容不违反法律、行政法规的强制性规定，不存在《合同法》第 52 条规定的合同无效情形，通常都认定协议合法有效，当事人理应遵守。然而在部分案件中，考虑到金融秩序和社会稳定等因素，法院会论证差额补足协议损害社会公共利益而认定其无效。而本案系争《差额补足函》的情况更为特殊，协议的双方当事人与同一个分级私募基金关系密切，一个是基金的投资人，另一个是基金执行合伙人的母公司。

1. 金融监管方面的规定和考量

2018 年以前，我国金融监管以分业监管、机构监管为主，银监会、证监会、中国证券投资基金业协会主要从原则上对结构化资产管理产品进行规定，虽然资产管理产品分级设定，投资者承担的风险和享受的收益不同，但是总体上一定是遵循利益共享、风险共担、风险与收益相匹配的原则。

2010 年银监会发布的《关于加强信托公司结构化信托业务监管有关问题的通知》第 2 条规

〔1〕 沈军炜:《资管新规下资管合同效力问题研究》，载《上海法学研究》2019 年第 1 卷。

定：“信托公司开展结构化信托业务，应当严格遵循以下原则：①依法合规原则；②风险与收益相匹配原则；③充分信息披露原则；④公平公正，注重保护优先受益人合法利益原则。”

2016年证监会发布的《证券期货经营机构私募资产管理业务运作管理暂行规定》第3条：“证券期货经营机构及相关销售机构不得违规销售资产管理计划，不得存在不适当宣传、误导欺诈投资者以及以任何方式向投资者承诺本金不受损失或者承诺最低收益等行为，包括但不限于以下情形：（一）资产管理合同及销售材料中存在包含保本保收益内涵的表述，如零风险、收益有保障、本金无忧等；（二）资产管理计划名称中含有“保本”字样；（三）与投资者私下签订回购协议或承诺函等文件，直接或间接承诺保本保收益；（四）向投资者口头或者通过短信、微信等各种方式承诺保本保收益。”2016年证监会对《暂行规定》相关问题的解答表示：第3条重点规范宣传推介行为，以避免误导投资者形成刚性兑付预期；法规不禁止资产管理计划在投资端采取相关增信措施，但管理人不得以采取了相关增新措施为由，向投资者宣传保本保收益或使用含“保本”字样的产品名称。有观点认为，这一条仅针对平层产品允许第三方机构对资产管理计划进行增信，但是禁止宣传；结合《暂行规定》第4条内容，结构化产品中第三方机构对优先级投资者提供担保仍是禁止的。

第4条规定：“证券期货经营机构设立结构化资产管理计划，不得违背利益共享、风险共担、风险与收益相匹配的原则，不得存在以下情形：①直接或者间接对优先级份额认购者提供保本保收益安排，包括但不限于在结构化资产管理计划合同中约定计提优先级份额收益、提前终止罚息、劣后级或第三方机构差额补足优先级收益、计提风险保证金补足优先级收益等。”《暂行规定》不适用于私募投资基金，但是根据证监会的问题解答，私募投资基金应当参照适用。问题解答中也对《暂行规定》第4条规定的“利益共享，风险共担”原则进行阐释：“‘利益共享，风险共担’原则是指结构化资产管理计划整体产生收益或出现投资亏损时，所有投资者均应当享受收益或承担亏损，不能够出现某一级份额投资者仅享受收益不承担风险的情况。换言之，产品整体净值≥1，劣后级投资者不得亏损；产品整体净值<1时，优先级投资者不得盈利或保本。在上述底线要求上，结构化资产管理计划可对各类份额的风险与收益分配进行约定，但应当公平恰当，不得存在利益输送。”因此，无论是结构化资产管理者对优先级投资人保本保收益，还是劣后级或第三方机构对优先级保本保收益，都应当是禁止的。

随后，中国证券投资基金业协会发布《证券期货经营机构私募资产管理计划备案管理规范第3号——结构化资产管理计划》规定：（1）严格按照“利益共享、风险共担、风险与收益相匹配”原则设计结构化资产管理计划。所谓利益共享、风险共担、风险与收益相匹配，是指在结构化资产管理计划产生投资收益或出现投资亏损时，所有投资者均应当享受收益或承担亏损，但优先级投资者与劣后级投资者可以在合同中合理约定享受收益和承担亏损的比例，且该比例应当平等适用于享受收益和承担亏损两种情况。（2）结构化资产管理计划合同中不得约定劣后级投资者本金先行承担亏损、单方面提供增强资金等保障优先级投资者利益的内容。这与证监会的意见是相适应的。

2018 年 4 月 27 日，央行、银保监会、证监会、外汇局联合发布《关于规范金融机构资产管理业务的指导意见》（以下简称为“资管新规”），从此我国金融监管以机构监管与功能监管相结合，统一各类资产管理产品监督标准。

“资管新规”第 19 条：“经金融管理部门认定，存在以下行为的视为刚性兑付：（一）资产管理产品的发行人或者管理人违反真实公允确定净值原则，对产品进行保本保收益。（二）采取滚动发行等方式，使得资产管理产品的本金、收益、风险在不同投资者之间发生转移，实现产品保本保收益。（三）资产管理产品不能如期兑付或者兑付困难时，发行或者管理该产品的金融机构自行筹集资金偿付或者委托其他机构代为偿付。”

第 21 条：“分级私募产品应当根据所投资资产的风险程度设定分级比例（优先级份额/劣后级份额，中间级份额计入优先级份额）。固定收益类产品的分级比例不得超过 3∶1，权益类产品的分级比例不得超过 1∶1，商品及金融衍生品类产品、混合类产品的分级比例不得超过 2∶1。发行分级资产管理产品的金融机构应当对该资产管理产品进行自主管理，不得转委托给劣后级投资者。分级资产管理产品不得直接或者间接对优先级份额认购者提供保本保收益安排。本条所称分级资产管理产品是指存在一级份额以上的份额为其他级份额提供一定的风险补偿，收益分配不按份额比例计算，由资产管理合同另行约定的产品。”刚性兑付的核心是“保本保收益”。前一条规范是对刚性兑付行为的界定，后一条规范针对的是刚性兑付的产品。[1]但是对于“分级资产管理产品不得直接或者间接对优先级份额认购者提供保本保收益安排”的语义如何把握，是指分级资产管理者不得直接或间接保本保收益？还是指劣后级投资者或第三机构也不能对优先级投资者提供保本保收益？“间接保本保收益”的范围如何界定？实践中未形成统一意见，尚缺乏明确的操作指引。

与“资管新规”相适应，2018 年 10 月 22 日证监会发布的《证券期货经营机构私募资产管理计划运作管理规定》第 31 条规定：“分级资产管理计划不得投资其他分级或者结构化金融产品，不得直接或者间接对优先级份额认购者提供保本保收益安排。证券期货经营机构不得违背风险收益相匹配原则，利用分级资产管理计划向特定一个或多个劣后级投资者输送利益。”同日发布《证券期货经营机构私募资产管理业务管理办法》第 22 条：“封闭式集合资产管理计划可以根据风险收益特征对份额进行分级。同级份额享有同等权益、承担同等风险。分级资产管理计划优先级与劣后级的比例应当符合法律、行政法规和中国证监会的规定。分级资产管理计划的名称应当包含‘分级’或‘结构化’字样，证券期货经营机构应当向投资者充分披露资产管理计划的分级设计及相应风险、收益分配、风险控制等信息。”

2018 年 12 月 2 日银保监会发布《商业银行理财子公司管理办法》第 31 条：“银行理财

[1] 杜晶：《论资管产品刚性兑付和增信措施在概念上的区分》，载《上海金融》2019 年第 12 期。

子公司发行分级理财产品的，应当遵守《指导意见》第 21 条相关规定。分级理财产品的同级份额享有同等权益、承担同等风险，产品名称中应包含‘分级’或‘结构化’字样。银行理财子公司不得违背风险收益相匹配原则，利用分级理财产品向特定一个或多个劣后级投资者输送利益。分级理财产品不得投资其他分级资产管理产品，不得直接或间接对优先级份额投资者提供保本保收益安排。银行理财子公司应当向投资者充分披露理财产品的分级设计及相应风险、收益分配、风险控制等信息。”

上述四个部门规章对分级资产管理产品中利益共享、风险共担、风险与收益相匹配原则的实现进一步细化，包括：产品名称要体现“分级”或“结构化”；应及时充分披露分级资产管理计划的相关信息；不得直接或者间接对优先级份额认购者提供保本保收益安排等。但是对于分级资管产品设定中，劣后级投资者或者第三方机构对优先级投资者承诺差额补足的行为是否认定为刚性兑付，尚没有统一监管口径。

2. 司法裁判方面的观点

从一些司法裁判案例以及最高人民法院发布的《九民纪要》中对差额补足协议的效力的认定，可以看到金融司法裁判有从鼓励金融创新到防范金融风险的趋势。

《九民纪要》第 92 条：“信托公司、商业银行等金融机构作为资产管理产品的受托人与受益人订立的含有保证本息固定回报、保证本金不受损失等保底或者刚兑条款的合同，人民法院应当认定该条款无效。受益人请求受托人对其损失承担与其过错相适应的赔偿责任的，人民法院依法予以支持。实践中，保底或者刚兑条款通常不在资产管理产品合同中明确约定，而是以‘抽屉协议’或者其他方式约定，不管形式如何，均应认定无效。”此“禁止保底条款”与《信托公司管理办法》第 34 条“信托公司开展信托业务，不得有下列行为：……（三）承诺信托财产不受损失或者保证最低收益；”以及《信托公司集合资金信托计划管理办法》第 8 条“信托公司推介信托计划时，不得有以下行为：（一）以任何方式承诺信托资金不受损失，或者以任何方式承诺信托资金的最低收益；”的要求相一致，是对“资管新规”第 19 条刚性兑付违法性的明确。赵秉慧教授认为，金融关系大致可以分为债型金融关系和权益型金融关系，前者如银行存款关系，后者如商事信托关系。“禁止保底条款”规定的目的在于避免受托人和委托人之间的关系变成存款关系，受托人把信托财产管理业务变相做成吸纳存款业务。

第 90 条针对的是资管产品中分级资管产品的差额补足协议：“信托文件及相关合同将受益人区分为优先级受益人和劣后级受益人等不同类别，约定优先级受益人以其财产认购信托计划份额，在信托到期后，劣后级受益人负有对优先级受益人从信托财产获得利益与其投资本金及约定收益之间的差额承担补足义务，优先级受益人请求劣后级受益人按照约定承担责任的，人民法院依法予以支持。信托文件中关于不同类型受益人权利义务关系的约定，不影响受益人与受托人之间信托法律关系的认定。”有观点认为，如果由劣后级受益人对优先级受益人作出类似差额补足、回购或担保承诺，不是受托人或第三方机构作出此类增信措施就不违反监管规范。[1]

分级资管产品中，优先级投资人优先分配投资利益，范围一般是约定好的固定收益，劣后级投资人获得分配后的剩余利益。相应的，前者承担较低风险，而后者偏好高风险、高收益。按照信托法理论，通过合同约定受益人分级，分级本身是对优先级投资人的一种信用增级，不构成发行人或管理人违反公平义务。在符合杠杆比例的分级资管产品中，"劣后级投资人允诺优先级投资者提供预期收益差额补足，义务人不是发行人或管理人、也未导致发行人或管理人信义义务的违反，合同条款也都是分级投资人意思自治的结果，从性质上来看并不属于前文界定的刚性兑付"。[2]《九民纪要》对劣后级投资人的差额补足协议效力予以认可，但是未涉及第三方机构提供的差额补足的效力。第三方机构可能是劣后级投资人的关联方，也可能是发行人或管理人的关联方，因此需要在具体案件中根据事实进行具体分析。

暴风集团和光大资本发起的产业并购基金，其结构化模式除了上海君富与四川信托有限公司合同纠纷案的判决，以及 2019 年 2 月 2 日光大证券《关于全资子公司重要事项的公告》，在其他公开披露的信息中无迹可寻。招商财富在浸鑫基金各投资人之间的内部约定中享有优先级合伙人的地位，而作出承诺的光大资本虽然是浸鑫基金执行事务合伙人光大浸辉的母公司，但是浸鑫基金作为产业并购基金，其设立目的是为暴风集团进行并购，光大资本是为作为投资端融资人的暴风集团向优先级投资人提供差额补足，本质上仍是劣后级投资人的交易增信措施，而非刚性兑付。因而系争《差额补足函》应当是有效的。

【案外反思】

2016 年证监会发布《证券期货经营机构私募资产管理业务运作管理暂行规定》，在所列举的分级资管产品计划违背利益共享、风险共担、风险与收益相匹配原则的行为中，包括了劣后级或第三方机构差额补足优先级收益。2018 年"资管新规"从刚性兑付行为和分级资管产品角度规定"禁止保本保收益"。基金管理人、证券公司、信托公司对客户的"保本保收益"承诺属于刚性兑付行为而被认为是无效[3]。但是近年来金融监管对分级资管产品中的交易增信措施和刚性兑付行为的外延和界限没有明确界定，特别是对劣后级投资人和第三方机构差额补足行为的定性还不明确。考虑到维护金融系统的稳定发展，未来金融监管和司法裁判需对此进一步明确。

---

〔1〕参见赵秉慧:《十评九民纪要（4）丨结构化信托中当事人的关系（第 90 条）》，载 https://mp.weixin.qq.com/s/Y9fQgxVnN68knA3wujmQmA，最后访问日期：2020 年 9 月 8 日。

〔2〕杜晶:《论资管产品刚性兑付和增信措施在概念上的区分》，载《上海金融》2019 年第 12 期。

〔3〕参见《证券基金投资法》第 20 条、《证券公司监督管理条例》第 46 条、《集合资金信托计划管理办法》第 8 条。

私募投资特殊保护条款的“是”与“非”

——“林宇诉北科中心股权转让纠纷案”的法律分析

纪佳莉

在私募股权投资或风险投资中，由于信息不对称，存在委托—代理成本和道德风险，投资者为避免因处于信息劣势而被逆向选择，会在投资协议中加入一些特殊投资保护条款[1]，有涉及目标公司收益分配的，如优先分红、优先清算、反稀释、股权回购、估值调整条款等，有董事会控制、领售权、随售权等涉及目标公司内部治理中控制权分配的条款。投资者为了保护自己的利益设置了这些条款，但在目标公司和股东看来，这些特殊投资保护条款，一旦触发将严重影响其利益。这些条款是对域外相对成熟的投资实践经验的总结，我国企业对此也有借鉴，但由于与我国现行公司法可能存在一定冲突，其效力存在疑问，一旦发生纠纷，能否得到法院的认可存在不确定性。2019 年 6 月 18 日，北京市第三中级人民法院在林宇与北京北科创新投资中心（有限合伙）（本文以下简称“北科中心”）股权转让纠纷二审案中[2]，明确了有关对赌、优先清算权、反稀释、股权同售权等私募投资特殊保护条款的效力[3]，回应了私募股权投资者的需求。

---

〔1〕 参见龙玉、李曜：《风险投资入股合约中为何引入优先清算权条款》，载《上海金融》2015 年第 11 期。

〔2〕 林宇与北京北科创新投资中心（有限合伙）股权转让纠纷案，北京市第三中级人民法院民事判决书，（2019）京 03 号民终 6335 号。

〔3〕 本文以生效的裁判文书公开的内容为基础，对相关法律法规及政策做一般解读，仅为学理探讨，不代表本刊的观点和意见。

【案情介绍】

（一）一团和气：《增资协议》签订，北科中心入股

北京二十一世纪校园电影院线股份有限公司（以下简称“校园电影院线公司”）成立于 2008 年 4 月 17 日，原为有限责任公司，2015 年 8 月 19 日登记的注册资本为 2650 万元，股东为林宇、吴妍、林宙、吴亨钟、黄屹、张志勇、罗征林、曲凤娇、谢承瑜、北京宸业投资管理有限公司、嘉兴星球投资合伙企业（有限合伙）。

2015 年 9 月 24 日，北科中心作为甲方，林宇（乙方，系最大股东）、林宙（丙方）、吴亨钟（丁方）、校园电影院线公司（戊方）签订《增资协议》，以人民币 630 万元对标的公司进行投资，认购标的公司新增 105 万元的注册资本（占增资后总注册资本的 3.81%），剩余 525 万元计入标的公司资本公积。

《增资协议》[1]中约定了股权（份）同售权条款、反稀释条款、估值调整条款[2]、优先清算权条款[3]等，若约定的业绩目标未完成，则由乙方、丙方、丁方按照相应计算方式向甲方无偿转让其持有的目标公司的股份，甲方可向任何一方或多方主张。若 2016 年 12 月 31 日前未能在新三板挂牌，则由乙方、丙方、丁方无偿向甲方转让目标公司部分股份，或回购甲方所持有的目标公司全部股份。

2015 年 9 月 29 日，北科中心向校园电影院线公司转账 630 万元。

2016 年 1 月 19 日，校园电影院线公司由有限责任公司（自然人投资或控股）变更为股份有限公司（非上市、自然人投资或控股）。

（二）道路坎坷：业绩未完成，《补充协议》承担责任

由于约定的业绩目标未能如期完成，2017 年 6 月 18 日各方就补偿事宜达成《补充协议》，其中北科中心愿意降低依约可以获得的补偿，同意受让林宇无偿转让的 82.65 万股股份作为补偿。（若按《增资协议》的估值调整条款计算，补偿股份数量将超 82.65 万股）。同时约定，若林宇未依约转让股份给北科中心，北科中心可以按照《增资协议》估值调整条款的约定重新准

---

〔1〕 依据生效判决书的内容，在确保涵盖重要事实、不损害真实准确性的情况下，进行了一定的简化。
——笔者注

〔2〕《增资协议》第 17 条约定，截至 2015 年 12 月 31 日、截至 2016 年 12 月 31 日与高等院校签署的《校园电影综合服务合约》的数量以及设备投放完成已经开始电影放映的高等院校数量的经营目标，及标的公司 2015 年度、2016 年度经审计的扣除非经常性损益后的净利润的业绩目标。若上述目标未完成，则由乙方、丙方、丁方按照相应计算方式向甲方无偿转让其持有的目标公司的股份，甲方可向任何一方或多方主张。

〔3〕《增资协议》第 15 条约定，标的公司如果因破产或其他原因实施清算，则在分别支付清算费用、职工的工资、社会保险费用和法定补偿金，缴纳所欠税款，清偿公司债务后，对标的公司的剩余财产进行分配时，乙方、丙方、丁方应保证甲方优先获得本次增资中其对标的公司的全部实际投资加上该等实际投资对应的在标的公司已公布分配方案但还未执行的红利中投资方应享有的部分。

确计算补偿数量，并可以向林宇、林宙、吴亨钟任何一方、多方同时主张补偿。

（三）对簿公堂：新三板挂牌未完成，法院判决林宇回购

由于校园电影院线公司未能依约在2016年12月31日前完成新三板挂牌，北科中心向法院起诉，要求林宇回购其持有的全部股份，并支付违约金、赔偿损失。一审法院认为《增资协议》《补充协议》系当事人的真实意思表示，内容并不违反法律、行政法规的强制性规定，应属有效；按照协议约定，公司未能在新三板挂牌，北科中心即可要求林宇回购其股份，故支持北科中心要求林宇回购股权的主张。同时法院认为，新三板挂牌是对赌的目标之一，现未能完成挂牌，是对赌目标未实现，不能据此认定林宇违约，故一审法院驳回要求支付违约金的诉讼请求。

（四）针锋相对：林宇上诉，二审驳回

林宇不服一审判决，提起上诉，请求撤销原判，驳回北科中心全部诉讼请求。（见表1）

表1

林宇诉称	一、协议无效： 1. 协议包含大量对赌条款，公司作为主体参与签订，违法无效； 2. 包含反稀释、优先清算权等约定违反全国中小企业股份转让系统发布实施的《关于发布的通知》（以下简称《解答三》）及相关法律法规，无效。	二、未能在新三板挂牌，责任在北科中心。 因协议存在优先清算、反稀释等条款，违反《解答三》，而北科中心不同意修改。	三、北科中心已放弃股权回购。 因其在《补充协议》中同意无偿受让股份，故无权再要求回购。
北科中心辩称	一、《增资协议》有效，相关条款并不违反法律法规的强制性规定，系双方当事人的真实意思表示： 1. 目标公司虽系案涉合同的一方主体，但仅参与签订，未承担对赌的实体义务和责任； 2. 优先清算权，合同约定的是按照法定程序处理了税务、工资、外部债权人等后，在内部股东之间分配时的优先清偿权； 反稀释条款仅约定新三板挂牌前目标公司不得以本次增资的估值再行融资，并没有约定挂牌之后也不能融资； 3. 即使某些条款无效，也不影响其他条款的效力，仍应回购。	二、林宇未提交证据证明是因北科中心的原因导致新三板挂牌不成功。	三、约定的股权回购权利义务未灭失。 《补充协议》中北科中心无偿取得3%股权系基于《增资协议》第十七条的补偿，而非基于股权回购。

至此，原本主要涉及业绩对赌补偿、股权回购的纠纷，由于双方的辩论，二审法院不得不对优先清算权、反稀释等特殊条款的效力问题作出回应，最终二审法院认可了这些条款的效力，驳回林宇的上诉，维持原判。

【法律分析】

本案源于对赌补偿引起的股权回购纠纷，但其受到广泛关注不仅仅是因为这是一起由对赌引发的纠纷，还有二审中双方诉辩意见涉及优先清算权、反稀释、股权同售权等特殊投资保护条款的合法性问题，由此法院首次对优先清算权条款的效力明确认定。[1]由于这些约定的条款被触发，北科中心主张依《增资协议》要求林宇回购股权，林宇则认为这些条款无效，故首先应该解决的问题也即案涉争议焦点之一：含有上述特殊投资保护条款的《增资协议》是否有效，由此才能明确各方权利义务和责任承担问题。

关于对赌条款的问题，从“海富案”到“华工案”司法裁判观点在不断发展，本案中二审法院认为目标公司未实质参与挂牌承诺或承担股权回购义务，而且根据现有证据无法证明目标公司作为协议的一方主体将损害公司、其他股东、债权人利益，不影响协议效力。目前司法实践也渐趋统一[2]，可以明确即便是公司参与对赌，也并不必然影响协议效力。下文将具体对优先清算权、反稀释、股权同售权条款展开分析。

（一）聚焦优先清算条款

清算优先权是公司部分股东在公司清算或者构成约定的清算事件的其他情形发生时，优先于其他股东从清算财产获得约定倍数[3]的投资回报和未付股息。[4]触发优先清算权的事由不仅仅是破产、解散，还有如合并分立、重大资产出售、控制权变更等视为清算事件。清算优先权按照优先股股东在按照约定优先获得资产分配后，是否有权继续按持股比例参与后续分配，又分为非参与性清算优先权和参与性清算优先权。根据参与程度的不同，参与性清算优先权还可以进一步分为有充分参与权的优先股和附上限的优先股参与权，前者是指该优先股股东在根据约定优先于普通股股东从该公司按照约定的倍数获得分配后，还可与普通股股东共同参与分配；后者指该优先股股东按约定优先获得分配后，继续参与剩余分配，直到

〔1〕 笔者通过北大法宝数据库检索，与优先清算权相关案例共 16 篇，除本案直接对其效力进行论述外，其余案例仅限于对当事人协议内容中的权利性描述，均未涉及含有该条款的协议效力问题。

〔2〕《全国法院民商事审判第九次会议纪要》关于对赌协议部分，第 5 条规定，投资方与目标公司订立的“对赌协议”在不存在法定无效事由的情况下，目标公司仅以存在股权回购或者金钱补偿约定为由，主张“对赌协议”无效的，人民法院不予支持，但投资方主张实际履行的，人民法院应当审查是否符合公司法关于“股东不得抽逃出资”及股份回购的强制性规定，判决是否支持其诉讼请求。即区分目标公司参与对赌的合同效力与能否履行两方面。

〔3〕 投资的轮次和行业惯例给定了大体的倍数区间；倍数的确定需要投资者与控股股东谈判，投资者通常考虑的因素有：公司发展阶段、行业背景和资本结构、自己投资的案例数据等。

〔4〕 贾希凌：《私募股权投资基金之投资优先权的法律透视》，载《金融法学家》2010 年第 2 期。

投资者获得的总回报达到一个确定金额或倍数为止。[1]

本案中，北科中心与目标公司及股东在《增资协议》第15条的约定即为优先清算条款，“标的公司如果因破产或其他原因实施清算，则在分别支付清算费用、职工的工资、社会保险费用和法定补偿金，缴纳所欠税款，清偿公司债务后，对标的公司的剩余财产进行分配时，乙方、丙方、丁方应保证甲方优先获得本次增资中其对标的公司的全部实际投资加上该等实际投资对应的在标的公司已公布分配方案但还未执行的红利中投资方应享有的部分。”此条款是非参与性清算优先权，只是让北科中心优先获得财产分配，不再继续按照持股比例参与后续分配。北科中心作为股东也希望目标公司业绩好，发展顺利，这样所得的投资收益更可观；但是商业交易总是存在风险的，投资会有失败的可能，而私募投资风险较高，交易各方又缺乏了解，为降低代理成本和减少信息不对称引发的问题，便于企业经营失败时顺利退出，减少损失，于是北科中心约定了优先清算条款，避免被锁定在公司。

需要注意的是，优先清算权本是特别股制度下的产物，但我国《公司法》没有规定优先股制度，已出台的《优先股试点管理办法》适用范围有限，只允许上市公司及非上市公众公司发行优先股，使境内私募投资无法完全借鉴域外的优先股制度来容纳差异化的投资安排。于是，在我国私募投资实践中投资者会进行本土化改造，投融资双方不会在相关法律文件中直接体现“优先股”字样，只是由投资人认购目标公司的股权，但会同时在协议中约定特别的权利条款，如优先清算，通过设置有特别权利安排的股权，也能达到优先股具有的效果。案涉《增资协议》第15条即是如此，并未出现优先股字样，但达到了清算优先的效果。

然而，由于立法的缺位，北科中心协议约定的优先清算条款效力在我国存在不同的理解。否定的观点认为：首先，《公司法》第186条[2]规定了公司清算财产分配的原则和顺序，在支付各种费用偿还债务后剩余财产，有限公司按出资比例，股份公司按持股比例分配。从体系解释角度，似乎未给公司自治留下空间，《公司法》对于允许股东约定的内容，会明确予以授权，一般规定“章程另有规定或全体股东约定的除外”，而《公司法》第186条没有明确授权。其次，若约定的优先清算条款有效，北科中心将优先于其他股东分配剩余财产，在公司清算结束后，公司剩余资产可能寥寥无几，非优先清算股东很可能一无所得，将在股东之间造成不公平。而且，这些非优先清算股东可能勤勤恳恳最后一无所获，将严重影响社会创业的积极性。最后，由于优先清算股东可优先分配的金额一般相当于入股时的投资额加部分固定收益，这一约定保障了其在公司亏损情况下仍有权收回投资本金及未分配股

---

〔1〕 参见侯利宏：《私募股权投资中投资人几个特殊权利在中国法下的运用》，载《西南政法大学学报》2013年第2期；李寿双：《中国式私募股权投资：基于中国法的本土化路径》，法律出版社2008年版，第26页。

〔2〕《公司法》第186条　清算组在清理公司财产、编制资产负债表和财产清单后，应当制定清算方案，并报股东会、股东大会或者人民法院确认。公司财产在分别支付清算费用、职工的工资、社会保险费用和法定补偿金，缴纳所欠税款，清偿公司债务后的剩余财产，有限责任公司按照股东的出资比例分配，股份有限公司按照股东持有的股份比例分配。

息，违背了公司股东风险共担、收益共享的原则，属保底收益条款，将损害其他股东和债权人的利益，应属无效。[1]

肯定其效力的观点，典型如本案法院的论述，根据司法解释[2]，违反法律、行政法规的效力性强制规定，合同无效。首先，《公司法》第 186 条并非效力性强制规定，违反并非必然无效。其次，投融资双方具有完全民事行为能力，签订协议是其真实意思表示，投资者在签订投资协议之前，会进行详细的尽职调查，全面了解目标公司的经营情况和持续盈利能力，考量相关风险，进而基于自身对目标公司未来经营管理的判断，是权衡利弊后的理性选择，是对自己权利的处分自由，不违反法律行政法规；双方在约定投资协议内容时，知悉并接受清算优先条款的法律后果，符合合同自由、意思自治的理念。[3]此外，投资者只是优先于其他股东先分配，但仍是以公司剩余财产为限，如公司剩余财产很少，投资者也会遭受损失，其权利并没有得到固定的保证，只是相对于非优先清算股东处于优势地位。而且不能仅从分配结果上衡量是否公平，从整个交易过程来看，优先清算股东入股公司时，往往对公司有更高的估值或将公司从财务危机中拯救出来，他们比非优先清算股东付出了更高的代价，作为对价换得了优先清算权，故难谓优先清算权违反公平原则。最后，如果“投资协议在很大程度上只是君子协定，实际功效有赖于双方的自觉遵守”[4]，将导致机会主义盛行，创始股东在知道法院会认定条款无效的情况下，在公司亟须融资时，以优厚的条件诱导私募投资人，事后以法律禁止为由拒绝承担责任，违背诚实信用原则，不仅将严重影响投资人利益，也破坏了诚实守信的社会风气。

本案中，林宇主张优先清算权的约定违反全国中小企业股份转让系统发布实施的《关于发布的通知》而无效，正如二审法院指出，此通知针对的是已挂牌公司发行股票募集资金的情形，目标公司并未能在新三板挂牌，自然不受此通知的约束。北科中心约定优先清算条款首先是为了保护自己的投资利益，但同时对目标公司也能起到激励作用，“对于一个运行有效的公司来说，那些可能会导致公司倒闭或者分裂的问题都是可以解决的，”[5]清算优先权条款给目标公司股东造成了巨大压力，为避免公司剩余财产最终全部被用于偿还北科中心，目标公司会不断完善公司治理结构，提高经营管理能力和持续经营能力，以保持公司有效运行。小股东们可能会认为进入清算阶段，自己将处于劣势地位，利益很可能受损，这些是林宇等控股股东主导下签订的协议，欲否定其效力，但小股东利益保护问题应该借助专门的保

---

〔1〕 参见上海宋海佳律师事务所编著：《合伙人：股东纠纷法律问题全书 2》（第 2 版），知识产权出版社 2017 年版，第 1028 页。

〔2〕《关于适用〈中华人民共和国合同法〉若干问题的解释（二）》第 14 条进一步明确，《合同法》第 52 条第（五）项规定的“强制性规定”，是指效力性强制性规定。

〔3〕 参见顾明珠：《私募股权基金投资协议清算优先权条款制度研究》，西南政法大学 2013 年硕士学位论文。

〔4〕 刘小勇、周朴雄：《创业投资中类别股份的利用与公司法制的完善》，载《证券市场导报》2011 年第 6 期。

〔5〕［美］罗伯特·A. 芬克、大卫·格雷森：《对话私募股权与风险投资大师》，房四海、马乐、郭实译，机械工业出版社 2011 年版，第 94 页。

护机制，小股东们在公司因为投资人的增资而发展良好时也会获利，不能在经营恶化时就主张条款无效。法院进一步阐释了认可北科中心约定的优先清算条款的理由，认为北科中心约定的优先清算权，是在目标公司分别支付清算费用、职工的工资、社会保险费用和法定补偿金，缴纳所欠税款，清偿公司债务后，此优先是在股东分配中优先于其他股东分配。即是在支付了法定优于股东的分配款项后，股东内部对于分配顺序进行约定，并不违反《公司法》第186条的规定；说明法院认可第186条在法定分配事项后虽未明确授权公司自治，但作为私法，法无禁止即自由。

但至此，能否得出约定优先清算条款的效力不再有争议，可以自由约定的结论？显然是不能的。首先，从此案中可以看出法院认可的优先清算权是在支付法定先于股东分配款项后，优先于其他股东的约定，即在不损害债权人等利益相关者的情况下，股东内部约定可以支持。若投资协议约定的优先清算先于法定分配款项的顺序，将不能得到支持。其次，林宇案并未约定的触发优先清算条款的事由只是概括的“因破产或其他原因”，未明确指出“其他原因”是否就是学说上的“视为清算事件”。“视同清算事件”一般包括重组、控制权变更、重大资产出售等，在这些情形下，投资人当初投资入股时的管理控制主体发生变更，对公司估值、做投资判断时的公司情况发生变化，今后的经营管理理念也可能变化，信赖基础丧失，投资人为自己保留退出的机会，约定出现此类情形，视同清算，投资人可以拿回投资及相应收益。但在我国公司法和破产法的语境下，清算具有法定内涵，不能涵盖重组、控制权变更和重大资产出售。[1]故在约定视同清算的情形下，优先清算条款的效力尚不明确。最后，本案的判决只是源于北京市第三中级人民法院，其代表性和权威性有讨论空间，能否成为裁判的主流观点，还需时间和实践的检验。

（二）透视反稀释条款

“反稀释条款，是公司法中常见的一种可转换证券上的条款，以保证证券持有人享有的转换之特权不受股票种类之再分类、拆股、股票红利或相似的未增加公司资本而增加发行在外的股票数量的做法的影响。”[2]境外风险投资中的反稀释条款是基于适用法律允许的优先股设置，将反稀释条款在公司章程中规定，通过优先股转换机制来调整优先股转换成普通股的“转换比例”，通过调整优先股的转换价格[3]来实现股权价值的反稀释目的，前者主要针对普通股结构性变化（主要包括普通股分拆、普通股股份分红以及其他类似的股权结构性变

---

〔1〕 李寿双：《中国式私募股权投资：基于中国法的本土化路径》，法律出版社2008年版，第26页。

〔2〕 文学国：《私募股权基金法律制度析论》，中国社会科学出版社2010年版，第155页。

〔3〕 常见的条款：（1）“完全棘轮反稀释条款”，如果被投资公司发行新股的价格低于前一轮投资者在发行新股前的转换价格时，前一轮投资者所持有的优先股的实际转换价格也相应的降到被投资公司所发行新股的价格。（2）“加权平均反稀释条款”，如果被投资公司发行新股的价格低于前一轮投资者在发行新股前的转换价格时，前一轮投资者优先股的转换价格就会降低为前一轮投资者优先股在发行前的转换价格与发行新股价格的加权平均值。

具体约定何种条款取决于投资者与创始股之间的博弈。

更）、后者主要针对低价发行新增股份。[1]

然而，现行的中国法律环境下优先股的生存土壤非常有限[2]，并且在中国法下还存在注册资本制度的限制，因此如上文所述，这些特殊投资保护条款需要做适当的改进，以在中国法下具有更强的可执行性。境内投资架构中，反稀释条款主要包括以下三种类型：（1）禁止低价发行或增资条款；（2）低价发行或增资补偿条款；（3）股权比例维持条款。[3]约定的反稀释条款可能会影响到公司和债权人利益，因公司的价值可能受市场环境、相关政策因素及市场对公司估值更理性等因素影响，导致估值低于签订投资协议时的价值，此种价值低估不可归咎于股东隐瞒信息，若此时公司迫切需要融资，禁止低价增资则会影响公司的发展，由此引发争论。但其实，创始股东们为了公司的发展会以事后补偿的方式实现增资需要，投资者为了利益也不希望公司无法经营周转，最终此条款不会阻碍公司的决策；股东们以自己的资金补偿投资者，不会损坏公司和债权人的利益，所以此类条款的效力也是应得到认可的。

本案中，北科中心与林宇等股东约定的第14条“本次增资后，新三板挂牌/上市前，除经北科中心书面同意，不得以低于融资前估值2.5亿元人民币发行新的权益类证券；若经同意，同等条件下，北科中心享有优先认购权……增资后，新三板挂牌/上市前，如标的公司新增注册资本价格低于本次认购增资的价格（股权激励除外），则乙方、丙方、丁方应按照上述新增注册资本价格与本次增资价格的差额进行补偿……”即是在中国法语境下改造的反稀释条款[4]，其既约定了事前反稀释措施——禁止低价发行或增资；又约定了事后反稀释措施——低价发行或增资补偿条款。事前禁止低价发行或增资的实现，可以通过协议与被投资公司的创始股东约定，让其对低价发行新股或低价增资的事项投否决票[5]。事后补偿措施，即在企业以低于投资者认购股份或增资时的购买价格，向任何第三人发行股份或增资时，由创始股东向投资者转让部分股权或进行现金补偿。北科中心并没有约定第三种类型的

---

〔1〕 参见陈黎：《论风险投资中的反稀释条款》，华东政法大学2014年硕士学位论文。

〔2〕 根据国务院于2013年11月30日颁布的《国务院关于开展优先股试点的指导意见》，在我国目前的法律体系下，仅上市公司和非上市公众公司有权发行优先股，对风险投资标的中常见的有限责任公司和其他不属于上市公司和非上市公众公司的股份有限公司无法直接发行优先股。

〔3〕 See Liang Tao, *The Enforceability of Anti - dilution Provisions In Private Placement Transactions in China*, Tsinghua China Law Review, Vol. 6, p. 60 (2013).

〔4〕《增资协议》第14条约定，本次增资后，新三板挂牌/上市前，除经北科中心书面同意，不得以低于融资前估值2.5亿元人民币发行新的权益类证券；如标的公司新增注册资本价格低于本次认购增资的价格（股权激励除外），则需按照上述新增注册资本价格与本次增资价格的差额进行补偿。

〔5〕《公司法》第43条第2款规定，股东会会议作出修改公司章程、增加或者减少注册资本的决议，以及公司合并、分立、解散或者变更公司形式的决议，必须经代表三分之二以上表决权的股东通过。

《公司法》第133条规定，公司发行新股时，需要按照公司章程的规定，由股东大会或者董事会对发行新股的事项（新股种类、数额及发行价格）作出决议。

反稀释措施，“股权比例维持条款”[1]。虽同为投资者保护条款，但优先清算权是在目标公司进入清算程序才可行使，在公司合法持续经营期间，北科中心欲保护自己利益，约定了反稀释条款，以保证自己的股权不能被稀释，维持控制权和收益。二审法院认为反稀释条款的约定，对目标公司的融资、股权激励等限制，时间均定在“完成本次增资后，标的公司新三板挂牌/上市前”，并不违反法律法规的强制性规定，从而肯定其效力。

（三）何谓股权同售权

本案中协议第 11 条约定的即为股权同售权，“如乙方、丙方、丁方拟向除北科中心以外的任何第三方出售股权，须获北科中心书面同意方可实施，且北科中心可以主张将其持有的部分或全部股权出售给拟交易方。”股权同售权，即通常所称的随售权[2]，又称共同出售权，指在投资条款中约定，目标企业除私募股权投资者以外的原股东如果向企业外的第三方转让其所持有的目标企业股权，此时，私募股权投资者有权按照与第三方达成的价格与条件进入到该项交易中，按照持股比例与原股东一起向第三方转让其所持有的目标企业股权。[3]北科中心此项约定是为了保护自己在原始股东都对公司失去信心时，和他们共进退，也能够顺利退出。

私募股权投资者通常处于小股东地位，为避免目标企业的原始股东或控股股东将其股份出售给外部投资者却不给私募股权投资者退出机会，投资者在协议中会约定随售权，当其他股东退出时，私募股权投资者也可以同样的价格和条件退出。即使买方仅需部分而非全部股份，也可以按照比例出售，避免私募股权投资者被排除在外。我国《公司法》对于股权转让的规制，股份公司除了特定的主体和时间限制外[4]，可以自由转让；有限公司章程也可以对股权转让作出特别约定[5]。在《公司法》没有明确禁止的情况下，股东之间对权利义务作出安排、达成共同出售的约定，应予认可。本案二审法院也明确指出根据案涉《增资协议》“股权（份）同售权”条款的约定，当林宇、林宙、吴亨钟出售股权时，北科中心享有同等出售的权利，不违反《公司法》等相关法律法规对股权转让的强制性规定。

---

〔1〕 即防止投资者股权比例被稀释，或者虽允许投资者股权比例被稀释，但需将投资者股权保持特定比例上。可以通过创始股东向投资者转让股权或者公司允许投资者以较低的价格认购公司股份或增资两种方式实现。

〔2〕 与之相对的是领售权，在投资者想要退出的情况下，它赋予了投资者迫使其他公司股东以同样的价格和条件退出公司的权利，此条款更具争议。

〔3〕 石慧荣、傅赵戎：《私募股权投资中的领售权与随售权条款研究》，载《湖南科技学院学报》2015 年第 7 期。

〔4〕《公司法》第 141 条规定，发起人持有的本公司股份，自公司成立之日起一年内不得转让。公司公开发行股份前已发行的股份，自公司股票在证券交易所上市交易之日起一年内不得转让。

公司董事、监事、高级管理人员应当向公司申报所持有的本公司的股份及其变动情况，在任职期间每年转让的股份不得超过其所持有本公司股份总数的百分之二十五；所持本公司股份自公司股票上市交易之日起一年内不得转让。上述人员离职后半年内，不得转让其所持有的本公司股份。公司章程可以对公司董事、监事、高级管理人员转让其所持有的本公司股份作出其他限制性规定。

〔5〕《公司法》第 71 条第 2 款：“公司章程对股权转让另有规定的，从其规定”。

值得注意的是，股权同售条款虽然有效，但能否被切实履行还是具有不确定性。因合同具有相对性，投资人与目标公司股东虽然达成协议，但不能约束股东找来的交易方。出于规模经济、发挥协同效应及取得公司控制权的考量，交易方可能会同意一同购买，但由于财力或其他因素，交易方也可能会拒绝。因此，投资人会像北科中心一样，进一步约定若不能随售，则目标公司股东也不得转让，以此和股东们共进退。

综上所述，协议中的优先清算、反稀释、股权同售权、对赌条款并不违反法律、行政法规的效力性强制性规定，且为各方当事人的真实意思表示，应属有效，这条款具有的投资者保护性质不影响其效力，故当事人应按照约定享有权利、承担义务。根据《增资协议》第18条实现新三板挂牌也是对赌的业绩目标，只要新三板挂牌未能实现的条件发生，北科中心即可依《增资协议》第18条的约定主张无偿受让林宇或其他股东的股权或请求其回购自己的股权。由于《解答三》规范的是已挂牌公司发行股票募集资金的情形，本案中，目标公司未能在新三板挂牌成功，案涉协议的约定自然不受此规则的约束，所以相关条款是否违反《解答三》的规则、北科中心是否同意修改条款与新三板挂牌未能成功没有关系。二审法院指出林宇并未证明是北科中心的过错导致的新三板挂牌未能实现，而且即使是北科中心的过错亦不必然导致林宇、林宙、吴亨钟的回购义务的灭失。北科中心先前在《补充协议》中无偿受让林宇的股权是基于《增资协议》第17条约定的业绩承诺未完成而引发的股权无偿出让义务，而非第18条中关于新三板挂牌未成功而触发的股权出让或回购义务，故北科中心基于第18条未完成新三板挂牌的股权回购请求权不会因《补充协议》的签订而丧失；林宇也未提供充足证据证明北科中心作出过放弃回购权的意思表示，故最终二审法院驳回上诉，维持原判，林宇应当根据北科中心的要求回购其全部股份。

【结语】

我国私募股权投资借鉴了域外发展成熟的投资者保护条款，如优先清算、反稀释等，但这些条款毕竟是域外法律下的产物，我国《公司法》对优先股没有规定，国务院《关于开展优先股试点的指导意见》和证监会《优先股试点管理办法》立法层级较低，规定简单，缺乏上位法的支持，且范围有限，发行主体只能是上市公司和非上市的公众公司，无法满足风险投资者的需求。实践中，这些条款尽管已结合国情做了变通，但由于立法的缺位导致其法律效力仍不确定。中国私募股权投资权利设计上的种种变通反映了法律供给不足和执行上的缺憾，恰恰印证了投资者权利和自由受到的过多的限制。[1] 为切实实现保护投资者的目的，根本上还需系统性地在公司法中确立优先股制度，允许公司享有发行类别股份的自由，并给以

---

〔1〕 贾希凌：《私募股权投资基金之投资优先权的法律透视》，载《金融法学家》2010年第2期。

公司在法定类别股框架内自由进行权利创设与衍生的空间，才能有助于市场主体进行经济活动的不断创新，并应付纷繁复杂的现实需要。[1]同时也应允许公司章程对优先股权利的适用范围、所附权利等进行具体约定，从而为企业的发展、投融资活动的开展提供良好的法律制度支持。

商法作为私法，自然应该贯彻私法自治的基本原则，法无禁止即自由，尽管这些条款倾向于保护私募股权投资者的利益，但私募股权投资的存在与发展也为中小企业和民营企业的发展提供了相对便捷的融资渠道，满足了资金需求，认为违反公平正义，是绝对化考量问题导致的一个误区。[2]商事主体相较于民事主体拥有更多的知识、经验，更高的风险识别和承受能力，诸如投融资等商业决策是权衡利弊后的选择，法院在面对日益丰富和复杂的商业创新设计，应保持开放、宽容的态度。欣喜于“林宇案”的问世，优先清算、反稀释、股权同售权等条款的效力得到法院认可，让我们看到司法机关在尊重商事主体意思自治方面的行动。

〔1〕 傅赵戎：《私募股权投资契约的公司法解读》，西南政法大学2015年博士学位论文。

〔2〕 参见傅赵戎：《私募股权投资契约的公司法解读》，西南政法大学2015年博士学位论文。

私募基金“烂尾”，托管人如何担责？
——“投资者与南京中乾、太平洋证券私募基金案”的法律分析

吴振宇 *

【案情介绍】[1]

（一）私募产品接连逾期

2015 年 11 月，南京中乾融投股权投资基金管理公司（以下简称“南京中乾”）募集设立中航工业园契约型投资基金（以下简称“中航基金”）。根据基金合同，管理人为南京中乾，“保管人”为太平洋证券股份有限公司（以下简称“太平洋证券”），封闭期为一年（12 个月），预期募集规模为 6000 万元，投资项目归属江苏中航精工机械有限公司（以下简称“中航精工”），法人代表为姜峰。该基金实际成立规模为 5760 万元，基金持有人共 21 位。

2016 年 11 月 14 日，在合同到期前夕，中航基金受融资方项目影响延期。南京中乾发布公告称，因项目方受天气因素和消防安全系统未通过等影响，预计基金产品延期 3 -6 个月，最长不超过 6 个月。

---

* 吴振宇，华东政法大学 2018 级硕士研究生。

〔1〕 以下案情介绍部分内容参见夏悦超：《深度调查 | 私募股权基金陷真假托管，太平洋证券“偷换”概念?》，载微信公众号“国际金融报”2019 年 5 月 20 日；夏悦超：《跟踪报道 | 违约私募合同纠纷案一审宣判，托管人太平洋证券承担 15% 补充赔偿责任》，载微信公众号“国际金融报”2019 年 10 月 25 日；参见《“保管”私募遭遇烂尾，“托管人”太平洋证券拒担责》，载新浪财经网：http：//finance. sina. com. cn/roll/2019 - 03 - 23/doc - ihtxyzsk9756011. shtml，最后访问日期：2020 年 4 月 14 日。

2017年4月，中航基金再次延期。无奈之下，投资者找到了基金合同中的“保管人”太平洋证券，在此前产品推介资料中，太平洋证券的身份是“托管人”。〔1〕

2017年7月15日下午，在投资人的强烈要求下，太平洋证券“被迫”召开了投资人大会。12名投资者（包含委托代表）聚集在浙江省金华市磐安县尖山镇，一同在场的还有太平洋证券相关工作人员和原融资企业中航精工实际控制人姜峰，南京中乾未有相关代表露面。投资人大会中，原融资企业中航精工无力偿还本息，实控人姜峰拟更换兑付主体为“浙江高基重型精密机床有限公司”，该企业实控人仍为姜峰。姜峰称自己对中航基金的募集和运作一概不知，其实际收到的资金距基金总规模足有3000万元缺口；如果还款期间涉及司法诉讼，贷款无法获得，资金链断裂，将无法偿还。

（二）管理人离奇失联

2016年9月13日，项目方中航精工在成立6个月后申请破产。江苏省泗洪县人民法院发布公告称，于2016年6月2日根据债权人江苏省泗洪经济开发区管理委员会的申请，裁定受理中航精工破产清算一案。就该项目破产事宜，管理人南京中乾并未通知“保管人”太平洋证券和投资者。所投资项目破产后，南京中乾已无法完成兑付。

2018年2月，因南京中乾投资产品“中航基金”没有在中国证券投资基金业协会（以下简称“证券业协会”）办理备案手续，江苏证监局对南京中乾采取出具警示函的行政监管措施。对于被警示事宜，管理人南京中乾亦未通知太平洋证券和投资者。

2018年6月，中航基金投资者以违约为由向南京中乾和太平洋证券发起集体诉讼请求，要求两家公司承担连带赔偿责任，案件由南京建邺区人民法院受理。

2018年7月，证券业协会对南京建邺区人民法院“关于中乾融投私募基金管理人登记及太平洋证券托管人资格相关情况的说明”中提及“关于太平洋证券是否具有托管人资格，请参阅证监会官网公示的最新基金投管人名录”。经查询，太平洋证券未出现在该名录中。

（三）案件审理结果

2019年3月21日，南京建邺区人民法院开庭审理“任小佳诉南京中乾融投股权投资基金管理有限公司、太平洋证券、浙江高基重型精密机床有限公司合同纠纷”一案。〔2〕后一审判决如下：

---

〔1〕 资料显示，在涉案基金中航基金合同封面上，太平洋证券标注为基金“保管人”，但合同里关于其身份职责的有关条款却多次出现“托管”字样，且法院也认定其为托管人，参见夏悦超：《深度调查 | 私募股权基金陷真假托管，太平洋证券“偷换”概念?》，载微信公众号“国际金融报”2019年5月20日。

〔2〕 笔者注：任小佳为本案投资者代表，参见南京法院庭审直播网录播：http：//player. videoincloud. com/vod/3055084? ua =android，最后访问日期：2020年4月14日。

1. 关于基金管理人南京中乾

法院认定存在四方面违规：涉案基金未按规定办理备案，在被注销私募管理人登记后未向投资者告知补偿措施；基金风控责任履行不利；基金合同到期后未采取积极措施清理债权债务；涉案基金所投项目方公司破产后始终未向破产受理法院申报债权。判决管理人南京中乾未履行应尽义务，致使投资者不能收回本金及利息，对此承担相应违约责任，应向投资者返还本金并支付利息。

2. 关于托管人太平洋证券

法院认定存在三方面违规：在南京中乾融投被取消私募资质后，未能选任新的管理人，未尽到托管人义务；在基金合同出现约定的终止情形后，未及时监督查询管理人对基金财产的运作管理，并要求其改正，未尽到托管人义务；对南京中乾融投风控漏洞失察，对项目方公司破产一事失察。判决太平洋证券作为基金托管人对投资人基金财产的实际损失负有责任，承担 15% 的补充赔偿责任。

一审判决公布后，被告人太平洋证券不服一审结果提起上诉，现本案正在二审中。〔1〕

【法律分析】

（一）是否为基金托管人

基金托管人，是基金组织框架中不可或缺的法律关系主体。我国《证券投资基金法》第 2 条规定："在中华人民共和国境内，公开或者非公开募集资金设立证券投资基金（以下简称基金），由基金管理人管理，基金托管人托管，为基金份额持有人的利益，进行证券投资活动，适用本法；本法未规定的，适用《中华人民共和国信托法》、《中华人民共和国证券法》和其他有关法律、行政法规的规定。"《私募股权基金监督管理暂行办法》（以下简称《监管暂行办法》）第 21 条"除基金合同另有约定外，私募基金应当由基金托管人托管。"由此可见，无论是公募基金，还是私募基金，原则上都应当包括基金托管人。

而关于基金托管人资质的取得，我国采用行政许可核准制度。《证券投资基金法》第 33 条规定："基金托管人由依法设立的商业银行或者其他金融机构担任。商业银行担任基金托管人的，由国务院证券监督管理机构会同国务院银行业监督管理机构核准；其他金融机构担任基金托管人的，由国务院证券监督管理机构核准。"

本案中，争议的第一个焦点是太平洋证券是否具有基金托管资质、是否为基金托管人。庭审资料显示，在投资者签署的中航基金合同书封面上，太平洋证券为基金保管人，但在合同书

〔1〕 笔者关于案情及判决结果的有关信息均来源于公开资料，下文分析内容均为学术讨论，仅代表笔者个人观点。

中，多处条款表述为"托管"；在宣传推介会中太平洋证券也自称为基金"托管人"，并在合同履行过程中行使托管人职责。然而据中国证监会的回函，太平洋证券并未取得托管人资质许可，其取得的是中国证券投资者保护基金有限责任公司授予的"综合托管"资质。〔1〕对此，太平洋证券辩称"综合托管人"即为"托管人"。

综合托管和托管有何区别？理论认为，综合托管与基金托管无论是权利来源、性质、职责范围等都完全不同，综合托管是证券经纪业务的延伸，类似于"主经纪商服务（PB）模式"。〔2〕2016 年 6 月，证监会下发的管理情况通报《机构部督促部分证券公司规范开展私募基金综合服务》中提及："一些证券公司简单认为，现有安排下投保基金公司对其服务方案出具评估意见，就是授予其包括基金托管在内的各类业务资格，因此在未经我会许可取得基金托管资格的情况下，对外宣称担任私募基金托管人，收取托管费用，与《证券投资基金法》关于基金托管人的规定存在冲突。个别公司甚至为私募期货投资基金、私募艺术品投资基金等提供所谓'托管'服务，严重偏离了证券公司围绕证券经纪业务延伸开展证券业务相关服务的初衷。"从上述通报可以看出，私募基金综合托管业务是证券经纪业务的延伸，从资质上来区分，其并不等同于托管业务。

那么不具备"托管人"资格但有综合托管业务资格的机构是否可行"托管"之实？中国证监会机构部函〔2015〕900 号《关于证券公司开展私募基金托管有关问题的复函》中指出，证券公司提供私募基金综合托管服务不违反法律法规的规定。《证券投资基金法》第 89 条规定："除基金合同另有约定外，非公开募集基金应当由基金托管人托管。"《监管暂行办法》第 21 条规定："除基金合同另有约定外，私募基金应当由基金托管人托管"。

上述规定并不排斥私募基金合同约定基金托管人之外的机构承担基金资产托管职责。因此，证券公司可以与各类私募基金约定，提供基金财产托管、清算、估值等综合托管服务。本案中，具有综合托管业务资格的太平洋证券在合同的具体条款中约定了由其履行托管人职责，符合相关法律规定，具备托管人身份，这一点也得到了法院的认同。

（二）是否适用《证券投资基金法》

本案争议的基金是由南京中乾作为管理人、太平洋证券为托管人、个人投资者 21 人，投资标的为中航精工股权的私募股权基金。关于该基金是否适用《证券投资基金法》、可否

---

〔1〕 根据证监会证券基金机构部部函《关于做好私募证券投资基金综合托管业务资格及客户资金支付消费服务监管工作的函》（基金机构部【2014】1172 号），证监会以行政委托方式将私募基金综合托管业务资格的行政许可审批事项委托给中国证券投资者保护基金有限责任公司行使。2014 年 9 月 9 日，投保公司向各证券公司发出证保发【2014】95 号文件，明确由其行使私募基金综合托管行政许可的受理、评估、核准。

〔2〕 "证券公司 PB 业务（Prime Brokerage），即主经纪商业务，也称为主券商业务或大宗经纪业务，是指证券公司向专业机构投资者和高净值客户等提供集中托管清算、后台运营、研究支持、杠杆融资、证券拆借、资金募集等一站式综合金融服务。"参见叶长华：《我国证券公司发展 PB 业务现状及建议》，中国证券业协会会议论文集 2015 年版。

依据该法确定有关管理人、托管人的权利义务并追究其法律责任，存在不同见解。

《证券投资基金法》第 2 条规定："在中华人民共和国境内，公开或者非公开募集资金设立证券投资基金（以下简称基金），由基金管理人管理，基金托管人托管，为基金份额持有人的利益，进行证券投资活动，适用本法；本法未规定的，适用《中华人民共和国信托法》、《中华人民共和国证券法》和其他有关法律、行政法规的规定。" 作为基金投资领域中最为重要的法律规范，《证券投资基金法》将其调整范围限定为"公开或者非公开募集资金设立证券投资基金"，并不包括私募股权基金等其他投资基金。但仅此认为私募股权基金不适用《证券投资基金法》有失偏颇，也不符合我国行政监管和司法裁判的要求。[1]

理论上分析，私募股权基金和证券投资基金都是基于信托关系而产生的。信托是一种以信任关系为基础，持有财产所有权的人为他人利益而管理或者处分该财产的横平法义务。[2] 私募基金与信托法律关系具有一致性，基金财产的所有权与收益权分离，投资者在基金交由基金管理人管理后就无权干涉基金的具体运作，仅享有收益权，管理人则拥有对基金事务的管理权及决策权；基金财产具有独立性，一旦基金成功设立，其财产就会独立于投资者与管理人，并且其财产与管理人、托管人的其他自有财产隔离，若管理人、托管人进行清算，基金财产不在清算范围内。基金管理人一般负有法定的信义义务，管理人需勤勉尽责、忠实履行管理基金义务，避免利益冲突，并发挥自身专业性以履行高度注意义务，提升投资安全性。由于私募基金与证券投资基金均以信托法律关系为基础设计金融产品，因此具备对两者立法统一规范的基本条件。此外，私募股权基金投资行为本质上是一种金融行为，具有高度的风险性和较强的外部性，外部性是指某一经济主体的经济活动对他人造成影响，但又未将这些影响计入市场交易的成本与价格之中。[3] 这使有关金融行为的立法行为呈现"公法化"趋势，即国家对于原本应由私法调整的、双方当事人在平等基础上自由协商签订的基金合同或合作协议不断增设强制性规范，以防范因基金投资关系而产生的强负外部性对国家金融体系稳定的冲击危险。私募基金的投资人数虽然少于公开发行的证券投资基金募集人数，但并不意味着私募基金的投资规模必然小于公募基金，规模只是影响金融行为负外部性的因素之一。私募基金和公募基金只是在基金投向、资产种类和流动性等方面存在差异，本质上仍然具有金融行为的基本特征。[4]

法规范上分析，是否将私募股权基金纳入《证券投资基金法》调整范围之中，是立法效率、监管体制分立和部门利益之争等因素博弈下的结果。在《关于〈中华人民共和国证券投资基金法（修订草案）〉的说明》中，就提到了"包括私募证券投资基金、私募股权投资基

〔1〕 汤欣、范晓语：《私募基金托管人职责与相关争议的法律适用》，载郭文英等主编：《投资者》第 4 辑，法律出版社 2018 年版，第 38 页。

〔2〕 顾功耘编：《商法教程》（第二版），上海人民出版社 2006 年版，第 330 页。

〔3〕 王荣芳：《私募股权基金监管法律问题研究》，中国政法大学出版社 2013 年版，第 90 页。

〔4〕 陆昊：《论我国私募股权投资基金与证券投资基金一体规范》，载《政治与法律》2020 年第 1 期。

金在内的非公开募集基金快速发展。”立法说明中也解释道“基金的投资方向属于基金投资策略的自主选择，法律一般不作具体性规定”。[1]2013年，中央机构编制委员会办公室发布《关于私募股权投资基金管理职责分工的通知》，明确由中国证监会负责私募股权基金的监督管理，实行适度监管，保护投资人权益。[2]2014年，中国证监会颁布了《私募投资基金监督管理暂行办法》。该办法第1条明确指出：“为了规范私募投资基金活动，保护投资者及相关当事人的合法权益，促进私募投资基金行业健康发展，根据《中华人民共和国证券投资基金法》《国务院关于进一步促进资本市场健康发展的若干意见》，制定本办法。”该办法对私募基金（包括私募证券投资基金和私募股权投资基金）的登记备案、合格投资者、资金募集、投资运作、行业自律、关于创业投资基金的特别规定以及法律责任进行了规范。而根据《证券投资基金法》要求依法成立中国证券投资基金业协会，进行行业自律，履行基金业协会的法定职能。[3]2017年，国务院法制办公室发布《私募投资基金管理暂行条例（征求意见稿）》，拟明确私募基金包括私募证券投资基金和私募股权投资基金。[4]由此可见，在有关私募基金监管的法规范上，一定程度上体现出私募股权基金适用《证券投资基金法》的模糊性。

司法实践层面，有许多司法机关在裁判有关私募股权纠纷类案件时选择适用《证券投资基金法》。如在“中国建设银行股份有限公司株洲市分行、杨某萍与湖南国泰创业投资基金企业、唐某平等侵权责任”案中，[5]杨某萍等37人作为建行株洲分行的客户，在株洲分行工作人员的推介下与国泰创业投资基金企业签订合伙协议，进行“私募股权投资基金”项目。而法院认为杨某萍等人与湖南国泰的投资合作行为不符合《证券投资基金法》有关规定，不成立私募股权投资基金业务。此外，在一些刑事案件中，法院也会援引《证券投资基金法》的相关规定作出裁判。如“冯某花组织、领导传销活动”案判决中，[6]法院认为冯某花等人以设立所谓“私募股权投资基金”的形式成立创业公司，并通过报刊、电视、互联网等公众传播媒体向社会不特定、不合格的投资者大量募集资金，违反《证券投资基金法》的

---

〔1〕参见《关于〈中华人民共和国证券投资基金法（修订草案）〉的说明》，载《中国人大》2012年第19期。

〔2〕参见《中央编办发文明确私募股权基金管理职责分工》，载中央机构编制委员会办公室官方网：http://www.scopsr.gov.cn/bbyw/qwfbwfb/201306/t20130627_227855.html，最后访问日期：2020年4月17日。

〔3〕《证券投资基金法》第10条规定：“基金管理人、基金托管人和基金服务机构，应当依照本法成立证券投资基金行业协会（以下简称基金行业协会），进行行业自律，协调行业关系，提供行业服务，促进行业发展。”

〔4〕《私募投资基金管理暂行条例（征求意见稿）》第2条规定：“本条例所称私募投资基金（以下简称私募基金），是指在中华人民共和国境内，以非公开方式向合格投资者募集资金设立，由基金管理人管理，为投资者的利益进行投资活动的私募证券投资基金和私募股权投资基金。非公开募集资金，以进行投资活动为目的设立的公司或者合伙企业，资产由基金管理人或者普通合伙人管理的，其基金管理人、基金托管人、资金募集、投资运作和信息提供适用本条例。私募基金财产的投资包括证券及其衍生品种、有限责任公司股权、基金份额，以及国务院证券监督管理机构规定的其他投资品种。”

〔5〕参见湖南省株洲市（2019）湘02民终2399号判决书。

〔6〕参见陕西省安康市（2019）陕09刑终195号判决书。

相关规定进行私募。由此可以看出，许多法院并不会因为《证券投资基金法》中的“证券”二字而排斥该法对于“私募股权”投资基金的适用。

综上所述，本案中投资者参与由南京中乾作为管理人、太平洋证券作为托管人私募股权基金，该项目在组织运行中应遵循《证券投资基金法》的有关规定，特别是在基金合同没有明确约定的情况下，基金管理人、托管人应当承担相应的法定义务。

（三）托管人职责

基金托管人，从文义上可以理解为“受托保管基金财产的人”，而“托管”兼有“接受委托”和“保管财产”的含义。[1]根据我国《证券投资基金法》规定，基金托管人应当根据该法和基金合同的约定，履行托管职责，包括安全保管基金财产、监督基金管理人的投资运作等。然而，我国基金托管人的监督管理职责并不完备，尤其是在私募股股权基金领域，托管人职能的行使不尽人意。[2]一方面，我国《信托法》和《证券投资基金法》关于托管人职责的规定比较笼统，权利责任不清晰，导致实践中“托而不管”现象时有发生。另一方面，根据《证券投资基金法》和《监管暂行办法》规定，私募基金可以通过基金合同约定豁免设立基金托管人，即私募基金托管并非强制的。

1. 托管人的法律地位

权威观点认为，在《信托法》中，投资基金被称为投资信托，是一种利益共享、风险共担的集体投资信托，除非有特别约定，投资基金适用信托法律的一般规定。[3]因此，基金合同当事人之间的法律关系为信托关系，基金份额持有人（投资者）为信托关系的中的委托人，基金管理人和基金托管人为信托关系中的共同受托人，二者应当依照《证券投资基金法》和基金合同约定，履行受托职责。[4]但根据《证券投资基金托管业务管理办法》规定，托管人应与管理人签订托管协议，使托管人为基金管理人的受托人，受管理人委托保管基金财产安全、监督其投资运行。[5]

学术界中，关于托管人的法律定位亦有较多分歧。有观点认为，我国证券投资基金属于契约型信托基金，基金投资人分别与管理人和托管人形成委托关系，由管理人与托管人签订托管协议使管理人代替投资者成为委托人有悖法理，二者应为投资人的共同受托人。[6]有学

---

〔1〕 刘燊：《论投资基金托管人制度的完善》，载《政治与法律》2009 年第 7 期。

〔2〕 刘晓勇：《私募股权投资基金托管业务操作风险防范》，载《上海金融》2012 年第 7 期。

〔3〕 吴弘：《信托法论》，上海立信会计出版社 2003 年版，第 1 页。

〔4〕 全国人民代表大会常务委员会法制工作委员会编：《中华人民共和国证券投资基金法释义》（第 2 版），法律出版社 2013 年版，第 9 页。

〔5〕《证券投资基金托管业务管理办法》第 16 条规定：“基金托管人在与基金管理人订立基金合同、基金招募说明书、基金托管协议等法律文件前，应当从保护基金份额持有人角度，对涉及投资范围与投资限制、基金费用、收益分配、会计估值、信息披露等方面的条款进行评估，确保相关约定合规清晰、风险揭示充分、会计估值科学公允。在基金托管协议中，还应当对基金托管人与基金管理人之间的业务监督与协作等职责进行详细约定。”

〔6〕 梁清华：《论我国私募基金托管人制度的重构》，载《暨南学报（哲学社会科学版）》2014 年第 9 期。

者认为我国契约型基金中虽然只有一个信托合同，但却因为一个合同而分别形成管理、托管两个信托关系，即投资者购买基金份额后，依照基金合同约定成为信托关系中的委托人，而管理人依照基金合同约定成为信托关系中的管理受托人，负责投资运行基金财产；托管人依照基金合同约定成为保管信托人，负责保障基金财产安全。二者为特殊的共同受托人。[1]也有学者认为，从托管的信用补充、特别是权力制衡的功能出发，确保托管职能与管理职能相对独立是现代资产管理的核心原则，托管人与管理人都依照《证券投资基金法》履行受托职责，但并非传统《信托法》意义下的“共同受托人”，应当依照法律规定和合同约定行使受托职责。[2]

本案中，由南京中乾、太平洋证券和投资者签订的三方协议中，约定南京中乾为基金管理人，负责基金财产的投资运作；太平洋证券为基金“保管人”（该条款名为“保管”，实为托管），负责为管理人拟发行、管理的私募股权投资基金提供托管及外包服务。因此，管理人南京中乾与托管人太平洋证券为共同受托人，依照《信托法》《证券投资基金法》等有关法律规定负有法定义务，并依照基金合同承担约定义务。

2. 托管人的职责

基金组织基于信托关系而建构，基金管理人作为信托关系中的受托人，其职责围绕信托关系的基本原理而展开，即基金管理人对投资者负有信义义务；而同为受托人的托管人，虽然其法律地位有颇多争议，但理应受到信义义务的规范。[3]信义义务包含了忠实义务和注意义务。忠实义务意味着托管人被信任依赖，应当恪尽职守保管受托财产的安全；注意义务是对托管人能力的要求，即托管人应当尽自己专业能力审慎监督受托财产的运行，当受托财产被侵害或面临被侵害可能性时，应当及时履职制止侵害。因此，信托关系的信义义务原理从理论层面表达出了对托管人的职责要求，即托管人主要负有“保管”和“监督”义务，[4]这也体现在我国的法律规范中。[5]

《监管暂行办法》第4条规定：“私募基金管理人和从事私募基金托管业务的机构（以下简称私募基金托管人）管理、运用私募基金财产，从事私募基金销售业务的机构（以下简称私募基金销售机构）及其他私募服务机构从事私募基金服务活动，应当恪尽职守，履行诚实信用、谨慎勤勉的义务。”该条款从总体上规定了托管人负有的信义义务。

托管人的保管义务即安全保管基金财产的义务，确保基金财产的安全和完整。《证券投

---

〔1〕 吴弘：《投资基金的法理基础辨析》，载《政治与法律》2009年第7期。

〔2〕 洪艳蓉：《论基金托管人的治理功能与独立责任》，载《中国法学》2019年第6期。

〔3〕 肖宇、许可：《私募股权基金管理人信义义务研究》，载《现代法学》2015年第6期。

〔4〕 刘燊：《论投资基金托管人制度的完善》，载《政治与法律》2009年第7期。

〔5〕 我国《证券投资基金法》第三章、《证券投资基金托管业务管理办法》、《私募基金管理暂行办法》和《非银行金融机构开展证券投资基金托管业务暂行规定》等法律法规对托管人的职责作出了相关规定。

资基金法》明确规定托管人的保管义务,〔1〕《证券投资基金托管业务管理办法》进一步细化了托管人保管基金所应当履行的职责。〔2〕《监管暂行办法》对托管人提出了“应当妥善保存私募基金投资决策、交易和投资者适当性管理等方面的记录及其他相关资料”的要求。〔3〕

托管人的监督义务即对管理人管理基金财产等行为的监督。《证券投资基金法》规定托管人应当承担监督管理人投资运作及可能的违法违约行为的职责,〔4〕《证券投资基金托管业务管理办法》对托管人监督职责作出更加详细的规定。〔5〕

(1)本案中托管人违反了安全保管义务

基金托管人作为基金财产的保管人和名义持有人,其首要职责是通过设立专门的账户,持有并确保基金财产的安全。在基金管理人投资运作基金财产时,虽然基金财产处于管理人的控制和管理之中,但托管人的基金财产保管义务并未消灭,其应当依照法律规定和合同约

〔1〕《证券投资基金法》第 36 条规定:“基金托管人应当履行下列职责:(一)安全保管基金财产;(二)按照规定开设基金财产的资金账户和证券账户;(三)对所托管的不同基金财产分别设置账户,确保基金财产的完整与独立;(四)保存基金托管业务活动的记录、账册、报表和其他相关资料;(五)按照基金合同的约定,根据基金管理人的投资指令,及时办理清算、交割事宜;(六)办理与基金托管业务活动有关的信息披露事项;(七)对基金财务会计报告、中期和年度基金报告出具意见;(八)复核、审查基金管理人计算的基金资产净值和基金份额申购、赎回价格;(九)按照规定召集基金份额持有人大会;(十)按照规定监督基金管理人的投资运作;(十一)国务院证券监督管理机构规定的其他职责。”

〔2〕《证券投资基金托管业务管理办法》第 17 条规定:“基金托管人应当安全保管基金财产,按照相关规定和基金托管协议约定履行下列职责:(一)为所托管的不同基金财产分别设置资金账户、证券账户等投资交易必需的相关账户,确保基金财产的独立与完整;(二)建立与基金管理人的对账机制,定期核对资金头寸、证券账目、资产净值等数据,及时核查认购与申购资金的到账、赎回资金的支付以及投资资金的支付与到账情况,并对基金的会计凭证、交易记录、合同协议等重要文件档案保存 15 年以上;(三)对基金财产投资信息和相关资料负保密义务,除法律、行政法规和其他有关规定、监管机构及审计要求外,不得向任何机构或者个人泄露相关信息和资料。”

〔3〕《监管暂行办法》第 26 条规定:“私募基金管理人、私募基金托管人及私募基金销售机构应当妥善保存私募基金投资决策、交易和投资者适当性管理等方面的记录及其他相关资料,保存期限自基金清算终止之日起不得少于 10 年。”

〔4〕《证券投资基金法》第 37 条规定:“基金托管人发现基金管理人的投资指令违反法律、行政法规和其他有关规定,或者违反基金合同约定的,应当拒绝执行,立即通知基金管理人,并及时向国务院证券监督管理机构报告。基金托管人发现基金管理人依据交易程序已经生效的投资指令违反法律、行政法规和其他有关规定,或者违反基金合同约定的,应当立即通知基金管理人,并及时向国务院证券监督管理机构报告。”

〔5〕证券投资基金托管业务管理办法》第 2 条规定:“本办法所称证券投资基金(以下简称基金)托管,是指由依法设立并取得基金托管资格的商业银行或者其他金融机构担任托管人,按照法律法规的规定及基金合同的约定,对基金履行安全保管基金财产、办理清算交割、复核审查资产净值、开展投资监督、召集基金份额持有人大会等职责的行为。”第 16 条规定:“基金托管人在与基金管理人订立基金合同、基金招募说明书、基金托管协议等法律文件前,应当从保护基金份额持有人角度,对涉及投资范围与投资限制、基金费用、收益分配、会计估值、信息披露等方面的条款进行评估,确保相关约定合规清晰、风险揭示充分、会计估值科学公允。在基金托管协议中,还应当对基金托管人与基金管理人之间的业务监督与协作等职责进行详细约定。”第 21 条规定:“基金托管人应当根据基金合同及托管协议约定,制定基金投资监督标准与监督流程,对基金合同生效之后所托管基金的投资范围、投资比例、投资风格、投资限制、关联方交易等进行严格监督,及时提示基金管理人违规风险。当发现基金管理人发出但未执行的投资指令或者已经生效的投资指令违反法律、行政法规和其他有关规定,或者基金合同约定,应当依法履行通知基金管理人等程序,并及时报告中国证监会,持续跟进基金管理人的后续处理,督促基金管理人依法履行披露义务。基金管理人的上述违规失信行为给基金财产或者基金份额持有人造成损害的,基金托管人应当督促基金管理人及时予以赔偿。”

定保持与管理人的信息联络，知晓管理人基金财产的运作情况；在管理人需要使用基金财产时，应当审核管理人的指令，防止基金财产被转移或滥用。

本案中，托管人太平洋未设立专门账户，而是将投资者款项直接汇入其在招商银行设立的账户，违背了基金托管人独立核算、分账管理的法定要求。[1]此外，托管人太平洋证券未设立独立的托管部门核实南京中乾的投资指令，未核实其法定代表人及委托代理人信息，在基金尚未成立时对于南京中乾发出的划款指示未予以拒绝就进行转账（边募集边用资），违反了合同条款“所有资金募集完毕，基金方能成立”的约定义务，导致投资款被分批划走。因此，太平洋证券作为托管人，未尽到托管人的法定职责和合同约定职责，导致基金财产流失，违反了其应当安全保管基金财产的义务。

（2）本案中托管人违反了有效监督义务

根据法律法规规定，托管人的监督范围不仅包括基金的投资范围、投资比例、投资风格、投资限制、关联方交易等，还包括托管人应定期复核基金财产的运行情况。具体来说，当托管人发现管理人的指令违反法律法规或者合同约定时，应当拒绝执行并通知管理人；当管理人出现法定或者合同约定的终止情形而无法管理基金财产时，应当重新选择管理人；当管理人的行为严重侵害投资人利益时，应当协助投资人维护权益等。即托管人应当以独立身份审慎行使职权，实现对管理人的约束和监督。

本案中，托管人太平洋证券在管理人南京中乾被取消私募资质已无法行使管理人职权需更换管理人后，未能选任新的管理人，未尽到其法定职责；在基金合同出现约定的终止情形后，未及时监督查询管理人对基金财产的运作管理、并要求其改正，未尽到托管人的约定职责；在项目方中航基金申请破产而管理人未申报债权时，未及时督促管理人申报债权；在管理人“失联”时，其虽然按照投资人要求召开了投资者大会，但未能有效协助投资者追回投资财产，导致投资者面临无钱可偿的局面。因此，太平洋证券作为托管人，对管理人的行为缺少有效监督，未履行其应尽的监督职责。

（3）本案中托管人违反了其他信义义务

托管人的信义义务除财产保管义务、有效监督义务外，还包括信息披露义务等法定义务和合同约定的其他义务。依照《证券投资基金法》和《私募股权基金信息披露管理办法》等相关规定，托管人在资金募集、投资运作、退出管理等环节，尤其是发生涉及更换变更换管理人、基金清算等重大事项时，应当及时、有效、准确披露相关信息。本案中，太平洋证券作为实际履行基金托管职责的托管人，并未向投资者披露其仅取得基金综合托管服务资质而未取得基金托管资质这一关键信息，并在基金合同封面上标注自己为“保管人”字样，对投资者造成了重大误导。此外，在管理人被注销应当更换管理人以及基金所投项目破产时，

---

〔1〕 案情部分内容参见夏悦超：《深度调查 | 私募股权基金陷真假托管，太平洋证券“偷换”概念?》，载微信公众号“国际金融报”2019 年 5 月 20 日。

未进行信息披露，致使投资人遭受重大损失，违反了信息披露的法定职责。

此外，基金合同中约定了关于管理人、托管人的风险控制等合规措施。但在管理人南京中发给托管人太平洋证券的《资产管理人授权通知书》显示，“经办人签字字样”“复核人签字字样”“审核签发人签字字样”均为“于明涛”同一人，即经办人与审核、复核人名字相同，这不符合关于双方公司内控合规的规定要求。对于此风控疏漏，太平洋证券未尽审核义务，违背了合同约定的职责。[1]

（四）托管人法律责任

前文所述，投资基金活动基于信托法律关系而建构，实质是委托人和受益人重合的自益信托，基金管理人和基金托管人同为信托法律关系中的共同受托人，虽然二者职能和角色定位与传统信托中共同受托人不同，但理应受到《信托法》及相关法律的规制，违反法定职责时，需承担相应法律责任。[2]此外，由于基金托管人的行为同时受到基金合同的约束，在其行为不当违反合同约定时，还应承担相应的违约责任，特别是在有关基金托管人的法律定位存在争议以及相关法律规定不完善的情况下，应特别注重合同义务。[3]

在归责原则上，我国现代商事制度确立了商事主体“自我责任制”，即根据其本身是否存在过错判断责任的有无：行为人因自己过错而致他人损害应负赔偿责任；反之，如行为人无过错则不负责任。[4]作为新型商事活动的基金投资行为，具有金融活动的高风险性和外部性，理应落入过错责任这一责任判定规则的射程之中，即非因法律法规的例外规定或合同的特殊约定，基金托管人应因其行为过错而承担法律责任。我国《证券投资基金法》第 145 条规定：“违反本法规定，给基金财产、基金份额持有人或者投资人造成损害的，依法承担赔偿责任。”确立的正是基于履职过错对托管人问责的原则。

在责任形态上，我国法律规定了连带责任和分别责任两种形式。[5]即基金管理人、基金托管人在履职过程中的共同行为，如共同订立基金合同、基金招募说明书、基金托管协议等合同文书，共同评估涉及投资范围与投资限制、基金费用、收益分配、会计估值、信息披露等方面的事宜等，给基金财产或者基金份额持有人造成损害的，应当承担连带赔偿责任。对

---

〔1〕 案情部分内容参见夏悦超：《深度调查 | 私募股权基金陷真假托管，太平洋证券“偷换”概念?》，载微信公众号“国际金融报”2019 年 5 月 20 日。

〔2〕 陈素玉、张渝：《论证券投资基金的法律制度》，载《中国法学》1998 年第 6 期。

〔3〕 王猛、焦芙蓉：《私募基金托管人的法律地位和责任边界——以投资人诉托管人侵权案为例》，载《中国证券期货》2019 年第 4 期。

〔4〕 刘道远：《商事侵权责任对侵权责任法的挑战及其对策》，载《法商研究》2010 年第 1 期。

〔5〕《信托法》第 32 条规定：“共同受托人处理信托事务对第三人所负债务，应当承担连带清偿责任。第三人对共同受托人之一所作的意思表示，对其他受托人同样有效。共同受托人之一违反信托目的处分信托财产或者因违背管理职责、处理信托事务不当致使信托财产受到损失的，其他受托人应当承担连带赔偿责任。”《证券投资基金法》第 145 条规定：“基金管理人、基金托管人在履行各自职责的过程中，违反本法规定或者基金合同约定，给基金财产或者基金份额持有人造成损害的，应当分别对各自的行为依法承担赔偿责任；因共同行为给基金财产或者基金份额持有人造成损害的，应当承担连带赔偿责任。”

于管理人单独的职责，如办理基金登记备案、对募集资金进行投资运作、按照规定召开投资人大会等，对于托管人单独的行为，如投资财产专门账户设立、资金清算、复核管理人计算的资产净值、按照规定监督管理人的投资运作等，给基金财产或者基金份额持有人造成损害的，应当分别对各自的行为依法承担责任。

本案中，管理人南京中乾和托管人太平洋证券共同拟定的基金合同，以及合同约定的对于投资范围与投资限制、收益分配、基金费用、风险控制和信息披露等共同行为，应当承担连带责任。但对于管理人、托管人各自单独行使的职权，应当各自承担相应的责任。管理人南京中乾对涉案基金未按规定办理备案，导致自己被注销私募管理人登记且未向投资者告知补偿措施、在基金合同到期后未采取积极措施清理债权债务、对涉案基金所投项目方公司破产后始终未向破产受理法院申报债权等单独行为未履行应尽义务，致使投资者不能收回本金及利息，对此承担相应违约责任，应向投资者返还本金并支付利息。托管人太平洋证券在南京中乾被取消私募资质后未能选任新的管理人、在基金合同出现约定的终止情形后未及时监督查询管理人对基金财产的运作管理等行为未尽到托管人义务，对投资人基金财产的实际损失负有责任，承担相应的补充赔偿责任有其合理性。

【案外反思】

近年来，我国私募投资基金发展迅速。据中国基金业协会统计，目前已登记的私募投资基金管理人数量超过2.4万家，在协会备案且正在运作的私募投资基金超过7万只，基金规模达12.71万亿元，且保持持续高速增长趋势。[1]然而，与私募基金高速增长形成鲜明对比的是，我国关于私募基金监管的法律法规制度不健全，缺少相应立法，且现有规定过于模糊，缺乏直接适用性。如本案争议的私募股权投资基金是否可直接适用于《证券投资基金法》仍待讨论和法律的进一步明确。虽然中国证监会于2016年发布《监管暂行办法》，中国基金业协会也相继发布《信息披露办法》《私募投资基金募集行为管理办法》等，但是这些规范多为部门规章和行业自律规范，效力等级较低，司法裁判时难以直接援引，只能参照适用。

为规范私募股权基金的健康有序发展，更好地保护投资者利益，笔者提出以下建议：首先，解决法律适用问题，确保有法可依，即明确将私募股权基金纳入《证券投资基金法》的监管范围之中，在司法裁判时有相关规定的可以直接援引，无直接规定的可以参照适用，坚持事实第一和司法先行的方略，推动相关法律法规的完善。其次，明确托管人的法律地位。根据权威学说和司法裁判，托管人和管理人虽是基金法律关系中的共同受托人，但并非传统

〔1〕 数据来源中国基金业协会官网：http：//www.amac.org.cn/researchstatistics/report/zgsmjjhybgfz/201912/t20191225_4016.html，最后访问日期：2020年4月17日。

《信托法》意义上的共同受托人，而是相对独立的“特殊共同受托人”，二者依照法律规定和合同约定行使受托职责。再次，界定托管人的义务边界，包括法定义务和约定义务，法定义务主要包括保管职责和监督职责，保管职责为保持基金财产安全，应当设立专门账号、独立核算、分账管理；监督职责为监督管理人的基金财产投资运作行为，实现一定程度上的制衡以保护投资人利益，并兼有信息披露职责。约定义务为基金合同约定而赋予托管人的义务，托管人未履行约定义务需承担相应违约责任，如本案中对托管人太平洋证券约定了额外的风险控制义务。最后，明辨托管人的法律责任，即在归责原则上坚持以过错责任为主，责任形态上区分连带责任和分别责任，以符合商事交易的风险性和专业性要求。

信托业的“黑天鹅”隐匿刚兑吞苦果

——“安信信托涉诉系列案”的法律分析

张群辉

安信信托股份有限公司（以下简称“安信信托”，证券代码：600816. SH）被誉为资本市场的“信托第一股”，是我国第一家在证券交易所上市的信托公司，一直以来都被寄予厚望，但是自2019年以来安信信托公司发展得并不太平，几乎是步履维艰。根据上海银保监局2020年4月3日公布的处罚信息，安信信托因存在违规承诺保证最低收益、信托财产挪用、部分信托计划未充分揭示风险等5项违法违规行为，被暂停自主管理类资金信托业务、限制向股东上海国之杰投资发展有限公司分配红利，并处罚款1400万元。2020年4月7日，上海证券交易所发布《安信信托股份有限公司股票可能被实施退市风险警示的提示性公告》，安信信托可能面临着退市的风险。安信信托发展受挫的主要原因是涉诉案件数量较多、涉诉金额较大，引发纠纷的主要原因是安信信托向信托受益权购买方提供担保、远期转让等兜底承诺。本文将对安信信托向信托受益权购买方提供担保、远期转让等兜底承诺的行为进行法理分析，安信信托公司的涉诉的其他案件不在本文的讨论范围内，特此说明。

【案情简介】[1]

（一）问题初现：业绩跳水，违约频发

根据安信信托披露的财务数据现状，公司的业绩表现跌荡起伏。2017年，安

〔1〕 参见《信托受益权之殇：安信信托又收到3份起诉，涉诉资金增到百亿》，载新浪财经网：http：//finance. sina. com. cn/stock/relnews/cn/2019－12－16/doc－iihnzahi7992697. shtml，最后

信信托营收 55.92 亿元，行业排名第一；净利润 36.68 亿元，行业排名第二。而到了 2018 年，安信信托业绩“大变脸”，全年业绩业内垫底，营收仅 2.05 亿；亏损 18.33 亿。2019 年前三季度，公司实现营收 5.3 亿元，同比下滑 80.48%，归属母公司股东的净利润为 -3.45 亿元，同比下滑 1533.6%，扣非后归属母公司股东的净利润为 -4.5 亿元，同比下滑 226.71%，业绩在全国 68 家信托公司中排名垫底。

2019 年 11 月 11 日，安信信托在回复上海证券交易所《问询函》（上证公函【2019】2854 号）的公告中再次更新了其管理的信托产品数据。2019 年 5 月 20 日至 9 月 30 日，安信信托管理的信托产品到期的项目 87 个，金额 230 亿元，其中正常兑付的 58 个，金额 65 亿元；到期未清算的信托项目 29 个，金额 165 亿元。对于违约的原因，安信信托归结于市场环境和政策。安信信托曾在公告中表示，“2018 年以来，受宏观经济环境变化影响，实体企业盈利能力下降，同时在资管新规等一系列监管政策的共同作用下，金融去杠杆进程加快，部分企业融资能力受限。在此情况下，公司部分信托项目的融资方出现违约，未能及时、足额归还信托资金，进而导致公司部分信托产品未能如期兑付”。

（二）矛盾升级：诉讼缠身，危机重重

安信信托公司 2019 年半年度报告显示，截至 6 月 30 日，公司已知作为被告涉诉案件 12 宗，诉讼金额 50.23 亿元，其中公司主动管理类信托计划相关诉讼的涉诉金额 50.22 亿元，而其中由于安信信托向信托受益权购买方提供担保、远期转让等兜底承诺引发的诉讼占了绝大多数。为此，2019 年 10 月 11 日，上海证券交易所向安信信托发《问询函》（上证公函【2019】2854 号），其中第二个问题便是问询安信信托公司的兜底承诺涉诉问题。

2019 年 11 月 11 日，安信信托公司公布《关于对上海证券交易所问询函的回复公告》（编号：临 2019-045），正式对其兜底承诺涉诉问题进行答复。截至 2019 年 8 月 31 日，在涉诉金额为 50.23 亿元的十二起案件中，安信信托提供担保、远期受让等形式兜底承诺的金额为 49.98 亿元，其中有 8.14 亿元由股东上海国之杰投资发展有限公司（以下简称“国之杰”）提供了担保。2019 年 12 月 16 日晚，安信信托在上海证券交易所公布信息：近日再收三份起诉书，涉诉金额 12.2 亿元，具体涉及安信信托的给付义务。公告显示，相关涉诉案件均因信托业务中，安信信托以远期回购方式提供保底承诺。三份起诉书诉讼原告方分别为自贡银行、交银国际信托、上海墨铱资产，涉诉余额分别为 1.0543 亿元、5.0933 亿元、6.03 亿元，目前案件正处立案审理阶段。

（接上页）访问日期：2020 年 4 月 10 日访问；《又爆雷！安信信托涉诉近百亿，曾经的大牛股，如今……》，载证券时报网：https：//www.sohu.com/a/360959557_115433，最后访问日期：2020 年 4 月 10 日；《安信信托收三份起诉　自贡银行诉请支付 1.05 亿元》，载每日经济新闻网：http：//www.zhongguozixun.com/finance/money/33534.html，最后访问日期为 2020 年 4 月 10 日。本文的案情介绍主要来源于以上材料，除此之外，笔者还参考了安信信托在上海证券交易所的部分公告。本文仅是基于上述资料进行的学术分析与探讨，不涉及任何与本案相关的争议解决问题，特此说明。

在安信信托所涉及的具体担保方式上，主要模式如下由安信信托与信托受益权人签订远期回购协议，某些案件中，还同时会存在安信信托股东提供的保证。在主债权合同无效的情况下，保证合同也无效；主债权合同有效，保证合同也有效，由于是股东承担保证责任，并不存在违反法律规定的可能。因此，法律分析的聚焦点便在安信信托与信托受益权人签订远期回购协议的效力问题。以被告安信信托公司与原告河南资产管理有限公司的信托受益权纠纷案件为例。2018 年 4 月 12 日，原、被告双方分别签订了《信托受益权转让协议》和《信托受益权远期转让协议》。《信托受益权转让协议》签订后，原告向被告支付 351 379 726. 03 元价款，取得了上述信托受益权。信托贷款合同期限届满后，依照《信托受益权远期转让协议》，被告应当履行信托受益权受让义务，支付受让价款。但是被告未履行受让义务支付转让价款，因此发生争议。（见表 1）

表 1　安信信托所涉保底承诺案件

序号	承诺人	协议形式	金额（万元）	时间
1	安信信托	安信信托与原告签订远期回购协议	40 022	2017 年 9 月
	国之杰（保证人）	国之杰作为保证人		2019 年 5 月
2	安信信托	安信信托与原告签订远期回购协议	37 532	2018 年 4 月
3	安信信托	安信信托与原告签订远期回购协议	103 454	2017 年 11 月
4	安信信托	安信信托与原告签订远期回购协议	41 406	2018 年 7 月
	国之杰（保证人）	国之杰与原告签订保证合同		2018 年 7 月
5	安信信托	安信信托与原告签订远期回购协议	27 000	2016 年 11 月
6	安信信托	安信信托与原告签订远期回购协议	4650	2018 年 6 月
7	安信信托	安信信托与原告签订远期回购协议	20 058	2018 年 12 月
	安信信托	安信信托与原告签订远期回购协议	41 105	2018 年 7 月
8	安信信托	安信信托与原告签订远期回购协议	5266	2017 年 8 月
9	安信信托	安信信托与原告签订远期回购协议	68 068	2016 年 7 月
	安信信托	安信信托与原告签订远期回购协议	51 051	2016 年 7 月

续表

序号	承诺人	协议形式	金额（万元）	时间
10	安信信托	安信信托与原告签订远期回购协议	43 437	2016 年 8 月
	安信信托	安信信托与原告签订远期回购协议	16 763	2016 年 8 月

（三）处罚落地：股票停牌，可能退市

2020 年 3 月 30 日，安信信托发布《安信信托股份有限公司重大事项停牌公告》，公告称“安信信托股份有限公司（以下简称“公司”）由于部分信托项目未能按期兑付，出现了相关诉讼事项，面临较大流动性风险。为避免触发系统金融风险，公司正在有关部门指导下筹划风险化解重大事项。根据《上海证券交易所上市公司筹划重大事项停复牌业务指引》第 20 条的规定，经公司申请，公司股票（安信信托，600816）自 2020 年 3 月 31 日起停牌，最长不超过 10 个交易日，公司股票最迟将于 2020 年 4 月 15 日复牌。”

2020 年 4 月 7 日，上海银保监局对安信信托开出罚单，处罚原因共有五个，其中第一个便是“2016 年 7 月至 2018 年 4 月，安信信托通过签订远期转让协议、出具流动性支持函等方式，违规承诺 8 笔信托财产不受损失或保证最低收益，金额共计 33. 3 亿元。截至 2019 年 7 月末，上述协议或支持函均已到期，已造成严重的兑付风险”。除此之外，处罚的原因还有违规挪用信托财产、违规开展非标业务和风险披露、信息披露不完整。

同日，上海证券交易所发布《安信信托股份有限公司股票可能被实施退市风险警示的提示性公告》，提示安信信托预计 2019 年年度实现归属于上市公司股东的净利润将出现亏损，公司将出现最近两个会计年度经审计的净利润连续为负值，根据《上海证券交易所股票上市规则》，公司股票将在 2019 年年度报告披露后被实施“退市风险警示”（在公司股票简称前冠以“ * ST”字样）的处理。

【法律分析】

（一）保底、刚兑条款的演进

保底、刚兑条款并不是一个严格的法律术语，在正式的法律文本中并没有这样的表述。刚性兑付一般是指“当金融理财产品资金出现风险、可能违约或得不到预期收益时，作为发行方或渠道提供方的金融机构为了维护自身声誉通过寻求第三方、借用自有资金进行垫付等多种方式来保证理财产品本金及收益的兑付”。[1] 保底条款又可分为保证本息固定回报条款、

---

〔1〕 参见中国人民银行金融稳定分析小组编：《中国金融稳定报告》，中国金融出版社 2014 年版，第 214 页。

保证本息最低回报条款、保证本金不受损失条款。[1]可以发现，保底条款和刚兑条款均是围绕金融产品的本息展开、保证本息的兑付，只是在兑付程度上，可以细分为本金的兑付和利息的兑付。

1. 保底、刚兑条款的成因与特性

从金融产品的发行层面而言，保底、刚兑是金融产品发行方吸引投资者的一大“利器”，通过承诺金融产品的保底、刚兑，保证本息收益，可以极大地吸引投资者的投资欲望；同时投资人可以通过保底、刚兑条款在保证收益的前提下规避原属于投资人一方的风险，尽可能最大化投资者利益，满足资本市场投资者逐利的需求。进一步析之，保底、刚兑条款是金融市场法制不成熟的产物。我国规制信义法律关系的法律法规不能够很好地保护投资者，在这种情况下，投资者可能会简化其享有的请求权，“将复杂的、有风险的、举证困难的基于受托人不谨慎尽责而产生的损害赔偿请求权，简化成简单基于承诺而产生的请求权”[2]。出于维护企业自身形象、信誉的考虑，通过刚性兑付使金融机构的正面形象得以维护，从而能够进行资本市场的后续交易。

刚性兑付或者保底条款可分为两种类型，即事前承诺型和事后兑付型。事前承诺指的是金融机构事先在投资合同中记载刚性兑付条款，或者不在合同中明确记载刚性兑付条款，而是通过金融机构的工作人员在推销该投资产品的过程中以口头或另行签订书面合同的方式，采用明示或暗示的手段向投资人承诺刚性兑付。事后兑付意味着投资产品在发行过程中，并没有对刚性兑付的问题作出任何明确约定，但是当风险出现之后，发行方基于维护自身信用的目的、应对社会舆论的压力等原因，主动或被动地向投资人偿付其投资的本金以及预期收益。刚性兑付或者保底条款具有如下特点：

第一，刚兑、保底产品发行人的多样化。根据受托主体的不同，主要划分为以下形式：金融产品的发行方或渠道提供方的金融机构向投资者通过直接或间接的方式保证本金和一定收益，当金融产品风险爆发时，由金融机构对投资者进行垫付以履行保底承诺的行为；自然人或非金融企事业单位作为受托人，对委托人的财产进行管理并承诺保证本金不受损失和一定的收益；契约型私募基金中管理人对投资人作出的保本保收益承诺；私募基金外第三方，通常为管理人的关联方、实际借款人或标的公司的关联方对投资者进行承诺，若投资者无法到期收回本息的，由第三方进行补足；合伙型私募基金的普通合伙人或劣后级有限合伙人对优先级有限合伙人作出保底承诺。

第二，涉及刚兑、保底问题的资管产品投资标的资产大部分是非标准化、流动性较差的债权性资产，刚兑问题与非标问题常常如影随形。该类资管产品往往以封闭式为主。资管产

---

〔1〕 参见高民尚：《审理证券、期货、国债市场中委托理财案件的若干法律问题》，载《人民司法》2006 年第 6 期。

〔2〕 参见袁小珺、陈志峰：《信托业刚性兑付模式之法律分析》，载《证券法苑》2017 年第 2 期。

品的资金往往是短期的，甚至存在以 14 天、28 天为周期发行的理财产品，存在期限错配。

第三，从资管产品的权益持有来看：一方面，涉及刚兑的资管产品基本上都是高风险的私募型产品，由于合格投资者穿透审查不严格，产品持有人甚至存在公众投资者，使兑付问题社会化、复杂化；另一方面，投资人持有的资管产品流动性不强，缺乏转让的二级市场和退出渠道。〔1〕

2. 保底、刚兑条款的规制演进

针对保底、刚兑条款的效力问题，学界提出了很多学说，概括起来，有绝对有效说、条款无效说、有限承认说、合同无效说、条款可撤销说、主体区分说。对于这些学说，本文不展开评价，只介绍目前司法领域已有的法律条文和规则。

首先，金融机构作为资产管理产品的受托人不得承诺保底或者刚兑是金融监管部门一贯的监管政策。《信托公司管理办法》第 34 条规定："信托公司开展信托业务，不得承诺信托财产不受损失或者保证最低收益。"《信托公司集合资金信托计划管理办法》第 8 条规定："信托公司推介信托计划时，不得以任何方式承诺信托资金不受损失，或者以任何方式承诺信托资金的最低收益。"《证券期货经营机构私募资产管理业务管理办法》第 4 条规定："证券期货经营机构不得在表内从事私募资产管理业务，不得以任何方式向投资者承诺本金不受损失或者承诺最低收益。投资者参与资产管理计划，应当根据自身能力审慎决策，独立承担投资风险。"《证券期货经营机构私募资产管理业务管理办法》第 51 条规定："披露资产管理计划信息，不得有下列行为：……（三）承诺收益，承诺本金不受损失或者限定损失金额或比例……"

2018 年，《关于规范金融机构资产管理业务的指导意见》（以下简称《资管新规》）出台，进一步明确刚性兑付的认定标准，并规定了金融机构刚性兑付后须承担的法律责任。《资管新规》第 19 条规定，经金融管理部门认定，存在以下行为的视为刚性兑付：（1）资产管理产品的发行人或者管理人违反真实公允确定净值原则，对产品进行保本保收益。（2）采取滚动发行等方式，使得资产管理产品的本金、收益、风险在不同投资者之间发生转移，实现产品保本保收益。（3）资产管理产品不能如期兑付或者兑付困难时，发行或者管理该产品的金融机构自行筹集资金偿付或者委托其他机构代为偿付。（4）金融管理部门认定的其他情形。

2019 年，最高人民法院印发《全国法院民商事审判工作会议纪要》（以下简称《九民纪要》），对刚兑、保底行为进行进一步规定。《九民纪要》第 92 条规定"信托公司、商业银行等金融机构作为资产管理产品的受托人与受益人订立的含有保证本息固定回报、保证本金不受损失等保底或者刚兑条款的合同，最高人民法院应当认定该条款无效。受益人请求受托

〔1〕 参见李忱：《资管产品刚性兑付的监管进路与思考》，载《金融法苑》2018 年第 2 期。

人对其损失承担与其过错相适应的赔偿责任的，最高人民法院依法予以支持。实践中，保底或者刚兑条款通常不在资产管理产品合同中明确约定，而是以‘抽屉协议’或者其他方式约定，不管形式如何，均应认定无效。”

《九民纪要》第92条的“保底或者刚兑无效”法律规则的适用主体为信托公司、商业银行等金融机构，基础法律关系为信托法律关系，保底或者刚兑条款的表现形式有合同明确约定、“抽屉协议”或者其他方式。根据最高人民法院民二庭出台的《全国法院民商事审判工作会议纪要理解与适用》所示，首先，信托关系既不是股权投资关系，也不是债权债务关系，而是一种特殊的、与股债并存的法律关系，信托法律关系强调委托人对受托人的信任以及受托人受托责任的履行，在受托人尽责管理情形下，受托人在法律上既没有按照传统债权债务关系向委托人还本付息的义务，也没有按照传统股权关系向委托人支付股息的义务。其次，《信托法》第34条规定：“受托人以信托财产为限向受益人承担支付信托利益的义务。”本条规定的法理基础，是以财产独立这一信托法基本原则为基础。为了区分信托财产与受托人的固有财产，受托人不能因自己的固有利益而使用信托财产。委托人、受益人不因信托财产的债务而承担个人责任。最后，刚性兑付将本应由投资者自行承担的资产损失风险转嫁至作为受托人的金融机构承担，如果此种风险累积，在各类风险尤其是信用风险集中爆发后，个别金融机构可能因不能刚性兑付而引发系统性风险；偏离了资管产品“受人之托，代人理财”的本质，抬高无风险收益率水平，干扰资金价格，不仅影响市场在资源配置中的决定性作用的发挥，还弱化了市场纪律。

（二）安信信托“兜底承诺”的法律分析

2019年11月11日，安信信托在回复上海证券交易所的《问询函》中称“公司上述涉诉信托项目中存在的远期受让投资者所持信托受益权的承诺是否构成保底承诺，该承诺的法律效力及相关法律后果和对公司的影响从法规层面难以确定，须待司法机关的实践判例作为判断依据”。2019年11月8日，最高人民法院印发《九民纪要》。如前所述，根据《九民纪要》第92条，保底或者刚兑条款无效，那么安信信托的远期回购条款、股东保证条款能否被认定为刚性兑付呢？

1. 监管层面对安信信托“兜底承诺”的理解

2020年4月7日，上海银保监局对安信信托开出罚单，处罚的原因之一就是安信信托的“兜底”业务。如前所述，安信信托作为信托业务的受托人，与投资者签订《信托受益权转让协议》，投资者支付一定数额的价款，从而成为信托受益人。在信托合同的年限内，受益人可享受信托投资收益。在签订《信托受益权转让协议》的同时，安信信托作为受托人与受益人签订《信托受益权远期转让协议》，规定一定年限内，信托合同到期，安信信托应当无条件受让该信托受益权；或者安信信托向受益人出具《流动性支持函》，承诺在出现流动性支持触发情形时无条件受让受益人持有的标的信托受益权并支付全部转让价款。后来，由于安信信托在合同到期日无法支付受益人价款以回购信托受益权或者流动性出现问题，发生争讼。

对于安信信托的此种行为，上海银保监局在 2020 年 4 月 7 日出具的处罚书中写道，“2016 年 7 月至 2018 年 4 月，安信信托通过签订远期转让协议、出具流动性支持函等方式，违规承诺 8 笔信托财产不受损失或保证最低收益，金额共计 33.3 亿元。截至 2019 年 7 月末，上述协议或支持函均已到期，已造成严重的兑付风险”。安信信托的这种行为属于“承诺信托财产不受损失或保证最低收益”的违规行为，即属于刚性兑付行为。

2.《九民纪要》第 92 条适用性分析

上海银保监局认为安信信托向信托受益权购买方提供远期受让、流动性支持等行为属于刚性兑付，但是未给出具体的理由。而安信信托也表示“须待司法机关的实践判例作为判断依据”。在《九民纪要》出台的背景下，安信信托的这些行为能否适用保底或者刚兑条款无效的规则，目前还没有明确答案。笔者认为，安信信托向信托受益权购买方提供远期受让、流动性支持等行为属于刚性兑付，具体理由如下：

首先，就保底、刚性兑付条款的适用主体而言，安信信托公司是适格主体。《资管新规》规定的刚性兑付适用主体是金融机构，《九民纪要》则规定适用于“信托公司、商业银行等金融机构”，由此可见，信托公司是刚性兑付的适格主体。如前文所述，进行刚性兑付、保底的主体可能有很多，既可能是金融机构，也可能是自然人，还可能是契约型私募基金的管理人、合伙型私募基金的普通合伙人或劣后级有限合伙人等。对于哪些主体应当受到刚性兑付无效规则的规制，可能存在争议。但可以明确的是，根据现有的规定，信托公司应当受到刚性兑付无效规则的约束。

其次，就行为属性而言，安信信托向信托受益权购买方提供远期受让、流动性支持等行为属于刚性兑付。《九民纪要》第 92 条规定的刚性兑付行为有三种表现形式，分别是在合同中明确约定、以“抽屉协议”形式约定或者以其他方式约定。无论是采取何种形式，其指向的核心要素是保证本息规定回报、保证本金不受损失。若仅仅从安信信托与受益人签订的投资合同来看，似乎很难认定安信信托的做法属于上述三种表现形式之一。因为安信信托公司并没有与受益人签订保证本息兑付的合同，这显然不属于合同明确约定刚性兑付或者“抽屉协议”。但是当我们通过穿透式思维，探求当事人真实的法律关系时，则可以发现安信信托的上述行为属于刚性兑付，其行为属于《九民纪要》第 92 条规定的“其他形式”。第一，从合同签订的时间来看，安信信托在与受益人签订受益权转让的同时，还签订受益权远期受让合同或者流动性支持函。通过这样的操作，投资者既获得了信托收益，同时本金的偿付得到保障；而本金和收益的保证兑付在合同签订之始便设计好了。第二，从合同效果上看，无论是远期受让还是流动性支持函，都使投资者的本金和收益得以保证，而安信信托亦通过这样的设计使其信托产品得以流转。此种效果就是实质上的刚兑或者保证行为。

再次，若充分尊重安信信托公司与其他受益人签订的《信托受益权转让协议》《信托受益权远期转让协议》《流动性支持函》等文件的效力，则可能对资本市场造成严重影响。截止目前，安信信托由于上述兜底承诺的诉讼影响，公司岌岌可危，不仅受到了上海银保监局的处罚，目前也面临在上海证券交易所退市的局面。如果认为此类兜底协议有效，安信信托则可能面临巨大的偿付压力，对整个公司产生影响，进而影响整个资本市场。更重要的是，如果承认此类协议，以后的公司可能会纷纷效仿，将《资管新规》和《九民纪要》规定的刚兑、保底条款无效的规则束之高阁，这样产生的金融风险和信用风险将远超安信信托公司所产生的影响。

最后，认定安信信托公司向信托受益权购买方提供远期受让、流动性支持等行为属于刚性兑付、进而属于无效条款，并不意味着安信信托公司可以完全免责，其仍应承担与其过错相应的责任。根据《民法总则》第 157 条规定：“民事法律行为无效、被撤销或者确定不发生效力后，行为人因该行为取得的财产，应当予以返还；不能返还或者没有必要返还的，应当折价补偿。有过错的一方应当赔偿对方由此所受到的损失；各方都有过错的，应当各自承担相应的责任。法律另有规定的，依照其规定。”《九民纪要》第 92 条亦规定“受托人对受益人的损失承担与其过错相适应的赔偿责任”。当然了，安信信托公司具体应向投资者承担何种责任、赔偿数额多少应由法官在个案中进行裁判。

结语——刚性兑付的正本清源

刚性兑付并不仅仅存在于信托公司，一直以来，很多信托类以外的资管产品都或多或少地涉及了刚性兑付或者保底条款。刚性兑付不利于资源配置和实现金融服务实体的功能，并且将投资风险停留在金融体系内部，最终不利于投资者的整体利益和资本市场的长期利益。以《资管新规》的净值管理、刚兑认定的规制为起点，《九民纪要》进一步强化刚兑无效的规则、并提出任何形式的刚兑条款都应无效的规定。但是要想真正实现资本市场“受人之托、代人理财”“卖者尽责、买者自负”的功能，未来还需要更多的司法实践加以检验和完善。以本文安信信托的保底、刚兑条款为例，其并未直接规定刚性兑付、保证本金和利息不受损失，也未以“抽屉协议”加以规定，因此具体认定其属于刚兑条款、进而否定刚兑效力是存在一定困难的。笔者认为，此时可以采用穿透式审判思维，通过当事人合同签订的时间、当事人通过合同实现的效果等查明当事人真实意思，探求真实的法律关系，以真正实现对刚兑条款的规制，实现刚性兑付的正本清源。

卖者当尽责　买者需自负

——首例“代销银行全赔案”再次反转的法律思考

王世轩

曾在2015年判代销银行全责而轰动一时的“客户诉银行代销理财产品第一案”又迎来反转，2019年，上海高院对该案作出再审判决。本案经历三审三判，从一审的“投资者自担损失”，到二审的“代销银行赔偿全部本金损失”，再到再审的“投资者担责60%，银行担责40%”。判决变化背后的逻辑，是对商业银行与客户之间的法律关系，以及对卖方机构适当性义务认识的不断深入。理财产品纠纷一直是实践中的热点问题，法院的判决会对理财产品市场的发展产生重大影响，再加上三次判决差异巨大，使本案引起了广泛的关注。

【案情介绍】

（一）理财亏损引发纠纷

2011年3月，胡某为资产委托人、大成基金管理有限公司为资产管理人、中国银行股份有限公司（以下简称“中国银行”）为资产托管人签订了《中行－大成景瑞3号灵活配置2期特定多个客户资产管理计划资产管理合同》，约定投资范围，合同文本后附《股指期货交易风险提示函》一份，该函右下方资产委托人落款处空白。合同签订后，胡某即在中国银行处认购了人民币100万元的景瑞3号2期基金，并在《中国银行开放式基金交易凭条（个人）》上签字确认，签名下方记载：“本人充分知晓投资开放式基金的风险，自愿办理中国银行代理的基金业务，自担投资风险”，同时胡某在该交易凭条背面的《风险提示函》下方签字。

2011 年 3 月 4 日，中国银行作为评估机构评估胡某为稳健性投资者。同日，胡某向中国银行提交《中国银行股份有限公司个人理财产品业务交易信息确认表》，认购博弈理财。该确认表“客户投资意愿确认栏”记载：“中国银行股份有限公司：根据贵行为本人进行的《中国银行股份有限公司个人客户风险评估问卷》的结果显示，本人不适宜购买本产品。但本人认为，本人已经充分了解并清楚知晓本产品的风险，愿意承担相关风险，并有足够的风险承受能力和投资分辨能力购买该产品。现特别声明此次投资的决定和实施是本人自愿选择，其投资结果引致风险由本人自行承担。”胡某对此签字确认。之后，因该理财产品发生亏损，胡某遂提起本案诉讼，要求判令中国银行赔偿其亏损本金及相应利息。

（二）2014 年一审：认定代销法律关系，投资者损失自担

一审法院认为，诉争理财产品并非中国银行自行开发的理财产品，该理财产品的资产管理人为大成基金管理有限公司而非中国银行，中国银行仅系资产托管机构，对该理财产品进行代销。并且胡某签署了《风险提示函》，说明中国银行作为诉争理财产品的代销机构，已尽到了合理的风险告知义务，且胡某也并无证据证明中国银行在代销过程中存在对其构成误导的行为，故由此产生的法律后果亦应由其自行承担。对于胡某未在《股指期货交易风险提示函》上签字，只能说明中国银行的行为存在瑕疵并不构成过错行为，且签字与否与胡某理财产品的亏损也并不存在必然因果关系。况且，该风险提示函在合同文本交由胡某签署时已一并交付胡某，胡某作为完全民事行为能力人，即便未在该风险提示函上签字，也应对风险提示内容有所知晓。而若胡某未对此进行阅读，也系其自身过错。遂判决驳回胡某的全部诉讼请求。一审案件受理费 5179 元，由胡某自行负担。[1]

（三）2015 年二审：认定金融服务法律关系，银行赔偿本金损失

胡某不服一审判决，提起上诉。二审法院确认了一审认定的事实，但对法律关系重新做出了认定：案涉法律关系为金融服务法律关系，而非代销关系：（1）系争理财产品由中国银行应胡某要求主动推介胡某购买，胡某亦系在中国银行营业场所完成购买行为，中国银行同时对胡某进行了风险测试及风险提示。参考中国银行业监督管理委员会发布的《商业银行个人理财业务管理暂行办法》第 8 条第 1 款规定：理财顾问服务，是指商业银行向客户提供的财务分析与规划、投资建议、个人投资产品推介等专业化服务。中国银行向胡某推介投资产品等前述民事行为，其法律后果应为与胡某构成金融服务法律关系。（2）代销合同本质为委托代理关系的一种，中国银行并非以大成基金管理有限公司代理人的身份实施上述行为，且一般情况下，代销法律关系中的代销方在接受委托后，并无主动向他人推介代销产品、进行客户评估等义务，故胡某与中国银行间并非代销法律关系。

在认定了金融服务法律关系后，二审法院进一步分析：根据《个人理财业务风险管理指

---

〔1〕 参见上海市第一中级人民法院（2015）沪一中民六（商）终字第 198 号民事判决书。

引》第 23 条[1]、《商业银行个人理财业务管理暂行办法》第 37 条[2]等相关规范，商业银行在金融服务法律关系中负有依照客户的风险承受能力及财务状况等推介合适产品的义务，具体而言，商业银行首先应在推介投资产品之前对客户评估，之后依照评估结果确定客户的类别，并在正确评估客户，了解相关情况的基础上，向客户推荐合适的理财产品，且不得主动向投资者推荐不适宜的理财产品。上诉人的签字行为发生在被上诉人推介系争理财产品且履行风险提示义务之后，故上诉人虽在缔约过程中签字确认知晓相关风险，但据此并不能免除被上诉人在缔约前的适当推介义务。若无此种不当推介行为则上诉人不会购买系争理财产品，相应损失亦无从发生，故应认定被上诉人的过错行为与上诉人的损失间具有相当因果关系，被上诉人存在相应侵权过错。

基于上述理由，二审法院判定，中国银行存在过错，应当承担赔偿责任，但胡某亦有过失。因此，支持胡某要求中国银行赔偿本金的诉讼请求，驳回其要求赔偿利息的诉讼请求。[3]

（四）2019 年再审：支持金融服务法律关系，损失重新分担

二审判决后，中国银行向上海市高级人民法院提出了再审请求。上海高院在再审中肯定了金融服务法律关系的认定，但是对损失重新进行了分配：首先，财产损害赔偿纠纷的赔偿金额应当以理财产品本金实际损失为限，不包括利息；其次，金融服务法律关系项下的义务包括适当性义务（“将合适的产品卖给合适的投资者”）以及说明及风险提示义务两个方面。关于前者，上海高院认为，没有证据足以证明银行存在主动推介的不当行为。关于后者，银行在履行风险提示义务上存在瑕疵，主要是胡某没有在理财产品合同后附的《股指期货交易风险提示函》落款处签字。因此，银行确实存在过错。最后，本金损失的分担应结合双方的过错综合考量。上海高院认为，胡某虽为稳健型投资者，但他具备一定的投资经验，对购买的这款理财产品发生亏损的风险应有所预期，并书面承诺愿意自担风险，按照“买者自负”的原则，应该自担本金损失的主要责任。银行进行了相关风险承受能力评估以及风险提示义务，但披露手续不够完整，存在过错，故应承担相应的责任。上海高院最终判决胡某本人对本金损失承担 60% 的责任，银行承担 40% 的赔偿责任。[4]

---

[1] 《个人理财业务风险管理指引》第 23 条：对于市场风险较大的投资产品，特别是与衍生交易相关的投资产品，商业银行不应主动向无相关交易经验或经评估不适宜购买该产品的客户推介或销售该产品。客户主动要求了解或购买有关产品时，商业银行应向客户当面说明有关产品的投资风险和风险管理的基本知识，并以书面形式确认是客户主动要求了解和购买产品。

[2] 《商业银行个人理财业务管理暂行办法》第 37 条：商业银行利用理财顾问服务向客户推介投资产品时，应了解客户的风险偏好、风险认知能力和承受能力，评估客户的财务状况，提供合适的投资产品由客户自主选择，并应向客户解释相关投资工具的运作市场及方式，揭示相关风险。商业银行应妥善保存有关客户评估和顾问服务的记录，并妥善保存客户资料和其他文件资料。

[3] 参见上海市第一中级人民法院（2015）沪一中民六（商）终字第 198 号民事判决书。

[4] 参见马传茂、王玉玲：《银行代销理财亏损，权责如何认定？一起案子三审判决为何截然不同?》，载证券时报网：http://news.stcn.com/2019/1119/15502800.shtml，最后访问日期：2020 年 7 月 20 日。

【法律分析】

（一）金融服务法律关系的阐释

首先应当判定胡某与中国银行之间的法律关系。一审认为二者之间构成代销法律关系，二审认为构成金融服务法律关系。认定代销关系是否是金融服务关系，需要结合法律关系的内容以及规范目的进行考量。二审法院认定构成金融服务法律关系的理由有二：（1）中国银行的行为构成中国银行业监督管理委员会《商业银行个人理财业务管理暂行办法》第 8 条第 1 款规定的理财顾问服务，当然构成金融服务；（2）代销关系实际上是产品发行人与产品销售者之间的委托代理关系，而中国银行仅仅是该理财产品的托管人，并非代销人。

金融服务法律关系的主体为卖方机构与金融消费者。卖方机构包括金融产品发行人、销售者以及金融服务提供者。[1]金融消费者是指购买、使用金融机构提供的金融产品或服务的自然人;[2]需要特别说明的是，金融服务法律关系并非特指卖方机构与消费者之间的合同关系，而是包括从卖方机构与消费者接触开始，到产品的推介以及相关理财合同签订，再到合同履行结束后的全部时间段，可以说是一种民法上的特别结合关系。这样的特别结合关系基于诚信原则会产生特殊的义务，即适当性义务。本案中，中国银行作为卖方机构，向胡某推介理财产品，胡某作为自然人接受中国银行提供的服务，当然构成金融服务法律关系。其次，从立法目的来看，规定金融服务法律关系的目的是保护金融消费者。金融消　费　者的“消费者”特点，明确了其购买金融产品或接受金融服务的目的，是为个人或家庭的生活需要，而非生产需要。与交易对手方的金融机构相比，金融消费者在获取信息、交易磋商等各个方面均处于劣势，合同法中抽象的平等早已无法对其提供充分的保护。因此，法律明确金融消费者的概念，旨在于对其提供倾斜保护，试图缓解金融服务法律关系中双方地位的巨大差距。本案中，胡某购买金融产品并非为生产需要，属于自然人为生活需要购买金融产品或接受金融服务，属于金融消费者的范畴。因此，将案涉法律关系认定为金融服务法律关系准确。

（二）银行的“卖者尽责”之一：适当性义务

本案的第二个争议焦点在于卖方机构是否依法履行了适当性义务。适当性制度是金融消费者权益保护制度的核心规则，强调的是金融产品的风险等级要与金融消费者的风险承受能

---

〔1〕 参见最高人民法院民事审判第二庭编著：《〈全国法院民商事审判工作会议纪要〉理解与适用》，人民法院出版社 2019 年版，第 412 页。

〔2〕 参见《中国人民银行金融消费者权益保护实施办法》第 2 条第 2 款。

力相匹配。〔1〕适当性义务起源于20 世纪 30 年代的美国，而随着金融消费者概念的提出，适当性义务的地位更加重要。20 世纪 80 年代以来，各国金融市场从分业监管向混业监管转变，金融混业经营获得了长足发展，“金融消费者”这个概念陆续被提出并广泛接受，各国分别颁布了保护金融消费者的法案。美国、英国、日本、韩国、包括我国台湾地区的相关法案，均加强对金融消费者合法权益的保护。并且，保护金融消费者逐渐成为了一项国际共识，如 2011 年 G20 巴黎峰会《金融消费者保护高级原则》、2012 年世界银行发布《金融消费保护的良好经验》。〔2〕在保护金融消费者的大环境下，适当性义务越来越受到重视。

1. 现行适当性义务的规范体系

目前，我国投资者适当性管理制度规则体系，主要包括法律、行政法规、部门规章及规范性文件、自律性规范四个层次构成。〔3〕规制银行类金融机构适当性义务的主要法律规范有（见表 1）：

表 1

时间	文件名称	规范内容
2015	《关于加强金融消费者权益保护工作的指导意见》（国办发【2015】81 号）	建立金融消费者适当性制度。金融机构应当对金融产品和服务的风险及专业复杂程度进行评估并实施分级动态管理，完善金融消费者风险偏好、风险认知和风险承受能力测评制度，将合适的金融产品和服务提供给适当的金融消费者。
2015	第八次全国法院商事审判工作会议	卖方机构须遵守适当性义务
2016	《中国人民银行金融消费者权益保护实施办法》（银发【2016】314 号）	第 11 条规定，金融机构应当根据金融产品和服务的特性评估其对金融消费者的适合度，合理划分金融产品和服务风险等级以及金融消费者风险承受等级，将合适的金融产品和服务提供给适当的金融消费者。金融机构不得向低风险承受等级的金融消费者推荐高风险金融产品。

〔1〕 参见李婧：《行为法经济学在金融消费者权益保护规则制定中的应用》，中国政法大学出版社 2018 年版，第 85 页。

〔2〕 参见于春敏：《金融消费者保护研究——以权利倾斜配置为视角》，上海财经大学出版社 2017 年版，第 4 –6 页。

〔3〕 参见最高人民法院民事审判第二庭编著：《〈全国法院民商事审判工作会议纪要〉理解与适用》，人民法院出版社 2019 年版，第 416 –417 页。

续表

时间	文件名称	规范内容
2018	《关于规范金融机构资产管理业务的指导意见》（银发〔2018〕106号）	第6条规定，金融机构发行和销售资产管理产品，应当坚持“了解产品”和“了解客户”的经营理念，加强投资者适当性管理，向投资者销售与其风险识别能力和风险承担能力相适应的资产管理产品。禁止欺诈或者误导投资者购买与其风险承担能力不匹配的资产管理产品。金融机构不得通过拆分资产管理产品的方式，向风险识别能力和风险承担能力低于产品风险等级的投资者销售资产管理产品。金融机构应当加强投资者教育，不断提高投资者的金融知识水平和风险意识，向投资者传递“卖者尽责、买者自负”的理念，打破刚性兑付。
2018	《商业银行理财业务监督管理办法》	第26条规定，商业银行销售理财产品，应当加强投资者适当性管理，向投资者充分披露信息和揭示风险，不得宣传或承诺保本保收益，不得误导投资者购买与其风险承受能力不相匹配的理财产品。 第29条规定，商业银行只能向投资者销售风险等级等于或低于其风险承受能力等级的理财产品，并在销售文件中明确提示产品适合销售的投资者范围，在销售系统中设置销售限制措施。
2019	《第九次全国法院民商事审判工作会议纪要》	第72条规定，适当性义务是指卖方机构在向金融消费者推介、销售银行理财产品、保险投资产品、信托理财产品、券商集合理财计划、杠杆基金份额、期权及其他场外衍生品等高风险等级金融产品，以及为金融消费者参与融资融券、新三板、创业板、科创板、期货等高风险等级投资活动提供服务的过程中，必须履行的了解客户、了解产品、将适当的产品（或者服务）销售（或者提供）给适合的金融消费者等义务。卖方机构承担适当性义务的目的是确保金融消费者能够在充分了解相关金融产品、投资活动的性质及风险的基础上作出自主决定，并承受由此产生的收益和风险。在推介、销售高风险等级金融产品和提供高风险等级金融服务领域，适当性义务的履行是“卖者尽责”的主要内容，也是“买者自负”的前提和基础。

2. 适当性义务的具体要求

从上述各部门发布的规范中可以看出，适当性义务的核心要求是“将适当的产品销售给适合的金融消费者”，充分履行适当性义务有三个要素：了解产品、了解客户、将适当的产品推介或销售给适当的消费者。

（1）了解产品

卖方机构了解产品是履行适当性义务的前提。卖方机构并非当然地对某种产品有着充分的了解，需要投入额外的成本进行研究。原因之一是卖方机构所推介或销售的产品往往并非是其自行开发的金融产品，而是其他机构的金融产品。更重要的是随着金融创新的不断深入，金融市场与金融产品日趋复杂，即使专业的金融机构也需要投入专门的资源对产品进行分析。如在美国金融危机爆发前，卖方机构均未意识到其所发售的结构化金融产品存在高度风险，甚至将其作为安全产品销售。〔1〕因此，“了解产品”作为卖方机构履行适当性义务的重要一环而被特别强调。中国香港特别行政区也有类似的规定，如要求销售者（投资顾问）在推荐任何产品前必须了解该产品，并避免推荐销售者不了解的产品。〔2〕《商业银行理财业务监督管理办法》第 27 条规定，商业银行应当对拟销售的理财产品进行风险评级，由低到高至少包括一级至五级，并可以根据实际情况进一步细分。

在卖方机构推介或销售其他金融机构开发的金融产品时，仍然需要对金融产品进行分析以了解该产品，不能仅以从开发机构获取产品信息为准。适当性义务是金融服务合同项下的义务，金融服务法律关系是卖方机构与金融消费者之间产生的，有关产品推介、销售服务的独立法律关系，与金融产品的开发机构无关。根据合同的相对性原理，在开发机构提供的产品信息不适当，导致卖方机构推介产品超过消费者的风险承受能力，进而给消费者带来损失时，卖方不得以产品信息由开发商提供为由进行抗辩。

（2）了解客户

“了解客户”要求最早由美国纽约交易所第 405 条规则所界定。〔3〕不同国家或地区在“了解客户”的规定有所不同，美国 FINRA 的规定较为详细，“客户的投资属性包括但不限于客户的年龄、其他投资、财务状况和需求、税收情况、投资目标、投资经验、投资年限、流动性需求、风险容忍度，以及其他客户应披露的与推介相关的信息”。〔4〕而英国金融行为监管局发布的《商业行为规则》的规定则较为精炼，这些信息包括：（1）客户就特定投资或服务相关领域的知识和经验；（2）财务状况；（3）投资目标。〔5〕一般认为，金融机构须掌握的信息包括但不限于：关于客户投资目标的信息，关于客户的知识和经验的信息，关于客户风险偏好与风险承受能力的信息，以及关于客户财务状况的信息。〔6〕

获取客户信息的目的是评估客户风险承受能力。如何将具体的客户信息对应到相应的风

---

〔1〕 参见王锐：《论金融机构的适当性义务——基于行为要件的分析》，载《北方法学》2014 年第 4 期。

〔2〕 NASD NTM 05 -26 “New products”；FINRA Regulatory Notice 12 -03，“Heightened supervision of complex products”；NASD NTM 03 -03，“NASD reminds members of obligations when selling hedge funds”；NASD NTM 03 -71，“NASD Reminds members of obligations when selling non -conventional Investments”.

〔3〕 Goldberg，Fraudulent Broker -Dealer Practices，at 1 -10 (1978)；see generally Note，Know Your Customer' Rule of the NYSE：Liability of Broker -Dealers Under the UCC & Federal Securities Laws，1973 Duke L. J. 489.

〔4〕 See Rule 2111 (a) of FINRA Rules.

〔5〕 See Article 9. 2. 1R of COBS.

〔6〕 参见王锐：《论金融机构的适当性义务——基于行为要件的分析》，载《北方法学》2014 年第 4 期。

险承受等级，则需要建立合理的风险评估测试考核机制，这一机制是将客户和产品相连接的纽带。《商业银行理财业务监督管理办法》第28条规定，商业银行应当对非机构投资者的风险承受能力进行评估，确定投资者风险承受能力等级。需要注意的是，该风险评估测试考核标准由商业银行单方面自行制定，而法院在判断商业银行是否履行适当性义务时，往往只判断理财产品的风险与是否在消费者的承受能力内，并不对银行评估考核消费者承受能力的标准进行审查。如果该考核标准本身不合理，银行将无法准确评估消费者的风险承受能力，若因此向消费者销售了实际上风险更高的产品，很容易给消费者造成损失，且该损失无法获得赔偿。客户问卷的设计是其中较为突出的问题。有研究表明，当下金融机构的多数问卷设计仍有进一步完善的必要与空间，如对客观的风险承受能力与主观的风险偏好标准并没有区分、问卷的设计及分值多存在随意性、缺乏统一的标准与科学依据；关于客户类别的划分过于随意等，使金融机构及消费者难以了解风险属性。[1]因此，该考核标准不因仅由银行单方面制定，应当存在一定的监督纠错机制。首先，审查主体不应当是法院，因为法院并非专业的金融机构，不具备相应的金融技能。其次，不能以投资者是否遭受损失作为判断依据，因为风险是客观存在的，适当性义务的履行仅仅是为了控制风险，而非避免损失。可以借鉴我国台湾地区的做法，即将风险评估表向社会公布，由法学家、经济学家、消费者团体等专业人士与组织提出修改意见，再经银行业监管机构审核并安排专业人才考核风险评估测试，以检验其合理性。[2]

客户不配合是商业银行了解客户的另一个难题。现实中很多客户拒绝提供信息，或者提供虚假信息，导致商业银行无法对客户的风险承受能力做出测试，或者得出错误的结果。此种情形下，消费者的损失如何分配应当分情况讨论：第一，若消费者拒绝提供必要信息，导致商业银行无法对消费者进行评估的，商业银行应拒绝向该消费者推介产品；第二，若消费者提供了虚假信息，商业银行依据该信息做出相应的评级，应当认为商业银行履行了适当性义务；第三，若消费者是由于银行的营销人员诱导而提供的虚假信息，银行仍然应当赔偿消费者损失。

（3）产品与客户相匹配

充分了解产品与客户之后，就可以将二者进行匹配，向消费者推介等于或低于其风险承受等级的产品。值得讨论的是，是否绝对禁止商业银行向消费者销售高于其风险等级的产品。从规定适当性义务的法律规范的语义来看，似乎是绝对禁止销售向投资者销售超出其风险承受能力的产品，如《商业银行理财业务监督管理办法》第29条规定“商业银行只能向投资者销售风险等级等于或低于其风险承受能力等级的理财产品”。笔者认为，消费者有权决定购买超出其风险承受能力的金融产品。原因有二：第一，高风险意味着高收益，禁止投

〔1〕 参见王锐：《论金融机构的适当性义务——基于行为要件的分析》，载《北方法学》2014年第4期。
〔2〕 钱玉文、吴炯：《论商业银行适当性义务的性质及适用》，载《湖南社会科学》2019年第4期。

资者购买超出其风险承受能力的金融产品，同时也会剥夺消费者获得高利益的机会；第二，适当性义务是对商业银行的要求，而非对消费者自由的限制。适当性义务的目的是防止商业银行利用自己的优势地位，诱导消费者购买风险更高的金融产品的行为。但是在银行并未利用自己的优势地位进行不当的推介，而是消费者主动要求购买更高风险的金融产品，属于消费自由的范畴，适当性义务不存在适用的空间。因此，适当性义务应当限定于商业银行不得向消费者主动推介超出其风险承受能力的金融产品。再审法院同样认为，消费者完全可以购买超出其风险承受能力的金融产品，只要商业银行在推介过程中不存在不当行为即可。

3. 适当性义务的私法属性

关于适当性义务的私法属性存在争议。有观点认为，卖方机构的投资者适当性义务属法定义务，违反该义务的民事责任属侵权责任，另有观点认为，适当性义务属卖方机构的先合同义务，违反可引发缔约过失责任或侵权责任。[1]另有观点认为，适当性义务本质上是一种信义义务。[2]考察适当性义务私法属性，意义在于明确商业银行承担责任的构成要件，以及消费者索赔的请求权基础。判断私法属性应当从以下两个方面入手：

首先，从适当性义务本身的特点来看：(1) 适当性义务由法定规定产生，并且不能被双方约定排除，故适当性义务并非信义义务。因为信义义务更多的是任意性规则，且当事人可以通过约定进行一定的修改，如我国《信托法》第28条规定了受托人的信义义务，其但书条款规定“信托文件另有规定或者经委托人或者受益人同意，并以公平的市场价格进行交易的除外”[3]；(2) 适当性义务发生在订立金融商品交易活动之前，与先合同义务的时间一致，但先合同义务包括诚信缔约义务、告知义务、保密义务等义务，[4]故需要进一步明确适当性义务属于其中哪种具体义务。

其次，从权利义务责任对应的角度出发，需要分析消费者的何种权益受到损害，再结合适当性义务特点分析。一般认为，商业银行违反适当性义务，导致消费者购买高风险的产品，投资本金遭受损失，该本金的损失就是消费者的损害：(1) 该本金的损失并非履行利益的损害，因为履行利益的损害合同当事人因对方没有履行而遭受的损害，适当性义务并非合同项下的履行义务，对消费者损失的利益并非履行利益；(2) 该本金的损失并非信赖利益受损。合同法上的信赖利益所保护的，是处于缔约过程中的当事人对缔约发展的正当信赖，意即对合同将会有效成立的信赖。违反适当性义务不会影响到合同的成立与生效，不存在消费

〔1〕 参见最高人民法院民事审判第二庭编著：《〈全国法院民商事审判工作会议纪要〉理解与适用》，人民法院出版社2019年版，第412页。

〔2〕 参见叶嘉敏：《论金融机构资产管理业务信义义务规范的完善——基于对域外立法与司法案例的考察》，载《南方金融》2019年第3期；严书：《论金融消费领域卖方机构适当性义务——兼评〈第九次全国法院民商事审判工作会议纪要〉第七十二条》，载《南方金融》2020年第3期。

〔3〕 参见赵廉慧：《信托法解释论》，中国法制出版社2015年版，第306页。

〔4〕 参见韩世远：《合同法总论》，法律出版社2018年版，第174-184页。

者为订立合同所支出的费用落空的情况，故本金的损失不能认为是信赖利益的损害；（3）该本金的损失为固有利益损害。固有利益指在义务违反之前就已存在的，与缔约活动无必然关联的当事人人身和财产完整性的利益。[1]消费者欲购买理财产品的本金属于其固有财产，在缔约前已经存在，并且与缔约活动无关。该本金本应处于其承受范围之内的低风险状态。但由于商业银行违反适当性义务，导致消费者购买了风险更高的产品，使本金处于一种不合理的危险之中，最终导致本金损失。这一损失给消费者造成固有利益的损害，法律需要保护的正是投资者的固有利益。私法上，保护权利人固有利益的义务则是保护义务。保护义务分为陌生人之间所负的一般性保护义务，以及缔约上的个别保护义务。后者虽然发生于缔约过程，但其产生的法律基础并非契约，而是"系为缔约而发生之社会或业务接触所引起之保护上的需要或信赖"[2]。因此，适当性义务为卖方机构在缔约过程中对消费者所负的个别保护义务。

关于违反适当性义务的法律后果。实践中往往作为侵权处理："因缔约过程中保护义务违反承担缔约过失责任而不是侵权责任的情形，在实践中尚未发现。"[3]"20个样本案件中，除不承担责任的案件之外，其余案件最终的责任承担以侵权责任居多，违约责任仅为一件，不存在缔约过失责任"。[4]理论上，认为违反个别保护义务构成缔约过失亦或侵权，均不影响赔偿责任的构成要件，即违反义务的行为、损害后果、因果关系。落实到适当性义务中，违反义务的行为即商业银行未履行适当性义务，损害后果为投资者的本金损失，因果关系为商业银行违反义务的行为，导致投资者购买了过高风险的理财产品，最终导致本金损失。

（三）银行的卖者尽责之二：告知说明义务

再审法院认为银行存在过错的主要原因在于其履行告知说明义务存在瑕疵。告知说明义务又称风险揭示义务，是适当性义务的前提。[5]是否履行了告知说明义务须综合理性人能够理解的客观标准和金融消费者能够理解的主观标准来确定。

需要特别说明的是当事人签字声明的法律意义。实践中，商业银行往往要求消费者签署风险确认书或类似文件，甚至要求客户逐字抄写风险提示声明，以证明商业银行已经将产品风险告知客户，并且客户已经知晓。此类客户签署或手写的文件可以作为证据，以证明银行履行了适当性义务，但需要有其他证据补强，且允许被其他证据推翻。原因是实践中常会出

---

〔1〕参见王洪亮：《债法总论》，北京大学出版社2016年版，第82页。

〔2〕参见黄茂荣：《债法总论》（第2册），中国政法大学出版社2003年版，第185页。

〔3〕参见孙维飞：《〈合同法〉第42条（缔约过失责任）评注》，载《法学家》2018年第1期。

〔4〕参见钱玉文、吴炯：《论商业银行适当性义务的性质及适用》，载《湖南社会科学》2019年第4期。

〔5〕关于适当性义务与告知说明义务的关系，有两种观点，仅为学理上的争议，本文不做赘述，仅做列示：观点一：适当性义务包括适当推荐义务与告知说明义务，参见最高人民法院民事审判第二庭编著：《〈全国法院民商事审判工作会议纪要〉理解与适用》，人民法院出版社2019年版，第426页；观点二：适当性义务与告知说明义务是两项独立但互补的义务，参见曹兴权、凌文君：《金融机构适当性义务的司法适用》，载《湖北社会科学》2019年第8期。

现一种情形，即消费者在营销人员的诱导下，并未阅读相关文件内容，而直接签名或抄写文件。这样的行为正是消费者信赖商业银行的表现，如果营销人员借此推荐了高风险的金融产品，并诱导客户签署了是自己主动购买的声明，则会极大地损害消费者利益。《第九次全国法院民商事审判工作会议纪要》第 76 条特别说明此类手写文件证据需要其他证据补强："告知说明义卖方机构简单地以金融消费者手写了诸如'本人明确知悉可能存在本金损失风险'等内容主张其已经履行了告知说明义务，不能提供其他相关证据的，人民法院对其抗辩理由不予支持。"本案中，理财产品合同后附的《股指期货交易风险提示函》落款处并无胡某签字，可以说明银行在履行告知说明义务时存在明显的瑕疵，存在一定的过错。

（四）胡某"买者自负"：承担主要责任

投资理财活动中必须坚持"卖者尽责，买者自负"原则。二审法院对"卖者尽责"有着精妙的论述："投资者与金融机构存在专业性及信息量等客观上的不对等……为弥补此种不平等，应当对专业金融机构课以相应的义务"，但"卖者尽责"并不能撼动"买者自负"在责任分配上的核心地位。消费者作为完全民事行为能力人，其行为的风险及损失均自己承受，是所有交易的应有之义。只有在卖方机构存在不当行为，导致消费者做出错误决定时，消费者才能向卖方机构请求赔偿。而在卖方机构的行为存在瑕疵，但并未对消费者造成误导时，主要责任当然由消费者自担。本案中银行履行适当性义务存在一定瑕疵，但该瑕疵并未对胡某者产生误导，或者说并非是导致胡某购买高风险产品的主要原因。应当在胡某"买者自负"的前提下，考虑卖方履行义务瑕疵对损失贡献的"原因力"的大小，判令银行承担适当的责任。再审法院判决胡某承担 60% 的责任，银行承担 40% 的责任，符合"买者自负"原则的要求。

履行适当性义务的前提是卖方机构与消费者之间构成金融服务法律关系。金融服务法律关系在金融产品交易合同签订前就已经存在，从卖方机构推介产品时就已经建立。适当性义务的核心是将适当的产品提供给适合的金融消费者。投资者遭受损失时，应在"买者自负"的前提下，考虑卖方机构的过错，以分配责任。本案对理财产品市场具有指导意义，是落实"卖者尽责，买者自负"审判思路的先例。

图书在版编目(CIP)数据

公司法律评论.2020年卷:总第20卷/顾功耘主编
.--北京:法律出版社,2020
ISBN 978-7-5197-5079-4

Ⅰ.①公… Ⅱ.①顾… Ⅲ.①公司法-研究-中国-2020 Ⅳ.①D922.291.914

中国版本图书馆CIP数据核字(2020)第209478号

公司法律评论·2020年卷(总第20卷)
GONGSI FALÜ PINGLUN · 2020 NIAN JUAN(ZONG DI-20 JUAN)

顾功耘 主编

责任编辑 田 浩 薛 晗
装帧设计 马 帅

出版 法律出版社
总发行 中国法律图书有限公司
经销 新华书店
印刷 三河市龙大印装有限公司
责任校对 晁明慧
责任印制 胡晓雅
编辑统筹 法商出版分社
开本 710毫米×1000毫米 1/16
印张 35
字数 726千
版本 2020年11月第1版
印次 2020年11月第1次印刷

法律出版社/北京市丰台区莲花池西里7号(100073)
网址/www.lawpress.com.cn
投稿邮箱/info@lawpress.com.cn
举报维权邮箱/jbwq@lawpress.com.cn
销售热线/400-660-8393
编辑电话/010-83938130

中国法律图书有限公司/北京市丰台区莲花池西里7号(100073)
全国各地中法图分、子公司销售电话:
统一销售客服/400-660-8393/6393
第一法律书店/010-83938432/8433　西安分公司/029-85330678　重庆分公司/023-67453036
上海分公司/021-62071639/1636　深圳分公司/0755-83072995

书号:ISBN 978-7-5197-5079-4　**定价:**128.00元